雪野湖　　　　（摄影　亓怀斌）

莱芜年鉴

LAIWU YEARBOOK

2018

（总第25卷）

莱 芜 市 人 民 政 府 主办
莱芜市地方史志办公室 编

方志出版社
Publishing House of Local Records

图书在版编目（CIP）数据

莱芜年鉴.2018 / 莱芜市地方史志办公室编.-- 北京：方志出版社，2018.9
ISBN 978-7-5144-3249-7

Ⅰ.①莱… Ⅱ.①莱… Ⅲ.①莱芜—2018—年鉴
Ⅳ.①Z525.23

中国版本图书馆 CIP 数据核字（2018）第 209451 号

莱芜年鉴（2018）

编　　者　莱芜市地方史志办公室
责任编辑　陈　菁

出 版 人　冀祥德
出 版 者　方志出版社
　　　　　地址　北京市朝阳区潘家园东里 9 号（国家方志馆 4 层）
　　　　　邮编　100021
　　　　　网址　http://www.fzph.org
发　　行　方志出版社图书经销中心
　　　　　电话（010）67110500
经　　销　各地新华书店
印　　刷　山东新华印务有限责任公司

开　　本　889 × 1194　　1/16
印　　张　34.5
字　　数　869 千字
版　　次　2018 年 9 月第 1 版　2018 年 9 月第 1 次印刷
印　　数　0001 ~ 2000 册

ISBN 978-7-5144-3249-7　　定价：300.00 元

2017 年 5 月 11 日，市委书记、市人大常委会主任王良（前排右一）到莱城区调研　　（供稿　莱芜日报社）

2017 年 3 月 3 日，市委副书记、市长梅建华（左二）调研文化工作　　（摄影　崔永恒）

2017 年 7 月 30 日，济南至莱芜高速铁路建设动员大会召开　　（摄影　崔永恒）

2017 年 7 月 1 日，莱芜市城区大外环路工程开工仪式举行　　　　（供稿　市公路管理局）

2017 年 11 月 18 日，全市创建全国文明城市工作总结表彰大会在会展中心召开　　（供稿　莱芜日报社）

2017 年 11 月 18 日，市领导在全市创建全国文明城市工作总结表彰大会上向获奖单位颁发证书

（供稿　市文明办）

2017 年 6 月 22 日，莱芜战役胜利 70 周年纪念大会在莱芜战役纪念馆举行　　（供稿　莱芜日报社）

2017 年 6 月 22 日，莱芜战役胜利 70 周年纪念大会举行向革命烈士纪念塔敬献花篮仪式　（供稿　莱芜日报社）

红石湖

全国文明城市	全国双拥模范城	国家卫生城市
国家森林城市	国家园林城市	中国优秀旅游城市
全国科技进步先进市	国家新材料产业化基地	中国生姜之乡
中国花椒之乡	中国蜜桃之乡	中国长勺鼓乐之乡

（摄影　亓怀斌）

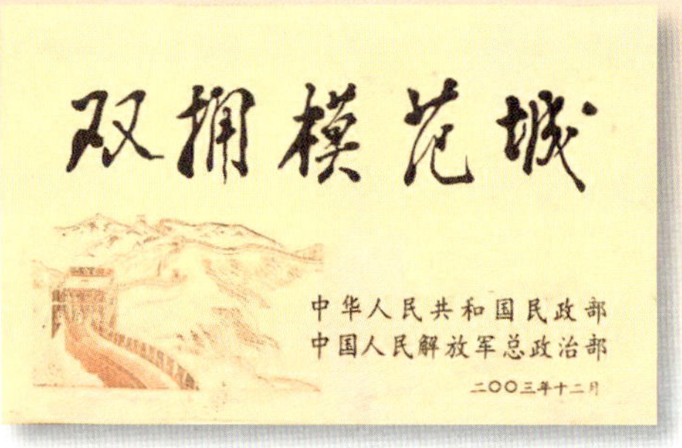

莱芜战役纪念馆

（摄影　亓怀斌）

莱芜城区

（摄影　亓怀斌）

红石公园

（摄影　亓怀斌）

山东香山国际旅游度假区

（供稿　雪野旅游区）

齐长城莱芜段

（摄影　亓怀斌）

“中华生态第一村”——房干

房干春晓

（摄影　亓怀斌）

全国文明村镇——棋山观村

棋山观新村全貌

（摄影　亓怀斌）

小康之家　　（摄影　亓怀斌）

城乡一体　公交惠民　　（摄影　亓怀斌）

新落成的莱芜市人民医院北院区　　（供稿　莱芜市人民医院）

老有所养　少有所教　　　　（摄影　亓怀斌）

集体婚礼　文明风劲　　　　（摄影　亓怀斌）

数字莱芜·2017

总面积2246.33平方公里
总人口137.6万人
生产总值896.02亿元
全市居民人均可支配收入27012元
第一产业增加值56.84亿元
第二产业增加值499.26亿元
第三产业增加值339.92亿元
三次产业结构6.4∶55.7∶37.9
农林牧渔业增加值57.92亿元
粮食总产量25.47万吨
省级以上农业龙头企业20家
规模以上工业增加值335.7亿元
规模以上工业主营业务收入2152.8亿元
建筑业增加值41.11亿元
固定资产投资668.14亿元
社会消费品零售额380亿元
进出口总额107.11亿元
进口总额36.75亿元
出口总额70.36亿元
公路通车里程4597.27公里
高速公路通车里程140.28公里
邮电业务收入9.24亿元
国家AAA级以上景区13处
国家AA级景区4处
全国、省级工农业旅游示范点15处
省级旅游度假区1处
接待国内外游客1133万人次
旅游消费收入68.3亿元
公共财政预算收入56.01亿元
公共财政预算支出88.77亿元
金融业增加值38.79亿元
金融机构人民币各项存款余额948.17亿元
金融机构人民币各项贷款余额725.7亿元
保险机构31家
保费收入28.82亿元
获省以上科技进步奖1项
发明专利授权量295件
省级企业科技创新平台52个
省级高新技术企业74家
各级各类学校182所
在校学生人数15.07万人
公共图书馆2个
博物馆16个（含13个民办博物馆）
文化馆2个
国家级重点文物保护单位4处
省级重点文物保护单位16处
广播电台1座
电视台1座
各类医疗卫生机构345个（不含村卫生室）
各类卫生机构拥有病床床位7219张
卫生技术人员（不含乡村医生）8104人
体育场地3452个
获得省级以上重大比赛金牌12枚、银牌13枚、铜牌26枚
建成区绿化覆盖率45.3%
城区公园绿地面积1239公顷
农村新型社区85个
空气质量达标193天

修志问道　以启未来

——写在《莱芜年鉴》创刊 25 周年之际

《莱芜年鉴》创刊于 1994 年，由莱芜市人民政府主办，莱芜市地方史志办公室编纂，是莱芜历史上第一本综合年鉴。自 1994 首卷出版以来，坚持一年一鉴、公开出版，至今已连续出版 25 卷，共计 1700 余万字，发行 5 万册。

《莱芜年鉴》创刊 25 年以来，坚持以马克思列宁主义、毛泽东思想、邓小平理论、“三个代表”重要思想、科学发展观、习近平新时代中国特色社会主义思想为指导，坚持辩证唯物主义和历史唯物主义的立场、观点和方法，坚持解放思想、实事求是、与时俱进，坚持记载历史、服务发展、为民利民，坚持依法编鉴、依法管鉴、创新发展，突出时代性、年度性和地方性，在服务领导科学决策、服务区域经济社会发展、服务地方史料保存研究、服务地情宣传教育等方面，发挥了特有的不可替代的重要作用。

25 卷《莱芜年鉴》，25 年风雨历程，25 年辉煌巨变。《莱芜年鉴》生动展现了 1993 年地级莱芜市建立以来，全市各级各部门单位和广大干部群众，在市委、市政府的正确领导下，发扬一鼓作气精神，抢抓机遇、砥砺奋进、创新发展、赶超发展、科学发展，建设全面小康社会和富裕文明美丽幸福新莱芜的豪迈气概与激情创造；客观记录了全市经济社会、各行各业、城乡面貌和人民生活发生的日新月异的骄人变化；历史承载了莱芜在改革开放和现代化建设进程中所取得的卓越成就和宝贵经验。《莱芜年鉴》已成为系统记述莱芜自然、政治、经济、文化、社会、生态等年度性资料的重要文献，成为保存地方史料、记录传承历史、弘扬优秀文化的重要载体，成为了解研究莱芜、展示宣传莱芜的重要媒体和窗口。

“直笔著信史，彰善引风气”。莱芜方志人不忘初心、不辱使命，不断强化走在前列的目标定位，以强烈的责任心和新时代工匠精神，不断打造精品年鉴。在装帧设计上，突出莱芜地域文化特色；在篇目设置上，既注重与以往的连续性又突出与时俱进和改革创新；在文字内容上，坚持精益求精，严把政治观、事实观、保密观；在内容记述上，着力体现市委、市政府的新理念、新要求，及时反映年度发生的大事、新事、要事、特事……《莱芜年鉴》自创刊以来，先后荣获国家新闻出版署国家优质图书奖、国家书刊优质产品奖、中国年鉴研究会中国地方年鉴一等奖，多次获省优秀年鉴评比特等奖、一等奖及莱芜市优秀社会科学奖一等奖等奖项。

信手翻开，旧事重提。高新区建设、招商引资、民营经济、大项目建设、抗震援建、济莱协作区建设、精准扶贫、全域旅游、惠民工程、乡村振兴、创建全国文明城市、全国道德模范、齐鲁时代楷模……一幕幕画面、一张张笑脸浮现眼前。

《莱芜年鉴》从无到有、从有到优，坚守的是方志人“修志问道、直笔著史”的执着信念和无悔追求。伴随着《莱芜年鉴》的不断成长、创新发展，不变的是方志人“存史、资政、育人”的文化情怀和使命担当。

年鉴事业的发展进入了新时代，正迈向新征程，应展现新气象、实现新作为。年鉴事业的发展仍任重道远！

——编者

编辑说明

一、《莱芜年鉴》是莱芜市人民政府主办、莱芜市地方史志办公室编纂的地方综合年鉴。其宗旨是全面、系统、准确记载莱芜市自然、政治、经济、文化、社会等方面发展变化的基本情况，为各级领导机关实施科学决策提供地情依据，为各行各业提供信息服务，为国内外人士了解莱芜、研究莱芜提供基本资料。

二、《莱芜年鉴（2018）》，以马克思列宁主义、毛泽东思想、邓小平理论、“三个代表”重要思想、科学发展观、习近平新时代中国特色社会主义思想为指导，坚持辩证唯物主义和历史唯物主义立场、观点和方法，坚持解放思想、实事求是、与时俱进，坚持记载历史、服务社会、为民利民，全面客观反映2017年度莱芜市各级党委、政府的主要工作，各区、各部门、各行业以及“两新”组织在经济建设、政治建设、文化建设、社会建设、生态文明建设等方面取得的重大成就。

三、本年鉴采用分类编辑法，全书主体内容分别设置栏目、分目、条目三个层次。各个层次均不加序号，以字号、字体及编排方式加以区分，条目标题加【 】号标示。

四、本年鉴设30个栏目：特载、专记、大事记、全市概况、中国共产党莱芜市委员会、莱芜市人民代表大会、莱芜市人民政府、中国人民政治协商会议莱芜市委员会、中国共产党莱芜市纪律检查委员会、民主党派·工商联、群众团体、军事、法治、经济监督管理、农业、工业、商务、旅游·体育、交通·邮电、建设·环保、财政·税务、金融·保险、教育、科学、文化、卫生·计划生育、社会生活、各区概况、人物、附录。资料时限截至2017年年底，部分资料适当上溯下延。

五、本年鉴初稿由市直部门、企事业单位、各区、省以上驻莱单位以及部分“两新”组织提供。综合统计数据主要采自市统计局2017年统计公报，个别数据采用部门、单位的统计数字。为了反映机构设置与事业发展的关系，在事业发展的记述上保持连续性和完整性，个别事物适当集中在主管部门栏目内记述。

六、本年鉴在编纂过程中，参阅了市委办公室、市政府办公室文档部门及市委政策研究室、市政府研究室、市统计局、莱芜日报社等单位有关文件和资料。

七、因编者水平所限，疏漏与不足之处，恳请读者指正。

目　录

特　载

Features

大事记

Chronicle of Major Events

专　记

Special Chronicle

莱芜概况

General Situation of Lai Wu

民主党派·工商联

Democratic Parties,Federation of Industry and Commerce

群众团体

Mass Organizations

军 事

Military Affairs

法 治

Rule of Law

工 业

Industry

商 务

Commerce

交通·邮电

Transportation,Postal Service and Telecommunications Industry

建设·环保

Construction and Environmental Protection

财政·税务

Public Finance and Taxation

财政

Public Finance

国税

State Taxation

地税

Local Taxation

金融·保险

Financial Affairs and Insurance

综述

Overview

银行

Bank

保险

Insurance

证券

Securities

教 育

Education

科 学

Science

文 化

Culture

综述

Overview

文学艺术

Literature and Art

新闻出版

Press and Publication

广播电视

Radio and Television

卫生·计划生育

Health and Family Planning

卫生

Health

计划生育

Family Planning

社会生活

Social Life

各区概况

Brief Introduction to Districts

镇、街道概况

Brief Introduction to Towns

附　录

Appendix

索　引

Index

特　　载

践行新理念　建设新莱芜
为提前全面建成小康社会而努力奋斗

——在中国共产党莱芜市第十四次代表大会上的报告
（2017 年 2 月 17 日）

中共莱芜市委书记　王　良

中国共产党莱芜市第十四次代表大会是在莱芜进入全面建成小康社会决胜阶段召开的一次十分重要的会议。大会的主要任务是：全面总结市第十三次党代会以来的工作，研究确定今后五年的奋斗目标和主要任务，选举产生中共莱芜市第十四届委员会和纪律检查委员会，动员全市各级党组织、广大党员和干部群众，践行新理念，建设新莱芜，为提前全面建成小康社会而努力奋斗。

一、过去五年的工作回顾

过去的五年，是我市抢抓机遇、转型提升、负重奋进、创新发展的五年。五年来，市委团结带领全市广大党员和干部群众，全面贯彻落实党的十八大和十八届三中、四中、五中、六中全会精神，深入学习贯彻习近平总书记系列重要讲话和视察山东重要讲话、重要批示精神，紧紧围绕市第十三次党代会确定的工作目标，不断深化和落实“一二三四五”总体发展思路①，解放思想、坚定信念，勠力同心、奋力攻坚，经济社会发展取得了积极成就，为我市提前全面建成小康社会奠定了坚实基础。

五年来，我们直面困难挑战、聚力攻坚克难，转调发展取得新进展。面对前所未有的严峻复杂形势和经济发展新常态带来的挑战，我们认真贯彻落实稳中求进的工作总基调，周密谋划、积极应对，建立并强化了稳增长调结构促发展重点工作指挥协调机制，制定出台了一系列切实有效的政策措施，扎实深入开展引领创新发展的“七项竞赛”②，大力推动“十大产业”振兴提升③，持续推进项目建设、招商引资和企业培育，经济发展实现稳中有进、稳中提质、稳中向好。综合实力稳步提升，2016 年全市完成地区生产总值 703 亿元、年均增长 8.7%，实现地方财政收入 53 亿元、年均增长 6.2%，规模以上工业增加值达到 287 亿元、年均增长 10.6%，特别是规模以上工业增加值、外贸出口等指标增幅连续几年保持全省前列。质量效益显著提高，三次产业比由 6.7∶60.6∶32.7 调整为 7.8∶50.2∶42，非钢产业产值占比由 44.3% 提高到 61%，高新技术产业产值占比由 14% 提高到 21.4%，地方财政收入占 GDP 比重由 6.6% 提高到 7.5%。发展后劲持续增强，五年来累计引进大项目1076个、完成投资2082亿元，固定资产投资年均增长12.7%，规模以上企业发展到1248家、总数实现了翻番。发展新动能加速集聚，高新技术和新兴产业产值年均增长10%以上，快递业务量增速连年超过40%，去年全市电子商务平台实现的交易额增长90.8%，我市转调发展的前景和路子越来越明、越来越宽，转调的步伐和效果也越来越实、越来越好。

五年来，我们敏锐把握机遇、积极主动作为，协作发展实现新突破。坚持把推进济莱协作区建设作为加快发展的重大机遇、高位平台和强劲动力，积极探索、务实推进，取得了重要阶段性成果。协作发展机制不断完善，建立健全了济莱协作区建设组织领导和协调推进机制，编制完成了省内首个跨区域协作规划——《济莱协作区经济社会协同发展“十三五”规划纲要》，深化济莱产业、交通、环保、文化旅游、社会保障、科技人才等方面协作发展的专题研究，省委、省政府明确提出支持莱芜建设省会副中心城市。推进了一批事关全局和长远的重大项目，山财大莱芜校区建成启用并实现招生，圆了136万莱芜人民的本科大学梦；济莱城际铁路项目完成可研报告，进入细化论证阶段，今年将开工建设；开通了济莱城际快客，实现了两市公交卡“一卡通”，每年为两地群众节省交通费近1000万元；交通银行、青岛银行、威海商业银行等13家金融机构落户莱芜。产业协作水平明显提升，济莱协作区民营科技创新示范园、济南高新区莱芜研发基地、省科学院莱芜技术转化中心等协作平台相继投入运行；搭建了济莱现代服务业发展促进会、物流联盟等合作载体；济莱协作区被确定为省级人才改革试验区，政策支持力度空前加大。公共服务同城化加快实施，济莱城镇医保和新农合异地就医实现联网结算，居住证实现“一证通”，户口迁移实现网上一站办理，莱芜科教频道、济南都市频道实现双方交叉落地，取消了通信长途费、漫游费，每年减少公众话费支出1000余万元，济莱协作领域日益拓展，协作程度不断加深，协作成效正逐步显现。

五年来，我们坚持创新求变、锐意深化改革，创新发展迈上新台阶。坚持把改革创新作为推动事业发展的关键一招，破解了一些制约发展的矛盾和束缚，构建了更具活力的体制机制，构筑了更加开放的发展格局。成立市委全面深化改革领导小组，召开19次全面深化改革领导小组会议，审议通过各类改革方案50多个，全市各领域改革主体框架基本形成。区域发展布局不断优化，高新区实现了创建国家级高新区的目标，进一步明确并扩大了雪野旅游区产业定位方向和发展空间，理顺并优化了以泰钢不锈钢生态产业园为主体的经济开发区管理体制和产业功能，赋予并突出了农高区更大管辖范围和产业特色。科技创新能力显著增强，引进和培养千人计划、万人计划、泰山系列人才等高层次人才60余名，省级以上科技创新平台达到60家；全社会研发投入占GDP比重达到2.52%，财政科技支出占全部支出比重达到2.5%，万人拥有有效发明专利6.69件，各类创新指标均居全省前列。品牌标准建设加快推进，我市企业主导或参与制定国家标准52项、行业标准49项、地方标准56项，创建国家级、省级标准化试点示范项目118个，培育中国驰名商标5件、山东省著名商标37件、山东名牌产品36个、省长质量奖1个。重点领域改革全面深化，行政审批实现“两集中、两到位”，成为全国综合行政执法体制改革试点市；积极创建“国家全域旅游示范区”，省直17个部门单位联合出台政策，支持我市发展全域旅游；首次被确定为“全省高效节水灌溉示范市”，第十届全国微灌大会、全省节水农业和水肥一体化现场会在我市召开；提前全面完成土地承包经营权确权颁证，在全省率先实现区域农民合作社全覆盖，财政涉农资金整合经验在全国推广；莱商银行优化股权结构，实现战略合作新突破；全面完成市农信社银行化改革，融资经营更加规范；全力盘活经投公司资产，组建广电传媒集团、城投集团、城发集团、旅游发展集团，着力推进水资源管理体制改革，筹建水利发展集团，全市上市挂牌股权交易企业由1家增加至36家。同时，党建、纪检、国企、社保、司法、生态、文化等领域改革也取得积极进展，经济社会发展的内生动力和创新活力不断增强。

五年来，我们不忘为民初心、增进群众福祉，和谐发展有了新提升。深入践行以人民为中心的发展思想，认真落实各项民生政策，努力使发展更有温度、幸福更有质感，全市民生投入占财政支出比重达到73.8%，全市城乡居民人均可支配收入分别达到32364元、14852元，年均分别增长9.06%、10.65%。脱贫攻坚取得明显成效，积极探索十大产业扶贫路径，创新探索“插花型”贫困地区产业脱贫模式，全市4.3万贫困人口实现脱贫，占建档立卡贫困人口总数的77.9%。坚持不懈为民办实事，先后完成薄弱学校全面改造、农村校舍标准化建设、镇镇通天然气、为农服务中心建设、高龄老年人补贴、全面启动城镇中小学大班额消控、儿童免费康复行动、60岁以上老年人免费乘坐公交车、公共自行车绿色出行、校车村村通等50多件关系群众切身利益的实事好事。社会保障体系不断健全完善，在全省率先建立起城乡一体的居民养老、医疗保险制度，新增城镇就业10.75万人、农村劳动力转移就业13.26万人，教育、文化、体育、卫生等社会事业全面进步。生态环境质量显著改善，深化“环保百日攻坚”“大气污染综合整治”和“农村环境综合治理”系列行动，实施“四控两提一平台”工程，创新“环保110”执法联动和考核奖惩机制，万元GDP能耗下降23.1%，COD、氨氮、二氧化硫、氮氧化物全部完成减排目标，$PM_{2.5}$较2013年改善29.1%，先后荣获全省污染减排一等奖和二等奖，连续2年获全省水环境质量改善一等奖。城乡面貌发生巨大变化，完成了城市总体规划修编，推进路、水、气（热）、绿“四网”改造提升工程，城镇化率达到59.8%；实施城市社区建设三年集中行动，全面完成标准化改造，社区服务中心实现全覆盖；统筹推进生态文明乡村建设，全市美丽乡村覆盖率达到35.2%；加大国土资源节约集约利用和保护力度，被表彰为全国国土资源节约集约模范市；深入开展“四城联创”，顺利通过国家卫生城市复审，实现创建“全国双拥模范城”七连冠，文明城市、森林城市创建工作不断取得积极进展。民主法治建设取得新成效，社会治安综合治理、安全生产、信访维稳、食品药品监管等工作全面加强，民主政治建设、全面依法治市扎实推进，党管武装、国防动员和民兵预备役等工作都取得了新成绩，全市保持了和谐稳定局面，群众生活一年更比一年好。

五年来，我们强化责任担当、从严管党治党，党的建设得到新加强。坚持把全面从严治党作为重大政治责任，坚决贯彻党要管党、从严治党要求，推动全面从严治党向纵深发展。牢固强化政治引领，始终把思想政治建设摆在首位，深入学习贯彻习近平总书记系列重要讲话特别是视察山东重要讲话、重要批示精神，用讲话精神武装头脑、指导工作、推动实践，广大党员干部的“四个意识”特别是核心意识、看齐意识显著增强。从严从实开展党的群众路线教育实践活动、“三严三实”专题教育、“两学一做”学习教育，深入开展“解放思想、提升境界、干事创业”大讨论、“比干比强比担当、创业创新创一流”主题竞赛活动，严肃了作风纪律，密切了党群干群关系，推动了干事创业、科学发展。加强宣传思想和意识形态工作，认真践行社会主义核心价值观，研究提炼了“爱党爱军、依靠人民、机智顽强、敢打必胜”的莱芜战役精神，挖掘弘扬了“诚信、创新、和谐、奋进”的城市精神，深入开展了丰富多彩的群众性精神文明创建活动，宣传推介了维和英雄杨树朋、“齐鲁时代楷模”王守东、“扶贫攻坚带头人”陈明利等模范榜样，舆论引导和典型宣传能力有了新提升。从严强化干部队伍管理，全面加强领导班子和干部队伍建设，牢牢把握新时期好干部标准，树立了鲜明的选人用人导向，顺利完成换届考察工作，探索开展了市区镇（街道）干部双向交流挂职。建立并落实领导干部个人重大事项报告制度、领导干部能上能下若干规定、调整不适宜担任现职干部办法等制度，深入开展“三龄两历一身份”等干部档案信息专项审核和整治。制定出台干部不作为问责办法、保护干部干事创业意见以及预防和查处诬告、陷害类信访举报办法，开展广播电视议政问政活动，推进人大工作评议、政协民主监督，创新干部考核机制，调动了各级干部干事创业的积极性。从严夯实基层基础，切实强化基层党组织建设，创新推进基层党组织培训、普法、服务、审计、保障、考核“六个全覆盖”。深入实施“百名律师包千村（社区）”行动，为全市96.2%的村（社区）配齐了法律顾问，省委政法委对我市做法给予充分肯定并在全省普遍推广。村党组织书记补贴报酬逐年提高，村级组织运转经费平均达到9万余元，城市社区工作经费每千户达到2.5万元。积极推进区域化党建，加强党群服务中心建设，实现省级以上园区、街道全覆盖。扎实推进“千名干部下基层”工作，全市软弱涣散基层党组织基本实现转化升级。建立关怀老党员“五项机制”和创新“第一书记”管理机制的经验做法，得到了中组部和省委组织部的充分肯定。从严推进反腐倡廉，大力推进党风廉政建设，制定出台了《中共莱芜市委关于落实党风廉政建设党委主体责任和纪委监督责任的实施意见》，建立落实全面从严治党主体责任专题约谈制度，用好监督执纪“四种形态”，严格落实全面从严治党主体责任和监督责任。强化权力运行制约监督，深化完善干部个人申报、班子述廉汇报、纪委巡察通报和群众投诉举报“四项制度”，严格落实干部提醒、函询、诫勉、经济责任审计等制度。驰而不息正风肃纪，保持反腐败斗争高压态势，严肃查处违反中央八项规定精神和工作纪律以及群众身边的腐败问题，查办了一批领导干部严重违纪违法案件，落实了全面从严治党的要求，营造了风清气正的政治生态。

在看到成绩的同时，我们也清醒地认识到工作中还存在一些困难和短板，主要是：转调发展的任务艰巨繁重，经济总量偏小、产业结构不优、质量效益不高的问题还没有根本解决；个别干部思想不够解放，抓工作的境界标准还不够高，攻坚克难意识、务实担当精神仍需要树立和强化；科技创新能力不强，人才队伍建设比较薄弱；环境保护的压力比较大，群众反映较为强烈；民生保障能力不够强，公共服务水平与群众期待还有差距；发展环境仍需优化，作风建设和反腐败工作成效还需持续巩固加强，等等。对此，我们要保持清醒头脑，采取有力措施，切实加以解决。

各位代表、同志们，过去五年，是莱芜综合实力大幅提升、人民生活显著改善的五年，是改革开放持续深化、创新活力加速释放的五年，是管党治党深入推进、政治生态不断优化的五年，也是着力实现“四个发展”、向着全面建成小康社会阔步前进的五年。五年的成就来之不易，这是中央和省委正确领导的结果，是全市各级党组织和广大党员干部群众团结拼搏、苦干实干的结果，是社会各界积极参与、大力支持的结果。在此，我代表中共莱芜市第十三届委员会，向全市广大党员和干部群众，向各民主党派、工商联和无党派人士、各人民团体，向关心支持莱芜建设发展的港澳台同胞、海外侨胞、国际友人，向离退休老同志，向驻莱各省属单位、解放军和武警官兵，向所有为莱芜发展做出贡献的同志们、朋友们，表示崇高的敬意和衷心的感谢！

各位代表、同志们，五年的奋斗充满艰辛，五年的拼搏铸就辉煌，五年的实践带给我们许多深刻的感悟和启示。一是必须始终坚持正确的政治方向，坚决贯彻落实中央和省委各项决策部署，结合实际，不断完善“一二三四五”总体发展思路，咬定目标、坚定信心、保持定力、扎实拼搏，努力取得实实在在的发展成效。二是必须始终坚持以质量效益为中心，主动适应和引领经济发展新常态，以科学务实的态度推进重点工作，更加注重打基础利长远，更加注重抓统筹谋全局，更加注重强科技引人才，经济社会保持了平稳健康发展。三是必须始终坚持以改革创新为根本动力，推进了一些重点领域和关键环节的改革事项，解决了一批深层次的矛盾和问题，经济社会发展的活力和动力显著增强。四是必须始终坚持以人民为中心的发展思想，把人民拥护不拥护、赞成不赞成、高兴不高兴、答应不答应作为根本标准，不断满足群众求知、求富、求美、求乐的期盼，赢得群众的拥护和支持。五是必须始终坚持担当进取的精神追求，积极倡导“建功必须有我”“再大的困难也要上，最好的办法就是干”的理念和勇气，大力弘扬“功成不必在我”的境界和“钉钉子”精神，坚持正确的用人导向，营造争先创优、干事创业的浓厚氛围。六是必须始终坚持把推进全面从严治党作为首要政治责任和最大政绩，抓班子、带队伍，抓基层、打基础，抓反腐、正风纪，推动和保障各项事业不断取得新的更大成绩。

二、今后五年的指导思想和奋斗目标

今后五年，是莱芜经济社会发展的转型期，也是全面深化改革的攻坚期，更是全面建成小康社会的决胜期。综合分析国际国内形势，我们既面临宏观经济基本面长期向好、新一轮科技革命和产业变革蓄势待发、改革红利加速释放等重大机遇，也面临着世界经济深度调整、区域经济竞争加剧、行业发展分化明显等客观现实。牢牢把握机遇，沉着应对挑战，我们必然面对发展方式转变、新旧动能转换、劳动力素质能力转型等现实考验，必将走上依靠创新、依靠科技、依靠人才的发展之路，必定迎来新一轮质量更好、层次更高、效益更优的发展时期。各级各部门单位和广大党员干部群众必须清醒认识莱芜发展所处的历史方位和阶段性特征，切实增强加快发展的危机感、责任感、紧迫感，牢固树立“大干小困难，小干大困难，不干更困难”的意识和决心，坚决把加快发展作为莱芜最大的政治、最紧迫的任务、最根本的出路，扭住发展不放松，咬定目标不懈怠，坚定信心不动摇，始终保持奋发有为的精神状态、坚韧不拔的顽强意志和扎实苦干的工作作风，坚决打赢转型升级攻坚战，奋力开创莱芜发展新局面。

今后五年全市工作的指导思想是：高举中国特色社会主义伟大旗帜，以马克思列宁主义、毛泽东思想、邓小平理论、“三个代表”重要思想、科学发展观为指导，深入学习贯彻习近平总书记系列重要讲话和视察山东重要讲话、重要批示精神，统筹推进“五位一体”总体布局，协调推进“四个全面”战略布局，坚持稳中求进工作总基调，坚持以新发展理念为统领，突出“践行新理念、建设新莱芜”主题，强化全面从严治党的核心引领和坚强保证作用，大力实施工业立市、生态建市、创新兴市、质量强市战略，坚持不懈推动转调、深化协作、促进创新、构建和谐，加快建设“实力莱芜”“活力莱芜”“魅力莱芜”“生态莱芜”“幸福莱芜”，努力在提前全面建成小康社会进程中走在全省前列。

未来五年的主要奋斗目标是：

——综合实力更强。经济保持中高速增长，综合实力显著增强，提前实现经济总量比2010年翻一番的经济增长目标，提前全面建成小康社会。力争地区生产总值增速、地方财政收入占地区生产总值比重、规模以上工业增加值增速等指标高于全省平均水平，人均地区生产总值和人均地方财政收入水平位居全省前列。加快赶超发展步伐，省会副中心建设取得实质性进展，莱芜在全省发展格局中的战略地位进一步跃升，经济社会发展总体水平持续向好、稳步提高。

——发展质量更优。转型升级实现重大突破，三次产业结构持续优化，服务业占地区生产总值的比重、高新技术产业产值占规模以上工业总产值的比重年均分别提高1～2个百分点，非钢产业增加值占工业增加值比重稳步提升，农业现代化加速推进，现代服务业加快发展。

——创新水平更高。全社会研发投入占地区生产总值比重高于全省平均水平，科技创新能力明显增强，人才总量和质量大幅改善，重点领域和关键环节改革取得实质性进展，供给侧结构性改革取得积极成效，对外开放实现新突破。

——生态环境更优美。生态文明建设扎实推进，资源保护和利用水平显著提高，单位地区生产总值能耗和主要污染物排放达到省控目标，大气、水和土壤污染治理取得显著成效，加大文明城市创建力度，持续巩固国家卫生城市创建成果，成功创建国家森林城市。

——人民生活更幸福。城乡居民人均收入水平逐年提高，提前实现城乡居民人均收入比2010年翻一番目标，城镇化率力争位居全省前列，率先在全省全面完成脱贫攻坚任务并持续巩固，公共服务和社会保障实现城乡全覆盖，民主法治建设不断增强，社会大局和谐稳定。

——政治生态更清明。党的建设全面加强，从严治党主体责任得到全面落实，党内政治生活更加严肃规范，正风肃纪实现制度化、常态化，风清气正的政治生态持续巩固优化。各位代表、同志们，践行新理念是推进改革发展、决胜全面小康的根本指引。创新、协调、绿色、开放、共享五大发展理念，是我们党关于发展理论的丰富升华，是发展思路理念、发展战略方向、发展侧重点着力点的集中体现，是必须长期坚持的重要遵循。创新是引领发展的第一动力，我们必须把创新摆在发展全局的核心位置，大力弘扬创新文化，厚植发展优势，不断推进理论创新、制度创新、科技创新、文化创新等各方面创新，使创新成为莱芜发展最鲜明的特色、最强劲的动力。协调是持续健康发展的内在要求，我们必须正确处理发展中的重大关系，坚持城乡发展同步、经济社会协调、两个文明并重、军民深度融合，促进新型工业化、信息化、城镇化、农业现代化和绿色化一体发展。绿色是永续发展的必要条件和人民对美好生活追求的重要体现，我们必须顺应人民群众新期待，直面问题和矛盾，积极应对压力和挑战，坚定走生产发展、生活富裕、生态良好的文明发展道路。开放是繁荣发展的必由之路，我们必须把发展开放型经济作为重大战略，坚持对内对外开放并举、招商引资引智并重，大力深化济莱协作区建设，积极引导企业加快“走出去”步伐，努力在扩大对内对外开放中增创发展新优势。共享是中国特色社会主义的本质要求，我们必须坚持以人民为中心的发展思想，强化宗旨意识，恪守为民情怀，在解决群众最关心、最直接、最现实的利益问题中促进公平共享，让群众在共建共享发展中有更多获得感。

建设新莱芜，是落实新发展理念的实践路径，是莱芜发展的总方向、大格局、新坐标。这是广大莱芜人民群众的共同期盼，更是我们广大党员干部的光荣使命和历史责任。站在新的历史起点上，我们要深刻洞悉改革发展的大局大势，准确把握莱芜发展的基本市情，找准莱芜在区域发展格局中的定位，发挥莱芜独特优势，努力把莱芜建设成为一个活力迸发、实力跃升的新莱芜，一个城乡统筹、协调发展的新莱芜，一个山清水秀、绿色低碳的新莱芜，一个开放包容、独具魅力的新莱芜，一个幸福和谐、安居乐业的新莱芜，一个风清气正、团结干事的新莱芜。面对新使命新任务，我们必须勇于担当、扎实苦干、开拓奋进、拼搏攻坚，不为任何风险所惧，不为任何干扰所惑，撸起袖子加油干，扑下身子抓落实，不断把莱芜各项事业发展提升到新水平。

三、今后五年的主要任务和战略措施

（一）加快建设“实力莱芜”，以聚力转型升级开创发展新局面。坚持以深化供给侧结构性改革为主线，以提高发展质量效益为中心，加快做优存量、做强增量、做大总量，努力实现高端、高质、高效和可持续的发展。

突出抓好产业振兴提升。大力推进十大产业振兴提升，强化重点工作指挥部体制，扎实做好“建链、补链、强链”文章，打造一批产值过千亿、五百亿、百亿的产业。坚持绿色化、智能化、高端化发展方向，加快推进钢铁产业转型提升，大力发展不锈钢、冷轧板、轴承钢、模具钢等高附加值产品和轻型铁轨、重型锻件、磁悬浮轨排、钢结构等精深加工产业，力争五年内产值超过1000亿元；加快提升汽车及零部件、节水灌溉设备、纺织、食品等产业档次和水平，推动非钢产业占比稳步提升。培植壮大新兴产业，加快推进新材料、电子信息、新能源与节能环保、生物与医药等产业发展，培育形成新的经济支柱。加快发展现代服务业，提升商贸物流、文化旅游、健康养老、电子商务等现代服务业水平。发挥“三辣一麻”“三黑一花”[④]等产业优势，发展特色农产品精深加工，推广设施农业、高效农牧业和农产品标准化。

着力增强发展实力和后劲。坚持招商引资、招才引智、招宾引客，精准对接产业需求，积极开展专业招商、产业链招商和资源环境招商，确保五年内引进投资过亿元项目400个以上、形成固定资产投资1000亿元以上。从严从实推进项目建设，完善项目在线管理系统，强化项目观摩评议考核，健全项目落地统筹协调机制，力争五年内新开工建设大项目800个，竣工投产项目600个，完成投资1200亿元。更加注重培植现有企业做大做强，大力实施“高成长企业培育工程”“中小微企业成长计划”和“企业家培训计划”，支持企业上市融资，力争五年内新增规模以上工业企业300家，新增上市挂牌股权交易企业30家以上。加快重点园区建设，创新管理体制机制，完善公共服务配套设施，大力发展“飞地经济”，引导高新区打造高新技术产业集聚区、改革创新示范区，鼓励雪野旅游区积极争创国家级旅游度假区和国家旅游休闲区，推动经济开发区加快建设全国具有较高影响力的不锈钢精深加工基地，支持农高区争创国家农业科技示范园区。

扎实落实“三去一降一补”[⑤]任务。把结构调整和化解过剩产能结合起来，综合运用市场、行政、法律等手段，推动钢铁、煤炭、水泥等产业落后产能有序退出，确保产能过剩行业产能利用率达到80%以上。积极稳妥推进去库存，落实好进城购房农民货币补贴等政策，确保房地产去库存周期控制在合理区间；引导企业创新营销模式，加大市场开拓力度，提高工业品产销率。有效化解各类金融风险，建立风险监测预警和应急处置机制，着力解决企业担保圈问题，降低企业负债率；做大金融规模，搭建政府投融资平台，扩大社会融资；积极引进优质金融机构，加快发展各类融资担保机构；引导金融机构加大支持实体经济发展的力度，破解企业融资难题。坚持多措并举降成本，强化减税降费、直接融资、内部挖潜等措施，引导企业降本增效、补齐短板。

强化科技创新和人才支撑。大力实施创新驱动战略，加快科技成果转化，深化科技体制机制改革，实施“科技小巨人”企业创新能力培育扶持计划，建设100家省级以上科技创新平台、10家省级以上孵化器，不断提升科技创新能力和水平。强力推动引才聚才，着力改善人才发展环境，坚持“用事业成就人、用感情温暖人、用待遇留住人、用制度激励人”，健全完善人才柔性引进机制，落实好高层次人才公寓、“购房券”、人才“绿卡”、创业引导基金等政策措施，加快济莱协作区人才改革试验区建设，力争五年内通过综合施策、多形式多渠道柔性引进院士30名以上，新引进培养千人计划、万人计划、泰山系列人才等高层次创新创业人才和团队100个以上。实施标准经济引领和质量强市战略，开展“寻标、对标、提标、达标”活动，加快实施质量认证和名牌创建行动，培育一批在全国全省有影响的著名品牌。

*（二）加快建设“活力莱芜”，以全面深化改革增添发展新动能。*坚持把改革创新作为推动发展的第一动力，聚焦突出矛盾和问题，以改革促创新、促协作、促开放，不断释放红利、增添动力、增强活力。

深入推进全面深化改革。贯彻落实中央和省

委系列重大改革决策部署，结合莱芜实际，认真研究谋划，积极稳妥推进，确保改革任务落细落实落到位。深化投融资体制、农业农村、行政管理体制、事业单位等改革任务，加快推进全域旅游试点、政府性平台建设、审批制度、水务一体化、金融创新试点、城市建设管理等重点领域的改革，激发经济社会发展活力。尊重和发挥群众首创精神，鼓励基层结合实际进行改革探索，及时总结提炼推广经验，使改革更加接地气、顺民意、激活力。加大重点改革任务督察、考核、问责力度，推动改革落地见效。

加快济莱协作区建设。全面落实《济莱协作区经济社会协同发展“十三五”规划纲要》，加快省会副中心城市建设，协力打造全省区域一体化发展的先行示范区。加快构筑综合交通运输体系，力争2017年尽早开工建设济莱城际铁路，推进“旅游通道”“快速路网”“物流大道”建设，推动济莱路网升级改造。促进公共服务合作共享，提升通信和信息服务同城化水平，推动电信网、广播电视网和互联网“三网融合”，合作共建互联网示范城市和智慧城市。加强两市产业合作，积极推进我市无水港建设，深入开展联合招商、共建园区、“飞地经济”等合作，建设完成山财大莱芜校区二期、千佛山医院莱芜分院等重点项目，强化完善济南高新区莱芜研发基地建设。同时，积极深化两市科技、人才、金融等领域合作，全面提升协作发展水平。

发挥莱芜特色优势深化改革探索。积极争创“国家全域旅游示范区”，深化旅游体制机制改革，突出莱芜特色旅游定位，发挥重点企业龙头带动作用，加快建设雪野体育休闲、齐长城鲁长城遗址、齐鲁大峡谷自然景观、莲花山棋山养生、红色记忆、民俗风情、农业观光、工业旅游、特色小镇、古巷民居等一批旅游项目，打造100家以上旅游特色示范村，探索乡村旅游全域化发展的“莱芜模式”，努力把莱芜打造成为“鲁中旅游发展聚集高地”、全省山水文化休闲养生中心。加快发展节水农业和水肥一体化，积极发展节水装备产业，建设一批水源工程和节水农业示范基地，力争五年内全市农田有效灌溉面积基本实现全覆盖。大力发展钢结构产业，加快完善钢结构产业体系，积极推广使用钢结构建筑与装配式建筑。

加快发展开放型经济。抢抓“一带一路”倡议和中韩、中澳自贸区建设等重要机遇，引导企业加快“走出去”步伐，加大对外产能合作、市场开拓和资源开发力度。着力提升外经贸水平，加大特色农产品、机电产品、精细化工、不锈钢、粉末冶金及制品等出口力度，积极拓展重点企业进出口业务，确保全市外贸进出口规模突破180亿元，出口过千万美元的企业达到30家以上。不断扩大利用外资规模，提高利用外资综合效益，利用外资规模达到3亿美元，在引进世界500强企业方面实现更大突破。

（三）加快建设“魅力莱芜”，以品质提升引领社会新风尚。坚持以人的城镇化为核心，更加注重城乡基本公共服务均等化，改善群众生产生活条件，提高城乡文明水平和城市形象品位，提升城市吸引力和竞争力。

加快建设精品城市。科学编制城市发展总体规划和专项规划，加快修编城市控制性详细规划，积极推动“多规合一”，强化规划实施管理。围绕实现城市建设管理“三年大变样、五年出精品”目标，探索运用市场化手段，在主城区打造CBD，建设标志性城市建筑，实施“四网”改造提升工程，推进地下综合管廊建设，优化路网结构体系，提高公交出行分担率，新增全市集中供热面积2500万平方米；实施“城市更新”工程，改造8个城市棚户区、11万平方米，全面完成850万平方米“城中村”改造任务，推进92个、200万平方米老旧住宅小区综合整治，适应居家养老需要，鼓励实施既有建筑加装电梯设施试点；实施“城市增亮”工程，对城市亮化进行改造升级，逐步实现照明智能化，市区道路装灯率达到100%；实施“城市美化”工程，加强河流湖泊水面亮化建设，推进城区内公园、游园、绿地及重要景点有机串联；加快智慧城市建设，扩大智慧运营服务，在智慧城管、社区、交通、养老、医疗、教育等方面加大探索，扩大网络覆盖，增强应用开发；强化“为人民管理城市”的意识，引入市场机制经营城市，加大治堵、治脏、治乱、治污力度，不断提升城市品质。

推进新型城镇化发展。按照“全域城镇化”的理念，加快构建“一体两翼、一带四片”⑥的空间布局结构，打造中心城、卫星城、重点镇、农村新社区梯次分明、发展有序的新型城镇化体系。加快建设特色小镇，实施“一镇一业、一镇一品”工程，推进口镇山东重点示范镇试点、雪野旅游区养生休闲度假小镇建设，打造一批工业重镇、商贸名镇、旅游和现代农业强镇。深化农村产权、土地、金融、户籍等制度改革，破除阻碍人口流动的城乡二元体制，有序推进农业转移人口市民化；加快推进水路气暖等基础设施和教育、医疗、文化、健身等公共服务向农村延伸覆盖，改善群众生产生活条件，提高城乡一体化发展水平。

加强先进文化建设。积极培育和践行社会主义核心价值观，扎实推进“四德工程”，深入推进移风易俗工作，继承弘扬莱芜战役精神，大力倡导“诚信、创新、和谐、奋进”的城市精神，深入挖掘宣传红色文化、嬴秦文化、冶铁文化和长勺之战精神，打造“大爱莱芜”品牌，加强文明道德风尚培育，全力创建全国文明城市。繁荣发展文化事业，实施文化惠民工程，推进公益电影放映工程、地面数字电视工程，在农村（社区）普遍建设综合文化服务中心，支持建设乡村记忆文化展室。加快文化产业发展，打造铁艺、木艺、锡艺、布艺等特色文化产业品牌，积极推动文化与旅游、健康体育产业融合发展，不断提升文化产业发展层次和水平，确保文化产业年均增速保持在10%以上。

大力优化发展环境。加快政府职能转变，扎实推进行政管理体制改革、行政审批制度改革，持续深化重点企业“困难摸排消”活动，探索建立“科技特派员”“金融联络员”制度，打造廉洁高效的政务环境。加强社会信用体系建设，加快推进官方网站、公共信用基础数据库、信用信息交换共享平台建设，探索建立守信联合激励机制和失信联合惩戒机制，实现信用信息全覆盖。加强企业和项目周边环境治理，严厉打击恶意逃废金融债务、金融诈骗等非法活动。提倡集约节约利用土地，积极盘活闲置低效用地，保障好发展用地需求。以培育发展要素市场为重点，促进人才、资金、技术、信息等各生产要素有序自由流动，打造公平优质的要素环境。

（四）加快建设“生态莱芜”，以绿水青山打造美丽新家园。牢固树立“绿水青山就是金山银山”的环保发展意识，推动形成绿色发展方式和生活方式，加快建设资源节约型、环境友好型社会，打造天蓝地绿水净的美好家园。

推动生产生活方式向绿色环保转变。扎实推进节能减排，实施“工业绿动力”计划，积极推进“煤改气”“煤改电”，实行能源和水资源消耗、建设用地等总量和强度“双控行动”，力争全市万元GDP综合能耗下降18%以上，二氧化硫、氮氧化物、COD、氨氮排放量以及烟粉尘排放量逐年大幅下降。大力发展循环经济，启动实施园区循环化改造建设，加快实施资源综合利用和清洁生产推进工程，全市工业固体废弃物综合利用率达到90%以上，确保循环经济总体发展水平位居全省前列。大力倡导低碳生活方式，发展绿色交通，鼓励绿色出行，推广绿色建筑，促进绿色消费，使生态文明观念深入人心。

加大环境污染治理力度。持续开展大气污染综合整治，强化工业污染治理，加强对扬尘污染、机动车污染、饮食服务业油烟污染的防治，完善重污染天气应急管控措施，钢铁、电力、建材、化工等重点行业污染物排放量削减30%以上，力争全市蓝天白云天数达到80%以上。实施山水田湖修复工程，加强废弃矿山、采石场、尾矿库及塌陷区整治和生态修复，加快实施钢城独立工矿区搬迁改造和综合治理。积极推进土壤污染基础调查和监测网建设，加大农业面源污染防治力度，强化建设用地环境风险管控。

加强生态环境建设。实施荒山绿化、水系绿化、丘陵绿化、道路绿化、平原绿化、庭院绿化等绿化工程，力争每年新造林面积 2 万亩以上，成功创建国家森林城市。加强水生态文明建设，加快推进雨洪资源利用工程和水系互联互通工程建设，推进大汶河综合整治和生态修复，加强饮用水水源地管护，对境内控制流域 50 平方公里以上的 19 条河流全面实行“河长制”，提高全市水环境质量。发挥水利投资发展平台作用，实施城乡供水同源同网全覆盖工程，大力提高农村饮用水水质。加快美丽乡村标准化建设，扎实深化城乡环境综合整治，在实施好“温暖、增亮、绿化、洁净”四项工程的基础上，完成 8.7 万户的“治污、净厨、改厕”工程，力争全市 500 个以上的村庄达到“六美”乡村标准。

完善生态文明体制机制。健全资源有偿使用和生态补偿机制，积极探索建立排污权、碳排放权、用能权、用水权交易制度。加强环保执法监管能力建设，深化“环保 110”快速反应机制、环保区域联控联防机制，严厉打击各类环境违法行为。落实国土资源执法监管共同责任机制，加大对违法占地、违法建设和非法采矿行为的整治和打击力度。构建生态文明考核评价体系，严格落实环境保护“党政同责、一岗双责、失职追责”责任制，探索实施领导干部自然资源资产和环境责任离任审计制度，实行生态环境损害责任终身追究制。

（五）加快建设“幸福莱芜”，以共建共享谱写和谐新篇章。坚持以人民为中心的发展思想，从群众最关心最直接最现实的利益问题入手，着力为群众解难事、办实事、做好事，着力提高民生保障水平，切实增强群众的满意度和获得感。

着力保障和改善民生。坚持为民办实事制度，每年办成一批实实在在的事情，让群众看到变化、感到方便、得到实惠。实施更加积极的就业政策，建立职工工资正常增长机制，确保城乡“双零”家庭动态消零，确保城镇登记失业率控制在 3% 以内。完善社会保障体系，实施全民参保计划；建立职工大病保险制度，完善居民大病保险政策，推进职工长期护理保险制度建设，提高城乡居民医疗保障水平；健全社会救助和社会福利制度，提高城乡低保标准，支持慈善事业发展；完善住房保障体系，按计划完成棚户区和旧城改造任务。加大优抚保障力度，落实好各项优抚安置政策。完善养老服务体系建设，健全养老机构服务网络，加强中心敬老院建设，改革乡镇敬老院管理体制，培育民办养老机构，调动社会方方面面的力量参与养老事业，提高养老保障水平。

坚决打赢精准脱贫攻坚战。把脱贫攻坚作为重大政治任务和最大民生工程，坚持精准扶贫、精准脱贫，积极探索具有莱芜特色的产业扶贫模式，加快发展庭院式扶贫，大力推进行业扶贫，积极引导社会扶贫，加大教育、健康扶贫力度，增强贫困群众脱贫奔康的内生动力，提高精准扶贫实效。强化脱贫攻坚责任制，建立完善核查机制、评估机制和退出机制，确保提前完成脱贫任务，做到“一村不漏、一户不少、一人不落”。

大力发展各项社会事业。努力办好人民满意的教育，完成 28 所中小学新建扩建任务，提高“大班额消控”工作水平，加快发展现代职业教育。加快建设健康莱芜，深化医药卫生体制改革，推进公立医院综合改革，构建分级诊疗就医新秩序，促进新增医疗卫生资源重点向农村和城市社区倾斜。大力发展体育事业，完善公共体育服务体系，推动全民健身与全民健康深度融合，镇（街道）、村（社区）体育设施省定标准覆盖率达到 100%。坚持计划生育基本国策，保障妇女和未成年人权益，支持残疾人事业发展，建设残疾人康复中心。

推进全面依法治市。加强法治宣传教育，扎实开展“七五”普法教育，抓好领导干部这个“关键少数”，深化“百名律师包千村（社区）”行动，采取多种措施，提高每万人拥有律师数量，达到全面建成小康社会目标要求，实现一村一顾问、一案一律师。做好重点领域的立法工作。加快法治政府建设，健全行政决策机制，坚持规范公正文明执法，完善行政权力监督制约机制，提高依法行政能力。严格公正司法，健全司法权力运行机制，加强司法规范化建设，深入推进司法公开，落实司法体制改革举措，努力让人民群众感受到公平正义。

加强和创新社会治理。推进平安莱芜建设，打好基层基础建设三年攻坚战，健全社会治安防控体系，完善社会稳定风险评估机制，开展基层平安创建活动，推进矛盾纠纷多元化解全覆盖，维护社会大局稳定，确保人民群众安全感、人民群众满意度高于全省平均水平。强化信访工作责任，深入推进信访法治化建设，扎实做好信访维稳工作。严格落实安全生产责任制，完善安全生产风险防控体系，积极推进"智慧安监"信息平台建设，深化重点领域安全综合治理，确保不发生重大安全事故。加快食安莱芜建设，建立严密高效、社会共治的食品药品安全治理体系，努力把莱芜建成全省农产品和食品消费最安全、最放心的城市。

四、坚定不移推进全面从严治党

做好今后五年的工作，关键在党，关键在党要管党、从严治党。必须坚持严字当头、实字托底，坚持标本兼治，把全面从严的要求落实到党的思想建设、组织建设、作风建设、反腐倡廉建设和制度建设全过程。

严格落实从严治党责任。各级党组织要把抓好党建作为最大政绩，肩负起管党治党的主体责任，各级党组织书记要当好第一责任人，班子成员要切实履行"一岗双责"；各级纪委要担负起监督责任，把检查管党治党责任落实情况作为监督执纪重点，推动各级党组织解决本地本部门单位党内政治生活中存在的突出问题。完善"平时查党建、述职述党建、观摩看党建、考核考党建"等考核评价制度，抓好督查检查，注重考核结果运用，推进完善一级抓一级、层层抓落实的党建工作格局。严格遵守《关于新形势下党内政治生活的若干准则》《中国共产党党内监督条例》，增强全面从严治党的系统性创造性实效性。加大责任追究力度，严格执行问责条例，制定实施办法，完善配套措施，强化对问责情况的检查，让失责必问成为常态。

大力加强思想政治建设。强化理想信念教育，把学习贯彻习近平总书记系列重要讲话精神作为长期重要政治任务，抓住领导干部这个"关键少数"，教育引导广大党员干部自觉坚定"四个自信"，强化"四个意识"，特别是核心意识、看齐意识。抓好党性教育，完善党委（党组）中心组学习制度，办好莱芜"领导干部课堂"，发挥党校主阵地作用和莱芜战役纪念馆、鲁中抗战展览馆、党规党纪教育展厅等平台作用，传承挖掘红色基因，引导广大党员干部切实强化党章党规党纪意识。严肃党内政治生活，严格执行民主集中制，严格落实《关于县以上党和国家机关党员领导干部民主生活会的若干规定》，用好批评和自我批评这个武器，用好组织生活这个经常性手段，增强党内政治生活的政治性、时代性、原则性、战斗性。严格落实意识形态工作责任制，加强舆论引导，加大对外宣传，抓好网络监管，牢牢掌握意识形态工作领导权和话语权。

锻造高素质干部队伍。坚持事业为上，坚持新时期好干部标准，严格执行干部选拔任用条例，完善落实全程纪实制度，分类研究制定岗位要求标准，旗帜鲜明地选拔使用忠诚担当型、改革创新型、攻坚克难型、踏实肯干型、廉洁奉献型"五型干部"。加强干部培训、交流轮岗和实践锻炼，更加注重在产业一线、项目一线、急难险重工作一线考察和识别干部。从严从实管理干部，以重点岗位和关键干部为重点，加强对权力运行的监督，严查个人有关事项报告，加大经济责任审计，坚持和完善谈话函询诫勉办法，督促各级干部作表率、树标杆。加强干部考核评价，建立干部综合分析研判平台，健全完善正向激励和容错免责机制，为实干者鼓劲、为创新者加油、为敢于担当者担当。加强选人用人监督问责，对用人失察、失误的严肃追究责任。

*切实强化基层组织建设。*牢固树立大抓基层的鲜明导向，在全省率先实现党群服务中心建设全覆盖，确保社区党建工作和农村基层党建创新走在全省前列。巩固提升农村基层党建“六个全覆盖”工作水平，加快推进街道、社区区域化党建工作，加快提升“两新”组织党建工作水平，加强机关党建工作，不断夯实党在各领域的执政基础。选优配强基层党组织带头人，抓好“第一书记”等干部选派，加强软弱涣散基层党组织整顿，持续推进经济薄弱村转化，加快推动基层党建标准化建设，深化基层服务型党组织创建。严格落实“三会一课”、党员党性定期分析、民主评议、谈心谈话等制度，加强党员日常教育管理，打造过硬党员队伍。

*弘扬干事创业优良作风。*持之以恒贯彻落实中央八项规定精神，锲而不舍纠治“四风”，坚持在做深做细做实上下功夫。严明党的纪律特别是政治纪律政治规矩，坚决维护党中央权威，坚决贯彻中央和省委各项决策部署，确保政令畅通、服务高效。持续深化党的群众路线教育实践活动、“三严三实”专题教育和“两学一做”学习教育成果，推动作风建设常态化长效化。落实直接联系服务群众各项制度，进一步密切党群干群关系，以优良作风赢得群众信任和拥护。落实干部能上能下规定，用好监督检查、巡视巡察、行政监察、经济责任审计等手段，用好党委调研督查、人大评议、政协民主监督、电视问政等办法，严肃查处不作为乱作为行为，扎实推动各项重点任务落实。

*深入推进党风廉政建设。*从关系党和国家生死存亡的高度，充分认识加强党风廉政建设的重大意义，更加自觉地担负起推进党风廉政建设和反腐败斗争的重大政治责任，坚持不懈地在常和长、严和实、深和细上下功夫，着力构建不敢腐、不能腐、不想腐的长效机制。坚持力度不减、节奏不变，有效运用监督执纪“四种形态”，持续保持高压态势，坚决减少腐败存量、重点遏制增量，巩固反腐败斗争压倒性态势。严肃查处群众身边的不正之风和腐败问题，扩大巡察覆盖面，维护群众切身利益。从关键问题入手，健全权力运行制约和监督机制，确保权力运行有度、行使有序、监督有力。抓好反腐倡廉教育，加强党内政治文化建设，依靠文化自信坚定理想信念，引导党员干部特别是领导干部筑牢拒腐防变的思想防线。深化纪律检查体制改革，健全巡察监督体系，完成派驻机构在党和国家机关全覆盖。强化党内监督，形成监督合力，保证监督实效。

*加强和改进党的领导。*发挥市委总揽全局、协调各方的领导核心作用，支持人大、政府、政协各负其责地开展工作。全面做好党外知识分子、非公有制经济人士、民族、宗教、港澳、对台、侨务工作，找到最大公约数，壮大共同奋斗的力量；加强对工会、共青团、妇联等群团组织的领导，保持和增强群团组织的政治性、先进性、群众性；坚持党管武装，加强国防动员和民兵预备役工作，进一步深化双拥共建，促进军民深度融合发展，最大限度地凝聚共识、凝聚人心、凝聚智慧、凝聚力量，为加快建设新莱芜提供强大正能量。

各位代表、同志们，站在新的历史起点上，蓝图催人奋进，前景无限光明。让我们更加紧密地团结在以习近平同志为核心的党中央周围，在中共山东省委的坚强领导下，高举中国特色社会主义伟大旗帜，不忘初心，继续前进，埋头苦干，奋发有为，用建设“五个莱芜”的优异成绩，谱写出无愧于时代和人民的美好篇章！

政府工作报告

——在莱芜市第十八届人民代表大会第二次会议上
（2018年1月5日）

莱芜市市长 梅建华

各位代表：

现在，我代表市人民政府向大会报告工作，请予审议，并请各位政协委员和列席会议的同志提出意见。

一、2017年政府工作回顾

刚刚过去的2017年，我们在省委、省政府和市委的坚强领导下，坚持以习近平新时代中国特色社会主义思想为指导，深入贯彻党的十九大精神，认真践行新理念，加快建设新莱芜，抓重点、补短板、强弱项，奋力攻坚克难，务实砥砺前行，圆满完成经济社会发展主要目标任务，推动全面建成小康社会取得新的重要进展，实现了本届政府依法履职良好开局。

经济发展提速增效。牢牢扭住发展不动摇，狠抓产业振兴、项目建设、企业培育，努力做优存量、做强增量、做大总量，经济发展步入稳中有进、进中向好的快车道，主要经济指标增速创近年来较好成绩，多项指标位居全省前列。预计全市生产总值达到900亿元，同比增长8.4%。其中，农林牧渔业增加值增长5%，规模以上工业增加值增长10%，服务业增加值增长9%。“十大产业”主营业务收入突破2000亿元，增长25%。实现社会消费品零售总额379亿元，增长9%。出口总额完成69亿元，增长7%。城乡居民人均可支配收入达到34900元和16100元，分别增长8%和8.5%。经济发展质量效益明显提升，规模以上工业利税、利润总额分别达到130亿元和80亿元，是上年的1.8倍和2倍。实现公共财政预算收入56亿元，增长10.2%，完成税收总收入85.3亿元，增长29.8%。税收占财政收入比重达到77.5%，较上年提高5.5个百分点。万元生产总值综合能耗下降3.89%，化学需氧量、氨氮、二氧化硫、氮氧化物全部实现减排目标。

新旧动能加快转换。坚持以加快新旧动能转换为统领，在改造提升传统产业的同时，积极培育“四新”经济，为经济持续健康发展提供动力。编制新旧动能转换实施方案，谋划推进十大重点产业项目和十大基础设施项目建设，努力做好以“四新”促“四化”文章。深入推进供给侧结构性改革，完成粗钢去产能任务124万吨、煤炭去产能30万吨，房地产去库存周期控制在12个月，通过减费降税等措施为企业降低成本16.3亿元。加快产业转型升级步伐，非钢产业占比达到61.5%，现代服务业占比达到49.1%，高新技术产业产值占比达到22.6%，智能制造、跨境电子商务等一批新产业新业态新模式不断涌现。优化企业帮扶机制，实施“三扶”企业培育工程⑦，组建科技特派员、金融联络员、驻企督导联络员三支队伍，组织300余名企业家参加境内外专题培训，帮助35家企业完成规范化公司制改制，新增上市挂牌企业13家。增强科技创新能力，实施科技“小巨人”⑧、科技型企业“小升高”计划，建立鲁中工业科学研究院，国家特色蔬菜产业技术体系综合试验站落户我市，新增省级以上科技创新平台和企业技术中心16家，万人拥有发明专利7.89件，全社会研发投入占生产总值比重达到2.56%。实施质量强市战略，开展质量提升行动，培育山东名牌产品11个，创建国家节水灌溉产品质量提升示范区，企业主导或参与制修订国家、行业标准17项，13个项目列为国家和省级标准化试点，我市经济朝着质量更好、效率更高、动力更强的方向迈进。

资源集聚效果显现。着力把招商引资、招才引智、招宾引客作为推动发展的突破口，全力吸引项目、资金、人才等要素向莱芜集聚。积极开展精准招商，完善招商引资考核办法，精准对接产业需求，精准使用招商资源，年内新引进超亿元项目87个，完成招商引资211亿元，泰嘉不锈钢深加工、生物医药产业园、维达纸业扩产等一批大项目有序推进，174个项目竣工投产。强化人才资源保障，组建招才局，成立高促会，开展人才环境评价，搭建“星期日工程师”网上平台，举办雪野国际人才论坛，引进48名高层次创新创业人才，新增3名“万人计划”专家。大力推进招宾引客，积极发展旅游、节庆会展、商贸流通产业，节会赛事精彩纷呈，商贸物流日趋活跃，人员流动更加频繁，年内引客24.8万人次。国家全域旅游示范区建设成效明显，旅游资源有效整合，旅游产品推陈出新，年接待游客1130万人次，实现旅游消费总额68亿元，分别增长9%和13%。

改革开放深化拓展。坚持问题导向，抓住关键环节，推动各领域改革向纵深发展。稳步推进农业农村改革，有序开展农村承包地“三权”分置，完成集体产权制度改革试点工作。积极推动农业综合开发，培育新型农业经营主体，发展田园综合体49家，新增农民合作社99个、家庭农场73户。加快特色小镇建设，9个市级特色小镇完成规划，雪野航空运动休闲小镇入选国家级特色小镇。积极推进大部门制改革，理顺城乡交通、绿化、水务管理体制，促进城乡统筹一体化发展。深化商事制度改革，推动“多证合一”，16个部门31类事项整合为一张执照。大力推进投融资体制改革，设立投融资管理中心、PPP项目管理中心，组建财金集团和旅发、水发、交发等市属国企，PPP入库项目达到60个，完成投资36亿元。加大金融对实体经济的支持力度，实施银行业金融机构考核，新增授信额500亿元，存贷款余额达到953亿元和737亿元，分别增长4.3%和9.7%，贷款余额创历史新高。严厉打击恶意逃废银行债务行为，依法化解不良贷款，金融生态环境明显改善。完善土地出让办法，营造公平交易环境，规范土地市场秩序，土地价值得到合理体现，国土资源管理秩序明显好转。深化济莱协作区建设，千佛山医院莱芜院区完成主体工程，山财大莱芜校区办学规模进一步扩大。积极争取济莱高铁项目立项开工建设，并将纳入国家高铁大网络，构建“才”字形高铁路网，为莱芜建设区域型高铁枢纽奠定重要基础。主动融入“一带一路”倡议，推动开放型经济发展，加强对外产能合作、市场开拓和资源开发，与我市建立经贸往来的国家和地区达到169个。

城乡面貌明显改观。编制完成新一轮城市总体规划，核心城区控规实现全覆盖。大力推进城建重点项目建设，市委党校新校区投入使用，城区外环路、南部旅游路、文化路公铁立交启动建设，凤城东大街等4条道路实施改造提升。扎实推进城市更新和增绿增亮工程，完成城中村拆迁106万平方米，综合整治改造老旧小区31个，城区绿化覆盖率达到43.6%。启动美丽乡村标准化建设，覆盖率达到45.3%，村庄建设更加规范，村容村貌得到改观。加快完善城乡基础设施，城市集中供热普及率达到71.6%，管道天然气普及率达到76%，完成海绵系统建设7.6平方公里。积极开展国家智慧城市建设试点，智慧城市运营中心开工建设，智慧公交、智慧社区、数字城管体系不断完善。全面推行河长制，启动大汶河生态环境治理工程，深化城乡水务一体化改革，水资源管理得到加强。实施森林进城、森林围城、森林乡村系列工程，全市森林覆盖率达到36%，成功创建“国家森林城市”。大力开展环保突出问题综合整治，全力办好中央、省环保督察交办案件，整治取缔“散乱污”企业273家，PM_{10}、$PM_{2.5}$浓度同比改善8.1%和11.6%，蓝繁天数增加33天。2017年是我市创建“全国文明城市”十二载关键的一年，全市上下凝心聚力，真抓实干，全力打好违建整治、卫生清理、环境美化、秩序维护等攻坚战，城市面貌显著改善，文明水平持续提升，我市成功摘得梦寐以求的“全国文明城市”桂冠，这是138万莱芜人民的光荣和自豪！

民生福祉持续增进。坚持以人民为中心的发展思想，着力解决人民群众最关心、最直接、最现实的利益问题，十个方面的民生实事如期完成，一批惠民举措落地实施。脱贫攻坚扎实推进，整合扶贫资源，强化精准帮扶，积极发展庭院种植养殖、手工艺品制作等产业扶贫项目，开展“一对一”志愿帮扶活动，年内9900人实现脱贫。就业状况持续改善，新增城镇就业1.92万人，农村劳动力转移就业2.38万人，扶持创业5600人。教育事业取得新成绩，大班额消控和“全面改薄”工程基本完成，校长职级制改革稳步实施，教育教学质量全面提升，高考普通本科上线率保持全省前列。社会保障更加有力，企业退休人员养老金实现十三连增，城乡居民医疗保险补助标准进一步提高，开工建设保障性住房1211套，改造农村危房868户。卫生服务水平持续提升，市医院新区投入使用，危重孕产妇和新生儿救治中心按期建成，100家农村卫生室完成标准化改造。文化体育事业蓬勃发展，优秀传统文化得到挖掘传承，档案馆新馆正式启用，建成60个村史展室，推出莱芜梆子《嘶马河》、电视片《卧云铺》等一批文艺精品，新建体育健身工程65处、笼式足球场8处，我市运动员在十三届全运会取得历史最好成绩。全面加强食品药品安全监管，食药检验检测中心通过认证，食品药品抽检合格率分别达到95%和100%。大力推进化工产业安全生产转型升级，持续开展“大快严”集中行动，安全生产形势持续好转，事故总数下降53.2%。深化“平安莱芜”建设，认真抓好社会矛盾隐患排查，严密防范各类风险，有效化解各类矛盾问题，十九大安保维稳工作取得全面胜利。

政府建设得到加强。认真落实全面从严治党责任，努力建设为民务实清廉政府，营造干事创业良好环境。牢固树立“四个意识”，坚决维护以习近平同志为核心的党中央权威和集中统一领导。深入学习宣传贯彻党的十九大精神，深刻领会习近平新时代中国特色社会主义思想，扎实推进“两学一做”学习教育常态化制度化。持续深化反腐倡廉建设，加强源头治理，纠治“四风”顽疾，加大行政监察和审计监督力度，严查各类违法违纪案件，侵害群众利益的行为得到有力整治。增强法律观念，严格依法履职，自觉接受人大法律监督和政协民主监督，办理人大代表建议117件、政协委员提案235件。加快政府职能转变，深化“放管服”改革，推行“一门式”服务，推出“零跑腿”和“只跑一次”事项163项，群众办事更加方便快捷。严格规范公正文明执法，着力提升政府效能，构建大督查体系，工作执行力进一步加强。畅通民意诉求渠道，办好市长公开电话、政风行风热线、电视问政栏目，及时回应社会关切，一大批事关群众切身利益的问题得到妥善解决。

同时，外事侨务、对台事务、民族宗教、海关国检、统计、物价、供销、保密、方志、仲裁、气象、地震、邮政、供电、机关事务、应急处置、无线电管理工作取得新进展，国防动员、民兵预备役、人民防空和双拥优抚工作积极推进，妇女儿童、青少年、残疾人、老龄、慈善、红十字会、关心下一代事业实现新发展。

各位代表！全市经济社会发展取得新成绩，

是省委、省政府和市委正确领导的结果，是全市广大干部群众团结一心、共同努力的结果，是市人大、市政协以及社会各界监督支持的结果。在此，我代表市人民政府，向辛勤工作在各行各业的广大干部群众，向积极支持政府工作的人大代表、政协委员和社会各界人士，向中央、省驻莱单位、驻莱部队官兵，向所有关心支持莱芜发展的同志们、朋友们，表示崇高敬意和衷心感谢！

各位代表！我们清醒地认识到，经济社会发展中还存在不少困难和问题。经济增长内生动力仍然不足，要素保障压力较大，新旧动能接续转换任务艰巨，推进高质量发展还有许多制约因素。公共服务和民生保障还有不少短板，优质教育、医疗供给不足，社会治理、安全稳定等领域还有许多薄弱环节。城乡建设管理还比较粗放，环境污染形势依然严峻，生态文明建设任务十分繁重。政府职能转变还不到位，少数工作人员干事创业的担当精神、依法行政的法治意识、为民服务的公仆情怀和狠抓落实的工作作风亟待加强。我们要坚持问题导向，对症下药，精准施策，切实加以改进。

二、2018 年政府工作的总体要求和目标任务

2018 年是贯彻党的十九大精神的开局之年，是改革开放 40 周年，也是决胜全面建成小康社会、实施“十三五”规划承上启下的关键一年。党的十九大确立了习近平新时代中国特色社会主义思想，提出了新时代坚持和发展中国特色社会主义的基本方略，对新时代推进中国特色社会主义伟大事业和党的建设新的伟大工程作出了全面部署，进一步指明了党和国家事业前进的方向。我省经济文化强省建设步伐不断加快，创新发展、持续发展、领先发展的势头日趋强劲，特别是新旧动能转换综合试验区启动建设，为我们加快发展提供了难得机遇。我市经济运行正发生积极而深刻的变化，一批打基础利长远的重要举措和重大项目启动实施，广大干部群众凝心聚力谋发展的氛围更加浓厚，为我们加快发展，迎接新时代，展现新作为提供了有力保障。尽管前进道路上会遇到各种问题和困难，但只要我们善于把握机遇，沉着应对挑战，主动寻标对标，勇于担当作为，就一定能够放大优势、奋勇争先、赢得未来，开创莱芜更加美好的明天！

今年政府工作的总体要求是：全面贯彻落实党的十九大精神，以习近平新时代中国特色社会主义思想为指导，坚持稳中求进工作总基调，坚持新发展理念，按照高质量发展要求，认真落实“一二三四五”的总体发展思路，深入实施工业立市、生态建市、创新兴市、质量强市战略，以供给侧结构性改革为主线，加快实施新旧动能转换重大工程，统筹推进稳增长、促改革、调结构、惠民生、防风险各项工作，努力在全面建成小康社会进程中走在全省前列。

今年经济社会发展的主要预期目标是：生产总值增长 8% 左右，公共财政预算收入增长 8.5% 左右，规模以上固定资产投资增长 8% 左右，规模以上工业增加值增长 9% 左右，社会消费品零售总额增长 9% 左右，进出口总值稳定增长，城镇登记失业率控制在 3% 以内，居民消费价格涨幅控制在 3% 左右，城乡居民人均可支配收入分别增长 8% 和 8.5% 左右，全面完成省政府下达的节能减排降碳约束性指标。

做好今年政府工作，必须在指导思想上把握好以下几个方面：一是坚持正确的政治方向，切实增强“四个意识”，始终在思想上政治上行动上同以习近平同志为核心的党中央保持高度一致，坚持以习近平新时代中国特色社会主义思想为指导，坚定不移贯彻落实中央、省委省政府和市委的各项决策部署。二是坚持稳中求进的工作总基调，正确处理稳和进的辩证关系，把握工作规律，抢抓发展机遇，争取走在前列，不断巩固稳的基本面，努力开创进的新局面。三是坚持高质量发展的根本要求，认真贯彻习近平新时代中国特色社会主义经济思想，坚定不移践行新发展理念，牢固树立质量第一、效益优先的价值导向，加快

新旧动能转换，推动经济发展质量变革、效率变革、动力变革，努力实现发展质量效益更高、民主法治更加健全、生态环境更加优美、人民群众更加富裕、社会更加文明和谐。四是坚持以人民为中心的发展思想，把人民对美好生活的向往作为奋斗目标，坚守底线，完善制度，引导预期，把为人民造福的事情办好办实，让改革发展成果更多更公平惠及全市人民。五是坚持统筹协调的工作方法，准确把握发展总体布局，统筹各项政策，加强工作协同，聚焦聚力发展不平衡不充分的突出问题，抓住薄弱环节，认真打好防范化解重大风险、精准脱贫、污染防治三大攻坚战，努力补齐短板、攻坚破难、厚植优势，不断增强发展的整体性。

三、加快新旧动能转换，建设现代化经济体系

坚持把新旧动能转换作为建设现代化经济体系的突破口，持之以恒做好以“四新”促“四化”实现“四提”的文章，努力打造新旧动能转换创新区，推动我市经济在实现高质量发展上不断取得新突破。

（一）推进产业体系升级。坚持“增量崛起”与“存量变革”并举，持续深化十大产业振兴提升工程，推动产业结构由中低端向中高端迈进，加快建设实体经济、科技创新、现代金融、人力资源协同发展的产业体系，促进产业转型升级、提质增效。改造提升传统产业，突出应用新技术、创造新产品、融合新业态、催生新链条，抓好奔速智能电梯制造、金雷风电发电机主轴等50个技改项目，推进泰嘉不锈钢深加工、莱钢装配式建筑等产业链项目，打造钢铁产业转型升级示范市，提升产品产业竞争力，再造实体经济新辉煌。培育壮大新兴产业，立足我市基础特色，加快发展新材料、生物医药、电子信息、高端装备、新能源与节能环保等新兴产业，积极培育智慧物流、医养健康、运动休闲、航空体育等新兴业态，加快莱钢10万吨合金特种粉末、阿尔普尔中德清洁能源小镇、正泰北方产业园、绿地旅游健康特色小镇、鲁中铁路物流园等项目建设，积极构筑我市经济新“四梁八柱”。推进产业跨界融合，加快发展农业“新六产”[⑨]，大力发展服务型制造，推进“互联网+”行动，积极开展智能制造、个性化定制等模式创新，推动加工组装向“制造+服务”转型，信息技术向制造业各环节渗透，生产方式向柔性、智能、精细转变。

（二）促进产业集群发展。依托我市产业基础和资源禀赋，重点围绕钢铁生产及深加工、汽车零部件、粉末冶金、节水灌溉、装配式建筑、清洁能源、生物医药等产业，以市场为导向，以企业为主体，以产业园区为载体，科学规划布局，推动企业集聚、项目集群，加快培育一批特色鲜明、优势突出的现代产业集群。实施龙头企业带动，逐产业确定一批优势企业进行重点扶持，组建产业联盟，开展兼并重组，靠大联强发展，尽快膨胀实力，着力打造一批大企业大集团，吸引上下游企业集聚发展。强化专业分工协作，鼓励关联企业纵向配套、横向联合，延伸产业链条，支持集群内企业相互参股、技术合作，引导企业与科研院所、社会服务机构开展协作，建设产业集群展览展示平台、电子商务平台等公共营销渠道，实现利益共享、协同发展。进一步发挥产业园区作用，明晰各园区功能定位，整合集聚资源，发展壮大主导产业，完善给排水、能源供应、排污治理等基础设施，搭建研发设计、检验检测、金融创投、成果转化等公共服务平台，提升园区吸引力和承载力。

（三）开展质量提升行动。牢牢把握高质量发展这个根本要求，坚持质效导向，大力实施质量强市战略，全领域、全方位、全产业链提升质量水平，推动经济发展迈向质量时代。实施全民共治、人才培养、标准引领、品牌培育、平台保障、标杆带动、扶持激励工程，全面开展质量提升行动，构建质量提升长效机制。抓好重点企业示范引领，加强质量管理培训，用三年左右时间，培育打造10家质量标杆企业、100家质量创新型企

业、1000家质量成长型企业，培育1万名能工巧匠和服务之星。积极筹建节水灌溉、流量计量等产品质量检验中心，探索构建“五位一体”全程质量管理支撑体系。开展“标准化+”行动，鼓励支持企业“寻标、对标、提标、达标”，推进企业标准自我声明公开，积极争取国家、省标准化试点示范项目。抓好品牌建设，着力扩大泰山不锈、阿尔普尔节能装备、泰达车库等品牌影响力，提升“三辣一麻”、“三黑一花”、齐鲁干烘等产品美誉度，加大万兴、万邦、山歌等“互联网+品牌”培育力度，让莱芜老字号焕发新活力，推动更多的莱芜品牌走向全国、走向世界。

（四）强化科技创新支撑。深化科技体制改革，完善科技创新券、科技奖励、研发费用后补助等政策，启动天使投资计划，建立科技贷款风险补偿机制，力争全社会研发投入占比达到2.61%以上。实施科技“小巨人”、科技型企业“小升高”等培育扶持计划，培育一批具有创新能力的排头兵企业，新增科技“小巨人”企业30家、高新技术企业8家以上。抓好68个省级重点科技计划项目，力争取得一批关键技术成果。积极发展创新平台，办好鲁中工业科学研究院，建设青科大化工材料研究院、中科院莱芜院地协同创新中心，新增省级以上科技创新平台5家以上。加强科技服务，完善科技特派员制度，促进“产学研”协同创新。大力推进科技成果产业化，建立网上科技成果交易服务平台，加强知识产权保护运用，争创国家创新型城市。

（五）力促“三招三引”提效。更加精准推进招商引资，完善招商组织体系、政策体系、考核体系，强化资本招商、以商引商、中介招商、委托招商，着力在引进“高、大、新、特、优”项目上下功夫，力争年内引进超亿元项目80个以上，完成招商引资200亿元以上。实化细化鼓励投资政策措施，增强民间投资动力，促进有效投资合理增长。用好大项目建设在线管理平台，改进项目考核、联审联批、警示退出办法，完善观摩评议、大督查机制，加大项目建设力度，力争年内竣工投产大项目120个以上。大力度实施招才引智，推进人才引领产业发展计划和“归雁工程”，分领域构建产业人才联盟，将人才发展环境评价向政府部门延伸，健全柔性引才、事业留才、科学用才、多元育才机制，加快“未来30小镇”[10]等创新创业基地建设，力争新引进高层次人才30名以上，让更多时代英才创业赢牟、圆梦凤城。多渠道开展招宾引客，大力发展全域旅游，打造“长城故乡”等旅游目的地品牌，推进齐长城沿线、大汶河沿岸、南部山区连片文化旅游带建设，抓好“一线五村”卧云铺景区、乐嬉谷旅游度假区等文化旅游重点项目。积极承办会议会展、体育赛事、文艺展演等活动，高水平办好中国国际航空体育节。力争全市接待游客、旅游消费分别增长8%和12%以上，招宾引客增长10%以上。

四、加大改革开放力度，充分激发发展活力

蹄疾步稳推进各项改革，推动形成全面开放新格局，以开放倒逼改革，以改革促进开放，为经济社会发展持续增添新动力。

（一）推进重点领域改革。深化供给侧结构性改革，重点在“破”“立”“降”上下功夫，大力破除无效供给，合理处置僵尸企业，年内压减煤炭产能30万吨。清理规范政府性基金、涉企行政事业性收费，组织开展“红顶中介”专项治理，落实小微企业税收优惠政策，争取更多企业享受直供电，进一步降低实体经济成本。加快农业农村改革，全面推开农村集体产权制度改革，深化农村承包地“三权”分置，积极推动农村土地确权成果转化，真正让农户的承包权稳下去、经营权活起来。深化国有企业改革，完善国有资产管理体制，加强经营性国有资产统一监管，健全国有企业法人治理结构，推动国有资本做强做优做大。大力支持民营企业发展，落实保护产权政策，制定实施市场准入负面清单，有效激发各类市场主体活力。加快企业规范化公司制改制，年内完成改制企业35家，力争新增上市挂牌企业6家。

加强企业家队伍建设，大力营造尊重和保护企业家精神的浓厚氛围，让广大企业家在莱芜安心创业、名利双收。加快建立多主体供应、多渠道保障、租购并举的住房制度，发展住房租赁市场，调控土地出让时序和规模，促进房地产市场平稳健康发展。深入推进投融资体制改革，设立新旧动能转换基金、旅游发展股权引导基金，大力发展政府与社会资本合作模式，重点在水利、交通、城市建设等领域发起一批PPP和资产证券化项目，力争落地实施项目20个以上。加快金融改革发展，完善银行业金融机构考核办法，扩大新型农村合作金融试点，成立政府性融资担保机构，开展“政监银联动、助力实体经济”活动，激发银行增加贷款积极性，年内普惠金融资产总额增长12%以上。扎实做好第四次经济普查工作。稳妥推进财税改革，理顺市以下财政体制，合理划分财政事权和支出责任，推进预算绩效管理，积极开展水资源税、环境保护税改革，扎实推进国地税联合办税，建设一批联合自主办税服务网点，为纳税人提供更多便利。

（二）提升区域协作水平。加快省会副中心城市建设，着力提升承载能力，集聚高端要素，培育创新业态，营造高效环境，努力打造鲁中高质量发展新高地。积极借力济南新旧动能转换先行区建设，促进基础设施互联互通，推进济莱快速通道建设，加快千佛山医院莱芜院区工程，提升山财大莱芜校区办学水平，在高端制造业协调配套、特色农产品供应、仓储物流、休闲旅游等方面深化协作。大力推进济莱高铁工程项目建设，力争2019年竣工，2020年通车。高标准规划建设高铁新区，打造院士产业园，构建高铁沿线经济走廊。加强与省会城市群经济圈的联动发展，推进金融、科技、教育、医疗、文化、环保等领域交流合作，努力实现资源共享、优势互补、协调并进。

（三）大力发展开放型经济。提升对外贸易质量，扩大先进技术、关键零部件、重要能源原材料进口，支持机电产品和高新技术产品出口，深化农业对外合作，大力发展服务贸易，积极培育出口实绩企业，力争出口额超亿元企业达到15家。加强对外经济合作，紧抓“一带一路”和自贸区建设机遇，鼓励企业到境外设立办事机构、发展营销网络、承揽国际工程、建设生产基地，提高企业参与国际竞争能力。加强外派劳务企业培育，建设省级高端外派劳务基地，推动普通劳务向高端劳务转变。扩大利用外资规模，制定完善优惠政策，加强与国外大企业联系合作，力争年内利用外资5亿元以上。加快建设海关特殊监管区、国检试验区，打造跨境电商综合服务平台，用好到莫斯科的贸易专列，不断提高贸易便利化程度，加快构建更高水平、更深层次、更高质量的大开放格局。

五、推动城乡融合发展，努力建设美丽莱芜

坚持以打造精品城市为目标，塑造美丽精致的独特魅力，推动城乡建设从扩规模向提品质转变，建好城市“会客厅”，美化乡村“后花园”，把我们的家园建设得更精致更精彩。

（一）大力推进乡村振兴。坚持农业农村优先发展，科学制定乡村振兴规划，促进城乡融合发展、统筹发展，努力建设产业兴旺、生态宜居、乡风文明、治理有效、生活富裕的现代化新农村。坚持质量兴农、绿色兴农，加快国家特色蔬菜产业技术体系综合试验站建设，建好葱姜蒜研究中心等一批农业科技创新平台，做强做优生姜、山楂、鸡腿葱、白花丹参等特色产业，把地方土特产和小品种做成带动农民增收的大产业。实施耕地质量提升计划，推进节水灌溉及水肥一体化项目，新增节水灌溉面积4万亩、水肥一体化面积1.4万亩，完成农业水价综合改革面积12万亩。引导特色小镇健康发展，着力完善功能配套，提升带动能力。加快美丽乡村建设，抓好农村“三增三改”[11]，推进“厕所革命”，全面完成农村改厕任务，新增美丽乡村70个，保护好乡村特色风貌和田园风光。推动农村基础设施建设提档升级，建好管

好护好运营好农村公路，实施大宅线改建工程。积极培育新型经营主体，年内新增示范经营主体20家以上，认定田园综合体30家以上。探索建立职业农民制度，加强农村专业人才队伍建设，培育一批农村科技带头人，鼓励工商资本参与农村振兴，引导社会各界人士投身乡村建设，让农业成为有奔头的产业，让农民成为有吸引力的职业，让农村成为安居乐业的美丽家园。

（二）提高城乡建设管理质量。完善城市规划，统筹推进多规合一，编制中心城区整体城市设计和“城市双修”（生态修复、城市修补）规划，完成镇级总体规划，优化服务设施配置，塑造特色城市风貌，努力把莱芜打造成布局合理、功能齐全、生态良好、特色鲜明、宜居宜业的现代化城市。提升建设水平，筹建低空机场，抓好青兰高速莱芜段建设，实施文化路、呈瑞大街等5条道路改造，加快文化路公铁立交工程，努力构建“三纵四横、一环、一快”高效路网。⑫抓好地下管廊建设，新建天然气管道10公里，大力推进供热分户计量，新增集中供热面积100万平方米。健全公共设施，更新城区厕所、候车亭，启动城市地下停车场、健身步道等工程。推进城市改造，加快核心区零散低矮废弃平房拆除和城中村安置工程建设，启动实施红土河景观改造和上下游连通工程，恢复城关老街等历史文化街区，推动既有多层住宅加装电梯。推广应用装配式钢结构建筑，争创省级装配式建筑示范市。加强城市精细化管理，巩固全国文明城市创建成果，实施城乡环境优化、公共秩序提升等十大工程，推动创城工作制度化、法治化，让文明风尚浸润城市的每个角落。强化环境管理，推广垃圾分类投放，抓好社区“三清三建”⑬，保持违建整治高压态势，确保顺利通过国家卫生城市、国家园林城市复审。实施智慧管理，推进智慧城市试点市建设，提升交通、产业、旅游等领域智慧化水平，启动运营管理中心二期工程，建设智慧城市窄带物联网。加强供水节水管理，实施城乡供水一体化，争创海绵城市试点和国家节水型城市。加大土地资源集约集聚力度，开展国土资源节约集约示范创建活动，加强耕地保护，改进占补平衡，进一步规范国土资源管理秩序。

（三）狠抓生态环境建设。坚持人与自然和谐共生，大力解决突出环境问题，创造更多的优质生态产品。积极推进低碳发展，实施“工业绿动力”计划，抓好莱钢超高压煤气发电、泰钢分布式绿色热动力等项目建设，启动园区循环化改造，积极推进电代煤、气代煤，完成煤炭消费减量替代任务。坚决打赢蓝天保卫战，建立大气污染源排放、无组织排放改造清单，抓好工业污染、城市扬尘、机动车尾气、挥发性有机物治理，严格落实重污染天气减排管控措施，坚决取缔“散乱污”企业，确保空气质量持续改善、蓝繁天数稳定增加。全面落实河长制，推进大汶河生态水系治理，抓好生态湿地建设，加强孝义河、青杨行水库等生态保护，强化水源地、河库水域岸线综合整治，确保出境断面水质稳定达标。扎实推进净土行动，建设土壤环境质量监测网络，强化农业面源污染防治，推广可降解地膜1万亩。实施山水林田湖生态保护修复工程，加快退出矿山恢复治理，巩固提升国家森林城市创建成果，建设大崮山森林公园，大力开展“绿满嬴牟·美丽莱芜”国土绿化行动，年内完成造林面积2.71万亩、退耕还果还林面积1万亩。坚持“零容忍”，严格环保执法，全面落实领导干部任期生态文明建设责任制，健全环保信用评价、信息强制披露、严惩重罚等制度，加快构建约束激励并举的生态文明制度体系。各位代表，我们一定要牢固树立“绿水青山就是金山银山”理念，像对待生命一样对待生态环境，以对历史高度负责的政治担当，坚决守住生态功能保障基线、环境质量安全底线、自然资源利用上线，绝不以破坏环境、浪费资源、牺牲子孙后代利益为代价，换取一时一地的发展！

六、突出抓好民生保障，不断增进群众福祉

造福人民是各级政府最大的政绩。我们要多

谋民生之利，多解民生之忧，在发展中补齐民生短板，更好地满足人民群众对美好生活的新期待，让全体人民在共建共享发展中有更多获得感、幸福感。

（一）打好精准脱贫攻坚战。脱贫攻坚是重大政治任务，是我们对全市人民的庄严承诺，必须以更大决心、更大力度如期实现这一目标，确保脱贫得到群众认可、经得起历史检验。坚持大扶贫格局，把提高脱贫质量放在首位，注重扶贫同扶志、扶智相结合，协同推进区域解困和个体脱贫，扎实做好产业扶贫、行业扶贫、社会扶贫，年内基本完成脱贫任务。瞄准特定贫困群众精准帮扶，实行“一户一案”精准扶贫模式。向深度贫困地区聚焦发力，启动偏远山区扶贫综合开发，显著改善70个村生产生活条件。巩固提升脱贫成果，健全完善长效机制，突出易返贫重点群体，做到扶到人、扶到心，脱真贫、真脱贫。加强扶贫项目和资金监管，开展扶贫领域腐败和作风问题专项治理，推动阳光扶贫、廉洁扶贫。

（二）进一步提高就业质量。坚持就业优先战略和积极就业政策，实现更高质量和更充分就业，年内新增城镇就业1.7万人，农村劳动力转移就业2.2万人。完善就业援助长效机制，积极开展职业技能培训，统筹做好就业困难群体、高校毕业生、新旧动能转换分流职工就业，着力化解就业结构性矛盾。深入推进创业带动就业，积极开展省级创业型城市创建，实施创业担保贷款、税费减免、创业两补等政策，年内扶持自主创业5500人。

（三）加强社会保障体系建设。完善养老服务体系，搭建智慧养老平台，推广居家社区养老模式，支持医养结合发展，提高机构养老服务水平。提升医疗保障能力，健全职工大病保险、居民基本医疗保险等制度，实施市民大病补偿政策，建立特殊行业工伤保险按项目参保制度，扩大异地就医即时结算医院范围。进一步提高居民基础养老保险、医疗保险政府补助标准。完善社会救助体系，全面实施政府救助保险，提高城乡低保和农村五保户集中供养标准，做好爱心复明、慈善血透等救助项目，年内救助1万人以上。实施保障性安居工程，年内开工建设保障性住房2800套，做好租购房补贴发放工作，让更多困难群众实现安居梦想。加快农业转移人口市民化，着力构建新型工农城乡关系。

（四）优先发展教育事业。大力发展学前教育，新建、改扩建12所幼儿园，改善80所幼儿园条件，提升婴幼儿照护和儿童早期教育服务水平。高质量完成大班额消控和“全面改薄”工程，加快青少年校外实践基地建设，推动义务教育优质均衡发展。完善职业教育和培训体系，深入推进产教融合、校企合作。深化教育综合改革，全面完成校长职级制改革，扎实推进中小学教师县管校聘工作。加强教师队伍管理，抓好师德师风建设，提高教学管理水平。深入开展“平安校园”创建活动，确保校园安全稳定。健全学生资助制度，设立义务教育爱心助学金，让更多孩子成就梦想、更多家庭实现希望！

（五）推进健康莱芜建设。深化医药卫生体制改革，加快建立现代医院管理制度，推行按病种付费方式，严控医疗费用过快增长。完善分级诊疗服务体系，稳步推进医联体建设，让群众在家门口就享受到优质医疗服务。健全公共卫生服务体系，实施改善医疗服务行动计划，开展“爱心医师联千村”活动，提升基层中医药服务能力。积极推进健康大数据应用，打造“智慧医疗”服务品牌。继续实施好全面两孩政策，促进人口均衡发展。全面完成残疾人康复中心工程。深入推进“食安莱芜”建设，抓好学校食堂透明厨房、餐饮具集中消毒单位规范改造等重点项目，争创全省食品安全示范城市。大力发展体育事业，建成启用市体校，打造主城区“15分钟健身圈”，新建改造一批仿真冰场、笼式足球场等体育设施。

（六）大力发展文化事业。积极培育践行社会主义核心价值观，深化群众性精神文明创建活动。完善现代公共文化服务体系，推动文化繁荣兴盛。实施文化惠民工程，组织精品剧目展演、文化大讲堂、文艺大舞台等文化活动，为五保对象免费安装有线电视，年内基层综合性文化服务中心实现全覆盖。进一步研究阐释莱芜战役等红色文化，传承发展嬴秦文化、长勺文化、冶铁文化等优秀传统文化，推动传统文化资源与文化产业融合发展。加强文物保护利用，实施特色建筑维修保护工程、村志惠民工程，规划建设国家方志馆冶炼分馆，启动市博物馆、吴天明电影艺术馆筹建工作，厚植莱芜文化根脉。

为政之要，民生至上。今年，市政府将继续集中力量，努力办好精准扶贫、提升餐饮质量安全、改善农村生产生活条件、完善城市基础设施、生态绿化、文化惠民、信息惠民、多层次社会保险、迁建老年大学、提升学生体质健康和消防安全教育等10个方面的实事，为人民群众创造更多福祉，带来更多看得见、摸得着、成色足的实惠。

七、防范化解重大风险，坚决守住安全底线

把重大风险防范化解工作摆在突出位置，坚持问题导向，强化底线思维，未雨绸缪，科学施策，努力把各类风险隐患消除在源头、化解在萌芽状态。

（一）加强金融风险防控。强化预警监测，建立金融风险防范网格化管理模式，加大风险排查力度，努力做到早识别、早预警、早发现、早处置。完善风险化解机制，发挥债权人委员会作用，支持企业采取担保授信管理、融资方式替代、抵质押物置换、打包收购等方式，有序破圈断链。通过上市挂牌、私募基金、债转股等方式，有效降低企业负债水平。强化对银行业金融机构监管，多措并举化解不良贷款，引导银行回归本源、服务实体。加强对小贷公司、民资公司、担保公司管理，促进民间融资阳光规范运作。严格政府债务管理，做好债务置换工作，开展集中清理规范行动，妥善化解存量债务，坚决杜绝隐性债务增量。大力整治违法违规金融活动，严厉惩戒失信行为，严格监管互联网金融等新兴业态，打造金融安全示范区，坚决守住不发生区域性系统性金融风险的底线。

（二）狠抓安全生产工作。认真落实安全生产责任制，健全双重预防体系，提升企业本质安全生产水平。积极推进科技强安，加快智慧安监平台二期工程建设。强化安全生产巡查，年内实现区级巡查全覆盖。深化“大快严”集中行动，保持打非治违高压态势。推进化工产业安全生产转型升级，加强煤矿、非煤矿山、消防、交通等重点领域监管，坚决杜绝重特大事故，确保事故起数、死亡人数双下降。

（三）全力维护社会稳定。完善党委领导、政府负责、社会协同、公众参与、法治保障的社会治理体制，打造共建共治共享的社会治理格局。抓好信访规范化建设，积极化解劳资、医疗、环保等领域矛盾问题，努力满足群众合理诉求。深入开展全民普法，加快建设公共法律服务实体平台，深化“百名律师包千村”行动，真正让法律走到群众身边、走进百姓心田。健全乡村治理体系，认真做好村（社区）“两委”换届工作，充分发挥基层组织“稳定器”作用。深入推进双拥共建，维护军人军属和退伍军人合法权益，促进军民融合深度发展。扎实推进“平安莱芜”建设，健全立体化社会治安防控体系，强力推进新型专群联动城市社区警务模式和“一村一警务助理”农村社区警务模式，开展严打整治专项行动，不断增强群众安全感。

八、努力建设人民满意的服务型政府

人民满意是我们的最高追求。我们要大力加强政府自身建设，强化责任担当，努力提高施政履职能力和服务水平，切实把执政为民落实到政府工作全领域全过程，以实实在在的行动和成效赢得人民群众的信任和支持。

（一）全面加强政府系统党的建设。坚持把政治建设放在首位，树牢“四个意识”，坚定“四个自信”，始终忠诚核心、维护核心、看齐核心。

坚定不移地用习近平新时代中国特色社会主义思想武装头脑、指导实践、推动工作，扎实开展“不忘初心、牢记使命”主题教育。严守政治纪律和政治规矩，坚定执行党的路线方针政策，始终做政治上的明白人。严格落实主体责任，认真履行“一岗双责”，加快构建亲清新型政商关系，严肃查处贪污贿赂、失职渎职、腐化堕落等违纪违法行为，推动政府系统全面从严治党向纵深发展。

（二）加快推进法治政府建设。强化法治意识和法治思维，推动政府工作人员自觉尊法学法守法用法，严格依法行政，做到一切出于公心，一切为了事业，一切按规矩办事。切实将政府工作全面纳入法治轨道，严格按照法定权限和程序行使职权、履行职责。坚持科学决策、民主决策、依法决策，加快构建决策科学、执行坚决、监督有力的权力运行机制。严格规范公正文明执法，推进权责清单标准化建设，建立健全行政裁量权基准制度，依法维护群众合法权益。自觉接受人大、政协及社会各界监督。深入推进政务决策、执行、管理、服务和结果全过程公开，保障人民群众的知情权、参与权和监督权，促进政府有效施政。

（三）提高政府服务管理效能。深化“放管服”改革，开展削权减证、流程再造、精准监管、体制创新、规范用权五大行动，在功能区探索设立行政审批局，实现一枚印章管审批。推进联合审、区域评、网上办，实行一窗受理、一网办理、联审联办和全链条办理，让群众只进一个门、最多跑一次，努力打造审批事项最少、办事效率最高、服务质量最优的政务环境。全面整合政务信息系统，实现全市政务信息资源跨部门、跨地域、跨层级共享。深化事业单位改革，强化公益属性，实现政事分开、事企分开、管办分离。打铁必须自身硬，全体政府工作人员要加强学习，大兴调查研究之风，提升素质能力，弘扬专业精神，全面增强“八种本领”，真正做到既政治过硬又本领高强。

（四）全力抓好工作推进落实。大力发扬务实作风，坚持说实话、谋实事、出实招、求实效，做到重大决策、重点任务、具体工作立说立行、一抓到底，以踏石留印、抓铁有痕的劲头狠抓落实。大力倡树担当精神，以功成不必在我的境界，争做新时代的劲草真金，苦干实干谋发展，合心合力强莱芜。完善激励机制和容错纠错机制，关心关爱基层干部，旗帜鲜明为敢于担当、踏实做事的干部撑腰鼓劲。严格执行中央八项规定实施细则精神和实施办法，密切关注“四风”问题新动向新表现，坚决整治不作为、乱作为和慢作为，坚决反对形式主义、官僚主义，努力打造风清气正的政治生态和发展环境。

各位代表，新时代前景辉煌，新使命催人奋进。让我们更加紧密地团结在以习近平同志为核心的党中央周围，在省委省政府和市委的坚强领导下，以永不懈怠的精神状态和一往无前的奋斗姿态，团结一心，创新实干，努力在全面建成小康社会进程中走在全省前列！

责任编校：吕昌盛

主要名词解释

①“一二三四五”总体发展思路：2017 年，中共莱芜市委从莱芜实际出发，进一步深化完善了全市总体发展思路。“一”是“一个主题”，即突出“践行新理念、建设新莱芜”这个主题；“二”是“两个率先”，即力争在全省率先全面建成小康社会、率先建成产业协调发展创新城市；“三”是“三个坐标”，即努力建设绿色发展生态文明建设先行区、全省加快新旧动能转换创新区、全国钢铁城市转型发展示范区；“四”是“四个发展”，即推动莱芜转调发展、协作发展、创新发展、和谐发展；“五”是“五个莱芜”，即建设实力莱芜、活力莱芜、魅力莱芜、生态莱芜、幸福莱芜。

②“七项竞赛”：即项目建设竞赛、招商引资竞赛、企业培植竞赛、标准引领竞赛、财税增收竞赛、镇域提升竞赛、节能环保竞赛。

③“十大产业”振兴提升：中共莱芜市委、莱芜市人民政府统筹莱芜产业基础、综合实力和市场前景，确定对钢铁生产及深加工、新材料、汽车及零部件、装备制造、新能源与节能环保、电子信息、生物与医药、食品饮料及农产品深加工、现代物流与电子商务、文化旅游等十大重点产业进行重点扶持，带动全市产业发展增实力上水平，努力打造布局合理、结构优化、梯次分明、竞争力强的现代产业体系。

④“三辣一麻”“三黑一花”：“三辣一麻”即生姜、大蒜、鸡腿葱、花椒；“三黑一花”即黑猪、黑鸡、黑山羊、花脸长毛兔。

⑤“三去一降一补”：即去产能、去库存、去杠杆、降成本、补短板。

⑥“一体两翼、一带四片”的空间布局结构：“一体”即莱城城区；“两翼”北翼是口镇和雪野，南翼是钢城城区；“一带”即一套城镇空间拓展带，依托京沪高速公路、省道莱明线和拟建的济莱城际铁路，自北向南联系雪野、口镇、莱城和钢城城区；“四片”即四个城乡特色功能片，包括北部山水休闲旅游片、西部平原现代农业片、东部丘陵特色农业和生态涵养片、南部山林生态文化旅游片。

⑦“三扶”企业培育工程：是莱芜市扶持企业发展、促进金融服务实体经济的一项举措。“三扶”即扶强、扶优、扶新。2017年，莱芜市人民政府出台《关于实施重点企业“三扶”培植计划的意见》，在全市选择一批符合条件的市属及以下重点工业企业（含农产品加工企业），以解决企业融资问题为核心，引导撬动银行资金、机构资金、社会资金向“目标”企业聚集，促进“扶强”企业稳健发展，“扶优”企业持续壮大，“扶新”企业快速成长。

⑧科技“小巨人”计划：是莱芜市鼓励科技型中小企业创新发展的扶持措施。自2017年开始，中共莱芜市委、莱芜市人民政府每年遴选不超过30家符合产业发展方向、成长性好、拥有自主知识产权和关键技术、创新能力强的科技型中小企业进行重点培育，在研发平台建设、重大技术攻关、科技成果转化等方面给予扶持。

⑨农业“新六产”：是促进农村一二三产业融合，推动农业增效、农民增收、农村繁荣的重要举措。主要是：产业链延伸，即1+2+3，第一产业接二连三，向后延伸；第二产业接一连三，双向延伸；第三产业接二连一，向前延伸。价值链提升，即1×2×3，一产的一份收入，经过二产加工增值为两份收入，再通过三产的营销服务形成三倍效益。供应链贯通，即产销直接对接，减少流通环节。

⑩未来30小镇：为吸引集聚高层次人才到莱芜创新创业，中共莱芜市委、莱芜市人民政府联合山东烟草公司在雪野旅游区共同建设的山东高层次人才创新创业小镇。

⑪ 农村“三增三改”：是改善农村生产生活条件、提升群众生活水平的重要举措，即增网络、增民宿、增景观，改厨厕、改环境、改风俗。

⑫“三纵四横、一环、一快”高效路网：“三纵”，即莱芜市境内的S241临徐线、S234惠沂线、G205山深线；“四横”，即莱芜市境内的S317临历线、县道水东线、G341胶海线、县道龙王路；“一环”，即城区外环道路；“一快”，即济南至莱芜快速通道。

⑬ 社区“三清三建”：是推进城乡一体化建设、完善公共基础设施、美化居民生活环境的重要措施，即清违建、清垃圾、清管线，建公园、建道路、建绿地。

大事记

2017 年莱芜市大事记

1 月

4 日—5 日 莱芜市 2017 年第四季度大项目建设现场观摩会议召开。与会人员重点观摩 2016 年全市产业发展、基础设施、全域旅游、基层党建等领域 30 余个重点项目。

5 日 全市经济工作会议召开。

16 日 市委书记、市人大常委会主任王良，市委副书记、代市长梅建华会见珠海航展有限公司总经理苏全丽一行。

19 日 第一届全市文明家庭表彰会议召开。

2 月

3 日 中央文明办发布 2017 年 1 月“中国好人榜”。莱芜“80 后”最美护士毕研芝因见义勇为入选榜单。

4 日 莱芜市召开 2017 年总结表彰动员大会。对 2016 年度十大优秀项目等 22 类先进予以表彰奖励。

13 日 莱芜市举行大项目建设集中开工奠基仪式，当日集中开工奠基项目 10 个。

16 日 山钢集团莱钢型钢炼铁厂出品的微电影《一日三餐》获 2017 中国金鸡百花电影节第二届国际微电影影展优秀作品奖。

17 日—19 日 中国共产党莱芜市第十四次代表大会召开。

18 日 市委书记、市人大常委会主任王良会见泰国山东总商会会长冯文亮一行。

19 日 中国共产党莱芜市第十四届委员会第一次全体会议召开。王良、梅建华、李兴钰、武林中、毕司东、张晓海、于景涛、孟令兴、李春英当选为市委常委，王良当选为市委书记，梅建华、李兴钰当选为市委副书记。

21 日 “莱芜市张家洼矿区深部及外围铁矿普查”获中国地质学会 2016 年度“十大地质找矿成果”称号。

是日 莱芜首套轨道式智能巡检机器人顺利落户 220 千伏长勺变电站并投入使用。

23 日—25 日 政协第十届莱芜市委员会第一次会议召开。张作平当选为市政协主席，董杰、赵涛、刘静、吕凤华、刘安庆、李兴实当选为市政协副主席。

24 日—26 日 莱芜市第十八届人民代表大会第一次会议召开。王良当选为莱芜市第十八届人大常委会主任，刘杰、魏凯忠、刘延才、徐延明、金宗义当选为莱芜市人大常委会副主任，孟广占当选为莱芜市人大常委会秘书长，梅建华当选为莱芜市人民政府市长，孟令兴、张桂爱、王茂祯、武树华、胡文朴、郑德庆当选为莱芜市人民政府副市长，李杰当选为莱芜市中级人民法院院长，张守强当选为莱芜市人民检察院检察长（根据法律规定，须报经省人民检察院检察长提请省人民代表大会常务委员会批准）。

27 日 市委副书记、市长梅建华会见维达国际集团行政总裁麦焘一行。

2 月 28 日—3 月 2 日 山东省自由式摔跤甲组锦标赛在莱芜市体育馆举行，莱芜市代表队获得团体第 7 名。

3 月

12 日—16 日 全国跆拳道锦标赛在莱芜市综合体育馆举行。

17 日 莱芜市人民政府与山东青年政治学院农村文化资源保护、传承及开发利用创新发展校地战略合作协议签约仪式举行。

20 日 莱芜市科技创新与奖励大会召开，120 项科学技术奖励项目受表彰，是历年来奖励力度最大的一次。

是日 莱芜市成立莱芜航空中等专业学校。

21 日 市委副书记、市长梅建华会见中国农业发展银行山东省分行副行长吴辉家一行。

22 日 山东省环境保护督察组第五组进驻莱芜市开展环境保护督察工作。

是日 市委书记、市人大常委会主任王良，市委副书记、市长梅建华会见中国建设银行山东省分行党委书记、行长段红涛一行。

4 月

1 日 中国山东·绿地雪野湖旅游健康小镇项目战略合作协议签约仪式在上海举行。市委副书记、市长梅建华，绿地控股集团有限公司董事长、总裁张玉良出席签约仪式。

7 日 经省编委批准，莱芜市设立市人民政府国有资产监督管理委员会，为市政府工作部门。

10 日—11 日 市委书记、市人大常委会主任王良，市委副书记、市长梅建华带领市党政企考察团赴聊城、德州、滨州、淄博考察学习产业结构调整、新旧动能转换、供给侧结构性改革、大项目建设和城镇建设等方面的经验做法。

14 日 省委常委、省纪委书记陈辐宽，就学习贯彻十八届中央纪委七次全会和省纪委十届八次全会精神、推进党风廉政建设和反腐败工作到莱芜调研。市委书记、市人大常委会主任王良陪同调研。

17 日 莱芜市人民政府与中菊资产管理有限公司产业发展基金战略合作协议签约仪式在北京钓鱼台国宾馆举行。市委副书记、市长梅建华，雏菊机构董事会主席赵洗尘出席仪式并致辞。

18 日 市委书记、市人大常委会主任王良会见国务院安委会专家咨询委员会成员、国家安监总局机关党委原副书记金磊夫一行。

20 日 “齐鲁时代楷模”发布仪式在济南举行。山东省委宣传部追授莱芜市莱城区明利特色蔬菜种植专业合作社原党支部书记、理事长陈明利为“齐鲁时代楷模”荣誉称号。

25 日 市委书记、市人大常委会主任王良会见美国加州库比蒂诺市前市长、现任市议员张昭富。

26 日 山东省政府办公厅印发《关于 2016 年度山东省优秀史志成果的通报》，对 2016 年度全省优秀史志成果进行表彰通报。莱芜市《莱芜市钢城区志》《莱芜年鉴（2016）》等 7 项史志成果受到表彰，获奖数量为历年最多。

5 月

3 日 莱芜莲花山森林公园获批省级森林公园。

6 日 莱芜市人民政府和山东省财政厅联合在北京举行莱芜市 PPP 项目推介会。共推介 PPP 项目 72 个，其中，现场签订框架协议项目 35 个，投资额 411 亿元。

9 日 莱芜市第一家综合居家养老服务中

心——清馨园社区居家养老服务中心建成启用。

11 日 国家标准委企业标准“领跑者”工作调研座谈会在莱芜市召开。

12 日 重庆市万州区政协考察团到莱芜市考察学习乡村旅游工作的做法和经验。

是日 全市创建全国文明城市奋战八十天誓师大会召开。

13 日—14 日 中共中央政治局原委员、中央军委原副主席迟浩田到莱芜市考察指导工作，与老区人民共迎莱芜战役胜利 70 周年，并到莱芜战役纪念馆向革命烈士敬献花篮。

16 日 莱芜市召开城市核心区“城中村”改造招商洽谈会。

24 日 山东大学气动与风能研究中心揭牌仪式在高新区山东汇丰能源科技有限公司举行。市委书记、市人大常委会主任王良，山东大学党委常委、常务副校长王琪珑出席仪式并为中心揭牌。

26 日 全市全面实行河长制工作动员部署会议召开。

6 月

1 日 全市卫生与健康大会召开。

2 日 美国纽约州中小企业发展署国际部主任张金水一行到莱芜市进行商务考察。

3 日 吉林省四平市政协主席杨枫一行 7 人到莱芜市考察学习乡村旅游、特色优质农业和加快转变农业发展方式等方面的做法和经验。

15 日 莱芜市人社局为莱芜永保电子有限公司聘请的韩国籍专家权五雄颁发了全市首张“外国人工作许可证”，这标志着莱芜市外国人来华工作许可制度首个全流程服务顺利完成，莱芜外国人管理服务工作步入新阶段。

17 日 在北京人民大会堂举办的“第十四届中国诚信企业家大会暨第六届诚信中国节”上，普阳集团荣获 2017 年度中国“重合同守信用”示范企业称号。

22 日 莱芜战役胜利 70 周年纪念大会在莱芜战役纪念馆举行。

是日 国家质量监督检验检疫总局办公厅发布《关于同意创建产品质量提升示范区的函》，同意莱芜市创建国家节水灌溉产品质量提升示范区。

23 日 莱芜市召开创建国家森林城市工作推进会，对全市创森工作进行再动员、再部署。

27 日 莱芜市人民政府与山东建邦控股集团签署 PPP 项目合作框架协议。

是日 国际柔道联合会主席维泽一行到莱芜市访问考察。

29 日 省人大常委会副主任张新起带领省人大执法检查组到莱芜市就《中华人民共和国环保法》和《中华人民共和国固体废物污染环境防治法》贯彻落实情况进行检查。

28 日—29 日 国家林业局副局长彭有冬到莱芜市考察创建国家森林城市工作。

7 月

1 日 莱芜市城区外环路工程开工仪式举行。

3 日 市财政拨付 2017 年第一批老年人免费乘车补贴资金 800 万元，补助莱芜市 60 周岁以上老年人免费乘车。

6 日 2017 年山东省“厚道鲁商”品牌形象榜发布仪式在济南举行，国网莱芜供电公司荣登首批山东省“厚道鲁商”品牌形象榜。

7 日 国家防办督察专员顾斌杰一行到莱芜市检查指导防汛工作。

8 日 “2017 中国寻根之旅”夏令营莱芜分营开营仪式在山东省华文教育基地莱芜职业技术学院举行。

是日 由省科技厅、市政府共同主办的智汇新动能赢牟大健康产业研讨会在莱芜举行。

15 日 粉末冶金产业人才战略联盟成立大会暨中国（莱芜）新材料产业创新发展研讨会在莱芜召开。

18 日 省委书记刘家义到莱芜市调研经济社会发展情况，对莱芜新旧动能转换、生态环保、安全维稳、民政保障、党的建设等工作给予充分肯定，对企业高起点创新突破给予高度评价。

19 日 莱芜市大汶河综合治理及改造提升工程暨城乡供水一体化一期工程竣工仪式举行。

是日 文化路公铁立交工程开工仪式举行。

25 日 中国民主建国会莱芜市委员会成立暨第一次会员大会召开。

26 日 纪念莱芜战役胜利 70 周年电影《我的老兵爷爷》莱芜开机。

27 日 市委书记、市人大常委会主任王良会见国家开发银行专家委员会专家高成男和龙贝码发明人边隆祥教授一行。

是日 市委书记、市人大常委会主任王良会见到莱芜市考察的国家“千人计划”专家、东北大学特聘教授张德良等国家“千人计划”专家考察团一行。

是日 莱芜市雪野镇成功入选为第二批全国特色小镇。

30 日 济南至莱芜高铁项目建设动员大会召开。

7 月 31 日—8 月 9 日 市委副书记、市长梅建华率领莱芜市代表团赴荷兰、以色列、格鲁吉亚进行考察访问，洽谈经贸合作，扩大对外交流，寻求合作商机，取得积极成果。

8 月

1 日 山东省中西部地区富铁矿现场研讨会在莱芜市召开。

9 日 鲁中铁路物流园项目签约仪式举行。

14 日—17 日 市委副书记、市长梅建华率莱芜代表团参加 2017 香港山东周经贸活动，拜会部分香港政商界人士，走访部分知名企业，推动经贸交流，洽谈项目合作，取得丰硕成果。

17 日—18 日 省人大常委会副主任夏耕带领省人大立法调研组，到莱芜市就《山东省建设工程抗震设防条例（草案修改稿）》《山东省水资源条例（草案修改稿）》《山东省法治宣传教育条例（草案修改稿）》的修改征求意见和建议。

19 日 第三届中国（莱芜）国际传统武术争霸赛在市综合体育馆成功举行，共有来自美国、英国、瑞士、奥地利及国内 62 支代表队 750 余人报名，参加武术套路、器械、健身气功、跆拳道等 8 个大项近 200 个小项的比赛。

24 日 市委书记、市人大常委会主任王良会见省农村信用社联合社党委书记、理事长王献玲一行，双方就开展金融领域务实合作进行座谈交流。

29 日 全市创建全国文明城市迎测誓师大会召开。

9 月

1 日 中央环保督察交办事项落实组对莱芜市现场督察。

6 日 以“走近孔子，致敬教师”为主题的莱芜市第二届新生入学礼暨“孔子学堂”集中授牌仪式在汶源书院前孔子广场举行。

7 日 莱芜籍选手毕胜峰在第 13 届全运会国际式摔跤男子自由式项目 86 公斤级比赛中夺冠。

7 日—8 日 全省国有企业资产证券化工作会议暨培训班在莱芜举行。

8 日 市委副书记、市长梅建华会见中国科学院院士、西安交通大学学术委员会主任、博士生导师何雅玲一行。

13 日 山东省国有林场场长培训班在莱芜开班。

15 日 全国总工会副主席、书记处书记、党组副书记邓凯在省总工会党组书记、常务副主席刘赞杰陪同下，到莱芜市调研产业工人队伍建设、职工文化建设、“互联网+工会”等工作。

20 日 市人民医院新院区启用暨全面提升医

疗服务行动仪式举行。

24 日 2017 年苏鲁豫皖麒麟鞭中华邀请赛在莱芜举行。

30 日 莱芜市在莱芜战役纪念馆广场隆重举行烈士公祭仪式，深刻缅怀为民族独立、国家富强和人民幸福而英勇献身的革命烈士。

10 月

1 日 莱芜市举办首届奇石展。

10 日 2017 森林城市建设座谈会在河北省承德市召开，莱芜市荣获“国家森林城市”称号。

13 日—15 日 全国姜蒜葱产业发展研讨会在莱芜召开。国家特色蔬菜产业技术体系首席科学家、湖南农科院院长邹学校，省农业厅副厅长姜卫良出席会议。

21 日 山东省第九届万人象棋赛总决赛在雪野开幕。

是日 莱芜市首届秦菊文化节在钢城区辛庄镇开幕。

28 日—29 日 中国社会发展阶段特征与未来趋势研讨会暨全国社会科学院系统社会学所所长会议在莱芜举行。

31 日 莱芜市省道 242 线枣园收费站自 2017 年 10 月 31 日零时起停止收取车辆通行费，收费站拆除工作同步进行。

是日 莱芜市首个经济股份合作社——莱城区凤城街道董花园社区经济股份合作社成立大会暨挂牌仪式举行，这标志着全市农村集体产权制度改革打响“第一枪”。

11 月

1 日 市档案馆新馆落成启用。

8 日 莱芜市全面开通电商消费维权直通车平台。

9 日 第六届全国道德模范名单揭晓，“一句承诺 一生追寻”的雪野旅游区茶业口镇崖下村村民房公训榜上有名。

是日 全国人大常委会委员、省人大常委会副主任温孚江带领部分全国人大代表、省人大代表，到莱芜就“加快推动新旧动能转换，做大做强实体经济”进行调研。

17 日 中央文明委在北京人民大会堂隆重召开全国精神文明建设表彰大会，市委书记、市人大常委会主任王良代表莱芜领取“全国文明城市”奖牌，并受到习近平总书记的亲切接见，莱芜正式跨入全国文明城市行列。

18 日 全市创建全国文明城市工作总结表彰大会召开。

26 日—27 日 全省中小企业数字化智能化推进会议在莱芜召开。

12 月

8 日 在济南举行的 2017 年齐鲁友谊奖颁奖仪式上，由莱芜市推荐的葛瑞琪娜・科瑞乌尼科娃荣获“齐鲁友谊奖”，这是莱芜市推荐的获此殊荣的第五位外国专家。

是日 位于文化路和鲁中大街交会处的莱芜茂业天地盛大开业。这是莱芜市首家集餐饮、购物、娱乐、休闲于一体的商业综合体。

15 日 中国生物新材料国际学术论坛暨聚乳酸产业技术联盟发起大会在莱芜召开。

26 日 首批齐鲁名镇名村志丛书新闻发布会暨赠书仪式在济南举行。莱芜市《方下镇志》入选齐鲁名镇（街道）志，鹏泉街道的《郭家沟村志》、里辛街道的《棋山观村志》入选齐鲁名村（社区）志。

29 日 济南至莱芜高速铁路雪野隧道开工建设现场会在雪野旅游区茶业口镇西峊石村举行。

专　　记

创建文明城市　建设幸福莱芜

——莱芜市创建全国文明城市工作综述

2017年，是第五届全国文明城市总评大考之年。莱芜市以强化“四个意识”为引领，按照“发展质量效益高、生态环境优、人民群众富、社会文明和谐”的要求，举全市之力推进全国文明城市创建工作。在市委、市政府的坚强领导下，在全市各级各部门单位的共同努力下，打了一场漂亮的创建全国文明城市攻坚战。2017年11月17日，中央文明委召开全国精神文明建设表彰大会，市委书记、市人大常委会主任王良参加会议代表莱芜领取“全国文明城市”奖牌，这标志着莱芜正式跨入全国文明城市行列。

一、提高政治站位，强化责任担当

全国文明城市是所有城市品牌中含金量最高、创建难度最大的一个，是目前国内城市综合类评比中的最高荣誉。成功创建全国文明城市（以下简称创城）是137万名莱芜人民的美好夙愿，也是历届市委、市政府矢志不渝的奋斗目标。对于创建全国文明城市工作，市委、市政府提出明确要求，坚持以习近平总书记系列重要讲话精神为指引，更加主动自觉地向中央协调推进“两个文明”建设的政治站位和鲜明态度看齐，向中央和省委关于深化文明城市创建的部署要求看齐，以强烈的政治责任感，不断把创建文明城市工作推向深入。

（一）把创建全国文明城市作为迎接党的十九大的一项重大工程。2017年是中共十九大和省第十一次党代会召开之年，也是落实市第十四次党代会精神的开局之年。5月12日，市委书记、市人大常委会主任王良在全市创建全国文明城市奋战八十天誓师大会上指出，践行新理念、建设新莱芜，既要在经济发展、城乡建设等硬实力上取得新突破，又要在发展环境、城市形象等软实力上实现新提升。创建全国文明城市，是凝聚智慧力量、推动改革发展的重要抓手，是加快新旧动能转换、助推经济转型升级的重要动力，是改善发展环境、打造城市品牌的重要载体，是优化政风民风、提升社会文明的重要途径。推进文明城市创建工作，是坚持以人民为中心发展思想的生动实践，是迎接中共十九大胜利召开的具体行动，对于增进人民群众福祉、促进莱芜长远发展，都具有重要意义。市委、市政府切实把创建全国文明城市作为迎接中共十九大的一项重大工程抓紧抓实，为整个创城工作确立正确方向和强大精神支柱。

（二）把创建全国文明城市作为十二年矢志不渝奋斗的历史承载。在几届市委、市政府领导班子的不懈努力下，莱芜市经历12年、4届的持续创建历程。2005年，莱芜市获得“省级创建文明城市工作先进城市”称号；2008年，获得“省级文明城市”“创建全国文明城市先进城市”称号；2011年，获得“全国文明城市提名资格城市”；2012—2014年，莱芜市参与第四届全国文明城市创建工作，并继续获得“全国文明城市提名资格城市”；2015—2017年是第五届全国文明城市创建周期，连续三年接受中央文明委组织的“全国文明城市测评”。在本届全国文明城市前两年的测评中，莱芜市综合成绩居于全国全省前列，排名全省第2位、全国第14位。2017年8月中旬，省文明办按照中央测评流程对全省6个提名城市进行测评，与前两年全国测评成绩综合排名，最终，推荐莱芜市与济南、日照、济宁4个市为第五届全国文明城市参评城市。与以往任何时期相比，2017年是距离成功实现目标最近的一次。正是在这样一个难得的机遇面前，市委、市政府充分表明拿这场战役的决心和信心，将成功创建全国文明城市作为对全市人民的庄严承诺和对十二年矢志不渝奋斗的历史承载。

（三）把创建全国文明城市作为推动全市经济社会发展的高位平台。创建全国文明城市关系到全市政治、经济、文化、社会、生态方方面面。市委、市政府充分把握创建全国文明城市在推进经济社会发展和做好各项工作的总抓手作用，并将此作为提升城市综合竞争力、提升群众幸福指数的高位平台。通过创建全国文明城市这个平台，动员全市上下团结一致，齐心协力，切实增强热爱家乡、建设家乡、发展家乡的责任感和使命感，共同推动莱芜发展。通过创建全国文明城市这个平台，动员全市上下立足岗位、做好工作，以实际行动加快全市经济发展，提升城乡建设水平，提升城市核心竞争力，提升城市品质形象，让人民群众切实感受到身边环境的变化，拥有更多的获得感和幸福感。

（四）把创建全国文明城市作为重大的民生工程。市委、市政府明确提出，创城必须坚持“为民、惠民、靠民、不扰民”，从根本上提高群众文明素质、改善群众生活环境、维护群众切身利益，抓创城就是保障民生的具体行动，让广大群众真正得到实惠。市委副书记、市长梅建华多次要求各级财政要全力保障好创城工作经费。在各级财政经费都十分紧张的情况下，全市各级各有关部门单位积极筹集资金，全力做好保障工作，市财政拨出6000万元专项资金，莱城区投入2.7亿元、钢城区投入1.9亿元、高新区投入8300万元、雪野旅游区投入1300万元、经济开发区投入2800万元、农高区投入1500万元，凤城街道投入9500万元、鹏泉街道投入5200万元、张家洼街道投入2100万元，市直各有关部门单位及其他各街道、各镇、各社区也都把经费节省下来投入创城工作，全市累计投入资金6.6亿元用于创城工作，占2016年全市公共财政预算收入的12.5%。通过创城，一大批事关广大群众切身利益的实际问题得到妥善解决，民生工程得到有力保障。

二、建立健全机制，强力推动创城工作开展

创建全国文明城市，工作量大面广，任务艰巨繁重，尤其在2017年竞争空前激烈、要求十分严格、问题仍然很多的严峻形势下，全市上下着力从建立健全工作机制入手，在强化领导带头、强化组织领导、强化工作责任上下功夫，同频共振、齐心协力，强力推进工作开展。

（一）坚持领导带头，高规格推进工作。市几大班子领导同志高度重视创城工作，切实做到带头抓、亲自抓、具体抓，形成上行下效、上率下行的良好局面。高规格召开四次推进会，全面安排部署。5月12日，召开全市创建全国文明城市奋战八十天誓师大会；6月27日，召开全市创建全国文明城市第一次模拟测评结果分析点评会；7月28日，召开全市创建全国文明城市工作现场观摩会暨第二次模拟测评分析点评会；8月29日，召开全市创建全国文明城市迎测誓师大会。市委书记、市人大常委会主任王良，市委副书记、市长梅建华及几大班子市级领导同志均出席四次会议，每次会议不回避、不遮丑，采取视频曝光、现场观摩、

专家点评等多种方式点出各部门、各区、各镇街、各社区存在的问题，真正起到红红脸、出出汗的作用，推进创城工作深入开展。率先垂范，亲力亲为。所有市级领导同志都承担相应的区、网格督导任务，先后80余次深入各区、网格督导检查，研究创城顽疾、解决疑难问题，充分发挥示范带头作用。市委书记、市人大常委会主任王良，市委副书记、市长梅建华，市委副书记李兴钰，市政协主席张作平等市几大班子领导均示范参加卫生清扫志愿服务活动，并看望慰问坚守在一线的环卫工人、城管执法人员。针对治理黑臭水体的问题，市委书记、市人大常委会主任王良，市委副书记、市长梅建华分别召开现场会进行研究部署。市委副书记李兴钰利用两周的时间对全部6个区的创城工作进行督导；市政协主席张作平先后9次到经济开发区南山子后社区、北山子后社区督导创城工作，推动创城工作深入开展，全市迅速形成人人关注创城、个个为创城出力的良好氛围。

（二）强化组织领导，全市上下协调联动。在全市上下建立起高效指挥机制，做到责任落实准确、人员安排准确、目标任务准确，确保政令统一、步调一致、标准一致、统筹兼顾、协调联动。市里成立迎接全国文明城市测评工作指挥部，由市委书记、市人大常委会主任王良，市委副书记、市长梅建华任总指挥，有关市级领导任副总指挥，各区、各有关部门单位主要负责同志为成员，下设1个办公室和11个专项整治组，从各市直部门单位抽调90名骨干人员组建4个工作组集中办公，其中实地考察组30多人长期在一线点位上督查指导工作。各区、镇、街道、社区及市直各部门单位均成立创城办，明确专人负责，各级创城办自觉研究体系、精确把握标准，主动开展自查、积极进行整改，热情高、劲头足、成效大，全市上下形成市委、市政府牵头主抓，创城工作指挥部统筹协调，各区和各创城责任单位分工负责、协调配合，全民广泛参与的创城工作格局，实现层层部署、层层发动。各级创城办均建立“微信群”指挥机制，设立专门创城工作微信群，人员覆盖市、区领导，部门负责人，镇（街道）、社区（村）主要负责人等，发现问题及时上传，共同研究解决措施，需要协调配合的立即敲定，有效提高工作效率。

（三）明确工作标准，细化责任分工。吃透标准，从每一项具体指标抓起，逐条分析，逐条分解任务，对文明城市测评的3大板块、12个测评项目、90项测评内容、188条测评标准进行责任分解，分别落实到6个区、59个部门单位，每一项工作都明确到具体单位、具体责任人，任务清楚、责任明确。在全市创新实行网格化管理分工和定人包岗制度。组织机关干部实行网格化管理。将全市建城区内的60个社区划分为25个网格，实行市、区、街道、社区四级包网格负责制，明确25个市级领导、60个市直单位、128个区直单位的工作责任，构建层层有压力、人人担责任、事事能落实的工作机制。除市级领导不定期督导外，各网格成员单位每周两次到所包社区开展活动，进村入户、走进群众，有力调动全市上下的积极性，形成一级抓一级、各级齐参与的工作格局，极大地促进创城工作。创城期间，全市近11500名党员干部和职工参战，先后出动23余万人次，奔波在工作第一线，很多党员干部和职工一天要走十多公里路，做宣传、搞引导、找问题、列清单，对查找出的问题，能自己动手解决的及时解决，需要专业机械和执法力量解决的，及时协调有关单位进行整治，共帮助各社区解决问题6000多个。市纪委对包帮网格石花园社区开展常态化志愿服务活动，协调社区解决问题268个，清理垃圾20吨，清理小广告5000多处，先后3次深入居民家中，发放调查问卷4000份。市委组织部出动工作人员1200人次，先后66次到包帮网格冯家林社区开展创城工作，帮助社区解决问题223个，清运垃圾78车，清理污水管道800多米，增设公益广告120处，切实提升社区创建工作水平。市国土资源局把高家庄社区分成若干网格，每个网格内明确责任科室（单位）负责人为网格员，组织人员一对一开展包帮工作，做到全员参与，全面覆盖。市国税局积极与吕家庄社区对接包帮需求，抽调市局机关40多人分层次分批次分阶段到社区开展志愿服务，落实创城工作任务。市地税局在协助张庄社区抓好正常创城工作的基础上，出资10万余元为社区修整道路，购置卫生清扫设备等。市委办公室、市政府办公室、市人大办公室、市政协办公室、市总工会、市妇联、市统计局、市公路局等各包网格的部门单位，都积极到包帮社区协助社区开展创城工作。实行定人包岗制度。牢固树立“一点即全市、一分即成败、一失即万无”的意识，每个测评点位配备文明引导员、文明保洁员和文明秩序维持员。全市2650名“三大员”，每天按时在岗，在所负责点位内不间断进行巡查，及时发现问题、解决问题，有效维持良好的环境秩序。凤城街道办抽调1000多人，对社区迎检实施“六个一”工作法，工作定人包岗，网格切块清晰，责任明确到人，措施实、效果好。

（四）营造浓厚氛围，发动群众参与。做大做强媒体宣传、活动宣传、社会宣传，打好立体式、多角度、全方位的舆论引导“组合拳”，使各级各部门和广大群众认清创城工作的具体标准和现实意义，实现由“要我创城”到“我要创城”的转变，赢得广泛支持和参与。加大新闻宣传力度。各新闻主流媒体将创城工作宣传作为重中之重，形成大篇幅、不间断、全覆盖、多角度、高密度的舆论强势，市各媒体刊播各类创城稿件2400余篇。《莱芜日报》在一版及时刊发重要会议消息和经验做法的基础上，在二版开设“创城广角大扫描——聚焦‘城市之光’”等专版、专栏，“区域看点”“直观360”版面，加大各区、市直各单位的创城报道力度，形成强大宣传强势。《鲁中晨刊》在头版精选视觉冲击力强的图片，形成创城强势的同时，在二版、三版，分别以图文并茂的形式，详尽报道全市街道、公园、广场、社区、镇街等的创城进展，内容精彩精深，版式新颖大气，在全市引发强烈反响。莱芜新闻网、莱芜日报微信、微博、love莱芜手机客户端4个新媒体平台，在及时转发《莱芜日报》《晨中晨刊》创城稿件的同时，通过开设专题，增设专栏，拍摄专题片，与网友互动，引导广大网民从自身做起，以实际行动支持创城，很好地引领网上舆论声势。发挥新媒体作用。开通“为创城助力”市民微信助力平台，向广大市民发出“创建全国文明城市，建设美丽幸福莱芜”倡议书，开通10天时间，助力市民突破13万人；每天都通过手机短信及时发送创城动态，据统计，各新媒体有关创城专题、话题关注量达35万多人次，搭建与群众互动平台，拉近距离。广泛发动群众参与。在全市组织开展“文明旅游、文明待客”志愿服务活动、“小手拉大手、共创文明城”行动、文明创建知识有奖问答、“暑期志愿行、共创文明城”等主题活动，引导群众主动参与到创建过程中。通过新闻媒体在全市范围内发出《致广大市民的一封信》，征求广大市民意见建议，热线电话发布后，市民积极参与、主动提供线索，共受理各种投诉、咨询、建议350余件。面向所有社区、学校等发放调查问卷20万份，切实提高市民对创建文明城市的知晓率、支持率和满意度。加大公益广告设置。按照“抬头可见、举足即观”的标准，不断拓宽公益广告宣传领域和覆盖面。新设异形镂空公益广告600多处、护栏公益广告1.5万块、道旗公益广告8000多对、建筑围挡公益广告1.8万平方米、大型广告塔公益广告600多块、公交站亭公益广告127个1037平方米、公交车体公益广告700多辆2000多平方米、围栏广告200多个，各区、镇街、社区新上各类公益广告2万多个，内容包括“社会主义核心价值观”“图说我们的价值观”“讲文明、树新风”“喜迎党的十九大”及莱芜自行设计的公益广告等，形式多样、内容丰富，满城尽是公益广告，满眼都是核心价值观，扩大宣传效果，提升城市品位。市住房城乡建设局将公益广告设置作为检查验收的重要项目，确保监管范围内所有在建工地按期全部达到标准要求，全市城区40余处建筑工地围挡共设置公益广告2200余幅，设置核心价值观展板、电子屏80余块，面积达3万余平方米，公益广告内容占工地围挡总面积的比例达到100%，远远超出中央文明办测评的标准。市国税局、市地税局、市国土资源局、莱商银行、莱芜农商银行、新矿中心医院等单位，积极发挥自身优势，加大投入，在城区主次干道设置200多块异形镂空公益广告，成为城市一道靓丽的风景。

三、坚持问题导向，集中攻坚克难

把发现问题、研究问题、解决问题作为创城攻坚的重要途径，坚持统筹考虑、突出重点、集中攻坚、务求实效的原则，强化问题整改，全面进行治理。

（一）多种渠道发现问题，明确整改方向。把问题当资源、当动力，用好、用足、用实，明确整改方向。通过各级创城办实地督查发现问题。各级创城办实地考察组对全市测评区域进行拉网式、全覆盖督查，列出问题清单，明确整改任务。创城期间，市创城办共发现问题2900多个，下发督办单，涉及1120个问题。通过媒体曝光发现问题。《莱芜日报》、《鲁中晨刊》、莱芜广播电视台等新闻媒体在重要版面、重要时段，坚持每天一期不间断、大篇幅曝光创城需要解决的问题和各级各部门单位不履职、不担当的现象，尤其对一些工作进度慢、推进难度大的问题进行持续曝光，同时明确规定，媒体曝光三次仍未整改的启动问责程序。创城期间，新闻媒体共曝光48期，涉及269个问题，对这些问题，有关责任单位主动认领、积极整改，有力地促进创城工作。对群众反映强烈的黑臭水体问题，利用报纸、电视等媒体进行多次曝光，引起各级领导和有关部门的高度重视，市委书记、市人大常委会主任王良和市委副书记、市长梅建华专门组织召开现场会，安排整治工作，最终这一问题得到有效改善。石花园社区育才街是一条集商业与居住一体的老街巷，沿街共有3个生活小区和50余个沿街商铺，媒体曝光其环境脏乱差、车辆乱停乱放、店外经营、占道经营问题非常严重。对此，石花园社区加大投入，采取强力措施，全面开展环境秩序综合治理。全力开展拆违行动，依法对育才街30余间、5000平方米违建进行拆除，补偿租赁户共计110余万元；完善基础设施，投资80余万元，将育才街1万多平方米的路面全部铺设沥青，重新划定道路主线，投资5万元，对社区400个下水道盖板进行全部更换；狠抓环境秩序整治，重新施画停车位500余个，组成10人的环境秩序协管队伍，全天候上班，不间断巡查，对店外经营、占道经营、流动摊点、车辆乱停乱放等行为及时进行劝止。整治后的育才街整条街干净整洁，车辆行人秩序井然。针对媒体曝光任花园社区环境秩序脏乱差问题，任花园社区投入资金160余万元，铺设沥青1.4万平方米，安装新路灯126盏，清扫垃圾190车，清理臭水沟4条，清理河塘1个，小区内粉刷外墙面1500平方米，粉刷楼道4500平方米，安装公益广告120处，社区内修补地面1600平方米，道路划线2400米，施划停车位412个。通过整治，社区面貌焕然一新，环境秩序井然有序，居民满意度显著提升。媒体曝光加州步行街因历史遗留问题，无人管理，特别是商业区人流、车流密集，环境卫生脏乱差，小区内大理石路面多处破损。为此，东风社区累计投入29万余元，出动260余人次，修整路面1000余平方米，清运垃圾200多车，粉刷外墙2000余平方米，清除小广告1.5万处，整治后的加州步行街以全新的面貌展现在市民面前。通过第三方模拟测评发现问题。主动引入第三方测评机构，分别于6月5日—12日、7月16日—23日、8月21日—25日，开展3次模拟测评。模拟测评首先是范围广，覆盖全市所有的固定点位和部分抽查点位，基本做到点位全覆盖；其次是标准高，模拟测评比中央文明办测评标准更高、更严格；再次是结果运用实，测评结束后，分别召开市几大班子领导同志全部参加的分析点评会，会上对各区、市直有关部门、街道和镇及同类点位分别进行排名，让所有单位看到差距，感到压力，并针对问题迅速进行整改，有效推进工作。第一次模拟测评，共测评45大类677个点位，总得分为83.87分；第二次模拟测评，共测评45大类614个点位，总得分90.46分；第三次模拟测评，共测评48大类326个点位，总得分94.23分。对三次模拟测评分别列出问题清单，实行销号管理，问题整改率达到96%，大多数问题得到有效解决，交通秩序从第一次模拟测评的86.23分上升到第三次模拟测评的96.78分，而且在第三次模拟测评中，主要交通路口达标率达到100%，主次干道车辆管控达标率也达到96%以上，镇街驻地平均得分从第一次78.22分上升到第三次94.42分，社区平均得分从第一次81.36分上升到第三次97.21分，其他各个点位也是成绩一次比一次高，而且上升幅度较大，充分发挥好第三模拟测评的推动作用。通过外出观摩考察找出差距。组织相关人员及部分职能部门单位主要负责人分别赴济南、日照、济宁等市进行观摩学习。通过观摩考察，看到不足，找到差距，这几个城市不光硬件设施配备过硬，而且实行人海战术，在所有重点部位都安排人员值守，出现问题能够以最快速度解决，确保环境整洁、秩序井然。回来之后，莱芜市借鉴他们的先进经验，制定一系列的整改措施，进一步提升莱芜市创城整体工作水平。莱芜市借鉴他们的先进经验，制定机动车停车泊位和非机动车停车区施划标准、室外公益广告设置标准、社区创建标准、社区综合文化服务中心创建标准、公益性场馆创建标准、镇驻地创建标准六项明白纸，并召开创城工作现场会。与会人员先后观摩馨百广场观摩车位施划工作、青草河公园户外公益广告设置、任花园社区创城工作、市科技馆和市青少年宫室内公益广告设置、颜庄镇驻地创建工作六个有代表性现场，从不同侧面提供参照，各级各相关部门单位按照这些模板进行打造复制，提升莱芜市创城整体工作水平。

（二）层层传导压力，狠抓问题整改。把创建全国文明城市作为各级党委政府"一把手"工程，层层传导压力，级级压实责任，推动工作高效开展。严格督查通报和跟踪督办。建立严格督查通报制度，市、区创城办实地考察组对全市测评区域进行拉网式、全覆盖检查，对发现的问题首先下发问题清单，并明确整改时限，到期未整改的下发第一次问责督办单，仍不整改的下发第二次问责督办单，连续下发三次督办单仍不整改的启动问责程序。创城期间，共发现问题2900多个，下发督办单188张，涉及1120个问题。坚持跟踪督办制度，设立测评点位工作推进图，列明各点位问题清单，实行跟踪督办，整改一项、销号一项，每周一汇总、半月一通报，确保整改落实全到位真到位。实行一线工作法，现场解剖麻雀解顽症。对于涉及面广、职责不清的问题，采取"解剖麻雀"的方式，组织所有责任单位现场分工、现场认定、明确责任，同时，追根溯源、重点突破，总结规律、以点带面，促进问题解决。运用一线工作法，现场查摆存在问题，现场研究整改措施，现场明确责任分工，使很多疑难顽症迅速得以解决。针对黑臭水体治理问题，市委书记、市人大常委会主任王良和市委副书记、市长梅建华分别召开现场会，用"解剖麻雀"的方法分析原因，现场分工，现场研究解决措施。7月10日，市委书记、市人大常委会主任王良带领市直有关部门负责人，分别到青草河鲁中大街段、莲河支流南山子后段，现场指出，要从源头上把握黑臭水体成因，完善整治工作措施，统筹抓好污染源整治、河道清淤、河道改造等各项工作。6月8日，市委副书记、市长梅建华带领有关部门负责人，在张家洼街道南山子后社区、鹏泉街道故事家园小区附近的河道黑臭水体2个现场，召开治理部分河道黑臭水体现场会，对治理工作进行安排部署。随后，按照职责分工，市城市管理局维修整治管道污水外溢点10余处，在青草河上游任花园段新建600米污水管网，整修青草河污水管网1200米，续建山子后河污水管网200米；莱城区、经济开发区、农高区对群众反映强烈的青草河东升段、鸭子沟鲁中大街段等5段河道进行清淤治理，修葺破损河道1公里，挖运垃圾、淤泥5000余立方米。各区“一把手”钉在一线，现场办公，针对辖区内创城突出问题，各区主要负责同志多次召开工作现场会，坚持以上率下，钉在创城第一线，现场指挥调度，现场研究，现场部署，现场解决问题，成效显著。坚持联席会议，一对一提醒，提升重视程度，提高解难题力度。对于创城工作中的“硬骨头”，采取召开联席会议的方式研究解决。针对车辆乱停乱放、违法建设等难题，6月14日，莱芜市专题召开创城工作联席会议，召集各区及市公安局、市城市管理局等相关部门主要负责人共同研究解决措施，理清工作职责，凝聚工作合力。会后，各级各相关部门切实把责任扛在肩上、放在心上、落实在行动中，把各自职责范围内的事情抓实、抓好、抓出成效，整治效果明显。在迎接中央测评组测评前夕，先后召集6个区及市公安局、市城市管理局、市交通运输局、市教育局、市食品药品监管局、市市场监管局、市文广新局等部门召开创城重点工作联席会议，对测评前集中攻坚的各区创城任务及交通秩序、公共秩序、车站公交出租、学校周边、宾馆饭店、集贸市场、网吧等重点任务进行安排部署，引导各相关单位提高重视程度，明确职责、对照标准、查找问题、迅速整改。电视问政发挥作用。7月4日，莱芜电视台《电视问政》2017年第二期，以“问文明城市创建——如何让群众更有幸福感”为主题，直击创城工作开展中出现的突出问题。现场由6个区（功能区）的区长（管委会主任）及市公安局、市规划局、市住房城乡建设局、市水利与渔业局、市公路局、莱芜供电公司等9个部门主要负责人，就电视暗访短片及市民代表、热线电话和网友提出的问题进行一一作答，节目嘉宾在现场对相关问题进行点评。该期《电视问政》通过暗访短片曝光莱芜市创城工作中城乡部分地方还存在的环境卫生、交通秩序等突出问题。针对这些问题，六个区（功能区）的负责人现场作出明确回应，并表明整改态度，明确整改时限，在全市上下掀起创城攻坚新高潮，各区（功能区）迅速部署整改。莱城区主要领导带领区创城办、区执法局等相关部门到西秀大街、师骧园小区、口镇等曝光点进行现场调研，并立即制定整改方案，针对曝光的突出问题，专门组建创城突击队，并安排专人迅速整改，清理卫生死角，整治环境秩序。7月7日，区大班子领导带领区政府办、区委政研室、区文明办、区城建局、区综合执法局等部门单位主要负责人，专项督查电视问政曝光问题的整改情况，先后到清馨园社区、兰馨园社区、新东方华庭东侧康乐街、物资局宿舍、五金小区、师骧园小区南门、白酒厂小区、西秀大街、青草河与汶河交汇处、高庄街道驻地和口镇龙马河公园等13个创城点，实地督查整治绿化带内乱种植、占道经营、流动商贩、车辆乱停乱放、水污分离等问题，电视问政曝光的15个问题全部整改到位。钢城区针对曝光的问题立即列出问题清单，制定解决方案，并及时下发督办通知，督办到各责任单位，3日内将曝光的问题全部整改到位。艾山执法中队对北城子坡市场存在的占道经营、环境卫生等问题进行集中整治。汶源街道连夜开展整治，将街道驻地废弃文体广场移至马家庄新村；招聘6名保安加大巡查力度，对马家庄市场、汶水便民市场的占道经营和车辆乱停乱放进行规范；对汶源大街路面破损问题，汶源街道立即更换破损路沿石，并进行修补。钢城交警二大队、区交通局、区综合行政执法局开展联合执法行动，对违法摩的进行依法取缔。高新区综合行政执法局对鹏泉东大街大崮山路口电缆占用人行道问题进行清理；区建设局对南北连河尘土飞扬、未设围挡的问题，督促施工单位进行场内道路硬化，将裸露土方全部覆盖，并进行不定期洒水，防止产生扬尘；区公用事业管理中心对凤城东大街损坏的路灯进行更换，对道路破损问题正在进行修补。雪野旅游区主要领导召集建设、环保、执法、旅游等相关部门召开现场会，针对曝光的商贩私设摊点、违规建筑、垃圾乱放等问题，逐条进行分析，制定整改措施，明确责任单位，对存在的突出问题2天内全部整改到位。经济开发区针对曝光的雪湖大街露天烧烤占道经营问题，7月4日晚立即开展集中整治行动，对所有店外摆放炉具进行烧烤作业的行为，全部予以取缔；针对曝光的北山子社区附近存在的建筑垃圾和黑臭水体问题，迅速行动，制定整改方案，组织30余人的专业队伍进行集中治理，动用2台挖掘机全天候工作，清理建筑垃圾、生活垃圾200余立方米，对拆迁工地现场设置围挡。农高区针对曝光的突出问题，在杨庄镇开展集中整治行动，对占道经营、环境卫生、乱贴乱画等问题进行治理，曝光问题全部整改到位。

（三）突出重点攻坚，全面优化环境秩序。坚持重点整治和面上整治相结合、整体改进与细节到位相协调，严格按照测评标准，适当拉高工作标杆，全面排查、综合治理，确保不留死角、不留空白、不留盲点，切实提升城区环境秩序。全面整治环境卫生。市城市管理局配足配齐保洁人员2800名，配备密闭式垃圾清运车52辆、电动三轮收集车300余辆，统筹布局垃圾投放收集、转运处置网点，实行垃圾定点收集、定时清运和集中处置。创城期间，将清扫保洁作业时间调整为早上5：00至晚上9：30，主要路段每日洒水降尘各6次，机械化清扫每日4次，将全市1800多条巷道全部纳入日常保洁范围，彻底清理视线范围内的陈年垃圾和卫生死角，共清理各类垃圾34万吨，平均每天清运垃圾260车次、2600吨，垃圾无害化处理率达100%。针对主次干道、公园广场、集贸市场、背街小巷、乡镇道路沿线等重点部位，安装果皮箱400个，更换垃圾箱4500多个，新增垃圾收集、转运点75个，累计清运各类垃圾17万吨。针对公共厕所，对全市58座公厕全部升级改造，维修更换公厕设施260件，配备120名保洁人员，对公厕实行专人管理，全天候保洁，有效保障城区公厕正常使用。针对老旧小区，投入资金8000多万元，累计清理垃圾死角1120处，清理陈年垃圾3.7万吨、日常生活垃圾6700吨、建筑垃圾9600吨，切实改变市民居住环境。针对集贸市场，对建成区内12个集贸市场新增垃圾箱627个、新加保洁人员263名、秩序维护人员186名，加大垃圾清运和秩序维护力度，取得显著成效。针对建成区至乡镇驻地沿线公路、沿途河道，各区、市公路局、市水利局、市交通运输局等，集中人力、物力，先后开展3次集中沿线沿河环境开展集中整治活动，清理乱堆乱放垃圾4800吨，整治效果非常明显。钢城区组成公路及河道沿线环境整治工作组，重点对九龙大街、钢都大街、永兴路、莱钢大道、205国道沿线进行综合治理，修补主路面3000余平方米，调整修补路沿石1500余平方米，清运垃圾1200吨，有力提升了公路及河道沿线环境卫生。雪野旅游区广泛发动镇村干部群众，出动机械1000余台次，对莱明路等主干道和嬴汶河、王庄河等河道及各镇驻地、村道路和河道，全面清除生产生活垃圾、乱堆乱放等突出问题，确保可视范围内无垃圾、漂浮物。大力优化交通秩序。市公安局累计出动警力3.5万人次，出动巡逻警车8600辆次，查处违法停车1.5万起，劝导行人、非机动车等不文明交通违法行为3.4万起，城乡交通秩序显著改善。在莱芜市组织开展的第三次模拟测评中，主要交通路口达标率达到100%，主次干道车辆管控达标率也达到96%以上。针对车辆乱停乱放问题，在市区主要路口路段施划道路交通标线7200平方米，设立200个禁令标示牌，对创城期间乱停乱放车辆一律从严处罚，罚款200元，驾驶员记3分，通过严管重罚，车辆乱停乱放得到有效治理。针对行人、非机动车不文明交通行为，以鲁中大街、文化路等15条主要干道和24个主要灯控路口为重点，增设执勤巡逻点56个，安装隔离设施36.5公里，并加大巡逻检查力度，通过静态规范、动态管理等手段，使市民文明素质、规则意识显著增强，行人和非机动车闯红灯、乱穿马路、翻越护栏、超越斑马线、逆行等不文明行为得到有效遏制。积极开展文明交通志愿服务活动，团市委组织2500名文明交通志愿者在59个重点路口、50个公交站点开展文明引导2.8万人次，志愿时间达8万余小时，文明交通志愿引导蔚然成风。开展文明交通进校园、进机关、进企业、进社区、进家庭“五进”活动246次，引导市民“行文明车、走文明路”，感召市民自觉遵守文明交通行为。全面优化公共秩序。各级各部门单位根据职责分工，对占道经营、店外经营、流动摊点以及学校周边、网吧、集贸市场、汽车站、旅游景区、宾馆饭店等点位开展综合治理，公共秩序全面优化提升。在占道经营、店外经营、流动摊点等问题整治中，全市累计出动执法人员3万余人次，取缔占道经营、店外经营1万余起、流动小吃车2000余辆，清理流动摊贩4000多处，城区公共秩序得到有效治理。莱城区综合行政执法局将建成区分为3个片区，每个片区由执法车辆带队，均配备一台装载机、一辆运输车，全员奋战创城第一线，在主城区范围内全方位开展地毯式巡回排查，对各类违法违规行为开展综合治理，通过高强度、大阵势、多层次的联合执法行动，形成高压态势；钢城区综合行政执法局将辖区划分为8个片区，采取错时执勤、定时巡查、机动临检等管理方式，对重点路段、重点区域严管严控，对全区500余处店外经营、露天烧烤摊责令限期整改，对拒不服从管理的依照相关程序进行处罚。在学校周边环境秩序综合整治中，市教育局、市公安局、市城市管理局、市食品药品监管局、市市场监管局等部门开展联合执法，在城区36所学校开展“小手拉大手，共创文明城”行动，重点关注学生上学、放学时间段，对学校周边车辆乱停乱放、占道经营、随地摆摊等行为加大管控力度，有效保障了学校周边环境秩序。在集贸市场整治中，市市场监管局组织各区检查“六小”门店9400余户，对146家不符合规定的业户下达《责令改正通知书》，市场经营环境明显改观。在文明餐桌行动中，市食品药品监管局明确6大类14小项工作清单，逐项分解落实，向全市5200家小餐饮店发放文明宣传画1.5万份、社会主义核心价值观桌牌1.2万个，文明餐桌行动实现全覆盖。在文明旅游行动中，市旅游发展委精心制作各类公益广告及文明旅游宣传资料4万份，发放至全市48家涉旅单位，先后组织开展文明旅游系列主题活动，成立50多人的旅游志愿者队伍，在各旅游景区内开展志愿清扫、文明旅游劝导、免费讲解宣传等志愿服务活动，有效促进旅游从业人员和游客文明旅游素养的提升。在网吧整治中，市文广新局重点针对网吧市场开展不间断巡察，严厉查处接纳未成年人等违规经营行为，严格落实消防安全、场所卫生、证照公示等创城迎检标准，累计出动执法人员9000余人次，检查网吧2600余家次，行政处罚网吧35家，责令停业整顿14家，网吧公共秩序管理全面到位。在汽车站公共秩序整治中，莱芜长运公司采取专人管理和疏导的方法，增加安保力量，设立专职督导员10余名，进行全天不间断巡查，在候车室、安检处、售票厅内专门为旅客导乘导购，引导旅客排队购票、安检通行、有序上车、文明候车等，有效保障汽车站公共秩序安全有序。

四、坚持为民惠民，创城工作影响深远

通过创城，全市各级各部门单位按照市委、市政府总体部署，在创城迎检指挥部的统一协调调度下，凝聚干心，赢得民心，提升信心，实现创城迎检工作的突破性进展，有效促进和带动其他各方面工作，成效和意义已经远远超过创城工作本身。

（一）群众生活环境得到极大改善。各级各部门单位抓住本轮创城的难得机遇，加大城乡基础设施的改造力度，一批公共基础设施得到彻底完善，一些长效机制正在健全完善并逐步固化形成制度，实现城市美化、亮化、绿化水平整体提升，改善了群众生产生活条件。主次干道共维修沥青路面3.9万平方米，维修混凝土路面3000平

方米，维修、更换人行道板砖11.2万平方米，调整路沿石5万米，更换雨水篦子、井盖等360余套，更换水泥盖板2000块，施划停车位2.2万个。市政设施累计修整地下管网12.6公里，维修、更换路灯4600盏，安装市民方便座椅80个，铺设花砖3000平方米，建设凉亭6座。园林绿累计修剪绿篱96.35万平方米，修剪草坪70.49万平方米，修剪球类植物400棵，补栽行道树223棵，草坪8000平方米，地被植物12万棵，灌木66棵，安装景观石200吨。公园广场铺装路径1700平方米，修理木栈道840平方米，修补鹅卵石120平方米，修理景观灯180盏，更换公园路灯120盏，安装警示牌110个，更换垃圾箱144个，修理喷灌50个，维修溢洪道26条，清理淤泥600吨。背街小巷对建城区内510条背街小巷进行全面治理，修整道路14.6公里，安装更换路灯1800盏，新增更换垃圾箱2200多个。小区设施在对全市569个小区进行全面排查的基础上，7月21日，莱芜市专题召开文明城市创建小区整治提升工作会议，按照创建标准，划分为一、二、三类小区，分别制定提升整改措施，明确工作任务，共修整小区路面20万平方米，粉刷墙面12万平方米，施划停车位1.1万个。莱城区针对202个老旧小区、无人管理小区，专题研究，拿出具体方案，投入800多万元财政资金进行补贴，建立业主委员会，成立物业管理公司，切实改善居住环境。在镇街驻地方面，全市16个镇、街道均加大资金投入，修整镇街驻地道路82公里，粉刷墙面14万平方米，施划停车位8000余个。莱城区羊里镇投入680万元对镇驻地窑口路、九羊东路、政通路的12公里路段进行道路修缮、绿化补植，安装路灯400多盏，粉刷墙面8000多平方米，施划停车位730个。钢城区辛庄镇投入1000多万元，实施镇驻地环境改造提升工程，对镇驻地6公里多的道路全部进行改造，安装路灯200多盏；投资1500多万元，实施以硬化、绿化、亮化、美化为主要内容的村庄连片环境综合整治。农高区方下镇投入500余万元，对镇驻地3条路段进行修整。雪野旅游区茶业口镇投入260万元，对镇驻地茶业口河、嵬石河、汪洋台湖等16.6公里的重点河道路段进行集中修整，粉刷墙面5.5万平方米，并聘用专人进行全天候维护。

（二）一批顽疾固症得到有效治理。借助创城之势，一些长期占道经营的“马路市场”得到合理拆迁，一些长期违法建设的建筑、广告牌得到彻底拆除，一些长期无单位管理的老旧小区被纳入社区管理，小区面貌得到根本改观，等等。创城期间，全市共拆迁“马路市场”23个，拆除违法建筑1600多处，面积约13.5万余平方米，拆除各类条幅、落地广告牌等9000多处。通过解决这一系列社会管理中的老大难问题，增强群众对党委政府严格执法、一视同仁的公信公认，为促进社会和谐稳定创造有利条件。莱城区以社区为单位，组织28个排查小组全面开展摸排工作，创城期间共摸排违法建设496处、建筑面积10余万平方米，按照主动劝导、循序渐进的方式全部进行拆除。高新区出动执法人员150余人及装载机、挖掘机等10余台大型机械车辆，对龙潭东大街违规设置的16处、80余块、面积6000余平方米的户外广告及北孝义村、冯家林铁路道口等1500余平方米违法建设进行集中拆除。经济开发区雪湖大街马路市场长期占道经营，交通秩序混乱，环境卫生脏乱差，尤其周边存在医院、学校、小区，严重影响环境秩序，既不符合城市管理要求，又存在安全隐患。市城市管理局、经济开发区在充分调研论证后，做出“雪湖大街马路市场必须坚决拆除”的决定，出动150余名工作人员，动用大型机械对雪湖大街马路市场500米的遮阳棚进行集中拆除，并与柳家店农贸市场协调，将市场商贩统一搬迁至柳家店农贸市场继续经营，从群众反映情况看，雪湖大街马路市场的拆迁，完全符合民意、顺应民意，赢得广大群众的普遍赞誉。农高区扎实开展创城联合执法行动，对乱搭乱建、路面三堆、违规户外广告等进行集中治理，共拆除违法建设257处、广告牌780处、路面三堆1320处。凤城街道长勺路与鹏泉大街十字路口的东北角的马路零工市场，长期以来因没有固定场所，由务工人员自发形成，严重影响公共秩序，容易造成交通堵塞，莱城区组织有关区直部门及凤城街道成立联合执法队伍，对该处“马路零工市场”进行集中整治和规范，近百人的打工队伍走进新建的零工市场大厅，新大厅总建筑面积886平方米，可同时容纳300人进行交流洽谈，免费提供热水、管理车辆等服务，并向零工求职者提供求职登记、职业介绍、技能培训等服务，舒适的洽谈环境受到用工者和务工者一致好评。

（三）形成干群共建的强大合力。通过创城，充分调动起全市各级干部群众合力攻坚的积极性和主动性，广大群众对党委政府集中整治城乡环境秩序十分支持，积怨已久的问题得到全面治理，创城工作实实在在的变化，都是群众身边看得见、摸得着、感受的真实生活。创城期间，无论是机关单位，还是大街小巷；无论是城乡驻地，还是社区小区，都能听到创城的声音，大家谈创城、问创城、干创城，心往一处想、劲往一处使，切实形成创城攻坚的强大合力。通过一系列实实在在的工作举措和成效，让群众看到干部作风的实际转变，感受到各级各单位以发展莱芜为己任、敢想敢干、干则必成的信心和决心，广大群众对此广泛认同、大力支持，很多群众自发为机关干部送水送工具，党群干群关系进一步密切。很多基层的干部群众表示，只要党和政府为民着想、敢于担当、迎难而上，就没有办不成的事；只要广大干部保持这种奋发有为的精气神，就一定能够带领大家克服经济发展的各种压力，就会让老百姓过上更好的日子。在创城期间，莱芜市一位市领导收到一张5000元的汇款单，是市人民医院的一名普通护士匿名汇出的，汇款单留下一句话，总体意思是支持市委、市政府文明城市的创建，请用于创城工作。出现这样的好人好事绝对不是偶然，而是一种必然。这说明在莱芜市，人人参与创城、人人支持创城的意识已经深入人心，市民参与创城的氛围浓厚、热情高涨。

（四）凝聚各个方面的辛勤付出。创城过程中，中央文明办和省文明委有关领导给予巨大关怀，省文明办等上级部门给予很多鼓励和指导；市、区几大班子成员思想统一，认识到位，作风务实，深入一线指挥调度，保证创建工作的有力推进；各责任部门精心组织，狠抓落实，做了大量扎实细致的工作；广大基层单位和基层干部尤其是各街道、镇、社区干部职工，不怕艰辛，甘于奉献，走街串巷，发动群众，全力奋战在创建工作第一线，为各项工作的顺利开展付出大量心血和汗水；各级创城办工作人员和公安、城市管理、交通运输、食品药品监管、市场监管、卫生、文广新等执法人员牢记使命、忠于职守、忘我工作，为维护城市公共秩序做出积极努力；各级新闻媒体和广大新闻工作者，深入开展宣传活动，及时报道创城工作动态，为创建活动营造良好的舆论环境；广大机关干部身体力行，率先垂范，自觉投入到创建活动中来，发挥了模范带头作用。全市下下以背水一战的决心、志在必得的勇气、务实高效的举措，全力以赴创城攻坚，工作成效有目共睹，惠及全市137万名城乡居民的切身利益。

五、构建长效机制，固化创建成果

决战决胜，在此一役；创城为民，贵在坚持。虽然全市创城工作取得了重大阶段性成果，文明创建水平明显提升，但很多群众担心“一阵风”，对工作成果能不能长期保持巩固存在担忧和顾虑，尤其是通过创城，广大群众激发出来的自觉维护创城大局、自觉做到文明礼让的好习惯，在创城后时期可能弱化，无法长期保持。为此，市里将建立健全长效机制，坚决巩固和发展好创城工作成果，推动全市文明创建水平向着新的目标持续提升。

（一）持续发力，保持常态。始终把“维护群众利益、惠及群众生活”作为创建全国文明城市的出发点和落脚点，常抓不懈、统筹推进，抓好整治成果巩固。10月11日，莱芜市专题召开文明城市创建常态化管理工作会议，对持续保持创建成果工作进行安排部署，在当前和今后一段时期内，继续坚持网格化责任分工常态化、志愿服务常态化、环境卫生保洁常态化、交通秩序管控常态化、执法巡查常态化、学校周边治理常态化、集贸市场管理常态化、镇街驻地整治常态化、社区小区创建常态化、公交出租车站文明创建常态化、宣传引导常态化“十一个常态化”，持续保持高压态势，坚决防止反弹回潮，打消群众对“一阵风”的顾虑。市创城办坚持“队伍不散、力度不减、工作不断”，对巩固创建成果工作进行安排部署，把各项工作任务落实到具体责任单位、责任人，确保事事有人管、有人抓。各包帮网格市直责任部门，协助社区开展文明社区创建、卫生清扫、公共秩序维护、基础设施维护等工作；团市委对各个交通路口、公共场馆的志愿服务工作进行统筹安排部署，制定完善志愿服务长效管理机制，明确志愿服务时间、地点、任务，常态长效保持志愿服务工作；市环卫处、各区按照职责层层负责，切实抓好城区、镇街驻地、社区、小区环境卫生整洁；公安交警部门持续加大交通秩序管控力度；市城市管理局、各区综合执法局及街道社区组成固定的执法巡查组，重点治理占道经营、店外经营、流动摊点等问题，常态化保持威慑力；市市场监管局制定完善集贸市场长效管理办法，明确具体的责任分工、工作任务、标准要求等，各区要督导各街道重点抓好集贸市场的环境卫生、公共秩序、规范经营等工作。

（二）建章立制，长效管理。围绕精神文明建设，通过建章立制，进一步健全完善文明创建长效机制，把创建过程中的好经验好做法固定化、常态化、机制化，用法律和制度来破解难题、来约束文明行为。从制度入手，认真学习借鉴文明创建先进地市的典型经验和做法，充分吸纳各方面的意见建议，将创城迎检期间创城的好经验、好做法进行再完善、再细化，着重从提升市民文明素质、强化城市治理能力、维护城乡环境秩序等方面，研究制定行之有效的管理办法。从责任抓起，做到定责明确、履责到位、问责严格，将每项工作任务落实到具体的单位、岗位和个人，对履职尽责情况进行常态化的督导和检查，做到奖罚分明。从细微处着眼，把文明创建的着力点放在为群众做好事、办实事、解难事上，在治理城乡环境卫生、公共秩序、交通秩序等方面创新机制，充分发挥人民群众作为城市主人、创建活动主体的作用。

（三）深度宣传，以文化人。坚持以文化人，依靠群众，突出文化主题，强化育人，提升素质，充分激发和调动全市人民持续参与文明创建的积极性和创造性，使之成为广大市民和社会各界的自觉行动。持续保持新闻宣传力度。充分利用《莱芜日报》、市广播电视台等主流新闻媒体及各类新媒体，将文明创建宣传作为一项常规性内容，大力开展“创城为民、创城惠民”成果宣传，持续营造“后创城时期”的浓厚舆论氛围。抓好各类文明创建活动。大力推进文明家庭、文明单位、文明校园、文明窗口等创建活动，让群众在工作学习生活中真实感受到文明创建的行动就在身边，文明风尚的传播就在身边。积极搭建有利于群众参与的平台。组织各区各部门单位按照贴近实际、贴近生活、贴近群众的原则，运用多种手段和阵地积极搭建群众便于参与、乐于参与的平台，让群众真真切切感受到创城带来的新气象、新变化，保持广大干部群众参与创建活动的热情，切实增强群众的主人翁意识。

全市各级党委、政府和广大干部群众有决心、有信心通过今年的创建全国文明城市工作，把精神文明建设提高到更高的水平，向着更高层次的文明城市目标迈进！

（市文明办）

责任编校：吕昌盛

2017 年莱芜市十大新闻

一、市第十四次党代会胜利召开

2017 年 2 月 16 日—19 日，中国共产党莱芜市第十四次代表大会胜利召开。会议全面总结了过去五年的发展成就，科学谋划了今后五年的宏伟蓝图，提出加快建设“实力莱芜”“活力莱芜”“魅力莱芜”“生态莱芜”“幸福莱芜”，努力在提前全面建成小康社会进程中走在全省前列的目标。未来五年的奋斗目标是：综合实力更强、发展质量更优、创新水平更高、生态环境更优美、人民生活更幸福、政治生态更清明。会议选举产生了新一届中共莱芜市委员会、纪律检查委员会。

二、新旧动能转换助推全市经济高质量发展

2017 年，面对新旧动能转换重大工程这个新课题，莱芜市研究确定了“依托省会副中心和济莱一体化建设，打造全省新旧动能转换先行区”的发展定位。根据以“四新”促“四化”的要求，编制新旧动能转换实施方案，谋划推进十大重点产业项目和十大基础设施项目建设，突出智能制造、绿色制造、服务型制造，大力培育新兴产业、朝阳产业，拉长产业链、提升价值链，推动经济朝着质量更好、效率更高、动力更强的方向迈进，全市新旧动能转换成效显著。2017 年，莱芜市主营业务收入、利税总额、利润总额、规模以上工业增加值、公共财政预算收入、税收总收入等主要经济指标增幅均居全省前列。

三、莱芜市荣获“全国文明城市”称号

2017 年 11 月 17 日，全国精神文明建设表彰大会在北京召开，莱芜市荣获“全国文明城市”称号。2005 年到 2017 年，十二年矢志不渝、持之以恒，十二年众志成城、幸福接力，莱芜人民收获了沉甸甸的荣耀和满满的自豪感。2017 年，是第五届全国文明城市总评大考之年。市委、市政府秉持“创城为民、创城惠民、创城靠民、创城不扰民”理念，举全市之力推进全国文明城市创建工作，抓整改，惠民生，不断提高市民文明素质和城市文明程度，改善群众生活环境，维护群众切身利益，打赢了一场新时期的“莱芜战役”。138 万名莱芜人民收获的不仅是荣誉，更振奋了精神，激发了动力，凝聚起砥砺奋进的强大力量。2017 年，莱芜市还荣获“国家森林城市”称号。文明、绿色，成为莱芜的两张靓丽名片。

四、济莱高铁开工建设

2017 年 12 月 29 日，济南至莱芜高速铁路雪野隧道开工建设现场会在雪野旅游区茶业口镇西嵬石村召开，正式拉开了济莱高铁全面建设的序幕。济莱高铁是山东省高速铁路网的重要组成部分，项目总投资 170.7 亿元，线路总里程 116 公里，为双线客运专线，设计行车速度 350 公里 / 小时，全线拟设 6 个车站，西起济南市济南东客站，向东经章丘区，向南经莱芜市雪野旅游区、莱城区、高新区，终至钢城区。项目建成后，可加强济莱协作区与京津冀、“长三角”等地区的互联互通，推动省会城市群经济圈快速发展。同时，文化路公铁立交、城区大外环路、大汶河治理、城乡供水一体化等一批重点工程项目开工建设。

五、莱芜市启动建设“不忘初心 牢记使命”主题教育基地

2017 年 2 月，按照市委部署要求，莱芜市整合现有红色资源，规划建设“不忘初心、牢记使命”主题教育基地，更好地教育激励党员干部传承红

色基因、积极担当作为。主题教育基地按照“一核六线多点”的整体布局，以莱芜党史上的人物和事件为主体，全景展现中国共产党在土地革命和大革命时期、抗日战争时期、解放战争时期、社会主义建设和改革开放不同历史时期“不忘初心，牢记使命”的奋斗历程，全力打造以主题党课、现场教学、特色课程为支撑，集课堂培训、现场教学、情景体验、警示教育于一体的党性教育阵地。9月，房干精神展馆投入使用，先后接待各类学习参观团体300多批次20000多人次，取得了较好的反响。同时，市委党校新校建成投入使用，12个党群服务中心建成使用，全市党员教育服务阵地得到优化提升。

六、莱芜市举办纪念莱芜战役胜利70周年系列活动

2017年6月22日—23日，莱芜市举行莱芜战役胜利70周年纪念大会、纪念莱芜战役胜利70周年座谈会、文艺晚会等系列活动，隆重纪念莱芜战役胜利70周年。同时，还开展了歌唱比赛、演讲比赛、文学征文等一系列群众性纪念活动。举办纪念莱芜战役胜利70周年系列活动，意义重大，影响深远，让全市广大干部群众接受了一次深刻的爱国主义教育。莱芜战役精神必将激励和鼓舞全市上下发奋图强、奋发有为，继续把革命前辈开创的伟大事业推向前进，在践行新理念、建设新莱芜的伟大征程中续写新篇章、创造新辉煌。

七、以环保督察为契机，加大环保综合整治力度

2017年3月21日，省环保督察组进驻莱芜。8月10日，中央环保督察组进驻山东。以此为契机，莱芜进一步加大环保突出问题整治力度，围绕“大气环境治理、水环境治理、生态保护、环境执法监管”四大攻坚战，先后出台《莱芜市大气污染治理十条》《莱芜市重污染天气应对工作方案》《莱芜市深化落实环境网格化监管办法》等文件，组织开展饮用水源地整治行动，深入开展环境安全隐患“大排查快整治严执法”集中行动，全市环境质量明显改善，蓝天白云天数同比增加33天。一年来，全市共关停取缔“散乱污”企业273家，淘汰改造燃煤锅炉618台，关闭搬迁禁养区内畜禽养殖场（户）519家；共立案处罚262起，处罚金额1473.30万元，移送公安机关涉嫌污染犯罪案件3起，刑事拘留4人，移送公安机关涉嫌行政拘留案件15起，行政拘留19人。2017年，莱芜市还全面实行河长制，建立起市、区、镇、村四级河长体系以及责任明确、监管严格、保护有力的河库管理保护体制。

八、莱芜市圆满完成年度脱贫任务，“庭院扶贫”成扶贫示范模式

紧紧围绕脱真贫、真脱贫这一刚性要求，牢牢抓住产业扶贫这个关键，不断加大庭院扶贫扶持力度，充分激发贫困户脱贫致富内生动力，年内脱贫9900人，圆满完成年度脱贫攻坚任务。市区镇三级成立“庭院项目协调推进办公室”，利用农村闲置庭院和厂房，吸引贫困户从事蒜黄种植、獭兔养殖等庭院种养殖，以及塑编、柳编等手工加工庭院扶贫项目，开创了莱芜“庭院扶贫”新模式。一年来，全市从事庭院种养殖的贫困户1.2万多户，涵盖近500个村；设立扶贫车间200多个，3000多名贫困人口就近就业，每年新增收入4000多元。同时，年初确定的深化精准扶贫、加大教育投入、提高医疗保障水平、提升城市品质、完善社会服务设施、信息惠民、建设完善休闲场所、加快美丽乡村建设、加强场馆配套建设、保障群众食品安全2017年十个方面的民生实事全面完成。

九、莱芜市成立全省首家地级市招才局

2017年9月4日，莱芜市通过“虚拟机构、实体运作”的方式组建成立市招才局。莱芜市在全省地级市中第一个成立招才局，并实现市、区两级全覆盖，通过树立大人才观，营造好人才环境，力争形成中小城市引才的“莱芜模式”。近年来，市委、市政府高度重视人才工作，2017年，成立市高层次人才发展促进会，组建粉末冶金产

业人才战略联盟，举办“雪野国际人才论坛”，规划建设“未来 30 小镇”——山东高层次人才创新创业基地，发放高层次人才服务绿卡 170 余张，全年引进泰山产业领军人才及以上高层次人才 48 名，初步形成了大人才工作格局，全市人才环境进一步优化，为经济社会发展注入了不竭动力。

十、房公训、陈明利分别荣获全国道德模范、“齐鲁时代楷模”荣誉称号

2017 年 11 月 9 日，第六届全国道德模范名单揭晓，“一句承诺　一生追寻”的房公训榜上有名。房公训老人 13 岁时受钟效培烈士嘱托，73 年来为实现烈士遗愿五下江西，最终为烈士实现了愿望，诠释了革命老区人民的忠信大义，谱写了一首“大爱大义”的壮丽篇章。2017 年 4 月 20 日，“齐鲁时代楷模”发布仪式举行，莱城区明利特色蔬菜种植专业合作社原党支部书记、理事长陈明利被追授“齐鲁时代楷模”荣誉称号。30 多年来，陈明利扎根基层，从种植大棚蔬菜到自办农业技术推广站，再到成立蔬菜种植专业合作社，积极带领广大农民闯市场、发展特色农业，发家致富奔小康，充分体现了一名基层优秀共产党员的责任担当和为民情怀。他们的先进事迹在新闻媒体广泛报道，为全市人民树立了学习榜样，激发了广大干部群众干事创业热情。

（莱芜日报社、莱芜市广播电视台）

责任编校：蔺延军

2017 年莱芜市委、市政府为民办的 10 件实事

1. 深化精准扶贫，推动全面小康。完成 1 万名贫困人口脱贫任务，巩固提升 4.3 万人脱贫成效。

2. 加大教育投入，推进素质教育。完成 14 所学校的新建、改（扩）建任务，建设青少年校外教育实践活动基地。

3. 增加城乡居民补助，提高医疗保障水平。城乡居民医疗保险补助标准由每人每年 420 元提高到 460 元，基本公共卫生服务补助标准由每人每年 45 元提高到 50 元。

4. 提升城市品质，建设宜居城市。推进国家森林城市建设，做好城区绿化补栽修缮；新安装和改造提升 6 条城区道路照明设施，方便市民夜间安全出行；规范房屋租赁市场，为新增 300 户中低收入住房困难家庭发放租房补贴，按照“政府组织、试点先行、财政奖补、逐步推开”原则，选择有条件的小区或部分楼栋开展多层住宅加装电梯试点。

5. 完善社会服务设施，保障特殊群体利益。建设 3 个高危孕产妇新生儿救治中心，莱芜市残疾人康复中心和 4 所中心敬老院，不断提升保障服务水平。

6. 实施信息惠民，加快智慧城市建设。推进智慧公交、邮政便民服务站点建设，加快互联网提速，方便市民生活。

7. 建设完善休闲场所，优化城乡人居环境。完善城乡公共体育设施，建设大崮山森林公园，实施雅鹿山公园海绵系统改造，开展盘龙河、连河环境治理。

8. 加快美丽乡村建设，改善农村环境面貌。绿化山体 3000 亩，扮美乡村家园，建设 60 个村史展示馆，推进历史文化展示和全域旅游发展；加快乡村清洁能源供热，建设热水管网 8 公里，新增乡村集中供热面积 100 万平方米，大力推广优质节能取暖产品；完成 2.8 万户农户改厕，推进 50 个畜禽粪污处理利用示范点建设和生活垃圾资源化利用，进一步改善农村生产生活条件。

9. 加强场馆配套建设，丰富市民活动阵地。丰富科技馆主题展厅科普布展功能，建设青少年宫和市妇女儿童活动中心，市图书馆新增电子图书、期刊等数字资源 14TB。

10. 完善市场监管体系，保障群众食品安全。推进莱芜市食品药品检验检测中心食品检验室建设，规划设置 3 个食品安全监测点，购置 10 台食品快检车，进一步提升食品安全保障水平。

莱芜概况

自然地理

【位置 面积】 莱芜市位于山东省中部，泰山东麓，北纬35°59′25.08″～36°33′12.15″，东经117°19′32.43″～117°58′05.57″，北邻济南市章丘区，东邻淄博市博山区和沂源县，南邻泰安市所辖的新泰市，西邻泰安市岱岳区。全市总面积2246.33平方公里，南北最大距离58公里，东西最大距离56.8公里。市委、市政府所在地居市境中部，距省会济南112公里。

【地质 地貌】 莱芜市位于华北地区鲁西隆起鲁中隆断区、泰莱断陷盆地东缘及沂源鲁村盆地西缘，呈断裂构造发育。基底构造以官营—香山韧性剪切带为代表，盖层构造以脆性断裂最为发育。境内侵入岩发育良好，广布全域。岩石类型较复杂，其中以酸性岩为主，其次为中性岩，少量为基性、超基性岩。境域地层发育较为齐全，有泰山岩群、寒武系、奥陶系、石炭系、二迭系、侏罗系、白垩系、第三系、第四系。

境域地形为南缓北陡、向北突出的半圆形盆地。北、东、南三面环山，北部山脉为泰山余脉，南部为徂徕山余脉，西部开阔，中部为低缓起伏的泰莱平原，由长埠岭延伸入泰安。海拔最高点994米，最低点148.13米。山地面积占66%，丘陵面积占19%，平原面积占11%，洼地面积占3%。

【山脉 水系】 境内有大小山脉2989座，其中海拔900米以上的5座、海拔600米以上的44座、海拔200～600米的227座。北部为泰山余脉，近东西走向，自西向东有三平山、香山等。南部为徂徕山余脉，走向与北部泰山余脉大体平行，自西向东有莲花山、大堡顶山等。两山脉诸山皆为山势陡峻、切割强烈的中低山。东部蟠龙山、鹏山、邱山呈西北—东南带状分布，为低山缓丘。

境内共有大小沟河404条，长5公里以上的72条，98%属于大汶河水系、2%属于淄河水系。汶、淄两河的界线与发源地在北部原山山脉。大汶河水系有牟汶河、嬴汶河两大支流。牟汶河是境内第一大河流，境内长65.5公里，流域面积1372.96平方公里；嬴汶河，境内长59公里，流域面积743.28平方公里。淄河上游在莱芜境内有和庄河、啬泉河、崮山河三个源流，总流域面积102.03平方公里。

【气候】 莱芜境内气候属于暖温带半湿润季风气候，冬季寒冷干燥，春季温暖多风，夏季炎热多雨，秋季凉爽晴朗。年平均气温14.7℃，南部高于北部，中部高于东部和西部，东北部和西北部山区较低。境内全年日照时数平均为2377.3小时。年平均降水量622.9毫米，降水时空分布不均匀，70%集中在夏季，南部多于北部，山区多于平原。

自然资源

【土地资源】 全市土地总面积22.46万公顷，其中，农用地14.63万公顷，建设用地3.92万公顷，未利用地3.91万公顷。人均耕地面积0.056公顷，占全国人均水平的59%，占全省人均水平的67%。

【矿产资源】 莱芜矿产资源丰富，全市已发现矿产42种，其中探明储量的18种，矿产地169处。主要有铁、煤、铜、金、花岗岩、石灰岩、白云岩、稀土、辉绿岩、玄武岩、建筑石材、天然石英砂、矿泉水等矿种。铁矿保有储量4.5亿吨，煤炭保有储量3.5亿吨。境内寒武纪时期的三叶虫化石（俗称燕子石），是独具特色的不可再生资源。

【水资源】 全市多年平均水资源总量5.814亿立方米（地表水、地下水重复计算量为1.728亿立方米），其中，地表水资源量4.405亿立方米，地下水资源量3.137亿立方米。全市水资源地域分布不均，水资源明显不足，年际变化很大，年内分配悬殊，供需矛盾突出。地表水资源量与降水量相适应，80%以上集中在汛期。汛期除蓄水工程拦蓄外，剩余水量大部分出境。地下水资源量的变化与降水入渗量相适应。

【生物资源】 全市野生动植物资源丰富。野生动物共186种，其中，鸟类158种，隶属15目38科，兽类5目9科15种，两栖类1目3科6种，爬行类2目4科7种。野生兽类有兔、黄鼬、鼠、狐、狸、獾、狼、刺猬、蝙蝠等；鸟类有水鸭、山鸡、啄木鸟、斑鸠、喜鹊、灰喜鹊、黄鹂、麻雀、燕雀、鹌鹑、鹰、猫头鹰等；爬行类有蛇、蜥蜴、壁虎等；两栖类有青蛙、蟾蜍、鳖等。有益昆虫类有118种，其中，捕食性天敌66种，寄生性天敌44种，小麦害虫天敌61种，玉米害虫天敌99种。其他无脊椎动物有蚯蚓、蝎、蜈蚣、螃蟹、蝗虫等。野生的乔木、灌木类有酸枣、银杏、女贞、白蜡、荆、杜梨、赤梨子、山葡萄（堰累）、金银棵、柘、枸杞、山榆、菠萝、柚贡子、山杜鹃、迎春柳等；杂草类有金针、薏苡、沙蓬、荠菜、荠荠菜、扫帚菜、人心菜、苦菜、灰菜、黄草、莸草、蒿草、刺猬皮草、红百合、白百合等；水生类有苇、蒲、荻、芡实、浮萍、荷包荠等。

历史简况

【悠久历史】 莱芜是古莱族、牟族和嬴族繁衍生息之地，是嬴姓的发源地。虞夏时期，东夷族鸟夷首领伯益被帝舜赐嬴姓，担任嬴族首领，并赐封方圆百里的“嬴国”，古城址在今莱城区羊里镇城子县村一带。商代，牟子国建立，都城在今莱城区辛庄镇赵家泉村。莱芜境内因古代有嬴国和牟子国，因此有“嬴牟故国”之称。

莱芜古代为齐鲁交界之处，聘、会、盟、战

不绝于史，圣贤足迹，昭昭可见。东周桓王十一年（公元前709年），鲁桓公欲聘齐僖公之女为夫人，在嬴地相会，举行纳币订婚之礼。东周桓王二十三年（公元前697年），鲁桓公与齐僖公在艾地相会，共谋定许之计。东周惠王二十三年（公元前654年），鲁国大夫公孙兹到牟地迎娶。东周敬王五年（公元前515年），吴王寿梦第四子季札为其子举行葬礼，孔子知季札贤且知礼，于是前往今莱城区口镇垂杨村观礼，口镇垂杨村现存“孔子观礼处”碑。东周敬王二十年（公元前500年），齐景公与鲁定公盟会于夹谷，齐景公欲乘机劫持鲁定公，鲁国大司寇孔子沉着周旋，据“礼”力争，使齐君劫持鲁君之谋未能得逞，保护了鲁君的尊严和鲁国的利益，史称“夹谷会盟”。东周赧王元年（公元前314年），孟子仕齐，为其母守丧满三年之后由鲁返齐，止于嬴，不入公门，以终丧礼之期。

春秋战国时期，莱芜境内发生过两次著名战役——长勺之战和艾陵之战。东周庄王十三年（公元前684年），在今莱城区苗山镇西杓山一带，发生了齐鲁长勺之战。齐军首先击鼓进军，鲁国军队在曹刿的建议下按兵不动，待齐军三次击鼓士气低落后向其发动进攻，大败齐军。东周敬王三十六年（公元前484年），吴鲁联军与齐军交战，史称艾陵之战。此战吴王夫差亲自指挥，在关键时刻投入预备队，大败齐军，俘虏齐国五位大夫，获“革车八百乘，甲首三千”，齐国从此元气大伤，一蹶不振，姜氏政权亦由田氏政权所取代。

春秋战国之际，农民起义领袖柳下跖树起反抗奴隶主阶级的大旗，境内南部山区将山、鼓山、旗山、展雄寨等处是其起义发源地。汉高祖四年（公元前203年），齐将田横与汉将灌婴“战于嬴下，败绩，亡走梁地”。唐代乾符年间，黄巢起义军以泰莱北部山区作为根据地，冶铸兵器，操练兵马，境内有黄巢崮、造甲峪等遗迹。唐中和四年（884年），黄巢与唐军作战失利后，率千人退保泰山。见后有追兵，前有阻军，在今莱城西南牛泉镇祥沟村自刎。明崇祯十二年（1639年），境内四乡农民聚义于香山，反抗官府的封建压迫。清咸丰三年（1853年），下水河秀才于曰恭响应太平天国起义，率众以大舟山为依托，数次打败清廷武装的进攻。民国4年（1915年），为反抗当局清丈土地，横征暴敛，四乡农民手持棍棒、草把聚集于口镇，砸毁县知事官轿，迫使官府做出让步，史称“草把子事件”。

抗日战争时期，莱芜是鲁中地区重要的抗日根据地，八路军山东纵队、中共泰安地委、泰安军分区、一一五师兵工厂、北海银行等抗日军政机关与莱芜人民一起团结抗日，发生过著名的杨家横战斗、吉山战斗。

解放战争初期的莱芜战役闻名遐迩。1947年鲁南战役后，以蒋介石为首的国民党军队调集31万兵力，分南北两线，妄图以“南北对进夹击”的战术，消灭陈毅、粟裕、谭震林率领的中国人民解放军华东野战军主力。华野首长在中央军委和毛泽东的指挥下，及时抓住战机，主动放弃临沂，秘密北上，将北线国民党军李仙洲部围困在齐长城以南和莱城以北，自2月21日—23日，激战三个昼夜，全歼国民党军7.6万人，生俘、击毙国民党将官23人，收复县城13座，重镇数十个，使鲁中、胶东、渤海解放区连成一片，粉碎了国民党最高当局的“鲁南会战”计划，夺取了华东战场的主动权，使全国战局发生重大变化，创造了中国人民解放军作战史上在运动中大量歼敌的典型战例，被列为百战经典之一。

【经济社会发展】 在历史上，境内经济以农业为主，同时，发达的冶铁业对地方经济和社会发展也产生了较大的推动作用。清末，由于社会矛盾尖锐，经济发展缓慢。民国初年，境内以采煤、制铁、缫丝、织布为主的民族工业一度兴起，但随后因军阀混战而纷纷倒闭。抗日战争时期，日伪轮番“扫荡”，严重影响了经济社会发展。解放战争时期，国民党军队多次向境内进攻，百业屡遭破坏，通货膨胀严重，经济发展受挫。1949年，国内生产总值仅为0.27亿元。

新中国成立后，废除封建土地所有制，实现了耕者有其田，完成农业、手工业和资本主义工商业的社会主义改造，解放了生产力。1957年，国内生产总值达到0.49亿元。1958年开始的“大跃进”、1966年开始的“文化大革命”，使国民经济遭到严重挫折和损失。20世纪60年代末开始，“七〇一”工程（莱钢集团有限公司前身）、张家洼工程（鲁中冶金矿业集团公司前身）、莱芜电厂等相继开工建设并陆续投产，推动了境内经济发展。1976年，国内生产总值达到3.17亿元。

中共十一届三中全会后，工作重点转到社会主义现代化建设上来，境内开始实行家庭联产承包责任制，极大地解放了农村生产力。随着改革由农村推向城市，由农业推向工业、商业、交通运输业，经济发展的活力明显增强。特别是20世纪80年代中后期，乡镇企业异军突起，经济发展速度加快，经济总量实现了较快增长。1988年，人均国内生产总值突破1000元，达到1248元。1989年，地方财政收入突破1亿元。1992年，国内生产总值达到21.65亿元，地方财政收入达到1.42亿元，农民人均纯收入955元，职工平均工资2698元。1993年1月15日，地级莱芜市挂牌办公，揭开了莱芜发展的历史新篇章。交通、电力、通信、城建等基础设施建设力度加大，工业立市步伐加快，社会主义市场经济体制改革向纵深发展。特别是2000年后，市委、市政府相继作出扩大招商引资、建设经济开发区、大力发展民营经济、建设山东钢铁生产和深加工基地等一系列重大决策，推动了全市经济社会全面快速协调发展。2005年，实现国内生产总值262.95亿元。2013年，莱芜抓住历史性机遇，加快济莱协作区建设。2017年，莱芜全市上下扎实推进供给侧结构性改革，加快推进新旧动能转换重大工程，全市经济平稳健康发展，全市实现生产总值896.02亿元，公共财政预算收入56.01亿元，全市居民人均可支配收入27012元。

城乡面貌发生明显变化。地级莱芜市建立后，莱芜城市建设明显加快。进入21世纪后，完善城市规划，确立了“绿色钢城”的特色定位，坚持“新城带动、旧城提升”的发展战略，新建汇源大街、莲河大街、凤凰路等，高标准改造文化路、鲁中大街和汶河大道，形成了“九纵连八横”、二环绕全城、主次干道相连、老城新城贯通的路网框架。西海公园、会展中心、龙园宾馆等一批公共设施相继建成，东方明珠花园、福莱佳园、晨晖花苑、金莱广场等一大批设计新颖、功能完备的住宅小区陆续开工建设。供水、供气、供热、通信、电力等管网不断完善。尤其是莱芜高新区，由城郊乡村迅速发展成为功能较为完善的新城区。钢城由一个小城镇发展成为建城区面积16平方公里的城市。

各项社会事业全面发展。地级莱芜市建立后，泰莱、博莱、莱新高速公路相继建成通车，济南—莱芜—青岛的高速公路顺利开工建设。基本实现村村通油路、通客车。社会保障体系不断完善，逐步提高城市最低生活保障标准，建立农村五保户、农村低保和困难学生等救助制度，社会弱势群体得到较好的救助。科技创新能力增强，莱芜经济技术开发区被批准为省级高新技术产业开发区。各级各类教育协调发展，教育教学水平稳步提高，在1994年全市实现“双基”目标的基础上，加快普及高中阶段教育，积极创办高等教育。1995年12月，莱芜被全国爱卫会命名为“国家卫生城市”。2003年，开始推行农村新型合作医疗制度，全市建成村村有卫生室，乡镇有卫生院，市区医疗、防疫、妇保等卫生机构健全的四级医疗卫生网络，医疗水平不断提高。2007年，实行农村社会基本养老保险，实现全市城乡医疗保险全覆盖。群众性体育活动普遍开展，竞技体育取得较好成绩。人民群众文化生活、娱乐方式更加丰富，广场文化兴起，莱芜梆子多次参加汇演并屡获奖项。双拥共建取得新成就，多次蝉联全国双拥模范城。计划生育、环境保护、耕地保护等基本国策得到落实，精神文明建设不断深化，人们的精神面貌发生了较大变化，市场意识、开放意识、竞争意识、市民意识明显增强。扎实推进民主法治建设，积极开展“平安莱芜”建设，形成安居乐业、和谐发展的社会局面。

【杰出人物】 莱芜历史的发展是莱芜人民勤劳奋斗的结果，也渗透着“吏莱官吏”和在莱芜工作人士的心血与汗水。历史上一批批在莱芜任职的官吏“或高清廉之风，或笃匪躬之义，或教育功溥，或抚字心劳，其迹若殊要，皆为国为民赫然有声者也”，莱芜地方文献中留下了他们的名字。汉永寿二年（156年），嬴长韩韶吏莱时，正值大旱，流民涌入嬴境求衣索食者甚众。韩韶不怕坐罪，开仓赈济灾民，在任多行惠政，是当时有名的贤吏。唐代，莱芜县令贾璞，上任时已是“井邑先灭，丘垅已残，雉堞（倾）颓，榛棘不翦”“歌吹无闻，轩车不见”的一派破败景象，他“修城郭，饰馆宇，规（集）市，立坊街”，不久莱芜城即“人物凑衣冠之地，城池生丹艧之容，壮丽一时”；他还“开货殖之路，垂抚子之身”，使外流人员“扶老携幼，归之如市”，使所治理的区域“既庶且富”。宋代，莱芜令廉公谔，“清介自持，专务德化”，百姓歌之曰：“釜甑生尘鱼，境内安以乐。昔闻范史云（范丹），今见廉公谔。”明代嘉靖年间，莱芜知县陈甘雨“青年博学，有规措之才，警敏之智；临政略无难色，而绰有能声；刑清事简……”，于“政务丛集之余”，编修《嘉靖莱芜县志》，成为境内最早、最系统的莱芜地方文献，如实记录了莱芜历史文化。稽古建官，“莱自汉唐以来，有长有令”，从汉代至清代，地方史志有记载的莱芜地方长官（长、令、知县）共有228人，民国时期有县长25人，共计253人，其中有传记的39人。其他如县丞、主簿、县尉、典史、教谕、训导等，更是不可胜数。

莱芜本土的杰出人物也应时崛起。元代，“义勇有为，不惧权势”的新兴保（今莱城区口镇刘陈村）人刘瑀被元世祖封为镇国上将军左副元帅；垂杨保（今莱城区口镇垂杨村）人杨保“文武兼备，有功于国”，被授予副元帅一职；“秉道嫉邪，忠义赤心”的董克忠被封为监察御史。明代是莱芜科举致仕的全盛时期，11人考中进士，38人考中举人（武举4人），130人考取贡生。高朗、李访、王勉、董瑾均累任监察御史，为莱芜有名的“四豸吏”。吴来朝，以岁贡任山西荣河县知县，教民开荒耕种，一县皆化为良田，史称其“生平取法圣贤，孜孜好学，不慕显贵，而子若孙，文章政绩，焜耀一时”。其子吴鸿洙、吴鸿功及其孙吴暐，皆以进士取仕，吴鸿功任陕西参政兵备，吴鸿洙任浙江参政，号称“二吴”，加上累任陕西按察使宁夏兵粮学政的吴暐，为吴氏“一门三进士”。万历年间，亓诗教以进士任荆州、淮安二府推官，累任礼科给事中、吏科都给事中、翰林院提督四夷馆太常寺少卿、都察院右佥都御史、巡抚河南等职，并提督军务，兼理河道。以言官出名，曾上《饥民疏》，救济灾民，亦被推为齐党之首。朱童蒙，累任中书舍人、兵科给事中、兵科都苏松兵备、湖广布政司右参政、太仆寺少卿、都察院右副都御史、巡抚延绥等处地方兼替理军务，史称其“志气豪爽，善骑射，性朴直，慷慨不诳言，刚介自持略”。谭性教，初任陈留知县，后任山西按察司副使，备兵宁夏，兴利除弊，崇尚气节、文武双全，明代在莱城东厢为其立“文武持衡坊”。

清代，莱芜共有18名进士，89名举人，245名贡生。其中，较有影响的有张四教、潘绍烈、张梅亭等。张四教，字道一，累任山西平阳府推官、吏部考功司主事、兵部随驾员外郎、山西提学道按察司副使，史称其“断狱明决，无冤滞至”。张四教是传奇人物，境内有许多有关他的轶闻传说，人称“张闹玄”。潘绍烈，中进士后任翰林院庶吉士，改授直隶元氏县知县、福建瓯宁县知县，以文章著称，晚年主讲于汶源书院。张梅亭，光绪年间以进士任礼部主事。供职之余，潜心经史，著书立说，淡泊名利，私修《莱芜县志》。方志界称赞其志“搜罗之富，取舍之严，体例内容，皆极精备”。

民国时期，亓因培为早期同盟会会员，辛亥革命后被选为广州非常国会护法议员，参与签名并起草《声讨陈炯明宣言》，后被选为第一届国会众议院议员，山东省宪政促进会会长。

中国共产党成立后，吕若侃、刘仲莹、鹿省三、黄仲华等有识之士首先接受了马克思列宁主义和中国共产党的政治主张，领导革命斗争。在中共的教导和进步思想的熏陶下，一批批革命先锋战士在风雨中成长、成熟，成为新时代的英才，担任部、省级以上职务的有王子仪、王醒、张兆万、王裕民、刘子正、刘众前、边春光、吴冶山、张伯祥、魏佑铸、李春亭、亓谦斋、王俊杰、董学林、王俊彬、边裕鲲、宋昆等150余人，任地师级职务的有数百人，县团级职务的数千人。涌现出民兵英雄李念林、雷锋式的好战士王光学、亓振海，钢铁战士孙守功，反劫机英雄杨继海，全国劳动模范李顺章、时春美等一大批英雄模范人物。文化艺术界有全国著名散文作家吴伯箫，一生留下作品200余篇。杂技艺人李建业，诗人吕剑，医学造诣颇深的吕忞增，音乐家丁鸣，战地艺术家李增援，学者王毓铨、李硕之等，他们是时代精神的缩影，是莱芜人民的优秀代表。

建置区划

【建置沿革】 莱芜，春秋为牟国及齐嬴邑、平州邑地。秦置嬴县（治在今城子县村），属济北郡。西汉增置牟县（治在今赵家泉村），又于牟县东北（今淄博市境内）置莱芜县，同属泰山郡。东汉、三国、魏晋因之。南朝宋废莱芜县。北魏徙嬴县于其西南境（今南文字村）。北齐废牟县，隋复置为牟城县，旋省入嬴县。唐贞观元年（627年），废嬴县，武周则开长安四年（704年）于北魏嬴县故城复置莱芜县，属兖州。宋属袭庆府。金徙今治，属泰安州。元、明因之。清属泰安府。民国3年（1914年）属济南道。民国14年（1925年）属泰安道。民国17年（1928年）直属省。1940年抗日民主政权时属泰山专区。1941年5月，分设莱芜（北）、莱东、莱南（9月改称新甫县）3县，均属泰山专区。1945年10月，恢复原建制，隶属不变。1948年3月，莱芜全境解放。1950年属泰安专区。1958年属济南市。1961年复属泰安专区。1967年属泰安地区。1983年撤县置市。1992年升为地级市。2001年5月，启动莱芜经济开发区。2002年9月12日，经省政府批准，莱芜经济开发区增列为省级高新技术产业开发区，定名为莱芜高新技术产业开发区，10月16日正式挂牌成立。莱芜高新技术产业开发区工委、管委会与莱芜经济开发区一个机构、两块牌子。2003年6月，设立泰钢工业园。2007年9月，成立雪野旅游区。2010年11月，雪野旅游区被省政府批复为省级旅游度假区。2012年3月，分设莱芜经济开发区（泰钢不锈钢生态产业园）。2015年10月，国务院正式批复莱芜高新区升级为国家高新技术产业开发区，定名为莱芜高新技术产业开发区。2016年2月22日，将杨庄镇、寨里镇、方下镇3个镇划归莱芜农高区管辖。至此，莱芜市辖莱城区、钢城区和高新技术产业开发区、经济开发区、雪野旅游区、农高区。

【行政区划】 行政区划从明代开始才有比较确

切和详尽的记载。明初，全县编为30里，天顺年间增为42里。正德后改为保，全县编为4乡42保，乡辖保。

清代，全县仍辖42保。

民国初年，取消乡、保建制，全县划为10个区，区辖乡（镇）。

1939年2月，日伪莱芜县公署成立后，将全县划为11联保、116保、1666甲。

1941年5月，民主政权将莱芜划为莱芜（北）、莱东、莱南三县；9月，莱南县与新泰县西北部合并改称新甫县。1942年4月28日，莱东县与博山县部分地区合并，改称博莱县。1944年7月，新甫县的汶南、颜庄、圣井区划归新泰县；博莱县改称莱东县，仍辖原区域，博山部分归回。境内区划为：

莱芜县（亦称莱北县）。辖泰莱公路以北，章莱公路以西及东侧部分地区，即原莱芜县的七、八、九区及二、十区各一部，划为十二个区，即镇里、水北、寨里、鲁西、方下、香山、华山、山口、雪野、羊里、抬头、茶业。1942年，茶业、抬头两区划归淄川县。

莱东县（亦称博莱县）。辖章莱公路以东、由莱城偏东南方向至黄金兰以北地区，即原莱芜县的一、五、六区及二区一部，划为七个区，即铁车、龙崮、矿山、白龙、常庄、苗山、石马。另外，还辖博山县、蒙阴县各一部。

新甫县（亦称莱南县）。辖泰莱公路以南，即原莱芜县的三、四区及一、十区各一部，划为七个区，即圣井、野店、汶南、南冶、清泥、黄花、碁山。另外，还辖新泰县一部。

1945年10月，民主政权恢复原莱芜县建制，全县划为十三个区，即矿山、口镇、雪野、香山、水北、鲁西、圣井、汶南、颜庄、辛庄、苗山、常庄、茶业。1946年，将矿山、汶南、颜庄、辛庄区各划出一部分组成汶阳区，将口镇、雪野、香山、水北、鲁西区各划出一部分组成仪封区，将水北、鲁西、圣井区各划出一部分组成杨庄区，直到新中国成立。

1950年5月，撤销汶阳区，将其所辖村庄分别划归矿山、颜庄、辛庄。此后全县辖矿山、口镇、仪封、鲁西、圣井、汶南、颜庄、辛庄、苗山、常庄、茶业、雪野、香山、水北、杨庄区；区以下设乡，全县共189个乡。

1951年3月，各区由按地名称呼改为以数字称呼，即矿山为第一区，口镇为第二区，仪封为第三区，鲁西为第四区，圣井为第五区，汶南为第六区，颜庄为第七区，辛庄为第八区，苗山为第九区，常庄为第十区，茶业为第十一区，雪野为第十二区，香山为第十三区，水北为第十四区，杨庄为第十五区。

1951年5月，撤销第十五区，将其所辖村庄分别划归第四区与第十四区。

1953年5月，恢复第十五区，口镇升为区级规格。

1955年3月，淄川县的东西、珠宝、龙门、桃花、清泉、峪林、黑峪乡和博山县的樵岭前、桃花泉、西流泉乡及响泉村，划归莱芜县组成第十六区，同年8月撤销第十六区，各乡、村归回原县。

1955年10月，各区复改用地名称呼，依次为矿山、港里（口镇）、仪封、鲁西、圣井、汶南、颜庄、辛庄、苗山、常庄、茶业、雪野、香山、水北、杨庄区，口镇仍为区级规格。

1956年6月，全县改划为86个乡、1个镇，仍由区辖属。

1958年3月，撤销区级建制，全县划为城关镇及王善、口镇、羊里、方下、鲁西、牛泉、圣井、高庄、南冶、颜庄、郑王庄、孝义、辛庄、铁车、龙角、苗山、常庄、和庄、茶业、腰关、雪野、上游、大王庄、大槐树、寨里、水北、杨庄乡，同时设雪野办事处；10月，全县划为城关、孝义、口镇、羊里、红旗（大下农场）、方下、鲁西、牛泉、圣井、高庄、南冶、颜庄、郑王庄、辛庄、苗山、常庄、和庄、腰关、吉山、上游、大王庄、大槐树、寨里、杨庄人民公社。

1959年2月，合并为矿山、口镇、羊里、方下、圣井、高庄、颜庄、辛庄、苗山、常庄、腰关、上游、大王庄、寨里、杨庄人民公社，下辖171个管理区。尔后，腰关改称茶业公社，圣井改称牛泉公社。

1960年4月，撤销高庄、羊里公社，将高庄所辖大队划归牛泉、颜庄、矿山公社，将羊里所辖大队划归口镇、寨里、大王庄公社。

1964年5月，将牛泉公社的槲林、鲁家，颜庄公社的南冶、老君、对仙，矿山公社的高庄管理区组成高庄公社；将大王庄公社的址坊，寨里公社的羊里、王石管理区，大下管理区的辛兴（4个大队）、戴家庄、魏家庄、贾家洼子7个大队划归辛兴管理区，组成羊里公社。

1982年1月，矿山公社改为城关镇，全县辖1个镇、14个公社、91个管理区、1003个大队。

1983年8月，撤销莱芜县设立莱芜市（省辖县级），仍辖1个镇、14个公社、91个管理区。

1984年4月，撤销人民公社和管理区，改划为15个办事处，下辖72个乡、8个镇、1个城区办公室。

1985年10月，改划为1个办事处、15个镇、12个乡，即城区办事处，张家洼、口镇、羊里、方下、牛泉、高庄、南冶、颜庄、城子坡、辛庄、苗山、上游、大王庄、寨里、杨庄镇，北孝义、圣井、里辛、铁车、见马、常庄、和庄、茶业口、腰关、鹿野、雪野、大槐树乡。

1990年8月，设立钢城办事处（副县级，市政府派出机构），辖颜庄镇、城子坡镇、里辛乡和由新泰市划入的寨子乡、沂源县划入的黄庄镇。1991年1月1日，挂牌办公。

1992年11月，莱芜市由县级市升格为地级市，辖莱城区、钢城区，共30个乡镇（办事处）。莱城区辖1个办事处、13个镇、11个乡，即城区办事处，张家洼、口镇、羊里、方下、牛泉、高庄、南冶、辛庄、苗山、上游、大王庄、寨里、杨庄镇和北孝义、圣井、铁车、见马、常庄、和庄、茶业口、腰关、鹿野、雪野、大槐树乡；钢城区辖3个镇、2个乡，即城子坡、颜庄、黄庄镇和里辛、寨子乡。

1993年3月，莱城区城区办事处更名为莱城区城市街道办事处。

1995年10月，钢城区撤销城子坡镇设立城子坡街道，撤销里辛乡设立里辛镇。

2000年12月，全市30个乡镇（街道）合并调整为4个街道、14个镇、1个乡。莱城区撤销北孝义乡，将其行政区域并入原城市街道办事处，更名为凤城街道；撤销南冶镇、高庄镇，以原南冶镇、高庄镇的行政区域设立高庄街道；撤销张家洼镇，以原行政区域设立张家洼街道；撤销铁车乡，将其行政区域并入辛庄镇；撤销常庄乡、见马乡，将其行政区域并入苗山镇；撤销腰关乡、茶业口乡，以两者原行政区域设立茶业口镇；撤销鹿野乡、上游镇、雪野乡，以三者原行政区域设立雪野镇；撤销大槐树乡，将其行政区域并入大王庄镇；撤销圣井乡，将其行政区域并入牛泉镇。钢城区撤销寨子乡，将其行政区域并入原城子坡街道，更名为艾山街道。其余乡镇行政区域未变。合并调整后，莱城区辖3个街道、11个镇、1个乡，即凤城街道、张家洼街道、高庄街道，口镇、羊里、方下、牛泉、辛庄、苗山、茶业口、雪野、大王庄、寨里、杨庄镇和和庄乡；钢城区辖1个街道、3个镇，即艾山街道和颜庄、黄庄、里辛镇。

2001年5月，启动莱芜经济开发区，将莱城区凤城街道所辖程故事、大故事、小故事、冯家林划归莱芜经济开发区；12月，将莱城区凤城街道所辖南姜庄、北姜庄、地理沟、黄泥沟划入莱芜经济开发区。

2002年9月12日，经省政府批准，莱芜经济开发区增列为省级高新技术产业开发区，定名为莱芜高新技术产业开发区，10月16日正式挂牌成立。莱芜高新技术产业开发区工委、管委会与莱芜经济开发区一个机构、两块牌子。10月22日，莱城区设鹏泉街道，由高新区管理。程故事、大故事、小故事、冯家林、南姜庄、北姜庄、地理沟、黄泥沟和莱城区凤城街道所辖的前宋、后宋、李陈庄、北孝义、孝义楼、中和、南连河、北连河、朴务头、毕家庄、郭家庄、官厂、大桥、孙故事、南孝义、南张家庄、陶家庄、泉子共26个村（居）归其管辖。

2003年5月，钢城区黄庄镇小上峪村划归钢城区艾山街道管辖，随后将艾山街道所辖宋家庄、高家庄、卞家泉、傅家桥村、小上峪村划归莱芜经济开发区钢城分区；6月，设立泰钢工业园，将莱城区凤城街道的曹东、曹西、马庄、古石沟、孟家峪、蔺家庄和张家洼街道的东白龙、西白龙、沙家庄、刘家庄共10个行政村划归其管辖；10月，莱城区凤城街道的杨家庄、西峪、马龙崮、柳龙崮、瓜皮岭5个村划归鹏泉街道管辖。

2006年6月23日，根据《山东省人民政府关于同意莱芜市莱城区调整部分行政区划的批复》和《山东省人民政府关于同意将莱芜市莱城区辛庄镇划归钢城区管辖的批复》，将凤城街道的东龙崮、南龙崮、前坡、磨山子、近崮、邹家埠、北张家庄、东沈家庄、长安、老鸦峪、孔家庄、姜家庄、傅家庄、大山、小山、侯盘龙、前盘龙、陈盘龙、马盘龙、段盘龙、草沟、汶阳、西陈家峪、中陈家峪、小陈家峪、上陈家峪26个行政村和辛庄镇的郭家沟、秦家洼、大石家3个行政村共29个村划归鹏泉街道办事处管辖。同时，将莱城区辛庄镇划归钢城区管辖，调整后，辛庄镇行政区域不变，镇政府驻地不变，辖68个行政村。

2007年4月28日，根据《莱芜市人民政府关于将雪野镇划归雪野旅游区管理的通知》，将雪野镇（包括49个行政村）整建制划归雪野旅游区管理，行政区划仍属于莱城区。

2010年4月30日，根据《山东省人民政府关于同意调整莱芜市莱城区部分行政区划的批复》，将莱城区口镇狂山村划归雪野镇管辖。5月7日，根据《山东省人民政府关于同意调整莱芜市部分行政区划的批复》，将钢城区辛庄镇墨埠村、兴隆庄村划归鹏泉街道管辖。5月10日，根据《山东省人民政府关于同意调整莱芜市莱城区部分行政区划的批复》，同意撤销和庄乡，以其原行政区划设立和庄镇。

2012年3月29日，中共莱芜市第十三届委员会（2012）第四次常委会议研究决定，分设莱芜经济开发区（暨泰钢不锈钢生态产业园），辖区面积约62平方公里，包括张家洼街道行政辖区40个村，以及莱城大道以东口镇1个行政村、2个自然村和方下镇2个自然村。10月31日，根据《山东省人民政府关于同意调整莱芜市钢城区部分行政区划的批复》，将黄庄镇大上峪、东峪、灰莱峪3个行政村划归艾山街道管辖；撤销里辛镇，以其原行政区域设立里辛街道；撤销黄庄镇，以其行政区域设立汶源街道。

2013年3月5日，根据《山东省人民政府关于同意调整莱芜市莱城区部分行政区划的批复》，将张家洼街道的东十字村、西十字村、三官庙村、陈梁坡村4个行政村划归鹏泉街道管辖。

2015年6月1日，经市委、市政府研究决定，将莱城区大王庄镇、茶业口镇、华山林场、马鞍山林场整建制划入雪野旅游区进行统一规划、布局和管理。9月7日，根据《山东省人民政府关于同意调整莱芜市莱城区部分行政区划的批复》和《山东省人民政府关于同意调整莱芜市钢城区部分行政区划的批复》，莱城区大王庄镇华山村划归雪野镇管辖。钢城区辛庄镇大官庄、簸箩、上田庄、东宋家庄4个村划归里辛街道管辖；钢城区颜庄镇上河沟村、下河沟村、曹庄村、沈家崖村4个村划归艾山街道管辖。

2016年2月22日，经市委、市政府研究决定，对莱芜农业高新技术产业示范区发展体制进行调整，将杨庄镇、寨里镇、方下镇3个镇划归莱芜农高区管辖。

截至2017年，全市共20个镇（街道）、1084个行政村（社区）。其中，莱城区管辖7个镇（街道），钢城区管辖5个镇（街道），莱芜高新技术产业开发区管辖1个街道，雪野旅游区管辖3个镇，莱芜经济开发区管辖1个街道，莱芜农业高新技术产业示范区管辖3个镇。

人口　民族

【人口】　2017年年末，全市常住人口为137.6万人，其中，城镇人口为86.11万人，比2016年年末增加2.02万人，城镇人口占总人口比重为62.58%，比2016年年末提高1.46个百分点。全年出生人口17039人，出生率为12.94‰，自然增长率为6.93‰。

【民族】　全市有回族、满族、蒙古族、彝族等30个少数民族，4900余人，约占全市总人口的4‰。其中，回族为3750人，占少数民族人口的77%。全市少数民族群众非农业人口占90%以上，主要集中居住在莱城区凤城街道的5个社区以及山钢莱芜钢铁（集团）总公司、中国五矿集团鲁中冶金矿山总公司等驻莱企业，形成小聚居、大杂居的分布特点，具有典型的内陆地区少数民族散杂居的分布特征。市内有清真寺2座，教职人员4人。近年来，少数民族人口正常增长，随着经济发展，流动人口人数及流动频率较大。

经济和社会发展

【综合】　初步核算，全市实现生产总值（GDP）896.02亿元，按可比价格计算，比上年增长8.1%。分产业看，第一产业增加值56.84亿元，增长4.8%；第二产业增加值499.26亿元，增长7.1%；第三产业增加值339.92亿元，增长9.9%。三次产业结构为6.4∶55.7∶37.9。人均GDP达到65122元，比上年增长7.1%。

就业形势基本稳定。全年城镇新增就业1.92万人，其中失业人员再就业7336人，困难群体再就业592人。新增农村劳动力转移2.38万人。年末城镇登记失业率为2.6%，低于控制目标0.4个百分点。城乡“双零家庭”保持动态消零。

物价水平总体平稳。全年居民消费价格比上年上涨1.5%。其中，服务项目价格上涨4.8%，消费品价格回落0.5%。从生产价格看，工业生产者出厂价格、工业生产者购进价格从年初开始呈较快增长，涨幅逐月趋缓态势，全年分别上涨20.8%、20.3%，涨幅分别比上年扩大17.9和21.4个百分点。

民营经济蓬勃发展。全市新登记注册市场主体1.58万户，日均新增43.4户，市场主体达9.71万户，比上年增长15.84%。其中，新发展

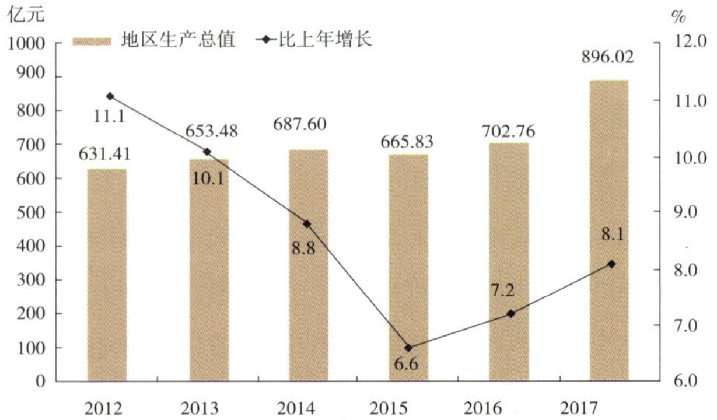

图1　2012年—2017年莱芜地区生产总值图

个体工商户11316户，总量达到7.17万户，增长15.3%；新登记注册私营企业4516家，总量达到2.54万家，增长17.5%。个体私营新增注册资金237.5亿元，增长33.1%；新增就业5.59万人，增长2.4%。民营经济实现税收25.48亿元，增长17.63%，占全部税收的比重达到29.9%，较上年提高1.2个百分点。

园区实力持续提升。全市六大重点园区实现地区生产总值440.61亿元，比上年增长8.9%，生产总值占全市的比重达到49.17%；公共财政预算收入19.05亿元，增长10.27%；规模以上工业增加值174.21亿元，增长9.9%；固定资产投资415.01亿元，增长4.9%。

“十大产业”振兴提升成效显著。全市十大产业实现主营业务收入1957.69亿元，比上年增长25.8%，高于发展目标11.3个百分点；纳税总额29.51亿元，增长45.8%，高于发展目标31.1个百分点。主营业务收入过百亿元产业达到4个。

脱贫攻坚精准推进。全年投入中央、省、市三级财政专项扶贫资金6939万元。扶贫产业项目帮扶建档立卡贫困人口5.7万人（次）。省扶贫工作重点村全部摘帽。10303名建档立卡贫困人口实现脱贫，超省下达计划数（9900人）4.1%。改造贫困户危房516户，比上年增长89%。

【农业】 农林牧渔业稳步发展。全年实现农林牧渔业增加值57.92亿元，比上年增长5.19%。其中，农业增加值42.93亿元，增长2.63%；林业增加值2.17亿元，增长18.57%；牧业增加值10.78亿元，增长10.98%；渔业增加值0.95亿元，增长7.3%；农林牧渔服务业增加值1.07亿元，增长37.5%。

农产品生产基本稳定。全年粮食作物播种59.26万亩，比上年增长4.36%，产量25.47万吨，增长10.8%；生姜播种7.42万亩，增长0.6%，产量25.09万吨，增长15%；大蒜播种14.63万亩，减少3.2%，产量20.37万吨，增长9.7%；油料播种12.57万亩，增长2.1%，产量2.41万吨，增长1.9%；烟草播种1.98万亩，减少3%，产量2748.58吨，减少0.5%；肉类总产量6.81万吨，增长7.6%；牛奶产量1914.89吨，增长6%；禽蛋产量3.3万吨，增长0.9%；水产品产量3539吨，较上年基本持平。

2017年莱芜主要农产品产量一览表

表1　　　　单位：万吨

指标	产量	比上年增长（%）
粮食	25.47	10.8
夏粮	3.51	−7.4
秋粮	21.95	14.4
棉花	0.3	−4.0
花生	2.41	1.9
水果	10.47	−4.3
蔬菜及食用菌	115.51	10.4
其中：生姜	25.09	15.0
大蒜	20.37	9.7

农业生产条件继续改善。全年农林水事务财政支出7.65亿元，比上年增长2.09%。争取国家农机购置补贴资金1400万元，补贴农民购置各类机具7600多台（件），累计培育和发展农机户3.28万户。争取省土地深松项目补贴资金105万元，土地深松补贴面积达3万亩，辐射带动面积4万亩。农业机械总值7.3亿元，增长5.8%。年末，农业机械总动力87.4万千瓦，农作物生产综合机械化水平达82.59%，机电灌溉面积达28870公顷。

农田水利建设稳步推进。全年综合治理水土流失面积1400公顷。有效灌溉面积达37400公顷，新增恢复有效灌溉面积700公顷；发展节水灌溉面积1330公顷，节水灌溉面积达39240公顷。

农业现代化建设成绩显著。年末，省级以上农业龙头企业达到20家，“三品一标”农产品301个。其中，新认证绿色农产品22个，新增无公害农产品7个。建立水肥一体化试验示范点

60余个，主要农作物病虫害统防统治面积累计达107.5万亩。开展土地承包经营权股权化改革的村87个，入股土地面积9.23万亩，完成农村集体资产股份化改革的村72个。

【工业和建筑业】 工业生产平稳增长。全年规模以上工业实现增加值335.7亿元，比上年增长9.76%。轻重工协调发展，轻工业增加值44.51亿元，增长12.51%；重工业增加值291.2亿元，增长9.26%。从三大门类看，采矿业实现增加值累计增长7%；制造业增长8.2%；电力、燃气及水的生产和供应业增长28.9%。

2017年莱芜市规模以上工业增加值分类情况一览表

表2　　单位：亿元

指标	增加值	同比增长（%）
工业增加值	335.7	9.76
其中：轻工业	44.5	12.51
重工业	291.2	9.3
其中：国有企业	5.4	0.6
股份制企业	323.6	4
外商及港澳台商投资企业	5.4	−37.3
其他经济类型企业	1.3	13.3
其中：国有控股企业	119.2	−14.5
其中：私营企业	50.1	62.1
其中：大中型工业企业	247.6	−7.8

工业运行质量明显改善。全年规模以上工业实现主营业务收入2152.8亿元，比上年增长20.87%；利税总额120.33亿元，增长109.76%；利润总额72.54亿元，增长140.33%。

主要工业品产销衔接良好。主要产品产量实现稳定增长，其中，铁矿石原矿612.7万吨，比上年增长7.7%；生铁1912万吨，增长5.9%；粗钢1907.9万吨，增长7.9%；成品钢材2061.5万吨，增长4.3%；发电量224.8亿千瓦时，同比增长20.9%。工业品销售情况较好，销售率达到98.7%。

2017年莱芜市主要工业产品产量一览表

表3

产品名称	单位	产量	比上年增长（%）
原煤	万吨	202.8	−4.8
焦炭	万吨	584.7	−16.8
铁矿石原矿	万吨	612.7	7.7
生铁	万吨	1912	5.9
粗钢	万吨	1907.9	7.9
成品钢材	万吨	2061.5	4.3
水泥	万吨	314.1	−2.3
纱	万吨	4.8	−0.1
服装	万件	1726.1	−2.8
发电量	亿千瓦时	224.8	20.9
饮料	万吨	27.2	40.8
锻件	万吨	19	5.2
粉末冶金零件	万吨	3	−1.6
耐火材料制品	万吨	9.4	18.7

建筑业平稳发展。全年建筑业实现增加值41.11亿元，比上年增长3.06%。实现总产值82.47亿元，增长3.05%。其中建筑工程产值65.92亿元，增长5.37%。房屋竣工面积290.7万平方米，新开工面积306.81万平方米，增长4.27%。

【固定资产投资和房地产】 固定资产投资企稳回升。全年完成固定资产投资668.14亿元，比上年增长5.5%，比上年提高2.8个百分点。从隶属关系看，省及省以上单位完成投资23.33亿元，下降16.9%；地方单位完成投资644.81亿元，增长6.1%。从资金来源看，民间投资完成476.35亿元，增长0.5%，占全部投资的比重为71.3%。

投资结构进一步优化。第一产业投资21.78亿元，增长42.6%；第二产业投资338.03亿元，下降7.6%；第三产业投资308.33亿元，增长21.1%。三次产业投资占比由上年2.4 ∶ 57.6 ∶ 40.0调整为3.3 ∶ 50.6 ∶ 46.1；六大高耗能行业投资95.31亿元，下降0.3%；工业技改投资192.16亿元，增长10.2%；高新技术产业投资132.32亿元，增长28.5%。

房地产市场持续向好。全年房地产业实现增加值34.19亿元，比上年增长22.1%。完成开发投资53.44亿元，增长13.29%。新建商品房销售面积96.66万平方米，增长84.2%。其中，住宅销售89.96万平方米，增长78.65%。新建商品房销售额50.31亿元，增长100.71%，其中，住宅销售额45.81亿元，增长93.69%。房屋竣工面积51.51万平方米，增长79.66%。房屋施工面积488.11万平方米，增长23.26%。其中，房屋新开工面积130.1万平方米，增长22.18%。

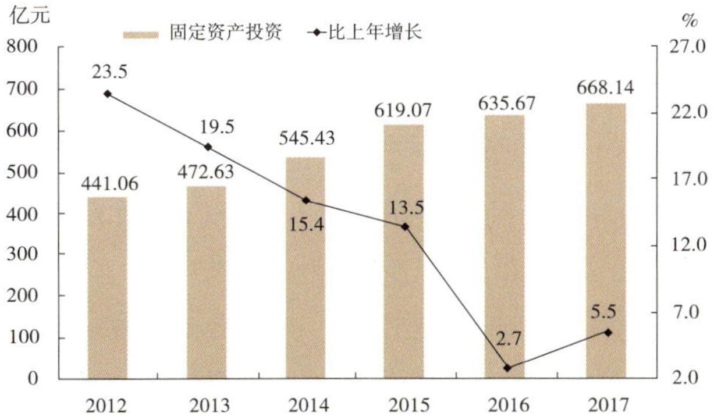

图2 2012年—2017年莱芜市固定资产投资

【国内贸易】 市场消费稳中回升。全年社会消费品零售额完成380亿元，比上年增长9.3%，增速比上年加快0.9个百分点。按消费类型统计，餐饮收入34.3亿元，增长9.2%；商品零售345.7亿元，增长9.3%。按所在地统计，城镇消费品零售额306.5亿元，增长8.9%；乡村消费品零售额72.5亿元，增长10.8%。

商品消费结构持续优化。从限额以上批发和零售业商品销售情况看，基本生活类商品销售稳定增长，粮油、食品类增长8.3%；饮料类增长7.7%；服装、鞋帽、针纺织品类增长5.9%。发展及享受类商品消费增长较快，金银珠宝类增长23.2%；家用电器和音响器材类增长14%；中西药品类增长16.2%；文化办公用品类增长19.9%；家具类增长10.8%。网络销售发展势头强劲，电子商务交易平台共实现交易额2.86亿元，同比增长579.2%。

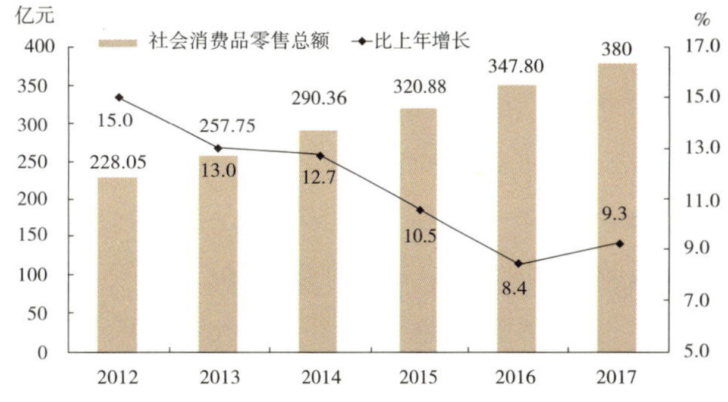

图3 2012年—2017年莱芜市社会消费品零售总额

【对外经济】 外贸出口稳定增长。全年进出口总额完成107.11亿元，比上年下降5%。其中，进口36.75亿元，下降23.4%；出口70.36亿元，增长8.6%。从主要产品出口情况看，钢材6.93亿元，增长127.2%；纺织服装4.8亿元，增长2.6%；农产品出口37.14亿元，下降1.6%；机电产品出口9.6亿元，增长1.6%。与“一带一路”国家完成出口额35.22亿元，占全部出口额的50%。

外贸队伍不断壮大。年末，全市有进出口实绩的企业达到357家，比上年增加53家。其中，进出口额过亿元的企业有12家，过10亿元的企业达到3家。全市进出口市场达到167个国家和地区，新增16个。海关高级认证企业达到8家，国际知名品牌企业达到5家。

国际经济深化合作。实际境外投资总额1237.3万元，外派劳务2591人，比上年增长6.6%。外商直接投资项目6个，签订合同外资2.60亿元，实际利用合同外资 2.30 亿元。

【交通、邮电和旅游】 交通运输业稳步发展。年末，全市公路通车里程 4597.27 公里，比上年增长 4.37%。其中，高速公路 140.28 公里，一级公路 198.95 公里，二级公路 425 公里。公路密度达到 204.7 公里 / 百平方公里。公交营运车辆 1456 辆，新增 18 辆；营运线路 162 条，新增 39 条；营运线路 3270 公里，增长 27.48%，营运出租汽车 1600 辆。全年公交运客总量 5666 万人次。

邮电通信业平稳发展。全年完成邮电业务收入 9.24 亿元，比上年增长 8.69%。其中，电信业务收入 6.81 亿元，增长 5.29%；邮政业务收入 2.42 亿元，增长 8.8%；快递业务收入 0.87 亿元，增长 21.9%；快递业务总量 735.94 万件，增长 27.48%。年末，固定电话用户 14.79 万户，下降 6.36%。移动电话用户 132.96 万户，增长 1.13%。固定互联网宽带接入用户 30.85 万户，增长 11.13%。

旅游业良好发展。全市拥有国家 AAA 级以上景区 13 处，国家 AA 级景区 4 处，全国、省级工农业旅游示范点 15 处，省级旅游度假区 1 处。特色旅游业发展势头强劲，拥有山东省旅游强乡镇 6 个，山东省特色旅游村 14 个，乡村旅游专业合作社 17 家，省级精品采摘园 21 家，省级开心农场 2 家，好客人家星级农家乐 147 家，四星级精品民宿 1 家。全年共接待国内外游客 1133 万人次，比上年增长 9.3%；实现旅游消费收入 68.3 亿元，增长 13.9%。

【财政、金融和保险】 财政收支较快增长。全年实现公共财政预算收入 56.01 亿元，增长 10.2%。其中，税收收入 43.4 亿元，增长 18.68%，占全市预算总收入的比重达 77.49%，比上年提高 4.38 个百分点。公共财政预算支出 88.77 亿元，增长 1.9%。全市民生支出 67.23 亿元，增长 5.04%，占公共财政预算支出的 75.7%，比上年提高 1.8 百分点。其中，教育、社保就业和医疗卫生支出分别 19.73 亿元、11.57 亿元和 10.41 亿元，分别增长 3.92%、11.7% 和 3.54%。实现税收总收入 85.29 亿元，比上年增长 29.75%。其中，国税收入 59.32 亿元，增长 35.37%；地税收入 25.97 亿元，增长 18.5%。

金融市场运行稳健。全年，金融业实现增加值 38.79 亿元，比上年增长 4.9%。年末金融机构人民币各项存款余额 948.17 亿元，增长 4.46%。其中，住户存款 567.87 亿元，增长 5.42%；非金融企业存款 212.16 亿元，增长 14.11%。年末，金融机构人民币各项贷款余额 725.7 亿元，增长 9.75%。其中，短期贷款余额 458.35 亿元，增长 7.38%；中长期贷款余额 207.31 亿元，增长 33.38%。

保险业发展势头良好。全市共拥有保险机构 31 家，实现保费收入 28.82 亿元，比上年增长 17.84%。其中，财产险保费收入 6.17 亿元，增长 8.07%；人身险保费收入 22.65 亿元，增长 20.8%。各项赔付支出 8.33 亿元，增长 0.89%。其中，财产险赔付支出 3.21 亿元，增长 8.59%；人身险赔付支出 5.11 亿元，下降 3.4%。

【科学技术】 科技创新成果丰硕。全年新争取省重点科技计划项目 48 项，获扶持资金 3450 万元，获省以上科技进步奖 1 项。全年发明专利申请量 465 件，授权量 295 件。年末，全市有效发明专利拥有量 1110 件，比上年增长 23.33%。拥有省级企业科技创新平台 52 个，其中，工程技术研究中心 23 个，院士工作站 19 个，重点实验室 2 个，产业技术联盟 4 个，国际科技合作平台 3 个，省级科技企业孵化器 1 家。全年共签订技术合同 84 项，技术合同成交额 4.81 亿元。

高新技术产业发展迅速。全年新增省级高新技术企业 20 家，年末总数达 74 家。高新技术产业实现产值 483.63 亿元，增长 16.92%，占全市规模以上工业总产值的比重达到 22.63%，比年初提高 1.27 个百分点。

【教育、文化、卫生和体育】 教育事业持续巩固。全市共有各级各类学校182所，全年共招生3.83万人，在校学生人数15.07万人。共有幼儿园367所，在园幼儿3.88万人。学前三年教育普及率达到98%。小学、初中入学率均保持100%，巩固率小学100%，初中99.8%。

2017年莱芜市各级各类学校基本情况一览表

表4

机构	机构数（所）	招生数（人）	在校生（人）
高等学校	3	3561	10796
普通中学	49	20799	78886
初中	40	10991	49148
高中	9	9808	29738
中等职业学校（含技校、卫校）	8	2542	7106
小学	121	11389	53793
特殊教育学校	1	10	100
幼儿园	367	13655	38758

文化事业欣欣向荣。年末，全市拥有公共图书馆2个，博物馆16个（含13个民办博物馆），文化馆2个。拥有艺术表演团体135个（含民营剧团），文物保护管理机构3个，乡镇文化站20个，村（社区）综合性文化服务中心1017个，全市共有国家级重点文物保护单位4处，省级16处，市级30处。全市95%的村（社区）建成符合标准的综合性文化服务中心，全市8.8 %的村（社区）完成村史展室建设。拥有广播电台1座，电视台1座。全年广播节目播出时间1.28万小时，电视节目播出时间2.19万小时。拥有有线电视用户21.5万户，有线电视光缆传输覆盖网络达7160公里，全市有线电视综合入户率达61.5%。

卫生服务能力不断提升。年末，全市拥有各类医疗卫生机构345个（不含村卫生室），比上年增加19个。其中，医院（卫生院）46个，增加4个。各类卫生机构拥有病床床位7219张，增加482张。卫生技术人员（不含乡村医生）8104人，增加186人。其中，执业医师及执业助理医师3293人，增加74人；注册护士3320人，增加118人。每千人拥有床位5.25张、卫生技术人员5.89人。城市社区卫生服务机构26个。全年医疗机构、门诊诊疗人次数748.34万人次，健康检查人数49.69万人。

体育事业取得新成绩。全市拥有体育场地3452个，总面积达351.65万平方米，承办10项省级及以上比赛。全年获得省级以上重大比赛金牌12枚、银牌13枚、铜牌26枚。其中，全国比赛金牌8枚，银牌5枚、铜牌4枚。群众体育和全民健身运动广泛开展，共举办市级群众体育比赛50项；新培训社会体育指导员520名，总数达到6880名；新增体育协会4个，健身俱乐部5个，非营利性体育协会及健身俱乐部达到35个；新增城乡健身设施65处，镇级健身设施覆盖率达到100%，村居健身设施覆盖率达到98%。销售体育彩票1.82亿元。

【城乡建设】 城市综合承载能力增强。全市建成区绿化覆盖面积达到5441公顷，覆盖率45.3%，城区公园绿地面积达1239公顷。天然气供气总量12342万立方米，其中，居民家庭用气3102万立方米，居民用户19万户，城市居民管道天然气普及率81%。供热面积达2442万平方米，城市集中供热普及率71%。污水日处理能力13万立方米，城市污水处理率达到98%；垃圾无害化处理率达到100%。

村镇居住环境明显改善。村镇基础设施建设投入加大，全年开工建设项目116个，完成投资23.31亿元；农村新社区建设取得明显成效，年末农村新型社区达到85个，比上年新增3个。全年建设农房2346户，建筑面积30.75万平方米，改造危房516户，建筑面积2.58万平方米；完成农村改厕 1.9 万户。村村通公路、通客车、通网络基本实现，自来水普及率 100%。

【生态环境和安全生产】 生态环境逐步改善。全市拥有水污染物减排设施 27 个，废气污染物减排设施 23 个。化学需氧量、氨氮、二氧化硫、氮氧化物排放量分别为 1.7 万吨、0.19 万吨、6.42 万吨、5.25 万吨，分别同比减少 2.5%、1.7%、5.7%、5.5%。各级自动环境监测站 25 个，河流断面水质监测点位 8 个，达标断面 5 个，达标率 62.5%。年末细微颗粒物（$PM_{2.5}$）平均浓度 65 微克/立方米，同比改善 12.2%；可吸入颗粒物（PM_{10}）平均浓度 117 微克/立方米，同比改善 7.9%。市区空气质量优良率 53.8%，空气质量达标 193 天，“蓝天白云，繁星闪烁”259 天，比上年增加 33 天。

安全生产形势平稳。全年累计发生生产安全事故 29 起，死亡 36 人，分别较上年下降 53.2% 和 7.7%。亿元 GDP 生产事故死亡率 0.040；十万人工矿商贸就业人员生产安全事故死亡率 0.886；煤矿百万吨死亡率 0。

【人口、人民生活和社会保障】 人口总量平稳增长。年末全市常住人口为 137.6 万人，其中，城镇人口为 86.11 万人，比上年增加 2.02 万人，城镇人口占总人口比重为 62.58%，比上年末提高 1.46 个百分点。全年出生人口 17039 人，出生率为 12.94‰，自然增长率为 6.93‰。

城乡居民生活持续改善。全市居民人均可支配收入 27012 元，比上年增长 9.1%；居民人均消费支出 16297 元，增长 8.6%。其中，城镇居民人均可支配收入 34889 元，增长 7.8%，人均消费支出 19912 元，增长 7.5%；农村居民人均可支配收入 16144 元，增长 8.7%；人均消费支出 11309 元，增长 8.6%。农村居民可支配收入增速比城镇居民快 0.9 个百分点，城乡差距持续缩小。

社会保险覆盖面持续扩大。年末全市城镇职工基本养老保险参保达 30.37 万人，比上年增加 0.17 万人。工伤保险参保 26.85 万人，增加 0.25 万人；失业保险参保 21.65 万人，增加 0.35 万人；生育保险参保 19.23 万人，增加 0.23 万人；职工医疗保险参保 27.73 万人，增加 0.13 万人。城乡居民养老保险参保 50.23 万人；居民基本医疗保险参保 92.65 万人，增加 0.65 万人。社会保险综合覆盖率达到 90.82%。

社会福利和社会救助稳步提高。全市享受城市居民最低生活保障 7005 人，全年发放最低生活保障金 2619.4 万元；月人均保障标准 485 元，比上年提高 5 元；月人均补差 302 元，比上年提高 3.5 元。享受农村居民最低生活保障 24053 人，全年发放最低生活保障金 6356.2 万元；年保障标准提高到 3642 元/人，比上年提高 242 元；月人均补差 190 元，提高 14 元。发放农村五保供养金 1383.7 万元，农村五保对象供养率达 34%。年末全市共有提供住宿的社会服务机构 17 个，床位 2307 张，收养 918 人；社区服务机构 573 个。销售社会福利彩票 2.41 亿元，筹集社会福彩公益金 2169 万元。

注：

1. 公报中部分统计数据为初步统计数或快报数，正式统计数据以《莱芜统计年鉴》为准。

2. 部分数据因四舍五入的原因，存在着与分项合计不等的情况。

3. 公报中全市生产总值、各产业增加值绝对数按现价计算，增长速度按不变价格计算。

（市统计局）

精神文明建设

【概况】 2017年，莱芜市以培育和践行社会主义核心价值观为根本，以创建全国文明城市为主线，深入开展未成年人思想道德建设、志愿服务、移风易俗等工作，推动全市精神文明建设工作深入开展。莱芜市成功创建为第五届全国文明城市，雪野旅游区茶业口镇村民房公训被评为第六届全国道德模范。

【莱芜市成功创建为全国文明城市】 2017年11月17日，中央文明委召开全国精神文明建设表彰大会，莱芜市获得第五届全国文明城市荣誉称号。建立健全机制，推动工作开展。所有市级领导均承担相应的区、网格督导任务。莱芜市成立高规格的迎接全国文明城市测评工作指挥部，各区、镇（街道）、社区及市直各部门单位均成立创城办，均建立“微信群”指挥机制。将全市建城区内的60个社区划分为25个网格，实行市、区、街道、社区四级包网格负责制，明确25个市级领导、60个市直单位、128个区直单位的工作责任和工作任务。实行定人包岗制度，每个测评点位配备文明引导员、文明保洁员和文明秩序维持员。坚持问题导向，集中攻坚克难。各级创城办实地考察组对全市测评区域进行拉网式、全覆盖督查，列出问题清单，明确整改任务。市创城办共发现问题2900多个，下发督办单188份。市内主要新闻媒体在重要版面、重要时段，坚持每天一期不间断、大篇幅曝光创建全国文明城市（以下简称创城）需要解决的问题。新闻媒体共曝光48期，涉及269个问题，对查找的问题，有关责任单位主动认领、积极整改，有力地促进工作。主动引入第三方测评机构，开展3次模拟测评，覆盖全市所有的固定点位和部分抽查点位，基本做到点位全覆盖，问题全发现。层层传导压力，狠抓问题整改。建立严格督查通报制度，市、区创城办实地考察组对全市测评区域进行拉网式、全覆盖检查，对发现的问题首先下发问题清单，并明确整改时限，到期未整改的下发第一次问责督办单，仍不整改的下发第二次问责督办单，连续下发三次督办单仍不整改的启动问责程序。2900多个问题全部在督办期内解决。对于涉及面广、职责不清的问题，采取“解剖麻雀”的方式，组织所有责任单位现场分工、现场认定、明确责任，追根

2017年5月12日，全市创建全国文明城市奋战八十天誓师大会召开

（市文明办 供稿）

溯源、重点突破，总结规律、以点带面，促进问题解决。对于创城工作中的难点问题，采取召开联席会议的方式研究解决。高密度宣传，营造浓厚氛围。各新闻主流媒体将创城工作宣传作为重中之重，形成大篇幅、不间断、全覆盖、多角度、高密度的舆论强势。发挥新媒体作用，开通“为创城助力”市民微信助力平台，向广大市民发出倡议书；每天都通过手机短信及时发送创城动态。新设异形镂空公益广告600多处、护栏公益广告1.5万块、道旗公益广告8000多对、建筑围挡公益广告1.8万平方米、大型广告塔公益广告600多块、公交站亭公益广告127个1037平方米、公交车体公益广告700多辆2000多平方米、围栏广告200多个，提升城市品位，营造浓郁的创城氛围。做好迎接全国、全省文明城市测评工作。成立综合协调信息配合组、实地考察配合组、问卷调查配合组等6个迎测小组，建立迎测临时指挥体系，精心准备、提前谋划、做好预案，全面动员，集中全市之力做好迎接测评工作，为莱芜市成功创建为全国文明城市奠定良好基础。

【移风易俗工作】 2017年，莱芜市在红白理事会和移风易俗纳入村规民约实现农村（社区）全覆盖的基础上，红白理事会工作实现制度化、规范化、常态化，婚丧嫁娶新风尚基本形成，群众对移风易俗满意度逐步提高。红白理事会实现全覆盖。对于45个红白理事会未建立或不完善的村（社区），由镇（街道）加大指导督导力度，派驻工作组，镇（街道）一名领导班子成员任工作组组长，签订责任状，指导这些村（社区）推选出德高望重、热心服务、公平公正、崇尚节俭、有一定礼仪特长的人士，组成红白理事会；对1025个已建好红白理事会的村（社区），市、区、镇三级切实加强教育与规范管理，建立健全规章制度，提高政策把握能力和为群众服务水平，及时将红白理事会人员名单及章程通过村务栏、宣传栏、公告栏等形式向群众公布，真正使红白理事会成为村民婚丧嫁娶的办事机构。截至2017年年底，全市所有村（社区）均建立“真管事”“真服务”的红白理事会。建立移风易俗报告和公示制度。各村（社区）均建立移风易俗重大事务报告制度，引导村民及时将婚丧事务向红白理事会报告，红白理事会第一时间介入、第一时间协调办理相关事宜、第一时间将服务情况向社会公示。重新修订《村规民约》。指导各村（社区）召开村民大会或村民代表大会，广泛征求群众意见，重新修订《村规民约》，把丧事简办、婚事新办的标准、要求等内容纳入其中，形成具有本村特色的村规民约，制定奖惩措施，将移风易俗与各类先进评选挂钩，与村内待遇挂钩。张榜公示“一规一约”。组织广大农村（社区）将重新修订的简办规定和《村规民约》以明白纸、小册子等形式将发到所有群众手中，在村内显著位置公示。

【未成年人思想道德建设】 品牌打造。2017年，莱芜市以中华经典吟诵进校园活动为抓手，逐步实现吟诵教学全覆盖，推动全市广大未成年人学国学、用国学、弘扬优秀传统文化成为习惯。7月8日，市委宣传部、市文明办等单位联合举办第二届全市国学小名士电视大赛，推荐两名优秀选手代表莱芜参加省级比赛。抓好节点活动。继续组织开展学习和争做美德少年、网上祭英烈、童谣征集和传唱、童心向党、向国旗敬礼等“中国梦”主题教育实践活动，引导全市10万余名中小学生参与。切实做好乡村学校少年宫建设和管理工作，组织开展3次督查工作，确保资金落实到位、活动有序开展、学生切实受益。组织第三届乡村学校少年宫成果展活动，推荐10名学生参与省级书法和乒乓球比赛，莱芜市获得优秀组织奖。开展文明校园创建，组织开展第一届文明校园评选活动，推荐1所全国文明校园，4所省级文明校园。

【志愿服务】 开展“学雷锋志愿服务活动月”全市统一行动日活动。3月5日为全市“学雷锋志愿服务活动月”统一行动日，各区及相关部门先后举行“学雷锋志愿服务活动月”启动仪式，先后组织120余支各级各类党员志愿服务队、文明单位志愿服务队、社区志愿服务队以及社会志愿服务团体和个人，以关爱他人、关爱社会、关爱自然为重点，深入到基层社区、学校、农村、敬老院、公共场所等组织开展各类学雷锋志愿服务活动，掀起全市学雷锋志愿服务活动的热潮。市区各新闻媒体统一开设“弘扬雷锋精神，开展志愿服务”专栏，采取宣传报道、记者观察、评论等多种形式，发表刊播各类稿件140余篇，系统报道各级各单位开展活动情况，形成浓厚的社会舆论氛围。开展文明交通志愿服务行动。3月起，特别是在迎接创建全国文明城市测评迎检期间，团市委、市公安局、市教育局、市交通运输局等部门围绕“告别不文明行为五项行动”（排队上下车、礼让斑马线、不乱扔杂物、不随地吐痰、不乱停放车辆），组织志愿者走上街头、路口、交通站点等各类公共场所，开展文明交通引导等志愿服务活动，营造崇尚文明礼让、抵制交通违法、践行文明交通的社会风尚。团市委先后组织文明引导志愿服务队140个，在市区45个重点路口、50处公交站点，累计发动志愿者2万多人次，上岗服务近20万个小时，广泛开展文明交通引导志愿服务活动，倡导文明交通行为，宣传文明交通知识，提升全民交通安全和文明出行意识。开展志愿服务精神和理念宣传活动。以宣传普及志愿服务精神和理念为目的，组织开展志愿服务公益广告征集等活动，吸引和感召更多的人加入志愿者行列。各级各类新闻媒体、网络媒体深入挖掘活动中涌现出来的感人事迹和先进典型，先后刊播各类新闻稿件120余篇；《莱芜日报》、莱芜电视台等媒体制作、刊播学雷锋志愿服务活动公益广告，《莱芜日报》先后刊登12版，莱芜广播电台、莱芜电视台及各主要新闻网站先后刊播公益广告60余次。各街道、社区、楼院广泛张贴志愿服务公益广告宣传画，营造浓厚的志愿服务氛围。

【群众性精神文明创建活动】 2017年，莱芜市有3家单位新入选全国文明单位，2个村镇新入选全国文明村镇；做好市级文单位评选复查工作，124个新申报单位获评市级文明单位。雪野旅游区茶业口镇崖下村村民房公训获得全国诚实守信道德模范称号，全年有45人入选“莱芜好人”，25人入选“山东好人”，5人入选“中国好人”。定期发布企业诚信红黑榜，推进诚信建设制度化、规范化、长效化。开展文明餐桌行动，向社区居民发放印有社会主义核心价值观内容的牙签盒4万多个，向餐馆饭店发放文明餐桌宣传画10万余份，营造勤俭节约、文明用餐的良好氛围。

（李晨晓）

生态文明建设

【节能减排】 2017年，莱芜市不断优化能源结构，推进转调发展。抓好煤炭消费总量控制。莱芜市制定煤炭消费减量替代工作行动方案，针对全市“三钢两电”等重点耗煤企业煤炭压减工作集中攻坚突破。淘汰落后产能。对全市燃煤锅炉进行排查摸底，淘汰改造618台燃煤锅炉。清理取缔273家“散乱污”企业、41家企业工业窑炉，所有10万千瓦以下机组全部按照要求关停改造或整治到位。积极推广散煤清洁化利用。全市清洁煤炭推广完成量（含替代量）共计10万多吨。加大节能力度，促进循环发展。实施“工业绿动力”计划。把工业绿动力与新旧动能转换相结合，对工业用能、节能的重点行业、重点设备和关键工序做部署和安排，列入2017年计划的2个太阳能集热系统项目和2个高效锅炉项目竣工验收并申报财政补贴。实施循环发展引领计划。全面推进全市园区循环化改造步伐，积极培育循环经济发展典型。

【工作机制创新】 2017年，莱芜市推进环保监管效能。扎实推进环保网格化建设，开展“督查执法年活动”，全市共立案处罚262起，处罚金额1473.30万元，刑事拘留4人，行政拘留19人。开展污染物排放许可证制度。市环保局印发《排污许可证审核工作分工方案》，组织开展排污许可证申报核发培训，发放火电、造纸行业排污许可证40个。强化污染源信息公开。在全市所有企业废气排放烟囱超45米的66个高架源全部安装自动监控设施，在37家重点排污单位安装43个信息公开屏实时公开污染源排放情况。

【环保督察保障】 2017年，莱芜市全力保障中央、省环境保护督察。中央、省环保督察组交办莱芜市的344件信访件办结343件，共立案处罚86件，罚款566.45万元。

【大气污染防治】 2017年，莱芜市政府出台《莱芜市大气污染治理十条》，强力推进工业污染防治、扬尘污染防治、散煤治理等工作，全市大气四项主要污染物二氧化硫、二氧化氮、PM_{10}、$PM_{2.5}$同比分别改善24.4%、2.3%、7.9%、12.2%，蓝天白云天数259天，同比增加33天，获得山东省空气质量生态补偿资金2480万元。

【土壤污染防治】 2017年，市环保局建立土壤污染防治体系，扎实推进土壤污染重点行业企业空间位置遥感核实工作，核实企事业单位360家，准确定位66家，建立全市污染地块土壤环境管理信息系统。

【生态环境修复】 开展水环境保护。2017年，莱芜市组织开展饮用水源地整治，对乔店水库、鹏山泉等5个城市饮用水源地环境状况进行评估，完成全市农村饮用水水源地基础环境状况调查。关闭搬迁禁养区内519家畜禽养殖场（户）。加强生态绿化建设。莱芜市成功创建为国家森林城市，全市建成区绿化覆盖率达到45.3%，城区公园绿地面积1239公顷。推进水土流失综合治理。2017年，共实施钢城区5个小流域治理项目，累计完成水土流失治理面积30.2平方公里，年末全市水土流失治理程度达到82%以上。加强华山林场自然保护区管理。合理调整并完善核心区、缓冲区、实验区的划定，加强规范化管理，健全管理机构设置，开展经常性执法检查，对影响生态环境的旅游活动予以取缔。华山林场自然保护区的各类问题均整改到位。

（刘化锋）

组织机构与负责人

中共莱芜市委及工作部门

书　　记　王　良
副 书 记　梅建华
　　　　　田庆盈（2月止）
　　　　　李兴钰（2月起，12月止）
常　　委　王　良
　　　　　梅建华
　　　　　田庆盈（2月止）
　　　　　李兴钰（2月起，12月止）
　　　　　王光华（2月止）
　　　　　张作平（2月止）
　　　　　武林中
　　　　　毕司东（2月起）
　　　　　张晓海
　　　　　于景涛
　　　　　李保泉（2月止，11月起）
　　　　　孟令兴
　　　　　李春英（女）
秘 书 长　张作平（2月止）
　　　　　毕司东（2月起）
副秘书长　胡文朴（2月止）
　　　　　栾　健（1月止）
　　　　　刘延才（2月止）
　　　　　朱振波（4月起）
　　　　　许国华（7月止）
　　　　　亓　群
　　　　　田敬德
　　　　　王勤海（6月起）
　　　　　罗万军（10月止）
　　　　　狄杰友（6月起）
　　　　　吴茂伟
　　　　　谷体忠

办公室

主　　任　刘延才（2月止）
　　　　　朱振波（4月起）
副 主 任　亓国庆
　　　　　刘军强
　　　　　邢　超（7月起，试用一年）
调 研 员　宋明杰
信息调研室主任（副县级）
　　　　　张志强
督促检查室主任（副县级）
　　　　　吕卫红（女，5月止）
　　　　　李佐春（7月起，试用一年）
副调研员　周　斌（7月止）

农村工作办公室（市推进统筹城乡一体化发展办公室）

主　　任　许国华（7月止）
　　　　　吴茂伟（7月起）
副 主 任　王　斌
　　　　　许　平（7月起，试用一年）

△机要局（市密码管理局）

局　　长　宋明杰（7月止）
　　　　　周　斌（7月起，试用一年）

△保密委员会办公室（市政府保密局）

主任（局长）
　　　　　吴茂伟（7月止）
　　　　　孙　杰（7月起，试用一年）

△市专用通信局

局　　长　张宝强（7 月起，试用一年）

信访局

局　　长　亓　群

副 局 长　李云先（6 月止）

张慧萍（女，6 月起，试用一年）

亓会祥（6 月起）

调 研 员　刘炳龙（6 月止）

信访督查专员（副县级）

亓会祥（6 月止）

李云先（6 月起）

副调研员　张慧萍（女，6 月止）

△信访问题驻京办事处

主　　任　李永安（6 月起，试用一年）

组织部

部　　长　张晓海

常务副部长　徐延明（4 月止）

高　山（4 月起）

副 部 长　刘安庆（6 月止）

高　山（4 月止）

魏秋培

王发棠（6 月起）

王志龙（6 月起，试用一年）

赵庆奎（6 月起）

副调研员　王志龙（6 月止）

市委组织员办公室

主　　任　魏秋培（5 月止）

副 主 任　赵庆奎（6 月止）

△目标管理和干部实绩考核工作委员会办公室

主　　任　刘永军（5 月止）

△人才工作办公室（6 月设立）

主　　任　刘　涛（6 月起，试用一年）

老干部局

局　　长　高　山（5 月止）

魏秋培（5 月起）

调 研 员　王　震

副 局 长　迟晓东（6 月起，试用一年）

△老干部活动中心（老年大学）

主任（校长）

李乃兴（聘）

宣传部

部　　长　张作平（1 月止）

李春英（女，1 月起）

常务副部长　高立峰（10 月止）

卞　文（10 月起）

副 部 长　李高实（4 月止）

亓祥云（女，4 月止）

李传祯（4 月起）

苏　文（女，4 月起）

刘光远（10 月止）

张　敏（女）

副调研员　王庆会

精神文明建设委员会办公室

主　　任　刘光远（10 月止）

副 主 任　邹学军

△讲师团

团　　长　张　兴

△互联网信息管理中心（市委对外宣传办公室、市政府新闻办公室）

主　　任　朱平玉

统战部

部　　长　田庆盈（2 月止）

李兴钰（2 月起，12 月止）

常务副部长　毕占明

副 部 长　冯美玲（女，1 月止）

孟昭友

李茂鑫（4 月止）

刁建国（4 月起）

刘爱忠

民族宗教事务局（4 月起与市委统战部合署）

局　　长　毕占明（4 月起）

副 局 长　宛　岳（回族，4 月起）

政法委员会

书　　记　武林中

常务副书记　刘宪钊
副　书　记　朱恒卫（4月止）
　　　　　　刘进涛
　　　　　　王爱华（6月起）
政治处主任　张玉荣（女）

社会管理综合治理委员会办公室（6月撤销）

主　　　任　朱恒卫（4月止）
副　主　任　朱应林（6月止）
　　　　　　王爱华（6月止）

社会治安综合治理委员会办公室（6月设立）

主　　　任　刘进涛（6月起）
副　主　任　朱应林（6月起）

维护社会稳定工作办公室

主　　　任　刘宪钊
副　主　任　陈建博

市法学会

副会长兼秘书长（专职）
　　　　　　李元健

政策研究室

主　　　任　罗万军（10月止）
副　主　任　薛　健
　　　　　　张晓刚

全面深化改革领导小组办公室

主　　　任　张作平（2月止）
　　　　　　毕司东（2月起）
副　主　任　罗万军（兼，10月止）
　　　　　　金宗义（回族，兼，4月止）
　　　　　　王　凌（兼，4月起）
　　　　　　王孝华（4月止）
　　　　　　王发棠（6月止）
　　　　　　杨荣泉（4月起）
　　　　　　侯加科（6月起）

△决策咨询委员会办公室

主　　　任　孙绪慧

机构编制委员会办公室

主　　　任　刘安庆（6月止）
　　　　　　王发棠（6月起）
调　研　员　刘永耀（6月起）
副　主　任　刘永耀（6月止）
　　　　　　耿为东
行政审批制度改革办公室主任（副县级）
　　　　　　郑希文

△事业单位监督管理局

局　　　长　杨丰培

台湾工作办公室（市政府台湾事务办公室）

主　　　任　孟昭友
副　主　任　李志平
副调研员　吕新峰（6月起）

市直机关工作委员会

书　　　记　田敬德
副　书　记　张翠萍（女）
　　　　　　郭东起
副调研员　赵爱红（女）
纪工委书记　张翠萍（女）

扶贫开发领导小组办公室

主　　　任　狄杰友
副　主　任　许洪彪
　　　　　　张　健（6月起）
　　　　　　杨　涛

市委巡察工作领导小组办公室（4月设立）

主　　　任　张　霞（女，4月起）
副　主　任　吕红星（4月起，试用一年）

市委第一巡察组（4月设立）

组　　　长　张子华（4月起）
副　组　长　谷澎涛（4月起，试用一年）

市委第二巡察组（4月设立）

组　　　长　张学华（4月起）
副　组　长　张　宁（4月起，试用一年）

市委第三巡察组（4月设立）

组　　　长　魏方培（4月起）
副　组　长　方　谦（4月起）

党校

校　　　长　王　良
常务副校长　魏凯忠（副厅级，9月止）

李庆铸(副厅级,9月起,试用一年)
副 校 长 田平先
高洪长
赵玉红(女)
孟庆忠
校委会委员 魏凯忠(10月止)
李庆铸(10月起)
田平先
高洪长
赵玉红(女)
孟庆忠
王华本

△办公室
主 任 王华本

△组织处
处 长 李效进

△总务处
处 长 高继中

△教务处
处 长 刘民国

△业教处
处 长 郭文义

△学员管理处
处 长 刘恩德

△科研处
处 长 赵学斌

△图书馆
馆 长 李郑实(6月起,试用一年)

△哲学教研室
主 任 冯 波

△经济学教研室
主 任 李文水

△科学社会主义教研室
主 任 王玉利

△党建文史教研室
主 任 高卫红(女,6月起,试用一年)

△行政学法学教研室
主 任 于现忠(6月起,试用一年)

市社会主义学院
院 长 魏凯忠(10月止)
李庆铸(10月起)
常务副院长 刘爱忠(正处级)

党史研究室
主 任 李秀业
副 主 任 李尚明
纪福道
副调研员 李洪德

档案馆(档案局)
馆长(局长)
张恒海
副馆长(副局长)
曹凤周
王玉和
唐元贵
副调研员 张兆忠

莱芜日报社
党委书记 李高实(4月止)
李传祯(4月起)
党委副书记 李传祯(4月止)
于建华
纪委书记 于建华(12月止)
社 长 李高实(4月止)
李传祯(4月起)
副 社 长 于建华
孟海风(女)
总 编 辑 李传祯
副总编辑 张全宝
郭兆旭(聘)
程砚翠(女)
康与民

莱芜市人大常委会及办事机构

主　　任　王　良
副 主 任　毕玉惠（正厅级，2月止）
　　　　　刘曙光（2月止）
　　　　　刘　杰（女）
　　　　　李乃俊（2月止）
　　　　　魏凯忠（2月起）
　　　　　刘延才（2月起）
　　　　　徐延明（2月起）
　　　　　金宗义（回族，2月起）
党组书记　毕玉惠（2月止）
　　　　　王　良（2月起）
党组副书记　刘曙光（2月止）
　　　　　魏凯忠（2月起）
秘 书 长　孟广占
副秘书长　刘祖亭（4月止）
　　　　　许国华（8月起）
　　　　　朱向栋

办公室

主　　任　刘祖亭（4月止）
　　　　　许国华（8月起）
副 主 任　刘玉平
调 研 员　赵　君

研究室

主　　任　于学农
副 主 任　宁方民

人事代表工作委员会

主　　任　孟宪永
副 主 任　王光训

预算工作委员会

主　　任　王　平
副 主 任　张明强

法制工作委员会

主　　任　何修冬
副 主 任　王维强

法制委员会

主任委员　何修冬
副主任委员　王维强
委　　员　刘德忠（2月起）

内务司法民族宗教外事侨务委员会

主任委员　王方涛
副主任委员　白文彪
　　　　　孙玉芝（女）
委　　员　吕凤华（女，2月止）
　　　　　李佳笃（2月起）

财政经济委员会

主任委员　平振江（2月止）
　　　　　杨桂钊（2月起）
副主任委员　唐卫东
委　　员　陈君业（2月止）
　　　　　岳隆杰（2月起）

教育科学文化卫生城乡建设环境保护委员会

主任委员　曹凤俊
副主任委员　李　新
　　　　　郭方翔
委　　员　刘英才（女，2月止）
　　　　　亓祥云（女，2月起）

莱芜市人民政府及工作部门

市　　长　梅建华（2月起）
代理市长　梅建华（2月止）
副 市 长　梅建华（2月止）
　　　　　王光华（2月止）
　　　　　丁习文（1月止）
　　　　　郑金启（2月止）
　　　　　毕司东（2月止）
　　　　　孟令兴（1月起）
　　　　　张桂爱（女）
　　　　　王茂祯
　　　　　武树华
　　　　　胡文朴（2月起）

郑德庆（2 月起）
党组书记　梅建华
党组副书记　王光华（2 月止）
孟令兴（1 月起）
秘书长　任旭东（4 月止）
魏广庆（4 月起）
副秘书长　吕春明（4 月止）
吕廷祥（4 月起）
岳宜峰（正县级，4 月止）
程勤芳
潘大海
李建国
郭文德（7 月起）

办公室

主任　吕春明（4 月止）
吕廷祥（4 月起）
副主任　刘　强
陶全荣
狄杰彪
李新春（7 月起，试用一年）
韩继江（7 月起，试用一年）
调研员　任旭东（4 月起）
副调研员　杨亚林（7 月止）
路新峰（7 月起）
党组书记　任旭东（4 月止）
魏广庆（4 月起）
党组副书记　吕春明（4 月止）
吕廷祥（4 月起）

法制办公室

主任　吕春明（4 月止）
吕廷祥（4 月起）
副主任　狄杰彪

政务服务中心管理办公室

主任　张立明
副主任　胡俊文
丛树杰（7 月起，试用一年）
副调研员　吕永华（7 月止）
亓同强（7 月起）
党工委书记　张立明（7 月止）

△公共资源交易中心

主任　吕明星（7 月起，试用一年）

研究室

主任　潘大海
副主任　卢义刚
魏　勇

应急管理办公室（总值班室）

主任　程勤芳（7 月起）
副主任　杨荣泉（4 月止）
吕永华（7 月起，试用一年）

驻北京办事处

主任　吴　涛（4 月止）
潘玉斌（6 月起）

△人民防空办公室

主任　时宪勇
副调研员　魏开元

△无线电管理局（省无线电管理办公室莱芜管理处）

局长（主任）
郭文德
副调研员　王庆勋（7 月起）

△电子政务办公室

主任　刘永强

发展和改革委员会

主任　金宗义（回族，4 月止）
王　凌（4 月起）
副主任　刘纪叁
赵　波
张作鹏（7 月止）
张　华
郭永桂（7 月起）
副调研员　郝延亭
党工委书记　金宗义（回族，4 月止）
王　凌（4 月起，7 月止）
党组书记　王　凌（7 月起）

济莱协作区建设办公室

主　　任　金宗义（回族，4月止）
　　　　　王　凌（4月起）
副 主 任　李长春（正处级，4月止）

大项目建设推进办公室（铁路建设管理办公室）

主　　任　张作鹏（7月起）
副 主 任　郭永桂（7月止）
　　　　　纪庆春（7月起，试用一年）
　　　　　王学海（7月起，试用一年）

△物价局

局　　长　吕翠峰（女）
副调研员　亓新生

△经济研究中心（农业区划办公室）

主　　任　杨印顺

△粮食局

局　　长　王方波（8月止）

△服务业办公室（11月降为副处级）

主　　任　朱效波（10月止）
　　　　　谢加伟（11月起）
副 主 任　谢加伟（11月止）
　　　　　王增林（副县级）
副调研员　孟宪湛
党组书记　朱效波（10月止）

经济和信息化委员会

主　　任　魏广庆（4月止）
　　　　　吕春明（4月起）
副 主 任　任爱军（正县级）
　　　　　李登杰（6月止）
　　　　　孙晓河
　　　　　杨奉尧
　　　　　孟昭龙（6月起）
调 研 员　亓　勇（6月止）
总工程师　闫增山
总经济师　孟昭龙（6月止）
　　　　　高　峰（6月起）
副调研员　孟海涛（6月止）
　　　　　王润峰（6月起）
党工委书记　魏广庆（4月止）
　　　　　吕春明（4月起，7月止）
党工委副书记
　　　　　任爱军（7月止）
　　　　　亓　勇（5月止）
党组书记　吕春明（7月起）
党组副书记　任爱军（7月起）

△政府节约能源办公室

主　　任　张明翠（女）

△节能监察支队

支 队 长　高　峰（6月止）
　　　　　朱应成（6月起，试用一年）

△工商行业事务办公室（4月撤销）

主　　任　郑维明（4月止）

△中小企业办公室（工商行业事务办公室）（4月设立）

主　　任　郑维明（4月起）

教育局

局　　长　李维运（10月止）
　　　　　陈爱民（10月起）
副 局 长　王凤军（正县级，6月止）
　　　　　王慧敏（女）
　　　　　杨庆杰
　　　　　韩继清

政府教育督学

　　　　　刘万利（正县级，8月止）
　　　　　李剑波（正县级，7月止）
调 研 员　张　勇
副调研员　鹿忠勤
党委书记　李维运（7月止）
党组书记　李维运（7月起，10月止）
　　　　　陈爱民（10月起）
工会主任　王玉生

△教学研究室

主　　任　邹学锋

莱芜职业技术学院

党委书记　师承瑞（9月止）

董海燕（9月起）
党委副书记 孟 平（10月止）
李维运（10月起）
毕玉海
院 长 孟 平（10月止）
李维运（10月起，试用一年）
副 院 长 魏广舜
邹翠兰（女）
纪 委 书 记 李允实
纪委副书记 王庆荣
工 会 主 席 徐 静（女）
工会副主席 刘永业

△党委办公室（院长办公室）

主 任 陈叶颖

△组织人事处（统战办公室）

处长（主任）
贾友军

△学生处（团委）

处长（书记）
周美栋

△计划财务处

处 长 邹翠兰（女）

△招生就业处

处 长 魏鑫光

△总务处

处 长 刘子爱

△教务处

处 长 谭茂玉

△继续教育处

处 长 薛居宝

△机电工程系

党总支书记 赵德修
主 任 赵德修

△经济管理系

党总支书记 吴茂进
主 任 吴茂进

△机械与汽车工程系

党总支书记 房玉胜
主 任 房玉胜

△师范教育与艺术系

党总支书记 魏光峰
主 任 魏光峰

△信息工程系（软件学院）

党总支书记 徐 健
主任（院长） 徐 健

△商务管理系

党总支书记 郝金镇
主 任 郝金镇

△冶金与建筑工程系（粉末冶金学院）

党总支书记 苏有刚
主任（院长）
苏有刚

△医学技术与护理系（生物电医学技术学院）

党总支书记 李坚实（聘）
主任（院长） 李坚实（聘）

莱芜一中

校 长 陈传军
副 校 长 何庆华
翟文柱
李世永
党 委 书 记 陈传军

第十七中学

校 长 王其海
副 校 长 李小青
亓玉军
党总支书记 王其海
党总支副书记
蔺安昌

△实验学校

校 长 朱从檀

△市莱钢高级中学

校 长 吴希华
党支部书记 付 毅

科学技术局

局　　长　吕廷祥（4 月止）
　　　　　高冬梅（女，4 月起）
副 局 长　李明强
　　　　　潘玉斌（6 月止）
　　　　　何文红（女）
　　　　　申洪柱（6 月起）
党组书记　吕廷祥（4 月止）
　　　　　高冬梅（女，4 月起）

△科技开发中心

主　　任　王庆河

△地震局

局　　长　李桂蕾（女）

△知识产权局

局　　长　赵宪利（6 月止）
　　　　　赵新成（6 月起，试用一年）

科学技术协会

主　　席　吕廷祥（4 月止）
　　　　　高冬梅（女，4 月起）
副 主 席　申洪柱（6 月止）
　　　　　赵宪利（6 月起）

公安局

局　　长　王茂祯
副 局 长　徐建军（女，正县级）
　　　　　亓福业（正县级）
　　　　　鞠俊福（正县级）
政　　委　王维平
党委书记　王茂祯
党委副书记　王维平
　　　　　亓善新（正县级）
纪委书记　徐羲玲（女，12 月止）
工会主任　魏　云（女）
指挥中心主任
　　　　　吕耐锋（12 月止）
　　　　　徐羲玲（女，12 月起）

△政治部

主　　任　吕元波（正县级）

△治安警察支队

支 队 长　杨庆勇
政　　委　孟宪东

△刑事侦查支队

支 队 长　毕于东
政　　委　任贵华

△交通警察支队

支 队 长　刘爱伦
政　　委　徐新平

△高速公路交通警察支队（省公安厅高速公路交通警察总队莱芜支队）

支 队 长　潘庆堂
政　　委　李成伟

△经济犯罪侦查支队

支 队 长　刘西安
政　　委　韩　刚

△看守所

所　　长　张俊杰
政　　委　吕　震

监察局

局　　长　朱振波（4 月止）
　　　　　刘　军（4 月起，12 月止）
副 局 长　杨桂钊（正县级，5 月止）
　　　　　杨荣峰（正县级，5 月止）
　　　　　张　霞（女）
　　　　　张子华（5 月止）
　　　　　吕卫东（5 月起）
　　　　　鉴守之（5 月起）
　　　　　朱应彬（5 月起，12 月止）

民政局

局　　长　李佳笃（4 月止）
　　　　　王继华（4 月起）
副 局 长　岳长胜
　　　　　周　毅
　　　　　张登泉
　　　　　亓新泉
副调研员　周文才

党委书记　李佳笃（4月止）
　　　　　王继华（4月起，7月止）
党组书记　王继华（7月起）
工会主任　王　燕（女）

△莱芜战役纪念馆

馆　　长　郭　飞（6月止）

△莱芜军用饮食供应站

站　　长　任　平

双拥办公室

主　　任　李佳笃（4月止）
　　　　　王继华（4月起）
副 主 任　吴　永

老龄工作委员会办公室

主　　任　杨桂平（4月止）
　　　　　刘炳龙（6月起）
副 主 任　刘秀山
　　　　　张焕明
副调研员　张振海
党组书记　刘炳龙（8月起）

司法局

局　　长　朱恒卫（4月起）
副 局 长　韩公胜
　　　　　陈克礼
　　　　　杨亚林（7月起，试用一年）
调 研 员　田继胜
党组书记　朱恒卫（4月起）
纪检组长　何　云（女，12月止）
政治部主任　何　云（女，12月起）

△中信公证处

主　　任　王芳军

普法依法治理办公室

副 主 任　李业清

莱芜仲裁委员会办公室

主　　任　秦　军
副 主 任　刘宏英（女）
　　　　　杨文博
副调研员　耿国孝

财政局

局　　长　王　凌（4月止）
　　　　　张海波（4月起）
副 局 长　周美明（正县级）
　　　　　纪　军（5月止）
　　　　　房翠萍（女）
　　　　　王国勤（7月起）
　　　　　刘汉云（7月起，试用一年）
总会计师　张振新（7月止）
　　　　　燕相荣（女，7月起，试用一年）
党组书记　王　凌（4月止）
　　　　　张海波（4月起）
党组副书记　周美明（正县级，7月起）

省会计干部中等专业学校莱芜分校

校　　长　周美明（7月止）
副 校 长　陈茂盛（7月止）

△国有资产管理办公室（5月撤销）

主　　任　李　玲（女，5月止）

△财政监督检查处

主　　任　王教同（7月止）
　　　　　陈国文（7月起）

△中小企业信用担保中心

主　　任　陈国文（7月止）
　　　　　陈茂盛（7月起）

△农业综合开发办公室

主　　任　郝云聚

△国库集中收付中心

主　　任　王国勤（7月止）
　　　　　王教同（7月起）

人力资源和社会保障局（外国专家局）

局　　长　张志刚
副 局 长　魏方培（4月止）
　　　　　陈　栋
　　　　　王桂富（7月起）
　　　　　赵兴文（7月起）
调 研 员　李成林
副调研员　赵媛媛（女）

党委书记　张志刚（7月止）
党委副书记　孟昭华（7月止）
党组书记　张志刚（7月起）
党组副书记　孟昭华（7月起）

人力资源管理服务中心

主　　任　孟昭华
副 主 任　高　会
　　　　　魏传伟（7月起，试用一年）

△人才交流服务中心（7月撤销）

主　　任　赵兴文（7月止）

△机关事业单位保险事业处

主　　任　彭　军（7月止）
　　　　　王建伟（7月起）

△社会劳动保险事业处

主　　任　王建伟（7月止）
　　　　　孟庆利（7月起，试用一年）

△医疗保险事业处

主　　任　王桂富（7月止）
　　　　　彭　军（7月起）

△劳动人事争议仲裁院

院　　长　吕东源

△劳动保障监察支队

支 队 长　谭业昌（7月起，试用一年）

莱芜技师学院

党委书记　王圣林（9月止）
　　　　　陶常青（9月起）
党委副书记　刘　静（女，10月止）
　　　　　高立峰（10月起）
　　　　　付　萍（女）
院　　长　刘　静（女，10月止）
　　　　　高立峰（10月起，试用一年）
副 院 长　张延培
　　　　　陈明光（6月止）
　　　　　朱爱莲（女）
纪委书记　王加庚
纪委副书记　徐继贵
工会主席　李笃海
工会副主席　刘志强

△办公室

主　　任　亓永秋

△教务处

处　　长　王公元

△招生就业处

处　　长　亓　臻

安全生产监督管理局

局　　长　刘慕平
副 局 长　李思亮
　　　　　牛学斌
　　　　　韩国强
安全总工程师
　　　　　杨树峰（4月止）
　　　　　李学军（7月起）
调 研 员　吴爱军
副调研员　甄　忠（7月止）
　　　　　卢诗秘（7月起）
党组书记　刘慕平

△安全生产监察支队

支 队 长　李学军（7月止）
　　　　　甄　忠（7月起，试用一年）

食品药品监督管理局（食品安全委员会办公室）

局 长（主　任）
　　　　　许司东
副局长（副主任）
　　　　　杜洪生
　　　　　李传宝
　　　　　孙慎东
　　　　　郭　芳（女）
党组书记　许司东

△食品药品稽查支队

支 队 长　马守江

市场监督管理局

局　　长　李兴实
副 局 长　许圣文
　　　　　董　明

马增波
王晓文（女）
调 研 员 崔方圆
刘家博
徐宗玉
副调研员 刁永新（12 月起）
秦俊杰
党委书记 王继华（4 月止）
杨荣峰（4 月起，7 月止）
党委副书记 崔方圆（7 月止）
纪委书记 刁永新（7 月止）
党组书记 杨荣峰（7 月起）
党组副书记 崔方圆（7 月起）
纪检组长 刁永新（7 月起，12 月止）
工会主任 段明涛

△企业注册局

局 长 崔 巍

△公平交易局

局 长 刘 政

△稽查局

局 长 孟昭贵

△标准经济质量强市办公室

主 任 王晓文（女）

国土资源局（测绘地理信息局）

局 长 张 辉
副 局 长 张明业（8 月止）
常存杰
孟宪涛
调 研 员 王金升
高长胜（8 月起）
副调研员 陈沛涛
温永全
邹经伟（8 月止）
总工程师 田爱学
党组书记 张 辉
纪检组长 高长胜（7 月止）
许庆忠（7 月起，12 月止）

土地储备中心

主 任 张明业（8 月起，试用一年）
副 主 任 李长平
赵春敬

规划局

局 长 陶常青
副 局 长 杨 锋
韩良军
朱应彬（12 月起）
总规划师 侯晓龙
党组书记 陶常青

住房和城乡建设局

局 长 张绪忠（4 月止）
何桂昌（4 月起）
副 局 长 何桂昌（正县级，4 月止）
李志强
李明顺
郭 飞（6 月起）
调 研 员 张绪忠（4 月起，8 月止）
张学进（8 月止）
李传禄（11 月起）
副调研员 张国辉
党委书记 张绪忠（4 月止）
何桂昌（4 月起，7 月止）
党委副书记 何桂昌（4 月止）
李传禄（7 月止）
党组书记 何桂昌（7 月起）
党组副书记 李传禄（7 月起，11 月止）
工会主任 苗瑞爱（女）

智慧城市建设推进办公室

主 任 陈茂玉
副 主 任 魏 靖
王培水

△房地产管理局（11 月降为副处级）

局 长 李传禄（11 月止）
王春林（11 月起）
副 局 长 王春林（11 月止）

朱司海（副县级）
党组书记　李传禄（11月止）
工会主任　边永生（副县级）

△建筑业管理处

处　　长　亓树文

城市管理局（城市管理行政执法局）

局　　长　刘　真
副 局 长　姜军民
张明欣
尹逊乾
调 研 员　高　鹏
副调研员　赵益迅
郝成军
党委书记　刘　真（7月止）
党组书记　刘　真（7月起）

△园林管理局（11月划归林业和城乡绿化局）

局　　长　张务昌

△市政公用事业管理局（11月划归城乡交通运输委员会）

局　　长　孟宪才

△供水排水管理处（4月撤销）

处　　长　杨庆丰（聘，4月止）

交通运输局（11月撤销）

局　　长　刘镇凌（11月止）
副 局 长　陈建华（11月止）
吴锦芳（女，11月止）
田　高（11月止）
调 研 员　魏江力（11月止）
副调研员　邹元奎（11月止）
党委书记　刘镇凌（7月止）
党委副书记　王文清（7月止）
党组书记　刘镇凌（7月起，11月止）
党组副书记　王文清（7月起，11月止）
工会主任　秦美玲（女，11月止）

城乡交通运输委（11月设立）

主　　任　刘镇凌（11月起）
副 主 任　王文清（11月起）
陈建华（11月起）
吴锦芳（女，11月起）
田　高（11月起）
调 研 员　魏江力（11月起）
副调研员　邹元奎（11月起）
党组书记　刘镇凌（11月起）
党组副书记　王文清（11月起）
工会主任　秦美玲（女，11月起）

△交通运输管理处

处　　长　苏贤亮
党支部书记　苏贤亮

△交通稽查支队

支 队 长　吴锦芳（女）

△市政公用事业管理局（11月划归市城乡交通运输委员会）

局　　长　孟宪才

公路管理局

局　　长　王文清
副 局 长　李新实（正县级）
魏春培
王　东（聘）
张同玉
总工程师　王海长
总会计师　尚念圣
党委书记　王文清
党委副书记　李新实
工会主任　靳凤玉（5月止）

水利与渔业局（11月撤销）

局　　长　卞　文（10月止）
王传成（10月起，11月止）
副 局 长　秦昌民（5月止）
尚泽军（11月止）
尹教合（11月止）
杨爱平（10月起，11月止）
调 研 员　亓振平（11月止）
党委书记　卞　文（7月止）
党组书记　卞　文（7月起，10月止）

王传成（10月起，11月止）

城乡水务局（11月设立）

局　　长　王传成（11月起）
副 局 长　尚泽军（11月起）
尹教合（11月起）
杨爱平（11月起）
调 研 员　亓振平（11月起）
党组书记　王传成（11月起）

△防汛抗旱指挥部办公室

主　　任　林　海

△水资源管理办公室（节约用水办公室）

主　　任　李　刚

△水土保持办公室

主　　任　亓　剑

△渔业办公室（11月划归农业局）

主　　任　杨京东

△供水管理服务中心（4月设立）

主　　任　杨庆丰（聘，4月起）

农业局

局　　长　陶务瑞（4月止）
谢天目（4月起）
副 局 长　何兰平
刘振伟
黄振鹏（10月起）
党委书记　陶务瑞（4月止）
谢天目（4月起，7月止）
党组书记　谢天目（7月起）

△农业广播学校

校　　长　毕德春

农业科学研究院

理 事 长　毕于义（6月起）
执行理事　李承永（6月起）
院　　长　毕于义
副 院 长　李承永
马　强

畜牧兽医局

局　　长　吴云峰
副 局 长　曹洪防
副调研员　李钦亮
党委书记　吴云峰（7月止）

△种畜禽繁育场

场　　长　石景胜

农业机械管理局

局　　长　谢天目
副 局 长　张正振
王本胜
调 研 员　王谦昌（4月止）
副调研员　陶振清
党委书记　谢天目（7月止）

△渔业办公室（11月划归农业局）

主　　任　杨京东

商务局

局　　长　张　明（4月止）
王志刚（4月起）
副 局 长　王庆勤（7月止）
张本谦
吕恕良
李旭之（7月起，试用一年）
调 研 员　王庆勤（7月起）
副调研员　尚宪华（7月起）
党委书记　张　明（4月止）
王志刚（4月起，7月止）
党组书记　王志刚（7月起）

△外商投资服务中心

主　　任　刘　玉

文化广电新闻出版局

局　　长　亓祥云（女，4月止）
苏　文（女，4月起）
副 局 长　张义祥
孙宪涛
张正民
调 研 员　王　刚
副调研员　杨德军

党委书记　亓祥云（女，4月止）
苏　文（女，4月起，7月止）
党委副书记　王　刚（7月止）
党组书记　苏　文（女，7月起）
党组副书记　王　刚（7月起）

△文化市场稽查支队

支队长　田兆水
党支部书记　李慧颖（女）

△文物局（博物馆）

局长（馆长）
邓庆昌

卫生和计划生育委员会（中医药管理局）

主任（局长）
董海燕
副主任　张洪君
李福祥
李恒胜
刘俊敏
副局长（专职）
郇　戈
副调研员　陈义祥
党委书记　董海燕（7月止）
党委副书记　高振海（7月止）
党组书记　董海燕（7月起）
党组副书记　高振海（7月起）
工会主任　李绍贵

计划生育协会

会长　张桂爱（女，兼）
常务副会长　高振海（正县级）
副会长　张凌云（女）

△干部保健委员会办公室

主任　吕昌勇

人民医院

理事长　张志强（6月起）
执行理事　彭　建（6月起）
院长　张志强
副院长　彭　建
魏光晨
刁兴涛
党委书记　张志强
纪委书记　魏开效
工会主席　孙雪生

中医医院

理事长　朱茂松（6月起）
执行理事　谷振省（6月起）
院长　朱茂松
副院长　谷振省
陈树泉
许振新
党委书记　朱茂松
纪委书记　郭玉波
工会主席　任建民（聘）

△妇幼保健院

理事长　杨庆臣（6月起）
院长　杨庆臣

△疾病预防控制中心（卫生检测检验中心）

主任　时振东

△爱国卫生运动委员会办公室

主任　周光暾

△卫生监督所

所长　张兆民

审计局

局长　吕振宝（6月止）
许荣利（6月起）
副局长　杨文安
王聚圣
调研员　杨自菊（女，6月起）
副调研员　田　晶（女）
总审计师　韩秀君
党组书记　吕振宝（5月止）
许荣利（5月起）

△经济责任审计办公室

主任　徐吉杰

△政府投资审计办公室

主　　任　亓　燕（女）

环境保护局

局　　长　李斌祥

副 局 长　刘作利

谭金海

刘向群

调 研 员　董文联

副调研员　夏素芳（女）

党组书记　李斌祥

△环境保护监测站

站　　长　黄宪亭

△污染物排放总量控制办公室（排污权交易中心）

主　　任　刁武德

△环境监察支队

支 队 长　方洪科

体育局

局　　长　亓京云（10月止）

副 局 长　徐　芳（女，6月止）

刘光胜

毕耜龙

杨文生（6月起，试用一年）

调 研 员　徐　芳（女，6月起）

副调研员　杨文生（6月止）

丁镇永（6月起）

党组书记　亓京云（10月止）

△体育运动学校

校　　长　宁洪阳（聘）

党支部书记　周长河

统计局

局　　长　张兴利

副 局 长　沈桂欣

吕慎斌（6月止）

朱应彬（5月止）

李登杰（6月起）

周光萍（女，7月起）

副调研员　张秀玲（女，7月止）

李　勇（7月起）

总统计师　周光萍（女，7月止）

张秀玲（女，7月起，试用一年）

党组书记　张兴利

△社会经济调查队

队　　长　李　勇（7月止）

李　亮（7月起，试用一年）

林业局（11月撤销）

局　　长　陈爱民（10月止）

亓京云（10月起，11月止）

副 局 长　王银祥（11月止）

郭光东（11月止）

李国山（11月止）

调 研 员　尚念科（11月止）

副调研员　黄翠芹（女，11月止）

党委书记　陈爱民（7月止）

党组书记　陈爱民（7月起，10月止）

亓京云（10月起，11月止）

林业和城乡绿化局（11月设立）

局　　长　亓京云（11月起）

副 局 长　王银祥（11月起）

郭光东（11月起）

李国山（11月起）

调 研 员　尚念科（11月起）

副调研员　黄翠芹（女，11月起）

党组书记　亓京云（11月起）

△园林管理局（11月划归林业和城乡绿化局）

局　　长　张务昌

△森林公安局（公安局森林警察支队）

局长（支队长）

马守洪

政　　委　刘文平

督 察 长　马守洪

旅游发展委员会

主　　任　吕　玲（女）

副　主　任　张连波
　　　　　　李　昭
　　　　　　张明战
调　研　员　魏玉娥（女，10 月止）
党组书记　吕　玲（女）

政府外事侨务办公室（4 月起不再挂民族宗教事务局牌子）

主　　任　李茂鑫
副　主　任　宛　岳（回族，4 月止）
　　　　　　谭洪卓
　　　　　　张伟山
局　　长　李茂鑫（4 月止）
副　局　长　宛　岳（回族，4 月止）
党组书记　李茂鑫

金融工作办公室（地方金融监管局）

主　任（局　长）
　　　　　　高冬梅（女，4 月止）
　　　　　　李尊富（4 月起）
副主任（副局长）
　　　　　　李来实
　　　　　　徐晓亮（7 月起，试用一年）
党组书记　高冬梅（女，4 月止）
　　　　　　李尊富（4 月起）

政府国有资产监督管理委员会（5 月设立）

主　　任　纪　军（6 月起）
副　主　任　刘永军（5 月起）
　　　　　　李　玲（女，5 月起）
市管国有企业监事会主席
　　　　　　刘恩瑞（5 月起）
　　　　　　张　雷（5 月起）
党委书记　纪　军（5 月起）

煤炭工业局

局　　长　王传成（10 月止）
　　　　　　朱效波（10 月起）
副　局　长　陈文杰
　　　　　　张　雷（5 月止）
总工程师　赵玉明
党委书记　王传成（7 月止）
党组书记　王传成（7 月起，10 月止）
　　　　　　朱效波（10 月起）

机关事务管理局

局　　长　张文臣
副　局　长　李立笃（7 月止）
　　　　　　池青云
　　　　　　亓　军
　　　　　　苏玉祥（7 月起，试用一年）
调　研　员　杨自菊（女，6 月止）
　　　　　　李立笃（7 月起）
副调研员　苏玉祥（7 月止）
　　　　　　王　霞（女，7 月起）
党委书记　张文臣（7 月止）
党组书记　张文臣（7 月起）
工会主任　李俊芳（女）

莱芜宾馆

经　　理　王勤海
副　经　理　张　杰（聘）
　　　　　　王长青（女，聘）
　　　　　　张　锋

投资促进局（中国国际贸易促进委员会莱芜支会、中国国际商会莱芜商会）

局　长（会　长）
　　　　　　刁建国（4 月止）
　　　　　　吴　涛（4 月起）
副局长（副会长）
　　　　　　刘恩瑞（5 月止）
　　　　　　李德峰（6 月止）
　　　　　　张云祥
　　　　　　王泽军（6 月起，试用一年）
　　　　　　狄建利（6 月起，试用一年）
调　研　员　亓　杰（6 月止）
　　　　　　李德峰（6 月起）
副调研员　王泽军（6 月止）
　　　　　　魏述静（6 月起）
副会长（不驻会）

王永胜
王希俭
刘庆平
许英强
杨树兴
张爱勇
柳建增
党组书记　刁建国（4月止）
吴　涛（4月起）
党组副书记　亓　杰（6月止）

地方史志办公室

主　　任　刘　霞（女，4月止）
李贞锋（4月起）
副 主 任　亓玉胜
毕泗国
副调研员　亓军华（7月起）
党支部书记　刘　霞（女，4月止）
李贞锋（4月起，8月止）
党组书记　李贞锋（8月起）

供销合作社联合社

主　　任　亓希山
副 主 任　罗维江
张立国
监事会主任　王　健
监事会副主任
孙凯军
副调研员　周长军
党委书记　亓希山（7月止）
党委副书记　王　健（7月止）
党组书记　亓希山（7月起）
党组副书记　王　健（7月起）
工会主任　陈克剑（10月止）

红十字会

会　　长　张桂爱（女，兼）
副 会 长　郭向芳（女，正县级）
副调研员　苏周德
党组书记　郭向芳（女，8月起）

住房公积金管理中心

主　　任　吕德胜
副 主 任　刘兆杰（聘）
程玉柱
张炳文
党组书记　吕德胜

广播电视台

台　　长　张子信（10月止）
刘光远（10月起）
副 台 长　苏　文（女，4月止）
谭春雷
于运永
杨新征
总 编 辑　苏　文（女，4月止）
副总编辑　李官珊（女）
魏传杰
吴志亮
党委书记　张子信（10月止）
刘光远（10月起）
党委副书记　苏　文（女，4月止）

莱芜会展中心（文化体育中心）

主　　任　王志刚（4月止）
亓　杰（6月起）
副 主 任　刘民安
陈传伟
党组书记　王志刚（4月止）
亓　杰（6月起）

经济开发投资公司（7月撤销）

经　　理　李尊富（7月止）
副 经 理　徐建国（7月止）
刘光华（7月止）
李　波（聘，7月止）

经济开发投资有限公司（7月整体划转莱芜财金投资集团有限公司管理）

董 事 长　李尊富（7月止）
经　　理　李尊富（7月止）
副 经 理　徐建国（7月止）

刘光华（7月止）
李　波（聘，7月止）
党组书记　李尊富（7月止）

政府投融资管理中心（7月设立）

主　　任　徐建国（7月起）
副 主 任　刘光华（7月起）
李　波（聘，7月起）
王　涛（7月起，试用一年）

城市建设投资服务中心

主　　任　刘纪叁
副 主 任　刘永彬
崔树兴
党组书记　刘纪叁

PPP项目管理中心（7月设立）

主　　任　张振新（7月起）
副 主 任　陶占红（7月起，试用一年）
姜远利（7月起，试用一年）

经济社会调查局

局　　长　许登广
副 局 长　王　洁（女）
刘建成

中国人民政治协商会议
莱芜市委员会及办事机构

主　　席　林殿玲（女，2月止）
张作平（2月起）
副 主 席　董　杰
程可明（2月止）
康颂池（2月止）
赵　涛
陈灿群（2月止）
刘　静（女，2月起）
吕凤华（女，2月起）
刘安庆（2月起）
李兴实（2月起）
党组书记　林殿玲（女，2月止）
张作平（2月起）
党组副书记　刘　静（女，2月起）
秘 书 长　胡俊江
副秘书长　贺　伟
段明曾
井润峰

办公室

主　　任　段明曾
调 研 员　李传福（6月止）
王庆锋

研究室

主　　任　张伟超
副 主 任　田　冰（女）

委员活动工作室

主　　任　宋军言

提案委员会（学习委员会）

主任委员　温希军
副主任委员　何文红（女，不驻会）
吕卫红（女，5月起）

经济委员会（社会法制委员会、人口资源环境委员会）

主任委员　孙晓雷
副主任委员　吴立华
李登杰（不驻会）

文史资料委员会（科教文卫体委员会）

主任委员　刘文忠
副主任委员　马传军（不驻会，2月止）
郭　芳（女，不驻会，2月起）
王振江（6月起）

台港澳侨和外事委员会（民族和宗教委员会）

主任委员　李克军
副主任委员　郭元福

委员联络委员会

主任委员　贺　伟
副主任委员　刘国华（不驻会，2月起）

中共莱芜市纪律检查委员会

书　　记　于景涛
副 书 记　刘　军（11月止）
　　　　　刘元朝（11月起）
　　　　　朱振波（2月止）
　　　　　张　明（2月起）
常　　委　于景涛
　　　　　刘　军（11月止）
　　　　　刘元朝（11月起）
　　　　　朱振波（2月止）
　　　　　张　明（2月起）
　　　　　许荣利（正县级，2月止）
　　　　　杨荣峰（正县级，2月止）
　　　　　张　霞（女，正县级）
　　　　　张子华（2月止）
　　　　　吕卫东（2月起）
　　　　　王孝华（2月起，8月止）
　　　　　鉴守之（2月起）
　　　　　杨　力（8月起）
秘 书 长　许荣利（4月止）
　　　　　王孝华（4月起，8月止）
　　　　　杨　力（8月起）
正县级纪律检查员
　　　　　王建伟
副县级纪律检查员
　　　　　赵学荣
　　　　　邹经纬（8月起）

△办公室

主　　任　鉴守之（4月止）
　　　　　杨　力（4月起）

△组织部

部　　长　吕艳凤（女）

△宣传部（研究室）

部长（主任）　任大宏

△党风政风监督室（市政府纠正行业不正之风办公室）

主　　任　杜　燕（女）

△信访室（市国家行政机关工作人员违法违纪举报中心）

主　　任　张学华（4月止）
　　　　　吕文昌（4月起）

△案件监督管理室

主　　任　杨　力（4月止）

△第一纪检监察室

主　　任　郝　正

△第二纪检监察室

主　　任　吕卫东（4月止）

△案件审理室（案件申诉复查室、政策法规室）

主　　任　刘　强

△纪检监察干部监督室

主　　任　方　谦（4月止）

市纪委（市监察局）派驻第一纪检组（监察室）（12月撤销）

组　长（主　任）
　　　　　平　泓（女，12月止）
副组长（副主任）
　　　　　田庆友（12月止）
　　　　　吕文昌（4月止）
　　　　　许庆忠（8月止）
　　　　　朱文君（4月起，试用一年，12月止）

市纪委（市监察局）派驻第二纪检组（监察室）（12月撤销）

组　长（主　任）
　　　　　赵爱共（4月止）
　　　　　吕振宝（4月起，12月止）
副组长（副主任）
　　　　　许振国（12月止）
　　　　　吕梅林（5月止）
　　　　　郝延永（12月止）

市纪委(市监察局)派驻第三纪检组(监察室)(12月撤销)

组　长(主　任)

陈和春(12月止)

副组长(副主任)

刘志明(7月止)

亓友民(12月止)

亓　华(7月止)

市纪委(市监察局)派驻第四纪检组(监察室)(12月撤销)

组　长(主　任)

曹会顺(4月止)

秦广涛(4月起,12月止)

副组长(副主任)

秦广涛(4月止)

张恒来(12月止)

张　健(6月止)

王坤泽(6月起,12月止,试用一年)

市纪委(市监察局)派驻第五纪检组(监察室)(12月撤销)

组　长(主　任)

葛秀祥(12月止)

副组长(副主任)

田　江(12月止)

宋长霞(12月止)

齐玉红(女,5月止)

△市纪委派驻第一纪检组(12月设立)

组　长　平　泓(女,正县级,12月起)

△市纪委派驻第二纪检组(12月设立)

组　长　吕振宝(正县级,12月起)

△市纪委派驻第三纪检组(12月设立)

组　长　宋长霞(12月起)

△市纪委派驻第四纪检组(12月设立)

组　长　田　江(12月起)

副组长　朱文君(副县级,12月起)

△市纪委派驻第五纪检组(12月设立)

组　长　田庆友(12月起)

副组长　王坤泽(副县级,12月起)

△市纪委派驻第六纪检组(12月设立)

组　长　张恒来(12月起)

副组长　郝延永(副县级,12月起)

△市纪委派驻第七纪检组(12月设立)

组　长　许振国(12月起)

副组长　亓友民(副县级,12月起)

△市纪委驻市中级人民法院纪检组(12月设立)

组　长　葛秀祥(正县级,12月起)

△市纪委驻市人民检察院纪检组(12月设立)

组　长　陈和春(正县级,12月起)

△市纪委驻市公安局纪检组(12月设立)

组　长　秦广涛(正县级,12月起)

莱芜市中级人民法院

院　　长　李　杰

副 院 长　毕于军

王洪伟

邹学博(副县级)

调 研 员　赵宪良(12月起)

党组书记　李　杰

党组副书记　毕于军

王洪伟

纪检组长　赵宪良(12月止)

审委会专职委员

毕研华(正县级)

范新英(女,正县级)

郑智勇(6月止)

郭奉璞(6月起)

△政治部

主　　任　陶　钧

△执行局

局　　长　尚海军

莱芜市人民检察院

检　察　长　王桂春（1月止）
　　　　　　张守强（2月起）
代理检察长　张守强（1月起，2月止）
副检察长　张守强（1月起，2月止）
　　　　　　魏　玲（女）
　　　　　　狄雪梅（女，8月止）
　　　　　　唐骁鹏（8月起）
　　　　　　陈艺英
党组书记　王桂春（1月止）
　　　　　　张守强（1月起）
党组副书记　魏　玲（女）
　　　　　　狄雪梅（女，7月止）
　　　　　　唐骁鹏（7月起）
纪检组长　陶国荣（副县级，6月止）
　　　　　　陈　勇(副县级,6月起,12月止）
检委会专职委员
　　　　　　陶国荣（6月起）
　　　　　　焦念强（12月止）
　　　　　　许新光（6月止）

△政治部

主　　任　陈　勇（6月止）
　　　　　　许新光（6月起）

△反贪污贿赂局

局　　长　焦念强（12月止）

人民团体

总工会

主　　席　李乃俊（兼，3月止）
　　　　　　刘延才（兼，3月起）
常务副主席　陈君业（4月止）
　　　　　　刘祖亭（4月起）
副主席　孟昭乾
　　　　　　李永莲（女）
调研员　刘爱孔（10月止）
　　　　　　郝　敏
党组书记　陈君业（4月止）
　　　　　　刘祖亭（4月起）

△经费审查委员会

主　　任　孟广宇

△工贸工会工作委员会

主　　任　宁　猛

△工人文化宫

主　　任　亓宏霞(女,6月起,试用一年）

共青团莱芜市委员会

书　　记　孟云霞（女）
副书记　潘福贞
　　　　　　高小扬
党组书记　孟云霞（女）

△青年联合会

主　　席　孟云霞（女，驻会）

妇女联合会

主　　席　吕凤华（女，4月止）
　　　　　　刘　霞（女，4月起）
副主席　田庆爱（女）
　　　　　　蒋　玲（女）
　　　　　　朱爱莲（女，兼职、不驻会）
　　　　　　王　燕（女，兼职、不驻会）
　　　　　　李永莲（女，兼职、不驻会）
调研员　周广军（女）
党组书记　吕凤华（女，4月止）
　　　　　　刘　霞（女，4月起）

妇女儿童工作委员会办公室

主　　任　吕凤华（女，4月止）
　　　　　　刘　霞（女，4月起）
副主任　李慧玲(女,6月起,试用一年）

工商业联合会

主　　席　翟　君（7月止）
　　　　　　孟　坤（7月起）
常务副主席　刁建国（驻会，7月起）
副主席　冯美玲（女，驻会，2月止）

刁建国（驻会，4月起，7月止）
杨国莉（女，驻会）
李登杰
王永胜
李长明
吴卫平（7月起）
郝振刚（7月起）
马宝忠（7月起）
耿国凌（7月起）
周　震（7月起）
柳建增（7月起）
李兆霞（7月起）
王希俭
吴振华（7月起）
谭永兵（7月起）
任启华（7月止）
刘仕祥（7月止）
刘庆平（7月止）
刘家文（7月止）
许英强（7月止）
郝永贵（7月止）
谭乐清（7月止）
鞠新艳（女，7月止）
张爱冬（7月止）
秘 书 长　孟海涛（7月起）
调 研 员　王新华
党组书记　冯美玲（女，1月止）
刁建国（4月起）

民间商会

会　　长　翟　君（7月止）
孟　坤（7月起）
常务副会长　刁建国（驻会，7月起）
副 会 长　杨国莉（女，驻会，7月起）
李登杰（不驻会，7月起）
翟　君（7月起）
王吉庆（7月止）
张永林（7月止）
韩金来
任启华（7月起）
刘家文（7月起）
许英强（7月起）
于　涛（7月起）
秘 书 长　孟海涛（7月起）

文学艺术界联合会

主　　席　李贞锋（驻会，4月止）
张鸿福（驻会，7月起）
副 主 席　张鸿福（驻会，7月止）
陈文中
高桂云
张克学
亓德顺
李亚莉（女）
刘振杰
高留声
王贵珠
魏玉娥（女）
亓汉友
党组书记　李贞锋（4月止）
张鸿福（7月起）

残疾人联合会

理 事 长　葛敬彪
副理事长　李宗泉（驻会）
吕继永
李世纯（驻会）
副调研员　许善峰（6月起）
党组书记　葛敬彪

社会科学界联合会

主　　席　李晓华（驻会）
副 主 席　韩荣国（驻会）
吕纯仁
吕济爱
刘庆平
刘　霞（女）
杜跃进

李传祯
谭乐清
谭春雷
党组书记 李晓华

民主党派

民盟莱芜市委员会

主任委员 李兴实
副主任委员 马传军（驻会）
李娅丽（女）
武沛荣（女）

民建莱芜市委员会

主任委员 刘　杰（女）
副主任委员 井润峰
李秀芳（女）
杨文安
吕永军（驻会）

农工民主党莱芜市委员会

主任委员 张桂爱（女）
副主任委员 杨桂钊
孟　坤（7月止）
张茂勇
刘国华（驻会）
孙宪军（8月起）

其他机构

莱芜高新技术产业开发区

党工委书记 王哲军
党工委副书记
周光学（10月止）
燕　军
卢义刚（挂职）
主　　任 周光学（10月止）
王哲军（副厅级，10月起，试用一年）
副主任 王京才
李传利
刘　建
纪工委书记 张帮新
工会主任 吕龙昌

雪野旅游区

党工委书记 张海波（4月止）
金宗义（回族，兼，10月起）
党工委副书记
王清军
潘福贞（挂职）
主　　任 王清军
副主任 张云瑞
徐勤伟
李文汇
纪工委书记 李尚坤
工会主任 高　伟

雪野水库管理处

主　　任 马明文
副主任 张云瑞
徐勤伟

中国国际航空体育节筹委会办公室

主　　任 王清军
副主任 赵　亮
姜大鹏
吕贤平

经济开发区（泰钢不锈钢生态产业园）

党工委书记 郑德庆（4月止）
罗万军（4月起，10月止）
张子信（10月起）
党工委副书记
李长春（4月起）
张鸣剑
刁武德（挂职）
主　　任 李长春（4月起）
副主任 亓中彪
朱向泉
曹立国

纪工委书记　房君祥

工 会 主 任　侯加科（6 月止）

农业高新技术产业示范区

党工委书记　李庆铸（10 月止）

周光学（10 月起）

党工委副书记

卞良彪

主　　任　李庆铸（11 月止）

周光学（11 月起）

副 主 任　卞良彪

张明会

李国清

纪工委书记　王玉民

莱商银行

董 事 长　岳隆杰

行　　长　朱　鸣（2 月起）

副 行 长　赵怀芳

段　伟

监 事 长　李学斌

党委书记　岳隆杰

党委副书记　亓金波

纪委书记　崔　军（7 月止）

亓　华（7 月起）

工会主席　崔　军（8 月起）

莱芜城市发展集团有限公司

董 事 长　陈　诚（8 月止）

耿海涛（8 月起）

总 经 理　陈　诚（8 月止）

耿海涛（8 月起）

党组书记　陈　诚（8 月止）

党委书记　耿海涛（8 月起）

纪检组长　任立先（8 月止）

纪委书记　任立先（8 月起）

莱芜旅游发展集团有限公司

执行董事　耿海涛

总 经 理　耿海涛

副总经理　朱应玉（5 月起）

亓庆博（5 月起）

党委书记　耿海涛

党委副书记　周培建（5 月起）

纪委书记　刘新华（5 月起）

莱芜水利投资发展集团有限公司（5 月设立）

董 事 长　秦昌民（5 月起）

董　　事　刘勤教（5 月起）

宁云亭（5 月起）

总 经 理　秦昌民（5 月起）

副总经理　李积强（5 月起）

党委书记　秦昌民（5 月起）

党委副书记　刘勤教（5 月起）

纪委书记　王兴来（5 月起）

莱芜财金投资集团有限公司（5 月设立）

董 事 长　吕慎斌（6 月起）

董　　事　栾贻伟（6 月起）

秦庆国（6 月起）

总 经 理　吕慎斌（5 月起）

副总经理　刘振维（5 月起）

党委书记　吕慎斌（5 月起）

党委副书记　栾贻伟（5 月起）

纪委书记　吕梅林（5 月起）

莱芜交通运输投资集团有限公司（5 月设立）

董 事 长　靳凤玉（5 月起）

董　　事　朱丛峰（5 月起）

李　明（5 月起）

总 经 理　靳凤玉（5 月起）

党委书记　靳凤玉（5 月起）

党委副书记　朱丛峰（5 月起）

纪委书记　齐玉红（女，5 月起）

莱芜广电传媒集团有限公司（5 月设立）

董 事 长　张子信（5 月起，10 月止）

刘光远（10 月起）

董　　事　李官珊（女，5 月起）

谭春雷（5 月起）

总 经 理　李官珊（女，5 月起）

副总经理　于运永（5 月起）

党委书记　张子信（5月起，10月止）
　　　　　刘光远（10月起）
党委副书记　李官珊（女，5月起）
　　　　　谭春雷（5月起）

莱芜军分区

司令员　王兴冰
副司令员　秦公洪（6月起）
政委　李保泉
副政委　王　安（12月止）
　　　　　秦公洪（6月止）
参谋长　张嘉雷（6月止）
后勤部部长　杨爱平（3月止）
战备建设处处长
　　　　　王云龙（6月起）
动员处处长　李　鹏（12月起）
政治工作处主任
　　　　　主如学（6月起）
保障处处长　李　鹏（6月起，12月止）
　　　　　谭乐帅（12月起）
党委第一书记
　　　　　王　良
党委书记　李保泉
党委副书记　王兴冰

武警莱芜市支队

支队长　闵令强
第一政委　王茂祯
政委　赵　勇
副支队长　王悦锋
参谋长　张玉强（6月止）
　　　　　宋志伟（6月起）
政治处主任　潘　锋（6月止）
　　　　　苏　健（6月起）
后勤处处长　孔　军

党委第一书记
　　　　　王茂祯
党委书记　赵　勇
党委副书记　闵令强

协管部门与单位

国家税务局

局长　谭　尚（1月止）
　　　　　杨　磊（1月起）
副局长　庄茂森（7月止）
　　　　　王　浩
　　　　　陈克锋
　　　　　彭秀军（6月起）
　　　　　陈　凯（11月起）
调研员　王玉利（2月止）
　　　　　王军圣（7月起）
总经济师　彭秀军（6月止）
　　　　　曹振强（6月起）
总会计师　陈　凯（11月止）
　　　　　张　利（11月起）
党组书记　谭　尚（1月止）
　　　　　杨　磊（1月起）
党组副书记　王玉利（2月止）
纪检组长　王军圣（7月止）
　　　　　王红梅（女，7月起）

地方税务局

局长　杨永军
副局长　刘　涛
　　　　　侯继才
　　　　　王　钧
党组书记　杨永军
党组副书记　刘　涛

莱芜出入境检验检疫局

局长　胡正明（11月止）
副局长　郝建光（11月起）
　　　　　赵俊金

魏　鑫（12月止）
调　研　员　郝建光（11月起）
党组书记　胡正明（11月止）
纪检组长　魏　鑫（12月止）

气象局

局　　长　姚广庆
副　局　长　杨付津
　　　　　张可欣
党组书记　姚广庆
纪检组长　边丰勤

烟草专卖局（莱芜烟草有限公司）

局　　长　渠庆忠
副　局　长　杨士友
　　　　　李朝锋
总　经　理　渠庆忠
副总经理　任明波
　　　　　孙兆学
党委书记　渠庆忠
纪委书记　杨士友

济南海关驻莱芜办事处

主　　任　常春晓（8月止）
副　主　任　郭京鹏（8月起）
　　　　　张全明
党组书记　常春晓（8月止）

国家统计局莱芜调查队

队　　长　许登广
副　队　长　王　洁（女）
　　　　　刘建成
党组书记　许登广
纪检组长　马爱梅（女）

山东电力集团公司莱芜供电公司

总　经　理　田　健
副总经理　张志明（1月止）
　　　　　康耕强（1月起）
　　　　　赵可标
　　　　　肖义东
　　　　　武志刚
总会计师　肖　卫
党委书记　张志明（1月止）
　　　　　康耕强（1月起）
党委副书记　田　健
纪委书记　李增明
工会主席　肖义东

邮政管理局（副县级）

局　　长　宋克建
党组书记　宋克建

山东省邮政公司莱芜市分公司

总　经　理　肖辉乔
副总经理　于吉涛
　　　　　程宪平
党委书记　肖辉乔
纪委书记　于吉涛
工会主席　于吉涛

中国联合网络通信有限公司莱芜市分公司

总　经　理　李　林
副总经理　王继明
　　　　　张之建（12月止）
　　　　　焦立志
　　　　　秦传歌（12月止）
党委书记　李　林

中国移动通信集团山东有限公司莱芜分公司

总　经　理　赵福忠
副总经理　朱颜镇（11月止）
　　　　　刘　强（4月止）
　　　　　杨可志（11月起）
　　　　　柴坤波
　　　　　单俊明（11月起）
党委书记　赵福忠
纪委书记　朱颜镇（11月止）
　　　　　杨可志（11月起）
工会主席　朱颜镇（11月止）
　　　　　柴坤波（11月起）

中国电信股份有限公司莱芜分公司

总　经　理　马加强（1月起）

副　经　理　李翠霞（女）
　　　　　　张红杰
党委书记　马加强（1月起）
纪委书记　李翠霞（女）

中国石油化工股份有限公司山东莱芜石油分公司

经　　　理　林永德（7月止）
　　　　　　赵士金（7月起）
副　经　理　骆　岗（7月止）
　　　　　　卢传庆（7月起）
　　　　　　王　健（7月起）
党委书记　赵士金
党委副书记　卢传庆（7月起）
纪委书记　赵士金（7月止）
　　　　　　卢传庆（7月起）
工会主席　赵士金（7月止）
　　　　　　卢传庆（7月起）

中国人民银行莱芜市中心支行（国家外汇管理局莱芜市中心支局）

副行长（副局长）
　　　　　　刘大勇
　　　　　　李念国
　　　　　　李玉祥
党委副书记　刘大勇
纪委书记　刘登振
工会主任　毕文靖

中国银行业监督管理委员会莱芜监管分局

局　　　长　苏明军
副　局　长　孟兆杰
党委书记　苏明军
纪委书记　桑少敏

中国工商银行莱芜分行

行　　　长　李沧海
副　行　长　亓建国
　　　　　　冯万杰（12月止）
　　　　　　王中平（1月起）
党委书记　李沧海
党委副书记　亓立刚（10月起）
纪委书记　亓立刚

中国农业银行股份有限公司莱芜分行

行　　　长　许孝忠
副　行　长　徐希民（8月止）
　　　　　　何祥芝（12月止）
　　　　　　王秀斌
　　　　　　张向坤
党委书记　许孝忠
党委副书记　徐希民（8月止）
纪委书记　何祥芝（5月止）
　　　　　　王书科（5月起）
工会主席　王秀斌

中国银行股份有限公司莱芜分行

行　　　长　徐　林（5月止）
　　　　　　马　波（8月起）
副　行　长　纪兆峰（6月止）
　　　　　　沈波涛
　　　　　　陶　伟
　　　　　　朱国政（6月起）
党委书记　徐　林（5月止）
纪委书记　孙庆洲（7月止）
　　　　　　王　剑（7月起）

中国建设银行股份有限公司莱芜分行

行　　　长　刘军政（9月止）
　　　　　　辛立国（9月起）
副　行　长　张爱忠
　　　　　　唐元锋
党委书记　刘军政（9月止）
　　　　　　辛立国（9月起）
党委副书记　张爱忠
纪委书记　刘庆富
工会主席　刘庆富（11月止）
　　　　　　唐元锋（11月起）

中国农业发展银行莱芜市分行

行　　　长　常宏建（1月起）
副　行　长　王世军（1月止）
　　　　　　康荫斌（3月止）

杨庆岭（1月起）
张更涛（7月起）
党委书记　常宏建（1月起）
纪委书记　杨庆岭（1月起）

交通银行股份有限公司莱芜分行

行　　长　史晓杰（女）
副 行 长　王子敬（12月止）
李朴实
党委书记　史晓杰（女）

莱芜农村商业银行

董 事 长　崔建强
行　　长　陈志刚
副 行 长　朱大伟
马秀东
李治国（12月起）
监 事 长　魏忠东
党委书记　崔建强
党委副书记　陈志刚
王　鑫
纪委书记　王其学

中国人民财产保险股份有限公司莱芜市分公司

副总经理　李东防
魏念云（女，2月止）
路　阳
党委副书记　李东防（12月起）

中国人寿保险股份有限公司莱芜分公司

总 经 理　张期亮
副总经理　张延彪
亓爱军
党委书记　张期亮
纪委书记　张延彪
工会主任　亓爱军

山东广电网络有限公司莱芜分公司

总 经 理　孔祥占
副总经理　徐希会（11月止）
曹传玲（女）
赵玺培
财务总监　李志德（6月止）
党委书记　孔祥占

医药公司

总 经 理　陈善发
副总经理　尚庆军
财务总监　王子瑞（7月止）
党委书记　尚庆军
党委副书记　陈善发
纪委书记　杨希胜
工会主席　杨希胜

山东新华书店集团有限公司莱芜分公司

总 经 理　刘　静（女）
副总经理　房书林
王　戈
马庆会
党支部书记　刘　静（女）
党支部副书记　房书林

说明：△为副县级单位，分别列主管部门之后。

（张　凯　李全慕　王海峰　张　晨）

责任编校：吕昌盛

中国共产党莱芜市委员会

重要活动与决策

【概况】 2017年，中共莱芜市委团结带领全市广大干部群众解放思想、务实担当、开拓奋进，统筹推进稳增长、促改革、调结构、惠民生、防风险、强党建各项工作，经济社会保持平稳健康发展。全市地区生产总值增长8.1%，规模以上工业增加值增长9.7%，公共财政预算收入增长10.2%，税收总收入增长29.8%，主要经济指标增幅均居全省前列，成功创建“全国文明城市”“国家森林城市”，经济建设、政治建设、文化建设、社会建设、生态文明建设和党的建设取得新的进展。

把握莱芜工作的正确方向。2017年，中共莱芜市委坚持把学习贯彻习近平新时代中国特色社会主义思想和中共十九大精神作为开展各项工作的方向和指针，与学习贯彻习近平总书记视察山东重要讲话、重要指示批示精神结合起来，引导广大党员干部切实增强“四个意识”、坚定“四个自信”，坚定不移维护习近平总书记在党中央和全党的核心地位，始终在思想上政治上行动上同以习近平同志为核心的党中央保持高度一致。围绕学习贯彻中共十九大精神，召开市委常委会会议、全市领导干部会议、市委十四届三次全体会议，研究制定学习贯彻中共十九大精神的决议，明确贯彻落实中共十九大精神重点工作及责任分工，将中共十九大精神纳入各级理论学习中心组学习计划、党校各类主体班次培训，市委常委带头开展集中宣讲，分3期对市管干部进行专题轮训，组织宣讲团深入基层开展宣讲500余场次，推进中共十九大精神深入人心、落地生根。围绕迎接中共十九大胜利召开，坚持“一切围绕十九大、一切服从十九大、一切捍卫十九大”，先后召开20多次常委会会议研究解决维稳、信访等领域重点问题，成立市、区、镇三级工作领导小组以及战时指挥部和工作专班，部署开展积案化解、“严打”整治、排查安全隐患防范四类风险、安全生产“百日攻坚”四项专项行动，全力化解退役士兵安置遗留问题，实现“五个不发生”的目标，为中共十九大胜利召开营造和谐稳定的社会环境。围绕贯彻中央各项决策部署和省委工作要求，以习近平新时代中国特色社会主义思想为指引，深入学习贯彻省第十一次党代会精神，从莱芜实际出发，进一步深化完善“一二三四五”的总体发展思路，大力实施“工业立市、生态建市、创新兴市、质量强市”战略，坚持不懈推动转调、深化协作、促进创新、构建和谐，努力在全面建成小康社会进程中走在前列。

落实管党治党政治责任，推动全面从严治党向纵深发展。2017年，中共莱芜市委牢固树立抓好党建是最大政绩的理念，认真履行全面从严治党主体责任，推动全面从严治党要求落实到每个支部、每名党员。压实主体责任。把党建工作纳入全市发展总体布局，完善党建工作推进机制。坚持平时查党建，建立基本任务清单制度，明确责任主体、标准要求和完成时限，加强日常督促检查。坚持述职述党建，每年召开区（工）委书记抓党建工作述职评议会，形成党建工作“书记抓、抓书记”的良好氛围。坚持观摩看党建，把党建重点项目纳入全市经济社会发展观摩，实地观摩党建重点项目进展。坚持考核考党建，把党建工作列为党组织书记第一位的考核项目，市委常委每年带队检查管党治党主体责任落实情况，严格考核奖惩。市委常委会专题听取市人大常委会、市政府、市政协、市中级人民法院、市检察院党组工作情况汇报，进一步压实党建主体责任。全力抓好省委巡视“回头看”反馈问题整改，制定80项整改措施，巡视反馈问题已按照时限要求全部整改到位。注重思想政治引领。以“两学一做”学习教育常态化制度化为动力，着力夯实党员干部理想信念根基。分类制定不同领域“三会一课”、组织生活会等党内组织生活制度，完善党员积分管理、达标支部争创、党性体检等机制，确保学习教育实效。建好党员学习载体，依托莱芜红色文化资源，建设抗日旧址、备战备荒、艰苦创业等“不忘初心、牢记使命”主题教育基地，投资2亿元的市委党校新校区建成启用。大力宣传全国道德模范房公训、齐鲁时代楷模王守东和陈明利等先模人物，成功举办莱芜战役胜利70周年系列纪念活动，巩固壮大主流意识形态，牢牢把握意识形态工作主动权。夯实基层基础。构建区域化党建工作新格局，推行大党委工作机制，建设线上线下党群服务中心，42个党群服务站投入使用。持续深化农村基层党建培训、普法、审计、服务、保障、考核“六个全覆盖”，推动省定、市定贫困村市派第一书记全覆盖，整顿转化58个软弱涣散党组织。从严抓好村（社区）两委换届工作，创新开展“摸实情、办实事、解难题”大走访大调研活动，对全市所有村（社区）全部审计一遍，强化纪律监督，推动换届工作有序进行。完善“两新”组织党建工作管理体制，设立专项工作经费，建立党务人才库，举办非公企业党组织负责人培训班，开展党建示范点争创活动，推进组织和工作“两个全覆盖”。同时，深入推进机关党建品牌创建活动，理顺国有企业党组织管理体制，成立驻京流动党员党委，各领域基层党建工作扎实有效开展。从严正风肃纪。制定出台关于监督执纪“四种形态”的实施办法和实施细则，扎实推进监察体制改革，完成向市一级党和国家机关派驻纪检机构改革工作，成立市、区两级党委巡察领导机构和工作机构，实现巡察、派驻、监察三个全覆盖。推进基层党风廉政建设示范点创建，部署开展扶贫领域腐败和作风突出问题专项治理工作，严肃查处违反中央八项规定精神以及群众身边的不正之风和腐败问题84起、119人，其中给予党纪政纪处分113人；始终保持惩治腐败的高压态势，纪检监察机关立案319件，给予党纪政纪处分355人次，移送司法机关处理5人。

加快新旧动能转换，推进高质量发展。2017年，中共莱芜市委坚持把加快新旧动能转换作为深化供给侧结构性改革的重要抓手和统领经济发展的重大工程。突出重大项目带动。立足莱芜市基础和优势，重点谋划推进十大重点产业项目和十大基础设施项目。对“双十”项目逐一成立指挥部，纳入全市大项目观摩范围、纳入重点工作调度会调度内容、纳入市委重大事项督查范围，并提高大项目观摩评议考核权重，调动各级引项目、干项目的积极性。济莱高铁纳入山东高铁干线网，设计时速提至350公里，隧道工程率先开工；中德清洁能源小镇入驻企业3家，泰嘉80万吨不锈钢深加工项目一期投产运行，文化路公铁立交、莱钢钢铁产业提升、城市核心区“增亮增绿”、雪野金融小镇等项目扎实推进。新引进过亿元项目87个、完成招商引资211亿元，实现招宾引客24.8万人。推进产业振兴提升。把供给侧结构性改革的重点放到实体经济振兴上，不断提升产业企业发展活力。加快钢铁等传统产业转型升级。淘汰钢铁产能300多万吨，化解煤炭过剩产能107万吨，关停化工企业11家，加快莱钢10万吨高性能合金特种粉末、金雷风电大兆瓦风力发电主轴等重点项目建设，不断延伸产业链、提升价值链。奔速电梯成为2017世博会场馆供应商，金雷风电占全球风电主轴市场份额的12%以上，泰达车库参与制定国家智能车库行业标准。大力培植新产业新业态新模式。新材料、新能源与节能环保、电子信息等新兴产业主营业务收入增长20%以上，非钢产业占比提高到61.5%，高新技术产业产值占比较年初提高1.3个百分点，雪野航空运动休闲小镇和颜庄无纺布小镇分别入选国家级、省级特色小镇，获批创建国家节水灌溉产品质量提升示范区。深化企业“困难摸排消”活动，用好科技特派员、金融联络员、驻企督导联络员“三支队伍”，41家企业纳税增幅在50%以上，其中阿尔普尔等17家企业增幅在200%以上。强化人才科技支撑。在全省地级市中率先成立招才局，举办“雪野国际人才论坛”，规划建设“未来30小镇”，实施莱芜籍人才“归雁工程”，开展人才发展环境综合评估，创新人才“绿卡”服务方式，2017年全市新引进高层次创新创业人才同比增长50%以上。建立科技金融联席会议制度，完善科技贷款风险补偿、科技创新券等政策，建好山东鲁中工业科学研究院、国家特色蔬菜产业技术体系综合试验站、中科院莱芜院地协同创新中心等高位平台，全社会研发投入占GDP比重达2.56%，万人拥有有效发明专利7.56件，均居全省前列。实施标准引领和质量强市战略，全市企业共主导或参与制定相关国际标准、国家标准、行业标准以及省地方标准63项，培育省级以上商标、品牌77件。持续深化改革开放。深化“放管服”改革，实行投资项目在线审批监管，将16个部门31类证照事项整合到一张营业执照上。深化大部制改革，积极稳妥探索“大水务”“大绿化”“大建设”“大交通”等政府部门大部制改革，提升管理服务效能。深化投融资体制改革，成立市国资委，设立投融资管理中心、PPP项目管理中心，组建财金投资集团、旅游发展集团、交通运输投资集团、水利投资发展集团等政府投融资公司，培育上市挂牌交易企业达到46家，首创“财税银保”融资新模式，有效发挥金融支持实体经济作用。深化济莱在交通、通信、户籍管理、公共服务、旅游及产业资源配置等领域的协作，山财大莱芜校区在校生规模达到1100人。

改善城乡环境面貌，增强城市竞争力和吸引力。抓好生态环境保护。2017年，中共莱芜市委全力推进中央和省环保督察反馈问题整改，深入开展环保突出问题综合整治，打好“大气环境治理、水环境治理、生态保护、环境执法监管”四大攻坚战，淘汰改造燃煤锅炉618台，清理取缔“散乱污”企业273家，全面完成禁养区畜禽养殖治理工作，推进河长制全覆盖，全市蓝天白云天数同比增加33天，改善幅度居全省第3位。争创全国文明城市。坚持“创城为民、创城惠民、创城靠民、创城不扰民”，成立高规格的创建指挥部，实行市、区、街道、社区四级包网格负责制，引进第三方测评机构，完善督查督办制度，狠抓突出问题整改，全市环境面貌、公共秩序全面提升，市民素质、社会文明程度、群众生产生活条件有了较大改善，得到广大群众的真心拥护和广泛好评。成功创建国家森林城市。按照“山水环抱绿色钢城、汶水之源森林城市”的规划定位，累计义务植树600多万株，完成荒山造林14.28万亩，建设各类公园游园、街头绿地265处，全市建成区绿化覆盖率达到43.6%，打造了生态莱芜新名片。打造精品宜居城市。加快全市骨干路网改造提升，推进城市核心区100多万平方米“城中村”改造和84万平方米老旧小区综合整治，城市集中供热率达到71.6%，管道天然气普及率达到76%，23个重点公共场所实现无线网络免费覆盖，城市形象明显提升。

重视保障和改善民生。开展精准扶贫。2017年，中共莱芜市委从严从实抓好精准识别、精准退出、精准管理等工作，大力发展庭院经济扶贫模式，创新开展“扶贫特惠保险”工作，扎实做好扶贫资金使用和项目实施情况专项巡察，提升扶贫工作实效性。全市5.3万建档立卡贫困人口实现脱贫，占总数的96%。启动实施偏远山区村扶贫开发工作，研究制定工作方案，梳理重点任务清单2500余项，力争到2020年全市200多个偏远山区村生产生活条件显著改善。维护大局稳定。持续开展“大快严”执法行动，全面完成省政府安委会安全生产巡查反馈问题整改，强力推动化工企业关停并转和退城进园，安全生产形势持续好转。全面抓好食药监管、森林防火、防汛抗旱等工作，巩固和谐稳定的良好局面。加强法治建设。扎实推进平安莱芜建设，推进矛盾纠纷多元化解全覆盖，开展扫黑除恶、打霸治痞专项行动，群众安全感不断增强。深化“百名律师包千村”行动，全市1067个村（社区）法律顾问实现全覆盖，工作经验被中央改革办、《人民日报》和新华社报道。加大民生保障力度。抓好各项惠民政策落实，扎实做好大班额消控、农厕改造、农村卫生室标准化改造等一批为民办实事，全市民生投入占财政支出比重超过75%，教育、文化、体育、卫生、养老等社会事业全面进步。

打造高素质专业化干部队伍。2017年，中共莱芜市委坚持事业为上，突出政治标准，从严强化干部队伍教育培训管理，全面加强各级领导班子和干部队伍建设。树立鲜明导向。坚持好干部标准，紧密结合莱芜经济社会发展需要和干部队伍建设实际，集中开展忠诚担当型、改革创新型、攻坚克难型、踏实肯干型、廉洁奉献型“五型干部”大调研，大力选拔使用一批“五型干部”，树立起鲜明的选人用人导向。认真贯彻落实中央、省委推进领导干部能上能下若干规定，对不适宜担任现职的干部及时予以调整。严格选人用人。围绕新旧动能转换等重点工作，注重从产业一线、项目一线、急难险重任务一线发现和使用干部。围绕推进监察体制改革、市纪委派驻机构全覆盖改革、部分市直部门大部制改革等工作，选好干部配好班子。围绕强化国有企业领导班子建设，选拔部分干部到市管国有企业任职，通过市场化方式公开招聘部分国有企业干部，国有企业领导干部选任制度更加规范有序、富有活力。强化干部培养。以市委党校新校区建成为契机，坚持党校姓党，提升办学水平，搭建干部党性锻炼和能力培养平台。开展重点工作领域干部赴国内知名高校培训活动，开办山东省干部学院名家讲座莱芜领导干部课堂，先后举办新旧动能转换、生态环境保护、维护稳定、安全生产、金融风险防范等专题培训，累计培训干部5200余人次。完善干部交流挂职制度，选派近100名优秀年轻干部到省直部门、区镇基层、重点工作一线和信访部门挂职锻炼，推动干部历练成长。加大年轻干部培养力度，建立动态管理和淘汰机制，全市县级干部年龄梯次、气质结构、专业门类进一步优化。落实严管要求。严格落实“凡提四必”制度，推进“三超两乱”、违规兼职、“带病提拔”等问题常态化整治，部分干部因个人事项报告不实或信访问题被暂缓或停止提拔选任程序。健全干部经常性提醒教育机制，对部分干部进行提醒、函询和诫勉。制定实施重大发展事项和“1+6”重点工作督查落实办法，构建大督查工作格局，建立季度通报、亮灯预警、追责问责、考核评价等制度，引导各级干部扑下身子抓发展抓落实。探索建立分类考核、差异化考核、精准性考核机制，深入开展电视问政和人大评议政府部门工作，完善激励干部干事创业意见、领导干部容错纠错防错实施办法以及预防和查处诬告陷害类信访举报办法，推动形成鼓励担当、支持干事、宽容失误的良好政治生态。

【市委全体会议】 中国共产党莱芜市第十四届委员会第三次全体会议，于2017年11月3日在莱城举行。出席这次全会的有市委委员37人，候补市委委员8人。市纪律检查委员会委员和有关方面负责同志列席会议。全会由市委常委会主持。市委书记王良作讲话。全会深入学习贯彻中共十九大精神，贯彻落实省委十一届二次全体会议精神，听取和讨论王良受市委常委会委托作的工作报告，审议通过《中共莱芜市委关于深入学习贯彻党的十九大精神的决议》。全会坚持以习近平新时代中国特色社会主义思想为指导，全面总结回顾市委十四届一次全体会议以来市委常委会的工作，认真分析全市发展面临的形势任务，就全面深入学习宣传贯彻中共十九大精神作出系统谋划和全面部署，对于动员全市广大党员干部群众，牢记初心使命，聚焦走在前列，决胜全面建成小康社会，努力开创全市经济社会发展和党的建设新局面，具有重要而深远的意义。

（市委办公室　市委政研室）

组织工作

【概况】　2017年，市委组织部深入学习贯彻习近平新时代中国特色社会主义思想和中共十九大精神，认真履行管党治党职责，扎实推进选干部、强基础、聚人才等各项工作，组织工作质量不断提升，各方面工作取得新进展新成效。

【学习贯彻习近平新时代中国特色社会主义思想和中共十九大精神】　2017年，市委组织部按照“学懂弄通做实”的要求，牢牢把握首要政治任务，切实履行“抓自身学习贯彻和面上组织推动”的双重责任，推动习近平新时代中国特色社会主义思想深入人心。带头学在前、做在前。第一时间召开组织系统学习贯彻中共十九大精神座谈会并开展集中宣讲，召开组织工作务虚会，推动中共十九大精神在组织部门落准落细落实。突出关键少数。采取封闭式教学模式，分3期对全市市管领导干部开展中共十九大精神专题培训，累计培训827人；把中共十九大精神纳入党校主体班次中心内容，相关课程比例占到总课时的70.6%。搭建活动载体。深入挖掘莱芜市红色资源，按照“一核六线多点”的整体布局，规划建设集课堂培训、现场教学、情景体验、警示教育于一体的“不忘初心、牢记使命”主题教育基地；市委党校建成并投入使用，组织全市广大党员干部积极参加“灯塔——党建在线”开展的中共十九大精神学习竞赛活动。

【“两学一做”学习教育常态化制度化】　2017年，市委组织部坚持融入日常、抓在经常，扎实推进“两学一做”学习教育常态化制度化。实施标准引领。研究出台推进基层党组织标准化建设的意见，分领域对党内组织生活制度进行规范，做到党员学习、党内活动、组织设置、考核考评、工作制度、档案管理“六统一”。健全长效机制。建立完善常态化教育、党员积分管理、达标支部争创、党性体检、以上率下“五项机制”，开展“微党课”展播分享活动，确保学习教育常态化制度化落到实处。从严抓好整改。认真抓好省委巡视“回头看”反馈问题整改，制定43条具体整改措施，建立台账，明确时限，严格督导，有明确整改时限的全部整改到位，需要长期推进的整改问题均取得阶段性成效。

【领导班子和干部队伍建设】　2017年，市委组织部深入开展“五型干部”调研。从供给端摸清干部最主要、最本质的特点，为干部画准像；从需求端明确各类岗位对应的素质能力要求、急缺干部类型，调研发现各类“五型干部”302名，其中优秀年轻干部66名，摸清干部队伍“家底”，把准班子配备“脉络”。莱芜市做法在全省组织部长会议上作典型发言。育强干部配优班子。依托“莱芜领导干部课堂”，先后举办新旧动能转换、生态环境保护、金融风险防范等8期专题培训，累计培训领导干部5200余人次。实施“优秀年轻干部培养计划”，考录10名优选计划选调生并安排到镇（街道）挂职；搭建省市、市区镇（街道）干部挂职交流平台，选拔83名年轻干部到省直部门、省外经济发达地区、基层一线挂职锻炼；商请有关省直部门选派8名干部到莱芜市挂职。围绕新旧动能转换、产业振兴提升等全市重点工作，选拔懂专业善治理的干部，选优配强一批市管领导班子正职、配齐新组建的市管国有企业领导班子、调整配备大部制改革有关领导班子；注重从基层一线选拔干部，遴选23名基层干部充实到市直机关，区级党政领导班子成员中2/3的干部有镇（街道）党政正职工作经历。完成市党代会和市“两会”换届选举工作，认真做好莱芜市新一届全国、省人大代表、政协委员的推荐提名工作，顺利实现换届人事安排。从严从实管理。制定《莱芜市组织人事部门对领导干部进行提醒、函询和诫勉的实施办法》，先后同232名干部开展谈心谈话；坚持“凡提四必”，7名干部因个人事项报告不符或信访问题等被暂缓或停止提拔选任程序；加强对领导干部权力运行的监督，委托审计部门对61名干部进行经济责任审计；督促各级党委（党组）书记认真履行干部选拔任用职责，对33名干部进行离任检查；针对各区（功能区）不同的产业布局和发展特色，设置不同考核指标体系，推行差异化考核；完善落实容错纠错防错、领导干部能上能下等机制，对7名不适宜担任现职的干部及时予以调整，激励干部干事创业。

【基层党建】 2017年，市委组织部坚持抓基层强基础，各领域基层党组织建设实现整体提升。加快推进区域化党建。全面深化社区党建改革，推行社区大党委机制，在居民区、商务楼宇建立区域性党组织，构建街道党（工）委—社区大党委—居民区（商务楼宇）党支部—楼宇党小组的完整组织链条；建设12个党群服务中心、52个党群服务站点，构建市、区、街道、社区四级联动服务平台。巩固提升农村党建水平。对全市所有村（社区）全部审计一遍，部署“村霸”专项整治行动，开展“摸实情、办实事、解难题”大走访大调研活动，制定换届操作规程，推行标准化会场，有序推进全市村（社区）基层党组织换届。扎实推进省定、市定贫困村市派第一书记全覆盖，为第一书记安排5万元扶贫专项经费，58个软弱涣散基层党组织全部实现转化。创新“两新”组织党建。建立“两新”组织党工委，成立12个行业党委，举办非公有制企业党建培训班，开展现场观摩评议，选树17家“两新”组织红旗党组织，全市“两新”组织党建工作取得新进展。统筹推进其他领域党建工作。在机关，优化党组织设置形式，加强机关党建标准化建设，开展达标支部创建活动。在国有企业，设立市国资委党委，将市管国有企业党组织移交其管理。成立驻京流动党员党委，将全市160余名在京流动党员全部纳入党组织管理。认真做好“灯塔——党建在线”综合管理服务平台应用工作，完成4516个党组织和9.7万名党员基本信息采集，党员实名注册率和山东e支部开通率均居全省前列。

【人才工作】 2017年，市委组织部牢固树立“小城市大人才观”的理念，各类人才创新创业活力得以释放。构建大人才工作格局。进一步强化党管人才力度，实现人才工作机构升格、成立高层次人才发展促进会、组建市招才局“三连跳”，采取“虚拟机构、实体运作”方式，在全省地级市中率先成立招才局，统筹服务职能、支持政策、资助资金和引才力量，初步形成组织牵头、市场

2017 年 5 月 16 日，“海聚英才 共谋发展”雪野国际人才论坛“金融人才引进培养”分论坛在莱芜市举办　　（市委组织部 供稿）

嵌入、力量集中、协同推进的大人才工作格局。持续优化人才环境。委托中国人事科学研究院，对全市人才环境进行综合评估，建立涵盖 5 个维度、44 个指标的人才环境评估指标体系；成功承办全国人才环境创新与评估研讨会，与会专家对莱芜市开展人才环境评估的经验做法给予一致好评；研究出台《莱芜市高层次人才服务绿卡暂行办法》，有效整合服务资源，为首批 170 余名高层次人才发放人才绿卡。创新产业招才引智模式。聚焦人才与产业融合发展的关键环节，列出全市人才需求、技术需求、产业领军人才三个清单，绘制顶尖团队和领军人才分布地图，创新举办“雪野国际人才论坛”、探索建立中国粉末冶金人才战略联盟、规划建设“未来 30 小镇”，创新组建山东鲁中工业科学研究院，积极开展“星期日工程师”、院士专家、“千人计划”专家莱芜行、海外招才引智等活动，全年引进泰山学者及以上高层次人才 48 名，新增科技部创新人才推进计划人选 2 名、泰山产业领军人才 2 名，获批省级平台载体 18 个，挂牌成立海外人才工作站 2 家，为全市创新发展提供智力支撑。

（亓鹏荣）

宣传工作

【概况】 2017 年，全市宣传思想文化系统坚持讲政治、把方向、守阵地、严纪律、强队伍，强化“四个意识”、坚定“四个自信”，服务中心大局，把握正确导向，主流思想舆论不断巩固壮大，精神文明创建取得重大突破，社会主义核心价值观广泛弘扬，文化改革发展富有成效，各项工作保持积极健康向上的良好态势，为全市经济社会发展提供思想舆论保证和精神文化动力。

【理论学习】 2017 年，中共莱芜市委进一步推进党委（党组）中心组学习规范化制度化。制定出台《贯彻〈中国共产党党委（党组）理论学习中心组学习规则〉实施细则》，从组织与职责、形式与管理、考核与问责等方面明确党委（党组）中心组学习各项要求，使党委（党组）中心组学习进一步规范化制度化。认真做好市委中心组学习服务工作，组织市委中心组开展集体学习 20 次，其中邀请高层次专家作专题辅导报告 8 次，围绕“旗帜鲜明讲政治、创新改革谋发展”“学习贯彻党的十九大精神”等主题开展集中研讨交流 6

次。市委中心组成员先后到所在党支部、基层联系点讲党课，到区、分管系统和联系点宣讲中共十九大精神，发挥示范带头作用。对全市县级以上党委（党组）中心组全年理论学习作出安排，组织县级以上党委（党组）中心组围绕习近平新时代中国特色社会主义思想进行专题学习研讨，牢固树立“四个意识”，坚定维护习近平总书记的核心地位和领袖权威。每半年对各区党委中心组学习情况进行一次通报，不断提高各区党委中心组学习水平。评选表彰全市学习型党委（党组），通过典型引领，激发各级各部门单位加强理论学习的积极性和主动性。编发《关注》15期，为服务市委中心组学习发挥参谋助手作用。

2017年，市委宣传部广泛开展理论宣讲，推动党的创新理论大众化普及化。围绕中共十八届六中全会精神等主题，组织理论骨干深入机关、镇村、企业、学校宣讲200余场次，受众3.1万人次，被评为全省基层理论宣讲先进单位。开展“中国梦·党在心中”百姓宣讲活动，受到广泛关注和群众欢迎，1人在全省比赛中获一等奖，莱芜市获优秀组织奖。充分发挥“莱芜理论在线”网站、“莱芜微宣讲”微信公众号作用，刊播理论文章、宣讲视频1200余篇，打通理论服务群众“最后一公里”。在全省率先探索开展理论宣教基地结对共建活动，筑牢拓展宣讲阵地。经积极争取，新增1家省级宣教基地。精心组织中共十九大精神宣讲，以市委办公室名义印发《关于做好学习贯彻党的十九大精神宣讲工作的通知》《关于市委常委开展党的十九大精神宣讲工作的通知》等文件，对全市中共十九大精神宣讲工作提出明确要求。做好省委宣讲团到莱芜市宣讲的组织协调工作，500余人现场听取报告，通过莱芜广播新闻综合频道和“莱芜发布”手机客户端进行直播，扩大宣讲覆盖面和影响力。组建由22名县、厅级干部组成的高规格市委宣讲团，精心组织“书记、代表第一讲”、市委常委带头讲、党委（党组）书记示范讲、市委宣讲团集中宣讲和理论骨干进基层宣讲五个层面的宣讲活动，共开展宣讲700余场次，受众45万余人次，开创“零距离、心连心、接地气、全覆盖”宣讲中共十九大精神的良好局面。

2017年，市委宣传部落实意识形态工作责任制。建立由25个部门负责人组成的意识形态工作联席会议制度，加强意识形态领域情况分析研判和防范处置工作。强化督导考核，印发《中共莱芜市委办公室关于加强党委（党组）意识形态工作责任制考核督查工作的通知》，明确考核督查内容及考核督查方式步骤。及时传达贯彻落实、对中央、省委关于意识形态工作的部署要求。市委常委会两次专题研究意识形态工作，两次在党内通报意识形态领域情况，两次向省委作专题汇报，把意识形态工作作为向全委会报告工作的重要内容。市委领导班子成员先后到市委党校作形势政策报告，将意识形态工作作为民主生活会和述职报告的重要内容，接受监督和评议。经过精心准备，顺利通过省督查组对莱芜市中共十九大精神宣讲、党委中心组学习和意识形态工作责任制落实情况的考核督查。

【新闻宣传】 新闻宣传服务中心的能力进一步增强。2017年，全市宣传思想文化系统坚持团结稳定鼓劲、正面宣传为主的方针，围绕喜迎中共十九大、市党代会、市“两会”、新旧动能转换、全国文明城市创建、纪念莱芜战役胜利70周年、陈明利先进事迹、贯彻落实中共十九大精神等重大主题和重大活动，加强活动前、中、后宣传策划，集中全市新闻媒体整体优势，开展战役性宣传10多次，开设专栏、专题20多个。组织市内媒体赴外省市采风，支持市内媒体改进创新，推动媒体融合发展，使宣传报道更加丰富多彩，传播速度更快、影响范围更广、社会效果更好，营造干事创业的浓厚舆论氛围，为推动建设“五个莱芜”提供强有力的舆论支持。对中共十九大精神的宣传，精心谋划、周密部署，媒体发挥各自优势，开展内容丰富、形式多样的宣传教育活动，努力把中共十九大精神讲清楚、讲明白，让老百姓听得懂、能领会、可落实，在全市迅速兴起学习宣传贯彻中共十九大精神的热潮。

对上宣传。积极围绕莱芜市创新做法、典型经验和亮点工作组织开展宣传，刊发一大批重头报道。全年共在省以上主流媒体刊播稿件960件，比上年增长20%，发稿数量和质量均比往年大幅提高。中共十九大、全国“两会”、省党代会、省“两会”期间，在中央、省主流媒体、重点网站刊发专版和稿件52件。纪念莱芜战役胜利70周年的宣传，山东广播电视台融媒体各栏目全部参与，实现对地方活动的全程报道。新华社《国内动态清样》3次刊发稿件，对莱芜市的经验做法和典型人物作报道，《人民日报》大篇幅刊发莱芜市“百名律师包千村”的经验做法，扩大莱芜外界影响。与《大众日报》合作开设“莱芜新闻”专版，刊发37期，推出“莱芜新故事”“新旧动能转换莱芜实践”“莱芜新政——部门在行动”等主题报道，系统全面介绍莱芜市各个领域的亮点工作和经验做法，成为宣传莱芜的新阵地；与山东广播电视台融媒体中心合作，强化对莱芜亮点工作的宣传，在《山东新闻联播》刊发莱芜稿件90余件，宣传效果显著。

强化新闻管理。及时传达上级宣传部门文件精神和各项宣传纪律，确保正确舆论导向。召开净化舆论环境工作会议，为迎接中共十九大营造良好舆论氛围。指导做好各级各部门有关活动的宣传，确保各类宣传报道规范有序。出台《关于开展“新闻宣传质量提升年”的实施意见》，指导市内媒体和各级宣传部门，以质量为导向，全面提升新闻宣传水平。完善与各级各部门的信息报送制度，继续强化市、区、镇、村四级舆情报送网络，做到亮点工作和负面信息全面掌握。稳妥处置突发事件和负面倾向性报道10余起，掌握舆论主导权，维护莱芜市良好形象。精心编辑《新闻摘要》《新闻宣传专报》等参阅资料，为领导提供新闻信息服务和决策参考。

【思想道德建设】 莱芜战役胜利70周年纪念活动。2017年，全市宣传思想文化系统精心策划开展纪念大会、纪念座谈会、文艺晚会、爱国歌曲大家唱、艺术作品展、百场演出送基层、征文比赛、演讲比赛、走访慰问老战士、莱芜战役有关图书编印、《莱芜战役》专题片制播、《莱芜战役》特刊编印等活动。活动中，6次赴北京向中央军委原副主席迟浩田和八路军研究会、新四军研究会汇报，召开4次协调推进会，细化各类方案30余个，成立各类活动小组6个，编发活动简报20余期，有力地保障活动的顺利开展。纪念大会邀请各类嘉宾120余位，中央军委原副主席迟浩田到莱芜考察指导大会筹备工作并题写贺词、贺信。莱芜战役胜利70周年纪念活动的成功举办得到八路军研究会和新四军研究会以及各位嘉宾的好评。

典型推树。市委宣传部积极推进陈明利典型宣传工作，以市委、市政府名义印发《关于开展向陈明利同志学习活动的决定》，在全市组织开展向

2017年4月20日，“齐鲁时代楷模”发布仪式举行，陈明利被山东省委宣传部追授“齐鲁时代楷模”称号（市委宣传部 供稿）

陈明利学习活动，组织巡回报告30余场，组织市内新闻媒体刊发陈明利各类宣传稿件80余篇。积极向上推荐，陈明利被列为全省重大典型，追授“齐鲁时代楷模”荣誉称号。省委宣传部组织《大众日报》、山东省电视台等20多家省级新闻媒体到莱芜进行集中采访，对陈明利先进事迹进行集中宣传。新华社《国内动态清样》以《脱贫路上的科技拓荒者》为题刊发通稿，对陈明利先进事迹进行宣传；《农民日报》以《带着农民抱团致富的好榜样》为题，对陈明利先进事迹进行报道。联合省委宣传部、省扶贫办组织举办陈明利先进事迹座谈会，山东省委原副书记王军民出席会议并讲话；《大众日报》、山东省电视台等媒体进一步宣传陈明利先进事迹；《农村大众》头版头条刊登陈明利先进事迹，整版刊登座谈会讲话发言，在社会上引起强烈反响。

“四德工程”建设。2017年，全市宣传思想文化系统组织开展社会主义核心价值观组歌传唱、“百年追梦 全面小康”爱国主义读书教育、“孝德扶贫”“榜上有名”先模人物评选、善行义举四德榜优榜推荐等活动。开展学雷锋活动，命名10个学雷锋活动示范点和10名岗位学雷锋标兵，国网莱芜供电公司“爱心彩虹”服务队获评全省学雷锋活动示范点。开展先模人物评选，评选20名“榜上有名”先模人物，并积极向上推荐，陈明利、房公训、爱心彩虹志愿服务队被评为省“榜上有名”先模人物。加强爱国主义教育基地建设，提升莱芜战役纪念馆展陈效果，积极向上争取资金60万元，建立莱芜战役纪念馆网上展馆。组织开展“厚道鲁商”品牌三级联创工作，26家企业入选四星级，1家企业入选五星级。开展2016年度税收贡献优秀企业家宣传活动，弘扬企业家创新创业精神，促进全市企业家队伍健康发展。帮助泰钢集团建立“泰钢精神展”展厅，打造莱芜市企业文化建设学习平台，推广泰钢企业文化建设经验。

【网络管理】 做强网上正面宣传。2017年，市委宣传部主动设置议题，策划“加快新旧动能转换”“创建全国文明城市”“深入学习贯彻党的十九大精神”等专题专栏20余个，权威展示全市改革发展新成就。发挥新媒体作用，“莱芜发布”新浪微博全年发布信息600余条，粉丝数突破38万人，莱芜微博发布厅粉丝数突破70万人，“莱芜发布”微信公众账号关注人数上升至千人以上，山东手机报莱芜市、区专刊上线开通，用户数达46万人。严格新闻发布审批程序，协调审批10余场新闻发布会，积极推进新闻发布厅建设，指导两区建立新闻发言人队伍及相关制度，新闻发布工作覆盖面进一步扩大。截至2017年年底，莱芜市微博、微信、手机报、发布厅等多平台联动的新媒体发布架构初步形成，成为莱芜市对外宣传、引导舆论的重要平台。加强网络文化建设，在全省网信系统“学习党的十九大精神演讲比赛”中，莱芜市1名选手获得全省第2名。

网上重大舆情管控处置。2017年，市委宣传部建立网络平台培训管理机制，组织网络安全宣传活动，出台系列法规文件，逐步加强对各类网络平台政策影响，确保舆情管控“有抓手、有队伍、有力量”。成立80人的核心层网评员队伍，举办首届全市网络舆论引导工作培训班，邀请权威专家对网评员进行封闭辅导。分别对新闻网站、政府网站、商业网站、微信公众号、今日头条号负责人进行政策法规培训，加强队伍建设，快速提升工作能力。组织全市网评员发起20余次网评战役，组织跟帖、发帖5000余条（次），确保网上舆论积极向上。加强与“今日头条”的沟通联络合作，建设头条号矩阵，设立平台评论员账号白名单，实现对平台的有效监控和正面引导。加强市内网络平台管理，全市80多家互联网公众号登记备案在册。为市委、市政府主要领导提供决策参考。突出舆情管控，确保第一时间发现、第一时间研判、第一时间处置。建立快发现、快研判、快汇报、快处置工作机制，建立24小时双岗值班制度，强化技防加人防双防监控措施，完善发现、研判、处置工作原则和工作流程，明确相关单位工作职责，提高快速反应能力。牢固树立“网络舆情处置是第一要务”思想，建立全办力量向网络防控一线倾斜工作机制，所有工作人员都必须从事网络舆情轮流值班、监控、研判、汇报、处置工作。重点围绕党代会、人代会、政协会、环保督察、迎接中共十九大等重大节点和信访稳定、生态环保、安全生产等敏感话题加强管控，形成合力，确保网上舆情平稳。全年共接收省市指令2000余次，处置“春萌幼儿园”等网上事件20余起，处置网上负面舆情信息10万余条，协调化解网络媒体负面采访报道10余次。圆满完成中共十九大安保维稳舆情值班处置工作，市委宣传部荣获集体三等功，2名工作人员分别获个人三等功和先进个人奖励与荣誉。

【文化建设】 文化体制改革。市委办公室、市政府办公室制定出台《莱芜市“十三五”时期文化发展改革规划纲要》，明确总体要求、主要目标和具体措施。加快莱芜广电传媒集团组建进度，法人治理结构进一步健全完善。加强文化企业管理工作，组织开展国有文化企业“对标超越”活动，文企管理工作被省文资理事会通报表扬。加强文化领域行业组织建设，制定《加强文化领域行业组织建设的实施意见》及任务分工，对全市文化领域行业进行摸底排查，推动行业组织自身建设和规范管理。妥善完成山东广电网络有限公司莱芜分公司人员身份选择和安置工作。

文化产业发展。2017年，全市宣传思想文化系统推动传统文化企业转型发展，积极推动莱芜书城转型升级，实现“互联网+”模式下实体书店的智慧转型。加强重点文化产业扶持培育，先后帮助百舜文化城、威邦工艺品等企业解决资金、项目、发展环境等问题。积极争取资金110万元，帮助山东华立印务有限公司扩大经营规模。成功举办中国（莱芜）第二届嬴秦文化与远古文明工作会议、中国先秦史学会莱芜工作会议，进一步扩大莱芜嬴秦文化的品牌影响力。组织举办首届“文化惠民消费季”，累计发放市级消费券40万元，使用省级消费券12.5万元，直接带动文化消费260余万元。2月6日，《大众日报》以《百舸争流千帆尽，蓄势汇聚新动能》为题专版刊发莱芜文化产业发展工作。2017年，省统计局公布的莱芜市文化及相关产业增加值达24.59亿元，增速26.23%，增加值占生产总值比重达3.44%，提高0.51个百分点，增幅居全省第4位。

群众文化工作。2017年，全市宣传思想文化系统大力组织开展群众文化活动，以喜迎中共十九大、纪念莱芜战役胜利70周年等为主题，累计组织文化惠民群众文化活动1300多场，举办“好莱芜文化大讲堂”公益文化讲座21期，开展全民阅读推广活动350余场，放映公益电影1.3万余场。民间艺术展演等4项活动入选山东省冬春文化惠民季活动品牌项目。扎实提高公共文化服务水平，基层综合性文化服务中心建设达标率达到95%，高于省对市综合考核达标率80%的任务目标。实施全市农家书屋改造提升工程，为全市300多个农家书屋补充更新出版物码洋100余万元，为95个省市级贫困村配备图书码洋36万元。组织实施2017年为民办实事项目，完成全市60个村史展室建设任务和市图书馆新增数字资源14百万兆建设任务。钢城区历史文化展馆、里辛街道历史文化展馆等6个展馆入选“全省县及县以下历史文化展示‘十百千’示范点”。

文艺精品创作。2017年，全市宣传思想文化系统实施精品创作工程，电视纪录片《卧云铺》荣获全省第十二届精神文明建设“文艺精品”奖，《嘶马河》《十五的月亮》等5部作品获得山东省第十届泰山文艺奖。扎实推进山东省舞台艺术重点选题创作作品莱芜梆子《嘶马河》的加工提升和展演工作，演出30余场。新创作莱芜梆子小戏《幸福一卡通》《生日》《支前》，恢复排演莱芜梆子传统剧目《白蛇传》《十五贯》，完成《新娘》《好儿还乡》等剧本创作。引进安迪影视（莱芜）有限公司等4家影视公司落户莱芜，爱国主义院线影片《我的老兵爷爷》在全国上映并获第二十六届中国金鸡百花电影节国产电影新片奖。《骗人的信》《全家福》分获美丽乡村国际微电影节优秀作品奖。

（李晨晓）

统战工作

【概况】 2017年，全市统战系统以“走在前列”为目标定位，提高政治站位、坚定理想信念，彰显统战特色、打造工作品牌，强化担当作为、勇于创新发展，圆满完成各项工作任务。莱芜市统战工作经验被《中国统一战线》杂志作为基层工作典型刊发全国学习推广。

【服务经济社会发展】 引才引智引项目工作。抓引智工作。2017年，市委统战部加强与省人力资源和社会保障厅、省专家服务中心等部门的联系对接，实现人才引进资源和信息共享；派出引才引智小分队，赴深圳、北京、济南等地宣传莱芜引才引智政策，开展引才引智活动；发掘现有招商引资项目人才资源潜力，利用其人脉关系拓展引才引智范围。充分发挥各民主党派和党外知识分子的人才优势，注重发挥海外联谊会对外联系渠道多的优势，进一步密切与清华大学、中科院、山东大学等高校、科研院所以及海外华人社团的联系，吸引有投资意向的海内外高层次人才到莱芜市投资创业。截至2017年年底，引进国家“千人计划”1人，博士以上创新创业团队16人。招商工作。新引进过亿元项目2个。

开展建言献策活动。在全市党外人士中开展“我为莱芜发展献一策”“民主党派基层组织助推十大产业振兴提升”等活动，引导各民主党派、工商联、无党派代表人士紧紧围绕经济社会发展中的重大问题，全面深化改革的难点问题，推动创新创造的关键问题，调查研究、建言献策，为党委、政府的科学决策提供依据。截至2017年年底，提交调研报告20多篇、提案议案100多个、意见建议80多条，部分意见建议进入各级党委、政府的决策，为经济社会发展提供智力支持。九三学社莱芜市基层委员会提出的《建设莱芜市工业科学研究院》的建议，被市委、市政府采纳，市委书记、市人大常委会主任王良作出批示，指出九三学社“参政参到了点子上、议政议到了关键处”，7月15日，山东鲁中工业科学研究院成立，结束莱芜没有综合研究院所的历史。农工党的《关于推进我市全域旅游工作的问题研究》得到市委副书记、统战部部长李兴钰的批示。

积极引导非公有制经济人士爱国、敬业、创新、守法、诚信、贡献，做合格中国特色社会主义事业建设者。开展理想信念教育，深入开展以“守法诚信、坚定信心”为重点的非公有制经济人士理想信念教育实践活动，举办青年企业家等专题培训班2期、培训200多人，组织企业家赴江苏、浙江等先进地区考察学习，引导非公有制经济人士增强对中国特色社会主义的信念、对党和政府的信任、对企业发展的信心。加强与非公有制经济人士联系交流，了解诉求，畅通渠道，开展“深入企业、帮解难题、增强四信、促进发展”活动，健全各级领导干部联系非公企业制度，对全市非公经济发展情况进行专题调研并召开座谈会，开展营商环境改善评议活动，引导非公有制经济人士依法诚信经营。引导非公企业奉献社会，强化基层服务型党组织建设，教育引导非公有制经济人士积极参加“民企帮村”“光彩事业”等社会公益活动，截至2017年年底，帮扶范围覆盖20个省级贫困村，帮扶人口1456人，帮扶项目32个，帮扶资金达732万元。圆满完成市区工商联换届工作。

积极推进市委安排的各项重点工作。做好包村工作，争取资金95万元，新建旅游发展办公室，设立游客保健中心、旅游超市，对村庄环境进行美化绿化，硬化道路1公里，开展农业基础设施综合整治。联系协调民建市直三支部、新矿莱芜中心医院、莱芜明圣眼科医院等单位到农村开展免费义诊、送温暖等活动。成立扶贫理事会，及时解决群众生产和生活中遇到的困难和问题，利用旅游项目建设吸纳贫困人口就业，每人每月增加收入1500多元。做好申报全国传统村落及省旅游特色村创建项目工作。做好扶贫工作，争取到山东泛海基金会、省光彩事业促进会等统战组织90万元捐助款，组织开展“泛海助学”“光彩助学”活动，为100名新入学的贫困大学生每人提供5000元的助学款，为莱芜职业技术学院的50名在校大学生每人提供5000元的助学款，帮助5名大学生开展创业活动；争取省委统战部、省海联会25万元资金，建设5所同心·海联卫生室。争取2个村成为全省统战系统重点扶贫村，由泛海集团直接帮扶，占全省统战系统重点扶贫村数额的1/3，数量为全省最多。

【民族宗教工作】 强化宣传，2017年，市委、市政府制定《加强和改进新形势下宗教工作的实施意见》，扎实开展民族团结进步宣传月、宗教政策法规学习月和民族团结进步创建活动，组织评选49户“民族团结和谐家庭”，推荐东方红社区为全省民族团结进步示范单位。优化服务，积极争取民族宗教专项资金20万元，协调教育、财政等部门为4名少数民族考生落实中考降分政策，为73户低收入穆斯林群众发放2.92万元牛羊肉价格补贴，为4名低收入伊斯兰教职人员发放生活补助费1.5万元。规范管理，以“规范”为主题开展和谐宗教活动场所创建活动，做好宗教活动场所网上赋码和宗教基础信息数据核改工作，抓好星级清真餐馆评审、认定工作，对全市大型商场的清真食品经营情况进行检查，坚持每月对民族宗教方面不稳定因素进行排查，保持民族宗教领域和谐稳定。莱芜市的少数民族经济工作在全省加快新旧动能转换深化少数民族脱贫工作会议上作典型发言。

【港澳台统战工作】 2017年，市委统战部加强市海联会组织建设，强化与港澳台的联络交流，走访慰问定居台胞并未为生活困难台胞发放困难补助金及慰问品5000多元，对全市黄埔同学会情况进行专题调研，做好香港山东商会莱芜分会的筹备工作。

【新社会阶层人士统战工作】 2017年，市委办公室制定《关于加强新的社会阶层人士统战工作的实施意见》，召开全市新的社会阶层人士统战工作会议，组织全市新的社会阶层代表人士培训班和现场观摩会，以“双建双促”（引导新的社会阶层人士组建党组织的同时，挂牌成立统战工作室，以党建促统战、以统战促党建）为创新点，开展“新阶层·党旗红”品牌创建活动，经验做法被省委统战部刊发全省学习推广。做好社会组织统战工作，建立787名市级社会组织代表人士数据库，召开社组联一届二次理事会，成立经济中介、医疗健康等9个分会组织，开展市社会组织联合会成立一周年联庆祝活动，设立莱芜在线“社组联之家”窗口，打造“爱心书包送温暖”“爱心妈妈在行动”“莱芜义工爱心永恒”等系列服务品牌，推动社会组织统战工作的开展，社会组织统战工作经验被《中国统一战线》杂志刊发全国学习推广。

【统战理论调研】 2017年，市委统战部制定重点调研课题，建立24人的全市统战系统信息宣传队伍，及时宣传全市统一性战线新闻和信息。截至2017年年底，刊发《莱芜统战动态》1期，在省委统战部《统战信息》《山东统一战线》发表文章10多篇，信息工作获得全省三等奖，四新工程获得全省二等奖，社会组织统战工作被评为全省统战工作实践创新成果。

（桑立恒）

政策研究

【概况】 2017年，市委政研室（改革办）坚持服务大局、服务领导、服务基层、服务群众，以打造忠诚政研、实力政研、文化政研、品质政研为目标，扎实做好重要文稿起草、协调推进改革、决策咨询服务、重大课题调研、党刊编辑等工作。全年共起草市委重要文稿650余篇、240多万字，月均20多万字。先后召开6次全面深化改革领导小组会议，审议通过15项改革方案，研究确定30项重点改革事项。以市“两办”名义印发文件，成立莱芜市决策咨询委员会，在全省率先建立起市委、市政府决策咨询制度。编辑《莱芜调研》12期，刊登各类稿件172篇，积极争创达标党支部，继续巩固省级文明单位创建成果。

【决策参谋】 把握精神实质，推动上级决策部署。2017年，市委政研室认真学习贯彻中共十九大和省第十一次党代会精神，结合全市实际研究落实意见。起草全市领导干部会议和市委十四届三次全会上的讲话，对全市深入学习贯彻落实省第十一次党代会精神和中共十九大精神作出总体部署，在学懂、弄通做实中共十九大精神和习近平新时代中国特色社会主义思想上下功夫、求实效。起草的全委会工作报告、市委关于深入学习贯彻中共十九大精神的决议等一系列会议文件，成为全市用中共十九大精神和习近平新时代中国特色社会主义思想统一思想认识、凝聚智慧共识的指导性文件。高标准起草市第十四次党代会报告，旗帜鲜明地提出“践行新理念、建设新莱芜”的发展主题，充实完善“一二三四五”工作思路。牢牢把握全市当前经济社会发展的阶段性特征，统筹谋划全年工作。在全市经济工作会议上，提出抓好十大产业振兴提升和出实招硬招促经济转型的工作要求，为做好全年经济工作指明方向。在全市2017年总结表彰动员大会上的讲话，提出弘扬务实担当精神和撸起袖子加油干、扑下身子抓落实的工作要求，激发全市上下干事创业的热情。聚焦问题短板，补足发展弱项。按照市委总体安排，针对全市发展过程中的薄弱环节，起草科技创新、创建全国文明城市、卫生健康、脱贫攻坚、环境保护等专项会议讲话。开展课题调研。紧紧围绕事关全市发展的重大事项开展调研，形成调研成果10项，1项获全省政研系统调研成果一等奖、2项获二等奖。关于构建“大扶贫”工作格局推进莱芜市偏远山区扶贫综合开发等重大课题调研，得到市委主要领导批示并纳入决策。积极总结莱芜经验做法和创新探索，做好对上宣传推介工作，《聚焦聚力谋发展 求实务实抓落实》等文章在省级以上报刊发表，莱芜市发展节水灌溉产业的报告等获省委、省政府主要领导批示。积极发挥牵头调研职能，科学服务和指导推进各级各部门开展调查研究，2017年年初备案的119项重点调研课题基本完成。

【深化改革】 2017年，市委改革办坚持把全面深化改革作为一项重要政治责任，制定出台《市委全面深化改革领导小组2017年工作要点》《莱芜市全面深化改革重要举措实施规划（2014—2020年）》《关于加强改革落实工作的实施意见》《莱芜市推进新旧动能转换改革实施方案》等文件，进一步建立健全抓改革落实的工作机制。重点围绕市委、市政府推出的重点改革任务，中央和省级改革试点，改革创新奖获奖项目，省委改革办和市领导安排的其他改革任务4个领域开展督察，对全域旅游、新型城镇化、基础教育综合改革等5项改革开展暗访督察。要求各专项小组自主选择2～3项重点改革事项进行督察，确保改革任务落地见效。按照上级改革部署要求，结合全市实际需要，将深化“放管服”改革、“多证合一”登记改革、大部制改革、投融资体制改革等作为重点领域强力推进，将任务细化分解到各专项小组和部门单位，将改革任务项目化，项目目标化，目标责任化，责任具体化，全力抓好各项重点改革任务落地生根。扎实推进智慧城市试点、国家全域旅游示范区、独立工矿区搬迁改造试点、全省新型城镇化综合试点等14项改革试点任务，全面激发经济社会发展活力。

【咨询服务】 2017年，市委政研室完善委员专家队伍建设。积极与中直、省直部门单位、知名企业以及有关高校科研院所沟通对接，确定24名在国内有较高知名度、较深专业造诣的决策咨询委员人选。按照动态管理的要求，将李朝旺、曹振雷补聘为委员。结合各级各部门招才引智、招宾引客新成果，建立包含106名专家的专家储备库，进一步充实研究力量。搭建决策咨询制度框架。注重发挥专职部门作用，设立宏观经济和战略发展、城乡建设和管理、公共服务和社会发展5个专业组，专项负责各领域课题研究和咨询服务工作。每个专业组按职能分别挂靠一个市直部门单位，选聘10名左右的专家为成员，确保专业的人干专业的事。每个专业组明确一名组长和一名联络员，具体负责本组决策咨询工作。根据市决策咨询委员会工作规则和工作实践，拟定《经费管理办法》《专家管理办法》等，初步建立决策咨询制度体系。主导开展决策咨询课题研究。全年共开展重大课题研究6项，其中关于既有住宅加装电梯、特色小镇开发运营模式研究、全市老字号创新发展的调研等成果，以《决策咨询专报》报领导参阅，多篇研究成果获市委主要领导批示，纳入市委、市政府决策。开展对外交流。高度重视加强与全国先进地区决咨机构的交流合作，组织人员到四川、广西两省六市学习考察，借鉴外地先进经验做法，修订完善莱芜市决策咨询委员会章程、课题经费管理办法等制度。11月，参加在济南举办的第二届（2017）地方新型智库建设与发展学术研讨会并作交流发言。

（王彦昊）

机构编制工作

【概况】 2017年，市编办以服务经济社会发展大局为要务，以优化政务环境保障新旧动能转换为主线，以全面从严治党从严治办为保障，持续推进简政放权转变政府职能，不断深化行政管理体制改革和事业单位改革。

【放管服改革】 2017年，市编办加强统筹协调，推动改革任务落实。以市委办公室、市政府办公室名义印发《关于深化放管服改革进一步优化政务环境的实施方案》，对 50 项工作任务，特别是列入省科学发展考核的 15 项指标，逐项分解落实责任，加强督促检查，建立工作台账，实行销号管理。实施第三方评估，协调审计部门开展放管服改革政策落实情况跟踪审计，以问题整改促工作提高，进一步增强改革实效。深入开展调查研究，选择 100 家企业和办事群众就营商环境多项指标开展调查评价。实施简政放权，加快惠民政策落地。严格行政许可、行政权力、行政责任等多张清单的日常管理，完善清单动态调整机制，对市级行政权力清单进行两轮集中调整，共涉及权力事项 202 项。配合综合行政执法体制改革，将 405 项行政权力事项下放到区级实施，优化市区及部门间权力运行体制。协调相关部门减投资审批事项、减收费项目、降准入门槛，释放“31 证合一”、特种设备检测收费降低、投资项目在线审批监管等诸多红利。扎实开展行政审批中介服务收费项目“回头看”活动，对检查中发现的 2 个问题，责令主管部门进行认真整改。创新监管方式，着力强化监管手段。全面推行“双随机一公开”监管，编制公开随机抽查事项清单，市级共纳入 33 个具有行政执法主体资格部门实施的随机抽查事项 283 项，区级 330 项。指导各部门建立检查对象名录库和执法检查人员名录库，完善随机抽查实施细则，实现双随机抽查全覆盖。加强信用监管，协调相关部门建立完善重点领域信用“红黑”名单制度，健全信用联合奖惩机制，在全国首创“财税银保”融资新模式，诚信企业可凭信用等级直接贷款。制定出台网约车等监管办法，跨界融合新产品、新业态、新模式的部门协同监管机制初步建立。围绕提速增效，不断优化公共服务。编制公开公共服务事项目录和相应的服务指南，市级涉及 47 个部门提供的公共服务事项 636 项，区级 776 项，乡镇（街道）1494 项，涵盖人民群众办事创业、日常生活涉及的各方面内容。编制公开年检和政府指定培训事项目录，市级共保留年检事项 20 项、政府指定培训事项 12 项，未纳入目录的事项一律不得实施。清理各类无谓证明和繁琐手续，以市政府办公室文件公布规范保留村（社区）开具的证明材料 19 项，从制度上避免各类奇葩证明、循环证明等现象的发生。推动群众和企业到政府办事“最多跑一次”改革，市级推出第一批“零跑腿”事项 23 项、“只跑一次”事项 140 项，群众和企业办事来回跑、多头跑的顽疾得到初步解决。协调有关部门深入实施“一门式”政务服务改革，积极推行建设项目并联审批，加快政务服务网上平台建设与应用，实现公共服务事项“一网办理”；配合市电子政务办公室制定印发《莱芜市政务信息系统整合共享实施方案》，以数据共享促业务协同、流程优化，努力让数据多跑路、群众少跑腿。

【行政管理体制改革】 2017 年，市编办稳步推进大部门制改革。坚持“一件事情由一个部门负责”的原则，在“大市场监管”“大农业”部门体制的基础上，推进“大水务”“大交通”“大绿化”体制改革，相关部门的整合调整继续走在全省前列：组建市城乡水务局，负责全市涉水事务统一管理，统筹城乡河流河道、农水、城水、污水处理及节水等工作；组建市城乡交通运输委员会，负责推进综合交通运输体系建设，统筹管理或协调全市城乡交通运输和道路建设管理工作；组建市林业和城乡绿化局，负责全市林业和城乡绿化管理工作。《大众日报》《莱芜日报》分别以“着眼城乡一体、完善大部门制”“深入推进机构改革、加快政府职能转变”为题对此项工作进行整版报道。继续完善综合行政执法体制改革。作为全省唯一的综合行政执法体制改革地级市试点，严格执行《莱芜市综合行政执法体制改革试点工作实施方案》，将城管、规划、农业、林业、水行政、商务六个领域的行政处罚权、行政强制权及其他相关权力下放到各区、功能区。将市级城乡建设领域的行政执法权全部下放到区级，纳入区级综

2017 年 11 月 10 日，莱芜市政府部分工作部门整合调整工作会议召开
（市编办 供稿）

政府投融资科学管理和社会资产充分利用。组建市供水管理服务中心，将大冶水库、杨家横水库上划市级管理，推进全市水务体制改革。充实市委非公有制经济组织和社会组织工作委员会办公室工作力量，推动全市两新组织快速健康发展。设立市人才工作办公室，配合组建全省首家地级市招才局，指导各区相应设立人才工作机构，促进全市人才工作开展。

合执法范围，进一步扩大综合行政执法。根据工作需要，对各功能区管委会管理的市场监督管理分局（食品药品监督管理分局）以及辖区内各镇市场监督管理所（旅游市场监督管理所）、食品药品监督管理所进行调整，在镇（街道）实现工商、质监、食药三合一。在充分协商的基础上，市委办公室、市政府办公室制定印发《莱芜市深化综合行政执法体制改革健全协调配合工作机制的意见》，进一步厘清部门间职责边界，建立健全工作会商、信息共享、联动协作、案件移送等制度，提高执法整体效能。持续推进重点领域和关键环节改革。修订政府 29 个工作部门“三定”规定。调整完善部分部门职责，进一步厘清部门职责界限，理顺多个领域内的部门职责分工。在机构限额内新增设规划、金融、国资 3 个政府工作部门，使承担行政职能的事业单位回归行政。调整完善市、区民族宗教机构设置。配合完成共青团、总工会、妇联 3 个部门体制改革。有序推进环保机构监测监察执法垂直管理制度改革、盐业体制改革。立足本职服务全市重点工作。顺利组建市委巡察机构和市监察委员会，积极筹措编制完成派驻纪检机构全覆盖改革，为加强党委政府自我监督、推进全面从严治党夯实组织基础。组建市政府投融资管理中心和市 PPP 项目管理中心，促进

【事业单位改革】 2017 年，莱芜市全面完成公立医院科研院所法人治理结构建设。在全省率先完成市直 5 家公立医院、3 家科研院所法人治理结构建设工作。明确市属实行法人治理结构的公立医院和科研院所理事会理事长和执行理事等领导人员数量。完成市属实行法人治理结构的公立医院人员控制总量备案工作。建立由 55 名副科级以上公务员、44 名会计师和律师等社会人士组成的外部监事人才库，向市直公立医院、科研院所选派首批 7 名外部监事；加强对外部监事的日常管理，完成对外部监事的首次年度考核，为推进法人治理结构建设探索新路。联合卫生计生、科技等部门对公立医院科研院所法人治理结构运行情况进行检查评估。推进事业单位各项改革。统筹谋划重点改革任务，以市委办公室、市政府办公室文件印发《2017 年莱芜市分类推进事业单位改革重点任务分工》，明确改革目标、工作任务、方法步骤、责任分工和时间节点。在明确市直从事生产经营活动事业单位改革路径的基础上，顺利完成 2017 年度转企改制任务，发文对 1 家经营开发类事业单位予以撤销，人员进行分流安置。中小学校长职级制和去行政化改革深入开展，配合教育部门制定印发《校长职级制评审办法》，2017 年 12 月底前完成中小学校长职级评审认定

和聘任工作，职级薪酬列入财政预算。顺利完成僵尸事业单位清理工作，通过撤销、合并、调整职能，市直清理事业单位 11 个，区级清理事业单位 10 个，收回并盘活事业编制 130 名，全市事业单位机构设置进一步优化。配合发改委拟定莱芜市公共资源交易平台管理实施细则。协调推进特检机构整合改革。在市级国有林场改革基础上，配合推进两区国有林场改革。统筹协调推进教育、科技、医疗、文化等行业体制机制改革。

【事业单位监管】 2017 年，莱芜市事业单位绩效考核制度不断完善。在市事业单位考核委员会的领导下，指导各部门成立业内的专业考核委员会。分类制定考核指标，将法人治理结构建设情况、单位信用情况，纳入指标体系。坚持日常考核、实地考核与社会评价有机结合，全面完成 290 个事业单位的绩效考核，共确定 A 级单位 57 个、B 级单位 233 个。强化考核结果运用，落实编制、预算等“五挂钩”政策，对考核过程中发现的问题逐一进行反馈整改，激发事业单位内生动力，促进公益服务水平的提高。探索业务范围清单化管理。着眼于提高事业单位精细化管理水平，在教育、科研等 8 个行业部署开展业务范围清单化管理改革，依法依规对事业单位职责进行梳理，制定并向社会公开发布 63 个事业单位的业务范围清单，共确定 434 项业务，为构建业务范围清晰、权责一致、服务高效的事业单位公益服务体系打下良好基础。配套出台《莱芜市事业单位业务范围清单动态管理办法（试行）》，从调整情形、依据、程序、监管等方面作出具体规定，健全动态调整机制。强化机关事业单位事中事后监管。为 151 个机关事业单位颁发统一社会信用代码证书、事业单位法人证书，完成 263 个事业单位法人的年度报告公示工作。年内开展 2 次统一社会信用代码核查，2 次年度报告公示、登记管理“双随机一公开”监督检查，确保机关事业单位“多证合一”政策落到实处，促进机关事业单位规范运行，为社会信用体系建设奠定坚实基础。对存在问题的 11 个单位依法下达《责令整改通知书》《列入异常信息管理告知书》，实行台账管理，强化信用约束，指导督促其整改提升。

【机构编制管理】 2017 年，市编办不断创新管理方式。继续在公立医院、高等院校实行人员控制总量备案管理，各单位按规定自行招聘备案人员共计 283 人。继续做好政府购买服务项目审核，对一般性公共服务引入市场竞争，不再增加编制。全面完成首轮政府部门机构编制评估，评估结果在推动政府职能转变、服务改革管理中发挥重要作用。赋码登记服务水平进一步提高，咨询、受理、审查、核准等事项做到“一网处置”，申领单位“只跑一次”。在“莱芜市编办”微信公众号中开设“实名公示”栏目，可利用手机随时随地查看机构编制实名制信息。科学使用编制资源。统筹拟定和下达用编进人计划，在严控总量、控制增量基础上，克服编制资源紧张与需求不断扩张的矛盾，为中心工作、基层一线和民生领域调整充实工作力量。保障引进高层次人才的用编进人计划需求。支持中小学使用编制补充人员解决大班额问题。与人力资源社会保障、民政、体育等部门配合，做好军转干部、退役士兵、优秀退役运动员等政策性安置工作。其他满编或超编的机关事业单位一律不安排用编计划，确保财政供养人员只减不增。持续加强监督检查。加强对两区编办的绩效考核和市直部门相关业务的督促指导，推进全市机构编制系统各项工作一体化建设。探索实行机构编制事项跟踪问效机制，选取全市扶贫开发机构、市金融办、市国资委，对其机构组建运行情况进行事后督导，推进机构编制决策贯彻落实，提升机构编制管理的公信力和执行力。制定印发《关于加强机构编制问题整改推进审批联动的通知》，将问题整改情况与机构编制审批挂钩，建立问题台账，实行销号管理，严肃机构编制工作纪律。

（张德龙）

对台工作

【概况】 2017年，市委台办绕两岸关系和和平发展主题，突出抓好莱台经贸合作和文化交流，强化涉台宣传教育、协调服务和机制建设。年内，莱台往来人员规模达到2946人次，同比增长10.3%。

【对台经济工作】 截至2017年年底，全市累计批准成立台资企业71家，实际使用台资14641万美元。组织参加第23届鲁台经贸洽谈会，精心设计制作“两岸交流30周年图片展暨台资企业成果展”莱芜展馆，全面宣传展示莱芜市形象和招商引资环境、对台经贸合作和文化交流成果，展示在莱台资企业发展情况和优质产品。组织经贸合作交流团赴台参访考察，举办莱台经贸合作恳谈会、莱芜旅台同乡暨台湾亓氏宗亲联谊交流座谈会、特色农业合作座谈会，拜会、接触台湾重点人士80余人，洽谈推动合作项目6个。组织莱芜成威电子、固可力轮胎等企业参加“齐鲁台商聊城行”活动，参加对台经济和台胞权益保护工作会议，学习了解惠台政策，交流借鉴成功经验，取得积极成效。

2017年9月1日—4日，莱芜市组织参加在潍坊市鲁台会展中心举办的第23届鲁台经贸洽谈会和“海峡两岸交流30周年图片展暨台资企业成果展” （市委台办 供稿）

【交往交流工作】 2017年，莱芜与台湾往来人员规模达到2946人次，同比增长10.3%；其中，因公应邀赴台交流115人次，赴台旅游1625人次。不断加强莱芜亓氏宗亲文化研究会、莱芜技师学院、口镇雍和园社区等“山东省海峡两岸交流示范点”建设，积极组织莱芜职业技术学院、莱芜技师学院参加鲁台高校交流座谈会，推动学校对台交流工作创新提升。组织莱芜职业技术学院3批共39名教师骨干赴台学习交流，与台湾修平科技大学、台湾大仁科技大学等高校建立交流合作长效机制。组织农林水牧等10批36人次赴台培训考察，深入了解和学习台湾农业发展经验。组织11名乡村旅游带头人赴台参访，与台湾旅游协会建立长期合作机制。着力培育打造亓氏宗亲文化特色交流品牌，莱芜旅台同乡会、台湾亓氏宗亲会等台胞到莱芜参访考察、寻根祭祖5批40余人次，进一步增强两岸同宗同族和民族文化认同感。

【宣传教育】 2017年，市委台办充分利用各种新闻媒体积极宣传对台工作。对莱芜市重点涉台活动，通过华夏经纬网、中国台湾网、山东与台湾等新闻媒体予以报道，全年刊发新闻稿件 80 余篇。编印《莱芜对台合作交流画册》，累计对外发放 500 余份。加强涉台教育和干部队伍建设。组织开展赴台行前教育 16 次，通过以会代训方式培训涉台人员 110 余人次，组织 3 名台办工作人员参加国台办业务培训。围绕对台工作认真开展调研。撰写《加强莱台文化交流 共创文化产业双赢》《关于全方位做好服务台企工作的调研报告》等调研报告 4 篇。

【涉台服务】 2017 年，市委台办创新建立“四个全覆盖”走访服务机制。市委台办负责人走访全市每家台资企业，为企业解办实事、解难题。每季度一次台办系统全体人员到所联系的台资企业走访，帮助解决企业遇到的实际问题。半年召开一次由涉外部门单位和台资企业参加的联席会议，总结交流企业发展情况，提供政策咨询和信息服务。聘请山东鲁中环宇律师事务所律师为法律顾问，联合开展“法律服务进台企”活动，为台胞和台企免费提供法律服务和支持，防范和化解矛盾，连续 5 年实现台商“零投诉”。加强与台湾重点人士对口联络，搜集台情民意，及时报送联络专报。加强台属联谊会建设，定期召开台属联谊座谈会，扩大涉台宣传教育覆盖面，激发台属关心、支持和参与对台工作的热情。举办台胞、台属中秋、新春联谊座谈会等交流活动，推动台属发展经济，回报社会，奉献爱心，到农村开展走访慰问困难户和老党员。

（胥晓伟）

机关党建

【概况】 2017 年，市委市直机关工委突出抓好中共十九大精神、《中国共产党党组工作条例》、《中国共产党党章》、《中国共产党工作机关条例》的贯彻落实，认真落实从严治党各项要求，全面加强党的政治建设、思想建设、组织建设、作风建设、纪律建设，努力为推动全市高质量发展提供精神动力和组织保证。

【机关思想建设】 2017 年，市委市直机关工委学习贯彻中共十九大精神。将中共十九大精神列入党委（党组）中心组学习重要内容，列入党务干部轮训、党员发展对象教育培训的重要内容，专门下发通知，督促市直机关各级党组织认真学习宣传贯彻中共十九大精神，组织党员干部集中学习、开展专题交流研讨，通过读原文、悟真理、深解读，把学用中共十九大精神提高到新水平，推动市直机关学习教育不断引向深入。召开市直机关学习贯彻中共十九大精神宣讲会议，市委副秘书长、市直机关工委书记田敬德以讲课的方式对 186 名市直部门单位基层党组织书记进行辅导，解读报告，凝聚共识。在机关党建信息、莱芜机关党建网站开设“党的十九大”专栏、专题，大力宣传报道中共十九大精神。利用党建信息平台、“灯塔党建在线”、党建微信群等，及时转发、推送中共十九大的相关稿件，及时报道广大党员、群众对中共十九大精神的热烈反响、展示市直各部门单位学习贯彻中共十九大精神的动态。组织驻村“第一书记”、驻村工作组深入村组户，在群众家里、田间地头广泛宣传，使中共十九大精神家喻户晓、深入人心。多措施贯彻，推进工作落实。坚持把学习宣传贯彻中共十九大精神与“两学一做”学习教育常态化制度化结合起来，通过召开专题民主生活会和组织生活会、党组中心组学习等形式，切实增强学习效果。与今后机关党建工作谋划结合起来，制定体现中共十九大精神，彰显莱芜特色的机关党的工作新思路、新举措，为推动全市率先全面建成小康社会提供坚实组织保障。

推进“两学一做”学习教育常态化制度化。组织开展“达标争红”活动。提出“五有”标准（有坚强有力的领导班子、有严格规范的组织生活、有功能实用的党建阵地、有健全完善的制度机制、有群众满意的工作业绩），要求市直机关828个基层党组织必须达标，在此基础上评选出20个红旗支部。先后3次组织召开“达标争红”活动推进会议，组织180名机关支部书记和组织委员现场观摩12家单位的创建情况。建立达标党支部微信群，定期组织党务干部和普通党员开展讨论，全面提升达标支部创建工作水平。探索建立党性体检制度。督促市直机关各级党组织和党员结合年度工作计划，按照上级党委“点”、班子成员“议”、普通党员“提”、广大群众“评”等方式，建立支部班子问题清单；按照党支部“点”、自身“查”、党员“议”、群众“评”等方式，建立党员问题清单。针对查摆出的问题，从严从实抓好问题整改。探索试行党员积分管理。对党员积分管理的考核内容主要由日常行为积分和年度评议积分两部分构成，各基层党支部专门建立党员积分管理台账，由支部组织委员根据党员日常表现情况实时赋分记录，每月一汇总，半年一公示，每年一排名，跟踪动态管理。根据党员积分管理情况，每两年评选10名市直机关“时代先锋”，激励市直机关广大党员学习先进，赶超先进，形成比学赶超的良好氛围。全面推行支部主题党日。要求党支部结合实际每月至少固定1天作为主题党日，组织党员围绕组织学习讨论、开展现场教育、开展党性分析、民主议事决策、服务党员群众内容开展活动。工委支部率先垂范，组织工委全体党员和文明城市共建单位东升社区党委的18名支部书记到沂源县开展“学习朱彦夫 打赢创城攻坚战”主题党日活动，激发打赢创城攻坚的信心和决心。全年市直机关各基层党支部到雪野旅游区房干村、沂源县、蒙阴县等党性教育基地开展主题党日活动9936场次。

【机关党建标准化建设】 2017年，市委市直机关工委将现代管理学中的“标准化”理论引入机关党建工作中，积极构建系统化的党建工作制度、规范化的党建工作程序、精准化的党建考核体系。

日常工作标准化建设。拿出专门资金为每个基层党组织购置机关基层党组织工作手册系列丛书一套11本，要求各级党组织切实遵照执行。在学习先进地市经验做法的基础上，着手编印《市直机关党组织标准化建设手册》，重点就机关党建工作的组织设置、工作责任、工作制度、党务流程、文书模板等提出标准化的要求，为机关党务工作者提供权威、务实、管用的工作指导用书。

档案留存标准化建设。为机关基层党组织印制下发统一模板、统一样式的“三会一课”记录本、文书档案盒、图片档案册等机关党建档案资料，对档案留存管理情况不定期抽查，督促基层党组织真正严格档案留存、规范档案管理。

工作考核标准化建设。修订完善《莱芜市市直机关党建工作规范化考核细则》，提出5个方面18项规范化措施，将18项内容全部赋分，每半年进行一次考核。严格根据考核结果产生年终优秀基层党组织、优秀党务工作者等荣誉。

【基层党组织建设】 2017年，市委市直机关工委严格贯彻落实党建工作责任制。实施市直机关党建工作述职和报告制度，完善基层党组织书记向工委述职、纪工委书记约谈工作机制，完善从严治党机制。组织召开市直机关基层党组织书记述职评议会议，进一步增强机关基层党组织书记职责意识，促进基层党建工作责任制落实。召开市直机关党的工作会议，对2017年机关党的工作任务作出安排部署。

优化设置机关党的基层组织。认真贯彻落实《中国共产党党组工作条例（试行）》要求，根据市委组织部安排，全力配合做好18个撤党委设党组单位的党组织调整规范工作，召集部门负责人召开专题会议，及时审批成立18个机关党委。

继续实施市直机关基层党组织公推直选。修订《市直机关基层党组织公推直选实施办法》，进一步规范公推形式，完善直选程序和办法。

严肃党内政治生活制度。指导各基层党组织建立健全“三会一课”考勤、会议记录、定期向工委报告等相关制度。定期抽查和调阅基层党组织党内生活有关情况和资料，党内生活随意化、庸俗化的问题得到有效遏制。

配齐配强党务干部。协调市委组织部、市编办、市人力资源社会保障局联合下发《进一步规范市直机关党组织设置的意见》，明确机关党委专职副书记任职条件、职能职责和选拔任用程序，增加1名专职党务干部职位，进一步激发机关党建工作内在活力。

规范党员发展。实行发展党员全程纪实，规范发展党员的程序、环节，共新发展党员142名。举办2017年度党员发展对象培训班，对市直单位、国有企业等302名党员发展对象进行集训。

推动“第一书记”精准扶贫。对市直机关“第一书记”驻村帮扶工作情况进行调研，汇总27个村镇的特色农产品信息。严格落实“第一书记”督查考核责任，按照“第一书记”领导小组办公室要求组织两次实地督查并进行通报。选树下基层干部先进典型5人，教育引导下基层干部恪守职责，努力为基层创实业、办实事、解难题，推动干部下基层工作不断深入。

【机关精神文明建设】 2017年，市委市直机关工委积极推进文明城市创建活动。协调相关部门为东升社区拆除违章建筑34处、露天垃圾池8个，清理路面1500多米；每周分两批次组织全体干部职工集体到责任社区参加义务劳动，集中清理小广告100多处，清除路边杂草和卫生死角200多处，发放宣传材料500份。

继续抓好市直机关文明单位创建工作。严格落实市直机关文明单位审查报批机制，进一步规范推荐、考察、申报、审查、报批程序。抽调专人组成审查组，采取实地考察、查阅资料、座谈了解等方式对8个新增市级文明单位、69个复查合格市级文明单位进行审查，形成初步审查意见报送市文明委审核。

加强市直机关文化建设。组织举办市直机关纪念莱芜战役胜利70周年爱国歌曲大家唱活动，16支市直部门单位代表队参加初赛，参赛干部职工800余人，8支参赛队伍进入决赛并分获一、二、三等奖。组织市直机关党员干部170余人现场观看“齐鲁楷模陈明利”发布仪式，弘扬诚信敬业的社会主义核心价值观，激发市直机关党员干部努力拼搏、奋发向上、干事创业的热情。举办“中国梦·党在心中”主题宣讲活动，集中展示市直机关党员干部不忘初心、继续前进、全心全意为人民服务的精神风采。

【机关党风廉政建设】 2017年，市委市直机关工委严格落实党风廉政建设责任制。完善党风廉政建设责任体系，按照市委《推进惩治和预防腐败体系建设实施意见》的分工，认真抓好分工工作的落实。指导各基层党组织修订完善内部党风廉政制度规定，全面落实廉政风险防控机制。抓好廉政教育。通过多种方式，下发专题通知，对组织党员干部学习《中国共产党廉洁自律准则》和《中国共产党纪律处分条例》作出安排。组织开展领导干部讲廉政党课活动，190多个基层组织实施专题党课。在市委党校和各大系统，围绕廉政勤政和作风建设作辅导报告9场次。组织45个市直部门单位800多名党员干部观看新编莱芜梆子历史剧《嘶马河》，采取撰写观后感、心得体会等多种方式，教育引导机关党员从剧中人物身上汲取正能量。坚持正面教育与反面教育相结合，在学习焦裕禄、朱彦夫等先进典型的同时，分两批次组织机关党员干部观看《永不停歇的征程》等警示教育片。深入开展创建“基层党风廉政建设示范点”活动。研究下发活动通知，认真组织和指导市直各部门单位按照《莱芜市创建“基层党风廉政建设示范点”活动考评细则》要求做好自评申报工作。抽调专人组成督导组，采取实地考察、查阅资料、座谈了解等方式，对活动情况进行全面检查，筛选确定 13 个符合条件的申报单位上报给市纪委审核。推进廉政文化进机关。指导各部门单位建设廉政文化长廊和视壁等，新建党员活动室 3 个，建设机关文化长廊 7 个，设立电子屏幕和文化视壁等 5 处。做好违纪党员查处工作。年内按照权限，严格程序，处分违纪党员 4 名。

【群团工作】 2017 年，市直机关工会在市直工会系统内组织开展“提高整体素质、创新能力、服务水平，增强担当精神、改革精神、实干精神，创争一流工作、清正团队、满意机关”活动；创新市直机关运动会的举办方式，严格贯彻中共八项规定节俭办会，将市直机关 3 个运动会合并成 1 个，会同市委组织部、市总工会、市体育局成功举办 2017 年市直机关职工运动会，由 83 个单位、1272 名在职职工报名参赛，共设置 11 个奖项，参赛人数、参赛质量、竞技水平等居历年最高。机关青工委组织成立青年志愿服务队，定期组织文明交通、环境清洁等志愿活动；机关妇委会开展寻找“最美家庭”活动，通过家庭自荐、群众互荐、组织推荐等形式，推选出一批融合时代精神和传统美德为一体的先进家庭典型。按照上级军事机关的要求，认真开展兵役登记和预征初检工作。履行机关慈善分会职责，做好 2017 年度市直机关“慈心一日捐”和慈善捐助工作，共筹集善款 75 万元。

【党代表推选】 2017 年，市委市直机关工委做好出席省市党代会代表推选工作。按照市委统一部署，做好市直机关 106 名出席市第十四次党代会代表的推选工作，既注重充分发扬党内民主，体现市直机关广大党员意愿，又严把代表资格条件，确保代表的政治先进性和党员代表性且整体结构合理。通过各级机关党组织自下而上、上下结合、反复酝酿的组织程序，推荐产生出市直机关 120 名代表候选人初步人选，1 月 17 日组织召开中国共产党莱芜市市直机关代表会议，差额选举产生市直机关出席市第十四次党代会的正式代表。配合市委组织部完成全市出席中共十九大和省第十一次党代会代表的推荐工作。市第十四次党代会召开期间，抽调人员认真做好市直第一代表团的综合服务工作，圆满完成大会安排的各项任务。省、市党代会召开以后，就会议精神的学习贯彻及时进行安排部署，在市直机关迅速掀起学习贯彻会议精神的热潮，力争在第一时间使党员干部受到教育，把思想和行动统一到省委、市委的要求上来。

（朱鹏远）

档案工作

【概况】 2017年，市档案馆（局）以市档案馆新馆建设、搬迁为重点，突出依法治档、科学管档，不断提升档案保管保护和开发利用服务水平，推动全市档案事业深入发展。

【市档案馆新馆建设】 市档案馆新馆2017年9月底正式投入使用。市档案馆新馆改造建设计划投资3001.4万元，实际投资2850万元，建筑面积1.42万平方米，配备馆库智能管理、恒温恒湿、自动灭火、入侵防盗报警等先进设施设备，功能齐全、安全保密、服务便捷，现代化水平大幅提升。9月24日—30日，完成档案资料搬迁排架，动用车辆60多台次，人员500多人次，搬迁档案资料3000多箱20余万卷件。

【档案法治建设】 2017年，市档案馆（局）以法治思维和法治方式谋划和推动档案工作，档案法治建设水平进一步提高。市档案局制定《莱芜市档案“七五”法治宣传教育规划》，确定全市档案“七五”法治宣传教育工作的总体目标、主要任务、工作措施和要求。组织参加全国“宝葫芦”杯档案法律法规知识有奖竞赛活动，为全市档案事业发展营造良好的法治环境。制定《市档案局“双随机、一公开”执法检查工作实施细则》，编制随机抽查事项清单，建立执法检查人员名录库、抽查对象名录库，推动档案行政权力事项运行公开化、透明化、规范化。编制公布“只跑一次”事项清单（包括行政权力4项、公共服务事项1项），简化档案服务程序，优化档案服务环境，提升档案服务效率。9月，市档案局“只跑一次”清单作为全市第一批群众和企业到政府办事“只跑一次”事项向社会公布，接受社会监督。组织开展金融业务档案、会计档案、工程项目档案专项执法检查。10月，组织检查组，对工商银行莱芜分行、市公路局、莱城发电厂等6个部门单位的档案工作进行专项执法检查。通过检查，着力发现和解决被检查部门单位在贯彻档案法律法规、文件材料整理归档、档案集中管理和安全保管等方面存在的突出问题，促进专门档案管理的规范化。

【档案业务监督指导】 2017年，市档案馆（局）认真履行档案业务监督指导职能，以推进区档案馆建设为重点，以档案工作科学化管理测评为抓手，推动全市档案工作整体水平提升。大力推进区档案馆室建设。10月31日，组织召开区档案馆建设推进工作座谈会，要求各区坚决贯彻省委的决策部署，强化措施，确保按期完成建设任务。与市委督查室联合，督促各区落实开工、建成和投入使用3个时间节点，编制《区档案馆、功能区档案室建设计划表》，每个季度进行调度、通报。组织开展全市2016年度文件材料整理归档工作，指导全市各部门单位整理归档文件材料16.47万卷（件），其中，纸质档案12.23万卷（件）、电子档案1.74万件、声像档案0.14万盘、照片档案0.7万张，挂接电子档案1.66万件。积极开展档案工作科学化管理测评，指导全市72个部门单位创建山东省档案工作科学化管理示范单位、先进单位、合格单位，促进各单位档案基础业务建设和服务能力提升。截至2017年年底，全市143

个部门单位顺利通过山东省档案工作科学化管理测评，其中，示范单位8个、先进单位58个。扎实开展档案业务培训，举办文件材料整理归档、档案工作科学化管理、企业档案管理、农村土地确权颁证档案管理等培训班10期，培训档案工作人员380人次，提升档案工作人员的业务素质，有力地推动各项档案工作的开展。

【档案利用服务】 2017年，市档案馆（局）大力开发馆藏档案信息资源，创新服务方式，拓宽服务领域，为社会各界提供优质高效的档案服务。与市金融办、莱芜银监分局等部门联合转发省档案局《金融企业业务档案管理规定》，把金融业务档案的监督检查纳入档案执法检查重点。加强山东财经大学莱芜校区等重点建设项目档案、农村土地承包经营权确权登记颁证档案管理，指导相关部门单位规范整理文件材料，确保档案齐全完整。2017年，市档案馆接待查档群众4800人次，提供利用婚姻、保险、知青、烈士、土地等方面的档案7100卷件次，提供档案复制件9000多页，有效发挥档案服务民生的重要作用。加强全市档案服务能力建设，组织开展“全市十佳档案服务单位”“全市十佳档案服务明星”创建评选活动，进一步强化档案工作人员的服务意识，提升档案工作的社会服务效能。

【档案信息化建设】 2017年，市档案馆（局）深入开展档案数字化工作，采用购买外包服务方式，投资80万元对馆藏220万幅纸质档案进行数字化加工，完成目录著录40多万条、档案原文扫描80多万页。在档案数字化加工中，首次引进监理机制，即由专业公司对档案数字化加工进行全程监管，确保档案数字化质量和档案安全。加强“三网一库”建设，以建设数字档案馆为目标，对数字档案在线管理系统政务网、内部局域网和莱芜档案信息互联网定时进行维护升级，不断提升档案管理和利用信息化、现代化水平。加强档案信息资源数据库建设，检查校对档案目录380万条，提高档案数据质量。积极推动档案信息化融入“智慧城市”建设，抢抓全市大力推进“智慧城市”建设和信息化建设的机遇，深入开展档案信息化建设调研，努力推动将市档案馆纳入“智慧莱芜”建设成员单位，将档案信息化融入“智慧城市”公共信息服务平台，为档案信息化建设创造良好的外部条件。

【档案编研】 2017年，市档案馆（局）紧紧围绕市委、市政府中心工作和群众需求，深入挖掘馆藏档案资源，积极开展档案编研，开创档案编研工作新局面。为庆祝建党96周年，广泛宣传新中国成立以来莱芜党的建设和各项事业发展取得的巨大成就，主动服务新形势下全市党的建设和各项事业发展，编纂出版《中共莱芜党代会报告集》，收录1956年以来的15次党代会报告，共计26.06万字，发行400册。为主动服务全市文化建设、历史研究、宣传教育等事业，创办全省首份以公布档案史料为主旨，集史料性、研究性、宣传性、教育性于一体的期刊——《莱芜档案》，编辑出版2017卷，共计15万字。为纪念莱芜战役胜利70周年、全民族抗战爆发80周年，促进莱芜“三辣”特色农业产业发展，弘扬莱芜优秀传统文化，在《莱芜档案》公布市档案馆馆藏的莱芜战役、莱芜抗战、莱芜“三辣”、莱芜石刻拓片档案史料20件9万多字。按照省档案局纪念全民族抗战爆发80周年档案公布工作的统一部署，认真梳理馆藏抗战档案，选取《〈泰山时报〉印刷石板》等3件抗战档案，通过山东档案信息网向社会公布。为纪念莱芜战役胜利70周年，撰写发表《巾帼支前模范——莱芜妇女支援莱芜战役纪实》。

【档案宣传】 2017年，市档案馆（局）扎实开展“国际档案日”宣传活动，6月9日，以“档案——我们共同的记忆”为主题，组织市直20个单位在市政府广场开展集中宣传，通过设立咨询台、悬挂宣传标语、张贴宣传挂图、发放宣传材料、解答咨询问题，向市民进行档案文化宣传，受到群众好评。举办“档案——我们共同的记忆”主题展览，展出唐、元、明、清、民国、新民主主义革命时期档案及新中国莱芜记忆等照片183幅，集中展示珍藏档案精品和近年来全市社会事业发展建设的成果，吸引500多位市民参观展览，让群众感受档案记忆的独特魅力。利用新闻媒体开展宣传，通过《莱芜日报》、莱芜电视台、市档案局微信公众号等媒体发表、发布文章、信息30多篇（条），进一步增强档案工作的社会影响力。

（王　宏　司倩倩）

党史资料征集与研究

【概况】 2017年，市委党史研究室牢牢把握“党史姓党”的根本原则，坚持“围绕中心、服务大局”的根本方向，认真落实“以史鉴今、资政育人”的根本任务，扎实推进“党史资政工程”“党史育人工程”“党史人才工程”等，围绕建设“不忘初心、牢记使命”党性教育基地做好配合服务工作。

【党史资料征编】 2017年，市委党史研究室完成《山东改革开放实录》（莱芜部分）的征集、撰写工作。承担《莱芜市改革开放的发展历程及成就综述》《二十世纪八十年代莱芜简政放权的实施及经验启示》《莱芜加强农村基层党建的历程、成效及经验》3个专题撰写任务。截至2017年年底，《山东改革开放实录》（莱芜部分）项目全部完成。

推进莱芜市社会主义时期县（市、区）委书记口述史征编工作。按照省党史研究室要求，认真进行摸底调查，到市档案局、市水利局等相关部门查找资料，并到部分老同志家中了解情况，整理采访录音近2万字，整理编辑莱芜概述1万字。向省委党史研究室报送莱芜水利建设方面的文章共7篇、县委书记署名文章9篇以及8位县委书记的简历。

征编《中共莱芜历史大事记（2016）》。此书共248页、21.8万字，翔实地记述2016年市委、市政府及各级党组织带领广大人民群众锐意改革、跨越发展的历史进程，从不同侧面、不同角度反映莱芜市在经济建设、政治建设、文化建设、社会建设、生态文明建设和党的建设诸方面所采取的重要举措和取得的重大成就。主要记述市委及市委各常委的重要活动，其他几大班子及其领导同志的重要活动、重大事件。

做好《中共山东年鉴（2017）》（莱芜部分）的组稿工作。形成7篇近3万字的材料，完成省委党史研究室安排的组稿任务。

【党史宣传教育】 2017年，市委党史研究室办好莱芜党史刊物《嬴牟春秋》。《嬴牟春秋》杂志2006年创刊，出版48期。为纪念莱芜战役胜利70周年，开辟专栏，以图文并茂的形式，登载纪念莱芜战役胜利70周年方面的文章、图片，宣传莱芜战役精神。

办好中共莱芜历史网站。为进一步拓宽党史宣教路径，市委党史研究室进一步完善中共莱芜历史网站，发挥“互联网+党史”这一现代化平台的作用，加大党史宣教覆盖面。网站设置工作动态、党史研究、党史著作、党史人物、党史大事记、党史遗址、党史期刊、党史影像、文明城市创建等栏目，内容丰富，搜索便捷，为宣传党史提供更广阔的平台。

与市委宣传部联合筹备召开纪念莱芜战役胜利 70 周年座谈会。撰写题为《辉煌的战役 永恒的精神》的主旨发言稿，并为其他 4 篇发言稿在史实和文字上把关。5 篇发言稿得到参会者好评，并在《嬴牟春秋》上发表。组织撰写题为《震古烁今 辉煌永驻——纪念莱芜战役胜利七十周年》纪实文章，在《莱芜日报》整版发表。

做好中共十九大精神的宣讲工作。作为市委中共十九大精神宣讲团成员单位，到市场监管局系统为 200 余名干部职工作中共十九大精神宣讲报告。到莱城区和庄镇，与 30 余名镇村干部、党员代表就中共十九大精神进行互动交流，结合和庄镇实际，就挖掘当地红色文化资源提出建议。

充分利用报纸、电视、广播等媒体，加大党史宣传的力度。进一步与报社、电台、电视台等新闻媒体加强合作，通过开展活动、开辟专栏等丰富多彩的形式，搞好党史宣传。全年共在报纸上发表文章 15 篇，在电视播出党史方面的节目 22 次。

为编撰《红军壮士在山东》《中共山东画史》《红色齐鲁 365》提供史料。为编撰《红军壮士在山东》，市委选出 42 位影响较大的党史人物，通过进一步挖掘、整理形成人物简历，积极向省委党史研究室报送。为编撰《中共山东画史》，提供 50 多幅照片及文字说明，展现宣传莱芜的红色文化。完成《红色齐鲁 365》题目的筛选、修改和上报工作。

做好党史教育基地督导工作。抽调 5 名工作人员分 2 个组，分别赴莱芜战役纪念馆、汪洋台、陈毅战役指挥所、刘仲莹故居逐一逐项进行实地核查，均未发现违规使用党和国家领导同志照片、题词的现象。

开展党史下基层活动，扩大党史宣教面。认真做好上级党史部门和自编党史书刊的发行工作。6 月 28 日，市委党史研究室到莱城区苗山镇南峪村开展“党史进村”活动，向村民赠送《中共莱芜历史人物》《中共莱芜历史大事记》《前进中的莱芜》《嬴牟春秋》等党史书刊 500 余册，受到当地群众的欢迎。

（刘丽丽）

党校工作

【概况】 2017 年，市委党校在市委的正确领导下，认真贯彻落实中共十九大精神和市第十四次党代会精神，坚持党校姓党，增强“四个意识”，坚定“四个自信”，以新校建成启用为契机，改革创新，干事创业。

【教学工作】 2017 年，市委党校突出主业主课，圆满完成年度干部教育培训任务。全年举办主体班次 9 类 12 期，培训干部 874 人。在培训中，突出理论教育和党性教育，理论教育和党性教育占总课时的 70.6%，其中党性教育占近 29.9%。严格落实领导干部上讲台制度，全年有 9 名市委领导、29 名中央、省、市有关专家、教授到党校讲课 344 课时，占总课时的 20.6% 以上。充分利用新校先进信息化设施，进行“情景模拟式”教学和“桌面推演”教学。新开设“学员讲坛”，发挥学员的聪明才智，取长补短。加强中共十九大精神培训，11 月 27 日—12 月 15 日，在市委党校成功举办全市市管领导干部中共十九大精神专题培训班 3 期，每期 5 天，培训学员 827 人。选派教师 22 人次深入基层宣讲中共十九大精神，听众 3300 人。

【科研工作】 2017年，市委党校按照市委全面深化改革领导小组的要求，确定《莱芜市全域旅游研究与发展》等5项市委重点改革任务。支持和参与全省党校、行政学院智库联盟，建立6处科研基地。完成各项立项课题38项，2项调查报告被市委领导签批，4项科研成果获全省党校系统优秀科研成果奖。在《莱芜日报》的《论发展》栏目发表学员文章20篇。组织主体班学员，撰写出调研报告160多篇。编辑《莱芜学刊》4期，《莱芜市情研究》1期，编印《市管干部党的十九大专题学习班讨论文集》1册。

2017年7月25日，市委书记、市人大常委会主任、市委党校校长王良（前排左二），市委常委、组织部部长张晓海（前排左三）到市委党校新校调研
（市委党校 供稿）

【行政后勤管理工作】 2017年，市委党校全年共接待12批次300多人。向《山东党校通讯》报送信息8条，向市委办公室信息科报送信息7条，莱芜电视台报道党校信息20条，《莱芜日报》刊登党校信息20条。完成《莱芜年鉴》《莱芜记忆》党校工作条目撰写任务和省级文明单位材料上报工作。5月，公开招标确定金鼎和泰山2家公司进驻市委党校新校服务，注册玉龙湖宾馆，食宿和物业管理规范化、标准化。制定出台4项临时规定，完善规章制度12项；建立综合性后勤保障服务管理机制，实行每周例会制度，建立健全“四星级服务”标准、服务制度和评价体系。改造金山路，实施亮楼亮灯工程。

【新校建设】 2017年8月，市委党校新校建成投入使用，规划占地239.4亩，建筑面积4.5万平方米，同期培训能力可达750人，年培训规模达3800人，是原培训能力的两倍。新校启用后，共举办市委、市政府各类综合会议13次。

【基层党校建设】 2017年2月，中共莱芜市委党校莱城区分校、钢城区分校设立。莱城区分校编制12人，设置4个处室；钢城区分校编制6人。2017年5月8日，莱城区分校举行挂牌仪式，开展干部教育培训2期。2017年11月10日，钢城区分校举行挂牌仪式，开展干部教育培训1期，结束了莱芜市没有区级党校的历史。

【业余函授教育】 2017年，市委党校录取新生47人，是研究生招生以来注册人数最多的一届。学员到课率在85%以上，受到省委党校的高度评价。

（亓法存）

保密工作

【概况】 2017 年，全市各级保密工作机构和广大保密干部认真贯彻落实上级文件精神，积极适应保密工作新形势、新任务、新要求，突出工作重点，加强学习研究，抓好监督检查，保密工作各项部署要求全面落实，全市未发生大的失泄密问题，维护了党和国家秘密的绝对安全。

【保密宣传教育】 2017 年，市委保密办（市国家保密局）抓好保密意识、保密常识“两识”教育，不断提高保密宣教针对性和实效性，保密教育成效明显。抓住领导干部这个重点，把对领导干部的保密法制宣传教育与落实领导干部保密工作责任制相结合，通过党委（党组）中心组学习、保密专题讲座等形式，推动领导干部带头学法、模范守法，不断提高运用法治思维和法治方式管理国家秘密的能力与水平，各区和市直各部门单位都在党委（党组）理论学习中心组上领学保密法和保密法实施条例。协调各级公务员主管部门把保密教育培训作为对公务员和参照公务员管理人员轮训的重要内容，积极与市委党校协作，将保密教育培训纳入教学体系中。年内，各类主题班次安排保密课 48 课时，累计培训保密干部 600 余人次。充分发挥保密专业图书、音像制品、报纸杂志的宣传阵地作用，向 103 个机关、单位推荐保密工具书 11 种、警示教育光盘 3 组、保密杂志 2 种，共征订书籍 1940 本、光盘 144 套、杂志 424 本。协调市委政研室在《莱芜调研》开辟“保密知识讲堂”专栏。协助莱城区邀请省保密局副局长王心红对全区领导干部进行保密专题培训。市保密局全年先后到市地税局、莱芜供电公司、中国移动莱芜分公司、市国资委等 10 余家单位开展保密讲座，培训各级干部职工 600 余人次。

【保密监督管理】 2017 年，市委保密办（市国家保密局）积极履行监督管理职责，严格依法开展保密检查。做好保密自查自评工作。通过下发文件部署、机关单位自查自评和保密办督查抽查等环节，基本做到各区、市直各部门单位督查全覆盖，有力推动全市保密“三大管理”登台阶上水平。强化定密规范管理。认真抓好《国家秘密定密管理暂行规定》的学习贯彻，对机关、单位认识不一致、把握不准、不易操作的事项进行统一指导；10 月 27 日，针对机关、单位普遍反映的无密可定、有密不定、不该定乱定、定密不准等问题，召集各区和市直部门单位共计 160 多名保密干部进行培训，印发由市国家保密局编写的《定密基本知识》。加强网络保密管理。在做好全市在用涉密网络防护改造、投入使用审批、风险评估等工作的同时，进一步加大对互联网门户网站检查力度，查纠违规门户网站 28 个；督促机关、单位认真落实信息发布保密审查制度，严格检查审批记录，明确相关责任人和工作人员，机关、单位互联网门户网站保密管理得到全面加强。加强保密检查。2 次组织成立市保密工作专项检查组，对 50 余家重点部门单位进行督导，共检查涉密电脑 57 台、非涉密电脑 216 台，发现和消除问题隐患 100 多个。

【技术防护和基础设施建设】 2017 年，莱芜市保密技术防护水平逐步提升。市委保密办（市国家保密局）加强保密技术服务保障能力，购置手机屏蔽柜1套，为重要涉密会议和活动提供保密技术服务18次。通过督查，推动各区保密部门购置保密检查工具，各区机关和市直部门单位进一步加大“三合一”防护设备安装力度。全市全年新安装“三合一”490套，基本实现重要涉密单位全覆盖。

【涉密载体销毁】 2017年，莱芜市涉密载体销毁工作顺利开展。进一步规范涉密载体销毁中心的运行管理，加强涉密载体收集，全年累计销毁纸介质涉密载体5吨、电磁介质涉密载体0.5吨。

（李　强）

老干部工作

【概况】 2017年年底，全市共有离休干部199人。其中，市直单位152人，莱城区35人，钢城区12人；县处级及享受县处级待遇的61人，科级及以下138人，平均年龄89.9岁。退休干部9067人。全市离退休干部党员5203人，共建有离退休干部党工委3个，党总支19个，党支部135个，党小组424个。

【离退休干部党建】 2017年，市委老干局不断加强离退休干部政治引领。5月23日—25日，举办第二十期离退休干部党支部成员培训班，引导离退休干部做全面从严治党的坚定支持者和模范实践者。11月—12月，市委老干局印发《全市离退休干部和老干部工作部门认真学习宣传贯彻党的十九大精神的通知》，举办全市中共十九大精神宣讲离退休干部专场报告会，开展全市离退休干部学习中共十九大知识竞赛活动，广泛组织和发动广大离退休干部自觉用习近平新时代中国特色社会主义思想武装头脑，以实际行动为党和人民的事业增添正能量。健全完善离退休干部党建工作制度。调整充实市委离退休干部工作委员会。制定印发《关于离退休干部党员党费收缴、使用、管理和党支部书记补贴发放的规定》，对离退休干部党员党费收缴、使用、管理等方面工作进行规范。全市党(总)支部新建8个，完成换届135个。加大离退休干部党组织建设经费保障力度。市委老干局印发《关于健全完善离退休干部党组织工作经费保障机制的意见（试行）》《关于做好离退休干部党组织班子成员工作补助发放工作的通知（试行）》等5个文件，规定市直离退休干部党组织工作经费按管理服务人数分别不少于每年5000元和4000元；市直离退休党组织书记、班子其他成员基本补助为200元、100元，同时增加绩效补助。离退休干部党组织效能进一步发挥。举办全市离退休干部党建网管理员培训班，组织全市管理员学好、用好离退休干部党建网。全市有34个离退休干部党支部落户省局网上e支部。利用网络向全市离退休干部征集“本色家园”离退休干部党建品牌标识、主题歌、主题用语。通过一系列举措，形成网上网下相互促进、相得益彰的离退休干部党建工作格局。

【老干部服务保障】 2017年，市委老干局健全完善服务保障机制。印发《关于进一步规范组织离退休干部开展活动的通知》《关于进一步加强和改进离退休干部服务管理工作的通知》，对落实走访慰问制度、用车保障制度、活动经费保障制度进行明确细化。将离退休干部福利执行标准

2017 年 10 月 13 日，市委、市政府召开全市工作情况通报会，向退休老干部通报全市经济社会发展情况　　（蔺泽琛 摄影）

明确参照在职人员，离休干部公用经费、特需经费分别提高到每人每年 1000 元，退休干部公用经费调整为每人每年 500 元，为离退休干部组织开展活动提供有力保障。落实离退休干部政治待遇。春节前夕，市委、市政府主要负责同志走访看望离退休干部代表。10 月 13 日，召开全市工作情况通报会，市委副书记、市长梅建华向市级老干部通报全市经济社会发展情况。6 月 22 日，组织部分离退休干部代表参加莱芜战役胜利 70 周年纪念大会，市领导走访看望 4 名参加过莱芜战役的离休干部代表。10 月 8 日，组织部分老干部代表参加烈士公祭仪式。为老干部办实事、解难事。按照省委老干部局部署，为 29 名省属破产企业离休干部办理移交手续，落实好“两费”，党组织关系转接、档案移交等工作。做好军休干部及遗属有关待遇落实工作，为符合政策的 2 名军休干部及 7 名遗属补发相关费用 1.2 万元。为符合条件的 21 名原企业县（处）级以上离休干部报销电话费 1.1 万元。为 3 名特殊困难离休干部发放帮扶金 1.5 万元。市区两级分别组织离休干部和符合条件的退休干部进行免费查体。

【老干部文化建设】　2017 年，市委老干局开展“忆先烈、守初心、扬正气”正能量活动，围绕喜迎中共十九大召开和纪念莱芜战役胜利 70 周年，参加包括纪念莱芜战役胜利 70 周年老年大学专场演出在内的各类文艺展演、体育比赛、送文化下乡等 40 多场次。举行第十六届“金秋再相聚·回报老干部”活动，受到老干部普遍欢迎。开展“建言十九大”走访调研活动，对 500 多名离退休干部进行走访座谈和问卷调查，征求听取各方面意见建议 7 大类 46 条。开展“畅谈十八大以来变化，展望十九大胜利召开”活动、“夸夸我家这五年”和“我的入党故事”主题征文活动，共收到征文 200 余篇，在《莱芜日报》和《莱芜老年》进行选登。

市老年大学办学规模扩大到 42 门专业、120 个教学班，编班学员 3900 多人。全市共建有老干部活动中心（室）68 个，活动面积近 2.7 万平方米，较好地满足广大老干部文化体育活动的需要。市委老干局制定落实《关于深入推进老年教育进社区工作的实施意见》，积极推进老年教育进社区工作。建立市老年大学鹏泉、口镇等 6 所分校，开设 17 个专业、18 个教学班，编班学员 500 人。抓住莱芜城市核心区规划建设的有利时机，启动市老干部活动中心（市老年大学）的迁址建设工作，经市第十八届人民代表大会同意，列入 2018 年市委、市政府为民办的 10 件实事。项目地址在凤凰北路西侧，占地 40 亩，规划建设教学、活动面积 2.6 万平方米。项目拟于 2018 年开工，2019 年投入使用。土地使用手续、项目立项、环评和建筑设计方案等前期工作积极稳妥推进。

【关心下一代工作】　10 月，市老年大学关工委成立，有效拓展关心下一代工作新领域。2017 年，市关工委开展“学党史、听党话、跟党走”“莱芜战役精神进校园”“社会主义核心价值观教育”等党史国史教育活动。组织举办庆“七一”青少年党史国史知识竞赛，全市29所学校的2.5万名学生参加，评选出180名获奖个人，13个单位被授予优秀组织奖。联合市委党史研究室、市教育局制作30套图文并茂的党史教育展板，赠送全市部分中小学。开展第三届“关爱明天 普法先行”青少年普法教育活动，市关工委被中国关工委、司法部、中央综治办评为“先进单位”。全年共组织“五老”入校开展党史国史和法治教育宣讲30场，受教育师生2.6万人次。协调市教育局积极推进“学生饮用奶计划”，全市5万多名小学生免费喝上营养奶。开展“关爱山区儿童活动”，看望慰问高庄街道张家庄村38名儿童，送去书包、保温杯、图书、文具等学习生活用品。

（谭欣永）

信访工作

【概况】 2017年，全市信访系统工作贯彻落实第八次全国信访工作会议精神和中央、省、市一系列关于信访工作的部署要求，推进信访工作制度改革和信访法治化建设，化解信访矛盾，完成中共十九大等特殊重要时期的信访维稳工作，实现“五个不发生”的工作目标。2017年，市信访局共受理群众来信来访1410件起，同比下降11.2%。其中，来市上访728起9768人次，来访人次同比下降24.9%。办理网上投诉1846件、市长信箱340件、市领导批示件77件。信访事项处理群众满意率为97.93%，位于全省前列。全市信访工作呈现出信访总量少，信访秩序好，群众满意度高的良好态势。

【信访组织领导】 2017年，市委常委扩大会6次听取信访工作汇报。市委、市政府主要负责人多次作出重要批示和指示，市分管领导多次召开信访维稳工作专题会议、调度会进行安排部署，对重大信访问题亲自调度、亲自协调，推动问题解决。2017年，市领导阅批人民来信71件，做到“件件有着落、事事有回音”。各级各部门单位认真落实信访工作责任制，“一把手”负总责，分管领导靠上抓，其他领导干部“一岗双责”，做到层层有人抓，事事有人管。积极推进领导干部公开接访工作。2017年年初，市委办公室、市政府办公室下发《关于市级领导干部公开接访日程安排表》，市级领导干部每人每季度至少在市信访联合接待中心公开接访1次，特殊时期每天都有一名市级领导干部公开接访，面对面听取群众诉求。各区领导干部接访日程安排，每月在《莱芜日报》、市信访局网站进行公示。1月—11月，市、区党政领导干部公开接访下访394件，化解222件。

【法治化建设】 信访法规宣传。2017年，全市信访系统推进《山东省信访条例》等信访法规规定深入贯彻实施。省执法检查组在《山东省信访条例》执法检查中，对莱芜市信访条例执法情况给予充分肯定。打造网上信访主渠道。市、区、镇三级信访工作机构和市、区两级政府职能部门与山东省网上信访信息系统进一步互联互通，所有信访业务流程和所有信访形式全部网上流转，做到“数据多跑路，群众少跑腿”。2017年，全市办理网上信访事项1846件，占全市信访总量的58.8%。群众满意率居全省前列。坚持把信访事项处理群众满意率作为检验信访工作的第一标准，引导各级把工作着力点放在提高办理质量、解决实际问题上。2017 年，信访事项处理群众满意率为 97.93%。依法逐级走访，推动问题及时就地解决。组织开展《山东省信访条例》等信访法规宣传教育活动，加强对越级走访群众的思想教育疏导和政策法规宣传，引导上访群众依法逐级走访；坚持来访必登，高度重视初信初访，严格控制越级访和重复访。贯彻落实《关于进一步加强信访法治化建设的实施意见》。坚持用法治思维和法治方式，依法按政策解决信访问题。实行访诉分离、依法分类处理信访诉求，对“应受理而未受理的”等六种情形进行重点督办，共发各类督办函 61 件。对涉法涉诉信访群众，做好解释说服教育工作，及时受理并转送有权处理机关。协调市中级人民法院、市检察院、市公安局、市司法局四部门印发《关于依法处理信访活动及群体性事件中违法犯罪行为的通告》，利用广播、电视、宣传栏等形式进行广泛宣传，对违反《山东省信访条例》第 66 条规定的行为进行依法处置。严格落实信访工作责任制。严格按照“属地管理、分级负责，谁主管、谁负责”和“一岗双责”的原则，对工作不力的 2 个街道实行重点（挂牌）管理。

【矛盾纠纷化解】 2017 年，全市信访系统加大矛盾纠纷排查化解力度，多元化解信访问题。在春节元旦，全国“两会”，省十一次党代会，中共十九大等重要特殊时期集中开展四次大排查大化解活动，对重点地区、重点行业、重点单位发生或可能发生的信访问题进行全面排查，共排查各类信访不稳定因素 464 件。对排查梳理的这些不稳定因素，全部建立台账、落实县级领导包案和具体责任人，及时进行交办、督办。组建“一库三平台”，引入律师等第三方社会力量多元化解信访矛盾纠纷，充分用好政策资源、领导资源、专业资源，化解信访问题 204 件。市信访局筛选的 14 个重点信访案件，被市委、市政府列为重点工作，实行双周调度，推动各牵头单位化解 12 件。对省交办的 33 件信访积案，化解率达到 100%。依法依纪按程序，情理法并用，信访听证、复查复核、特殊疑难信访资金等多管齐下，成功化解泰丰集团，汶源热电有限公司等职工权益问题，华冠棚户区、丽景花园等小区的供暖、房产证办理等问题，解决山东睿涵电力工程有限公司等一批拖欠农民工工资问题。2017 年，市、区党政领导干部公开接访下访 468 件，化解 275 件。省委巡视组向莱芜市转交群众信访事项 246 件，办结率 100%。

【基层基础建设】 2017 年，市信访局贯彻落实国家信访局《关于开展信访基础业务规范化检查的通知》精神和省信访局印发《全省开展信访基础业务规范化检查活动方案》要求，专门成立规范化检查活动领导小组，一名副局长专职负责抓培训、抓规范、抓整改。紧紧围绕及时受理率、按期办理率、群众满意率，全面规范登记受理、转送交办、督查督办、办结反馈等业务流程，做到信访信息登记录入及时、全面、准确，信访事项受理办理依法、规范、高效，以程序的规范推动信访问题及时就地化解。2017 年，莱芜市赴省进京信访事项及时受理率 100%，按期办理率达到 99.94%。

（吴希栋）

责任编校：吕昌盛

莱芜市人民代表大会

综　述

【概况】　2017年，市人大常委会按照全市“一二三四五”总体发展思路，围绕“践行新理念、建设新莱芜”的发展主题，把市委重大决策、政府着力推进、社会普遍关注的事项作为工作重点，依法履行宪法法律赋予的职责，努力发挥地方国家权力机关的作用。稳步推进立法工作，制定地方性法规2件；依法决定重大事项，围绕深入学习贯彻中共十九大精神、批准市级预算调整、新增债务限额调整、加强人民法院执行工作等事项，依法作出决议决定5项；依法任命34名新一届政府组成人员，任免“一府两院”工作人员80人次；依法履行监督职责，紧紧围绕经济社会发展的重大问题、人民群众关注的热点问题、民主法治建设的关键问题，听取和审议工作报告45项，开展视察、执法检查、调研、专题询问、工作评议62次，对市经济和信息化委员会等8个政府部门和市中级人民法院开展工作评议与专题询问；完善和落实常委会组成人员联系人大代表、人大代表联系人民群众“双联系”制度，扩大代表对常委会工作的参与，深化基层人大代表联络室、工作站的作用，加强代表意见建议督办工作，充分发挥人大代表的主体作用；加强常委会自身建设，不断提高依法履职能力和水平，推进民主法治建设和经济社会平稳健康发展。

【市十八届人大一次会议】　莱芜市第十八届人民代表大会第一次会议于2017年2月24日—26日在莱城举行。会议的指导思想是：认真学习贯彻中共十八大与十八届三中、四中、五中、六中全会和习近平总书记系列重要讲话精神，在中共莱芜市委的领导下，按照市十四次党代会的总体部署，充分发扬民主，严格依法办事，认真总结换届以来的工作，选举新一届市级国家机关领导班子，动员全市人民践行新理念、建设新莱芜，埋头苦干、奋发有为，为提前全面建成小康社会而努力奋斗。会议的主要议程是：听取和审议莱芜市人民政府工作报告；审查、批准莱芜市2016年国民经济和社会发展计划执行情况的报告与2017年计划；审查莱芜市2016年财政预算执行情况的报告和2017年财政预算草案，批准2016年市级财政预算执行情况的报告和2017年市级财政预算；听取和审议莱芜市人民代表大会常务委员会工作报告；听取和审议莱芜市中级人民法院工作报告；听取和审议莱芜市人民检察院工作报告；选举事项等。会议应到代表280名，实到代表276名，列席人员87名。此次会议共召开3次全体会议和3次主席团会议。会议以无记名投票的方式，选举产生莱芜市人大常委会组成人员，王良当选为莱芜市第十八届人大常委会主任，刘杰、魏凯忠、刘延才、徐延明、金宗义当选为莱芜市人大常委会副主任，孟广占当选为莱芜市人大常委会秘书长。会议选举莱芜市人民政府市长、副市长，梅建华当选为莱芜市人民政府市长，孟令兴、张桂爱、王茂祯、武树华、胡文朴、郑德庆当选为莱芜市人民政府副市长。会议选举李杰为莱芜市中级人民法院院长，张守强当选为莱芜市人民检察院检察长。会议表决通过莱芜市十八届人大一次会议关于政府工作报告的决议、关于莱芜市 2016 年国民经济和社会发展计划执行情况与 2017 年计划的决议、关于莱芜市 2016 年财政预算执行情况和 2017 年预算的决议、关于莱芜市人大常委会工作报告的决议、关于莱芜市中级人民法院工作报告的决议、关于莱芜市人民检察院工作报告的决议，表决通过市人大各专门委员会组成人员人选名单。新当选和表决通过的国家工作人员在会议上进行宪法宣誓。

【市十八届人大常委会会议】 莱芜市第十八届人大常委会第一次会议于 2017 年 3 月 24 日在莱城召开，会期半天。出席会议的有：市人大常委会副主任刘杰、魏凯忠、刘延才、徐延明、金宗义，秘书长孟广占及委员共 30 人。列席会议的有：市委常委、市政府常务副市长孟令兴，市中级人民法院院长李杰，市人民检察院检察长张守强，市人大各委室、市政府有关部门、两区人大常委会负责人。会议传达学习十二届全国人大五次会议精神；听取关于修改市人大常委会议事规则的说明；听取市十八届人大常委会组成人员守则；听取和审议市政府关于 2016 年法治政府建设情况的报告、关于 2015 年度市级预算执行情况和其他财政收支审计查出问题整改情况的报告；会议表决通过关于修改《莱芜市人大常委会议事规则》的决定（草案）、市人大常委会组成人员守则（草案）、关于 2016 年法治政府建设情况报告的审议意见（草案）；会议民主推荐 2017 年被评议部门单位；表决通过人事任免事项；举行宪法宣誓仪式。

莱芜市第十八届人大常委会第二次会议于 2017 年 4 月 28 日在莱城召开，会期半天。出席会议的有：市委书记、市人大常委会主任王良，副主任刘杰、魏凯忠、刘延才、徐延明、金宗义，秘书长孟广占及委员共 34 人。列席会议的有：市委常委、市政府常务副市长孟令兴，市中级人民法院院长李杰，市人民检察院检察长张守强。会议听取市政府提请任命组成人员的情况介绍；听取市检察院提请任命检察人员的情况介绍；表决通过人事任免事项；颁发任命书；被任命人员代表作表态发言；举行宪法宣誓仪式。

莱芜市第十八届人大常委会第三次会议于 2017 年 6 月 16 日在莱城召开，会期半天。出席会议的有：市人大常委会副主任刘杰、魏凯忠、刘延才、徐延明、金宗义，秘书长孟广占及委员共 30 人。列席会议的有：市政府副市长张桂爱，市中级人民法院院长李杰，市人大各委室、市政府有关部门、市人民检察院、两区人大常委会负责人。会议听取和审议市人大常委会执法检查组关于检查《中华人民共和国农产品质量安全法》实施情况的报告；听取和审议市政府关于 2017 年莱芜市新增债务限额调整方案（草案）的报告、关于全市公共卫生工作情况的报告；听取和审议市法院关于全市法院执行工作情况的报告、关于提请任免干部的情况介绍；审议市十八届人大常委会代表资格审查委员会名单（草案）；听取市政府提请决定任免干部的情况介绍；会议表决通过关于批准 2017 年莱芜市新增债务限额调整方案的决议（草案）、关于全市公共卫生工作情况报告的审议意见（草案）、关于全市法院执行工作情况报告的审议意见（草案）；表决通过人事任免事项；举行宪法宣誓仪式。

莱芜市第十八届人大常委会第四次会议于 2017 年 8 月 31 日在莱城召开，会期半天。出席会议的有：市人大常委会副主任魏凯忠、刘延才、徐延明、金宗义，秘书长孟广占及委员共 26 人。列席会议的有：市政府副市长王茂祯，市人民检察院检察长张守强，市人大各委室、市政府有关部门、市中级人民法院、两区人大常委会负责人。

会议听取和审议市人大常委会执法检查组关于检查《中华人民共和国教师法》实施情况的报告；听取和审议市政府关于莱芜市 2017 年上半年国民经济和社会发展计划执行情况的报告、关于莱芜市 2016 年财政决算和 2017 年 1 月—6 月份财政预算执行情况及市级预算调整方案的报告、关于莱芜市 2016 年度市级预算执行和其他财政收支的审计工作报告、关于全市养老保险工作情况的报告、关于全市金融服务实体经济发展情况的报告；听取市十八届人大常委会代表资格审查委员会关于个别代表的代表资格变动情况的审查报告和市人大常委会主任会议提请任命干部的情况介绍；听取市检察院提请任免干部的情况介绍。会议表决通过关于批准莱芜市 2016 年市级财政决算和 2017 年市级预算调整的决议，通过关于全市《中华人民共和国教师法》实施情况检查报告的审议意见（草案）、关于全市养老保险工作情况报告的审议意见（草案）、关于全市金融服务实体经济工作情况报告的审议意见（草案）；会议表决通过人事任免事项；举行宪法宣誓仪式。

莱芜市第十八届人大常委会第五次会议于 2017 年 10 月 31 日在莱城召开，会期半天。出席会议的有：市人大常委会副主任刘杰、魏凯忠、徐延明、金宗义，秘书长孟广占及委员共 26 人。列席会议的有：市委常委、市政府常务副市长孟令兴，市人大各委室、市政府有关部门、市中级人民法院、市人民检察院、两区人大常委会负责人。会议听取和审议市政府关于《莱芜市既有多层住宅增设电梯条例（草案）》的说明、关于《莱芜市文物保护与利用条例（草案）》的说明、关于全市标准经济引领促进产品质量提升工作情况的报告、关于全域旅游工作情况的报告、关于提请决定任免干部的情况介绍；听取市人大法制委关于《莱芜市既有多层住宅增设电梯条例（草案）》和《莱芜市文物保护与利用条例（草案）》审议结果的报告。会议表决通过关于进一步加强人民法院执行工作的决定（草案）、关于全市标准经济引领促进产品质量提升工作情况报告的审议意见（草案）、关于全域旅游工作情况报告的审议意见（草案）；表决通过人事任免事项；举行宪法宣誓仪式。

莱芜市第十八届人大常委会第六次会议于 2017 年 11 月 28 日在莱城召开，会期一天。出席会议的有：市人大常委会副主任刘杰、魏凯忠、金宗义，秘书长孟广占及委员共 25 人。列席会议的有：市委常委、市政府常务副市长孟令兴，市人大各委室、市政府有关部门、市中级人民法院、市人民检察院、两区人大常委会负责人，部分市人大代表。会议听取和审议市经济和信息化委、市科技局、市财政局、市人力资源社会保障局、市市场监督管理局、市国土资源局、市住房城乡建设局、市商务局、市中级人民法院关于接受市人大常委会工作评议情况的报告；听取市政府提请任免干部的情况介绍。会议表决通过市人大常委会关于深入学习贯彻中共十九大精神的决议，对 9 个部门单位工作情况进行评议；表决通过有关人事事项。

莱芜市第十八届人大常委会第七次会议于 2017 年 12 月 26 日在莱城召开，会期半天。出席会议的有：市人大常委会副主任刘杰、魏凯忠、刘延才、徐延明、金宗义，秘书长孟广占及委员共 29 人。列席会议的有：市中级人民法院院长李杰，市人民检察院检察长张守强，市人大各委室、市政府有关部门、两区人大常委会负责人。会议听取市十八届人大二次会议有关事宜的报告；听取市人大常委会工作报告稿；听取和审议市十八届人大常委会代表资格审查委员会关于代表变动和补选情况的审查报告；听取和审议市政府关于市政府系统办理人大代表建议意见情况的报告、关于莱芜市 2017 年市级财政预算调整方案的报告、关于全市钢铁生产及深加工产业升级改造工作情况的报告、关于全市环保工作情况的报告；听取和审议市检察院关于刑事检察监督工作情况的报告；听取市政府提请决定免职干部的情况介绍；会议表决通过关于召开莱芜市第十八届人民代表大会第二次会议的决定（草案），关于批准2017年莱芜市市级预算调整方案的决议（草案）、关于全市钢铁生产及深加工产业升级改造工作情况报告的审议意见（草案）、关于全市环保工作情况报告的审议意见（草案）、关于全市检察机关刑事检察监督工作情况报告的审议意见（草案）；表决通过人事事项。

【立法工作】 立法基础工作。2017年4月，市人大常委会在广泛征集意见建议的基础上，研究制定《2017—2021年地方立法规划和2017年立法计划》，为立法工作有序进行提供保障。2017年5月，组织召开全市地方立法工作会议，研究部署全市立法工作，对做好地方立法工作提出明确要求。制订《莱芜市人大常委会立法咨询员聘用办法（试行）》，印发《关于聘请地方立法咨询员的通知》，聘请从事法律实务和城乡建设与管理、环境保护、历史文化保护等方面工作31人为地方立法咨询员，充分发挥专家、学者在地方立法中的作用。2017年9月和12月，先后派员参加全国人大常委会法工委第二期立法工作专题培训班和省人大常委会2017年地方立法培训班，深入学习交流立法工作经验，不断提升立法工作能力和水平。

实体立法工作。2017年4月，市人大常委会印发《关于认真落实2017—2021年地方立法规划和2017年立法计划的通知》，对进一步加强立法工作，提高立法质量，确保高质量完成立法任务提出明确步骤和措施。2017年5月，会同有关部门到滨州、青岛、大连等地对《莱芜市供热条例》开展立法调研，学习外地先进经验，进一步完善法规草案初稿。为加强文物保护管理，传承利用优秀历史文化遗产，根据中央有关文件精神，结合莱芜市文物遗产丰富的实际，积极推进文物保护与利用法规的制定工作。2017年6月，对《莱芜市文物保护与利用条例》开展立法调研，会同起草部门赴潍坊学习文物立法经验，深入了解基层实际情况，对法规文本反复斟酌修改，努力做到法规“立得住、可操作、重实效、真管用”。为满足居家养老实际需求、改善养老条件，根据立法计划，既有多层住宅增设电梯专项法规的制定工作同步展开。期间，积极调度各部门的立法进度，广泛征求有关部门单位，部分人大代表、政协委员和各民主党派、工商联、无党派人士以及立法咨询员的意见，并深入研究省人大常委会法工委和省直有关部门的意见建议。2017年10月，对《莱芜市既有多层住宅增设电梯条例（草案）》和《莱芜市文物保护与利用条例（草案）》立法情况向市人大常委会主任会议与市委常委会会议进行汇报。2017年10月底，市人大常委会表决通过《莱芜市既有多层住宅增设电梯规定》和《莱芜市文物保护与利用条例》两部法规。2017年12月，经省人大常委会批准后对两部法规进行公布。

法治环境营造。为推进法规的贯彻实施，提高法规的社会知晓度，《莱芜市既有多层住宅增设电梯规定》和《莱芜市文物保护与利用条例》获批后，市人大常委会及时在本市电视台、电台播发新闻消息，并在《莱芜日报》《莱芜市人大常委会公报》和莱芜人大网站上进行全文公布。在法规公布的同时，市人大常委会通过多种形式，对法规出台的背景、主要内容和群众关注的一些热点问题进行全方位解读。着力加强立法理论研究。《关于地方立法实现精准化的现实困境、原因分析及对策研究》一文获得全省优秀调研论文一等奖，应邀参加山东省人大工作理论研究会年会进行大会交流发言，《关于地方立法制度设计问题的思考》一文被编入《设区的市地方立法权及其运行机制研究》一书出版发行。《人民权利报》刊登文章《莱芜人大：立法规划和计划“出炉”》，《莱芜信息》刊发信息《市人大常委会法工委把握“三个原则” 科学制定地方立法规划和立法计划》和《市人大常委会法工委有序推进全市年度立法计划》，对立法工作给予肯定。

备案审查工作。2017年，市人大常委会不断加强制度建设，在依法修订的市人大常委会议事规则和主任议事规则中，增加备案审查的具体规定，始终坚持有件必备、有备必审、有错必纠。全年共接收并审查《莱芜市市级国有资本经营预算管理暂行办法》等市政府规范性文件8件，依法向省人大常委会报送规范性文件《莱芜市人大常委会市本级部门预算审查监督暂行办法》。2017年10月，莱芜市人大常委会在淄博市召开的全省人大规范性文件备案审查工作会议上作交流发言。

【重大事项决定】 2017年6月16日，市十八届人大常委会第三次会议，听取市财政局受市政府委托所作的《关于2017年莱芜市新增债务限额调整方案的报告》，依法作出《关于批准2017年莱芜市新增债务限额调整方案的决议》。2017年8月31日，市十八届人大常委会第四次会议，听取和审议市财政局受市政府委托所作的《关于莱芜市2016年财政决算和2017年1—6月份财政预算执行情况及市级预算调整方案的报告》，对莱芜市2016年市级财政决算和2017年市级预算调整方案进行审查，依法作出《关于批准莱芜市2016年市级财政决算和2017年市级预算调整的决议》。2017年10月31日，为全面落实中央、省委、市委关于基本解决执行难的决策部署，市人大常委会依法作出《关于进一步加强人民法院执行工作的决定》。2017年11月28日，为深入学习贯彻中共十九大精神，全面贯彻落实习近平新时代中国特色社会主义思想，市十八届人大常委会第六次会议依法作出《莱芜市人大常委会关于深入学习贯彻中共十九大精神的决议》。2017年12月26日，市十八届人大常委会第七次会议，听取《关于莱芜市2017年财政预算调整方案的报告》，依法作出《关于批准2017年莱芜市市级预算调整方案的决议》。

【监督工作】 2017年，市人大常委会围绕经济社会发展的重大问题、人民群众关注的热点问题、民主法治建设的关键问题，不断加强和改进监督工作。听取审议工作报告45项，组织视察、执法检查、调研、专题询问、工作评议62次。

围绕推动经济转型升级，将供给侧结构性改革、钢铁生产及深加工产业升级改造等工作作为监督重点，对全市标准经济引领促进产品质量提升工作依法开展监督。围绕优化金融生态环境，增强服务实体经济能力，对全市金融服务实体经济工作开展调研。开展《中华人民共和国安全生产法》实施情况执法检查，对全域旅游发展工作开展视察，助力经济转型发展。依法加强预算决算审查监督。加强财政资金绩效监督，首次听取并审议财政支出绩效评价工作情况。改进审计工作和审计整改情况向市人大常委会报告机制，建立“审计报告+问题清单”模式。深化人大预算改革，制定《莱芜市人大常委会市本级部门预算审查监督暂行办法》，进一步扩大审查覆盖面。组建新一届人大代表预算审查监督联络员队伍。持续加强生态环境保护监督，为推动环保问题整治行动深入开展，坚持问题导向，根据问题清单，梳理47家“散乱污”企业，深入8家重点问题企业，针对大气污染防治、水环境治理、生态保护、执法监管4个方面38个突出问题提出建议。加大民生保障工作监督力度，对《中华人民共和国农产品质量安全法》《中华人民共和国教师法》实施情况进行检查，加强对全市公共卫生、养老保险、政府为民办实事等工作情况的监督。听取和审议市政府关于法治政府建设情况的报告，围绕全市检察机关刑事检察监督工作开展调研，推进“一府两院”依法行政、公正司法。加强规范性文件备案审查工作，完善规范性文件备案审查制度，对《莱芜市科技“小巨人”企业创新能力培育扶持办法》等8件规范性文件依法依规进行审查。扎实开展人大评议工作，对市经济和信息化委员会、市科学技术局、市财政局、市人力资源和社会保障局、市市场监督管理局、市国土资源局、市住房和城乡建设局、市商务局 8 个政府部门和市中级人民法院工作进行专题询问和评议测评，推动重点工作落实，促进部门工作提升。

【人事任免】 2017 年，市人大常委会坚持党管干部与依法任免有机统一，实行任前法律知识考试和任前供职与宪法宣誓制度，依法做好人事任免工作。2017 年，常委会依法任命 34 名新一届政府组成人员，任免“一府两院”工作人员 80 人次。

【代表工作】 2017 年，市人大常委会积极探索代表工作的新思路、新途径、新举措，激发代表工作活力，提升代表履职能力，促进代表作用充分发挥。组建代表小组，完善工作制度。按照便于组织活动原则，组建 22 个市人大代表小组。修订完善代表工作制度，制定《关于进一步加强全市人大代表工作的指导意见》。加强学习培训，提高履职能力。举办新一届人大代表学习培训，组织 280 名代表开展人民代表大会制度、法律法规、人大知识、预算决算审查等专题培训，为代表依法执行职务奠定基础。搭建履职平台，强化服务保障。充分发挥基层人大代表联络室、人大工作站的作用，指导代表小组开展活动。完善和落实常委会组成人员联系人大代表、人大代表联系人民群众“双联系”制度，征求意见建议 126 条，解决困难问题 92 件。邀请 167 名人大代表参加常委会、“一府两院”重要会议和有关活动，支持和保障代表依法履行职责。加大督办力度，提高办理质量。制定《关于进一步提高人大代表建议质量的指导意见》，对市十八届人大一次会议期间 95 件代表建议和意见进行认真审核、分类整理、转交督办。建立办理台账，实行销号管理，加强与承办单位、人大代表的联系沟通，建议办结率和代表满意率不断提高。

【重要活动】 省人大预工委到莱芜调研预算审查监督工作。2017 年 3 月 13 日，省人大常委会机关党组成员、预算工委主任周云平率领调研组，到莱芜就贯彻新预算法和省人大常委会关于加强预算决算审查监督的决定、人大预算审查监督工作开展情况进行专题调研。市人大常委会副主任刘杰出席座谈会。省人大调研组对莱芜市人大预算审查工作所取得的成效给予充分肯定，指出要围绕制度建设、队伍建设和能力建设持续用力、逐步推进，在现有工作基础上深化细化优化，建立事先介入、事中审查、事后跟进的工作制度，建立资源共享、一体化推进的工作机制，事先预算审查监督的标准化、规范化、信息化。

省人大常委会执法检查组到莱芜开展安全生产“一法一条例”执法检查。2017 年 8 月 8 日—9 日，省人大常委会党组副书记、副主任于晓明带领省人大常委会执法检查组到莱芜就《中华人民共和国安全生产法》和《山东省安全生产条例》贯彻实施情况进行执法检查。执法检查组实地查看莱钢集团银山型钢有限公司板带厂、莱芜天元气体有限公司、山东阿尔普尔节能装备有限公司等现场，召开座谈会，听取莱芜市关于安全生产工作情况汇报和省相关专家先期检查情况的汇报。执法检查组对莱芜市贯彻实施安全生产“一法一条例”工作给予充分肯定，指出要切实强化安全生产责任意识，明确任务目标，以强有力的措施抓好当前安全生产重点工作，加大监管力度，全力消除隐患，加强责任追究，加大惩罚力度，进一步提高安全生产工作水平，从严从事从细抓好安全生产。

省人大常委会立法调研组到莱芜开展立法调研。2017 年 8 月 17 日—18 日，省人大常委会副主任夏耕率领立法调研组到莱芜就《山东省建设工程抗震设防条例（草案修改稿）》《山东省水资源条例（草案修改稿）》和《山东省法治宣传教育条例（草案修改稿）》开展立法调研。市委副书记、市长梅建华，市委副书记李兴钰，市人大常委会党组副书记、副主任魏凯忠，市人大常委会副主任金宗义，市人大常委会秘书长孟广占陪同活动。调研组召开有关市直部门、基层单位和人大代表、律师等参加的座谈会，听取有关立法意见和建议，实地查看莱芜市新城医院建设工程抗震设防情况。调研组对莱芜市立法工作给予充分肯定，指出要坚持地方立法工作的原则和要求，注重深入实地开展调查研究，推进科学立法、民主立法。要加大对宪法、法律法规的普及力度，切实做好法制宣传教育工作。

省人大常委会到莱芜视察林业工。2017年9月21日—22日，省人大常委会委员、农业与农村委员会副主任委员宋玉山带领视察组一行，到莱芜就野生动物保护与林业有害生物防控工作进行视察。市人大常委会副主任刘杰陪同活动。视察组先后到房干精神展馆、九龙大峡谷日本松干蚧防治现场等地实地查看，详细了解莱芜市林业发展、野生动物保护、林业有害生物防控等工作情况。视察组对莱芜市林业工作给予充分肯定，针对工作中存在的问题，对莱芜市林业工作提出意见建议，指出要牢固树立“绿水青山就是金山银山”的理念，继续发扬房干精神，坚持依法治林，做好生态保护和生态旅游文章，让人民群众有更多获得感、幸福感。

省人大调研组到莱芜调研垃圾处理情况。2017年11月7日，省人大常委会委员、城环委副主任委员周清利带领调研组，到莱芜就城乡建筑生活垃圾处理情况进行调研。省人大常委会副主任魏凯忠陪同调研。调研组先后来到光大环保新能源有限公司、市建筑垃圾消纳场、市固体废弃物处理中心等现场，实地察看建筑生活垃圾处理情况，对莱芜市工作给予充分肯定，指出要严格落实相关法律法规，按照环保标准，做好建筑垃圾的资源化利用和生活垃圾的分类处理等工作。

省人大常委会来到莱芜调研“加快推动新旧动能转换，做大做强实体经济”工作情况。2017年11月9日，全国人大常委会委员、省人大常委会副主任温孚江带领部分全国人大代表、省人大代表，到莱芜就“加快推动新旧动能转换，做大做强实体经济”进行调研。市委副书记、市长梅建华，市委常委、常务副市长孟令兴，市人大常委会副主任魏凯忠，副市长武树华分别参加有关活动。调研组先后到山东力创科技有限公司、维达纸业（山东）有限公司、山东阿尔普尔节能装备有限公司、山东珅诺基药业有限公司进行调研，并召开座谈会，武树华汇报莱芜市关于加快新旧动能转换做大做强实体经济工作情况，部分全国、省人大代表围绕进一步加快新旧动能转换、做大做强实体经济作交流发言。梅建华表示，要贯彻新发展理念，突出产业引领、项目带动、企业培育，加强政策支持、服务保障和市场监管，促进企业做优做强，加快推进重大产业项目和重大建设工程推动产业由中低端向中高端发展，促进新旧动能转换顺利推进。

省人大调研组到莱芜调研文化事业发展情况。2017年12月22日，省人大常委会委员、教科文卫委主任委员骆宝臻带领省人大调研组到莱芜市调研文化事业发展情况。市人大常委会原第一副主任刘宗元，市人大常委会原第一副主任、省人大教科文卫委副主任委员毕玉惠，市人大常委会副主任魏凯忠、徐延明陪同调研。调研组先后到嬴秦文化研究院、汶阳遗址、嬴城遗址等现场，对嬴秦文化研究成果和文物保护工作进行实地查看，召开座谈会，听取嬴秦文化研究院关于嬴秦文化与远古文明研究工作情况，同与会人员座谈交流。调研组成分肯定莱芜市工作取得的成绩，指出要进一步提高思想认识，细化工作措施，提升工作质量和水平，做好文物保护开放利用，弘扬优秀传统文化，不断满足人民群众的精神文化需求。

人大各专门委员会

【法制委员会】 监督工作。2017 年 3 月，市人大常委会听取并审议市政府关于 2016 年法治政府建设情况的报告，形成有关审议意见并督促落实。期间，为协助常委会做好审议工作，市人大法制委员会积极做好提前准备、提前沟通的提前调研等工作，为常委会审议报告提供保障。《人民权利报》刊登《莱芜市人大法制委“三个提前”协助做好审议工作》的文章，对市人大法制委工作给予高度评价。

法规统一审议工作。2017 年 10 月，在市十八届人大常委会第五次会议上，市人大法制委员会对《莱芜市既有多层住宅增设电梯条例（草案）》和《莱芜市文物保护与利用条例（草案）》进行审议，并向会议作关于两部法规草案审议结果的报告。

调研服务工作。自觉接受上级人大常委会的指导，加强与其他地市的沟通交流，做好上级人大和其他地市到莱芜的考察调研服务工作。6 月，德州市人大法制委、常委会法工委到莱芜学习考察市容管理情况，交流城市市容管理立法方面的经验做法。8 月，省人大常委会副主任夏耕带领省人大立法调研组一行到莱芜就《山东省水资源条例（草案修改稿）》《山东省建设工程抗震设防条例（草案修改稿）》《山东省法治宣传教育条例（草案修改稿）》进行立法调研。调研组听取有关部门对 3 部法规草案修改稿的意见建议，对莱芜市立法工作给予充分肯定。

【内务司法民族宗教外事侨务委员会】 2017 年，市人大内务司法民族宗教外事侨务委员会依法开展监督。2017 年 4 月，对法院执行工作情况进行调研，对改进工作提出意见建议，促进人民法院更加有效地解决执行难问题。2017 年 7 月，对全市养老保险工作开展专题调研，督促市政府进一步加大综合协调力度，完善工作联动机制，加强基层基础设施建设，推动养老保险扩面征缴工作顺利开展。2017 年 10 月，对全域旅游工作情况开展视察，及时起草视察报告，为常委会议审议提供参考。2017 年 12 月，组织开展对检察机关刑事检察监督工作情况的调研活动，提出意见建议，助力阳光司法。

强化沟通联系。自觉接受上级人大的指导，做好上级人大到莱芜的调研、检查服务工作，完成其委托的调研任务。配合做好省人大对莱芜市开展的《山东省劳动人事调解仲裁条例（草案）》立法调研活动，积极参加全国人大及省人大举办的民侨外培训班，圆满完成各项工作任务。

【财政经济委员会】 2017 年，市人大财政经济委员会深化计划预算审查。协助人代会做好计划预算审查工作。对《莱芜市 2017 年国民经济和社会发展计划执行情况与 2018 年计划草案》和《莱芜市 2017 年预算执行情况和 2018 年预算草案》进行初审，提出审议意见。市人代会期间，协助组织代表审查，认真提交审查报告，为审查表决提供参考依据。协助常委会做好 2016 年决算审查和对 2017 年上半年计划预算执行及审计工作的监督。市十八届人大常委会第四次会议审议通过 2017 年上半年国民经济和社会发展计划执行情况的报告和 2016 年财政决算、2017 年 1 月—6 月财政预算执行情况及市级预算调整方案的报告。为做好报告审查工作，财经委依照法定职责进行审查监督，配合市人大常委会预算工委，加强与政府相关部门的沟通、协调，听取市发改委、市财政局、市审计局等部门的工作汇报，征求有关意见，向市人大常委会提交初审意见，为常委会听取审议相关报告并作出决议提供参考。

推动经济社会高质量发展。围绕市委、市政府中心工作，加强调查研究，通过实地查看、座谈交流，提出意见建议，督促有关方面进行整改落实。为推进实体经济发展，财政经济委员会对全市金融服务实体经济发展情况进行调研，提出健全完善金融市场服务体系，完善对金融机构的考核奖惩机制，优化金融生态环境等意见建议。为推进质量强市建设，财政经济委员会对全市标准经济引领促进产品质量提升工作情况进行视察，提出积极发展标准经济，强化标准实施，加强标准化专业人才队伍建设等意见建议。为切实推进十大产业振兴工程，财政经济委员会对全市钢铁生产及深加工产业升级改造进行调研，提出做大做强钢铁精深加工产业，推进产业园区建设，优化发展环境等意见建议。

组织开展执法检查。对有关法律法规实施情况进行执法检查，形成执法检查报告提交常委会会议审议。开展《中华人民共和国农产品质量安全法》实施情况执法检查，提出完善农产品检验检测体系，打击农产品质量安全违法行为，完善监管体系等意见建议。开展《中华人民共和国安全生产法》实施情况执法检查，提出强化部门监管责任，落实企业主体责任，有效遏制重特大事故发生等意见建议。财政经济委员会协助配合省人大常委会执法检查组到莱芜就《中华人民共和国安全生产法》和《山东省安全生产条例》贯彻实施情况进行执法检查，推动全市安全生产工作开展。

【教育科学文化卫生城乡建设环境保护委员会】 2017年，市人大教育科学文化卫生城乡建设环境保护委员会协助常委会开展视察、执法检查工作。受常委会委托，2017年4月，开展公共卫生视察，了解掌握全市公共卫生工作情况，提出合理建议意见，助力公共卫生事业持续健康发展。受常委会委托，2017年7月，对《中华人民共和国教师法》实施情况进行检查，督促政府进一步保障教师合法权益，提升教育教学水平，促进教育事业发展。按照市委要求部署，坚持以问题为导向，开展环保法执法检查，活动前组织专门检查小组，在全市范围内梳理出47家“散乱污”企业，逐一进行实地检查，准确掌握第一手资料，2017年8月上旬，随机抽取8家问题企业，深入现场检查，召开不同层次的座谈会，形成执法检查报告，并由市委书记、市人大常委会主任王良签发市政府主要领导阅处，为迎接全国环保督察打下基础。2017年9月，对全市文物保护工作情况进行调研，及时起草调研报告，经常委会会议审议后转交政府有关部门，为进一步提高文物保护、管理和利用工作提供参考。12月，对政府为民办实事情况进行视察，针对发现的问题提出建议意见，推动实事办实。

配合做好立法工作。收到《莱芜市文物保护与利用条例（草案）》和《莱芜市既有多层住宅增设电梯条例（草案）》议案后，立即对《条例（草案）》进行深入调研，广泛听取意见建议。在充分调研论证基础上，于10月12日和19日召开会议，对2个条例（草案）进行审议，并对草案部分条款进行文字修改，形成审议情况报告。

协助省人大履行职责。配合省人大开展环保法和固体废物污染环境防治法执法检查、城乡建筑生活垃圾处理情况调研、文化事业发展情况调研等活动，积极与省人大、市政府及有关部门沟通联系，做好制定方案、材料起草、会议筹备、组织开展等各项工作，确保活动顺利开展。按照省人大要求，做好环保督察“回头看”相关工作，为省人大开展环保工作专题询问提供建议意见。

（何　鑫　吕　超）

责任编校：吕昌盛

莱芜市人民政府

重要会议与决策

【市政府全体会议】 3月21日，市政府召开全体（扩大）会议暨廉政工作会议，贯彻落实市第十四次党代会和市“两会”精神，对2017年政府工作和廉政建设工作作出安排部署。会议强调，各级政府部门要切实增强加快发展的责任感和紧迫感，紧密围绕“践行新理念，建设新莱芜”，凝心聚力抓落实，勤政廉政务实干，奋力开创政府工作新局面。会上，市委常委、常务副市长孟令兴宣读《莱芜市人民政府领导班子勤政廉政承诺》，并就会议精神的贯彻落实讲了意见。各副市长围绕各自分工工作和落实廉政建设责任，讲了具体意见和打算。市委常委、市纪委书记于景涛，市委常委、常务副市长孟令兴，副市长张桂爱、王茂祯、武树华、胡文朴、郑德庆出席会议。

【市政府常务会议选录】 2月27日，第十八届政府第一次常务会议召开，市委副书记、市长梅建华主持会议。会议对新一届政府班子成员进行工作分工，就进一步加强政府班子建设提出要求。市委常委、副市长孟令兴，副市长张桂爱、王茂祯、武树华、胡文朴、郑德庆参加会议。会议听取关于《莱芜市人民政府工作规则》的起草汇报。会议指出，规则的制定实施，有利于推进法治政府建设，促进依法行政。要认真研究吸纳会议提出的意见建议，抓紧修改完善，推动政府各项工作制度化、规范化、法治化。

3月8日，市政府第二次常务会议召开，研究部署消防安全、道路交通安全、科技奖励等工作。市委副书记、市长梅建华主持会议。会议传达全省消防工作会议精神，研究贯彻落实意见。会议要求要始终坚持问题导向、底线思维，紧密围绕消防工作存在的突出问题和薄弱环节，重拳整治各类火灾隐患，切实加强消防安全基层基础建设，全面提升消防工作信息化智能化水平。会议传达全省深化道路交通“平安行·你我他”行动工作电视会议精神，研究贯彻落实意见。会议要求要深入开展“四项整治”，严格道路交通安全监管执法，全面排查整治道路安全隐患；要继续抓好农村公路安全生命防护工程建设，切实提高道路交通安全保障能力。会议听取2016年度莱芜市科学技术奖励有关情况的汇报。会议指出，实施科学技术奖励，是坚持创新驱动引领的必然要求，也是实施“创新兴市”战略的重要举措。要按照“公开、公平、公正”的原则，认真组织实施相关奖项的评选，真正把好事办好。要精心做好全市科技创新与奖励大会的筹备工作。

3月27日，市政府第三次常务会议召开，研究部署招商引资、招宾引客、审计和安全生产等工作。市委副书记、市长梅建华主持会议。会议听取《关于做好2017年招商引资工作的意见（讨论稿）》《莱芜市招商引资工作考核奖惩办法（讨论稿）》起草情况汇报。会议要求，各级各部门要切实增强做好招商引资工作的紧迫感和责任感，努力开创招商引资工作新局面。会议听取《关于实施招宾引客促进经济社会发展的意见(讨论稿)》起草情况汇报。会议指出，开展招宾引客，对于聚集资源要素、拉动社会消费、提高服务业发展水平、促进全市经济社会持续健康发展具有重要意义。各级各部门要高度重视，真抓实干，确保尽快见到成效。会议传达全省审计工作会议精神，研究贯彻落实意见。会议指出，要认真贯彻落实全省审计工作会议精神，严格依法履行职责，努力在服务经济社会发展中实现新作为。会议听取关于国务院安委会安全生产巡查及省政府安全生产考核的有关情况汇报。会议要求，安全生产工作要做到警钟长鸣，常抓不懈，丝毫不能放松。要坚持过程考核与结果考核并重，毫不松懈地抓好日常管理。要突出抓好问题整改，全面开展自查自纠活动，查缺补漏，确保工作达标达效。要加大对违法违规行为的惩处力度，督促生产经营单位全面落实安全生产主体责任。

4月12日，市政府第五次常务会议召开，研究部署环保和土地督察问题整改、化解过剩产能、春季农业生产等工作。市委副书记、市长梅建华主持召会议。会议听取省第五环保督察组交办问题和书面反馈问题办理情况的汇报，研究整改落实措施。会议传达全省全域土地督察通报问题整改暨开展闲置低效用地盘活利用专项行动电视会议精神，研究贯彻落实意见。会议分别听取莱芜市钢铁、煤炭行业化解过剩产能情况的汇报。会议要求各级各部门和相关企业要把思想统一到中央、省委的决策部署上来，明确目标，落实责任，强化措施，倒排工期，确保按照时间节点坚决完成全市去产能的各项任务。会议传达全省春季农业生产暨现代农业产业园建设工作会议精神，研究贯彻落实意见。

6月8日，市政府第九次常务会议召开，专题研究落实省环保督察反馈意见整改工作。市委副书记、市长梅建华主持会议。会议听取关于《莱芜市贯彻落实省环境保护督察组督察反馈意见整改方案》的汇报。会议指出，各级各部门要认真落实习近平总书记系列重要讲话精神，牢固树立“绿水青山就是金山银山”的理念，不断增强抓好生态文明建设和环境保护工作的思想自觉和行动自觉，切实抓好省环保督察组反馈意见问题整改，确保中央和省委、省政府决策部署要求落到实处。会议强调，要严格按照整改要求和时限要求，制定整改方案，细化整改措施，明确责任分工，抓好整改落实。对督察反馈的具体问题，有关部门要一项一项抓落实，一件一件改到位。要从严要求，坚持依法行政，严格执纪问责。要举一反三，在切实解决突出环境问题的同时，建立健全长效机制，加快经济转型升级和新旧动能转换，全面改善环境质量，不断提升莱芜市生态文明建设水平。

6月23日，市政府第十一次常务会议召开，专题研究安全生产工作。市委副书记、市长梅建华主持会议。省政府安委会第四巡查组组长、省政府安委会办公室副主任、省安监局副局长张增胜列席会议。会议传达学习省委、省政府领导同志关于安全生产工作的批示，听取关于全省化工产业安全生产转型升级专项行动动员部署电视会议精神及莱芜市贯彻落实意见的汇报，研究分析近期全市安全生产工作情况。会议强调，要坚决从严落实安全生产工作责任。各级党委政府要坚持“党政同责、一岗双责、齐抓共管、失职追责”的要求，一级抓一级，层层传导压力。各有关部门要按照“管行业必须管安全、管业务必须管安全、管生产经营必须管安全”的要求，确保各项监管措施落地见效。要压实企业主体责任，坚决执行安全管理制度。要严格追责问责，强力推动安全生产责任和各项措施落实，筑牢安全生产防线，为中共十九大胜利召开创造和谐稳定的环境。会议责成有关部门抓紧制定《全市化工产业安全生产转型升级工作方案》。会上，市委常委、常务副市长孟令兴，副市长张桂爱、武树华、郑德庆以及相关部门负责人就做好分管领域的安全生产工作讲了具体意见。省政府安委会第四巡查组部分领导同志列席会议。

6月23日，市政府第十二次常务会议召开，研究部署加强和改进行政应诉、既有多层住宅加装电梯、开展生姜目标价格保险试点等工作。市委副书记、市长梅建华主持会议。会议原则通过《关于进一步加强和改进行政应诉工作的意见》。会议确定，要按照“谁主管、谁应诉”的要求，进一步明确行政应诉工作职责分工。会议研究通过《莱芜市既有多层住宅加装电梯指导意见》。会议确定，莱芜市城乡规划建设用地范围内合法建筑的4层及4层以上无电梯的既有多层住宅适用《指导意见》。市区财政将对加装工程予以适当奖励补助。会议听取关于开展生姜目标价格保险试点的汇报。会议决定，从2017年开始，在莱芜市开展生姜目标价格保险工作，市级财政承担地方政府保费补贴，试点暂定3年。

7月17日，市政府第十三次常务会议召开，研究部署实施重点企业“三扶”培植计划、健全特困人员救助供养制度、加快行业协会商会与行政机关脱钩等工作。市委副书记、市长梅建华主持会议。会议原则通过《关于实施重点企业“三扶”培植计划的意见》。会议决定，在全市市属以下重点企业中分别选择20家、30家、50家左右作为扶强、扶优、扶新对象，按照企业不同发展阶段的特点和需求，以解决企业融资问题为核心，发挥政府“黄金信用”作用，引导撬动银行资金、机构资金、社会资金向目标企业聚集、向实体企业倾斜，加快培植一批骨干财源型、持续发展型、科技成长型企业。会议研究《莱芜市国有土地上房屋征收与补偿办法》。办法规定，市、区人民政府负责本行政区域内房屋征收与补偿工作，房屋征收必须符合六类公共利益需要以及国民经济和社会发展规划等规划要求。会议原则通过《关于进一步健全特困人员救助供养制度的意见》。议确定，将全市无劳动能力、无生活来源、无法定赡养抚养义务人或者法定义务人无履行义务能力的城乡老年人、残疾人以及未满16周岁的未成年人，依法纳入特困人员救助供养范围。救助供养内容包括提供基本生活条件、对生活不能自理的给予照料、提供疾病治疗、办理丧葬事宜等。会议听取关于莱芜市行业协会商会与行政机关脱钩的情况汇报。会议要求，各相关部门要各司其职，履职尽责，严格按照“五分离、五规范”的要求，精心组织实施，加快形成政社分开、权责明确、依法自治的现代社会组织体制。

8月30日，市政府第十四次常务会议召开，专题研究建立领导干部督查安全生产工作制度。市委副书记、市长梅建华主持会议。会议听取关于《建立领导干部督查安全生产工作制度》的汇报。会议决定，市级领导每2个月至少一次，县级领导每月至少一次，对区政府（管委会）、市政府相关部门、生产经营单位三个层面开展督查，督查采取听汇报、查资料、看现场等方式进行。对督查发现的问题将列出清单，及时反馈，对重大隐患将严格按照整改措施、责任、资金、时限和预案“五到位”要求整改，同时向监督管理部门交办，由监督管理部门依法处理，并指定专人跟踪督办，做到闭环管理，被督查单位重大问题整改情况将纳入年终考核成绩。会议强调，要进一步增强做好安全生产工作的政治责任感和使命感，按照“党政同责、一岗双责、齐抓共管、失职追责”的要求，突出问题导向，聚焦重点任务，找准关键环节，强化责任担当，不断提升全市安全生产工作水平。

8月30日，市政府第十五次常务会议召开，研究部署省政府节能目标考核组反馈问题整改、文物保护与利用、既有住宅增设电梯、政府财务报告制度改革等工作。市委副书记、市长梅建华主持会议。会议听取市经信委关于《省政府节能目标考核组现场评价考核情况》的汇报。会议要求，全市各级各部门要从讲政治的高度，充分认识做好节能工作的重要意义，认真抓好省政府节能目标考核组反馈问题整改，强化目标管理，依法依规推动落后产能淘汰，引导企业加快技术改造步伐，提升技术装备水平，有效降低能耗，实现绿色发展。会议研究《莱芜市文物保护与利用条例》。条例规定，全面贯彻落实上位法，在确定市区两级政府、部门责任的同时，将范围延伸至镇、村两级，建立市区镇村四级防控体系。文物部门列入有关城乡规划议事机构。会议原则通过《莱芜市既有多层住宅增设电梯条例》。会议确定，按照政府指导、分级负责；区级审批、属地管理；业主自愿、公开透明；友好协商、保障安全的原则， 加快推进既有多层住宅加装电梯工作。会议原则通过《莱芜市权责发生制政府综合财务报告制度改革实施方案》。会议决定，建立健全政府财务报告编制制度，按年度编报包括政府部门财务报告和政府综合财务报告在内的政府财务报告，全面、清晰反映政府资产负债状况等财务信息。

9月18日，市政府第十七次常务会议召开，研究部署智慧城市运营管理中心建设、加强国有资产统一监管、"僵尸企业"金融风险处置等工作。市委副书记、市长梅建华主持会议。会议原则上通过《莱芜市智慧城市运营管理中心建设方案》。会议指出，智慧城市建设，既是城市文明程度的重要标志，也是提高政府行政效率、提升群众满意度的重要举措；运营管理中心是智慧城市建设的大脑和中枢，关系智慧城市建设的成效。会议要求，要以打造全国智慧城市建设示范市为目标，坚持先行先试，不断完善顶层设计，强化资源整合运用，促进信息互联互通，抓好专业化人才队伍建设，加快推进运营管理中心建设，不断提升智慧城市建设水平。会议听取关于《授权市国资委对莱芜财金投资集团有限公司等7家企业履行出资人职责》的汇报。会议确定，将由市财政局和市经济开发投资有限公司履行出资人职责的7家企业，统一变更为由市国资委代表市政府履行出资人职责，实现统一监管。会议听取有关"僵尸企业"金融风险处置方案的汇报。会议指出，要充分认清抓好金融风险防控工作的极端重要性，主责部门要尽职尽责，各相关部门要密切配合，积极探索和建立健全企业金融风险动态排查化解机制，依法依规、积极稳妥、周到细致推进僵尸企业金融风险处置工作，妥善处置企业遗留问题，确保不发生系统性、区域性金融风险。会议同时对信访维稳、安全生产、环境保护、扶贫攻坚等工作进行安排部署。

10月26日，市政府第十八次常务会议召开，专题研究安全生产工作。市委副书记、市长梅建华主持会议。会议原则通过《莱芜市2017年安全生产巡查工作实施方案》。同意市安委会组织对莱城区政府、钢城区政府、高新区管委会开展安全生产巡查，巡查工作延伸到被巡查区的所有镇（街道）、有关部门和企业，督促各区（管委会）全面落实安全生产监管责任，紧紧抓住防范遏制重特大生产安全事故这个核心，深入推进源头管控和系统治理。会议指出，开展安全生产巡查是加强安全生产工作的重要举措，也是发现问题、整改促进、全面提升的有效手段。会议要求，要以高度负责的态度，深入扎实的作风，突出巡查重点，抓住关键环节，确保巡查取得实效。会议听取省化安转办重点工作督导反馈情况，就进一步做好全市化工产业安全生产转型升级工作作安排部署。会议强调，要围绕省督察反馈的意见，聚焦问题，举一反三，狠抓整改落实，务求实效。要抓好化工园区规范化标准化建设，加强分类指导，抓紧完善提升，推动化工企业进区入园，努力加快化工产业转型升级步伐。

10月26日，市政府第十九次常务会议召开，研究部署全面开展质量提升行动、建立公平竞争审查制度、深化文化市场综合执法改革等工作。市委副书记、市长梅建华主持会议。会议原则通过《关于全面开展质量提升行动实施方案》。会议要求，要深入学习贯彻习近平新时代中国特色社会主义思想，落实新发展理念，将实施质量强市战略放在更加突出位置，全面开展质量提升行动，全面提升质量水平，努力增强莱芜市经济质量新优势。会议原则通过《关于在市场体系建设中建立公平竞争审查制度的实施意见》起草情况汇报。会议要求，要立足全局，统筹兼顾，科学谋划，分步实施，抓好制度的贯彻落实。要明确部门职责，完善审查方式，严格审查标准，建立健全工作机制，努力营造公平竞争的市场环境。会议原则通过《关于深化放管服改革进一步优化政务环境的实施方案》。会议指出，要深入开展削权减证、流程再造、精准监管、体制创新、规范用权五大行动，进一步激发市场活力，促进经济健康发展。要立足莱芜实际，打造莱芜放管服改革的特色品牌。会议原则通过《关于进一步深化文化市场综合执法改革的实施意见》。会议要求，要进一步完善体制机制，加强规范化管理，建立权责明确、监督有效、保障有力的文化市场综合执法管理体制机制。

12 月 2 日，市政府第二十次常务会议召开，专题研究安全生产工作。市委副书记、市长梅建华主持会议。会议听取 2017 年度全市安全生产巡查工作的情况汇报。会议指出，开展安全生产巡查是加强安全生产工作的重要举措，对于发现风险隐患，强化问题整改，推动责任落实，提高安全工作水平具有重要意义。会议强调，各级各部门要时刻绷紧安全生产这根弦，始终紧抓安全生产不放松，坚决守住安全生产底线。要从严从实抓好巡查问题整改，逐一对照问题清单，明确整改措施，盯住不放，一抓到底，督促问题单位坚决完成整改，彻底消除问题隐患。对存在问题的企业和有关部门，要依法依规处理到位。要认真总结安全生产巡查工作经验，突出问题导向，完善巡查制度，不断提高巡查工作的有效性、针对性和权威性。会议强调，要认真抓好岁末年初安全生产各项工作，针对冬季安全生产规律特点，结合全市实际，扎实开展冬季安全生产大检查活动。要认真落实领导干部督查安全生产工作制度，务实推动安全生产问题整改和责任落实，确保全市安全生产形势持续稳定。

12 月 2 日，市政府第二十一次常务会议召开，研究部署提升餐饮质量安全水平、开展政府救助保险、推进国有企业改革、加快政务信息系统整合共享等工作。市委副书记、市长梅建华主持会议。会议原则通过《关于餐饮质量安全提升工程的实施意见》。意见提出，到 2020 年，莱城区、钢城区创建为省级食品安全先进区、省级农产品质量安全区，莱芜市创建成为山东省食品安全示范城市，争取成为国家食品安全示范城市创建单位。会议指出，各级各有关部门要把餐饮质量安全提升工程作为一件民生实事来抓，做到监管与服务并重，各司其职，协作配合，不断提升“食安莱芜”建设水平。会议原则通过《关于开展政府救助保险工作的实施意见》。会议要求，把开展政府救助保险工作列入为民办的实事内容，切实组织好、实施好，在推进中完善，不断提升莱芜市民生保障水平。会议听取《关于加快推动国有企业改革的十条意见》起草说明的汇报。意见指出，要在国有企业改革中始终坚持党的领导、加强党的建设，加快推进国有资本布局结构战略性调整，全力打造国有企业技术创新核心优势，高水准大力度推动实施人才强企战略，发展混合所有制经济完善公司治理体系，着力健全务实管用的中长期激励机制，以管资本为主不断完善国资监管模式，坚决打赢去产能去杠杆除“僵尸”攻坚战，全面解决国有企业历史遗留问题，进一步优化国有企业改革发展环境。会议原则通过《莱芜市政务信息系统整合共享实施方案》。该《方案》计划到 2018 年年底，初步形成管理体制健全、基础设施完善、应用系统高效，数据共享开放、推进成效明显的全市电子政务发展格局。

12 月 15 日，市政府第二十二次常务会议召开，研究部署 2018 年为民办实事、实行最严格水资源管理制度、开展“政监银联动助力实体经济”活动等工作。市委副书记、市长梅建华主持召开会议。会议原则通过 2018 年市委、市政府为民办实事工作的建议安排。会议原则通过《莱芜市实行最严格水资源管理制度考核办法》，研究存在问题的整改措施。会议指出，实行最严格的水资源管理制度，是保护生态环境的必然要求，是转变用水方式的必然选择。要贯彻新发展理念，坚持依法依规监管，加大考核问责力度，切实把水资源管理各项措施落到实处。要严格落实整改要求，加大推进力度，确保问题整改到位。会议原则通过《关于开展“政监银联动助力实体经济”活动的意见》。会议确定，为进一步解决中小企业融资难、融资贵问题，增进银企互信，为莱芜市改革发展提供有力资金支持，在全市范围内开展“政监银联动助力实体经济”活动。会议原则通过《莱芜市城乡建设用地增减挂钩试点管理暂行办法》。会议指出，城乡建设用地增减挂钩政策有利于促进土地节约集约利用，改善村容村貌，提升农村宜居水平。要坚持规划管控、尊重民意、因地制宜、节约用地的原则，积极稳妥推进，确保取得实效。

12 月 22 日，市政府第二十三次常务会议召开，研究政府工作报告、节能减排、计划生育等工作。市委副书记、市长梅建华主持会议。会议研究讨论《政府工作报告（送审稿）》《关于莱芜市 2017 年国民经济和社会发展计划执行情况与 2018 年计划草案的报告（送审稿）》《关于莱芜市 2017 年财政预算执行情况和 2018 年财政预算草案的报告（送审稿）》。会议要求，要广泛征求和合理吸纳各方面的意见建议，认真修改完善提交全市“两会”的各项报告，科学精准确定明年政府工作的目标任务、重点工作和主要措施。会议原则通过《莱芜市“十三五”节能减排综合工作方案》。会议强调各级各部门要把节能减排贯穿到经济社会发展的各领域、各环节，加大工作力度，狠抓工作落实。各有关部门要加强协调，密切配合，形成合力，确保全面完成“十三五”节能减排目标任务。会议听取关于全市计划生育工作有关情况的汇报。会议要求，要准确把握新时代计划生育工作的新任务新要求，做到思想不松、力度不减，切实加强组织领导，严格落实目标管理责任制，完善计划生育“一票否决”制度，严格责任追究，确保全面完成省下达的责任目标。

【政府信息公开】 2017 年，全市各级行政机关切实加强组织领导，健全完善工作制度，加大主动公开力度，全市政府信息与政务公开工作扎实推进，公开数量明显增加、公开范围进一步扩大，为保障公众知情权、参与权、表达权、监督权，推进法治政府、服务型政府建设发挥重要作用。完善机制制度，加强组织领导。政务公开工作明确列入政府分工，由常务副市长分管，在莱芜市政府网站上进行公布。市监察局协调指导全市政务公开工作职责划入市政府办公室，加强工作协调，推动政府信息和政务公开工作深入、规范、有序开展。及时充实调整市政务公开工作领导小组组成人员，组成常务副市长为组长，市政府秘书长为副组长的政务公开领导小组，指导推进全市政务公开工作。细化工作部署，促进工作落实。制定印发《2017 年莱芜市政务公开工作要点》，部署年度政务公开重点工作。加强督导考核，开展政务公开专项督查 2 次，确保各项工作任务落到实处。继续将政务公开工作纳入各区的综合目标考核，制定年度政务公开工作考核指标表，分值权重不低于 4%。加大政务公开培训力度，年内组织培训 1 次。扎实推进“五公开”，加大公开力度。将公开要求纳入公文办理程序，在公文流转程序中落实公开属性确认环节，严格落实信息公开属性源头认定机制，加强信息公开保密审查制度建设，对拟公开的政府信息，依法依规做好保密审查。加大行政权力运行公开力度，截至 2017 年 12 月底，市政府门户网站公开发布市政府会议信息 154 条、政府文件 265 件、规范性文件 12 件，发布政策解读 12 条。实行重大决策预公开，政府工作报告、莱芜市地标建筑等一些重大决策、文件出台前，均在政府网站专栏公开发布征集意见公告，广泛听取公众意见。强化平台建设，回应社会关切。充分发挥政府网站公开政府信息的第一平台作用，对市政府门户网站“政务公开”专栏进行调整完善，集中公开行政权力运行、“放管服”改革、重大建设项目与公共资源配置、民生领域信息等重点领域方面的信息 1600 余条。积极探索公众参与新模式，不断拓展门户网站的民意征集、网民留言办理等互动功能。积极回应网民关切，解决网民反映的问题。全年受理网民信件 11062 件，办结 10448 件，办结率 94.45%。

主动公开情况。按照“公开为常态，不公开为例外”的原则，依法、全面、准确、及时地在莱芜市人民政府门户网站上公开涉及公共利益、公众权益、社会关切及需要社会广泛知晓的，特别是重大行政决策信息、社会关注信息，及时回应重大舆情和热点问题。2017 年度，全市各级政府网站主动公开政府信息 36875 条。规范完善政府网站。坚持网站是信息公开第一平台，充实网站建设队伍和技术力量，加强运行管理，确保链接正常访问，消除断链、错链等问题。完善栏目设置，消除空白栏目，充实栏目内容，及时更新信息，未出现严重错别字，虚假、伪造、反动、暴力等内容，对群众咨询问题及时回复。定期发行政府公报。全年发布《莱芜市人民政府公报》6 期（双月刊），及时向社会公布市政府重大信息，并在政府网站提供在线服务，方便公众查阅。落实新闻发布制度。市政府设立新闻发言人 1 名，各区、各部门单位均设立新闻发言人，明确发言人责任，提升发言人发布信息的准确性和权威性。制定《莱芜市政府新闻发布和新闻发言人制度（试行）》，建立例行新闻发布制度，重大新闻发布由市政府办公室和市政府新闻办进行审核把关并提供发布建议。全市召开新闻发布会 12 次，省、市媒体进行了报道。建好、用好新媒体。在市政府网站设置“微门户”栏目，公开客户端、微博、微信公众号“二维码”，由市政府新闻办安排专人维护“莱芜发布”客户端和“莱芜发布”政务微博、微信，及时高效推送政府重大决策和社会关注信息。积极利用微博、微信等新媒体回应网民关切，搭建政民沟通新平台，“莱芜发布”新浪微博、微信全年发布信息 240 余条。设置政府信息公开查阅场所。在莱芜市档案馆、莱芜市图书馆设置市级政府信息公开查阅场所并统一挂“莱芜市政府信息公开查阅中心”的牌子，并在市政府网站公开，市档案馆全年查阅人数 4800 余人次。

依申请公开政府信息和不予公开政府信息的情况。畅通信息公开的申请渠道，严格落实《莱芜市政府信息依申请公开规范答复制度（试行）》，指导各级各部门对依法受理的申请，在法定期限内作出书面答复，同时明确法律救济渠道，确保程序合法、内容全面、格式规范。2017 年，全市各级行政机关共收到政府信息公开申请 133 件，回复率 100%；无不予公开的政府信息。

因政府信息公开申请提起行政复议、行政诉讼的情况。2017 年，全市共收到关于政府信息公开方面的行政复议申请 9 件，全部办理完毕；共收到关于政府信息公开方面的举报投诉 0 件；全市因公民、法人和其他组织认为行政机关政府信息公开工作具体行政行为侵犯其合法权益，提起行政诉讼 1 件。

政务公开工作要点落实情况。围绕稳增长推进公开情况。政策公开方面，国家、省出台的宏观经济政策和莱芜市出台的相关经济发展政策等均在市政府网站政务公开栏目公开和部门网站进行公开。加大预决算公开力度、细化公开内容，市、区两级政府全面公开政府预决算、“三公”经费预决算。统计信息公开。定期召开季度、年度国民经济运行情况新闻发布会，通过主流媒体、网站、微信等公开渠道及时发布经济形势研究分析和主要经济指标。开设“统计数据、统计分析、专题专栏”栏目，对普查数据、国民经济社会综合数据及时汇总完善，重点加强更新与维护，内容涵盖全市经济社会发展各阶段、各类别、各层面的翔实资料。加强审计信息公开。市政府网站公示公告发布审计相关消息。运用新媒体手段，建立"莱芜审计"微信公众号，助力政务公开工作。减税、降费、降低要素成本信息公开。推进减税降费信息公开，及时调整并在市财政局门户网站公布行政事业性收费和政府性基金目录清单，让政府收费项目一目了然，提高收费透明度。重大建设项目和公共资源配置信息公开。对纳入年度重点工程计划的政府投资项目，在政府网站公共服务板块公布《固定资产投资项目节能评估和审查》等公共服务事项。通过政府网站公开《关于转发〈山东省公共资源交易平台系统运行管理办法（试行）〉的通知》等相关政策、文件，方便群众获取相关信息。推进政府和社会资本合作（PPP）项目信息公开。在市政府网站"重点领域信息公开"栏目和市财政局门户网站开设专栏，重点公开政府和社会资本合作的相关政策、项目推介、典型案例等内容，及时将工作推进情况、项目进展情况进行公开。围绕深化改革推进公开情况。推进"放管服"改革信息公开。晒出权力服务事项。深化行政许可事项目录、权责清单、公共服务事项目录公开。市区两级行政许可目录、行政权力清单、政府部门责任清单和公共服务事项目录全部在本级政府网站集中发布。编制公开镇（街）行政权力清单和市区镇（街）公共服务事项目录，在各级政府门户网站公开。规范性文件清理备案。认真落实《莱芜市人民政府规范性文件制定程序规定》和规范性文件"三统一"制度，加强规范性文件的审查，在政府网站统一公布实施。坚持"立改废"相结合的原则，重点对涉及"放管服"改革、生态文明建设和环境保护的规范性文件进行清理，累计清理规范性文件854件，其中，废止744件，修改3件。推进"双随机、一公开"监管。市区两级政府汇总公开本级随机抽查事项清单，在各级政府门户网站公开发布。加强抽查结果公开，在市政府及部门网站公布产品质量、食品药品、安全生产等方面的监管、抽查方式、时间、范围和抽检结果。在"信用山东"网站公示行政处罚、行政许可抽检检查等信息。推进"互联网+政务服务"。完善提升全市网上政务服务平台，补充完善网上政务大厅中公共服务事项和服务指南相关资料，引导公民、法人使用网上政务服务平台办理相关业务。在政府网站设立"公共服务"专栏，公开居民办事、企业经营等相关公共服务信息，明确各类办事程序和具体要求，方便社会公众办事。设置"便民查询"专栏，集中公示违章查询、水电煤气、住房公积金等百姓热点关注的信息。国资国企信息公开。出台国资监管相关政策，市管国有企业改革发展阶段性工作规划、国有经济布局结构调整规划、市管国有企业人才队伍建设及改革等方面的规划，市管国有企业上报的审批备案申请事项名称、依据、填报说明、填报模板，市国资委机关及市管国有企业负责人人事任免事项，以及市国资委职责范围内依法应当公开的其他信息等都在市政府网站政务公开专栏和部门网站进行公开。农业供给侧结构性改革信息公开。对"三权分置"、农业精准扶贫、《农药管理条例》、《农药登记管理办法》等政策及解读材料及时在网站公开，方便群众了解和查询有关信息。围绕强农惠农政策落实、农村集体产权制度改革、土地流转、农业创业创新等民众关切的热点问题，督促各级及时公布进展情况和完成情况。通过举办专题培训班、编印操作手册、加强媒体宣传等方式，真正让农民看得懂、听得懂、参与得进来。推进财税体制改革信息公开。稳妥推进财税体制改革，理顺市以下财政体制，合理划分财政事权和支出责任，推进预算绩效管理，开展水资源税、环境保护税改革，扎实推进国地税联合办税，建设一批联合自助办税服务网点，为纳税人提供更多便利。围绕结构调整推进公开情况。新旧动能转换工作信息公开。编制新旧动能转换实施方案，定期编发《新旧动能转换重大工程工作简报》。出台《关于实施重点企业"三扶"培植计划的意见》等文件，均在市政府和部门网站公布。化解过剩产能工作信息公开。全市化解过剩产能任务为粗钢124万吨。出台《莱芜市钢铁去产能工作方案》，定期调度工作进展。11月16日，通过国家抽查验收组验收。相关情况在市政府网站重点领域信息公开和经信部门网站公开。消费升级和产品质量提升工作信息公开。市商务局每月公开各项商务经济主要指标，每月、重大节假日公开生活必需品、重要生产资料等市场运行监测数据，及时转发商务部境外环境监测情况。市场监管局网站开设公共服务和网上办事专栏，方便群众办理市场监管业务，设置消费维权栏目，及时发布消费者权益保护及维权信息。围绕民生改善推进公开情况。扶贫脱贫信息公开。脱贫攻坚扎实推进，整合扶贫资源，强化精准帮扶，积极发展庭院种植养殖、手工艺品制作等产业扶贫项目，开展“一对一”志愿帮扶活动，年内9900人实现脱贫。在政府网站设立“扶贫工作信息”专栏，公开建档立卡贫困人口、各区年度减贫责任书、脱贫人员名单贫困村档案手册、行业帮扶方案、精准扶贫措施、扶贫项目实施情况、资金分配情况等。社会救助信息公开，重点对社会救助信息进行公示，按季度更新社会救助人数及社会救助资金支出情况、社会救助标准，接受社会各界监督。环境保护信息公开。开设中央环保督查专栏，通过网站、微博、报纸、电视台等媒体及时向公众公布督查信息。定期召开新闻通报会，向全社会通报针对大气污染综合整治等情况。通过“莱芜环保”网站发布空气质量指数（AQI）、能见度以及二氧化硫、二氧化氮、可吸入颗粒物、细颗粒物等实时和历史监测数据。每日发布空气质量预报，细化空气质量预报内容，包括空气质量级别、空气质量状况、首要污染物、对健康影响情况及建议等。每月在莱芜环保网站、市政府政务公开平台同步公开集中式生活饮用水水源水质状况报告，全年发布12期。教育卫生领域信息公开。定期通报中小学校“全面改薄”和大班额消控工程进展，公开中小学、普通高中、职业学校招生意见、民办学校年检、幼儿园注册登记等信息。各医疗机构均在各自网站设立“院务公开”专栏并及时更新常规医疗服务价格、常用药品价格等相关信息。公开市级行政处罚信息，共发布食品药品行政处罚信息11期，食品药品抽检信息38期，发布不合格产品核查处置信息22期。发布2016年莱芜市食品安全状况白皮书和全市2017年上半年食品安全抽检分析报告。围绕防范风险推进公开情况。金融风险防范。及时公开防范金融风险的有关文件、政策和法律法规，积极做好全市金融工作专题培训班以及全市金融稳健发展工作会议的宣传工作，定期更新防范化解金融风险工作要闻，及时发布化解金融风险提示，促进全市金融生态环境进一步优化。房地产市场。重点公开房地产市场、棚户区改造、农民进城购房、城镇租赁住房补贴情况、房地产市场开发情况、物业管理相关情况进行公告公示，发布农民进城购房房源公示5期，资格公示10期，城中村改造公示150期，农村改厕、危房改造公示15期。土地信息。公布实施《莱芜市2017年度国有建设用地供应计划》，对各类建设用地的基本情况、供地时序、供地方式等相关信息，在中国土地市场网、市政府网站、市国土资源局网站进行全文公布。全年公开发布出让公告19次、成交结果58次，审批国有建设用地238宗、6028.9亩。按季度在土地市场动态监测与监管系统、市国土资源局网站公布房地产用地供应数据、城市地价动态监测数据。防范遏制重特大生产安全事故。定期公布生产经营单位安全生产失信行为联合惩戒和安全生产不良记录“黑名单”企业信息，事故信息和安全警示信息，公布事故调查结果。

所属事业单位信息公开工作推进措施和落实情况。全市教育、医疗卫生、供气、供热、道路运输、社会救助、优抚安置和社会福利等与人民群众关系密切的事业单位，均纳入政务公开体系。在莱芜市政府门户网站显著位置设立“公共服务”专栏，加强社会管理、公用事业、公共交通、劳动就业、医疗卫生等信息的集中公开工作。

2017年莱芜市政府信息公开工作情况统计表

表5

统计指标	单位	统计数
一、主动公开情况		46116
（一）主动公开政府信息数（不同渠道和方式公开相同信息计1条）（不同渠道和方式公开相同信息计1条）	条	210
其中：主动公开规范性文件数	条	48
制发规范性文件总数	件	162
（二）通过不同渠道和方式公开政府信息的情况		45906
1. 政府公报公开政府信息数	条	61
2. 政府网站公开政府信息数	条	36875
3. 政务微博公开政府信息数	条	3537
4. 政务微信公开政府信息数	条	2797
5. 其他方式公开政府信息数	条	2636
二、回应解读情况（不同方式回应同一热点或舆情计1次）		15034
（一）回应公众关注热点或重大舆情数（不同方式回应同一热点或舆情计1次）	次	2440
（二）通过不同渠道和方式回应解读的情况		12594
1. 参加或举办新闻发布会总次数	次	14
其中：主要负责人参加新闻发布会次数	次	14
2. 政府网站在线访谈次数	次	17
其中：主要负责人参加政府网站在线访谈次数	次	17
3. 政策解读稿件发布数	篇	30
4. 微博微信回应事件数	次	103
5. 其他方式回应事件数	次	12399
三、依申请公开情况		
（一）收到申请数	件	133
1. 当面申请数	件	47
2. 传真申请数	件	11
3. 网络申请数	件	23
4. 信函申请数	件	52
5. 其他形式	件	0
（二）申请办结数	件	133

续表 1

统计指标	单位	统计数
1. 按时办结数	件	125
2. 延期办结数	件	8
（三）申请答复数	件	133
1. 属于已主动公开范围数	件	25
2. 同意公开答复数	件	84
3. 同意部分公开答复数	件	9
4. 不同意公开答复数	件	0
其中：涉及国家秘密	件	0
涉及商业秘密	件	0
涉及个人隐私	件	0
危及国家安全、公共安全、经济安全和社会稳定	件	0
不是《条例》所指政府信息	件	0
法律法规规定的其他情形	件	0
5. 不属于本行政机关公开数	件	5
6. 申请信息不存在数	件	10
7. 告知作出更改补充数	件	0
8. 告知通过其他途径办理数	件	0
四、行政复议数量	件	9
（一）维持具体行政行为数	件	2
（二）被依法纠错数	件	7
（三）其他情形数	件	0
五、行政诉讼数量	件	1
（一）维持具体行政行为或者驳回原告诉讼请求数	件	0
（二）被依法纠错数	件	1
（三）其他情形数	件	0
六、被举报投诉数量	件	0
（一）维持具体行政行为数	件	0
（二）被纠错数	件	0
（三）其他情形数	件	0
七、向图书馆、档案馆等查阅场所报送信息数	条	1478

续表 2

统计指标	单位	统计数
（一）纸质文件数	条	627
（二）电子文件数	条	851
八、开通政府信息公开网站（或设立门户网站信息公开专栏）数	个	58
（一）市政府及其部门门户网站	个	52
（二）县（市、区）政府门户网站	个	6
（三）乡镇政府（街道办事处）门户网站	个	0
九、市政府公报发行量		6
（一）公报发行期数	6 期	666
（二）公报发行总份数	600 份	
十、设置政府信息查阅点数	个	78
（一）市政府及其部门	个	52
（二）县（市、区）政府及其部门	个	6
（三）乡镇政府（街道办事处）	个	20
十一、查阅点接待人数	次	5094
（一）市政府及其部门	次	4800
（二）县（市、区）政府及其部门	次	210
（三）乡镇政府（街道办事处）	次	84
十二、机构建设和保障经费情况		
（一）政府信息公开工作专门机构数	个	14
（二）设置政府信息公开查阅点数	个	78
（三）从事政府信息公开工作人员数	人	141
1. 专职人员数（不包括政府公报及政府网站工作人员数）	人	35
2. 兼职人员数	人	106
（四）政府信息公开专项经费（不包括用于政府公报编辑管理及政府网站建设维护等方面的经费）	万元	5
十三、政府信息公开会议和培训情况		
（一）召开政府信息公开工作会议或专题会议数	次	6
（二）举办各类培训班数	次	4
（三）接受培训人员数	人次	200

（市政府办公室）

政务服务工作

【概况】 2017年，莱芜市政务服务中心紧紧围绕“简政放权、放管结合、优化服务”等重点改革任务，进一步简化办事程序，提升服务效能，政务服务环境得到优化，便民利企作用发挥明显。全年共受理审批服务事项8.6万余件，按时办结率达到100%；公共资源交易活动开展规范有序，进场交易项目753项，完成交易额69亿余元。

【行政审批服务】 规范项目管理。2017年，市政务中心按照“集中办理、应尽必进、方便群众”的原则，将适合集中办理的行政审批事项全部纳入中心办理，及时做好事项承接、下放、取消等工作，确保审批事项不错位、不缺位。全年，进驻中心的审批事项共274项，占全市总量的95.1%。强化对项目办理过程的监督管理，利用网络审批系统随时监控办理流程，发现问题及时整改，确保项目办理规范高效。充分利用政务服务网、服务指南、告知单等渠道，公开各类进驻项目的申报条件、申报材料、办事程序、承诺时限、收费标准和政策依据等，最大限度方便群众办事。

简化审批程序。按照规范、透明、便捷、高效的要求，组织各窗口梳理编制业务手册和服务指南，不断简化审批程序，优化办事流程，精减申报材料，做到“简单事立即办、复杂事限时办、特殊事紧急办”。各类事项承诺时限比法定时限平均缩短56%，全部办件按时办结率达到100%，其中即办件比例占到80%以上。推行窗口行政审批首席代表负责制，进驻中心事项的各个审批环节均在中心进行，全部使用审批专用章，实现“事在大厅办、字在大厅签、章在大厅盖”。严格执行窗口单位领导坐班制度，窗口单位负责人每月至少1次到窗口现场办公，协调指导工作，促进事项快速办结。全年窗口单位领导坐班共计335人次。强化并联审批，对于建设工程项目，按照“三明确一优化”工作原则，将审批过程层层分解，做到信息共享、提前介入、同步审查、联合审批，各个审批环节所需时限比法定审批时限大幅缩减。

创新服务方式。深化“一门式”政务服务改革，在政务大厅设立综合服务窗口，为企业和群众提供业务咨询、前期辅导、领办帮办、协调督导等服务，实现“一门受理、内部流转、联合审批、限时办结”。全年综合服务窗口共受理审批服务事项300余件。开通证照快递寄送服务，着力打造“审批事项线上线下审批，审批结果快递送达”的服务模式，申请人足不出户便能快速收到审批办理结果，让企业和群众“少跑路”“零跑腿”，降低企业和群众的办事成本。推行上门服务、延伸服务、应急服务、延时服务、预约服务、365服务等特色服务，为企业群众提供高效便捷的服务。

完善服务平台。按照全省统一规范和标准，加强政务服务平台建设，初步实现省、市、区三级平台的互联互通，除涉密事项外，全市及各区行政许可事项及相关信息录入服务平台实现网上运行，为群众提供网上在线申报、进度查询、结果公示、咨询投诉等服务。健全完善网上中介超市，将包含环境影响评价、土地房产评估、土地房产测绘等12类中介机构、55家中介公司纳入网上中介超市。选择部分服务质量高、信誉好的11家中介机构进驻政务大厅，满足企业和群众的办事需求。

【公共资源交易服务】 规范完善服务运行机制。2017年，市政务中心按照国家、省、市有关法律法规，配合市公共资源交易综合管理机构制定出台一系列公共资源交易规程，建立完善“政府主导、管办分离、开放透明、资源共享、高效便民、守法诚信”的运行服务体制。

规范提升公共资源交易平台建设。加快推进公共资源交易平台升级改造，推动公共资源交易全流程、全领域电子化发展。建成集招标投标管理、专家管理、电子监察、交易网站于一体的网上交易综合服务系统，在建设工程、政府采购和国土资源交易中率先实现网上交易，实现与省公共资源交易平台数据对接、互联互通。

强化交易监管服务。充分运用科技手段和内外监督管理体制，通过设置多重隔离、电子门禁、指纹与身份识别、音视频监控等措施，实现评标区全封闭管理、全流程监控，推动公共资源交易活动的科学化、规范化、透明化。

（王　璐）

无线电管理工作

【概况】 2017年，市无线电管理局以宣传贯彻《中华人民共和国无线电管理条例》为抓手，加强频率台站管理，确保频谱资源合理使用，深入开展无线电监测，提升技术支撑能力，依法行政，维护好空中电波秩序，深化无线电交流合作，保障重大活动无线电安全，加大基础设施建设，夯实无线电管理基层基础，全面开展无线电管理工作。

【无线电频率台站管理】 行政审批工作。2017年，市无线电管理局支持广电事业发展，同意并批复山东广播电视台在莱芜地区设置山东省广播交通音乐台转播台申请，同意并批复莱芜广播电台生活广播相关设台手续；加强与3家通信运营商的沟通与管理，批复莱芜电信公司2015年度和2016年度网络建设方案，补办设台使用手续，批复莱芜联通公司2014—2016年WCDMA/LTE网络建设方案和2017年LTE网络建设方案，办理莱芜移动公司2016年基站建设使用补办手续。落实无线电频谱使用评估工作，成立频谱使用评估工作领导小组，明确任务分工、时间安排及工作要求，认真开展广播电视台站核查工作，对莱芜广播电视台、莱钢电视台、雪野机场等设台单位进行实地核查，准确掌握广播电视台站的分布和使用情况，完成广电台站频谱使用评估工作。组织A、B类业余无线电台操作技术能力考试，共有39人参加考试，其中31人通过（A类26人，B类5人），激发业余无线电爱好者的学习热情，推动全市业余无线电事业健康有序发展。开展年检缴费工作。对全市无线电台（站）实施年度检验，抽查市气象局、莱芜广播电视台、莱钢集团等8家单位，审验无线电台执照，检查无线电台（站）设备运行情况及设台环境，核对无线电台（站）设台数据，完成无线电台站年检工作。按照相关法律规定开展2017年度无线电频率占用费收费工作。完成各项频管报表填报及数据库维护等日常工作。及时认真完成各类报表及每月调度报告，如实汇报每月在频管工作方面取得的成绩，报表内容翔实，数据准确。加强对台站数据库的管理，及时完善数据库，确保无线电频率、台站数据库内容完整、数据准确。

【监测工作】 日常无线电监测。2017年，市无线电管理局坚持做好日常监听、监测工作，严格交接班制度，对新发现的信号认真分析，认真做好值班记录。全年累计开机监测15984小时，共发现21个非法信号，修改数据库信息15条，完成省办下达的监测任务。专项无线电监测。根据国家和省办监测计划要求，使用固定站和移动监测站，重点加强对广播电视、公众网通信、铁路交通等频率的专项监测，严格查处超出规定带宽使用频率的现象，摸清该频段正常使用状况。及时形成专项监测频段使用情况统计表并上报，保证广大用户的合法权益。频率评估工作监测。根据国务院办公厅及省政府办公厅开展频谱资源摸底清查任务的要求，监测站积极配合，认真落实，7月利用监测车对莱城区、钢城区城区主要街道及区间主干道进行信号监测搜集工作，共计行程300多公里，收集80多个GB的监测数据，出色完成频率评估工作的监测任务。运营商基站检测。11月，集中对移动、电信、联通3家运营商的基站进行抽查检测，共完成2G、3G、4G设备89台（套）的检测工作。完善无线电频谱监测统计报告制度。坚持监测月报会商制度，对每月的监测月报进行集中讨论，做到数据翔实，图表完整，分析有据，形成高质量监测月报12期。

【稽查工作】 2017年，市无线电管理局开展打击治理"黑广播""伪基站"违法犯罪专项行动，继续强化责任意识，完善多部门联动机制和长效机制，丰富手段，快速反应，提高打击整治的主动性、高效性和准确性。加强日常巡检力度，对人口密集、繁华路段进行多时间段监测巡查，利用"伪基站"监控平台对"伪基站"信号实时监测，全面及时掌握 "伪基站" 活动情况。利用固定监测站及CNS航空站对调频广播信号24小时监测监听，监测监听到"黑广播"信号8个，成功查处利用"黑广播"设备播放虚假药品案件5起，没收"黑广播"设备5台套，向邻近地市移交3起。1月9日晚，联合公安部门对安装在同一小区内的两台"黑广播"进行查处，涉案"黑广播"设备移交公安机关处理，联系莱芜广播电视台对监测查处工作进行全程报道，社会反响强烈。针对"黑广播""伪基站"采取的专项打击治理行动效果显著，切实打击不法分子的非法设台行为，各类利用无线电波开展非法活动的蔓延势头得到有效遏制，有力保护社会大众的人身财产安全。及时响应群众投诉，解决群众生活疑惑。全年，市无线电管理局接到各类无线电干扰投诉4起，其中，包括在大王庄镇查处卫星干扰器1台套，解决私家车遥控钥匙干扰案件2起，排查手机屏蔽器对联通公司信号干扰1起，切实采取措施维护无线电波的正常秩序，确保无线电波在群众日常生活中良好使用。

【收费工作】 2017年，市无线电管理局开展频率占用费收取工作。11月，向相关涉台单位下发收取2017年度频占费通知，收取10.264万元。严格执行其他费用的征收工作。取得办公用房房租收入20.4万元，全部上交当地财政，严格落实收支两条线制度。

【重大活动保障】 2017年，市无线电管理局配合相关部门，积极参与各类考试无线电保障工作。截至2017年年底，共参与2017年高考，公务员、事业单位招考及各类国家级专业资格考试等无线电保障任务24次，累计出动移动监测30车次，110余人次。在考试保障任务中成功压制、阻断无线电作弊行为13次，在二级建造师考试、高考、执业药师资格考试中成功查处8套无线电作弊发射设备，在执业药师资格考试中查处6套无人值守无线电作弊发射器，营造公平、公正的考试环境。完成重点活动无线电保障。根据省政府办公厅下发的做好"两会"、"一带一路"会议、中共十九大召开等重点活动期间无线电保障工作的通知要求，市无线电管理局启动固定监测站进行

24小时重点频段监测监听，在市两会召开过程中派出工作人员利用无线电监测车到会场进行现场保障，圆满完成各类重大活动的保障任务。加强军地交流，服务国防建设。建立军地无线电管理联系制度，积极响应驻地部队的各种协助请求，研究解决涉及军地双方无线电频率使用及无线电干扰查处的重大问题。

【基础设施建设】 2017年，完成钢城区高城小区二类监测站建设。通过自主招标完成钢城区二类监测站监测机房装修工程，经多方协调完成楼顶塔安装及设备安装工作，9月完成设备调试工作并投入使用。启动口镇搬移站改建工程，通过自主招标方式在口镇德和苑小区购买商品房一套作为该建站监测机房，积极协调机房装修及铁塔安装建设工作。积极推进雪野监测中心建设。投资140余万元，完成雪野监测中心二期工程主体和桥梁建设，完成雪野无线电监测中心环境规划和设计、建设招标工作。

【宣传工作】 2017年，市无线电管理局多方式开展《中华人民共和国无线电管理条例》宣传贯彻工作。通过外派参加学习培训及开展内部自我学习的方式，提高干部职工的理论基础，提升业务水平；通过执法活动开展《中华人民共和国无线电管理条例》，在特殊时间节点开展广场宣传2次，累计发放纪念品、宣传册页5000余份，受众面近万人。工作动态实时宣传。结合打击整治“伪基站”“黑广播”专项行动及高考保障工作的开展情况，利用电视台、报纸、网站等媒体对典型案例进行实时宣传及时报道，接受电视台采访报道4次，在《莱芜日报》《鲁中晨刊》发表宣传报道10余篇次，提升社会大众对无线电法律法规及非法设台等不法行为的了解认识。利用多媒体手段进行空间立体化宣传。利用报纸、电视、门户网站、手机微信平台等宣传手段进行宣传报道，构建全方位、立体的无线电管理宣传格局。结合“2·13”世界无线电日宣传活动、9月无线电宣传月宣传活动采用关注微信公众号领取奖品的方式推广莱芜市无线电管理局微信公众号，莱芜市无线电管理局微信公众号关注人数突破500人。利用微信发送各类无线电管理工作动态30余条，受到社会各界的广泛关注。

（朱　阁）

外事与港澳事务

【概况】 2017年，全市外事与港澳工作认真贯彻落实中共十九大精神，围绕服务新旧动能转换重大工程，全力服务全市经济发展及对外开放大局，外事港澳各项工作取得积极成效。

【服务国家外交】 2017年8月13日—22日，市委书记、市人大常委会主任王良率团访问乌克兰、波兰、瑞典，推动4项经贸协议签约，与乌克兰卡秋宾市、敖德萨市，瑞典乌普萨拉市进行接触，扩大莱芜市在欧洲的对外开放格局。

2017年7月31日—8月9日，市委副书记、市长梅建华率团访问荷兰、以色列和格鲁吉亚，推动3项经贸、科技项目签约，加深与莱芜市友好城市格鲁吉亚库塔伊西市的友好往来。

2017年9月18日—27日，市委常委、组织部部长张晓海率团访问英国、瑞士和意大利开展招才引智活动，举办专题推介活动并与40余位海外高层次人才座谈交流，签订人才引进、项目建设研发合同3份，挂牌成立海外人才工作站2个。

【外事管理与服务】 2017年，市外事侨办严格遵循中央八项规定要求和因公出国管理新规定，严明外事纪律，坚持“因事定人，人事相符”原则，坚持出访前、出访中、出访后“全链条、全流程”管理，强化制度的刚性约束，确保因公出国管理规范有序。全年共办理因公出访51批108人次。新办因公证照62本，护照收缴率100%。围绕“一带一路”发展倡议，全年为9家企业“走出去”办理对外邀请53批65人次，新受理APEC商务旅行卡5批8人次，累计办卡73张。服务“请进来”，全年接待外宾6批20人次。5月中旬，协助举办“首届雪野国际人才金融专题论坛”，来自俄罗斯等数十位国内外金融界高端人才专家走进莱芜，达成多项人才引进合作意向。

【友城建设】 2017年，莱芜市加强与已签友好城市白俄罗斯明斯克市、格鲁吉亚库塔伊西市以及友好合作关系城市韩国抱川市与浦项市、以色列埃拉特市的交流互动。组织参加日本、韩国、泰国驻青岛总领馆相关活动。

（张　琳　张婷婷）

侨务工作

【概况】 2017年，市政府外事侨务办以“凝聚侨心，利侨兴莱”为宗旨，以服务党委政府中心工作、侨务为民为目标，科学务实，积极进取，侨务工作扎实推进。

【侨务引资引智】 2017年3月，市外事侨办为侨资企业泰莱铸铝旅欧材料工程博士张炳荣申请入选为国侨办“重点华侨华人创业团队”，并当选科创委委员。积极组织企业参加“第九届华交会”等涉侨涉外商贸活动，推动侨资企业与来自美国、法国、荷兰、日本、南非等国的百余家海外华商企业对接、洽谈，在合作项目专场签约仪式上，莱芜市普阳集团与澳大利亚树唐集团签订装备新材料与纺织品加工合作项目，项目签约8700万元，达成涉及电动汽车、节能环保及化工产业等领域的多项合作意向。

【海外文化交流】 2017年5月，市外事侨办推荐4名优秀教师赴泰国、印度尼西亚执教，开展华文教育和对外文化交流。7月4日—15日，承办国侨办百名海外华裔青少年“中国寻根之旅”走进莱芜夏令营活动。来自美国、奥地利的100名华裔青少年参加，扩大莱芜对外影响。

【侨务服务】 2017年，市外事侨办积极推广国侨办“侨宝”移动客户端，使更多华侨华人和归侨侨眷享受到“侨之家”的平台服务。进一步优化涉侨政务服务，推动华侨回国定居审核改为全程网办。做好侨务扶贫，争取对符合条件的3户归侨侨眷争取财政、民政近万元医疗救助。推荐莱芜市3名归侨侨眷担任省侨青联副会长及理事。

（张　琳　张婷婷）

投资促进工作

【概况】 2017年，莱芜市新引进过亿元项目87个，完成招商引资211亿元。其中，内资项目315个，完成任务额198.7亿元，利用外资340万美元；各区引进人才40名，抵顶任务12.5亿元。市贸促会全年共签发原产地证2732份，商事认证487份，同比增长30.2%，领事认证60份，同比增长32.3%。

【招商制度建设】 2017年年初，莱芜市分解“新引进过亿元项目80个，完成外来投资200亿元”的招商任务，压实责任，传导压力。继续实行保证金制度，督促各级领导干部特别是主要领导干部主动走出去，利用自身人脉资源积极招引大项目。继续实行招商引资调度制度，对各区、各部门招商引资情况每月调度一次。5月22日，召开全市招商引资工作推进会，对一季度任务完成情况进行调度推进。6月下旬，组织市区招商人员对各区、经济园区上半年招商引资项目进行现场观摩评比，12月，组织财政、审计、市场监督管理等部门，完成年度考核。通过分解任务、压实责任，强化调度、排名通报，考核奖励，力促“洽谈项目快签约、签约项目快落地、落地项目快建设、在建项目快投产”。

【投资环境优化】 2017年，莱芜市学习借鉴先进地区经验，出台《关于做好2017年招商引资工作的意见》和《莱芜市招商引资工作考核奖励办法》，从工作目标、任务分解、工作措施到考核奖励等多个方面进行详细规定，激发全市各阶层招商热情，掀起全市大招商热潮。

【招商模式创新】 2017年，莱芜市探索“基金+专家+园区+产业联盟”模式，扶持上下游产业链，形成聚变效应，打造高端产业链。12月16日，组织召开“2017中国生物新材料国际论坛暨聚乳酸联盟发起大会”，来自国内外顶尖专业学者和专家共170人参会，诺贝尔奖提名学者德菲斯到会发表主旨演讲。会上签约项目金额68.4亿元，500亩的新材料产业园在莱城区奠基。

【精准招商】 2017年，莱芜市紧盯京津冀、长三角、珠三角及其他产业发达地区和城市，积极把握其产业转移的机遇。结合全市重点产业，绘制产业招商地图，精准锁定招商目标企业，采取“点对点”“一对一”的招商方式，积极开展专题招商活动。赴深圳、南京、广州、杭州、北京、上海、厦门等地开展15次有组织、有目的、有成果的招商活动，洽谈引进投资2000万元的明圣眼科医院、投资200万元的秦菊文化产业园、投资20亿元的赛伯乐产业基金、中泰国际控股集团一期投资10亿元的绿色建筑高科技示范核心园区、投资3亿元的天壮生态可降解薄膜项目等一批优质项目。华夏幸福在高新区高铁新城打造25平方公里的产业新城、雪野湖龙贝码研发基地、投资6亿元的落户雪野西坡村的桑果酒文旅小镇、山东师创一期投资10亿元的新旧动能转换示范区等项目加快推进。

（李　珂）

史志工作

【概况】 2017年，市史志办深入贯彻落实全市史志事业发展规划纲要，坚持以走在前列为目标，以史志事业转型升级为导向，以国家方志馆冶炼分馆建设为引擎，以“两学一做”为动力，弘扬“修志问道，直笔著史”的方志精神，围绕中心，服务大局，借机发力，主动作为，实现方志馆建设主导性工作开局启动，修志编鉴根本性工作提质增效，镇村志特色志拓展性工作重点突破，“库网刊会用”转型性工作多业并进。

【国家方志馆冶炼分馆申建】 2017年，市史志办贯彻落实市委、市政府关于“依托中国（莱芜）钢铁博物馆改造建设莱芜市方志馆，并争取上级支持同步建设国家方志馆冶炼分馆，同时对钢博馆周边广场绿地进行改造升级，建设全国方志文化主题公园”的决策部署，主动争取上级部门的政策支持。副市长张桂爱带队，多次向中指办、省史志办汇报工作。中指组常务副组长李培林及中指组秘书长，中指办党组书记、主任冀祥德原则同意莱芜建设国家方志馆冶炼分馆，并举全国方志之力，与莱芜市委、市政府共同打造，建成全国行业方志馆的标杆；全力支持全国方志文化主题公园建设先行先试。中钢协同意帮助莱芜做好国家方志馆冶炼分馆展品征集及展陈大纲制定。省史志办全力支持莱芜市建设国家方志馆冶炼分馆和方志文化主题公园工作。省政府办公厅党组成员、省史志办主任刘爱军，市长梅建华，副市长张桂爱分别对方志馆建设工作作出批示，提出要求。规划建设国家方志馆冶炼分馆工作被列入2018年市政府工作报告。省史志办在莱芜召开全省史志系统学习贯彻《全省方志馆建设管理规范》座谈会。

考察论证、馆舍移交、项目立项、机构设置等工作。按照中指办“积极稳妥、循序渐进”的要求，确定“一年(2018)有势头、两年(2019)有看头、三年(2020)有派头”建设目标任务；按照凸显方志文化特性、突出冶炼文化特质、展现区域文化特色的原则，初步确定将方志馆打造成全国性行业方志馆地标、公园化方志主题文化样板、区域性莱芜地情文化中心和爱国爱乡科普教育基地“四大品牌”的功能定位。8月起，市史志办成立莱芜市方志馆筹建办公室，抽调专人入住钢铁博物馆现场

2017年11月29日—30日，全省史志系统学习贯彻《全省方志馆建设管理规范》座谈会在莱芜市召开 （市史志办 供稿）

办公，全力做好方志馆前期筹建工作。积极争取市编办支持，做好市方志馆机构设立工作，11 月 2 日，市编办批复成立莱芜市方志馆，为市史志办所属正科级公益一类事业单位，核定编制 5 名，配备馆长 1 名、副馆长 1 名。

区级方志馆的建设工作。按照市区两级方志馆全面建成、全部覆盖和“一体两翼”的目标，以市政府办公室名义制定出台《关于加快全市方志馆建设的意见》。莱城区方志馆与区档案馆合建，力争早规划、早建设。钢城区将建设两馆（档案馆、方志馆）被列入钢城区为民办十件实事之一，规划建设面积达 2500 平方米。

【地方志书编修】 2017 年，莱芜市启动名镇名村志工程。“村志惠民工程”列入 2018 年莱芜市为民办的十件实事。建立《莱芜市名镇名村信息库》，完善《莱芜市镇村志书编修工作的实施意见》，推动乡镇村志编修工作深入开展。围绕全域旅游和特色小镇建设，积极将镇村志编修工作纳入中国名镇志名村志文化工程、齐鲁名镇名村文化工程。重点抓好《口镇志》《雪野镇志》《汶源街道志》《方下镇志》4 部名镇志和《房干村志》《卧云铺村志》《下水河村志》《棋山观村志》《郭家沟村志》5 部名村志的组织编纂、指导申报工作。《方下镇志》《棋山观村志》《郭家沟村志》通过省里评审，质量和数量居全省首位。

推进特色志编修工作。组织编纂《莱芜金石志》，并出版发行；《莱芜家训集成》《多福砚志》开展征集资料。围绕打造莱芜“文化福地”品牌，邀请全国 13 位制砚专家，举办《多福砚志》编纂篇目论证会暨“走进多福砚之乡，弘扬多福砚文化”论坛，形成“建设多福砚文旅小镇”共识和建议，并列入市政协提案、莱芜全域旅游和招商项目，促进砚文化资源的挖掘、保护和传承。

加强对部门行业修志指导，《莱芜战役纪念馆志》出版发行，《莱芜市志—法院志》《莱芜民盟志》《莱芜市国土资源志》等志书编纂工作顺利推进。

【年鉴编纂出版】 2017 年，市、区两级综合年鉴继续保持“一年一鉴、公开出版”全覆盖。立足增强时效性、权威性、实用性，《莱芜年鉴》编纂质量不断提升。编纂进度加快，8 月《莱芜年鉴（2017）》出版发行，出版时间位居全省前列。向全省各市县以及全市各级劳动模范、道德模范、优秀企业家、退休老干部寄发，扩大了发行范围，增强了用鉴成效。《莱城年鉴（2017）》、《钢城年鉴（2017）》实现年内编纂出版。《莱芜统计年鉴》《莱钢年鉴》《鲁矿年鉴》均按计划出版发行。全面完成《山东省志·方志志》《山东省志·人物志》《山东抗日根据地志》《山东解放区志》莱芜部分的组稿任务。按时完成《山东年鉴（2017）》、《山东地方史志年鉴（2017）》的组稿任务。

【历史文化资料收集整理】 2017 年，清康熙《莱

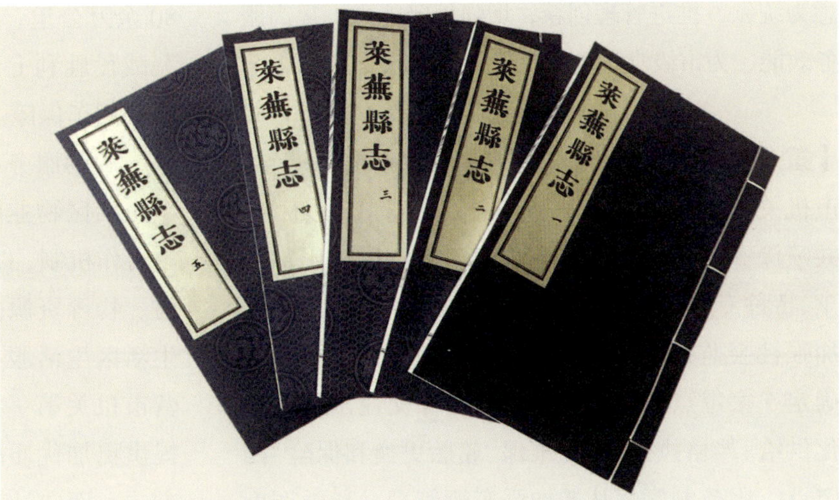

2017 年 4 月，康熙《莱芜县志》影印本由线装书局出版发行
（市史志办 供稿）

芜县志》影印出版，全市5部旧志整理任务全部完成，并被新华网、《大众日报》等新闻媒体宣传报道。通过捐献、购置等途径，收集整理老照片1万余张、老家谱等各类地情资料近千册，充实馆藏。

【信息化建设与志类产品开发】 2017年，实施"智慧方志"信息化工程，完成"莱芜市情网"改版升级，增强网站内容的时效性、资料性、可读性。完成《莱芜市情手册·2017》编纂出版，将《莱芜古今》由过去丛书改为季度期刊，定期出版，年内出版两期，促进全社会读史用志。创办《莱芜史志》《资政参考》简报。积极借助各类媒体开展史志宣传，在《鲁中晨刊》开设《莱芜印记》专栏，全年出版12期，产生良好社会效果。出品老字号影像微电影——《传承》。

（蔺延军　吕昌盛）

【莱芜嬴秦文化研究院】 2017年，莱芜嬴秦文化研究院与全市机关单位联合承办"中国(莱芜)第二届嬴秦文化与远古文明工作会议暨中国先秦史学会莱芜工作会议。"会议由中国先秦史学会、山东社会科学院、中共莱芜市委宣传部联合主办，承办单位有中国先秦史学会莱芜嬴秦文化研究基地、市社科联、市文联、市文广新局、市史志办、市文物局。中国社会科学院原副秘书长、科研局局长晋保平，全国政协委员、中国社会科学院学部委员、中国先秦史学会会长宋镇豪，中国先秦史学会常务副会长兼秘书长宫长为，山东省人大常委会原副主任于建成及来自全国120多位专家、学者出席会议。会议深化了莱芜为"嬴秦始源"的研究。11月18日，与莱芜市非物质文化遗产保护中心等单位，在莱城区茶业口镇上王庄村共同主办"莱芜市首届孟姜女文化艺术节"。

（徐祥法）

机关事务管理工作

【概况】 2017年，市机关事务管理局以新发展理念为统领，推进管理创新，增强保障能力，提高服务效能，为市级党政机关规范高效运行提供保障。

【重点领域改革】 公务用车制度改革。2017年，市机关事务管理局按时完成保留公车标识化工作，共喷涂343辆机要通信应急用车、离退休干部用车、特种专业车和行政执法车，设置监督举报电话，加强社会监督。推进社会化汽车服务租赁招标，确定5家定点汽车租赁企业，增加交通出行社会化供给。严格执行加油、维保、轮胎更换和保险"四定点"服务制度，从严加强车辆管理。科学调度使用各类公车，全年共为市级党政机关单位提供3600余车次、8000多人次的用车服务，安全行车80余万公里，特别是为市十四次党代会、纪念莱芜战役胜利七十周年等重要政务活动提供规范优质的用车保障。

后勤服务社会化改革。全面做好市级机关4个生活区物业服务质量监管，建立与物业企业互动协作机制，以创建国家文明城市机遇，加大人、财、物等资源投入，持续改善生活区环境。实施生活区生活服务社会化改革，引进社会化企业运营市机关第一、第二、第三生活区食堂，为居民提供更加优质的餐饮服务。通过政府购买服务的方式，面向社会公开招标确定市党政机关综合办公楼的物业服务队伍和安保队伍。

【节约型机关建设】　办公用房统筹使用管理。2017 年，市机关事务管理局严格按照使用标准，做好办公用房清理整改动态监管，完成行业协会脱钩办公用房核查清退。强化办公用房统筹调剂使用，优化办公用房布局，为市委巡察办、市安监局、团市委等十余个部门调剂使用办公用房 3600 余平方米，特别是围绕全市监察体制改革，调剂使用办公用房 1000 余平方米，保障市监察委集中办公需求。

公共机构节能管理。2017 年，市机关事务管理局扎实开展能耗统计工作，普及运用能耗统计新系统，数据上报率达到 94% 以上。创新节能宣传方式，通过举办培训班，开展宣传签名、演讲比赛等节能宣传周活动，广泛传播绿色发展和节能理念。严格创建标准，推进节约型公共机构示范单位创建工作，市党政机关综合办公楼被省机关事务管理局评选为山东省公共机构能效领跑者，推荐 2 家国家级、3 家省级节约型公共机构示范单位成功入选创建名单。

公务接待管理。做好全市公务接待管理指导工作，配合市纪委、市财政局、市审计局等部门开展专项督查，抽查重点部门，及时反馈并督促纠正相关问题。

【后勤服务保障】　办公保障。2017 年，市机关事务管理局完善维修、运行、卫生、会务等工作标准和服务规程；投资 400 余万元，完成集中办公区维修改造、室外高压电缆更换、停车场扩建等十余项工程，进一步优化办公环境；升级视频专网会议室，满足日益增加的各类视频会议和保密需求，全年接待各级重要视频会议 100 余次。

生活保障。实施机关餐厅改造，增设智能门禁和结算系统，增加菜色种类，提高就餐满意度。加强周转房规范管理，制定《市级领导干部周转房管理办法》和配套管理细则，保障易地任职干部生活服务。协调启动滨河花苑供热计量收费改革，完成津园 70 户住宅试点改造。投资 150 余万元，完成市机关第一、第二生活区自来水改造工程。

安全保障。落实安全保卫联动机制，安装智能人脸识别系统及执法记录摄像设备，提高安保专业水平；定期开展安全大检查，积极整改各类安全隐患特别是消防安全隐患，确保市直机关办公区、生活区秩序良好、运行安全。

抓幼教保障。2017 年，市机关幼儿园以建设家长满意的机关幼儿园为目标，加强教学队伍管理，开展“家园共育”活动，不断提升幼教管理水平；在对市直机关幼儿园二区、三区教学点完成改造的基础上，积极推进一区教学点的重建工作。

实体保障。指导莱芜宾馆、广厦建工处、机关印刷所等后勤经营单位准确把握行业发展趋势，以提高市场竞争力为核心，充分挖掘自身潜力，优化产品结构，改进服务模式，提升盈利能力，莱芜宾馆全年营业收入突破亿元。

（亓延宾）

责任编校：吕昌盛

公务用车标识化喷涂工作现场　　（市机关事务管理局 供稿）

中国人民政治协商会议莱芜市委员会

综　述

【概况】　2017年，市政协深入学习宣传贯彻中共十九大精神，以习近平新时代中国特色社会主义思想为指导，牢牢把握团结和民主两大主题，围绕市委“一二三四五”总体发展思路，以深入开展“三带头三争做”活动为抓手，组织引导政协各参加单位和全体政协委员认真履行政治协商、民主监督、参政议政职能，切实发挥协调关系、汇聚力量、建言献策、服务大局的重要作用，实现本届政协履职良好开局，为推动莱芜经济社会持续健康发展作出新的贡献。

【市政协十届一次会议】　2017年2月23日—25日，中国人民政治协商会议第十届莱芜市委员会第一次会议在莱城举行。应到委员271人，实到266人。市委、市人大、市政府和军分区，市法院、市检察院领导，其他市级领导和市级老同志应邀出席会议，市直有关部门、单位及市政协机关各委室负责人列席会议。会议期间，委员们认真听取市委书记、市人大常委会主任王良的重要讲话；听取并审议通过市政协主席林殿玲所作的政协第九届莱芜市委员会常务委员会工作报告和市政协副主席康颂池所作的提案工作报告；列席莱芜市第十八届人大一次会议，听取并讨论代市长梅建华所作的政府工作报告和其他重要报告；4位委员作大会发言。会议通过市政协十届一次会议政治决议和九届市政协常委会工作报告的决议、提案工作报告的决议，选举张作平为政协第十届莱芜市委员会主席，董杰、赵涛、刘静、吕凤华、刘安庆、李兴实为副主席，胡俊江为秘书长，选举产生政协第十届莱芜市委员会常务委员。

2017年2月23日—25日，中国人民政治协商会议第十届莱芜市委员会第一次会议在莱城召开　（李　娜　摄影）

【市政协常委会议】　2017年2月15日，市政协九届常务委员会第二十六次会议召开。市政协主席林殿玲主持会议并讲话。市委常委、组织部部长张晓海受市委委托就有关人事事项作说明。市政协副主席董杰、康颂池、赵涛、陈灿群，秘书长胡俊江出席会议。

2017 年 3 月 30 日，市政协十届常务委员会第一次会议召开。市政协主席张作平出席会议并讲话。会议审议通过十届市政协专门委员会机构设置及人事任职事项；审议通过政协第十届莱芜市委员会常务委员会关于加强自身建设的决定；审议通过政协莱芜市委员会 2017 年工作要点；审议通过政协莱芜市委员会 2017 年协商工作安排；审议通过《政协莱芜市委员会关于开展“三带头三争做”活动的意见》；审议通过《政协莱芜市委员会委员视察办法》。市政协副主席董杰、赵涛、刘静、吕凤华、刘安庆、李兴实，秘书长胡俊江出席会议。

2017 年 6 月 28 日，市政协十届常务委员会第二次会议召开。市政协主席张作平出席会议并讲话。市委常委、常务副市长孟令兴应邀出席会议并通报上半年全市经济社会发展情况；审议通过市政协主席会议制度、市政协常务委员会议制度、市政协全体委员会议制度；审议通过《政协莱芜市委员会关于主席、副主席、秘书长联系委员的意见》。市政协副主席董杰、赵涛、刘静、吕凤华、刘安庆出席会议。各民主党派及各区政协负责人列席会议。

2017 年 11 月 8 日，市政协十届常务委员会第三次会议召开。市政协主席张作平出席会议并讲话。会议审议通过《政协莱芜市委员会关于深入学习宣传贯彻中国共产党第十九次全国代表大会精神的决议》。市政协副主席董杰、赵涛、李兴实，秘书长胡俊江出席会议。

2017 年 12 月 26 日，市政协十届常务委员会第四次会议召开。市政协主席张作平主持会议并讲话。会议听取市政协十届二次会议筹备情况的汇报；审议通过关于召开市政协十届二次会议的决定、会议议程、日程；审议通过政协第十届莱芜市委员会常务委员会工作报告和报告人推举名单；审议通过政协第十届莱芜市委员会常务委员会提案工作报告和报告人推举名单；审议通过市政协十届二次会议秘书长、副秘书长名单。市政协副主席董杰、赵涛、刘静、吕凤华、刘安庆、李兴实，秘书长胡俊江出席会议。

【协商议政】 全年共组织开展 14 项协商活动，其中，专题协商 2 项、对口协商 3 项、界别协商 3 项、提案办理协商 6 项。对报送的协商报告，市委、市政府主要领导作出重要批示 12 次。其中围绕“加大偏远农村扶持力度，促进全市精准扶贫和城乡均衡发展”开展的协商活动，提出“将改变偏远农村面貌与脱贫攻坚相结合、与美丽乡村建设相结合，深入开展村庄整治、改善村容村貌，争取资源要素倾斜”等建议，得到市委、市政府主要领导的充分肯定。市相关部门高度重视，积极借鉴吸收，出台《莱芜市推进偏远山区扶贫综合开发工作方案》。政协各参加单位和广大委员，紧紧围绕群众普遍关心关注的问题展开专题调研，积极参政议政，主动建言献策，提出很多有价值的意见和建议。推进智慧城市建设、发展特色小镇、加强政府与社会资本合作创新投融资体制、推行分级诊疗、加强老年大学建设促进文化养老、创建国家森林城市等多项意见建议纳入党委政府决策。各专委会与省政协联合开展“降低企业经营成本大力振兴实体经济”“做大做强特色农副产品”“进一步规范宗教活动场所管理”“推动优秀传统文化创新”“采取稳定脱贫措施建立长效脱贫机制”等调研活动。

【专题视察】 2017 年，围绕推进十大产业发展，市政协组织部分委员进行专题视察，提出强化产业项目建设、继续加大招商引资力度、重视发展实体经济、改善发展环境和强化督查考核等建议，得到市委、市政府主要领导同志的高度重视，并要求相关部门认真借鉴吸收。对全市环境保护突出问题整治情况进行专题视察，成立专项督察组，聚焦畜禽养殖规范治理、建筑工地扬尘治理和饮用水源地保护三大问题，分头负责，分线作战，先后排查反馈和协调处置问题30多个，促进一批“老大难”问题的有效解决。

【重要活动】 1月17日，市政协主席林殿玲到包村点钢城区艾山街道九龙庄村走访慰问困难群众和困难党员，秘书长胡俊江陪同。

1月19日，市政协举行《莱芜记忆》丛书首发式。市政协主席林殿玲出席并讲话，副主席康颂池通报有关情况，副主席赵涛、陈灿群，秘书长胡俊江出席首发式。

1月22日，市委副书记、代市长梅建华到市政协对《政府工作报告》征求意见。市政协主席林殿玲主持座谈会。副市长武树华，市政协副主席董杰、康颂池、赵涛、陈灿群，秘书长胡俊江参加座谈会。

3月10日，市政协召开机关全体人员会议，对换届后机关工作进行安排部署。市政协主席张作平出席并讲话。副主席董杰、赵涛、刘静、吕凤华、刘安庆、李兴实，秘书长胡俊江出席会议。

4月26日，举办政协讲堂，对市政协委员进行业务培训。市政协主席张作平出席并讲话，副主席赵涛、刘静、吕凤华、刘安庆、李兴实，秘书长胡俊江出席活动。

4月28日，省政协港澳台侨和外事委员会副主任、特邀界别活动一组召集人王伦善率调研组，到莱芜市就做大做强做优特色农副产品进行调研。市政协主席张作平、副主席刘安庆陪同调研。

5月17日，市政协组织部分委员对全市十大重点产业振兴提升工作进行视察。市政协主席张作平，副主席董杰、刘静、吕凤华、刘安庆、李兴实参加视察并出席座谈会。

5月18日，省政协副主席赵家军一行20人，到莱芜市就积极推动实施优秀传统文化传承与创新工程进行专题调研。市政协主席张作平陪同调研，市政府副市长张桂爱汇报情况，市政协副主席赵涛、吕凤华，秘书长胡俊江陪同调研。

5月24日，市政协举办委员培训班，邀请省政协有关负责同志分别就提案和社情民意信息工作作辅导报告。市政协主席张作平，副主席赵涛、刘静、吕凤华、刘安庆、李兴实出席活动。

6月3日，吉林省四平市政协主席杨枫一行7人，到莱芜市考察乡村旅游、特色优质农业和加快转变农业发展方式等工作。市政协主席张作平、副主席赵涛，秘书长胡俊江陪同考察。

2017年4月28日，市政协主席张作平（左一）陪同省政协调研组就农副产品生产情况进行调研 （王 妍 摄影）

6月8日，市政协主席张作平带领相关部门负责人到经济开发区督导迎接全国文明城市测评工作并召开调度会，市政协秘书长胡俊江陪同。

6月14日，省政协副秘书长赵孝为一行13人，到莱芜市就企业加快融入“一带一路”倡议的建议进行专题调研。市政协主席张作平、副主席刘安庆，秘书长胡俊江陪同调研。

6月15日，市政协主席张作平带领部分政协委员围绕“加大偏远农村扶持力度，促进全市精准扶贫和城乡均衡发展”开展协商议政活动，副主席刘安庆，秘书长胡俊江陪同。

6 月 16 日，市政协召开党组（扩大）会议，研究部署省委巡视组“回头看”反馈问题整改工作。市政协主席张作平出席会议并讲话，副主席刘静、吕凤华、刘安庆，秘书长胡俊江出席会议。

6 月 21 日，市政协召开党组（扩大）会议，传达学习省第十一次党代会、省政协十一届常委会第二十六次会议和全市领导干部会议精神，研究部署省第十一次党代会精神贯彻落实意见。市政协党组书记、主席张作平主持会议并讲话。党组副书记、副主席刘静，党组成员、副主席吕凤华，党组成员、秘书长胡俊江出席会议。市政协副主席董杰、赵涛列席会议。

2017 年 8 月 3 日，省政协副主席、党组副书记吴翠云（左三）一行到莱芜市调研全省基层政协工作座谈会精神贯彻落实情况（李　娜 摄影）

6 月 26 日，市政协主席张作平到所联系的鲁中汇源食品饮料有限公司党支部调研，听取企业党建工作汇报。

6 月 29 日，市政协主席张作平以“争创示范党支部，做合格共产党员”为题给机关党员干部讲党课。市政协副主席刘静、吕凤华出席。

8 月 3 日，省政协副主席、党组副书记吴翠云一行，到莱芜市调研基层政协工作和全省基层政协工作座谈会精神贯彻落实情况。市政协主席张作平、副主席刘安庆、秘书长胡俊江陪同。

8 月 9 日，市政协视察全市环境保护突出问题整治情况，市政协主席张作平参加视察并讲话，副市长胡文朴陪同视察。

9 月 4 日，市政协主席张作平深入包村联系点莱城区和庄镇草庙头村调研。市政协秘书长胡俊江和市水利部门负责人陪同调研。

9 月 25 日—27 日，全省政协文史工作会议暨文史干部培训班在莱芜市召开。省政协副主席郭爱玲出席会议并讲话。省政协副秘书长曲伟主持会议。省政协文史委主任杜文彬出席会议并作工作报告，莱芜市政协作大会交流发言。市委副书记、市长梅建华，市政协主席张作平，市委常委、常务副市长孟令兴，市政协副主席刘静、刘安庆，秘书长胡俊江陪同有关活动。

10 月 19 日，全市基层政协工作座谈会召开。会议主要任务是深入学习贯彻党的十九大及全省基层政协工作座谈会精神，研究部署推进莱芜市基层政协工作的思路措施。市政协主席张作平，副主席董杰、赵涛、刘静、刘安庆，秘书长胡俊江出席活动。

10 月 25 日—28 日，在重阳节来临之际，市政协主席张作平到莱城区和庄镇草庙头村走访慰问老党员及生活困难老人。秘书长胡俊江陪同。市政协副主席赵涛到和庄敬老院开展“重阳节敬老爱老”慰问活动。市政协副主席刘静到经济开发区张家洼街道马庄村慰问贫困老人。市政协副主席刘安庆到钢城区棋山观村走访慰问贫困老人。

10 月 27 日，市政协召开党组（扩大）会议，传达学习贯彻中共十九大精神和市委书记、市人大常委会主任王良在全市领导干部会议上的讲话精神，市政协党组书记、主席张作平主持会议并讲话。党组副书记、副主席刘静，党组成员、副主席刘安庆，党组成员、秘书长胡俊江出席会议。市政协副主席董杰、赵涛、李兴实列席会议。

11月7日，由市政协主办的“庆祝党的十九大胜利召开·影像莱芜图片展”隆重开幕。市政协主席张作平，副主席董杰、赵涛、李兴实，秘书长胡俊江出席活动。

12月7日，市政协举办政协讲堂，贯彻中共十九大精神。市政协主席张作平，副主席赵涛、刘静、吕凤华、刘安庆，秘书长胡俊江出席活动。

12月22日，《政府工作报告》征求意见建议座谈会暨全市党外代表人士情况通报会召开。市委副书记、市长梅建华带领市政府有关同志，到市政协听取委员和党外人士对《政府工作报告》的意见建议。市政协主席张作平主持会议。市委副书记、市委统战部部长李兴钰，市委常委、常务副市长孟令兴，市政协副主席董杰、赵涛、吕凤华、刘安庆、李兴实，秘书长胡俊江参加座谈会。

政协各专门委员会

【提案（学习）委员会】 市政协十届一次会议以来，共收到提案286件，立案249件。市政协提案（学习）委员会严格立案审查。坚持会中初审、会后集中复审的“二审”制度，着重加强对委员意见建议的审查，选择7件事关全局、针对性强、建议可行的提案作为重点提案，提请市委、市政府、市政协主要领导阅批。加强提案督办。把督办工作的着力点放在解决问题和狠抓落实上，通过领导领衔督办、联合督办、跟踪督办，切实增强提案办理实效。做好提案复文的审查和委员意见反馈工作。对提案办理复文进行审查，并征求委员对办理工作的意见；对办理不认真、回复不规范的提案，与承办单位再次协商，力求委员满意率达到100%。加强宣传。及时整理立案提案目录，在《莱芜政协》和《莱芜日报》上全文刊登，接受委员和社会的监督，引发社会各界关注。积极向《联合日报》《鲁中晨刊》等社会主流媒体提供优秀提案和先进承办单位的典型事迹，扩大提案工作的社会影响。开展协商活动。9月下旬和10月中旬围绕“提高信息化水平，推进智慧城市建设”开展考察学习和专题协商活动。根据考察情况和委员建议，形成协商报告报送市委、市政府领导，供决策参考。

【经济（社会法制、人口资源环境）委员会】 2017年，市政协经济（社会法制、人口资源环境）委员会围绕“加强政府与社会资本合作，创新投融资体制”开展对口协商；围绕“积极推进特色小镇建设，提高莱芜市新型城镇化水平”开展界别协商；围绕“加快节能装备项目建设，培育壮大新能源和节能环保产业”开展对口协商；围绕全市装备制造业振兴提升情况开展专题视察；围绕环境保护治理工作开展专题视察。每次协商和视察后形成质量较高的协商报告及视察报告，部分建议得到市委主要领导的充分肯定，进入决策程序，促进相关工作的开展。其中《关于积极推进特色小镇建设提高我市新型城镇化水平的协商报告》等得到市委书记、市人大常委会主任王良等领导的批示。按照要求，参加全省政协经济委、社会法制委、人口资源环境委以及省政协理论研究会等专题工作会议，加强和省政协的联系，积极宣传莱芜市政协的工作经验。

【文史资料（科教文卫体）委员会】 2017年，

市政协文史资料（科教文卫体）委员会组织专题调研协商等活动。积极组织委员就“推行分级诊疗，方便群众就医”“加强老年大学建设，促进文化养老事业发展”“深入挖掘莱芜历史文化资源,着力打造富有地方特色的南部山区旅游品牌”等课题进行界别协商、对口协商、提案办理协商。同配合省政协科教文卫体委就“如何促进优秀传统文化传承与创新”进行联合调研。承办全省政协文史工作会议暨文史干部培训班。征集整理《莱芜石刻资料集萃》等专辑资料，为省政协文史委提供《记忆齐长城》《记忆沂蒙》资料。举办“庆祝党的十九大胜利召开·莱芜影像图片展”。系统展现莱芜境内国家级、省级、市级传统村落、传统文化村落、传统民居、美丽宜居村庄（社区）、旅游特色村镇的发展变化和历史风貌，从不同视角诠释莱芜市城乡面貌、社会民生和文明风尚。

【港澳台侨和外事（民族和宗教）委员会】 2017年，市政协港澳台侨和外事（民族和宗教）委员会对全市台资企业发展情况进行调研。5月26日，组织部分委员分别到高新区莱芜成威电子材料有限公司、山东大侨玉成精密机械有限公司、钢城区莱芜固可力轮胎有限公司、钢城区恒源耐火材料公司等台资企业进行调研。做好“关于进一步规范宗教活动场所管理”对口协商工作。9月中旬，组织部分市政协委员，对莱芜市的宗教活动场所管理情况进行对口协商。围绕莱芜市创建国家森林城市工作进行专题协商。实地查看现场的基础上组织召开专题协商会议，听取市创建国家森林城市领导小组办公室的创建工作情况汇报，调研组成员充分发表意见，提出对策建议，形成加快推进创建国家森林城市工作的共识。抓好常规性的联谊活动。利用传统节日及重要纪念日，加强与台胞、台属、归侨侨眷和台侨资企业的联系与沟通，了解和反映其意见和要求。通过上门走访、座谈等方式，加强与民族和宗教界人士的联系沟通，增进了解，增进友谊，为维护社会和谐发挥积极作用。

【委员联络工作委员会】 2017年，市政协委员联络工作委员会认真做好委员联络工作。建立并畅通政协领导与委员、专委会与委员、界别组与委员、政协机关与委员四条联系渠道，实现委员联系全覆盖。充分发挥各界别、民主党派联络委员作用，普遍开展联谊活动，建立微信群，为联络服务委员开通更加便捷的渠道。加强对基层政协的指导，召开全市基层政协工作座谈会。积极开展专题协商活动。6月，围绕“加大偏远农村扶持力度，促进全市精准扶贫和城乡均衡发展”开展协商议政活动，组织委员专门到临沂、菏泽学习经验，调研全市十几个偏远村，委员们提出的意见建议得到市委主要领导的肯定，市委、市政府出台《莱芜市推进偏远山区扶贫综合开发工作方案》。认真组织委员参加社会活动。共组织200余名委员应邀参加市政府及各部门组织的活动，组织委员参加烈士公祭、电视问政、警营开放日、市政府廉政工作会等活动。

（吕德生　冯希梅）

责任编校：吕昌盛

中国共产党莱芜市纪律检查委员会

综　述

【机构概况】 2017年，市纪委机关（市监察局）内设机构11个：办公室、组织部、宣传部（挂研究室牌子）、党风政风监督室（挂市政府纠正行业不正之风办公室牌子）、信访室（挂市国家行政工作人员违法违纪举报中心牌子）、案件监督管理室、纪检监察一室、纪检监察二室、案件审理室（挂案件申诉复查室、政策法规室牌子）、纪检监察干部监督室、廉政教育中心。市纪委（市监察局）派驻机构5个、市纪委（监察局）派驻第一纪检组（监察室）、市纪委（监察局）派驻第二纪检组（监察室）、市纪委（监察局）派驻第三纪检组（监察室）、市纪委（监察局）派驻第四纪检组（监察室）、市纪委（监察局）派驻第五纪检组（监察室）。

【市纪委全体会议】 市纪委十三届七次全会。1月12日上午，市纪委十三届七次全体会议召开。全会由市纪委常委会主持。市委书记、市人大常委会主任王良出席全会并讲话。市委常委、市纪委书记于景涛代表市纪委常委会作工作报告。会议传达十八届中央纪委七次全会和省纪委十届八次全会精神，审议通过市纪委工作报告。

市纪委十三届八次全会。2月3日上午，市纪委十三届八次全体会议召开，市委常委、市纪委书记于景涛出席会议。会议审议通过市第十三届纪律检查委员会向市第十四次党代会所作的工作报告（草案）。

2017年1月12日，中共莱芜市纪委十三届七次全体会议召开

（市纪委 供稿）

市纪委十四届一次全会。2月19日，市纪委十四届一次全体会议召开。市委常委、市纪委书记于景涛主持会议并讲话。全会选举产生莱芜市第十四届纪律检查委员会书记、副书记和常务委员会委员，于景涛当选为书记，刘军、张明当选为副书记，张霞（女）、吕卫东、王孝华、鉴守之当选为委员。

市纪委十四届二次全会。11月3日，市纪委十四届二次全体会议召开。全会由市纪委常委会主持，市委常委、市纪委书记于景涛讲话。全会学习贯彻中共十九大和省纪委十一届二次全会、市委十四届三次全会精神，对全市各级纪检监察机关深入学习贯彻中共十九大精神作出安排部署。

【重要会议活动】 1月19日，市纪委召开2016年度全市纪检监察机关述职会，听取2016年工作情况汇报，部署2017年工作重点和任务。市委常委、市纪委书记于景涛出席会议并讲话。

2月8日，市纪委召开纪检监察工作座谈会。会议就如何进一步做好莱芜市党风廉政建设和反腐败工作，加强全市纪检监察干部队伍建设进行交流。市委常委、市纪委书记于景涛出席会议并讲话。

3月8日，全市纪检监察干部队伍建设暨培训会议召开，市委常委、市纪委书记于景涛出席会并讲话。此次培训为期两天，市、区（园区）、镇（街道）纪委全体纪检监察干部，以及市直有关部门单位纪委书记（纪检组长），共220余人参加培训。

4月5日，市委常委、市纪委书记于景涛到市委党校，为2017年春季主体班学员讲授题为“落实全面从严要求 着力加强党内监督”的专题党课，系统阐释全面从严治党和党内监督的内在关系，解读加强党内监督的基本原则，就如何抓好党内监督作深入讲解。

4月14日，省委常委、省纪委书记陈辐宽，就学习贯彻十八届中央纪委七次全会和省纪委十届八次全会精神、推进党风廉政建设和反腐败工作到莱芜市调研。调研期间，陈辐宽先后到高新区郭家沟村、莱芜战役纪念馆、鲁中抗战展览馆和市纪委廉政教育中心实地调研，到市纪委机关看望纪检监察干部，并召开座谈会。市委书记、市人大常委会主任王良，市委常委、市纪委书记于景涛等参加活动。

4月24日，市纪委监察局召开机关全体干部会议，学习贯彻省委书记、省人大常委会主任刘家义到省纪委机关调研时的讲话，省委常委、省纪委书记陈辐宽到莱芜市调研时的讲话精神和市委书记、市人大常委会主任王良关于贯彻落实工作的部署要求。市委常委、市纪委书记于景涛出席会议并讲话。

4月28日，市纪委监察局下发通知，在全市纪检监察系统开展“干部队伍建设年”主题实践活动。围绕加强干部队伍建设，重点开展主题党日、纪检监察干部廉情家访、拓展训练、书香纪检建设和“年轻干部五分钟发言计划”五项活动。

5月5日，省纪委常委、省监察厅副厅长、省委巡视工作领导小组办公室主任刘铁生一行到莱芜市调研督导整治和查处群众身边的不正之风和腐败问题并召开座谈会。市委副书记李兴钰，市委常委、市纪委书记于景涛出席会议。

5月9日至17日，市委常委、市纪委书记于景涛分别到钢城区、高新区、雪野旅游区、经济开发区、农高区就全面从严治党、党风廉政建设和反腐败工作进行调研。于景涛深入部分镇（街道）、村（社区）、企业项目现场进行实地查看，并分别召开座谈会，听取各区经济社会发展、落实全面从严治党两个责任等情况汇报，与参会人员进行深入交流。

5月24日，全市扶贫领域财政专项资金使用情况专项巡察工作动员暨培训会议召开，市委常委、组织部部长张晓海主持会议，市委常委、市纪委书记、市委巡察工作领导小组组长于景涛讲话，市委巡察机构和市、区纪检干部170多人参加为期两天的培训。

5月27日，市纪委召开全市新任职县级领导干部廉政谈话会议。市委常委、市纪委书记于景涛出席会议，与近期新任职的近70名县级领导干部进行廉政谈话。

6月19日，市纪委分别召开常委扩大会议和机关全体干部会议，传达学习省委书记、省人大常委会主任刘家义在省第十一次党代会上的报告和省纪委工作报告，研究贯彻落实意见。市委常委、市纪委书记于景涛对抓好会议精神的贯彻落实提出明确要求。

6月20日，市委常委、市纪委书记于景涛到凤城街道石花园社区、清馨园社区、戴花园社区督导创城工作，听取工作人员汇报，深入了解并现场解决创城工作中遇到的问题和困难。

7月8日，市委办公室印发《关于开展创建“基层党风廉政建设示范点”活动的实施意见》。活动旨在通过培育和打造一批亮点突出、特色鲜明、成效显著的党风廉政建设示范点，推动全面从严治党特别是党风廉政建设向基层延伸。

9月26日，十四届市委第二轮巡察工作动员暨培训会议召开，会议传达市委书记、市人大常委会主任王良在市委书记专题会议听取首轮巡察情况汇报时的讲话精神，总结第一轮巡察工作情况，安排部署新一轮巡察工作任务。市委常委、市纪委书记、市委巡察工作领导小组组长于景涛出席会议并讲话。

9月29日，市纪委组织全体纪检监察干部到雪野旅游区房干村开展“传承艰苦奋斗精神”主题党日活动，参观房干新村改造前茅草屋旧址、房干精神展馆、天台、华山村，接受艰苦奋斗精神教育。市委常委、市纪委书记于景涛参加活动。

10月20日，市纪委理论学习中心组举办“树立哲学思维 学习十九大精神”报告会，邀请山东省委党校哲学教研部主任贾英健作专题报告。市委常委、市纪委书记于景涛出席报告会。

11月16日，市委常委、市纪委书记于景涛为全市纪检监察系统220余名党员干部宣讲中共十九大精神，对中共十九大提出的新思想、新论断、新使命、新愿景、新要求、新任务作全面深刻的阐述。

11月17日，市委常委、市纪委书记于景涛到钢城区汶源街道长胜村，就中共十九大精神与镇村干部及党员、群众代表进行互动交流。

12月4日，全市推开国家监察体制改革试点工作动员部署会议召开，对全市深化监察体制改革试点工作进行动员部署。市委副书记、市长梅建华出席会议并讲话，市深化监察体制改革试点工作小组成员参加会议。

纪检　监察

【从严治党责任落实】 2017年，全市纪检监察机关严明政治纪律和政治规矩，层层压实管党治党政治责任。把维护中央权威和党的集中统一领导作为首要任务，加强对政治纪律执行情况的监督检查，把违反政治纪律问题作为巡察和派驻监督重点，执纪审查首先检查对党是否忠诚，推动各级党组织和党员干部进一步树牢“四个意识”，自觉向以习近平同志为核心的党中央看齐。严肃党内政治生活，加强对党的十八届六中全会精神和市委贯彻意见落实情况的监督检查，督促各级党组织严格执行党内政治生活准则。加强对选人用人情况的监督，从严监督各级领导班子和村（社区）“两委”换届风气、换届纪律，严把政治关、廉洁关、形象关，为619个单位、2005名个人出具党风廉政意见。

市委带头落实主体责任，市委常委会37次研究全面从严治党工作，市委常委带队检查主体责任落实情况，传导压力。认真抓好省委巡视“回头看”反馈意见整改。市纪委运用专题述责述廉、廉政谈话、不定期约谈等方式，督促各级履行管党治党责任。市纪委常委约谈30名县级党政正职领导干部，与70名新提拔和进一步使用的县级领导干部进行廉政谈话。制定《关于开展各级党委书记向上一级纪委全会述责述廉的意见》，不断拧紧责任担当的螺丝。组织开展“基层党风廉政建设示范点”和“反腐倡廉制度建设示范点”创建活动，发挥先进典型示范引领作用。用好问责利器，倒逼责任落实，全市党内问责17起，问责3个党组织，处理27人。

【监督执纪】 2017年，全市纪检监察机关强化监督执纪问责，自觉服务经济社会发展大局。立足全市改革发展稳定大局，着眼建设风清气正政治生态，统筹处理全面从严治党与围绕中心服务大局的关系、聚焦主责主业与经济社会发展的关系，使纪检监察工作更好适应中央、省委、省纪委和市委要求。针对党风廉政建设和反腐败工作中的重大问题向市委提出38条建议措施，推动全面从严治党与经济社会改革发展深度融合。加强对中央、省委和市委、市政府重大决策部署落实情况的监督检查，确保政令畅通。紧紧围绕新旧动能转换、生态环保、风险防控、脱贫攻坚等重点工作，紧盯“五个莱芜”建设中心任务，强化监督执纪问责，营造良好政治生态，凝聚服务发展合力，推动工作落实。处理中央环保督察组交办问题线索188件，问责47人；调查处理连云铝业等企业违反环保部门停产决定擅自恢复生产等3个问题线索，问责10名党员干部。针对煤炭净压减任务，约谈8名责任人员。对落实市委年度重大发展事项被亮黄灯的23个单位负责人实施约谈提醒；严肃处理电视问政发现的形式主义、官僚主义和失职失责问题，42人受到问责、约谈和批评教育。针对政府过桥资金未按期收回问题，约谈相关部门单位负责人，督促清收6.4亿元，有效防止财政风险。认真落实“三个区分开来”要求，既严惩违纪违法，又保护干事创业，旗帜鲜明地为敢于担当者担当，为敢于负责者负责，保护干部干事创业的积极性。

切实加强对贯彻落实中央八项规定精神情况监督检查，持续改进作风。畅通监督渠道，在市纪委官方微信号、网站开设“四风”举报平台，在媒体公开监督举报方式，织密群众监督网。深入全市旅游景点、酒店、单位食堂等场所开展多轮次突击检查，深挖细查变通变异、花样翻新、潜入地下等顶风违纪问题。全市共查处违反中央八项规定精神问题43起，处理60人，其中，给予党纪政纪处分56人，点名道姓通报曝光典型问题38起、54人。开展扶贫领域财政资金专项巡察，覆盖全市6个区、全部镇（街道）、869个村，涉及152个项目、金额1.099亿元，发现、移交问题线索50件，梳理分解整改任务229项，挽回损失近200万元。建立扶贫领域信访举报移送查处机制，针对省纪委交办的9件问题线索、市纪委交办的45件问题线索进行重点督查督办。开展扶贫领域腐败和作风问题专项治理。全市共查处侵害群众利益的不正之风和腐败问题84起，处理119人，其中给予党纪政纪处分113人。

【案件查处】 2017年全市纪检监察机关畅通信访举报特别是网络举报渠道，建立信访举报处置定期分析通报制度，压紧压实工作责任。市纪委共受理信访举报1010件次，同比下降6.3%，越级信访数量和占比同比分别下降37.5%和16.4%，呈现出“量比双降”的良好态势。全年，省纪委向各市交办信访案件142件，其中向莱芜市交办2件，全市政治生态明显好转。充分发挥信访举报问题线索主渠道作用，市纪委筛选移送问题线索277件。紧盯“三类人”，用坚决的态度减少腐败存量，用果断的措施遏制腐败增量。认真处置省委巡视回头看交办问题线索147件，办结145件，立案63件，给予党纪政纪处分63人。全市纪检监察机关处置问题线索452件，立案319件，处分355人次，其中县级干部7人；移送司法机关5人。在全省率先出台监督执纪“四

2017 年 12 月 4 日，全市推开国家监察体制改革试点工作动员部署会议召开
（市纪委 供稿）

种形态”实施办法及细则，全市运用第一、二种形态处理 391 人次，同比上升 49.24%，占总人次的 70.96%，涉及县级干部 46 人次，抓早抓小、动辄则咎取得新成效。

【体制改革】 2017 年，莱芜市成立市、区巡察领导机构和工作机构，形成市、区联动巡察格局。制定《中共莱芜市委巡察工作实施办法》，按照“1+3”制度体系建设要求，构建起巡察工作制度框架，为巡察工作开展提供基本遵循。明确政治巡察定位，针对扶贫财政专项资金和 8 个市属单位开展巡察。按时完成派驻机构全覆盖改革，市纪委向市一级党和国家机关派驻纪检机构改革全部到位，设立 7 个综合派驻组、3 个单独派驻组。制定派驻机构履行监督职责工作细则，强化对被监督单位的监督，提高发现和解决问题能力。有力有序推开国家监察体制改革试点，按照中央确定的时间表、路线图和省委批准的莱芜市改革试点方案，稳步做好编制划转、机构设置和人员转隶等基础性工作，市区两级监察委员会顺利成立挂牌，与纪委合署办公，实现初步融合。监察对象由原来的 7800 多人增加到 2.1 万余人。

【队伍建设】 新一届市纪委常委会持续加强自身建设，严肃党内政治生活，严格执行民主集中制，加强党性锻炼。落实全省纪检监察干部队伍建设会议精神，召开全市纪检监察干部队伍建设会议，专题研究部署自身建设工作。代市委制定《关于进一步加强全市纪检监察干部队伍建设的意见》，为全面加强队伍建设提供制度保障。坚持优进高出，优化队伍结构，严格选人用人标准，做好区、镇（街道）纪委换届工作，探索建立纵向横向干部交流机制。全年，提拔交流副厅级干部 1 人、县级干部 18 人，巡察、派驻、监察体制改革选拔、转隶干部 40 人。强化教育培训，与中国人民大学合作举办能力提升培训班，开展“干部队伍建设年”活动，实行镇（街道）纪委书记跟班锻炼等制度，引导纪检监察干部增强担当意识，全面提升综合素质和履职能力。强化常委班子成员“一岗双责”，压实党建工作主体责任和监督责任。开展“树清廉家风、建廉洁家庭”主题党日活动和廉情家访活动，筑牢拒腐防变的思想防线。建立健全领导班子建设、机关管理等 28 项内部管理制度，出台纪检监察干部责任追究办法，严格执行监督执纪工作规则及山东省实施办法，规范和制约监督执纪权。零容忍查处纪检监察干部违纪问题，受理纪检监察干部问题线索 14 起，全部办结。

（李胜华）

责任编校：吕昌盛

民主党派·工商联

中国国民党革命委员会莱芜市基层委员会

【概况】 截至2017年年底，中国国民党革命委员会莱芜市基层委员会（以下简称民革莱芜市委）有党员人数56人。刘英才任基层委员会主任委员，朱爱莲、郝济江、马薛梅任副主任委员，黄加国、郭琳、张卫静任委员。

【自身建设】 2017年，民革莱芜市委深入学习习近平总书记系列重要讲话、中国共产党第十九次全国代表大会精神，不断增强“四个意识”和“四个自信”，始终在思想上政治上行动上同以习近平同志为核心与中共中央保持高度一致。3月20日—4月28日，副主任委员朱爱莲参加省委统战部举办的全省新社会阶层代表人士培训班；6月27日，组织班子成员学习中共省十一次党代会精神，市委书记、市人大常委会主任王良在全市领导干部会议上的讲话精神、在纪念莱芜战役胜利七十周年大会上的讲话精神。对党派及党员组织参与的活动，及时主动第一时间上报相关各级各部门。民革中央网站刊登莱芜民革信息30条，各级各类报纸杂志刊登活动报道15篇，《团结报》刊登3篇，团结网2篇。《莱芜民革十年》被山东省人民政府办公厅评选为优秀基层（专门）志。

【参政议政】 2017年，民革莱芜市委56名党员中，有省人大代表1人；市人大代表2人；市政协委员8人，其中常委1人；区政协副主席1人，委员8人，其中常委6人。组织人大代表、政协委员围绕社会热点和莱芜经济的发展，深入调查研究，认真作好省、市人代会和政协会建议、提案的准备，参政议政能力和水平不断提高。在省、市人代会和政协会上，提出建议提案共计20余条，向民革省委报送社情民意信息4条，副主任委员朱爱莲撰写的《关于高度重视职业教育》信息被省政协采用。

【组织发展】 2017年，民革莱芜市委坚持高标准、严要求，把好入口关，注意发现和培养发展对象，新发展党员6名，党员的整体素质日益提高。不断加强对外组织联谊，6月18日，莱城支部与枣庄市直一支部缔结为友好支部。

【社会服务】 2017年，民革莱芜市委充分利用党派优势，组织开展下乡义诊、扶贫济困、社区讲座、慈善救助等活动。积极响应民革中央发出开展“伸出博爱之手——民革基层组织牵手困难群众”活动的号召，结合纪念莱芜战役胜利70周年主题，7月2日，与民革省委联合到钢城区辛庄镇石湾子村义诊，省政协副主席、民革省委主任委员孙继业出席活动并讲话；6月7日，民革省委一行5人到莱城区牛泉镇圣井小学和钢城区里辛街道南朱家庄小学进行一对一资助；与民革省委、省卫计委联合，累计资助困境儿童60余名直至完成学业；民革党员企业莱芜颐高电子商务产业园资助4名贫困学生。

【祖国和平统一工作】 2017年，民革莱芜市委通过不同的渠道和形式，不断加强对外交流和横向联合。1月7日—16日，主任委员刘英才作为鲁台针灸高峰论坛代表团成员赴台湾省，参加学术交流活动，与来自70多个国家和地区的专家学者共同探讨针灸在当今治疗保健中的特殊疗效和无可替代的作用。

中国民主同盟莱芜市委员会

【概况】 截至2017年年底，中国民主同盟莱芜市委员会（以下简称民盟莱芜市委）有盟员171人。李兴实任市委主任委员，马传军、李娅丽、武沛荣任市委副主任委员，刘俊敏、许然、曾国锋、张敬波、朱爽任市委委员。

【自身建设】 2017年，民盟莱芜市委以盟史教育为抓手，先后组织市委会成员参加全省党外领导干部中国共产党第十九次全国代表大会专题学习班、民盟山东省委在苏州举办的省市级组织领导班子成员培训班、民盟山东省委、各市委会机关部门负责人培训班、市委统战部组织的党外干部培训班，组织盟员到聊城季羡林纪念馆、井冈山革命教育基地、沂蒙红色教育基地进行“不忘合作初心，继续携手前进”专题教育。学习中央统战会议精神和《中国共产党统一战线工作条例(试行)》及多党合作理论。建立民盟在线QQ群、微信群，面向全体盟员开放，及时了解市委、市政府的工作动态。加强民盟网站建设，优化网站栏目，及时传播工作信息。

【参政议政】 2017年，民盟莱芜市委贯彻落实民盟省委“全盟参政”方针，深入开展调查研究，积极建言献策，切实履行参政党职能。盟市委领导及15名盟员积极参加中共莱芜市委召开的党外人士座谈会、民主协商会和市政府举办的情况通报会等活动，先后就食品安全、城里大班额问题的解决等方面深入基层一线调研，提出的意见建议先后纳入政府决策。《多措并举加快我市特色小镇建设》《关于加快我市应急救援体系的建议》等4篇调研报告列入市政协会议交流材料，集体提案4件，盟员个人提交提案30件。分别向市委统战部、市政协、民盟省委报送《发挥公共资源优势满足中小学生假期补课需求》《关于推进农作物秸秆综合利用的建议》等社情民意信息19篇，共计57篇，14篇被省政协采用。向市委统战部报送调研报告4篇。

【社会服务】 2017年，民盟莱芜市委发挥盟的智力优势，突出特色，完善工作机制，深化服务内容，探索创新“三结对”社会服务的新模式，积极开展社会服务工作。三八妇女节期间组织女性盟员到农高区方下镇开展慰问敬老院老人、义务植树活动，凤城支部和莱城区支部盟员到莱城区高庄街道蔺家庄村植树点义务植树，进行荒山绿化，民盟钢城支部联合钢城区食品药品监管局走进钢城区鲁百超市开展食品药品安全宣传教育活动，民盟莱芜市委成员、汶源支部盟员深入到盟员企业宏葵生物（中国）制药股份有限公司学习调研，为公司的发展献计献策，市中支部、教育支部开展“春蕾女童”爱心妈妈圆梦活动，市中支部盟员进行义诊和免费法律咨询活动。凤城支部、汶源支部、市中支部、教育支部、莱钢二支部盟员分别到莱城区高庄敬老院、莱城区羊里敬老院、钢城区汶河颐养院开展重阳节送温暖活动。

中国民主建国会莱芜市委员会

【概况】 截至2017年年底，中国民主建国会莱芜市委员会（以下简称民建莱芜市委）有会员69人。刘杰任委员会主任委员，井润峰、李秀芳、杨文安、吕永军任副主任委员。

【自身建设】 2017年7月25日，召开中国民主建国会莱芜市委员会成立暨第一次会员大会，民建莱芜市委正式成立，选举产生民建莱芜市委第一届领导班子。根据民建会章有关规定，经市委统战部同意，先后成立市直一支部、市直二支部、市直三支部、莱城区支部、钢城区支部5个支部。先后出台《民建市委主委会议规则》等10项制度。年内新考察发展会员10人。

【参政议政】 2017年，民建莱芜市委先后撰写《关于推进建设国家级钢铁产业转型示范城市的调研报告》《关于电梯行业践行一带一路的建议》《关于加强石灰石矿山保护开采的建议》等调研报告。市政协会议上，民建会员共提交集体和委员提案13件。市政协专题议政会上，会员李秀芳、李舟分别作大会发言，提出的建议被有关部门采纳。全市党外人士情况通报会上，主任委员刘杰围绕雪野旅游区定位、工业园区建设、市医院二期工程建设、改革督察工作机制等方面作大会发言，对市委、市政府下一步工作提出建议。

【社会服务】 2017年，民建莱芜市委积极参与“同心扶贫攻坚”行动，与莱城区高庄街道赵家峪村结为扶贫帮扶对子，开展“同心助老”活动，前往赵家峪村看望34户贫困老人，送去大米、棉被等价值6000元的物资；在钢城区艾山街道中心小学建立“民建书屋”，作为长期捐助书籍的固定场所。把市儿童福利院作为社会服务固定联系点。组织会员看望福利院儿童，为他们送去价值1000元的物品；组织有能力的热心会员开展多次定向救助活动。会员郭秀峰发起成立“微爱公益服务中心”，前往莱城区苗山镇响水湾村开展捐赠棉被等定向活动。

【重要活动】 2017年3月，民建省委副主任委员李旭茂带领省直机关支部到钢城区，在棋山“民建林”与莱芜部分会员参加义务植树活动，市委会主委、市人大常委会副主任刘杰参加活动。民建宁波北仑基层委一行7人到莱芜市招商考察。7月，会员袭著霞出资20万元设立钢城区校园足球培养金，组织民建“瀛元”钢城区校园足球培养计划捐赠仪式。9月，各支部在重阳节分别看望60周岁以上的老会员。会员李长明入选战略新兴产业创新类泰山产业领军人才，其企业山东奔速电梯股份有限公司获得山东省第十届“发明创业奖”一等奖。会员郭秀峰企业的整装式集成冷热源系统获山东省中小微企业创新经济行动计划先进制造组第一名以及中国第六届创新创业大赛总决赛入围奖。

中国民主促进会莱芜市基层委员会

【概况】 截至2017年年底，中国民主促进会莱芜市基层委员会（以下简称民进莱芜市委）有会员40人。刘振伟任市基层委员会主任委员，李承学、马海燕、张俊达任副主任委员，王成明、周晶、朱荣梅任委员。

【自身建设】 2017年，民进莱芜市委下设三个支部：市直支部（21人），莱城区支部（12人），钢城区支部（7人）。其中，教育界17人，占42.5%；医药卫生界7人，占17.5%；经济界6人，占15%；农业界5人，占12.5%。认真贯彻落实《中国民主促进会基层组织工作条例》，严格把握质量和入口关，积极稳妥的发展新会员，经过长期的考察，筛选4名考察人选，上报民进省委会审批。组织会员深入学习习近平总书记“7·26”讲话精神、省第十一次党代会精神以及民进十二大精神。把学习贯彻中国共产党第十九次全国代表大会精神摆在突出位置。

【参政议政】 2017年，民进莱芜市委共收集提案建议21件，社情民意信息14篇。在十届一次政协会议上，提交《大力发展优质特色产业，加快推进农业供给侧改革》《关于加强招商引资重点项目快速推进的建议》《关于严厉禁止网络淫秽小说，保护未成年人心灵的建议》等提案6件。莱城区、钢城区地方组织向区级政协提交《关于统一教材版本的建议》《关于加强我区学生托管行业监管的建议》等提案15件，所提提案均被立案，并得到承办部门采纳。向民进省委、市委统战部、市政协报送信息14篇。《关于加快规划建设农产品交易市场的建议》《尊重病人权利》《关于统一教材版本的建议》等社情民意信息被民进省委、市委统战部、市政协采纳应用。

【社会服务】 2017年，民进莱芜市委坚持以开展“科技支农”“精准扶贫”“春联万家”“启智行动”等品牌服务活动。先后到扶贫任务较重的莱芜市润百禾现代农业科技有限公司、明利特色蔬菜种植专业合作社、嬴泰田园等新型农业经营主体，开展田间技术指导服务活动12次，讲解推广优质安全高效生产技术，帮助提高生产效益和管理水平，增强帮扶带动能力；开展“春联万家”活动3场次，为贫困户和广大居民发放春联1000余幅；开展“诗词鉴赏”系列宣讲、“法律知识进校园”、“中医保健进社区”和“培育智慧父母，传承良好家风”家庭教育巡讲等“启智行动”，提升广大市民的科学文化素质和道德修养。

中国农工民主党莱芜市委员会

【概况】　截至2017年年底，中国农工民主党莱芜市委员会（以下简称农工党莱芜市委）有会员87人，张桂爱任市委主任委员，杨桂钊、张茂勇、刘国华、孙宪军任市委副主任委员，孟坤、吴金学、朱明、吴明花任市委委员。2017年，被农工党中央授予“中国农工民主党开展坚持和发展中国特色社会主义学习实践活动先进集体”称号，被农工党省委授予“全省助力扶贫攻坚优秀集体”等称号。

【自身建设】　思想建设。2017年，农工党莱芜市委把学习宣传贯彻中国共产党第十九次全国代表大会精神作为首要政治任务，覆盖到全体党员。11月7日，召开由市委委员、各支部委员参加的中国共产党第十九次全国代表大会精神专题学习会议。开展“农工读书月活动”，教育引导全体党员牢记宗旨、提升精神境界。组织建设。2017年，农工党莱芜市委科学合理调整、设立支部，将原有的5个支部调整为7个，分别为市医院支部、中医院支部、教育支部、综合支部、莱城支部、钢城支部、高新支部。配强支部班子，完成支部换届工作。成立新一届专门工作委员会，建立参政议政委员会、民主监督委员会、社会服务委员会3个专门工作委员会。新党员发展。全年新发展党员6人。

【参政议政】　2017年，农工党莱芜市委深入推进“助力扶贫攻坚五个一行动”。5月上旬，联合中国孔子基金会、农工党省委，对全市169所中小学校捐赠价值153万元的教辅设备。9月中旬，从中国初级卫生保健基金会为莱城区牛泉镇祥沟村、雪野旅游区茶业口镇刘白杨村20名贫困儿童争取2万元助学金。做好社会服务工作。6月初，联合市国土资源局、市卫计委等部门在莱芜市经济开发区黄梁坡文化广场举行“中国环境与健康宣传周”活动，从农工党员中抽调精干医护人员组成义诊团，与莱芜市心连心艺术团合作巡回演出，取得良好的宣传效果。9月，协调市教育局，做好贵州省贫困地区毕节市大方县10名教师到莱芜市为期2个月的挂职学习工作。11月15日，在大润发广场开展“国际科学与和平周”宣传义诊活动，为现场群众免费查体、发放药品和老花镜。积极参政议政、建言献策。确定全域旅游、医联体建设等3个调研专题，安排专门调研经费，保证调研工作力量，形成调研报告6篇，其中，《关于全市旅游工作的调研报告》被市委领导批示。

中国致公党莱芜市基层委员会

【概况】 截至2017年年底，中国致公党莱芜市基层委员会（以下简称致公党莱芜市委）有会员83人。赵涛任基层委主任委员，朱向栋、徐峰、徐国红、蔚罗、田咏菊任基层委副主任委员，张克兴、孙晓昕、黄华任基层委委员。莱芜市基层委被致公党中央评为“坚持和发展中国特色社会主义学习实践活动先进集体”,被山东省委授予“参政议政工作先进集体”和“社会服务工作先进集体”等称号。

【自身建设】 2017年，致公党莱芜市委推进党员信息电子化管理。按照致公党山东省委的统一要求，完成对全市党员“党员基本情况登记表”信息采集、统计工作。做好组织发展工作。严格党员发展标准和程序，新发展5名党员。持续强化年轻党员、新党员教育培养，提高综合能力。在各级人大代表、政协委员换届中，2人被推荐为市人大代表，1人被推荐为区人大常委；1人被推荐为省政协委员，1人被推荐为市政协常委，7人被推荐为市政协委员，1人被推荐为区政协常委，4人被推荐为区政协委员。

【参政议政】 2017年，致公党莱芜市委完成《关于进一步加强法律援助经费保障工作的建议》《关于深化综合行政执法体制改革的建议》《关于推动我省区域性股权市场健康快速发展的建议》3个省委重点调研课题。积极撰写社情民意，共计上报省委7篇社情民意。《关于中央电视台〈新闻联播〉增加手语和字幕的建议》被致公党中央采用；“在扶贫工作中强化扶志的建议”被致公党中央和中共中央统战部采用，被写进中国共产党第十九次全国代表大会工作报告中。

【社会服务】 2017年，致公党莱芜市委结合市委、市政府脱贫攻坚部署要求，进一步选准切入点，找准结合点，增强社会服务工作的时代性、实效性。2017年，在社会服务工作中共计受益人次1000余人，捐款、捐物共计价值15.8万元。开展“致公·夕阳”工程。春节前，莱城支部到莱城区牛泉镇上峪村，开展送温暖活动，看望贫困户和孤寡老人。9月，到莱城区牛泉镇敬老院开展“敬老爱老活动”。10月，高新区支部到莱城区口镇敬老院为老人免费查体；重阳节前夕省直二支部、莱城支部、高新区支联合到农高区方下敬老院、莱城区和庄敬老院看望孤寡老人。开展“教育扶贫”工程。5月，到扶贫帮扶点莱城区牛泉镇西凤阳村进行调研。9月，积极协调北京易万联信息科技有限公司在牛泉镇西凤阳村开通“易村长”信息服务平台试点工作。开展“致公·同心书屋”工程。5月，联合三味书屋到莱城区和庄镇中学开展捐书助学活动，共计捐赠教辅材料1800余册，价值5.4万元。6月，致公党莱芜市基层委当峪小学“致公书屋”和三味书屋“致公读吧”揭牌仪式举行。致公党山东省委副主任委员姜明出席仪式并揭牌，活动共捐赠图书3000余册。开展“致公·健康”工程。10月，组织党内医疗专家到莱城区和庄镇草庙头村为300余名群众进行义诊。

九三学社莱芜市基层委员会

【概况】 截至2017年年底，九三学社莱芜市基层委员会（以下简称九三学社莱芜市委）有社员80人。董杰任九三学社基层委会主任委员；吕胜德、张运利、李卫国任基层委会的副主任委员。

【自身建设】 2017年，九三学社莱芜市委成员中教授和高级职称占88%，中级职称12%，硕士博士占25%，本科以上学历占90%，社员整体素质有较大幅度提升。界别分布。科学技术界33人，医药卫生界14人，教育界10人，经济界11人，文化艺术界2人，政府机关10人。政治安排。市区两级政协委员14人，市人大代表2人，省人大代表1人。1人任市政协副主席，1人任市政协常委，2人任钢城区政协常委。

【参政议政】 2017年，九三学社莱芜市委认真组织社员围绕市委、市政府中心工作进行调研，发挥科技人才优势，积极参政议政，为莱芜市经济和社会发展建言献策。主任委员董杰撰写《运用高铁思维探索新商业模式，创新引领莱芜工业产业集群突破发展——关于建设莱芜市工业技术研究院和产业集团（公司）的调研报告》，提出“创造后发优势，加快新旧动能转换，建设莱芜市工业科学研究院的建议”，得到市委、市政府和市政协的高度重视。九三学社配合工作组完成山东鲁中工业科学研究院顶层设计方案，鲁中工业科学研究院于2017年7月15日正式挂牌，结束了莱芜没有工业研究院历史，为高端人才引进搭建平台。社员吴卫平发挥自身技术优势，投资建设的山东阿尔普尔节能装备有限公司，用自主创新的超低温空气源热泵技术，城市、城镇和农村提供包括冬季采暖、夏季中央制冷及余热回收生活热水为一体的一站式环保解决方案，对治理雾霾做出重要贡献；在政协会上提出建设“中德新能源小镇”的建议，受到市委、市政府高度重视和大力支持，“中德新能源小镇”的建设方案通过山东省评审。九三学社社员在市、区人代会和政协会上，为全市经济和社会发展积极建言献策，提交提案10件，调研报告3件，大会发言材料2件。

【社会服务】 2017年，九三学社莱芜市委组织社员撰写发表论文16篇，申请专利20余件，授权国际发明专利2件。赵培林博士获山东钢铁股份技术创新突出贡献奖、第三届山东省冶金科技奖，承担国家“十三五”重大专项科技支撑计划项目《大规格高强度易焊接海洋工程用钢》。5月6日，莱城支社开展“九三进校园”活动，为学生进行食品安全卫生知识普及，受到学校师生的好评。8月26日，九三学社的8位医学专家到省级贫困村钢城高新区清泉岭村，为100多位因病致贫的村民扶贫义诊。

（张兆帅）

莱芜市工商业联合会（商会）

【概况】 2017年，莱芜市顺利完成市、区两级工商联换届工作，选举产生市级工商联执委106人、常委45人，区级工商联执委130人、常委50人。做好会员发展工作，全年累计发展会员433个，会员总量达到5754个。开展“五好”县级工商联和“四好”商会创建活动，钢城区工商联、莱城区工商联分别获得“全国‘五好’县级工商联”“全省‘五好’县级工商联”称号。开展非公经济人士理想信念教育实践活动，组织300余名企业家参加教育培训。做好经济服务，扎实开展经济社会发展综合考核营商环境改善考核工作，开展“民企帮村·携手脱贫”攻坚行动。做好法律服务，被省工商联授予2017年度“法律服务先进单位”称号。

【组织建设】 2017年，莱芜市顺利完成各级工商联换届工作。认真贯彻落实中央、省委和市委关于工商联换届工作各项政策规定，完成全市各级工商联换届工作，选举产生市级工商联执委106人，常委45人，区级工商联执委130人，常委50人，工商联队伍进一步优化。积极做好全国、省工商联执常委推荐工作，泰钢集团董事长王永胜当选为全国工商联执委。做好会员发展工作。全年累计发展会员433个，会员总量达到5754个，年增长率8%。积极创建全国“五好”县级工商联，组织两区工商联外出参观考察、相互学习交流，引导两区工商联进一步加强自身建设。钢城区、莱城区工商联分别获得全国“五好”县级工商联和全省“五好”县级工商联称号。扎实开展“四好”商会创建活动。引导商会积极开展活动，指导旗袍会组织开展了第二届旗袍文化节，组织新生代企业家商会到浙江、江西等地学习考察，指导烹饪餐饮商会举办第三届美食文化节等，增强商会凝聚力，提升商会工作水平。

【宣传教育】 2017年，莱芜市工商联深入学习宣传贯彻中共十九大精神，推进理想信念教育。将学习宣传贯彻中共十九大精神作为首要政治任务，在工商联机关及广大非公有制企业中扎实开展学习宣传贯彻活动。组织企业家集中学习省党代会、市党代会、全省支持非公经济健康发展工作会议等重要会议和文件精神，300余名企业家参加学习。加强教育培训，建设高素质企业家队伍。与高新区联合组织“中国经济形势解析与企业发展新机遇”专题培训班，与市委统战部联合举办全市青年企业家培训班，206名企业家参加培训。组织3名市属商会负责人参加全省商会会长培训班。开展综治服务。认真落实“七五”普法任务，扎实推进“法律三进”活动，与市公安局联合开展“非公经济人士进警营”活动，优化非公有制企业法制环境。与市总工会在企业中联合建立工会与行政沟通协调机制，保护非公有制企业合法权益。与市人力资源和社会保障局等部门联合对23家“2016年度莱芜市劳动关系和谐企业”进行命名表彰，推动劳动关系和谐稳定。

【参政议政】 2017年，莱芜市工商联定期走访企业。制定“领导班子联系企业”制度，每位班子成员每月至少走访一次主席企业，每季度至少走访两次执常委企业，了解企业发展现状，帮助企业排忧解难。制定“主席轮流坐班”制度，每季度由一名企业家主席担任轮值主席，负责组织本季度的主席办公会议，增强工商联领导班子的凝聚力、向心力。开展专题调研。集中进行“下基层、增四信”、“四好”商会、营商环境改善、企业扶贫等调研活动，形成调研报告4篇。按照全国工商联和省工商联要求，开展民营企业运行状况、降低实体经济企业综合成本、民营经济转型升级、非公有制经济人士理想信念教育实践活动等专项调研，完成调查问卷126份。做好提案工作，指导工商联界政协委员提交个人提案26篇，工商联团体提案8篇。召开座谈会。与市委统战部联合举办全市非公有制经济代表人士座谈会，听取意见建议；推荐2名市工商联副主席（副会长）参加全省非公有制经济人士座谈会。

【服务经济发展】 2017年，莱芜市工商联开展营商环境改善考核工作。积极迎接山东省对莱芜市营商环境考核工作。通过召开座谈会、开展调研等方式对全市营商环境基本情况进行摸底，从依法保护企业家财产、保护企业家自主经营权、促进企业家公平竞争诚信经营、激发企业创新创业活力、完善企业家激励机制、弘扬优秀企业家精神、优化对企业家的服务、培育优秀企业家队伍等方面积极与市直有关部门沟通协调，推动营商环境改善。顺利完成市对各区营商环境改善指标考核。12月，通过开展集中评议、第三方电话访问、平时考核和查阅资料、实地考察四种方式，对各区营商环境改善情况进行量化考核，对考核中发现的问题和企业家提出的意见建议及时向相关区作反馈，有力地推动全市营商环境改善。开展科技、人才、银企“三对接”活动。超额完成招商引资任务，引进圆泰环保新能源项目，投资额2.6亿元。超额完成招宾引客任务，充分发挥莱芜市工商联执常委中高端人才优势，累计邀请226位客商到莱芜参观考察、投资创业。组织企业积极争创“全国民营企业500强”和“全省民营企业100强”评选活动，泰钢在全国民营企业500强中排名第202位，九羊和泰钢在全省民营企业100强中分别排名第35、36位。

【联络工作】 2017年，莱芜市工商联组织企业家到江苏省无锡市、镇江市等地参观考察，与当地知名企业家座谈交流，解放思想、学习先进，增强企业家干事创业的信心和决心。借助省工商联平台，组织企业参与“中国——俄罗斯博览会”“香港山东周”“鲁台交流年”以及“一带一路”中巴合作论坛等重大经贸交流活动，寻求合作商机，取得积极成果。

【精准扶贫】 2017年，莱芜市工商联开展“民企帮村·携手脱贫”攻坚行动。加大对企业家参与精准扶贫工作的引导力度，企业帮扶范围覆盖全市45个省级、市级贫困村，累计帮扶金额732万元，帮扶项目32个，帮扶贫困人口1456余人。组织非公有制经济人士参与帮村、帮学、帮老等社会公益活动，山东金来集团投入278万元为贫困村修建水库，亓氏酱香源累计资助100多位贫困学生。

（马　敏）

责任编校：吕昌盛

群众团体

莱芜市总工会

【组织及工作概况】 2017年，莱芜市总工会辖2个区（莱城区、钢城区）总工会，4个功能区（高新区、雪野旅游区、经济开发区、农高区）工会工作委员会，11个产业（部门）工会工作委员会和1个派出工会工作委员会。市总工会机关设办公室、组宣女工部、经济法律保障部、财务部，辖市工贸工会、市工人文化宫、职工服务中心（挂职工法律服务处牌子）、经审办公室（挂职工技协办公室牌子）4个直属事业单位。截至2017年年底，全市建立基层工会委员会2517个，涵盖单位11170个，工会会员321287人；工会所在单位签订集体合同1788个，涵盖单位6736家；推行厂务公开的单位2220家，工会主席进入董事会的131人、进入监事会的209人。

2017年4月28日，全市庆祝"五一"国际劳动节暨市劳动模范表彰大会在莱芜会展中心举行 （市总工会 供稿）

【市劳动模范评选】 2017年，莱芜市委、市政府成立由市领导任主任和副主任，宣传、工会、人社、教育、经信、财政、安监、环保、地税、国税、农业、科技及共青团、妇联等部门负责人参加的市劳模评选委员会，加强对企业负责人的审核。根据全市人口数量、劳动力分布、企业和职工增长等情况，按照企业分布、贡献大小、职工人数、农村劳动力人数和兼顾平衡的原则，合理确定市劳模评选名额和评选范围。按照"把好政治关、身份关、事迹关、守法关和形象关"的要求，坚持面向基层，面向一线职工，坚持公开、公平、公正，严格评选标准，充分发扬民主，自觉接受群众监督。经过层层审核把关，共评选出80名市劳动模范。2017年4月28日，全市庆祝"五一"国际劳动节暨市劳动模范表彰大会在莱芜会展中心举行。市委书记、市人大常委会主任王良出席会议并讲话，市委副书记、市长梅建华主持会议。会议表彰了近年来为全市经济社会发展做出突出贡献的劳动模范，同时推荐评选全国工人先锋号1个、全国五一劳动奖章1名。

【服务经济社会发展】 开展建功

2017年12月22日，莱芜市户外职工“爱心驿站”启用仪式举行
（市总工会 供稿）

立业行动。莱芜市总工会制定《莱芜市总工会2017—2020年劳动和技能竞赛规划》，围绕全市“七项竞赛”和十大重点产业振兴，开展“五好效益型竞赛”和符合行业特点的技能比武、技术创新，助推全市经济供给侧结构性改革和新旧动能转换。全市1600多家企业开展职工技术创新活动，涌现15000多项职工技术创新成果。以“赢牟工匠·莱芜智造”为主题，举办第三届职工创新成果展，展示优秀创新成果近百项。推进“创新工作室”建设，创建劳模（高技能人才）创新工作室10家。开展“企业牵手班组共建”活动，认真落实《莱芜市职工素质建设工程四年规划》，培养高素质创新型劳动者。深化“齐鲁最美职工”选树和“齐鲁文化大道”品牌创建活动，新建“全国职工书屋示范点”2家、市级职工书屋20家。在全省首创以“职工现场交接提示、班组隐患挂牌告示、企业案例教育警示”为核心的安全生产“三示”制度，保障职工生命健康安全。全市210家企业设立亲情教育提示牌，2800多个班组建立起隐患提示微信群，互相传递安全信息，保障安全生产。召开全市化工行业“查保促”专项行动动员会，组织广大职工全面排查安全隐患，提升化工行业安全生产水平，200多家化工企业开展隐患排查，查出安全隐患3100多个，并及时整改。

【职工合法权益维护】 推进工资集体协商提质增效。莱芜市成立全市依法推动企业普遍开展工资集体协商工作领导小组，把工资集体协商纳入科学发展综合考核体系。组织召开全市经验交流会，举办《山东省企业工资集体协商条例》知识竞赛，开展“集中要约”行动，建立市、区专职指导员队伍，推广了16个工资协商示范点。工资集体协议覆盖企业9800多家，已建会企业平均建制率达91%。深化“推行协商民主、强化社会责任”行动，制定《关于在企业中建立工会与行政沟通协商机制的实施意见》，召开推进工作会议，编印《企业工会与行政建立沟通协商机制一本通》。加强对厂务公开、民主管理的分类指导，全市规模以上企业建制率达95%以上，中小企业建制覆盖率80%以上。1个单位被命名为全国厂务公开民主管理示范单位；2个单位被命名为省级“推行协商民主、强化社会责任”先进单位。开展“送法进企”普法宣传活动，联合市司法局、市律师协会，聘请市职工维权律师团举行普法课堂，到各区及相关企业进行普法宣讲，增强广大职工的依法维权意识。实施职工成长计划，加强女职工专项集体合同工作，保障女职工特殊利益。

【职工服务体系健全】 2017年，莱芜市总工会完善市、区、镇（街道）、社区四级服务职工体系，各功能区、镇（街道）、300人以上的企事业单位和已建工会的社区职工服务中心基本建成。建立5家“户外职工爱心驿站”，为环卫工人、交警、出租车司机、城管人员等户外劳动者提供必要服务和休息条件。在银行、社区、医院等人员密集场所，建设“妈妈小屋”18家，配备沙发、饮水机、婴儿床等设施，更好地满足女职工需求。做好“赢惠卡”推广使用工作，让办理“赢惠卡”的困难职工享受到更多打折优惠。做实“四季服务”。“春送岗位”帮助460多名进城务工人员成功找到就业岗位；“夏送清凉”为奋战在高温、露天一线职工和农民工送去防暑物品；“金秋助学”向40多名考取大学的困难职工子女每人提供4000元助学金，对特别困难的给予跟踪帮扶，帮助完成大学学业；“冬送温暖”精准识别困难职工，元旦春节期间集中救助困难职工1600余人次，发放帮扶资金208万元。“帮扶送教育”资助245名困难职工特别是单亲女职工农民工子女学生每人300元。为102名患大病的职工每人提供1000元的医疗救助。集中帮扶300个农村贫困户，发放帮扶资金9万元。

（运敏敏）

中国共产主义青年团莱芜市委员会

【组织机构及概况】 截至2017年年底，全市共有团组织1769个，团干部2139人，团员42437人，14～35周岁青年数312695人。2017年，团市委以学习宣传贯彻中共十九大为主线，突出从严治团主题，扎实推进改革攻坚，推进团的阵地建设、服务能力建设、队伍建设、自身建设，强化重点项目带动，全市各级团干部在服务大局、服务青年中展现作为、体现价值，团的工作水平不断提升。

【青春导航行动】 2017年，团市委以“青春喜迎十九大不忘初心跟党走”为主题，先后开展青年文明号风采展播、全市纪念建团95周年主题教育活动、习近平总书记青年工作思想读书分享会等活动，营造了浓厚氛围；中共十九大召开以来，全市各级团组织开展专题培训、部署会议、宣讲等活动238场次，覆盖团员青年75000余人，掀起学习宣传贯彻中共十九大精神的热潮。以纪念莱芜战役胜利70周年为契机，举办“纪念莱芜战役践行城市精神”全市青年演讲比赛，展现了全市青年的良好精神风貌。开展“寻访最美青年”活动，弘扬先进典型示范带动作用。开展“喜迎十九大我向习爷爷说句心里话”主题教育活动，全市160余所中小学开展主题队会、演讲比赛等活动近1000场次，6万余青少年参与实践体验；组织广大辅导员研读中共十九大报告，发动少先队员争做“新时代好少年”，参与辅导员超过2000人，少先队员超过8万人；组织开展“弘扬莱芜战役精神，争做嬴牟好少年”少年儿童书信文化活动，

2017年5月4日，全市纪念建团95周年主题教育活动暨市青少年宫开馆仪式在市青少年宫举行（团市委 供稿）

通过书信形式表达少年儿童对美好生活的向往；继续开展“国学达人”挑战赛，培养中小学生对传统文化的认同感。

2017 年 8 月 21 日，全市希望工程圆梦行动捐助仪式在市青少年宫举行
（团市委 供稿）

【青春创业行动】 2017 年，团市委以加快新旧动能转换为统揽，推动全市产业振兴提升，深化青年创新创效和青工技能振兴计划，鼓励和引导青年参与技术创新、管理创新和服务创新，组织开展“创业咖啡·天使有约”全市创业项目路演、千名电商人才公益培训等活动，项目参与 30 余个，覆盖电商从业青年 8000 余人，依托颐高电子商务产业园、山东经桥创业基地为近 200 名优秀创业青年提供场地、资金、技术等配套支持，助推电商产业成为全市经济发展新引擎；服务全市重点项目建设，深化青年安全示范岗、青年安全生产标兵创建等活动，选树市级以上集体和个人典型 100 余名，评选表彰“2017 年市青年突击队（标兵）”32 个，带动更多的青年投身经济建设主战场。

【青春扶贫行动】 团市委针对初创业贫困青年，争取低息、贴息优惠贷款 45 笔，共 3900 万元，受益青年 110 多人，依托经桥创客联盟等创业孵化平台，加强初创业培训，举办公益培训活动 35 场，帮助策划牛泉镇西凤阳花椒村、清泉岭村有机小米等创业项目，通过吸纳周边劳动力就业、入股分红等模式实现增收脱贫；针对贫困求学青少年，累计开展“牵手关爱行动”“青年文明号助百村”“青联委员结对帮扶”“金晖助老”等活动 500 余场次。项目化运作“青春同行温暖赢牟”贫困留守儿童关爱项目，争取资金 12.2 万元，开展活动 80 余场次，帮扶留守儿童 380 余人。推进“希望工程”，捐助书屋 8 个，资助贫困青少年 150 余名，捐助物资近 50 万元，募集资金 63.8 万元，让 185 名贫困学子圆梦大学。

【服务全国文明城市创建】 团市委组织开展文明交通志愿服务，举办专题培训 2 期，组织 140 支志愿服务队、2000 余名志愿者开展文明引导志愿服务，累计参与志愿者近 3 万人次，服务时间 5 万余小时。启动实施“小手拉大手共守文明交通行动”“小手拉大手共建文明城”青少年创建文明城市知识竞赛等，营造浓厚创城氛围，覆盖青少年 5 万余人，团市委立全市创城工作集体二等功，有 2 名个人分别获个人二等功、三等功，3 名个人获先进个人称号。启动实施青春绿色行动·共建美丽莱芜——2017 年青少年植树活动，组织青年近 300 人，栽植树木 1500 余株。深化“小手拉大手共筑碧水蓝天”行动，全市开展各类教育实践活动 200 余场，覆盖青少年 3 万余人。

【“网上共青团”建设】 2017 年，团市委成立“青春莱芜”新媒体中心，做好“青年之声”“青春莱芜”网站、微博、微信运营管理和线上、线下活动设计，通过网络传递青年好声音、传播青春正能量。召开“青年之声”工作推进会，细化考核办法，对相关工作进行再部署再动员。

【工作阵地建设】 市青少年宫设立。5月4日市青少年宫正式开馆，填补了莱芜历史上团属教育阵地的空白。抓住党群服务中心建设的契机，加强党建带动作用，实现青年之家入驻党群服务中心9家，整合团内资源、社会资源等丰富完善全市“青年之家”18家。青年之家工作得到团省委的充分肯定，将其作为先进经验在全省进行推广学习。依托青少年法治教育基地，组织青少年开展学习观摩12次，覆盖青少年2000余人。

【共青团改革】 团市委坚持上下联动、把握关键，采取“走出去”和“请进来”相结合的方式，赴各区（功能区）开展共青团改革专项调研，召开市直各单位团组织的座谈会。通过到改革先进地区上海进行深入调研、充分征求全市基层各层级各领域团员青年意见等方式，7月24日市共青团改革方案正式印发。同步做好两区共青团改革方案指导工作，莱城区改革方案年内印发。

【团的自身建设】 深化团干部直接联系青年工作机制，充分利用“1＋100”手机端APP与青年进行线上线下互动，实现团干部与青年间的零距离接触，截至2017年年底，全市团干部联系青年1068名，获得青年评论、点赞2238个。6月，举办全市团干部培训班，首次采取异地培训方式，依托省青少年宫，进行封闭培训，团干部队伍凝聚力、战斗力明显提升。严格落实团员发展规划和发展细则，进一步规范团员发展管理工作，控制发展规模、提升发展质量，确定2017—2018学年团员发展计划为4948人。集中开展“学习总书记讲话，做合格共青团员”主题教育实践活动，制定项目配档表，建立包片督导工作组，确保教育实践活动实效。各级团组织通过开展团员先锋岗（队）示范创建活动，不断增强团员的先进性和荣誉感，争取省级团员先锋岗创建单位1个。

（于　冰）

【雷锋车队】 莱芜市雷锋车队成立于2007年4月12日，由段崇刚、鹿光和、王凤文等8名出租车驾驶员在市政府广场自发组建。2016年12月，莱芜市雷锋车队在“四个100”活动中获全省最佳志愿服务组织称号。2007年2月，莱芜市雷锋车队获得全省唯一一个“全国100个最佳志愿服务组织”称号。在2017年莱芜市雷锋车队成立十周年纪念日，邀请雷锋生前亲密战友乔安山夫妇、中国雷锋车队队长王凤进、中国雷锋形象大使骆驼强子、原省台交通音乐广播主持人肖兰及全省雷锋车队队长到莱芜开展公益活动。

（刘　华）

【莱芜在线志愿者服务队】 莱芜在线志愿者服务队于2004年由莱芜在线网站发起成立，2010年经共青团莱芜市委、莱芜市民政局批准注册成立的青年志愿者组织。服务队秉承“莱芜在线，爱心无限”理念，依托莱芜在线门户网站论坛优势，普及志愿服务理念，在网站论坛设置专门的“爱心公益”版块先后发起上千次爱心志愿活动。近年来，服务队先后被评为莱芜市优秀志愿者服务组织、莱芜市希望工程助学先进单位、莱芜市青年文明号20周年示范集体、山东省志愿服务活动“四个100”先进集体、山东省青年文明号。

（沙　莉　王　睿）

莱芜市妇女联合会

【组织及工作概况】 莱芜市妇联辖莱城、钢城2个区妇联、20个镇（街道）妇联、1077个村（社区）妇联、40个市直妇委会、4个团体会员单位。2017年，市妇联坚持围绕中心、服务大局，积极推动妇联改革、妇女创业发展、巾帼脱贫、维护权益、家庭文明创建、爱心救助、妇女儿童发展规划实施，完成招商引资和招宾引客目标任务，全市妇女儿童工作实现了新发展。年内，市妇联被评为市级文明单位，被授予集体三等功，党组获得“学习型党组”称号，由妇联推荐的省级以上各类奖项37项。

【妇联改革】 莱芜市妇联在调研摸底、多方征求意见基础上，吸收借鉴全国、省妇联改革经验成果，结合莱芜实际，研究起草《莱芜市妇联改革实施方案》，方案经莱芜市全面深化改革领导小组第22次会议通过，7月24日以莱办发〔2017〕25号文件印发实施。实施方案进一步调整优化部室设置，增设市妇儿办工作部，增配挂职副主席1名，挂（兼）职妇联工作人员4名。方案要求各区妇联人员编制比以前增加至少1名以上，妇儿办人员编制比以前增加3名以上；加强各功能区妇联工作力量，设立妇联组织，配备专职妇联干部，解决科级待遇问题。

【巾帼建功】 服务妇女创业发展。莱芜市妇联联合市人社局开展春风送岗位女性专场招聘会，提供女性就业岗位2142个。抓好小额担保贷款工作，为3家“妇字号”企业争取省财政贴息9.59万元。联合市人社局、山东慧众盛世企业管理咨询有限公司举办女性创业培训沙龙，为40余名女性讲解了担保贷款等创业扶持政策，并就优秀创业项目进行宣传推介。在《鲁中晨刊》开辟“别样风采绽放美丽”栏目，宣传报道了10名妇女创业典型，为广大妇女参与经济建设树立了标杆。助推妇女互助脱贫。依托家政公司、养老培训护理中心等机构，免费培训贫困妇女2160人。发挥巾帼文明岗优势，开展企村岗户联动关爱帮扶活动，举办畜牧养殖、蔬菜种植等免费培训班6期。实施巾帼乡村旅游扶贫公益行动，在王老村承办了“画里乡村文化扶贫”山东省巾帼乡村旅游扶贫公益行暨莱芜启动仪式，组织17名乡村旅游带头人参加专业培训，引导鼓励妇女发展农家乐14家，带动贫困妇女居家创业就业。依托天艺工艺品公司、永青食品厂，在莱城区石湾子村、钢城区苗家庄村设立巾帼扶贫基地，开展外包加工业务，安置142名妇女在家门口就业。在6月召开的全市行业扶贫工作推进会上，市妇联以《创新扶贫工作机制打造巾帼扶贫品牌》做了交流发言，市委领导对妇联扶贫工作多次提出表扬，聊城市妇联先后4次带领人员到莱芜市参观学习，在2017年度全市扶贫开发领导小组成员单位和各区扶贫开发工作成效考核中，市妇联被评为“好”等次。

【维护权益】 落实维权制度保障。莱芜市妇联协调市公安局、法院等部门，制定《家庭暴力告诫制度》和《人身安全保护令实施细则》，全年市公安局发出告诫书1份；市司法局为195名妇女提供法律援助。开展法律宣传。实施妇联系统“七五”普法规划，开展“三八”维权法制宣传周活动，在雪野旅游区、钢城区举办《中华人民共和国反家庭暴力法》专题知识讲座。钢城区妇联联合文广新局、汶源街道等单位在全区进行巡回演出，通过小品、说唱等形式宣传《中华人民共和国反家庭暴力法》，提高了基层妇联干部和妇女群众的维权水平。开展平安家庭创建活动，引导广大妇女平安保家。做实维权工作。发挥“联”字优势，协调相关部门，建立健全妇女维权法律服务团、家庭暴力伤情鉴定中心、家暴庇护所、“12348”反家暴热线等平台，形成社会化维权网络。综合运用“12338”维权热线、基层维权站（点）等载体，做好妇女来信来访工作，全年接访98件，处结率和满意率均为100%。

【妇女儿童发展规划实施】 召开会议推动落实。莱芜市妇联召开全市妇女儿童工作会议，贯彻落实第六次全国、全省妇女儿童工作会议精神，总结妇女、儿童“十二五”规划经验和成绩，表扬先进集体25个、先进个人80名。分解目标推动落实。分解落实妇女儿童发展“十三五”规划目标，明确各成员单位职责。落实男女平等基本国策、儿童优先原则，充分发挥新媒体、市委党校男女平等基本国策教育培训基地和性别理论研究所的作用，进一步加大了男女平等基本国策的宣传。巩固妇幼健康工程成果。对全市6.7万名农村妇女进行“两癌”免费筛查，查出疑似病例乳腺癌284例、宫颈癌838例；确诊病例乳腺癌8例、宫颈癌11例。争取全国妇联救助资金22万元、市区专项救助资金20万元，救助“两癌”贫困妇女72名。

【文明家庭创建】 倡扬家庭文明。莱芜市妇联开展最美家庭、文明家庭等创建活动，以家庭小和谐促进社会大和谐。全市涌现出全国最美家庭1户，省级最美书香家庭2户，市级最美家庭20户。发挥典型示范引领作用，在《莱芜日报》开辟专栏，宣传展示了6户最美家庭故事，举办山东省最美家庭故事巡讲走进莱芜暨莱芜最美家庭故事巡讲启动仪式，全省10户最美家庭（包括莱芜的亓飞与李延云家庭）故事进行展示，在全市营造了传承最美家风的良好氛围。开展姐妹相约、网上过节随手拍和身边最美女性图片征集等活动。拓展网上工作平台，打造“网上妇联”，构建了以莱芜妇女网、莱芜市妇女联合会“双微”（微博、微信）为引领的上下贯通的妇联网群，打造了网络信息工作专业队伍，构建“互联网+妇联”新格局。2017年，妇联微信平台共发布信息470条，发布微博96条。普及家教知识。实施家庭教育五年规划，开展家庭教育进社区活动。组织10名爱智行家教指导中心专家，深入全市20个重点城市社区家长学校，举办21期家庭教育巡讲活动。举办首届爱智行暑期亲子营活动，探索出家教工作新模式。参与第七届美德少年推选活动，开展庆“六一”感恩母亲征文活动，推选出56篇优秀作品参与省妇联儿童部、省网上家长学校的评选，其中2篇获奖，市妇联获优秀组织奖。

2017年9月4日，莱芜市妇女儿童工作会议在莱芜宾馆召开（李　莉　摄影）

2017 年 9 月 22 日，山东省"最美家庭"故事巡讲活动走进莱芜，在莱芜职业技术学院举行　　（李　莉　摄影）

【爱心救助】　莱芜市妇联争取省妇儿中心支持，举行了山东省"爱心大篷车"送温暖活动，为雪野旅游区鹿野小学 40 名孤贫留守儿童送去关爱和温暖。爱心妈妈联盟组织爱心捐助，先后到市儿童福利院、苗山镇见马小学、寨里镇贾家庄村看望孩子，捐助了 1.5 万余元的生活用品。莱商银行、供电公司、民盟、公安局等爱心妈妈联盟单位，多年来关心帮助贫困留守儿童，2017 年捐助款物 12.22 万元。联合天安人寿保险股份有限公司，为高庄街道办事处石湾子村的 23 名贫困女童赠送学生平安险，全面呵护孩子的成长。全年共募集款物 42.3 万元，救助孤贫留守儿童 2181 人次。

【组织建设】　坚持党建带妇建。落实全面从严治党要求，巩固"两学一做"学习成果常态化制度化，莱芜市妇联每月组织"党员主题日"活动，到棋山观村、房干村等地接受教育，重温入党誓词，不忘初心，牢记使命。加强基层妇女组织建设。举办全市妇女干部、新农村新生活骨干培训班，坚持课堂讲授与现场观摩相结合，培训妇女干部、妇女骨干 200 余人，妇女干部、妇女骨干的理论素养、实践技能得到了提升。推动在非公有制经济组织、新社会组织、自由职业女性等领域和群体中成立妇女组织，组织各区妇联及部分非公有制经济组织负责人到淄博市参观学习先进经验，在莱城区花园社区卫生服务中心率先建立了妇委会，延伸了妇联工作触角，广泛凝聚了各领域各层面妇女群众的智慧和力量。推动女性进"两委"工作。为确保两个 100% 和两个提高目标的实现，突出"四个早字"即早摸底、早培养、早沟通、早督导，班子成员包区抓乡镇，做好推动工作。全市女性进"两委"工作已近尾声，全市 1016 个村党支部已换届 1009 个，493 个村有女性当选；1018 个村委会已换届 943 个，女性进村委会比例达 100%。59 个城市社区党支部已换届 54 个，39 个有女性当选；居委会已换届 51 个，女性进居委会比例 100%。

【阵地建设】　建好用活市妇女儿童活动中心。莱芜市投资 300 万元，完成中心内部装修和设备采购，以服务、创新、立德、育人为宗旨，以建设妇女温馨之家、儿童成长乐园为目标，加强中心文化建设。6 月 1 日，邀请省妇联和市委几大班子领导出席了启用仪式。中心创新运行模式，加强与社会专业服务机构合作，设立了机器人创客、亲子阅读、家教指导、阳光健身、器乐培训等项目，开展各类培训、公益活动 30 多场次，4000 余人参与。管好用好妇女儿童家园。全市 29 个妇女儿童家园将着力点放在开展活动和发挥作用上，突出创业指导站、培训中心作用，开展创业就业培训；发挥妇女维权站、心理咨询室作用，调处家庭关系，化解矛盾纠纷。全年开展家庭教育、创业指导、调解纠纷、文体健身等活动 98 场次。

【服务中心工作】　驻村驻企工作。莱芜市妇联加强企业党建工作，在成立企业党支部的基础上，成立 3 个党小组，组织党员采取多种形式学习交流中共十九大精神。积极联系市总工会，救助困难职工 11 人。建设职工书屋，藏书价值 2 万余元。组织“三八”节座谈会，表扬先进女职工，带领她们到钢城福星语阳光家园看望残障孩子，使女职工深受教育。驻村成员为帮扶村雪野镇官正村办实事、好事。邀请家教指导中心有关专家举办家教沙龙、公益夏令营，培育孩子团结友爱、合作共赢团队精神，引导家长树立科学教子理念。发动爱心人士，为官正村捐建书屋一个，赠送价值 2 万余元的书籍、书橱等。积极募集善款 1 万余元，救助贫困留守儿童 4 名，贫困母亲、孤寡老人 21 名。做细做实创城工作。成立创城工作领导小组，“一把手”亲自抓，分管领导靠上抓，全体人员分成 4 个小组，分别由 1 名县级领导带队，到所包社区（茶峪子社区）开展卫生清扫、文明宣传等活动，并从办公经费中挤出 2 万元支持社区创城。向全市妇女及家庭发出《创建文明城市 妇女与家庭责无旁贷》和创建国家森林城市倡议书，通过市妇联网站、新媒体平台宣传文明城市有关的内容，普及创城知识，提高了妇女干部群众创城知晓率和参与率。承担的莱芜市未成年人校外心理辅导站任务，得到市委和全国文明城市测评小组的好评。

（何文燕）

莱芜市科学技术协会

【组织及工作概况】 莱芜市科协与市科技局合署办公，内设科普部、学会部两个行政科室和一个正科级全额事业单位——市科技馆。其中，主席 1 人（由科技局局长、党组书记兼任），副主席 1 人，秘书长 1 人（由办公室主任兼任），科普部、学会部 4 人，市科技馆 2 人。下辖市属学会 24 家、农村专业技术协会 98 家。

2017 年，市科协积极推进科协系统改革，制定《莱芜市科协系统改革实施方案》。实施科技馆内容建设工程。面向未成年人组织举办青少年科技创新大赛、青少年机器人竞赛和完美复制比赛，形成了不同层级、不同年龄段的竞赛体系。面向农民组织实施“科普惠农工程”和“科普服务百村工程”。推进科普示范社区创建活动。实施助力地方创新驱动发展工程，推进学会专家与企业开展协同创新，提升企业创新能力。开展科普精准扶贫行动。全年全市 7 万余人次参与科普活动。

2017 年 5 月 31 日，莱芜市庆祝“全国科技工作者日”座谈会召开
（市科协 供稿）

【科协系统改革】 按照中央、省委关于群团改革的总体部署，

莱芜市科协制定《莱芜市科协系统改革实施方案》，明确了全市科协系统改革的总体目标、重点任务、组织领导等十七项改革任务。市科协独立建制已获省编办批复。方案对莱城区、钢城区科协独立建制、各功能区负责科协工作的机构设置、工作力量配置等提出具体要求。同时明确要求加大财政投入，各区要将科普经费列入年度预算，逐步达到（“十三五”期末）科普投入人均1元钱的目标。

【市科技馆内容建设工程】 市科技馆2012年4月主体封顶，2015年5月交付使用，总建筑面积1.54万平方米，由团市委、科技局、电视台3家共用。其中，由科技局使用的建筑面积8000平方米，规划建设12个展厅（展区）、131件展品展项、总面积2333.92平方米。市科技馆内容建设工程是市委、市政府2017年为民办十件实事之一。2017年，完成了电气工程、东侧玻璃房遮阳、机械排烟三项基础改造提升。组织召开5次专家会议，专题研讨科技馆内容建设工作，为科技馆内容建设掌舵定向。编制完成《科技馆内容建设方案》《儿童科技乐园建设方案》《4D影院建设方案》。组织实施“项目管理（含监理）”“4D影院”“儿童科技乐园”等7批次采购项目招标。12月，“4D影院”“儿童科技乐园”建设任务全面完成。

【青少年科普活动】 2017年3月12日，第32届莱芜市青少年科技创新大赛在市科技馆举行。大赛分为青少年和科技辅导员两个板块，共有330余件作品参赛。经评审委员会评审，最终评出学生优秀科技创新成果80项，科技辅导员科技创新成果竞赛27项，优秀青少年科技实践活动30项，优秀少年儿童科学幻想绘画112幅，科技创意概念27项。全市共73个项目和作品推荐参加了第32届山东省青少年科技创新大赛，获一等奖12项、二等奖28项、三等奖33项。其中，由滨河小学陶丽丽老师辅导、杨金月同学完成的“智能摘果机”科学幻想绘画和由实验中学杨婧老师辅导、吕学森完成同学的“新型可调节度数水眼镜”科技创意概念被省大赛组委会推荐参加了“第32届全国青少年科技创新大赛”，分别获得全国少年儿童科学幻想绘画一等奖和科技创意概念二等奖。

4月23日，第二届莱芜市青少年机器人竞赛在市科技馆举行。来自莱城区花园学校、钢城区实验学校、高新区滨河小学、雪野旅游区雪野镇中心小学、鲁矿第一小学、市汶水学校等20余所中小学校的160名选手，参加了“机器人工程挑战赛”“机器人创意比赛”“机器人智能投篮比赛”等6大项角逐。大赛共评出各类奖项132个，其中一等奖39项，二等奖40项，三等奖53项。

5月20日，第十七届山东省青少年机器人竞赛在莱芜市雪野旅游区雪野镇中心中学开幕，来自全省15个市的310支代表队，共计1200名选手、教练员参加了本次竞赛。竞赛包括机器人综合技能比赛、机器人创意比赛、FLL机器人工程挑战赛、VEX机器人工程挑战赛和WER工程创新赛5个比赛项目，每个赛项均按小学、初中、高中3个组别进行。

9月26日，第二届莱芜市“完美复制”比赛在市科技馆举行。来自市实验幼儿园、市机关幼儿园、农高区杨庄镇中心幼儿园、莱城区凤城街道中心幼儿园、经济开发区张家洼街道幼儿园、农高区寨里镇中心幼儿园等11所幼儿园、80个幼儿家庭的150余人参加了活动。本次比赛共评出一等奖21名、二等奖24名、三等奖27名。莱芜市实验幼儿园等7所幼儿园获得优秀组织奖。

为雪野旅游区茶叶口镇争取价值35万元的校园流动科技馆1个、展品20件套。在口镇中学、莱芜四中等40余所中小学校举办“科普报告百校行”“校园流动科技馆巡展”等活动，参与活动的师生5万人次。

【科技活动周】 2017年5月19日，莱芜市2017年科技活动周启动仪式在凤城街道董花园社区文化广场举行。本次活动周活动的主题是“科技强国、创新圆梦”，旨在号召广大科技工作者和社会各界积极投身建设科技强国的伟大实践，以科技创新驱动精准扶贫精准脱贫，让人民群众共享科技改革发展成果。仪式上，与会领导向董花园社区赠送科普图书和挂图。市、区7个部门和5个学会及200多名社区居民参加了启动仪式。活动周期间，集中举行心理科普报告、校园流动科技馆巡展、机器人竞赛培训等一系列科普活动，宣传新技术，普及科学知识。

【助力地方创新驱动发展工程】 市科协协调省金属学会，推进钢城区与北京科技大学、中南大学等院校专家建立了科技合作关系。征求“莱钢粉末”等6家企业技术需求28项，在钢城区举办创新驱动发展工程启动仪式暨粉末冶金专家钢城行活动，来自中钢协、中南大学、北京科技大学的韩伟、李松林等17位粉末冶金领域专家作专题学术报告，深入6家企业进行实地考察和技术对接，为企业解决技术难题11项。“莱钢粉末”“新艺制品”等公司与北科大、中南大学合作开展“石墨烯金属复合粉末冶金材料”“3D打印用钛合金粉末”等5个项目的技术合作。

【科普精准扶贫】 莱芜市科协组织协调市内林业、农业、畜牧业、旅游业的4名专家，分别与莱城区西凤阳村、横山口村、张家台村、邵家庄村结成帮扶对子，定向开展科技培训、技术咨询等活动12场次，赠送科普资料1000余份。在莱城区苗山镇南文字村、钢城区黄庄街道办北通香峪村、高新区鹏泉街道办近崮村等10个省级重点贫困村建立科普书屋，免费配送科普图书2000余册。

【科普惠农工程】 莱芜市科协联合市财政局命名表彰“科普惠农”先进单位4个，为100个行政村、合作社免费赠送《山东科技报》、《科技经济导刊》、科普挂图8390册(份)。发挥农科协、科普示范基地的作用，举办“草莓种植”等实用技术培训班20余次，为农村培训技术骨干1300人。

（刘　婧）

莱芜市文学艺术界联合会

【组织及工作概况】 2017年，莱芜市文联共有36个团体会员。其中，市本级文艺家协会11个，包括莱芜市美术家协会、莱芜市书法家协会、莱芜市戏剧家协会、莱芜市摄影家协会、莱芜市音乐家协会、莱芜市舞蹈家协会、莱芜市民间文艺家协会、莱芜市电影家协会、莱芜市电视艺术家协会、莱芜市杂技家协会、莱芜市曲艺家协会。11个文艺家协会共有市级以上会员1742人，其中省级会员243人、国家级会员49人。莱城区文联、钢城区文联、泰钢文联先后成立。

【精品文艺创作】 引导文艺工作者创作精品，积极参加省以上重要竞赛、展演活动。市文联推荐的4件作品获得山东省第十届泰山文艺奖5个奖项，其中莱芜梆子大型新编历史剧《嘶马河》获得戏剧类编剧作品奖、音乐作品奖，器乐《嬴牟随想》获音乐类艺术作品奖，行草《古人小品文选抄》获书法类二等奖，故事片《十五的月亮》获电影类三等奖。长篇小说《乡关何处》被列入省作协“全面建成小康社会”重点扶持作品计划。30余件书法、美术、影视等作品在省级以上赛事中获奖或入展。

【文艺展演活动】 市文联坚持“围绕中心，服务大局”的工作理念开展文艺活动。开展纪念莱芜战役胜利70周年文艺活动。围绕弘扬“爱党爱军、依靠人民、机智顽强、敢打必胜”的莱芜战役精神，与市委宣传部、莱芜日报社联合举办纪念莱芜战役胜利70周年文学征文活动，先后收到包括散文、诗歌、小说、纪实、故事、作文在内的各类作品74件，评出金奖作品8篇、银奖作品18篇，优秀作品15篇，结集出版《凯歌嘹亮》。与泰钢文联等单位组织“莱芜大捷放歌”——李雪诗歌朗诵会，来自全市各行业的播音、朗诵爱好者共20多人，朗诵李雪创作的10余首长篇朗诵诗。开展采风、创作活动。与市农业局联合，组织文学爱好者10余人深入明利蔬菜合作社采访，参观陈明利工作生活的场地，创作了10余篇诗歌、散文作品，在《鲁中晨刊》《莱芜日报》发表。组织文学家参观房干精神展览馆，创作部分散文、诗歌作品及口述史，充分展示房干发生的巨大变化，进一步弘扬了房干精神。与市委宣传部、莱芜市文广新局联合举办“乡情留韵”——莱芜籍书画名家作品邀请展，邀请莱芜籍28位书画家创作作品100余幅参展，为书画爱好者们提供了学习和交流的机会。与市美术馆、市美协联合举办山东省国画名家进莱芜作品展，山东省国画院20多位著名国画家作品参展，同时组织全市30幅作品参加展览。

【文艺志愿服务】 2017年1月中旬，组织十余名书画家开展书画进社区活动5次，现场创作春联、福字，赠送基层群众和老党员。5月23日，在第4个中国文艺志愿者服务日到来之际，市文联开展“到人民中去”文艺志愿服务主题活动，组织美术家、书法家到公庄水库，现场创作书画作品，并赠送水利基层工作者。2017年年底，启动“为莱芜加油，向一线致敬”文艺下乡活动。全年文联系统开展志愿服务活动40余次。

【文艺交流平台建设】 莱芜市文联继续办好《凤鸣》。调整充实栏目，在以文学为主的同时，增加文艺动态、文艺评论、文艺人物等栏目，扩展为整个文艺界服务的功能。加强与泰钢文联合作，为坚持双月刊按时出版创造条件。组织作品研讨会、分享会。通过组织作品研讨会，举办文艺讲堂，为文艺工作者搭建交流平台，已举办吕纯仁诗歌研讨会、刘恒杰文学创作讲座、张期鹏《美游日记》分享会等活动7次。

（王君红）

【莱芜市电影家协会】 莱芜市电影家协会成立于2012年10月，为莱芜市文联直属文艺家协会。截至2017年年底，已发展单位会员15个，个人会员69个。协会依托山东喜庆影视文化传媒有限公司，市文联、市档案局主办，积极拍摄大型系列纪录片《我的村庄·我的家》，并于2015年获得国家广电总局版权。所拍节目在山东有线莱芜导视频道播出，多个节目还被许多大网站媒体收录播放。《我的村庄·我的家》先后获山东省档案系统一等奖，其中《苏上坡》获全省档案系统制片特等奖，《美丽莲花河魅力安仙村》获省宣传部、省文联、省广电局主办的全省微电影大赛三等奖，《棋山烽火耀千秋》获优秀导演奖。协会与市民协、市妇联举办“广场大舞台，大家一起来”广场舞大赛，赛程历时一年，全市300多个村（社区）、5000多人参演。

（靳启庆　孟宪东　马　然）

【莱芜市民间文艺家协会】 莱芜市民间文艺家协会成立于2004年，协会会员96名，其中中国民间文艺家协会会员7名、省民间文艺家协会会员12名。2017年1月1日，组织第二届民间文艺座谈会暨2017庆元旦、“非遗”项目文艺展演活动。协会副主席刘家文搜集整理的《伯益的传说》，协会副主席李胜华搜集整理的《长勺之战》《莱芜方言谚语歇后语大全》，民协名誉主席董瑞吉搜集整理的《莲花山的传说》，理事亓学贵搜集整理的《张道一的传说（上下）》等作品先后出版。

（杨会银　孟宪东　韩传海）

【莱芜市小作家协会】　莱芜市小作家协会成立于2014年8月20日，已发展分会70个、会员4000多名。创办季刊《莱芜小作家》。举办2017年第二届“世纪城杯”征文比赛，参赛会员学校53所，参赛学生11558名，特等奖8名，一等奖30名，二等奖62名，三等奖286名。开通小作家协会网站，采用用户注册的方式向网站提交作品，促进了学员作品交流。

（左建军）

莱芜市社会科学界联合会

【工作概况】　2017年，莱芜市社科联坚持“围绕中心，服务大局”的总体要求，把握机遇，开拓创新，积极进取，社科研究、社科普及、社科平台、社科队伍和自身建设等取得新成绩，市社科联被评为全国先进社科组织、山东省先进社科联、全省理论教育工作先进单位、市级文明单位、2017年度创建全国文明城市先进集体和2017年度创建全国文明城市优秀志愿服务集体，8人次获得市级以上先进个人称号。

【社科研究】　2017年，社科联重点围绕落实市委、市政府统筹推进“五位一体”总体布局、协调推进“四个全面”战略布局，以“践行新理念、建设新莱芜”为主题，加快建设“五个莱芜”，实施工业立市、生态建市、创新兴市、质量强市战略等方面提出的目标任务，市社科联确定39项立项重点课题，组织社会科学工作者广泛开展调研莱芜活动，形成了一批研究成果。经专家评审鉴定，确定32项课题予以结项。2016年度的省级重点立项课题《莱芜红色文化传承与发展研究》完成并顺利结题。《中华成语故事中的经济学思想研究》获得2017年度山东省社会科学普及应用25个资助类立项项目之一。支持引导社科界社团和社科工作者组织开展各种形式的学术研究活动，办好“莱芜社科论坛”，营造浓厚的社科学术氛围。对有实际应用价值的优秀研究成果，多渠道做好宣传推介，促进成果的转化利用，更好地为全市经济社会发展服务。编印《莱芜市社会科学成果选编》一册，编印《莱芜社会科学》杂志四期，对杂志、莱芜社会科学网站的栏目设置、版式设计等进行较大调整优化，编辑水平进一步提高，服务性、应用性、可读性更强。

【社会科学优秀成果奖评选】　2017年，市社科联组织开展莱芜市第22次社会科学优秀成果奖评选工作，共评出获奖成果38项，其中一等奖并获市决策咨询优秀成果奖2项、一等奖5项、二等奖13项、三等奖18项。按照既“重成果”更“重效果”的原则，创新方式和形式，发挥社会科学优秀成果奖的激励导向作用，进一步完善科学合理的评价体系，突出成果的应用价值，社科研究成果质量不断提高，研究成果中被市领导批示的逐步增多，进入党委、政府决策的逐步增多，社科研究为中心工作服务的作用得到了较好的发挥。

【社会科学普及周活动】　2017年5月，以“树立崇德向善风尚，建设文明幸福家庭”为总主题，采取“统一部署，上下联动”的方式，与省委宣传部、省社科联等部门联合举办山东省暨莱芜市第14届社会科学普及周活动，期间集中开展“社科专家进基层”“全民阅读”“心理咨询进社区”“红色文化大学生主题系列教育”“讲文明守礼仪主题教育”“优秀传统艺术进社区进学校展示交流”“青春健康教育”“创建社科普及教育示范基地”等一系列主题鲜明，丰富多彩的活动，社科宣传品牌活动的吸引力、影响力和实效性进一步增强。

【莱芜市民大讲堂】 创新方式方法，围绕拓展社科普及的渠道和平台，进一步巩固完善固定讲堂与流动讲堂相结合的形式，市社科联推进市民大讲堂建设。新建汶源书院分堂，市民大讲堂发展为4个。各分堂发挥各自优势，根据不同受众群体需求，开展了形式多样、各具特色、吸引力强的社科普及活动。全年共举办各类专题讲座百余场次，扩大了社会科学宣传普及的覆盖面，深受群众欢迎。

【社科普及通俗读物编写】 落实社科普及读物的立项资助制度，2017年组织编写《图说莱芜战役》《可爱的莱芜》《最大的资本是品行》《法治德教故事》《心理健康知识》5册重点社科普及读本。累计编辑完成《图说社会主义核心价值观》《图说新理念新生活》《莱芜改革发展热词解读》《齐鲁时代楷模王守东》《种下文明收获幸福》等20余本通俗读物，并免费向社会发放。这些读本坚持“三贴近”原则，突出“社会科学与百姓生活”主题，紧扣主旋律，体现时代性，传播正能量，体现莱芜特色，内容丰富，图文并茂，知识性、趣味性强，受到普遍欢迎，市委书记、市人大常委会主任王良等领导给予表扬和肯定，其中《可爱的莱芜》《图说莱芜战役》作为外宣品对外赠阅。同时，注重提高读本编印水平，对读本版式进行调整优化，使其更加方便携带和阅读。

【人文艺术交流活动】 按照市委的统一部署，市社科联联合市委宣传部、市文广新局、莱芜军分区政治部等单位，组织举办以“弘扬莱芜战役精神，建设美丽幸福莱芜”为主题的全市社会科学界纪念莱芜战役胜利70周年艺术作品大赛，精选200余件作品进行集中展览并编印《优秀作品集》；组织全市社科工作者参加山东省社科界第三届人文艺术作品大赛，推荐选送参赛作品100余件，有39件作品获三等奖以上奖励，获奖层次和数量名列前茅，市社科联获优秀组织奖。

【社科阵地和人才队伍建设】 社科普及基地创建活动。2017年全市新增省级示范基地3个，其中莱芜市图书馆被命名为山东省第10批社科普及教育示范基地，莱城区口镇下水河村和钢城区里辛街道碁山观村被评为山东省第四批社会科学普及示范村（社区）。截至2017年年底，全市有全国社会普及示范基地1处，全省社科普及示范基地19个。其中，莱芜战役纪念馆、莱芜钢铁博物馆分别获全国、全省优秀社科普及教育示范基地称号，3名个人被评为省级以上先进个人。支持社科类社团发展，联合莱芜嬴秦文化研究院组织中国（莱芜）第二届嬴秦文化与远古文明研讨会，联合汶源书院开展优秀传统文化进校园和孔子学堂创建活动，支持民俗学会开展莱芜地域民俗文化的研究挖掘整理，协调成立市互联网协会，向3个社团增送图书器材。同时，利用网站、刊物等宣传推介社团工作，社科社团的社会知名度和影响力不断扩大，活力得到增强。截至2017年年底，全市登记的社科类学会、协会、研究会等社团组织68个。不断调整充实社科研究和宣传普及人才队伍，逐步完善和培养学科齐全的社科人才队伍，掌握一批骨干力量，引导支持他们在重点课题研究、社科普及读物编写、社科宣传普及活动中发挥积极作用。2017年市社科联推荐的刘强、于现忠2名个人分别被评为齐鲁文化之星和嬴牟文化英才。

【基层社科组织建设】 2017年，两区建立社科联，实现了莱芜市区级社科联全覆盖，高校社科联建设积极推进，社科类社会团体功能作用不断增强，部门联合协作更加紧密，“大社科”工作格局逐步完善。市社科联、市抗战文化研究会、市集邮协会3个单位被评为全国先进社科组织，3名个人被评为全国社科工作先进个人，1名个人被评为山东省优秀社科联工作者。

（韩建玲）

莱芜市第22次社会科学优秀成果奖获奖作品名单

一等奖并获市决策咨询优秀成果奖（2项）：

1.《关于鼓励银行增加信贷投放破解企业贷款融资难题的调研报告》（调研报告类），作者：薛健、刘耐群、房庆滨、高衍真（市委政研室）。

2.《对标先进加快转型发展——赴安徽、江苏、浙江三省七市考察报告》（论文类），作者：潘大海、魏勇、玄睦（市政府研究室）。

一等奖（5项）：

1.《铁凝小说艺术论》（著作类），作者：许庆胜（市文艺评论家协会）。

2.《莱芜改革发展热词解读》（科普读物类），作者：罗万军、孙绪慧、张振（市委政研室）。

3.《完善村民自治推进基层治理法制化问题研究》（调研报告类），作者：于现忠、贾秀莲、孙昌乾（市委党校）。

4.《巩固提升“六个全覆盖”推动村（社区）党组织建设全面进步》（调研报告类），作者：高卫红、苏海玲、于飞、张卫静、王发棠（市委党校）。

5.《党建引领富民兴社努力构建为民服务新平台》（论文类），作者：亓希山（市供销社）。

二等奖（13项）：

1.《喻理之道》（著作类），作者：张全宝（莱芜日报社）。

2.《莱芜大蒜》（著作类），作者：陶务瑞（市农业局）。

3.《齐鲁时代楷模王守东》（科普读物类），作者：高立峰、张兴、吕桂红、孔涛、郭芹（市委讲师团）。

4.《心理健康常识》（科普读物类），作者：周晶、栾贻福、秦淑华、王红（莱芜职业技术学院）。

5.《关于推进为农服务“一卡通”的调研报告》（调研报告类），作者：亓乐群（市供销社）。

6.《产业扶贫“造血”富民》（调研报告类），作者：冯波、段西蓉、闫玉忠、于飞（市委党校）。

7.《关于加强我市境内齐长城研究保护的协商报告》（调研报告类），作者：刘文忠、郝永杰（市政协文史委）。

8.《利用互联网平台非法吸收公众存款犯罪案件调研分析》（调研报告类），作者：郝文芳（市人民检察院）。

9.《多维视野观照中的矛盾与张力简释》（论文类），作者：尹祚鹏（市十七中）。

10.《加快推进农业供给侧结构性改革持续促进特色现代农业转型发展》（论文类），作者：魏海刚（市农业局）。

11.《城乡建设用地增减挂钩存在的问题及对策》（论文类），作者：亓彬、谷胜春（市国土资源局莱城分局）。

12.《山东省农村新型社区道德文化建设研究》（课题类），作者：陈军、王发棠、王玉利、于飞、刘玉琳、张云德（市委党校）。

13.《“微时代”下高职环艺专业培养与装饰装修产业的分析与研究》（课题类），作者：王金玲（莱芜职业技术学院）。

三等奖（18项）：

1.《大学生感恩教育读本》（著作类），作者：秦淑华（莱芜职业技术学院）。

2.《莱芜国土资源志》（著作类），作者：徐祥忠、许金龙、袭著锋、刘忠久、郭文强（市国土资源局）。

3.《莱芜民革十年》（著作类），作者：刘英才（市医院）。

4.《撬动世界的支点》（著作类），作者：

张若琛（莱芜一中）。

5.《法治德教故事汇编》（科普读物类），作者：高立峰、张兴、吕桂红、孔涛、郭芹（市委讲师团）。

6.《学生安全知识防范》(科普读物类),作者:秦淑华、王若榕、孟陶然（莱芜职业技术学院莱芜一中）。

7.《红石公园》（科普读物类），作者：亓怀斌（市市场监管局）。

8.《关于莱芜标准经济发展情况的调研报告》(调研报告类),作者:潘大海、魏勇、玄睦、王正、郑海洋（市政府研究室）。

9.《莱芜市全面建成小康社会实现程度分析及补齐短板对策》（调研报告类），作者：孙绪慧、张晓刚、刘一呈、王国刚（市委政研室）。

10.《在顶岗实习中高职院校学生伤害事故的分析》（调研报告类），作者：郝金镇（莱芜职业技术学院）。

11.《关于盘活企业闲置资产促进区域经济发展的协商报告》（调研报告类），作者：张伟超、田冰、李传琛、李娜、王妍、杨宁（市政协研究室）。

12.《何时不再沉默——浅谈性骚扰的法律规制与妇女权益保护》（调研报告类），作者：张倩倩（市中级人民法院）。

13.《浅析园林绿化档案存在的问题及基本对策》（论文类），作者：赵静（市园林管理局）。

14.《美术鉴赏课的“引导—互动”教学探索》（论文类），作者：刘源源（莱芜职业技术学院）。

15.《莱芜市耕地保护面临的形势及对策》（论文类），作者：朱从旭（市国土资源局莱城分局）。

16.《关于农村宅基地管理与利用情况的调查报告》（论文类），作者：刘晓梅　邹勇（市国土资源局）。

17.《创造良好网络环境关注青少年健康成长研究》（课题类），作者：焦玉涛（莱芜职业技术学院）。

18.《高三学生充分利用课前三分钟提高英语语言能力的研究》（课题类），作者：王苗（凤城高中）。

莱芜市残疾人联合会

【组织概况】　2017年，莱芜市残疾人联合会内设办公室、康复宣文科、教育就业科3个业务科（室），辖市残疾人综合服务中心1个会属单位。按残疾类别设莱芜市盲人协会、莱芜市聋人协会、莱芜市肢残人协会、莱芜市智力残疾人亲友协会、莱芜市精神残疾人亲友协会5个专门协会，各专门协会在莱芜市残疾人联合会的常设执行机构执行理事会的统一领导下开展工作。

【残疾人康复服务水平提升】　加大政府投入，推进康复中心建设。莱芜市残疾人康复中心分一分部和二分部建设，共计面积9250平方米，其中一分部为四层楼房结构，面积5150平方米，为市卫计委计划生育服务指导中心改建而成，总投资1531.83万元；二分部依托荣军医院现有资源，利用北门诊楼，约4100平方米，合作建设莱芜市残疾人康复中心二分部，总投资300万元。为加快市残疾人康复中心建设步伐，市委、市政府将此列入了2017年为民办十件实事，成立以分管市长任组长，有关部门为成员的残疾人康复中心建设领导小组，协调推进有关事宜；市残联成立以理事长任组长，分管理事长为副组长，并抽调4名工作人员靠上工作加快推进建设。一分部装修、餐厅、电梯、空调、仓库、消防设施等工程正在紧张施工；二分部已于7月投入使用，主要是承担全市精神残疾定点鉴定、市直以上及莱城区精神病残疾人康复，现已有60余名精神残疾人入住中心进行康复。

建设社区康复站，健全精准康复服务网络。3月30日，市政府召开全市残疾人精准康复行动暨社区康复站建设现场推进会议，在全市镇（街道）卫生院和部分城市社区全面启动全市社区康复站建设。截至2017年年底，除高新区正在规划建设卫生院外，全市19个镇卫生院、7个厂矿及社区公共卫生服务中心建设了社区康复站，达到有办公活动场所、有办公人员、有办公设备、社区康复制度上墙、残疾人档案齐全、各项管理规范等六位一体的要求，初步形成以市残疾人康复中心为龙头，纵至镇（街道）、横至城市社区的残疾人康复服务网络。实施精准康复服务，提升康复服务水平。2017年，全市完成残疾人精准康复服务4847名，康复服务率为90.50%，辅助器具服务完成率为98.97%，均超额完成山东省下达的康复服务率70%的目标任务。其中，完成0—9岁残疾儿童抢救性康复救助169名；完成440名精神残疾人免费送药和80名贫困精神残疾人免费住院任务；完成150名白内障患者免费复明手术；为221名肢残患者免费安装假肢，残疾人辅助器具发放3730名。

【就业创业脱贫工程】 2017年，共拨付培训补贴资金50.4万元，集中开展电商培训、实用技术培训和盲人培训，把培训课堂延伸到村、社区、企业（公司），对贫困家庭劳动力实施个性化、针对性培训，共培训残疾人600余名。创新扶贫方式，多渠道增加残疾人就业，通过“扶贫车间”“扶贫驿站”“庭院经济”等方式优先聘用贫困残疾人，共有863名残疾人实现就业。创新就业载体，扶持残疾人扶贫基地发展，争取市级扶贫项目资金78万元，新建残疾人就业扶贫基地10个，文化创业基地6个，安置100余名残疾人进入基地就业，并分别按照10000元/人、5000元/人、2000元/人的标准对残疾人个体从业和发展庭院经济给予扶持。申报1个省级示范基地、1个省级文化创业扶贫基地、1名自主创业标兵、1名致富能手，发放补助金26.5万元。

【社保兜底脱贫工程】 2017年，市残联联合市人社局、市财政局为5000余名重度残疾人缴纳城乡居民养老保险和医疗保险，1500余名重度残疾人提前5年领取到城乡居民养老保险金，5995名困难残疾人领取到困难残疾人生活补贴，10747名重度残疾人领取到护理补贴，为181户残疾家庭进行无障碍改造，为600名残疾人提供居家托养服务，集中托养90名残疾人，为380名残疾人发放机动轮椅车燃油补贴，为261名贫困残疾人上门办证。

【文化教育工程】 2017年，市残联联合市教育局对学前教育残疾儿童和适龄未入学的残疾儿童摸底调查，推动残疾儿童少年义务教育的普及，全年全市93名残疾学生新入学。对36名考入及在校的大专、本科院校残疾学生发放3000～5000元不等的助学金，对74名建档立卡及低保残疾家庭子女大学生发放1500～2500元的助学金。

【助力脱贫工程】 莱芜市残联与中国人寿莱芜分公司签署协议，联合开展“共享阳光·爱心助残”残疾人意外伤害保险服务项目。市、区财政投资64.062万元，为全市21354名莱芜户籍持证残疾人购买意外伤害保险，并将其作为全市残疾人精准扶贫的重点工作加以推进。投保标准为30元/人/年，保险期自2017年5月1日至2018年4月30日，在保险有效期内，参保残疾人可享有意外伤害保险总计15.58万元。截至2017年年底，已有33人获得了19.62万元的理赔。

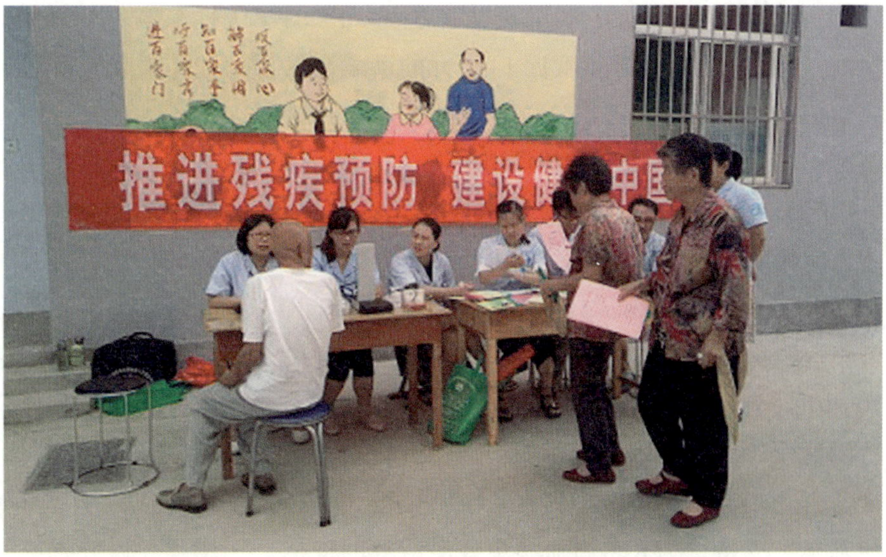

2017 年 8 月 25 日，莱芜市残联开展“残疾预防日”宣传活动

（市残联 供稿）

【宣教工作】 2017 年，市残联举办首届“同享阳光梦·共奔小康路”全市残疾人事业摄影大赛，展示了全市残疾人事业发展成果和广大残疾人自强不息的精神面貌，引导全社会进一步关注支持残疾人康复、就业、文化等工作，激励广大残疾人和全市人民一道共创共享美好新生活；组织人员参加 2017 年全省听力语言“明日之星”演讲比赛、第九届全省残疾人艺术会演，组织 2017 年山东省首届残疾人飞镖锦标赛、2017 年第二届残疾人象棋锦标赛，通过各类活动，全市残疾人文化体育生活不断丰富。

【残疾人权益保障】 以“巩固、提高、完善、创新”工作理念，不断加大维权和执法力度，切实维护残疾人合法权益。利用“助残日”“残疾人日”等重大活动，宣传残疾人优惠扶持政策、法律法规。提高服务水平，对精神、智力和重度肢体残疾人，开展上门免费办证服务；落实机动轮椅车燃油补贴；为残疾人家庭进行无障碍改造。发挥“12385”残疾人服务热线的作用，开展维权服务，自开通以来，共接听电话 600 多人次，对残疾人提出需要帮助的问题全部予以解决，实现残疾人足不出村出户就能获得法律援助和法律帮助。

（朱英超）

莱芜市红十字会

【组织概况】 2017 年，莱芜市红十字会辖莱城区、钢城区红十字会，高新区、雪野旅游区、经济开发区、农高区的职能设在社会事务管理局。年内，市红十字会认真践行“人道、博爱、奉献”的红十字精神，坚持整体推进、重点突破、统筹兼顾、形成特色的工作方针，充分发挥红十字会作为党和政府在人道领域联系群众的桥梁和纽带，深化人道救助、应急救援、救护培训、生命关爱等重点领域改革，全市红十字事业实现健康快速发展。年内，市红十字会被省红十字会评为筹资工作先进单位，在山东省第四届红十字应急救护比赛中获得优秀组织奖。

【博爱助学】 2017 年，市红十字会继续加大与香港培才教育基金会的合作力度，壮大“红十字培才教育专项助学金”救助实力，按照“小学

1200元、中学1500元、高中及以上2000元”的标准，将2016/2017学年度近14万元的助学金发放给77名贫困学生。已累计救助贫困学生120名，其中40名学生考入大学继续深造。

【人道救助】 莱芜市红十字会开展“博爱送温暖”活动，在元旦、春节和“5·8”世界红十字日期间，筹集资金物资近50万元（其中，省红十字会拨付10万元物资，自筹资金12万元），对孤寡老人、特困群众、大病特困患者等弱势群体进行救助，受益群众近万人；争取中国红十字基金会“小天使基金”支持，为8名白血病患者申请救助资金27万元；争取省红十字会支持，选派3名医生免费参加为期一周的基层医师培训班，提高县级医院医师对常见病、多发病及重症患者的诊治水平。

【生命关爱】 莱芜市红十字会通过制作发放主题宣传资料、举办专题教育讲座和现场咨询等形式，在适龄人群中开展造血干细胞捐献、人体器官捐献宣传，努力营造“个人自愿、家庭支持、单位重视、社会赞誉”的浓厚氛围。12月5日，莱芜市志愿者方大正成功捐献造血干细胞，市红十字会邀请莱芜电视台、《莱芜日报》、《鲁中晨刊》记者对志愿者的感人事迹进行宣传报道，引起社会强烈反响。器官、遗体、角膜捐献实现重大突破，实现遗体捐献1例、角膜捐献2例；实现首例器官捐献。全市累计实现造血干细胞血样采集入库3000人份，实施造血干细胞捐献5例、遗体捐献5例、眼角膜捐献12例，器官捐献1例。

【应急救灾救护】 莱芜市红十字会以莱职学院骨干教师、学校健康安全辅导员为师资，开展应急救护培训进社区、进学校、进企业活动，活动开展以来累计开展应急救护培训20余期，培训急救员1000人，受益群众近万人。其中，培训维达纸业、中电莱芜公司、风雷发电等部分外资企业职工6期，培训中小学校学生4期，培训社区群众10期，广大群众自救互救意识和应急能力明显增强。做好省第四届红十字应急救护比赛准备工作，选派东风社区红十字志愿者参加比赛，获“三等奖”，市红十字会获优秀组织奖。

【红十字宣传】 莱芜市红十字会结合造血干细胞捐献、境外资金捐资助学、应急救护培训等亮点工作，广泛宣传“大爱莱芜”品牌建设情况，在山东红十字网站、《莱芜日报》、《鲁中晨刊》累计发表文章近70篇，在莱芜电视台、莱芜电台播放新闻10余次，利用微信发布红十字工作动态80余条，进一步提高了“大爱莱芜”品牌的社会影响力，“人道、博爱、奉献”的红十字精神更加深入人心。

（张树国）

责任编校：卢海静

军　　事

莱芜军分区

【概况】 2017年，莱芜军分区各级认真贯彻党中央、中央军委和习近平主席决策指示，在省军区党委和莱芜市委的坚强领导下，以党在新时代的强军目标为统领，自觉践行“三个维护”（维护党中央权威、维护核心、维护和贯彻军委主席负责制），聚焦中心练兵备战，推动改革落地见效，深化作风真抓实干，转变观念创新发展，各项工作稳步推进，完成各项任务，在实现“小分区、有作为、善作为”奋斗目标上取得新成效。

【思想政治建设】 莱芜军分区按照“学懂、弄通、做实”和“走在前列”重要指示，抓好中共十九大精神和习近平新时代中国特色社会主义思想，特别是强军思想的学习贯彻，认真落实每季度6天理论学习制度，开展“严规范、正学风、促转化”学用讲话活动，研究形成中共十九大精神“十学”措施办法，政治理论学习氛围日渐浓厚，理论武装不断深化。扎实开展“维护核心、听从指挥”主题教育活动，严密组织军委主席负责制学习教育，紧贴实际开展经常性思想教育，官兵维护核心、看齐追随的思想政治根基更加牢固。紧紧围绕庆祝建军90周年和迎接党的中共十九大，广泛开展“强军风采”群众性文化活动，配合开展庆祝莱芜战役胜利70周年系列活动，精心组织升国旗仪式和重温入党誓词，篮球友谊赛、羽毛球赛、金融知识进军营等活动扎实活跃。新闻报道、计划生育、涉军维权、转业干部安置等工作取得新成绩。

【战备训练】 莱芜军分区抓好日常战备规范化建设，严密组织战备值班执勤，常态做好民兵情报信息收集上报工作。坚持以临战的姿态闻令而动，紧前做好国防动员准备，按照“一中心、四部门”编成设立应急作战指挥部，完成国防动员指挥信息系统升级改造，建立军地情报信息共享平台，编实建强各类民兵分队，组建民兵警戒、网络防护、车辆维修和公路工程维护分队，修订完善动员保障方案，补充配备各类物资器材，应急应战能力显著增强。认真落实党委议训管训制度，严格按纲施训，扎实开展北斗新装备、4G移动终端和作战值班业务技能培训，组织“支援保障”课题理论研究和室内推演，分期分批组织现役官兵、专武干部和民兵分队训练考核，各项训练任务得到有效落实。注重真拉实练，严密组织首长机关带人武部应急出动演练，抓好民兵应急分队骨干灾难急救生命支持培训和实战演练，应急专业救援能力大幅提升。

【后备力量建设】 莱芜军分区注重创新理论问题研究，形成军兵种知识和外（台）军常识理论研究成果。认真组织国防动员潜力调查，精准掌握6个领域动员数据和潜力底数。开展民兵整组，构建完善“地建营、区建连、镇（街道）建排、行业建分队”的应急力量体系，高标准完成基干民兵编组任务。坚持以“五率”细则为标准，广泛开展征兵宣传，狠抓廉洁征兵落实，完成550名新兵和16名直招士官、76名定向培养士官征集任务，大学生征集比例59.45%。率先完成兵役登记100%的目标要求。成立功能区武装工作办公室，配备专职人员，加强武装工作领导。认真落实党管武装制度，协调召开市委常委议军会议、驻军拥政爱民领导小组会，评选表彰“基层党管武装好书记”、关心国防建设“双十佳”，积极参与打赢脱贫攻坚战和“全国文明城市”创建工作，双拥共建取得明显成效，军政军民关系和谐融洽。

【改革任务调整】 莱芜军分区认真贯彻习近平主席和中央军委改革强军决策部署，成立改革工作领导小组，加强组织领导，科学筹划部署，深入抓好改革中思想政治工作，广泛开展“三个一”活动，及时加强正面宣传、政策解读和舆论引导，跟进做好一人一事的思想工作，确保了官兵思想稳定。扎实做好体制编制调整和人员落编定岗工作，及时健全调整各类组织，明确职责分工，理顺工作机制，主要领导亲自组织任前集体谈话和任职辅导授课，确保改革后开局就平稳、起步就正规。调整改革期间，全体官兵职工自觉讲政治、顾大局，听招呼、守纪律，正确对待利益得失，正确对待进退去留，以实际行动拥护改革、支持改革、投身改革，在改革大考中交出合格答卷。

【安全发展】 莱芜军分区认真贯彻依法治军从严治军方针，开展“学法规、用法规、守法规”、条令条例学习月、“六抓六防”、百日安全活动，官兵法纪意识和安全理念得到强化。坚持“三委”联动抓安全，严密防范“八个方面”重大安全问题，注重搞好安全风险评估，突出抓好中共十九大安保维稳，防止各类事故案件发生。坚持“日查铺、周通报、月巡查、季讲评”制度，专门成立安全督导组，采取不打招呼、直奔现场的方式进行检查抽查，严密组织拉网式隐患排查整治、保密专项检查、枪弹清查和“回头看”，及时消除安全隐患，促进安全工作有效落实。从严抓好士兵复退、士官选晋工作。狠抓民兵武器装备仓库建设不放松，实现连续38年无事故。

【综合保障】 莱芜军分区严格党委统管、预算开支、联审会签等财经制度，修订完善军分区《财务管理规定》《物资采购管理实施办法》，合理安排投向投量，全年安排资金163万余元用于战备训练和生活设施配套建设，经费使用效益不断提升。抓好经济责任审计问题整改落实，集中组织经费物资清理清查，抓好经适房清理整治，后勤管理秩序进一步正规。积极稳妥推进全面停止有偿服务，协调成立驻莱芜部队全面停止有偿服务工作军地协调领导小组，军地合力、狠抓落实，关停租赁项目57个。扎实开展营区综合整治，推行宿舍区物业化管理。军需油料、军交运输、医疗保障等工作取得新进步。

【党建工作】 莱芜军分区深入推进“两学一做”学习教育常态化制度化，认真组织党员承诺践诺活动，党员干部党性观念得到强化。严格执行民主集中制原则，重大问题坚持广泛征求意见，集体研究决定，科学决策、民主决策、依法决策水平不断提高。认真贯彻《关于新形势下加强党内政治生活的若干准则》和《中国共产党党内监督条例》，自上而下开好民主生活会和组织生活会，突出抓好领导干部上党课、过双重组织生活、报告个人有关事项、缴纳党费等制度落实，开展积极健康的思想交锋，各级党委凝聚力战斗力进一步增强。从严落实党风廉政建设“两个责任”，持之以恒纠“四风”转作风正风气，常态化开展检查巡查和明察暗访，认真组织审计移交线索调查处理，突出抓好违规喝酒问题纠治、行业不正之风和基层“微腐败”专项整治，严格监督执纪，层层传导压力，作风建设形势持续向上向好。

（牟永强）

武警莱芜市支队

【概况】 2017年，武警莱芜市支队紧紧围绕迎接保卫学习贯彻中共十九大这条主线，牢牢把握“稳中求进”总基调，紧跟总队党委决策部署，科学谋划指导，狠抓末端落实，部队全面建设取得大进步，实现大丰收。年内，支队首次跨入先进支队行列，直属中队首次跨入标兵中队行列，勤务中队首次跨入先进中队行列，开创了建队以来的“三个历史性突破”。

【思想政治建设】 武警莱芜市支队围绕特殊年份政治要求，突出抓好习近平主席系列重要讲话和十九大精神学习贯彻，不断强化官兵“四个意识”“三个维护”的政治自觉。推进“两项重大教育”，组织党员干部集中封闭理论轮训，看齐追随的严实标准进一步树立。健全“四支骨干”队伍，严格落实谈心、思想汇报、骨干培训制度，严密组织“尊干爱兵、兵兵友爱”活动，用好“三互”“双四一”载体，确保了思想稳定。开展“卫士风采”系列文化活动，打造“一队一品”特色文化队伍，举办第3届军事体育运动会、“八一军旗红”晚会，丰富了官兵精神文化生活。对政治环境进行升级改造，荣誉室建设按时高效完成。参加总队“四会”政治教员授课比赛连续三年获“十佳”。支队被总队表彰为转业安置工作先进单位。政治处被总队表彰为先进政治机关。

【遂行任务能力建设】 武警莱芜市支队严格落实每月党委“议中心”制度，狠抓固定目标执勤设施升级改造，开展隐患排查治理，提升了安防系数。高标准完成中共十九大期间联勤武装巡逻勤务以及市“两会”、省高考命题安保等各类勤务。新建综合保障楼，改建首长机关“九室一库”，规范编携配装和战备库室建设，成立直属中队尖子队，购置防暴运兵车及反恐装备器材，定期组织首长机关带特战排、应急班拉动演练，部队战备水平稳步提升。加快推进教导队建设，新建射击、障碍、田径、心理行为训练场，基本场地建设达标率95%。抓实首长机关训练，抓好每月“两官”考核、每季度“魔鬼周”极限训练，参加总队各类军事比武竞赛取得多项突破。支队被总队表彰为正规化执勤优秀单位。

武警莱芜支队“魔鬼周”极限训练官兵举行重温军人誓词仪式

（武警莱芜支队 供稿）

【依法从严治军】 武警莱芜市支队持续开展军容风纪大检查、内务秩序大评比活动，采取早操集中训练、“中队长日”活动、召开观摩会等方式，对内务设置、礼节礼貌、着装仪容等进行规范统一，落实每日巡查、每周通报、每月讲评、每季综合检查要求，部队“五个秩序”更加正规。以“百日安全竞赛”活动为抓手，用活“四无”载体，严格落实各项制度，层层压实责任，突出抓好人员、车辆、枪弹、治酒、保密等重点环节的管控，部队安全发展基础更加牢固。10月，高标准迎接武警部队安全工作综合检查，受到充分肯定。支队连续20年安全无事故，被武警部队表彰为安全工作先进单位、暑期百日安全竞赛优胜单位。

【基层建设发展】 武警莱芜市支队按照“选准、训好、管严、帮实”四个环节加强书记队伍建设，精心调配6名基层主官。深化“基层组织建设规范周”“《纲要》学习培训月”活动成果，整理编发“一规范一图解一流程”，指导基层进一步规范组织设置，明确职责分工。组织干部骨干到青岛、聊城、烟台支队进行参观见学，拓展理念，开阔视野。落实“五帮”要求，每月安排党委常委下基层蹲点帮建，提高基层自主抓建能力。协调解决3名官兵子女入学和3名转业干部安置等困难。直属中队被总队表彰为成武式标兵中队，勤务中队被总队表彰为基层建设先进中队。

【后勤综合保障】 武警莱芜市支队持续抓好“一组五队”保障模式建设，修订完善4类12种保障预案，组织驾驶员、炊事员、军械员、卫生员、司务长等各类培训，后勤队伍整体素质显著提升。与地方供应单位签订应急保障协议，实现副食定点配送、油料社会化保障的新型保障模式。严密组织粮秣、被装、生活费、接待费、公务事业费等专项清查，强力推行“1126”“6211”模式。完成总队干部业务培训班、优秀基层主官疗养、军事训练脚本会审、第四季度“魔鬼周”极限训练等保障任务。全年大项工作落实排名中，干部士官健康体检率和车辆入库率位列全总队第一，预算执行率位列全总队第二。

【党建工作】 武警莱芜市支队召开支队党员大会，增设党的常务委员会。常态开展“三评一定”“三会一课”，抓实党课、党日、党费，“一班人”带头过双重组织生活，自觉接受组织和群众监督。认真抓好“三条例两准则”等党内法规的学习贯彻，围绕“三对照三查纠”，严密组织党委专题民主生活会，如实汇报“五个讲清楚”，在严格政治生活中锤炼了坚强党性。做到议事先议政、遇事先学法，各项工程建设和大宗物资采购，调整使用干部、选取士官、选送技术学兵、发展党员，均按规定程序办理，近四年没有发生群众反映问题，总队对支队党委班子考核民主测评各项指标均100%。

（张　超）

公安消防支队

【概况】 2017年，全市消防部队牢牢把握习近平总书记“四句话、十六字”总要求，深入学习贯彻习近平新时代中国特色社会主义思想和中共十九大精神，在大是大非中举旗定向、在正视问题中精准施策、在担当作为中攻坚克难，坚决守住不发生亡人火灾事故和部队内部安全事故这条底线，完成中共十九大、“一带一路”等一系列重大消防安保和灭火救援任务。莱芜市政府获全省消防工作“法治维安年”先进单位称号，市委、市政府为全市消防部队记集体二等功，支队连续9年被评为省级文明单位，支大队先后29次获评全省安全工作先进支队、全市安全生产先进单位等先进集体，222名个人先后获评省市先进个人和荣立三等功、嘉奖。

【火灾防控工作】 推动“党政防控”新发展。公安消防支队提请市政府常务会议专题研究消防工作，市政府先后召开全市夏季消防检查、冬春火灾防控和中共十九大消防安保等10次消防专题会议，市领导先后13次带队调研督导检查。开创“重点防控”新局面。联合教育、卫计、民政、市场监管、安监等18个行业部门，开展文物古建筑、学校幼儿园、医院、养老机构、危化品等14个专项整治活动。2017年，共检查社会单位9616家，发现隐患33959处，责令三停单位170家，临时查封单位219家，罚款840余万元，同比上年分别增长181%、319%、638%、1047%、192%，行政拘留51人。夯实“基础防控”新根基。持续推进消防安全“网格化”管理，在全市7个街道办事处、13个镇发展3754名网格员，并将“网格化”管理工作纳入“综合治理平台”和市政府督查办理项目，改善了广大乡镇、社区消防工作无人抓、无人管的状况。营造“全员防控”新氛围。开展“上大屏、站门口、立路旁”“全民消防我代言”等一系列声势浩大的宣传活动，在中央电视台等中央级媒体刊播消防信息20条，“上门”举办培训班60余场，培训各类人群4万余人，组织全市企事业单位进行疏散演练430余次，提升了群众消防知识知晓率和应急逃生能力。

【执勤灭火救援】 抓基础训练。牢固树立“操场就是战场、训练就是打仗”理念，为单兵量身打造训练方案，严格按纲施训，确保官兵身体、技能素质得到针对性的提高。着眼“打大仗、打恶仗”，开展支队级演练13次，大中队级演练284次，联合有关部门开展多种类型实战拉动演练11次，部队战训基础得到夯实。抓社会联动。制定《微型消防站联勤联训规定》，进一步明确微型消防站人员的培训模式及职责任务。推动微型消防站、企业专职消防队联勤联训一体化，组织开展业务技能大比武，实现警情等级“一键式”调度指挥，提高综合处置能力。抓科技强警。申请513万元专项经费用于智慧消防一期指挥中心改造项目，打造实战化、扁平化指挥体系，科技强警作用凸显。全年共接警963起，抢救被困人员116人，保护财产价值1.8亿元，完成“7·14”莱芜森润危化品泄漏等灭火救援任务。

【基层基础建设】 经费保障。2017年，支队本级经费达到3461.9万元，各大队独立申报预算后人员经费、装备购置、基本保障经费均跨越式增长，全市经费4000余万元，较上年增长33%，占全市财政收入的0.64%。做强多种形式消防队伍。在全省率先完成艾山中队事业单位法人登记工作，修订《政府专职消防员招收管理办法》，将每月绩效奖励工资提升到1100元，进一步提高政府专职消防员训练、工作积极性。依托“一镇一车”消防队伍，推进乡镇专职消防队改造升级，国家级重点镇已全部高标准打造完成，推进成效显著。建强营房车辆装备。协调市财政局制定《莱芜市“十三五”期间消防专项经费支出规划》，全年投入775万元专项经费用于器材装备建设，150万元用于运兵车、餐饮保障车等车辆的配备，战勤保障体系进一步完善。推动口镇“三合一”工程建设，截至2017年年底消防站已经建设完工。

【队伍建设】 坚持政治建警、思想建警。紧紧围绕学习贯彻中共十九大精神这一主线，先后开展“维护核心、听从指挥”“讲诚信、守规矩、敢担当”等三大教育活动，持续推动“两学一做”学习教育常态化制度化。举办为期20天的中共十九大精神学习贯彻专题培训班和主题党日活动，开展纪念莱芜战役胜利70周年、纪念建党96周年“七个一”等一系列意义非凡的纪念活动，进一步增强官兵责任感、荣誉感、使命感。坚持党建引领、班子统领。在各级班子开展“四反对、四坚持”大讨论活动，增强党员领导干部党性观念和责任意识。制定《莱芜市公安消防支队党委廉政责任清单任务清单》等3项清单，修订出台《党委支部议事决策规则》《大队军政主官分工细则》，规章制度体系进一步健全，班子领导力、决策力、信服力有效提升。坚持党管干部、注重实绩。制定《干部考核考评办法》，建立季度考核、半年述职评议、年度全面量化的考评办法，将干部考评考在平时、考出成效。制定《莱芜市公安消防支队纠错机制实施办法》等3项办法，通过容错、纠错、免责机制，鼓励干部大胆创新工作，积极营造和谐奋进、敢于担当的工作环境。创新开展“季度之星”“安保之星”和“最美”系列评比，并高度重视结果运用，与立功受奖直接挂钩，在全市形成“凭能力立身、靠实绩进步”的良好风气。

（王鹏程）

人民防空

【概况】 2017年，市人防办认真贯彻落实第七次全国人防会议和全省人防会议精神，以走在前列为目标定位，全面推进人防建设与经济社会相融合、与城市建设协调发展，各项业务稳步推进。在建成“三位一体”组织指挥体系基础上，两区机动指挥车建成投入使用，实现省、市（地）、县（区）三级机动指挥互联互通，新开工及竣工验收人防工程均较上年实现大幅增长，人防工程防护能力和水平不断提升。人防依法行政和机关建设进一步加强，为人防改革发展创造了良好环境。

【人防信息化建设】 2017年10月底，完成卫星地面站和车载卫星设备升级改造建设并通过省人防办组织的统一验收。根据市委常委会决定，承担了军分区信息化平台升级改造任务，11月底项目建设完成。完成莱城区、钢城区指挥车建设，实现了省、市（地）、县（区）三级机动指挥互联互通。

【人防工程建设与管理】 2017年，新开工建设人防工程较上年增长6.7%，新开工工程全部签订质量终身责任制承诺书；竣工验收人防工程较上年增长10%。启动地下人防工程规划修编工作，根据全市地下空间开发利用规划，组织编制全市人防工程规划，现已完成初步设计。同时，对20万平方米以上以及分期建设的大型新建民用建筑小区制定人防工程修建性详规，对2个小区修建性详规进行评审和专家论证。投资20多万元，全面治理了大宏早期工程墙体断裂、渗漏水及底板隆起问题。开展“人防安全生产百日攻坚行动”。对单建、自建人防工程安全进行重点检查，落实安全巡查60余人次，查处安全隐患2处，限期整改，保证了安全。

【人防依法行政工作】 深化“放管服”改革，提高服务效能。切实落实好首问负责制、一次性告知制度等。对新开工项目加强前期考察、了解，掌握项目进展情况，主动提供上门服务，及时跟进办理人防手续，搞好项目事前、事中、事后的监督管理和服务。严格按照审批流程，规范结建防空地下室的行政审批工作。实行报建联审制度，全面规范结合民用建筑修建防空地下室的行政审批工作，确保了城市规划区内各类新建民用建筑依法修建人防设施或依法缴纳易地建设费。

【人防机关建设和宣传教育】 严格落实“三会一课”制度，加大对党员干部的教育培训。班子成员带头讲党课、采取请进来、走出去等多种形式深入学习中共十九大和习近平总书记系列重要讲话精神以及中央和省、市有关文件精神和重大决策部署，提高党员干部的政治素养和理论水平。探索建立和实施部门内部控制制度。招标确定山财大项目课题组参与人防内控制度的设计、编程和运行方案的制定，经过半年反复修改，初步建立起了责任明确、流程规范、制度完备、制约有力的内控机制。抓好人防教育进机关、进学校、进社区、进企业、进网络的“五进”活动。全市初级中学100%开展人防国防教育，高级中学的国防人防教育纳入教学计划，开课率和受教育率达到70%以上，近3万名学生接受人防国防知识教育。社区人防宣传栏进行统一更换，《莱芜日报》《鲁中晨刊》《中国人民防空》宣传实现了较大突破。人防网站及时更新，定期充实完善，宣传作用突显，取得了良好效果。年内，莱芜市人防办被省国动委评为年度关心国防建设十佳单位，受到了省委、省政府的表彰。

（王军莹）

责任编校：卢海静

法　　治

政法和综治工作

【概况】　2017年，全市共破现案1224起，同比上升10.07%。全年全市没有发生大规模群体性事件，没有发生危害公共安全的个人极端事件，没有发生重大恶性刑事案件，没有发生有影响的政法干警违纪违法案件。

【维护社会稳定】　全市政法系统紧紧围绕“五个不发生”的目标，坚持从严、从实、从细，打赢了春节全国全省“两会”、省第十一次党代会、中共十九大安保维稳“三场战役”。组织开展排查安全隐患防范四类风险专项行动，开展实地督导活动11次，明察暗访4次，共排查各类风险隐患6056起，整改5058起，整改率83.52%；组织开展打击“盗抢骗”“利剑·争锋”等严打整治专项行动，始终保持对违法犯罪的高压态势；组织开展涉法涉诉信访积案集中化解行动，排查出67件涉法涉诉信访积案，成功化解56件，化解率83.6%，高出全省平均水平10个百分点。

【平安莱芜建设】　实施矛盾纠纷多元化解全覆盖工程。完善“莱芜市矛盾纠纷多元化解信息管理系统”，指导成立莱芜市矛盾纠纷多元化解中心，协调开展“三调联动解纠纷，喜迎党的十九大”专项活动，督促加强调解组织和调解队伍建设，共调处矛盾纠纷9600余件，成功率98.2%。

推进立体化社会治安防控体系建设。实施“雪亮工程”，开展视频监控全覆盖二期工程，全市视频监控探头总数突破10万个。强化社会面治安防范，实行驻勤巡防与流动车巡相结合，巡逻盘查与治安管控相结合，将主城区划片包干，优化勤务机制，高效集约用警，最大限度地提高街面见警率、盘查率、管事率，持续压缩违法犯罪空间，全市可防性案件同比下降10.2%。深化综治“双无”主题创建活动，全市无命案镇（街道）、无刑事案件村（社区）覆盖率达85%和68.8%。

推进综治中心建设。落实《社会治安综合治理综治中心建设与管理规范》要求，确定14个镇（街道）、50个村居作为基层综治中心建设示范点，指导开展综治中心规范化建设。完成“莱芜市社会治安综合治理综合服务（视联网）平台”建设项目招标工作。

【法治莱芜建设】　开展法治宣传。深化“法律七进”，开展公益普法、新媒体普法、群众性法治文化建设活动，在全社会营造浓厚法治宣传氛围。坚持推行“以案说法”普法新模式，在市级主流媒体和各单位门户网站、官方微信、微博等设立“以案说法”专栏，全年刊登刊播“以案说法”稿件66期。强化新媒体宣传，在“平安和谐莱芜”微信公众号推送订阅18期，发布文章58篇，莱芜市新媒体工作经验在全省会议上做了交流。

推进法治创建。督促司法行政机关深入推进法治城市、法治区、法治镇（街道）、民主法治示范村（社区）、法治单位（学校）等创建活动，完善覆盖城乡的公共法律服务体系，为基层群众提供平台和通道，真正实现法治惠民。

推进执法司法规范化建设。在全市政法机关开展基层执法司法规范化建设示范单位创建活动，通过组织召开专题调度会、现场督导调研、每月定期调度等方式，推动政法机关全面加强基层执法司法主体建设、执法司法管理体系和办案场所建设、执法司法监督体系建设，打造了一批基层执法司法规范化建设示范单位。

推进司法责任制改革。推进员额制改革，遴选115名员额法官和73名员额检察官。加快完善细化改革配套措施，推进法院、检察院内设机构改革，研究制定工作标准和操作规程，为按新的机制运行提供充分保障。

【政法队伍建设】 强化思想政治建设。开展理想信念教育，坚持不懈地强化理论武装，实施政法文化工程，依靠文化自信坚定理想信念。严肃党内政治生活，认真落实“三会一课”、民主评议党员等制度，引导广大干警严格按照党内政治生活准则办事，在全市政法机关营造良好的政治生态。强化素质能力建设。加强对现代科技应用意识和能力培训，引导干警善于运用新知识、新技术破解工作难题。强化实战培训，努力构建教、学、练、战一体化教育培训机制。探索建立“网络+培训”机制，通过开设普训式大课堂和各种专业小课堂，形成分层次按需求培训机制。全年全市政法机关开展各类培训136次。强化纪律作风建设。在全市政法机关部署开展纪律规矩教育，教育引导广大干警切实增强“四个意识”，主动把守纪律讲规矩摆在更加重要的位置上，严格依法依纪依规办事。严格实行经常性明察暗访、问题通报和责任追究制度，持续整治人民群众反映强烈的突出问题。落实司法机关内部人员过问案件的记录和责任追究制度，建立系统完备、权责清晰的责任体系和监督体系，构建立体化、全天候社会监督网络。全年全市发现执法司法突出问题76个，逐一落实整改责任，明确整改时限，确保全部整改到位。

【重要会议】 市委政法工作会议。1月23日，市委政法工作会议召开。市委书记、市人大常委会主任王良作出重要批示。市委常委、政法委书记武林中出席会议并讲话，副市长、市公安局局长王茂祯，市中级人民法院院长李杰，市检察院代理检察长张守强出席会议。王茂祯主持会议。王良强调，全市政法机关要坚持用习近平总书记重要指示精神统一思想、指导工作，切实增强忧患意识、责任意识，改革创新、扎实工作，不断开创全市政法工作新局面。武林中在讲话中要求，全市政法机关要按照中央、省委政法工作会议部署和市委要求，以为中共十九大胜利召开营造安全稳定的社会环境为主线，坚持“底线思维、问题导向，法治引领、科技支撑，创新理念、夯实基础，融合联动、统筹协作”四项原则，以优异的成绩迎接中共十九大胜利召开。

市委政法委员会全体（扩大）会议。4月7日，市委政法委员会召开全体（扩大）会议，安排部署当前政法工作。市委常委、政法委书记武林中出席会议并讲话，副市长、市公安局局长王茂祯主持会议，市中级人民法院院长李杰，市人民检察院检察长张守强出席会议。会议要求，各级相关部门要深入开展“打黑除恶”专项行动，为经济社会发展提供良好的市场秩序和治安秩序；要始终保持社会面的平稳可控，加大城乡治安巡逻密度，维护好正常信访秩序；要切实加强执法司法办案风险研判，及时跟进预警，依法有效化解；要适应新形势新要求，加强基层政法单位建设，推动基层政法单位建设提档升级；要强化政法队伍纪律作风建设，以铁的纪律打造一支铁的政法队伍，努力为全市经济社会发展创造和谐稳定的社会环境。会议还研究了全市涉法涉诉信访工作。

市司法体制和社会治理体制改革专项小组全体会议。8月15日，市司法体制和社会治理体制改革专项小组全体会议召开。市委政法委常务副书记、市司法体制和社会治理体制改革专项小组副组长刘宪钊出席会议并讲话，市委政法委副书记刘进涛出席并主持会议。会议指出，要充分认识当前改革面临的形势，进一步增强做好改革工作的责任感和紧迫感；要对照省、市有关文件要求，进一步梳理本单位承担的改革工作，按照时间安排，全力抓好推进落实，确保圆满完成全年既定目标；要提高政治站位，压实工作责任，自觉从全局高度谋划和推进改革，以过硬的作风和举措推动各项改革任务落到实处、见到实效。会上，市编办、市发展改革委、市中级人民法院、市检察院、市公安局汇报了2016年以来重点改革工作进展情况及下一步工作打算。

全市中共十九大安保维稳工作总结会议。11月22日，全市中共十九大安保维稳工作总结会议召开。市委副书记、市长梅建华出席会议并讲话，市委副书记、统战部部长李兴钰主持会议，市政协主席张作平，市委常委、政法委书记武林中，市委常委、秘书长毕司东，市委常委、组织部部长张晓海，市人大常委会副主任魏凯忠、金宗义，副市长、市公安局局长王茂祯出席会议。会议深入学习贯彻中共十九大精神，认真落实全省中共十九大安保维稳工作总结大会要求，表彰先进，总结经验，对下一步安保维稳工作进行再动员再部署，为全市持续健康发展创造良好的社会环境。梅建华强调，要突出思想引领，进一步增强学习贯彻中共十九大精神的自觉性。要突出巩固提升，进一步增强维稳工作的实效性。要突出机制建设，进一步增强维稳工作的长效性。李兴钰强调，要迅速传达学习，领会精神实质。要总结成功经验，建立长效机制。要抓实重点工作，维护稳定形势，推动全市安保维稳工作再上新台阶。武林中宣读了市委、市政府表扬通报，王茂祯代表市安保维稳指挥部对全市安保维稳工作进行了总结。会上，市公安局、市信访局，钢城区、牛泉镇主要负责人做了交流发言。

（高照军　王佳宁）

法治政府建设

【概况】 2017年，在市委的正确领导下，莱芜市人民政府深入学习贯彻落实中共十九大报告精神，以习近平新时代中国特色社会主义思想为指引，以深化依法治国实践为根本目标，认真贯彻中央、省、市《法治政府建设实施纲要》，进一步加快建设职能科学、权责法定、执法严明、公开公正、廉洁高效、守法诚信的法治政府，取得了阶段性成果。

【政府职能转变】 依法明确政府职能定位。莱芜市深化“放管服”改革，推行“一门式”服务，推出“零跑腿”和“只跑一次”事项163项，群众办事更加方便快捷。开展政府工作部门“三定”（定职能、定机构、定编制）规定修订工作，进一步完善部门主要职责，理顺各部门、各层级之间职责关系。推进“大部门”制改革，组建市城乡水务局、市城乡交通运输委员会、市林业和城乡绿化局，形成“大水务”“大交通”“大绿化”体制格局。增设规划、金融、国资三个政府工作部门，使承担行政职能的事业单位回归行政。推进事业单位分类改革，推进政事分开、事企分开、管办分离。全面推进中小学校长职级制和去行政化改革，现有中小学校和中小学干部行政级别一律取消，新设立的中小学校不再确定行政级别。在全省率先完成了5家公立医院、3家科研院所法人治理结构建设工作，切实减少主管部门对事业单位的干预，增强法人自主权。

深化行政审批制度改革。市政务服务大厅按功能划分为企业注册办税、投资建设项目、社会事务、不动产登记和中介机构5个服务区，进驻审批事项274项，占全市总量的94.8%，进驻中心的事项承诺时限比法定时限平均缩短56%，按时办结率100%，即办件比例占80%以上。设立企业登记注册和企业投资项目综合服务窗口，实现“一门受理、内部流转、联合审批、限时办结”，以工程建设项目为重点，探索推进“多图联审”“多评合一”“联合验收”，进一步优化了审批流程。

深入推进简政放权。莱芜市严格行政许可、行政权力、行政责任等多张清单管理，完善清单动态调整机制，分两批取消行政权力15项，承接省政府下放行政权力46项，整合减少行政许可1项，下放区级实施行政许可1项，新列行政权力1项，清理规范中介服务收费项目2项。对部分单位行政权力清单进行集中调整，取消行政权力事项70项，新设66项，承接落实工作实现了“无缝衔接”。推进综合行政执法体制改革，将405项行政权力事项下放区级实施，优化了市区及部门间权力运行体制。协调相关部门减投资审批事项、减收费项目、降准入门槛，整合16个部门涉及31项证照审批事项，释放了特种设备检测收费降低、投资项目在线审批监管等诸多红利，确保惠民政策落地生根。

加强市场监管。莱芜市严格落实“先照后证”制度，继续推进“五证合一、一照一码”登记制度，放宽住所登记条件，实行“一址多照”和“一照多址”。加强社会信用体系建设，落实全国统一的社会信用代码制度，建立信用信息共享交换平台，开展企业信用公示“全国一张网”建设，依法保护企业和个人信息安全。开展股权质押登记，共办理股权质押登记业务195笔，解决了企业融资难的问题。推进社会信用体系建设，建成“一网三库一平台”社会信用系统，发布守信和失信企业400多家，行政许可、行政处罚“双公示”信息40000余条。建立联合惩戒机制，对失信行为进行严厉惩戒，在全省率先完成了政府机构失信问题专项治理工作任务。开展涉金融领域失信问题专项治理工作，完成62家涉金融失信企业核查工作，已整改18家。充分利用《莱芜日报》、“信用莱芜”微信公众号等平台，弘扬诚信文化、普及信用知识，不断提高社会诚信意识。

进一步优化公共服务。市级公共服务事项目录编制完成并向社会公布，市级涉及47个部门提供公共服务事项636项，区级776项，镇级1494项，对所有服务事项均编制了服务指南，基本涵盖人民群众办事创业、日常生活等各方面。编制2017年政府购买服务预算项目102个，较2016年增加项目34个，85个市直部门单位编制了政府购买服务目录。制定《2017年莱芜市市级政府集中采购目录》和《莱芜市市级采购人自行采购操作规程》，对政府采购各当事人的采购行为起到规范性指导作用。进一步提高政府采购效率，在限定金额内放权采购人选择竞争性磋商、竞争性谈判、询价、单一来源采购等多种采购方式。

创新社会治理。印发《关于改革社会组织管理制度促进社会组织健康有序发展的实施意见》，进一步规范直接登记社会组织范围，开展登记公示工作，全市共新登记社会组织35家，变更登记59家，注销登记8家，实现社会组织登记数量与质量双提升。全面落实社会治安综合治理责任制，坚持把平安建设纳入经济社会发展总体规划。不断增强立体化社会治安防控体系整体效能，开展“打黑除恶”、“打霸治痞”、金融生态整治等专项行动，创新治安管控方式方法，开展网格化巡防工作，实现城区网格化巡防全覆盖，推进网格化巡防向农村延伸，全市可防性案件同比下降10.2%，群众安全感满意度显著提升。印发《莱芜市行业协会商会与行政机关脱钩改革实施方案》，部署开展行业协会与行政机关脱钩改制工作，已完成30家行业协会改制。

强化生态环境保护。以中央、省环保督察为契机，莱芜市各级政府把环境保护“党政同责、一岗双责”要求落到实处，党政环保责任进一步压实。制定环保重点工作考核办法，构建覆盖市、区、镇、村层层考核的工作体系，层层传导压力，层层落实责任。开展环保突出问题综合整治，办好中央、省环保督察交办案件，整治取缔“散乱污”企业273家，PM_{10}、$PM_{2.5}$浓度同比改善8.1%和11.6%，蓝繁天数增加33天。全面推行河长制，启动大汶河生态环境治理工程，深化城乡水务一体化改革，水资源管理得到加强。强化水资源节约与保护，对全市12个重点入河排污口水质进行监测，开展“零点行动”，防止突发性水污染事件发生，全市水功能区水质达标率80%。

【依法行政制度体系建设】 坚持科学民主立法。围绕“十三五”规划和市委、市政府工作大局，配合市人大法工委制定了立法规划和2017年度立法计划。《莱芜市既有住宅增设电梯管理条例》《莱芜市文物保护与利用条例》经市政府法制机构合法性审查后按规定时限提请市人大常委会审议。在立法草案合法性审查工作中，坚持广泛征求意见和专家科学论证，通过市政府网站公开征求意见和建议60余条，共组织调研活动3次，召开专家论证会4场，召开座谈会7场，听取各方面的意见建议200余条，对合理性意见吸收到立法草案中，使法规的制度设计更加科学严谨，更加契合民意，提高了立法质量。

规范文件制定程序。制定《莱芜市规范性文件制定程序规定》，在严格规范性文件起草、会商、审查决定、公布、备案等环节的基础上，建立推行规范性文件公开征求意见、部门法制机构合法性审查和起草部门负责人集体讨论制度，对影响面广、关系人民群众切身利益的事项，起草部门通过部门网站公开征求意见、召开座谈会或实地调研等形式，广泛征求社会各界的意见；部门法制机构对文件草案的合法性、合理性和操作性进行充分审查论证形成书面论证意见，并经部门负责人集体讨论后，方可提报市政府法制机构进行审查。

落实规范性文件“三统一”制度。认真落实《莱芜市人民政府规范性文件制定程序规定》和规范性文件“三统一”制度，加强规范性文件的审查，共审查市政府规范性文件7件，全部统一登记、统一编号、统一公布制度，并按规定时限向省政府和市人大进行报备，报备及时率和合格率均100%。审查市直各部门规范性文件7件，不符合“三统一”要求退回3件，“三统一”4件。市级规范性文件全部在政府网站统一公布实施。

严格执行规范性文件有效期制度。坚持“立改废”相结合的原则，按照省政府的部署要求，重点对涉及“放管服”改革、生态文明建设和环境保护的规范性文件进行清理，累计清理规范性文件854件，其中废止744件，修改3件。科学设定规范性文件有效期，一般性规范性文件有效期不超过5年，暂行和试行的有效期不超过2年，截止日期统一设定为12月31日。年底前对下年度到期规范性文件进行审查，确需继续执行且内容没有变动的，统一延期继续执行，保证了制度的稳定性和延续性。

【行政决策机制建设】 进一步健全重大行政决策程序。莱芜市人民政府制定《莱芜市人民政府工作规则》，进一步明确市政府重大决策必须严格执行依法科学民主决策程序，将公开征求意见、专家论证、风险评估、合法性审查和集体讨论决定作为行政决策的必经程序，提高依法科学民主决策水平。2017年，122个常务会议题全部由市政府法制机构进行合法性审查，其中23件重大行政决策事项均严格执行五大程序进行决策。市政府法制机构审核市政府重大合同21件，办理重大涉法事项32件，累计提出审查建议300多条。

充分发挥法律顾问外脑作用。全市完成政府法律顾问换届工作，建立党政一体法律顾问制度，选聘12名德才兼备的律师为市委、市政府法律顾问，明确了法律顾问工作职责，探索实行法律顾问工作评判和顾问费用浮动制度，充分调动法律顾问的工作主动性和创造性，提升政府法律顾问服务水平。组织政府法律顾问参与市政府常务会议议题合法性审查44次，参与审查政府文件13件、市政府重大合同15件，共提出各类合理化意见建议200余条。

强化重大决策的跟踪反馈。建立重大行政决策实施后评价、安全生产责任追究、政府投资项目责任追究、行政问责等制度。引入公众评价机制，把群众满意作为评价决策成效的基本标准，加强决策执行情况的跟踪反馈，及时纠正工作中存在的问题。全年没有发生因违法决策引发重大集体上访和群体性事件，未出现因违法决策被追责事项。

【行政执法行为规范】 推进行政执法监督体制改革。认真贯彻落实全省行政执法监督体制机制改革工作会议精神，推进行政执法监督体制改革工作。市政府常务会议研究通过后，经省编办批准，2017年11月27日，市编办印发《莱芜市机构编制委员会办公室关于莱芜市人民政府法制办公室加挂莱芜市人民政府行政执法监督局牌子的通知》，确定市政府法制办挂牌设立行政执法监督局，配备局长1名，由法制办主任兼任，另配备1名专职副局长。

完善行政执法监督工作制度。制定《全面推行行政执法公示制度执法全过程记录制度重大执法决定法制审核制度实施方案》《莱芜市行政执法全过程记录办法》《莱芜市行政执法公示办法》和《莱芜市重大行政执法决定法制审核办法》，推行行政执法“三项制度”，加强行政执法监督检查力度。编制下发行政执法事项清单等5项清单样本，对全市行政执法机关的执法主体、执法人员、行政执法事项等执法信息进行全面梳理审核，在莱芜市人民政府门户网站建立“莱芜市行政执法信息公示平台”专栏，进行集中统一公示。转发《山东省行政执法案卷评查办法》和《山东省行政执法文书示范文本》等6个文件，对行政执法案卷评查、评议考核等工作作出进一步规范。

加大行政执法监督力度。强化行政执法培训，对市级970名执法人员进行公共法律知识更新培训，增强了执法人员严格依法履职的意识。组织年审考试2次，组织新申领人员考试3次，通过率80%以上。开展行政执法案卷评查工作，随机抽取23个市级行政执法部门的138件行政执法案卷进行评查，评查发现问题300余个，向7个行政执法部门下发执法监督建议书，促进了行政执法水平的提高。

【行政权力监督】 自觉接受党内监督、人大监督、民主监督、司法监督。坚持党委领导和从严治党，严格执行向本级人大常委会报告工作制度，接受询问和质询制度。市经济和信息化委等8个部门单位认真接受和积极配合市人大评议，对发现的问题认真抓好整改落实，进一步改进作风、优化服务、履行职责。认真办理人大代表和政协委员提出的意见和建议，积极改进工作方式方法。2017年，共办理市人大代表建议117件、政协委员提案235件。多次向市人大代表、全市各民主党派、工商联和无党派人士征求对政府工作报告等工作的意见建议，增强民主监督实效，改进政府相关工作。支持人民法院依法受理行政案件，尊重并认真执行人民法院生效裁判。

强化审计专门监督。开展政策跟踪审计，聚焦“三去一降一补”、加快新旧动能转换等重大任务，完成保障性安居工程、行政审批制度改革等重大政策落实情况跟踪审计，发挥审计政策落实“督察员”的作用，确保重大政策落实到位。

开展财政预算与政府投资审计，完成市级预算执行和8个部门2016年度预算执行和其他财政财务收支审计，对7个重点政府投资项目开展跟踪审计，出具审计建议书5份，纠正不合规事项56项，进一步规范了政府投资行为，提高了投资绩效。深化经济责任审计，充分发挥审计在从严管理干部、持之以恒纠正"四风"、推动政策落实等方面的作用，完成市管干部经济责任审计项目51个，以审计监督促进领导干部认真履职、干净干事，助推全面从严治党。

完善社会监督和舆论监督机制。拓宽社会监督渠道，综合运用"12388"举报投诉热线、市长公开电话、网站、微信、"四风"随手拍客户端等平台广泛收集顶风违纪问题线索。2017年，市长公开电话共受理群众来电10056个，直接答复7391个，转办2665个，群众满意率96.7%。2017年，市广播电视台政风行风热线节目直播241期，接听热线1703个，咨询和反映问题1980个，"一把手"上线125人次，上线率51.8%。对群众提出的每个问题做到了"件件有着落，事事有回音"，群众满意率98%。落实《关于开展电视问政直播工作的意见》相关要求，开展电视问政，2017年共组织电视问政节目3期，收到群众反映问题65个，现已全部解决，并对相关违规违纪人员进行严肃处理。

全面推进政务公开。充分发挥政府网站公开政府信息的第一平台作用，按照《莱芜市政府信息公开办法》的要求，严格规范政府信息主动公开内容，重点公开财政预决算及"三公"经费、政府招投标、重大建设项目、环境保护、扶贫工作、食品安全等重点领域信息。2017年，共主动公开政府信息36000余条，受理信息公开申请43件，均在规定时限内答复。编发《莱芜市人民政府公报》6期，及时刊发全市经济和社会发展规划、市政府重大决策部署等重要政务信息。

【矛盾化解机制建设】 健全依法化解纠纷机制。完善社会稳定风险评估、矛盾纠纷排查预警、矛盾纠纷分析研判、矛盾纠纷分级调处责任、矛盾纠纷建档回访、矛盾纠纷调处效力保障六项制度，全面实施矛盾纠纷多元化解全覆盖工程，坚持党委领导、综治协调、部门为主，动员社会各方面力量积极参与，以镇（街道）为建设重点，突出"全覆盖"这一特点，形成了多元共治的矛盾纠纷多元化解全覆盖工作新路子。截至2017年底，全市各级调处化解组织共调处矛盾纠纷10492件，成功率99.28%，基层化解率达到90%以上。

做好行政调解工作。完善市、区、镇、村四级人民调解组织网络，市级设立矛盾纠纷综合协调指挥平台，各区设立矛盾纠纷调处中心，各镇（街道）以人民调解委员会为主体设立矛盾纠纷多元化解联调中心，各村（社区）成立人民调解委员会，设立标准化人民调解室，配备调解员。健全行业性专业性人民调解组织网络，建立莱芜市专业人民调解中心，将医疗、物业、环保、旅游等行业性专业性调解组织集中在一起，高效运作，多元化解。截至2017年年底，全市各级共设立矛盾纠纷调处中心26个，发展行业性专业性及企事业单位调解组织226个，各村（社区）共设立人民调解室1067个，全市共配备人民调解员4488人。全市累计化解矛盾纠纷8560件，调解成功率98.2%。

规范行政复议应诉工作。开展行政复议规范化建设工作，修订完善行政复议工作制度，不断改善行政复议办公办案条件，强化基础设施保障，为推进行政复议应诉规范化提供支撑。印发《关于进一步加强和改进行政应诉工作的意见》，建立健全行政应诉备案和行政诉讼案件报告制度，推动行政机关负责人出庭应诉。加强行政应诉工作分析研判，健全完善行政应诉案件统计、分析、评估等制度，及时掌握解决行政应诉工作中遇到的困难和问题。2017年，共办理行政复议案件85件，审结72件，行政复议综合纠错率38%，纠正了一批违法或不当的行政行为。各级行政机关全年共办理行政应诉案件96件，其中行政应诉开庭案件86件，行政机关负责人出庭案件53件，占开庭案件总数的62%，同比上升33%，行政机关负责人出庭应诉实现新突破。

促进仲裁工作发展。对仲裁案件立案、审理、调解、裁决、送达等各个环节施行精细化管理，确保依法公正实施仲裁。制定严格的办案纪律和办案规定，加强对仲裁案件的全程监督控制，形成职责清晰、衔接严密、运转高效的仲裁工作机制。深入到各行业协会宣传仲裁法律制度，规范行业合同文本，提高仲裁条款的约定率。加强仲裁员队伍的业务和作风建设，加大监督力度，开展执业纪律检查、评议，打造一支政治坚定、业务精通、作风优良、廉洁高效的仲裁员队伍。2017年，共办理仲裁案件465件，其中388件交通事故仲裁案件全部实现调解结案，案件调解和解率、自动履行率和结案率均达到80%以上，充分发挥了仲裁制度在构建和谐社会中的重要作用。

【组织保障】 加强法治政府建设的组织领导。2017年9月8日，市政府常务会议专题研究了建立法治政府建设推进机制事项，对全面贯彻落实中央和省《法治政府建设实施纲要》关于加强党对法治政府建设的领导和落实第一责任人责任等规定提出明确要求。12月，市政府印发《关于成立莱芜市法治政府建设领导小组的通知》，成立由市政府主要负责人任组长，市政府各副市长任副组长，市委市政府各有关部门主要负责人为成员的工作领导小组，加强了对法治政府建设的组织领导。

制定法治政府建设规划和年度计划。印发《莱芜市2017年法治政府建设工作计划》，在工作安排和工作措施上细化量化，确保科学化、好操作。加大法治政府建设考核力度，参照省对市经济社会发展综合考核指标标准，把履行推进法治建设第一责任人职责、完善依法行政制度体系、行政执法规范化水平、支持司法机关依法行使职权等4大项14小项内容纳入各级各部门年终考核范围，充分发挥督导考核的导向作用，为全市持续推进法治政府建设奠定了基础。

全面建立法治政府建设情况报告制度。印发《关于做好法治政府建设情况报告工作的通知》，建立法治政府建设情况报告制度，强化对法治政府建设的调研、指导、监督和检查，以报告促推进、以报告抓落实，全面掌握各级各部门法治政府建设进展情况，及时发现并解决法治政府建设过程中出现的问题和遇到的困难。2017年3月，《莱芜市人民政府关于2016年法治政府建设情况的报告》提请市人大常委会审议通过，同时报送省政府，并在市政府网站公开。

加强对政府工作人员的法治教育培训。严格落实领导干部学法、党校（行政学院）培训、任前考法、重大决策前法律咨询等制度，将法律知识作为机关干部职务晋升、任前考试的重要内容。举办全市科级干部普法考试，全市近5000名科级干部参加考试，提高了尊法学法守法用法的自觉性。举办各类法治讲座120多场次，指导各部门组织依法行政专题培训14场，在新闻媒体开设“法治政府建设进行时”等法制专栏，刊播40余期。开展“12·4”国家宪法日及全国法治宣传日活动，利用户外电子显示屏、楼宇电视等载体播放宪法宣传标语，营造了浓厚的宪法至上、依宪治国的氛围。

（王会宝）

公 安

【概况】 2017年，全市没有发生危害政治安全的案事件，没有发生群体性事件和个人极端事件，没有发生暴恐事件和恶性刑事案件，没有发生有影响的民警违法违纪问题和负面舆情事件。副省长、省公安厅长孙立成，市委书记、市人大常委会主任王良，市委副书记、市长梅建华以及市委、市人大、市政府、市政协和省厅领导先后批示50余次，给予指导和表扬。中央电视台和《人民公安报》等主流媒体多次刊发有关经验做法。

【安保维稳】 围绕打赢三大安保战和多批次警卫安保任务，建立战时机制、落实战时举措、严明战时纪律，开创性地实现了省委、省政府，市委、市政府“五个严防”和公安部、省厅“三个不发生”的工作目标。坚持党政领导各方联动，凝聚最强工作合力。市委、市政府成立最高规格的领导小组和办事机构，市领导多次到指挥部调度工作，分管领导每天坐班指挥，提供了强有力的组织保障。公安机关自上而下成立主要负责同志任总指挥的安保指挥部，与各级各部门密切协作，真正做到了“一条心、一股劲、一盘棋”。坚持主动进攻，把握工作主动权。定期调度研究。市局党委先后17次专题研究，各级“安保办”24小时高效运转，每天一名局党委成员坐镇指挥部，建立直通一线、灵敏高效、快速反应的战时指挥体系，牢牢把握了主动权。有针对性地部署开展了“利剑·争锋”“三个不发生”创建等专项行动，始终保持了主动进攻高压态势。坚持想全想细想万一，不断拧紧螺丝关好阀门。认真落实“五个百分百”要求，抓好各项安保措施落实。联合检、法、司发布《关于依法处理信访活动及群体性事件中违法犯罪行为的通告》。高度重视公安信访工作，多起重点信访案件息诉罢访。坚持问题导向，以最强决心守住底线。把握底线思维，在公共安全监管中，不间断开展“大兵团”“翻箱倒柜”式安全大检查，倒逼责任和措施落实。

2017年2月21日，派出所民警风雪中巡逻 （市公安局 供稿）

在落实“三长”负责制基础上，创新推行“总路长”负责制，交通事故“四项指数”全面下降；查封火灾隐患突出单位225家、行政拘留52人；办理涉枪案件15起，“10·13”非法邮寄制贩枪支案件被列为部督案件，公安部发来贺电。坚持战时管理机制，始终保持队伍高昂士气旺盛战斗力。坚持把思想政治工作贯穿安保始终，以“我为十九大安保奉献一切”主题党日活动和“忠诚卫士”事迹报告会激发内生动力，严格落实战时表彰和问责办法。安保结束后，召开安保成果转化会，总结提炼8个方面44条经验做法，推动制度化、常态化、长效化。

【基层基础建设】 提请市委、市政府出台加强公安基层基础工作、公安派出所工作、警情分流三个《意见》，突出重点、精准发力，狠抓五项重点。做强基层所队。新招录民警和机关选派民警及分局精简警力全部下沉派出所，派出所警力占到分局总警力的64%。落实“1+2+N”社区警务，建立“社区民警打防责任积分制”和一日工作规范，做实做细社区警务。实现“一村一警务助理”全覆盖，研发手机APP，落实“六统一”和管理、考核、奖惩机制，确保发挥作用。做实网格化巡防。组建特巡警、派出所专职巡防力量和社会化巡防队伍，将全市划分一级网格4个、二级网格31个、三级网格1253个，规划4个卡点、8个公安检查站，完成视频监控二期补点扩面和50个“技防示范村”创建，织密防控圈。建立“平安指数”，实现精准布防和精确打击，可防性案件同比下降15.48%。做细基础要素管控。开展“一标三实”信息采集，采集标准地址68万余条。以电力企业为试点，打造重要目标反恐防范模板。研发推广“二维码”警务、寄递物流业治安管理信息平台等实战工具，实现了治安要素的信息化、精准化管控。加大依法清查力度，处罚不落实实名登记制度的旅馆、网吧、加油站374家和寄递物流企业及网点1056家次，堵塞了管理漏洞。做优基层执法规范化建设。加快推进办案场所“换、扩、增”，严格落实“四个一律”和执法记录仪使用，推进“清障”行动，有效预防了执法问题。印发《关于处置讨要债务中违法犯罪行为适用法律若干问题的指导意见》等执法标准，精准指导基层执法。围绕基层执法需要，举办规范接处警、敏感案事件应对处置等专题培训班8期460余人次，开展“点对点”培训37次1500余人次。做好支撑保障。完善领导分包、督导考核、任务清单等制度，先后召开党委会、调度会、推进会30余次和现场经验交流会3次，强力推进。新型监所、警犬训练基地等基础设施建设有序推进。

【警务改革】 莱芜市公安系统始终把改革创新作为破解难题，推动公安事业发展的不竭动力，围绕打造“平安警务”“数据警务”“规范警务”“民生警务”品牌，着眼实战实效，推动各项改革创新措施落地生效。构建现代警务机制。全面推行“三级六长”指挥长机制，打造“点对点”“扁平化”“可视化”权威高效指挥体系。做大做强合成作战中心，落实“5+N”合成作战模式，实现情指行一体化。推行刑侦专业化，完善打防责任制，建立案件权重系数，连续6年保持命案全破。完善规范执法机制。协调“两办”印发《关于深化公安执法规范化建设的实施意见》，为推动工作提供遵循。深化受立案改革，逐级建立案管中心（案管室），确保规范受案、如实立案。全面推广应用“执法办案闭环管理系统”，所有案件强制入轨、单轨

2017年9月14日，派出所民警推广“二维码”警务　（市公安局 供稿）

运行，实现执法活动全网操作和实时监督。优化服务保障机制。全员学习省、市出台的推动新旧动能转换政策，结合公安职能研究工作措施。开辟绿色通道，为全市引进人才提供专项服务。搭建“互联网+民生警务”，推广“笑脸警务”，让数据多跑腿，群众少跑路。全面落实驾驶人自主预约考试、身份证异地办理，最大限度方便群众。建立“民意指数”，指导改进工作，提升群众满意度。全警投入创城迎检战，完成承担任务。依法妥善处置涉众型经济犯罪问题，没有发生区域性风险。健全队伍管理机制。严格落实遴选制度，畅通基层民警上升通道。在坚持负面问题清单制度基础上，研发“问题指数”，搭建应用平台，考量队建成效，推动素质提升。成立警务辅助人员管理处，出台管理办法，研发管理系统，提升了规范管理水平。

【实战能力提升】 启动贯穿全年的“大培训、大练兵、大比武”活动，推动实战能力提升。培养实战意识。开设“莱芜公安实战训练”网站，以微课程教学模式开展网上实战教学。开展“把脉暖心”活动，推行教育训练负面清单制度，及时推送练兵比武暴露问题，提出解决对策，实现实战意识养成常态化。锤炼实战技能。推行“一所一队一室一教官”机制，加强“应用型全科教官、研究型专业教官、指导型客座教官”三型教官队伍建设，开展送教上门，举办“名师讲座”4期。不断深化实战指挥、反恐处突、街面巡防等专题教学，举办培训班11期930余人。组建“飞豹突击队”，配套建立指挥、情报、训练、奖惩和保障机制，打造攻坚利刃。强化实战对抗。采取不预先通知、不设立脚本、不确定地点、不组织预演的方式，真刀真枪开展对抗演练，提高了快速反应和应急处突能力。全年共组织开展紧急拉动和警卫、反恐等对抗演练18次，在对抗中检验了练兵成果。

【党建工作】 认真学习贯彻中共十九大精神。印发《全市公安机关深入学习贯彻中共十九大精神工作方案》，依托中心组学习、“三会一课”、主题党日等，迅速掀起学习热潮。11月22日—25日，在市委党校举办两期600人专题学习班，实行封闭式警务化管理，对市局机关全体党员和各分局、直属单位副科级以上党员民警进行集中培训。全面提升党建水平。组织开展“以人民为中心”主题教育实践活动，作为推动“两学一做”学习教育常态化制度化的载体。深入开展“党支部达标创建”，“忠诚为民·平安先锋”机关党建品牌被市委组织部、市直机关工委评为党建名牌。坚持从严治警不放松。全面落实“两个责任”，用好明责、问责、防错、容错、纠错“五项机制”和监督执纪“四种形态”，做到正向激励与追责问责相结合，涉警投诉下降28.5%，市局被评为全市反腐倡廉制度建设示范点。全员参与纪律作风教育整顿，推动纪律作风持续好转。推动暖警措施落实。落实加班补贴、年休假、互助金、健康查体、帮扶慰问等从优待警政策，强化民警权益保护，凝聚警心，激励斗志。坚持以业绩论英雄、以德才用干部，形成了鲜明用人导向。提升执行力、落实力。雷打不动坚持“周例会、月调度、季观摩、年总评”制度，发挥重点办、指挥中心、警务督察部门督导、督办、督察职能，确保工作落地见效。

（张少华　段英男）

检 察

【概况】 2017年，莱芜市检察院坚持跳出检察看全局、干检察，增强服务大局的能力和实效。紧跟市委部署，专门出台文件，研究采取了32条工作措施，努力为经济发展提供优质高效的法律服务。深化“百名检察官联系百个大项目”同步预防活动，对全市30个重点项目实行全程预防服务。适应优化金融生态环境新要求，积极参与打击金融领域犯罪专项行动，批捕非法集资、骗取贷款等犯罪10人，起诉23人。开展“六进两服务”大走访活动，多办实事好事，为群众解决困难问题121件，收到群众送来的感谢信、锦旗等30多件。进一步转变司法理念，依法妥善办理涉企案件，保障企业正常生产经营，通过办案，为国家、集体、企业挽回和避免经济损失1.3亿元。年内，市委、市人大、市政府和省检察院主要领导先后7次对检察工作并作出批示。市检察院被市委、市政府记集体三等功，被评为工作实绩考核优秀单位、信访工作优秀单位、平安莱芜建设优秀单位、群众满意单位等。

【查办和预防职务犯罪】 做好查办职务犯罪工作，全年全市检察机关立查职务犯罪案件31件42人，其中贪贿案件19件30人，渎职侵权案件12件12人，反渎案件90%以上为特大案。抓获1名在逃职务犯罪嫌疑人，在全省率先完成追逃任务。推进职务犯罪预防工作，开展“预防走基层”“预防职务犯罪邮路”等活动，加强专项预防和行业预防，发放法律宣传资料2万余份。

【刑事检察】 全市检察机关牢固树立“维稳第一责任”意识，落实检察环节各项综合治理措施，与公安、法院等机关密切配合，依法严厉打击各类刑事犯罪，为人民群众创造安居乐业的社会环境。全年批准逮捕刑事犯罪嫌疑人385人、提起公诉700人，其中批捕杀人、抢劫、绑架等严重暴力犯罪和多发性侵财犯罪92人、起诉75人。坚持把化解矛盾贯穿办案全过程，推行检察宣告、公开听证、轻微刑事案件赔偿保证金制度，开展释法说理，全年对938件群众诉求依法妥善处结。

【诉讼监督】 加强刑事立案和侦查监督，全年全市检察机关依法监督立案27人，其中判处有期徒刑以上刑罚14人，监督撤案10人，追捕、追诉漏犯42人，不捕不诉211人，书面纠正违法19件。加强刑事审判和执行监督，提出刑事抗诉15件，向有关司法机关、行政执法机关提出监督意见、检察建议46件，纠正监管场所和社区矫正工作中的违法行为14件。加强民事行政检察监督，办理民事抗诉、提请抗诉、再审检察建议案件8件；对20件不服法院正确裁判的民事行政申诉案件，做好释法说理工作，维护司法权威；积极探索开展公益诉讼工作，集中开展环保领域、国有资产保护行政执法检察监督专项活动，办理各类案件12件，促进了依法行政。

【“三项建设”】 全市检察机关立足抓根本、打基础、强支撑，抓好司法规范化、检察信息化、基层基础“三项建设”，不断激发检察工作活力、提升工作水平。深化司法规范化建设，加大案件质量评查力度，出台评查办法，明确评查标准和程序，落实追责措施，对办结案件实行全方位、全覆盖评查。深化检察信息化建设，电子检务工程顺利实施，“桌面云”系统平台全面应用，建成智能语音录入、刑检文书自动纠错等辅助办案系统，“智慧检务”水平明显提升。打造“智慧公诉”、提升办案质效的做法，被省检察院转发推广。深化基层基础建设，莱城区检察院被评为全省检察机关“六型”建设示范院和“全省检察文化建设示范院”，钢城区检察院被评为全国检察机关“文明接待室”。高新区检察室被命名为山东省老年人公益维权服务示范站，雪野检察室被表彰为全国“巾帼文明岗”、全省“青少年维权岗”。

【检察改革】 提高政治站位，配合国家监察体制改革试点工作，完成反贪、反渎、预防 3 个部门的编制、人员转隶，全市检察机关共划转中央政法专项编 51 个；实际转隶人员 42 人，其中员额检察官 14 人、检察辅助人员 28 人；市检察院划转中央政法专项编 17 个，实际转隶 16 人。市检察院纪检组实行由市纪委派驻，有 2 名工作人员调入市纪委派驻市检察院纪检组工作，有 2 名工作人员调入市纪委派驻其他纪检组工作。司法责任制改革全面完成，人员分类管理基本实现，全市入额检察官到岗到位，运用新的办案模式开展办案工作，真正实现了谁办案谁负责。截至 2017 年年底，全市共有员额检察官 61 人，检察辅助人员 56 人，司法行政人员 28 人。其中，市检察院有员额检察官 26 人，检察辅助人员 17 人，司法行政人员 12 人。开展以审判为中心的诉讼制度改革、人民监督员制度改革等各项改革，均取得明显成效。

【队伍建设】 全市检察机关坚持政治建检、素质强检、从严治检不放松，打造忠诚、干净、担当的高素质检察队伍。强化底线思维，开展“无违法违纪、无责任事故”创建活动，坚持把纪律规矩挺在前面，认真落实党风廉政建设“两个责任”和领导干部“一岗双责”。加大教育、管理和监督力度，全市检察机关“双无”目标顺利实现，形成守纪律讲规矩、齐心协力干事创业的良好氛围。加强业务素能培训，开展岗位练兵和业务竞赛，联合浙江大学举办检察干警素能提升班，检察队伍的专业化、职业化水平进一步提高。全市有 39 个集体、65 名个人受到市级以上表扬，2 个部门分别受到最高检、全国妇联表扬，1 名个人被授予“全国三八红旗手”称号。深化“检察开放日”等活动，通过“两微一端”及时发布案件和工作信息，自觉接受社会监督，提高了检察机关的群众知晓率和满意度。

（赵应吉）

法　院

【概况】 2017 年，全市共新收案件 12461 件，结案 12846 件。其中，市中级人民法院（以下简称中院）新收案件 1117 件，结案 1157 件，全市法院一审服判息诉率 96.41%，结收比 103.09%，居全省第 5 位。全市法院有 18 个集体和 42 名个人受到市级以上表彰，其中莱城区法院执行局被评为全国法院先进集体，钢城区法院执行局副局长周光亮被评为全国法院先进个人。

【刑事审判】 认真贯彻总体国家安全观，依法惩治刑事犯罪，全市法院审结一审刑事案件645件，保障社会安定有序、人民安居乐业。审结杀人、伤害、“两抢一盗”、涉毒等案件225件，维护人民群众生命财产安全；审结非法集资、电信网络诈骗等涉众型经济犯罪案件15件，涉案金额3.2亿元，挽回经济损失2.5亿元；审结毒品案件10件，支持禁毒工作；审结交通肇事、危险驾驶案件240件，维护交通秩序；审结破坏环境资源类犯罪案件4件，保障生态环境安全；审结莱芜市地税局原局长高某某贪污、受贿，莱芜市医药公司原总经理张某某贪污、受贿、职务侵占等职务犯罪案件27件，推动反腐败斗争深入开展。

【商事审判】 莱芜市中级人民法院印发《关于为全市金融安全提供司法服务和保障的意见》，提出18条措施，确定9名庭长为涉金融案件联系。审结涉金融案件876件，标的额11.7亿元，维护了金融秩序；审结合同纠纷案件3585件，促成当事人和解1569件，中院和莱城区法院联手调解了泰钢集团和央企中国一重公司的7起系列案件，总标的额8000余万元；市中院审结商标权、技术合同纠纷等知识产权案件50件，调撤率90%。经省法院指定，2017年12月起莱城区法院具有了知识产权案件管辖资格，更有利于服务全市创新驱动战略；审理涉外、涉港澳台商事案件12件，诉讼标的额4100余万元，当事人涉及8个国家和地区，有力服务对外开放。

【民事审判】 妥善审理涉民生案件，努力满足人民群众日益增长的多元司法需求。全市法院审结婚姻家庭、继承和涉及妇女儿童权益纠纷等案件1282件，调解撤诉665件，以司法温情抚慰当事人；审结人身损害赔偿、消费者权益保护和劳动争议等案件992件，维护群众切身利益；审结农村土地承包、宅基地使用权纠纷等案件34件，调研形成的《土地承包经营权纠纷案件司法审查报告》被市委主要领导批示肯定，并在《人民法院报》全文刊登。

【行政审判】 妥善化解行政争议，审结行政案件87件，维护行政相对人的合法权益，支持行政机关依法行政；审结非诉行政行为申请执行案件300件，裁定准予执行271件，加大对行政执法的支持力度；审结跨行政区域管辖行政案件2件，实现了司法审判区域与地方行政区域有限分离，优化行政诉讼司法环境；审结国家赔偿类案件10件，保障公民、法人和其他组织依法行使请求国家赔偿的权利；连续4年发布行政审判白皮书，就做好行政机关负责人出庭应诉工作提出司法建议，市领导予以批示肯定。

【执行工作】 根据最高人民法院要求，推进基本解决执行难。规避执行、抗拒执行得到基本遏制。全市法院通过失信系统发布失信被执行人2965人，在媒体公开曝光274人，公布十大失信被执行人典型案例，促使65名失信被执行人主动履行义务，322件案件当事人达成和解协议；依

2017年6月9日，莱芜市中级人民法院举行首批员额法官宣誓仪式
（市法院 供稿）

法对 288 名被执行人实施罚款、拘留措施，23 名被执行人因涉嫌“拒执罪”被移送公安机关，其中 5 名被执行人履行义务，1 名被执行人因拒不履行义务被判处刑罚。不规范执行行为基本消除。开展规范执行行为专项整治行动，印发规范性文件 24 份，严厉整治消极执行、乱执行等问题；从 4 月起，依托淘宝网开展司法拍卖，成交 38 宗，金额 3042.3 万元，溢价率 20.37%，节约佣金 143 万元，实现了公开透明和当事人利益最大化。无财产可供执行认定标准不严格问题基本解决。严格无财产可供执行案件终结执行标准，并对 2016 年 12 月 1 日前的 10038 件此类案件全部进行核查，其中确属无财产可供执行的 8077 件，核查后被执行人履行到位的 979 件，其他案件将进一步加大力度，力求执行到位。有财产可供执行案件基本执行完毕。法定期限内执结各类案件 3778 件，人均结案 210 件。抓好涉民生、涉金融、涉党政机关三类难点：执结涉民生案件 543 件，执行到位金额 3300 余万元；执结涉金融案件 750 件，执行到位金额 5.13 亿元；在党委领导和政府支持下，30 起涉党政机关积案全部得到解决，执结率居全省前列。

【诉讼服务】 认真执行立案提示、判前释法、判后答疑、院领导接访等制度，解答 300 余次当事人来信来访；落实领导包案、重点督办、联动化解等措施，化解涉诉信访积案 48 件，完成中共十九大安保维稳任务；审结司法救助案件 21 件，救助金额 263 万元，充分彰显司法关怀；强化法治宣传，在各类媒体发表普法稿件 312 篇，组织法官开展法治宣讲 28 次，与市电视台联合制作《以案说法》24 期，营造遵法学法守法用法的社会氛围。

【智慧法院建设】 立足“互联网+”时代多元司法需求，通过网上立案、电子送达、远程庭审等为人民群众提供方便快捷的诉讼服务；市中院完成新中国成立以来400余万页的卷宗扫描工作，实现“卷宗数字化”，在全省率先完成历史卷宗与审判系统的挂接，建成全省首家裁判文书电子数据库，方便人民群众查询，推动档案共享和应用；依托技术手段推进审判流程、庭审活动、裁判文书和执行信息“四大公开平台”应用，发布 70 余项审判执行信息，公开裁判文书 7809 份，庭审直播 14 次，运用官方网站、微博和微信发布信息 2000 余条，召开新闻发布会 6 次；建成“莱芜法院工作云平台”，全面推行网上办公办案，实现法官审判权和院庭长监督管理权在行使中全程留痕，利用信息化防范了权力滥用，全年处理案件信息 12370 起，行政信息 6689 条。2017 年 11 月，启用公务外呼系统，对法官和当事人通话语音留存，实现了监督无死角；建成办案“智审系统”，利用信息技术为法官提供法规查询、案例指导、智能纠错等审判支持服务，方便法官办案。

【司法责任制改革】 推进司法责任制改革，促进审判体系和审判能力现代化。推进人员分类管理。在完成员额法官遴选工作的基础上，研究制定法官业绩考评办法，最大限度激发改革内生动力；从未入额干警中选任了一批法官助理，打造一支与法官员额制相衔接、符合审判辅助职业要求的法院队伍。科学组建办案团队。以员额法官为中心，打破庭室界限，探索实行“员额法官+法官助理+书记员”的新型审判团队组合模式，明确工作职责，规范工作流程，提升了团队效能；院长、庭长发挥示范带动作用，带头办案 7029 件，占全部结案数的 54.71%。

【队伍建设】 坚持“抓党建带队建促审判”工作思路，从严治党、从严治院，推进队伍正规化、专业化、职业化。加强法院党的建设。坚持重大事项向市委报告制度，在市委领导支持下推进司法责任制改革、破产审判、涉党政机关执行、涉诉信访积案化解等工作；抓党组建设，严格执行政治纪律和政治规矩，完善各项议事规则，全面落实民主集中制原则；根据司法责任制改革的需要，重新划分党支部，把支部建在审判团队上，确保审判团队政治方向；认真学习宣传贯彻中共十九大精神，推进“两学一做”学习教育常态化制度化，开展“四反对、四带头”大讨论活动，组织院长讲党课、参观革命教育基地等活动23次，干警党性观念明显增强。加强司法能力建设。坚持人才兴院，树立“竞争择优”的用人导向，激发队伍干事创业热情。举办各类培训62次，培训法官和人民陪审员319人次；评查案件1200件、开展庭审观摩4次，提升法官法律适用、庭审驾驭、文书制作的能力。加强党风廉政建设。认真履行全面从严治党“两个责任”，用好监督执纪“四种形态”，坚持从严教育、从严管理、从严监督；通过开展廉洁司法主题演讲、发送廉政短信、通报典型案例等方式，实现挺纪在前、预防为主；认真落实中央八项规定，开展“基层司法规范化建设示范单位创建”活动，组织审务督察、明察暗访33次，抓工作细节，发现问题及时提醒、督促整改，干警精神面貌焕然一新。

（周 伟）

司法行政

【概况】 2017年，莱芜市司法局把服务全市经济社会发展摆在首位，强化措施，狠抓落实，全市司法行政工作取得新的进展和成效。年内，市司法局被市委、市政府表彰为平安莱芜建设优秀单位、群众满意单位、全市创建文明城市工作先进单位、中共十九大期间安保维稳工作先进单位，市司法局党组被市委、市政府表彰为“学习型党组”，涌现出全国2017年度法治人物候选人、全国模范人民调解员、全国青少年普法教育先进个人6人，36个单位和122名个人受到市级以上表彰和奖励。

【百名律师包千村活动】 坚持高点定位，将“百名律师包千村”与“法德结合文明理家”“美丽乡村”建设、基层党建等工作有机结合，全年全市共开展法律体检活动2034次，上法治课6700余场，审查合同、修订村规民约1.2万多份，化解矛盾纠纷1600多起，参与处置群体性事件65件，提供法律援助374起。召开“我的包村故事”经验交流会，培养典型村100个，收集典型服务案例102个，评选“十佳村级法律顾问”10人。加大经费保障力度，村级法律顾问补贴发放标准提高了一倍，达到了每村每年3000元。市委书记、市人大常委会主任王良，市委常委、政法委书记武林中分别作出重要批示，给予充分肯定。在省政府召开的工作推进会上，莱芜市作为全省唯一律师代表作了大会发言。《人民日报》先后以《送法下乡有了“村村通”》《法治护航新农村建设》为题介绍了莱芜市经验做法；新华社先后发稿《村里有了“合同监管”“项目竞标”》《“百名律师包千村”打通基层法治服务“最后一公里”》进行宣传推广。

【法律服务】 2017年，围绕全市产业振兴提升，组织10个“十业百企”专业法律服务团，重点服务全市钢铁生产及深加工、新材料、汽车及零部件、装备制造等十大重点产业100家企业，为各类企业提供法律服务3300多件，担任企业法律顾问806家。公证行业围绕莱芜钢铁精深加工产业园孵化园项目二期工程、华冠集团棚户区改造二期工程等全市重点项目、重点工程办理公证1.3万多件。巩固司法鉴定“诚信规范为民”系列活动成果，办理鉴定案件1051件，鉴定意见采信率99%。召开人民监督员座谈会，对2起案件进行监督，参加检察宣告、庭审观摩、公开听证等活动5次。组织开展案例编写工作，莱芜市12篇法律服务工作案例被司法部选入案例选编。12名律师被市委、市政府聘为常年法律顾问，14名法律服务人员担任市、区两级党代表、人大代表和政协委员。做好律师参与化解和代理涉法涉诉信访案件工作，在市法院、市检察院、市公安局分别设立了值班室，65名律师全年共值班323天，接待来访615人次，化解纠纷81件，促进疑难案件化解21件。分别在各法律服务队伍部署开展“公证管理规范年”“律师教育培训年”“法律援助规范化建设年”“基层法律服务规范执业提升年”等活动，先后举办首届人民调解技能大赛、全市公证工作培训班、浙江大学莱芜律师素质提升培训班、全市基层法律服务工作者法律援助专题培训班，成立了市律师协会投诉查处中心和维权中心，推动法律服务工作健康有序发展。2017年，全市律师、基层法律服务工作者担任常年法律顾问1894家，办理法律服务事项3.6万件。

认真落实市委、市政府印发的《关于加快推进城乡一体公共法律服务体系建设的意见》，全面梳理公共法律服务事项17项。狠抓实体平台建设，莱城区公共法律服务中心被评为全省公共法律服务示范中心，20个镇（街道）依托司法所全部建立公共法律服务工作站，村（社区）司法行政工作室建成率达82%。建设开通“莱芜市公共法律服务网上大厅”，实现了网上“请律师、办公证、求法援、找调解、寻鉴定、学法律”等功能。加强市级法律援助便民服务大厅和区级便民服务窗口规范化建设，办理法律援助案件1223件，实现历史新高。创新基层公共法律服务工作，高庄法律服务所建立便民服务大厅和“农村合同及项目竞标监管服务中心”，全年监管合同2947件，帮助修改合同1562件，主持项目竞标43件，提出法律意见987件。

【人民调解】 在全市各级人民调解组织部署开展“三调联动解纠纷、喜迎党的十九大”专项调解活动，化解重大复杂矛盾纠纷260多件，成功化解信访积案5个，兑现发放人民调解案件补贴26万多元。钢城区将传统文化内容与法治核心价值追求相结合，在5个镇（街道）建立“仁义礼智信”特色品牌调解室。加强专业性行业性人民调解工作，市医调委接待来人来电咨询5987人次，受理登记117起（其中死亡纠纷26起），调解成功率98.9%。印发《关于进一步加强专职人民调解员队伍建设的意见》，组建成立莱芜市人民调解员协会。积极与上海政法学院对接，第五届全国人民调解理论与实务研讨会暨莱芜市人民调解工作创新推介会在莱芜市召开，10多个省、市的100多名专家、学者参加了研讨交流，打造了莱芜人民调解工作品牌。2017年，全市各级人民调解组织累计化解矛盾纠纷9600件，调解成功率达98.2%。

【社区矫正】 在全市部署开展社区矫正、安置帮教安全隐患专项整治活动，集中开展全方位、拉网式、纵到底、横到边、无死角的大排查、大走访活动，把安全隐患消灭在萌芽状态。提高社区矫正工作现代化、信息化水平，各区普遍配备定位手机、人脸识别指纹报到系统、执法记录仪等执法装备。在莱城区试点推行重点人员佩带定位脚环，在口镇司法所和昊德公司分别建设社区矫正综合管理平台、安置帮教综合基地。全市849名在矫社区服刑人员无脱管失控和重新违法犯罪。

【普法依法治理】 莱芜市在各级司法、执法部门和法律服务机构建立以案释法工作制度，在市级各新闻媒体、莱芜普法网、微信、微博、“今日头条”客户端全部开设“以案说法”栏目，刊播典型案例70余个，制作播出节目26期，热线解答听众法律咨询150余人次。面向全市征集法治典型案例32个，编印发放《案例普法读本》2万册。以“树立法治思想，夯实人生基础”为主题，到30多所学校为3万余名师生开展法治宣讲。继续开展“法治文艺节目下乡巡演”活动14场次。积极组织开展“世界知识产权日”“国家安全日”“百家网站微信公众号法律知识竞赛”等普法宣传活动。成立莱芜市普法讲师团，举办普法骨干培训班，组织科级以上干部普法考试。不断加强法治文化“六大工程”建设，莱城区法治文化园建设被列入区委、区政府为民办实事项目。

2017年12月4日，莱芜市普法讲师团揭牌仪式暨“七五”普法骨干培训班举办

（市司法局　供稿）

【队伍建设】　制定《建立党性体检制度的意见》《党员积分管理制度的实施细则》《全面推行支部主题党日实施方案》《市直司法行政系统党建工作规范化考核细则》等文件，建立领导干部联系点，深入开展“主题党日”活动，9个支部均达到“达标支部”标准。市司法局党总支被评为“先进基层党组织”，“法治惠民争先锋”党建品牌被市委组织部、市直机关工委命名为“市直机关党建工作名牌”。成立律师行业党委，加强律师行业党建工作。深入推进党风廉政建设，率先在全市制定实施“三重一大”集体决策制度。完成国家司法考试莱芜考区考务工作，420名考生参加考试，46人通过考试。广泛搜寻招商引资项目线索，完成招商引资任务3397万元；对上积极争取会议，对外加大宣传力度，完成招宾引客任务342人。

（张爱亮）

仲　裁

【概况】　2017年，莱芜仲裁委共受理案件484件，涉案标的额1.45亿元，较上年度案件数增长2.23倍，案件调解和解率、自动履行率和结案率80%以上，其中交通事故仲裁案共405件，全部实现调解结案。年内，仲裁委获得创建全国文明城市优秀志愿服务集体称号，被莱芜市精神文明建设委员会授予市级文明单位称号。

【仲裁宣传】　利用本地媒体进行仲裁业务推广宣传。2017年为莱芜仲裁成立20周年，莱芜仲裁委与97.4广播莱芜新闻综合频道签订合作协议，对仲裁委员会工作和仲裁制度进行宣传。从2017年年初至4月在FM97.4莱芜广播新闻综合频道开设“仲裁之声”专栏，以“签订合同选仲裁，解决纠纷靠仲裁”为宣传语，每周一周二在《莱芜新闻》

播出后循环播放，累计播放16期，全方位、多角度介绍仲裁法律制度和莱芜仲裁发展情况。引入百度推广拓展莱芜仲裁品牌影响力。4月13日，仲裁委与泰安中呼网络传媒有限公司签订服务合同，采用百度推广策略，通过置顶关键字的方式大幅度提升了仲裁委员会网站搜索点击率。在官方网站的"互动交流"栏目中添加了20余种印有莱芜仲裁委员会水印字样的示范合同文本，当用户上网搜索合同模板时，借助百度推广仲裁委员会网站中提供的示范合同文本会出前置出现于百度页面中，提高了官网页面的打开率，印有仲裁委员会名称字样的示范合同下载量持续增长，仲裁约定率逐步提高。

【机构建设】　招聘专职办案秘书。在12月底组织了秘书招聘工作。通过组织笔试、面试、入职体检等多个环节最终选定3名工作人员。增聘仲裁员。11月15日，仲裁委面向全社会发布《莱芜仲裁委员会第四届仲裁员增聘公告》，通过严格审查报名资料与职业能力考查，建立国内、省内知名专家仲裁员的外聘机制。

【规范化建设】　提升办公硬件水平。新增仲裁员办公室，将原有档案室重新规划改造建成标准档案室。规范业务档案管理。本着规范、整洁、方便、易行的原则，7月，对以往近千本仲裁案件档案进行了规范化整理。完善、健全单位各项规章制度。重新编纂《莱芜仲裁委员会办公室规章制度汇编》。新的规章制度汇编共分为三个方面四十五个细则，从政治学习、行政管理、仲裁业务角度明确工作要求与流程。确定分管领导、各科室具体工作职能，推动各项工作强有力衔接，将内部管理全部纳入规范化、制度化轨道，提高机构内部工作效率。

【培训交流】　加强对办案人员专业知识培训。2017年9月17日—10月1日，市仲裁委选派人员赴英国参加了为期15天的国际争议解决高级研修培训班。11月4日—6日，市仲裁委选派部分办案秘书与仲裁员，到山东大学青岛校区参加"仲裁执业人员职业素质和专业能力培训班"，学习掌握仲裁实务应用基础知识，办案技巧及经验做法。加强与兄弟仲裁委的业务交流。3月，与青岛仲裁委、潍坊仲裁委、淄博仲裁委对接学习，借鉴先进仲裁委的工作经验；6月，德州仲裁委到莱芜仲裁委考察学习，并就专题项目进行深入的研究交流。成立山东政法学院实践教学基地。7月20日，莱芜仲裁委员会与山东政法学院举行实践教育基地签约揭牌仪式。莱芜仲裁委员会主任秦军、副主任杨文博被聘为山东政法学院客座教授。根据协议，芜芜仲裁委今后将为山东政法学院提供学生实习、案例教学平台、打造人才实践基地，进一步深化双方合作共赢关系。

（张迎秋）

责任编校：卢海静

2017年7月20日，莱芜仲裁委与山东政法学院签订《实践教学基地协议书》
（秦超男　摄影）

经济监督管理

发展与改革

【概况】 2017年，全市实现生产总值896.02亿元，同比增长8.1%，增速比2016年加快0.9个百分点，居全省第三位；规模以上固定资产投资完成668.14亿元，同比增长5.5%，增速比2016年加快2.8个百分点。

【新旧动能转换】 协调推进成立市新旧动能转换重大工程战略规划领导小组，设立综合协调、项目及招商引资、“困难摸排消”、经济运行、考核督导5个工作推进组，建立例会、考勤等工作机制，加快新旧动能转换重大工程的组织实施。做好全市新旧动能转换重大工程项目的策划、筛选，加强与省重大办汇报衔接，多个项目纳入全省盘子。研究确定“1＋4＋20＋8”的工作思路，即明确“省会副中心建设，打造全省新旧动能转换创新区”的发展定位，依托“基础设施、金融、人才、制度”4个关键支撑，实施20个重大项目，向上争取8项重大政策，相关内容列入省方案规划，为全市工作推进提供重要遵循。召开工作启动、工作安排、工作调度等专项会议20余次，建立实施上下衔接、“内外结合”、考核督导等推进机制，强化信息报送、调查研究、问题储备，研究制定了各区（功能区）新旧动能考核办法。在省新旧动能转换重大办工作简报刊发莱芜市信息2期，省政府办公厅政务信息刊发1期。在《莱芜调研》开设专栏，集中宣传全市及6个区的典型经验；编发市《工作简报》19期，营造了良好氛围。联合经信、科技等部门深入6个区调研，完成省方案“多点突破”中全市重大发展定位、《莱芜市新旧动能转换重大工程调研报告汇报》等成果，为领导决策提供重要参考。研究编制全市《新旧动能转换重大工程实施规划》，助力莱芜市新旧动能各项工作实现高点定位、高效推进的良好开局。

【产业振兴提升】 加速推进重点产业振兴提升工作，协调落实市级领导抓产业“一条龙”工作机制，及时提报、调整领导小组成员，健全完善月调度季考核制度。强化产业运行分析，推进传统产业改造提升和新兴产业培育壮大。重点扶持30家骨干企业和30家成长性企业，引导企业创新发展。深化企业“困难摸排消”机制，为企业排忧解难，全年累计摸排问题77个，解决53个。2017年，全市十大产业实现主营业务收入1957.69亿元、纳税总额29.51亿元，同比分别增长25.8%、45.8%，4个产业主营业务收入过百亿元。其中，钢铁生产及深加工、新材料、新能源与节能环保、电子信息、生物与医药、现代物流与电子商务6个产业主营业务收入增长10%以上；钢铁生产及深加工、新材料、装备制造、新能源与节能环保、生物与医药、食品饮料及农产品深加工、旅游文体7个产业纳税总额增速在10%以上。

对负责的钢铁生产及深加工产业，重点抓好产业升级改造，帮助沃丰新材料等公司解决困难6个，促进了产业快速发展，全年实现主营业务收入、纳税总额分别增长32.7%和70.1%。

【大项目建设】 制定《关于加快推进产业大项目建设的实施意见》《大项目联审联批服务办法》等系列文件，创新完善调度督查、考核奖惩、警示退出等项目推进机制，推动大项目建设提质增效。开通大项目在线管理平台，实现数据直报、互联互通。在全力推进30个重点项目的基础上，强力推进“双十”重大项目工程。开展项目建设竞赛活动，每季度媒体公开考评结果，组织召开全市上半年大项目建设现场观摩会和四季度观摩会。加强项目策划储备，建立重大项目储备库，储备各类项目427个，形成了常年筛选、滚动储备格局。全年在建产业项目379个，完成投资293.09亿元，为计划投资的111.29%，高新技术新兴产业项目占比79%。其中，新建项目202个，完成年度目标任务的135%；新建过亿元项目130个，完成年度目标任务的162.5%。竣工投产项目174个，完成年度目标任务的174%。当年新增企业77家，17个重大基础设施、社会事业项目全部按计划推进建设。编制下达2017年度市级政府投资项目计划，强化对市级政府投资项目管理。

【重大工程推进】 加快推进事关全局、支撑带动力强的重大工程，为经济发展提供坚强保障。重点抓好济莱高铁项目建设，积极作为、合力攻坚，仅用半年时间完成济莱城际铁路提速及南延评估、13项支撑文件编制、可行性研究报告批复、领导小组组建、项目建设主体确定、先期开工段初步设计方案批复等节点工作，济莱城际铁路成功“升格”为济莱高铁，12月29日济莱高铁控制性工程雪野隧道正式开工建设，莱芜即将迈入“高铁时代”，被市委、市政府记“推动济莱高铁项目建设先进集体、先进个人并均记二等功”。济莱高铁的建设将使莱芜铁路融入国家干线铁路网，成为山东省“四横六纵”高铁路网中的重要一纵，加快带动莱芜形成“才”字形地方高铁枢纽，莱芜的区位优势将显著提升。牵头推进鲁中铁路物流园建设，加快形成鲁中地区重要的铁路物流基地，提升莱芜及周边地区物流及相关产业竞争能力。高起点、高标准规划高铁新区，形成新的经济增长点。协调推进香山抽水蓄能电站建设，项目预可研即将编制完成，该项目已列入省级规划。雪野通用机场改扩建项目已启动预可研编制。

【重点领域改革】 加快推进重点领域关键环节的改革，以改革促发展、增活力。加快推进供给侧结构性改革，会同有关部门落实好“三去一降一补”重点任务，完成124万吨粗钢、30万吨煤炭过剩产能化解任务和225万吨煤炭消费总量压减任务，推进房地产和工业企业去库存，鼓励企业上市挂牌解决融资难题，落实减税降费政策降低企业成本，强化招才引智补齐人才、技术短板，切实提高供给体系质量和效率。研究确定全市经济体制领域改革要点、重点任务和特色事项，统筹协调推进完成年度经济体制改革任务。完成市发展改革委全面深化改革考核指标，考核成绩居市直部门前列。加快推进社会信用体系建设，做好“一网三库一平台”的网站信用信息更新、数据库数据采集和平台共享功能完善等工作，录入基础信息10万余条。理顺公共资源交易管理体制，实现交易平台有效整合和省市平台信息管理系统的有效对接，保证了各类公共资源交易事项应进必进。推进行业协会商会与行政机关脱钩，积极落实脱钩任务。完善党政机关公车制度改革后的保留车辆使用管理办法，会同有关部门完成车辆标识化喷涂及取消车辆的拍卖处置等工作。研究起草《关于进一步完善产权保护制度依法保护产权的实施方案》。会同有关部门完成国有林场改革自评估工作。落实好“放管服”改革政策，做好审批权限承接和下放，坚持“两集中、两到位”“限时办结”等制度，优化审批流程，提升服务效能。全年全市发改部门共办理立项手续1100余件，按时办结率、群众满意率均100%。

【经济形势研判】 围绕出主意当参谋，科学研判经济形势，加强重点问题调查研究，充分发挥中长期规划、年度计划对经济发展的引领指导作用，积极改革创新、“解剖麻雀”，提出针对性强、可操作性强的对策建议，积极服务市委、市政府决策。组织印发《莱芜市2017年国民经济和社会发展计划》，对计划的执行情况进行监督检查，上半年执行情况报告经市十八届人大常委会第四次会议审议通过，指导全市经济社会健康发展。加强经济运行监测分析，密切跟踪宏观环境变化，深入研究苗头性、倾向性问题，每季度形成高质量经济形势分析报告，为保持经济平稳运行提供科学指导。围绕事关全局、关系长远的重大课题，深入基层和企业调研，开展前瞻性、规律性研究，形成《国家重要政策落实情况》等调研成果。

【对上争取】 认真研究国家、省各项扶持政策，编印《项目申报指南》和《投资政策文件汇编》，积极帮助企业筛选提报项目，并做好对上汇报衔接，争取更多项目、资金、平台和政策落户莱芜市。2017年，对上争取项目35个、无偿资金2.46亿元，比2016年增长18.84%。加快创新平台建设，争取省级工程实验室（研究中心）2家，泰钢集团国家级企业技术中心成功获国家发改委验收。3个项目成功入选省重点建设项目，累计获得省里4个光伏扶贫电站项目、40兆瓦指标。做好金雷风电、中电三期风电项目纳入国家核准计划的申报工作，永能生物质发电项目纳入全省发展规划。帮助企业做好债券发行工作，泰钢集团境外发行3亿美元债券成功获国家发改委批复。积极争取钢城区独立工矿区政策延长到2020年，启动开展产业衰退地区政策争取工作。

（杨世福　陈　磊）

济莱协作区建设

【概况】 2017年，济莱基础设施互联互通实现新突破。济莱城际铁路“升格”为济莱高铁，项目进入实质性建设阶段。S234惠沂线（原S242台莱线）章丘G309线至娘娘庙段改建工程建成通车；S317临历线莱芜鹿野至章丘射垛村段改扩建工程正在开展前期工作；济莱快速通道已有初步方案，路线全长74.3公里，采用六车道一级公路技术标准建设。S234惠沂线枣园收费站停止收取车辆通行费，收费站拆除工作同步进行；减免济莱间高速公路收费工作，与省交通厅、山东高速集团进行多次沟通衔接，正在对减免通行费方案进行调整。重点项目建设获取新成效。中石油泰青威天然气管线接入线（莱芜段）项目前期工作有序开展，建设方已在莱芜设立办事机构。济莱协作区高新技术产业园完成16万平方米车间建设，正在完善配套设施，园内有11个项目落地，其中1个投产，3个具备生产条件，其余项目正在加快施工。服务资源共享水平得到新提升。山财大莱芜校区完成2017年招生，新录取学生600多名，在校学生总数1100多名。济南市明水眼科医院投资建设的莱芜明圣眼科医院正式开业，全年接待患者2000余人。济莱协作区人才改革试验区建设扎实推进，“星期日工程师”活动开展顺利，山东高层次人才创新创业小镇建成投入使用。

济莱两市公交卡异地刷卡次数达 9.3 万人次，比上年增加 3.9 万人次。

【建设纪事】 2017 年 3 月 17 日，山东青年政治学院党委副书记、院长张书明一行到莱芜市参加莱芜市人民政府与山东青年政治学院关于农村文化资源保护、传承及开发利用创新发展校地战略合作协议签约仪式。市委副书记李兴钰主持签约仪式，副市长张桂爱与山东青年政治学院副院长陈雨海代表双方签署合作协议。

3 月 21 日，“齐长城古道大汶河源头”2017 莱芜旅游推介会在济南举办。山东省旅游发展委员会副主任张明池、莱芜市人大常委会副主任金宗义、济南市政府副秘书长耿建新出席活动并致辞。推介会上，济南市旅游发展委员会与莱芜市旅游发展委员会，山东省旅游行业协会旅行社分会与莱芜雪野旅游区管委会，济南泉城假期旅行社有限公司与山东莱钢蓝天国际旅行社有限公司分别举行签约仪式。

3 月 28 日—30 日，莱芜市旅游发展委员会组织各区旅游主管部门及重点景区、地接旅行社等 20 余人赴淄博、滨州、东营开展春季旅游促销活动。

5 月 16 日，在莱芜雪野旅游区创新举办“雪野国际人才论坛”，邀请自美国、加拿大等 10 余个国家和地区的近 300 名专家、教授、学者、行业精英参加了论坛。

6 月 26 日—28 日，莱芜市召开新建济南至莱芜铁路项目可行性研究评审会议，经过评审，与会专家一致通过济莱高铁项目可行性研究报告，同意将设计标准由 250 公里 / 小时提高至 350 公里 / 小时。

7 月 15 日，莱芜市召开粉末冶金产业人才战略联盟成立大会暨中国（莱芜）新材料产业创新发展研讨会。中国工程院院士、中国工程院原副院长、国家新材料产业发展专家咨询委员会主任、粉末冶金产业技术创新战略联盟名誉理事长干勇，中国科学院院士葛昌纯，北京科技大学新材料研究院院长曲选辉，粉末冶金技术创新战略联盟秘书长、中国钢研集团总经理助理韩伟，科技部科技人才交流开发服务中心副主任郝强，省委组织部副部长马晓磊，市委书记、市人大常委会主任王良，市委副书记、市长梅建华，市委常委、组织部部长张晓海，副市长武树华，市政协副主席董杰以及 200 余位知名专家和企业家代表出席会议。

7 月 28 日，新建铁路济南至莱芜铁路项目可行性研究报告获山东省发展改革委立项批复。

7 月 30 日，莱芜市召开济南至莱芜高速铁路建设动员大会，安排部署济莱高铁开工建设前最后的准备工作。

10 月 31 日，S234 惠沂线枣园收费站停止收取车辆通行费，收费站拆除工作同步进行。

12 月 9 日，S234 惠沂线（原 S242 台莱线）章丘 G309 线至娘娘庙段改建工程正式建成通车，提高了从莱芜到济南的行车效率，使济莱协作区连接更加紧密。

12 月 29 日，莱芜市召开济南至莱芜高速铁路雪野隧道开工建设现场会，拉开了济莱高铁全面建设的序幕，标志着济莱高铁进入实质性建设阶段。

（赵　鑫）

物价管理

【概况】 2017年，市物价局推进价格改革，强化价格监管，提升价格服务水平，加强价格监测预警，引导公众价格预期。全年全市居民消费价格总水平（CPI）同比上涨1.5%，符合年初确定的3%以内的年度调控目标要求，市场价格总水平基本稳定。

【价格调控管理】 落实各项价格政策。落实国家、省成品油、电力、天然气等有关价格调控政策，及时与有关企业联系对接，做好价格政策的落实工作。转发省物价局《关于公布电力企业直接交易基准价格的通知》《关于调整光伏风电标杆上网电价及管理方式的通知》等文件，保证各项价格政策及时落实到位。申请铁路专用线价格。积极对接省物价局批复《山东省物价局关于莱芜郭家沟至大石家地方铁路货物运输价格的通知》，实现山西中南部铁路与东莱铁路的连接，优化了区域路网结构，保障了全市地方铁路建设工作的进行。支持再生能源发电项目。及时统计核查符合补贴条件的8家新能源发电企业发电量并上报省物价局，保证了补贴及时发放到位。请示省物价局批复了光大环保能源有限公司垃圾焚烧发电项目电价，批复电价为0.65元，支持企业健康发展，满足莱芜生活垃圾“资源化、无害化”处理需求。发放价格临时补贴。2016年11月，莱芜市低收入居民基本生活费用价格指数（SCPI）单月同比上涨5.4%，达到了启动联动机制的条件。2017年3月，经市政府第二次常务会议同意，向享受国家定期抚恤补助的优抚对象、城乡低保对象、特困人员以及领取失业保险金人员发放价格临时补贴。全市6万多人次享受补贴，补贴资金160多万元。煤炭消费减量替代工作。积极落实电代煤、气代煤价格支持政策。对于“电代煤”居民用户，采用电锅炉、电地热等方式采暖的，暂不执行居民阶梯电价第三档用电价格。对于采用壁挂炉独立取暖的居民天然气用户，实行单独的阶梯价格政策，不设第三阶梯。对于非居民用户，严格按照省物价局相关政策定调价格，并根据上级文件要求，将工商业用气由最高零售价为基准价管理，增加企业议价自主性。推进供水价格改革。对全市城市供水价格、基本情况、经营单位经营情况、阶梯水价执行情况、污水处理费、水资源费征收情况等进行摸底调查，对全市工商业用水价格执行标准及污水处理费等情况进行调查，对全市农业水价基本情况、成本情况等进行分析，在此基础上，启动新一轮水价改革工作。

【价格环境优化】 正式建立公平竞争审查制度。经过深入调研，在征求市政府办公室和相关部门意见的基础上，起草《莱芜市人民政府关于在市场体系建设中建立公平竞争审查制度的实施意见》，经市政府常务会议研究同意，11月8日正式印发实施。12月27日，召开了公平竞争审查工作联席会议第一次会议，对公平竞争审查工作进行安排部署。公布实施停车服务收费管理办法。根据国家、省有关进一步完善机动车停放服务收费有关问题的文件要求，通过征求相关部门和社会各界意见建议、召开专家论证会、进行风险评估和法治审查等法定程序，经市政府常务会议研究通过，公布实施《莱芜市停车服务收费管理办法》，制定政府定价管理的停车服务收费标准。调整规范幼儿园收费标准。会同市教育局、市财政局对全市部分幼儿园学前教育收费情况及全省各地收费标准执行情况进行调研。通过征求意见、专家论证、风险评估等必经程序，经市政府常务会议研究同意，对全市幼儿园收费标准进行调整，同时对下一步如何规范幼儿园管理进行进一步明确。继续开展收费清理工作。完善收费报告制度，按时开展2016年度收费情况网上申报年审工作。自2017年4月1日起，对取消或停征41项中央设立的行政事业性收费进行全面清理。对市级定价权限的行政事业性收费和经营服务性收费进行全面清理，降低了城建档案技术咨询服务收费标准，年降低收费总额8万元。及时废止新建住宅小区供电配套工程建设费标准。根据国家、省要求，报经市政府同意，及时废止《关于新建住宅小区供电配套工程建设费标准的批复》文件。

【价格行政执法】 开展收费专项检查。自5月开始，对行政审批中介服务收费、行业协会商会收费、电子政务平台收费、合法但不合理收费项目进行摸底排查。对省局移交的莱钢医院和莱矿职工医院违规收费案件进行处理，对2016年检查的市皮防所和莱城区人民医院进行处罚。配合省局对牛泉镇人民政府收取企业拆迁补偿费的问题进行调查核实。开展节日市场巡查。在春节、“五一”、清明、中秋等节日期间，对容易出现问题的单位场所，组织专门人员开展价格巡查，严肃查处各类价格违法行为。共出动检查人员50余人次，发放宣传资料500余份。开展明码标价和收费公示规范治理。结合3月明码标价检查月活动，对花园路商业街各商店的明码标价进行规范。9月，对全市房地产市场价格进行专项督察，重点督察商品房明码标价情况，对不符合规定要求的，责成其立即予以改正。更换和发放标价签（牌）6000余张（块），下发提醒告诫书1000余份。加强价格举报投诉处理力度。健全相关价格举报工作机制，畅通价格举报渠道，保证“12358”价格举报电话24小时畅通。全年共接到群众举报投诉咨询案件400余件，退还用户多收款项39万多元，结案率100%。

【价格公共服务】 提高价格监测服务水平。加强价格实时监测分析，增强政府调控决策的时效性和科学性。全年共起草12期物价快报，1期年度价格综合行情分析，6次钢铁、鸡蛋、生姜价格行情分析。莱芜市常规监测、应急监测、国家报表被评定为上报率高、质量高、上报及时单位之一。按时完成农产品成本调查。认真做好国家、省规定的小麦、大蒜、散养生猪3个品种的常规调查，并对农户的种植生产调查成本进行认真分析、研究、对比，分析成本变动因素，加强对不同品种、不同生产方式之间成本效益情况的对比分析，形成调查报告6篇。规范价格认定工作。严格按照原则、规定、程序，在规定的期限内出具高质量的价格鉴证结论书，及时为司法机关、行政执法机关提供了有力的执法依据。全年共完成涉纪、刑事、民事、行政财物价格认定案件220多件，总认定值900多万元。巩固价格认定基础。组织4家中介公司，对全市600余家小区的二手房市场价格信息进行了采集。制定下发《莱芜市价格认定采价网点实施办法》，确定了首批28个价格认定采价网点名单，为做好价格认定工作打下了坚实的基础。

（王子泉）

粮食行政管理

【概况】 2017年，全市粮食总产量25.47万吨，较上年增加2.48万吨，增幅10.8%。其中，小麦播种面积10.08万亩，比上年减少7.35%，单产348公斤，和上年持平，总产3.5万吨，比上年减少0.29万吨，减幅7.7%；玉米播种面积43.66万亩，比上年增加7.1%，单产443公斤，比上年增加31公斤，总产19.34万吨，比上年增加15.1%。

【保供稳价】 通过完善粮食调控机制和健全粮食应急供应保障体系，区域粮食市场保持基本稳定，确保了严重自然灾害或紧急状态时的粮食供应。按照每个镇（街道）至少有1个应急供应网点的要求，应急供应网点保持38个，应急加工企业8家，实现供应网点城乡全覆盖。认真落实粮食收购政策，把好粮食收购市场入口关，粮食价格保持基本稳定。强化军粮供应工作规范化管理，探索军民融合式发展之路，军粮供应综合保障能力增强。

【民生工程】 争取资金100万元，扶持主食产业升级改造。做好市级粮油质量检测中心建设项目前期准备工作，粮油质检工作有望实现新突破。

【仓储管理】 督促市直属粮库深入市场调研，紧盯市场变化情况，准确把握购粮时机，完成4970吨到期储备小麦轮换任务。同时，投资50余万元，对直属粮库进行“数字粮库”优化升级，从运粮车进库区排号到抽样、过磅、卸粮、去皮、出库整个环节都实现了自动化操作，降低了职工的劳动强度，提高了工作效率，提升了粮库信息智能化管理水平。完善地方粮食储备体系，建立地方成品粮储备2000吨。

【粮食责任制考核】 按照以考核促工作的指导思想，在2016年度粮食安全责任“首考”之年优秀等次的基础上，对存在的问题进行认真总结，制定整改措施，补齐工作短板，促进粮食工作的不断深化和提升。在此基础上，加强与市发展改革委等部门的沟通协调，召开2017年度粮食安全责任考核工作会议，对2017年度的考核工作进行全面部署，梳理对上迎考的各环节任务，编制出考核“路线图”。同时，完善工作机制，组织开展考核文件汇编、阶段性预估打分等工作；建立信息报送机制，与8个牵头部门合作建立考核工作群，及时沟通信息，确保联络通畅，形成部门联动模式；严把审核关，杜绝走过场现象，各牵头单位采取现场查看、自查评分等形式，对上报材料的真实性、准确性进行严格把关，确保了上级各项政策和措施落到实处。

（张　伟）

国有资产监管

【概况】 莱芜市国资委2017年5月设立。市国资委认真贯彻中央和省、市关于国资国企改革发展一系列重要决策部署，落实全国和省、市国有企业改革发展工作会议和党建工作会议精神，围绕不断完善监管机制，强化履行出资人职责和推进国资国企改革持续用力，以党建促发展，以监管防风险，以创新求突破，全市国资监管和国有企业改革发展取得了新成效。

【国有企业党组织建设】 加强组织建设。坚持党对国有企业的领导这一重大政治原则，强化企业党的组织建设，指导财金、水发集团等，新建支部7个，实现了国有企业基层党组织全覆盖。严把入口关，2017年发展纳新党员56名。完成27个党支部的换届工作。市国资委共管理企业党委15个，基层党支部200个，党员4277人。完成党建工作进公司章程工作。指导市管国有企业把党的建设写入公司章程，把党的领导融入公司治理各环节，把企业党组织内嵌到公司治理结构中，明确了党组织在公司法人治理结构中的法定地位。加强党建考核。研究制定《国有企业党建工作目标管理考核细则及评分标准》，明确了21个考核点、37项具体指标，建立了党建绩效考核评价体系。利用10天的时间，对各企业进行党建工作考核，推进了国企党建工作有效落实。

【国资监管制度体系建设】 结合莱芜市工作实际，研究制定全市推动国有企业改革的《十条意见》《关于加强市管国有企业监管的意见》《关于加强和改进企业国有资产监督防止国有资产流失的实施意见》《市管国有企业负责人经营业绩考核办法》《薪酬管理办法》《重大事项管理办法》等20余个国资监管配套文件，全市国资监管制度建设取得重大进展。

【市管国有企业监事管理】 发挥好监事会作用，对10家企业全部派驻监事会，实现了市管企业监事会全覆盖。制定《莱芜市市管国有企业监事会管理暂行办法》，推进监事会工作规范化、程序化和标准化。

【经营性国有资产监管】 根据省、市关于深化国有企业改革完善国有资产管理体制的有关精神，莱芜市全面启动脱钩改制工作。对各脱钩改制单位的基本情况、财务情况和人员情况进行摸底调查，根据“积极稳妥、稳步推进”的原则，制定实施方案，成熟一批推进一批，有序稳妥地推进了市直企业、经济实体和中介机构脱钩改制工作。全市需要脱钩改制的市直部门单位共计16个，所属企业共计93家，2017年已经完成脱钩改制工作的共计62家。同时，为进一步规范市管国有企业管理行为，实现以管资本为主加强国有资产统一监管，经市政府同意，将财金集团、广电传媒集团等7家市管企业出资人变更为市国资委，在全省率先实现了包括文化企业在内的全部市管国有企业的统一监管。市国资委共监管国有企业11家、总资产357亿元。

【国企分离办社会工作】 按照国务院和省政府文件精神，莱芜市召开了全市“三供一业”分离移交工作部署会议，成立“三供一业”分离移交工作领导小组，印发《莱芜市国有企业职工家属区“三供一业”分离移交工作方案》，做好顶层设计，稳步推进全市“三供一业”分离移交工作。同时，为做好莱钢的分离办社会工作，成立莱钢集团“三供一业”及其他社会职能分离移交工作领导小组以及退休人员移交工作组等9个专门领导小组，统筹推进莱钢集团办社会职能分离移交工作。对“三供一业”、教育、医疗等企业办社会职能和历史遗留问题等基本情况摸底调查，对移交企业、移交项目、分离移交方式等具体情况进行了多次有效沟通。在此基础上，科学测算维修改造标准。市国资委、市住房和城乡建设局、市城市管理局、市水利与渔业局、市供电公司等联合下发《关于印发〈莱芜市国有企业职工家属区“三供一业”分离移交标准〉的通知》，加强了分离移交项目管理，规范了移交费用测算行为，有序推进了移交工作。通过积极统筹协调，全市境内的全部国有企业签订《莱芜市国有企业职工家属区“三供一业”分离移交框架协议》，明确了移交原则和范围、接收单位与时间、维修维护及费用、双方的权利和义务、资产处置等。截至2017年年底，莱芜市“三供一业”分离移交工作累计完成或签订正式协议户数101242户，占比61.2%，进度排名全省前列。

【国有企业人才队伍建设】 进一步规范选人用人程序。会同市委组织部、市人力资源和社会保障局联合印发《关于加强市管国有企业组织人事管理有关问题的通知》，明确了市管国有企业选人用人的原则和要求，规范了选拔和招聘程序。加强对国有企业干部管理、用人用工的指导和监督，核定各市管国有企业用工编制数，为新录用人员办理档案移交、聘用等手续，严格按程序操作，做到选人用人公开透明、规范有序。同时，为进一步规范和完善全市市管国有企业领导人员管理，联合市委组织部拟定《莱芜市市管国有企业领导人员管理暂行办法》《莱芜市市管企业领导人员实行任职回避和公务回避及报告说明制度的暂行办法》，推进国企领导人员管理工作科学化、制度化、规范化，形成了规范有序的选人用人机制。为国有企业提供高层次人才支持。通过政府采购方式，委托第三方——中华英才网组织实施，面向全国公开招聘5名国企高管人员。建立人才信息库。通过全国公开招聘，建立了国企人才信息库，为国有企业持续快速发展提供了后备人才保障。

【国有企业监管】 高度重视巡视整改工作。对省委巡视组反馈的涉及国资国企的问题及提出的意见建议，认真领会、全面贯彻、坚决落实，并以此为契机推动全面从严治党和国资国企各方面工作健康深入开展。有针对性地制定12项整改措施，新制定或修订规范性文件15个，确保问题都按时间节点要求整改到位。此外，根据市审计局对城发集团资产负债损益情况的审计结果，市国资委制定《审计反馈问题整改工作方案》，明确了19项整改任务和责任分工，整改工作取得了阶段性成果。市管国企服务经济社会发展成效显著。六大投融资公司发挥自身优势，围绕市委市政府重点项目、重点工程，不断创新投融资模式，在项目融资、党校建设、济莱高铁前期融资、大外环建设、大汶河治理、城乡供水一体化等方面，发挥了主力军作用，为全市经济社会发展贡献了力量。开展企业经营风险防控调研。与市审计局组成联合调研组，采取座谈讨论、查阅资料等形式，对六大投融资公司的重点项目建设、投融资、对外担保和对外借款等情况进行了专题调研，找出了问题，提出了对策建议，进一步防范了各类经营风险，促进了市管国有投融资公司规范运作、健康发展。

（亓复兴）

审　计

【概况】　2017 年，莱芜市审计局内设办公室、人事政工科、法规科、财政审计科、农业与资源环保审计科、企业审计科、社会保障审计科、执行科 8 个科室，下设经济责任审计办公室、政府投资审计办公室、审计信息中心、审计监督检查处 4 个单位。按照全省审计机关“人财物”管理改革要求，审计机关机构、编制实现省级统一管理。年内，市审计局完成审计（调查）项目 212 个，累计查出违规金额 6.44 亿元，管理不规范金额 108.85 亿元，审计处理处罚 15.94 亿元，移交各类问题线索 86 件，向被审计单位提出整改意见和建议 1200 余条，提报审计综合报告、审计专报和信息 350 余篇。

【政策落实跟踪审计】　按照全省统一部署安排，聚焦“三去一降一补”、加快新旧动能转换等重大任务，完成“放管服”、保障性安居工程、盘活财政存量资金、行政审批制度改革、全市养老保险基金收支等重大政策落实情况跟踪审计。开展采煤塌陷地综合治理绩效、股权引导资金、企业资产状况等专项审计调查，针对审计发现的问题，有针对性地提出意见和建议，促进上级党委、政府决策部署在莱芜落地生根。

【财政审计】　围绕全市经济工作重心，以增加入库收入、盘活存量资金为着力点，完成市级预算执行和 8 个市直部门（单位）2016 年度预算执行和其他财政财务收支审计。市级直接查补入库财政收入 1.01 亿元，莱城区查处区财政未及时清理回收暂付资金、出借资金 3.21 亿元，钢城区查处违规及管理不规范资金 1.77 亿元，着力防范和化解财政收入、政府性债务风险，维护地区经济安全。

2017 年 7 月 18 日，全市村级审计工作推进会议召开

（市审计局　供稿）

【经济责任审计】　充分发挥审计在从严管理干部、驰而不息纠正“四风”、推动政策落实等方面的作用，按时完成省厅授权的莱城区、钢城区原党政主要负责人经济责任审计，探索开展镇（街道）领导干部自然资源资产离任审计试点，年内完成市管干部经济责任审计项目 51 个，揭示政府债务、“三公”经费使用等方面存在的突出问题，以审计监督助推领导干部认真履职、干净干事。

【农业与资源环保审计】 以资金和项目为载体，对全市精准扶贫政策落实情况开展全过程、嵌入式跟踪审计，累计抽查8个乡镇21个扶贫项目，涉及资金2134.5万元，揭示问题19个，提出意见建议11条。配合省审计组做好莱芜扶贫专项审计调查，受到省审计厅通报表扬。

【政府投资审计】 抽调业务骨干盯上、靠上，对山财大莱芜校区、市委党校新校区等7个政府投资重点项目开展跟踪审计、结算审核，出具审计建议书5份，纠正不合规事项56项，累计核减工程造价7720万元。

【村级审计】 2017年，市审计局完成市委、市政府确定的村级审计“三年审一遍、一审审三年”的目标任务，累计向镇（街道）移交村级审计报告1068份，汇总出具镇级、区级审计报告24份，查处违规和管理不规范资金17.34亿元，提出合理化意见和建议4300余条，提报不作为换届人选106人，帮助规范基层管理，服务村级换届。

【审计改革】 以提高审计“产品”实用性为导向，推进审计供给侧改革。聚焦服务村级换届、服务村级管理、服务基层党建，村级审计改革成效明显。用活《审计专报》等信息渠道，市主要领导批示8篇（次），直接服务于党委、政府决策。创新审计方法，大数据审计初见成效。探索经济责任审计对象分类管理和领导干部离任经济责任事项交接审计，强化对关键岗位领导干部的监督，做到审计成果管用好用。

【配合审计工作】 配合市委办公室、市政府办公室完成省审计厅对全市党政主要负责人的经济责任审计和市政府原主要负责人自然资源资产离任审计；按照市委、市政府要求，配合参与上述审计整改工作，汇总上报整改结果，有关工作受到省审计厅充分肯定。

（解宏涛）

统计管理

【概况】 2017年，市统计系统充分发挥自身职能作用，围绕全市中心工作，全面提升统计服务水平，不断优化各类统计监测平台，开展各类专题调研，提高统计预警分析能力；探索研究对“新技术、新产业、新业态、新模式”的统计调查体系；完善部门联动机制，构建大统计格局；全面加强统计法治建设和统计宣传。

【统计监测】 市统计局围绕全市中心工作，全面提升统计服务水平，不断优化统计产品，切实提高对经济社会发展的监测能力。不断完善镇域经济、重点园区、十大产业等系列统计监测服务平台，定期编印各类统计快报与《统计月报》《全市镇域经济发展情况》《全市重点园区发展情况》《全市十大产业发展情况》《统计手册》《统计年鉴》等统计资料，供各级领导和部门单位参阅，监测内容涵盖全市各重点行业领域，对重点目标任务实行动态监测，成为对各级各部门考核工作的重要参考。主动服务省对市经济社会综合考核工作。发挥职能优势，建立省对市经济社会发展综合考核监测平台。建立对考核指标的定期调度制度，安排专人负责全市考核的调度、分数测算及进度分析工作。为进一步配合全市半年大项目建设观摩和季度经济形势分析会，全面反映全市及各区经济社会发展情况，与市财政局、国土局、金融办等多部门沟通衔接，商讨制定了全市季度经济发展情况编印计划。在全市召开观摩会或是经济形势分析会期间，编印《全市主要经济指标数据》，成为领导观摩打分和了解主要功能区建设情况的重要参考资料。

【统计预警】 加强经济形势分析研判，对全局性、苗头性、趋势性问题做好预警分析。建立月度、季度主要数据指标监测预警制度。对全市主要工业产品价格每月进行监测通报，尤其对十种钢材价格进行连续重点监测，及时了解钢铁企业的经营情况。建立全市重点联系企业制度。抽取工业、建筑业、服务业等相关行业的代表性企业，每季度采取实地调研、集中座谈、电话调查等方式，对企业的生产经营、效益情况进行跟踪调度，撰写调研报告，及时发现企业存在的问题及相关行业的苗头性、趋势性问题。建立企业景气调查制度。依托系统平台，定期对全市70家代表企业进行重点调查，补充掌握企业市场行情预期、景气和信心指数等有价值信息，及时与发改、经信、交通、服务业办等行业主管部门沟通对接。紧密监测全市经济结构转型升级。按照加快构建转型升级综合监测指标体系的要求，对非钢产业、战略新兴产业、重点服务业、全面小康社会进程等进行监测反映。切实加强统计调研分析。开展新常态下的研究分析，研判全市经济发展的特征和规律，加强对新旧动能转换及重要进度数据的趋势性分析、预警性监测，撰写有针对性的调研分析，为领导决策提供有价值的咨询建议。

【统计改革】 进一步完善国民经济核算方法制度。实现了分季GDP增量核算，并增加了对文化、体育、健康等派生产业增加值的核算。调整优化环境统计指标和报表制度。围绕大气污染防治和生态莱芜建设监测需要，对环境统计指标和报表制度进行调整优化，加强与环保、水利、国土、林业等相关部门沟通协作，建立了数据共享和调研分析机制。初步建立“四新”统计监测、现代服务业统计监测、战略性新兴产业监测制度、新型城镇化统计监测、转移人口统计监测、就业与失业统计监测、妇儿发展监测直报制度等体系平台，配合有关部门做好对全市新型城镇化改革进展情况、农业转移人口市民化进程、就业与失业群体的专项统计监测工作。启动“数字莱芜”综合数据信息平台建设。适应大数据发展形势，立足发挥统计综合职能，满足现代化服务型统计建设需要，充分利用现代信息技术，整合分散在各部门、单位的反映全市经济社会发展状况的当前及历史主要宏观数据，搭建了全市统一的统计数据信息平台。开通“莱芜统计”微信公众号，及时公布相关统计数据及统计信息，方便公众对经济发展情况的了解。

【重点普查调查】 完成第三次农业普查和年度1%人口抽样调查工作。经过4435名普查指导员、普查员和市、区、镇三级普查办全体工作人员的共同努力，完成了全市1050个村、6227个规模户和单位、29.32万户农户的入户登记、查遗补漏、数据审核、乡镇和村级普查表联网直报等工作，摸清了全市“三农”家底。按照省政府文件要求，组织年度1%人口抽样调查各项工作。农高区统计分局在第三次农业普查和1%人口抽样调查中，代表全市分别迎接国家统计局、省统计局事中事后入户核查，反映了全市农业普查和人口抽样调查的成果，得到上级领导的表扬。高新区分局在普查中推行一线工作法，对辖区内58个村居全部到村督查，协助村居普查员入户调查。经过省统计局全面评估核实，全市主要普查、调查数据符合实际。开展社情民意调查工作。相继开展了科学发展观、镇村工作、中小学生课业负担、民营经济发展、城乡环卫一体化、移风易俗、扶贫攻坚十多项满意度调查，累计呼出电话近10万个，整理群众反馈意见建议近千条。

【统计法制】 坚持全面推进依法统计、依法治统，为统计事业提供坚强的保障。加大统计普法宣传力度。开展《中华人民共和国统计法实施条例》集中宣传活动，组织实施了统计法进党校活动。加强统计执法检查力度。认真组织实施“双随机”抽查工作。全年检查单位139家，发现统计违法行为6起并给予行政处罚并责令改正，其中给予警告3家，罚款2家，通报批评1家。规范统计执法检查行为。严格实行执法人员持证上岗和资格管理制度，强化执法检查工作，规范执法工作程序，严守统计执法纪律，做到执法规范、到位、有效。加强统计执法队伍建设。抓好统计执法骨干人才库建设，加强执法队伍统计职业道德和统计廉政建设，加强统计执法人员业务培训，不断提升执法队伍综合素质。

【统计宣传】 围绕统计发展改革的重点，不断拓宽宣传渠道。建立季度经济运行情况新闻发布会制度。与政府新闻办联合召开两次新闻发布会，通报解读全市经济运行状况，并就媒体关心的各类问题进行解答。加大媒体宣传力度。在《莱芜日报》开辟“统计在线”专栏，刊发信息量30余期次，增进了社会公众对统计工作的认识和理解。加大统计知识普及宣传力度。编印《统计术语与热点问题解读》和《统计法律法规使用手册》，从统计指标概念、计算方法、常见误区及疑惑、统计法治知识等方面，向社会公众和领导干部介绍了统计知识。积极拓宽社会公众数据咨询渠道。按月定期在统计信息网公布统计数据以方便社会查询，详细解答政府在线上公众对统计数据的疑惑。

（亓桂菊）

国家统计调查

【概况】 2017年，国家统计局莱芜调查队推进调查事业“二次创业”新征程，围绕全市中心工作，精心组织实施各项调查工作，为全市经济社会发展提供准确翔实决策依据，发挥好参谋助手作用。年内，调查队获全国文明单位称号；在创建全国文明城市工作中，被市政府记集体二等功；“国调先锋”党建品牌晋级为“莱芜市市直机关党建工作名牌”，成为市直机关成功创建“党建工作名牌”十个单位之一。

【调查业务】 精心组织“三农”“普农”作物面积遥感测量工作，提升工作能力和技术水平，确保第三次农业普查遥感测量工作高标准、高质量完成。农牧业调查加强基层网点建设，应用遥感技术、手持终端测量等先进手段，做好夏秋粮产量的测算分析工作；进一步改进畜禽监测调查工作流程和数据采集方法，切实提高调查数据质量。居民收支调查认真做好调查样本轮换工作，规范调查数据的采集、审核、评估、上报等工作流程，运用专业统计分析软件，加强原始数据分析研究；做好农民工监测调查和月度劳动力调查工作。企业调查加强规模以下工业抽样调查样本维护，提高规模以下服务业、采购经理调查网络报送质量。价格调查加强辅助调查员业务培训力度，定期深入基层走访调研，综合分析、客观判断、科学评估，不断提高住宅销售价格调查数据和农产品生产者价格调查工作质量。

【统计服务】 立足统计调查工作实际，创新服务方式，延伸服务触角，拓展服务领域，当好“数库"，办好"智库"，为经济社会发展服好务。年内，紧紧围绕党委政府关注的重点、经济运行中的亮点、社会关注的热点问题，积极主动组织调研分析，先后开展重点行业生产经营及企业用工情况调查、小微企业节后开工情况调查、体育产业运行情况调研和全市棚户区改造情况调研等20余项专题调研，共撰写调查分析30余篇，上报信息分析60余篇，撰写的《莱芜市反映目前农村电商发展情况、存在困难问题及建议》被副市长武树华批示。始终坚持国家调查队意识，为国调查，为国服务，通过直接上门访户、直接开展培训、直接处理数据，发挥直接调查工作优势，提升调查信息数据上报的质量和效率，第一时间为市委、市政府提供第一手调查资料，客观反映产业、行业、企业和居民生产生活出现的新情况、新问题、新趋势，以统计视角分析研判，为经济社会发展贡献统计调查力量。

（刘晓明）

国土资源管理

【概况】 2017年，全市用地保障有力有序，矿业经济繁荣发展，国土资源支撑力持续加大；耕地保护全面加强，资源配置集约高效；开展"两学一做"学习教育，推进党风廉政建设；严格依法行政，土地例行督察、卫片检查顺利过关；加强内部管理，业务和后勤保障方面基础更加牢固。年内，市国土资源局被市委、市政府表彰为工作实绩考核突出单位，被市委、市政府记集体二等功；继续保持全国文明单位称号，局机关党支部被评为全市"十大红旗党支部"，钢城分局被列入全市反腐倡廉制度建设示范点。

【土地规划】 严格落实相关规划指标，将"十三五"时期交通、能源、水利等基础设施在土地利用规划图上定点、定线、定位。2017年，共调减基本农田3万亩，增加建设用地规模2.7万亩，为全市预留约4万亩用地空间。

2017年3月25日，全市国土资源系统"执法监察年"活动动员会召开

（市国土局 供稿）

【耕地保护】 全面完成永久基本农田划定工作，完成省政府下达的89.07万亩划定任务，耕地平均质量等别由9提高为8.92，实现了划足、划优、划实永久基本农田的目标。争取资金8057万元建设牛泉镇高标准农田项目，建设规模4.15万亩，拟建成高标准农田3.57万亩，2016—2017年建设任务已完成总工程量的83%。争取资金2150万元建设雪野旅游区精准扶贫土地整治示范项目，拟

建成高标准农田1.34万亩，已动工建设。核实土地整治后备资源1.85万亩，验收5个区级土地开发整理项目，治理面积8906亩，新增耕地3194亩。

【建设用地管理】 2017年，全市筹措用地指标4430亩，其中获省分配3745亩，争取养老、教育等指标520亩，省奖励重点示范镇、特色镇指标165亩。落实征地成本4.02亿元，报批建设用地16个批次6342.33亩，报批材料一次通过率稳居全省前列。审批建设用地238宗6029亩，同比增加21%，供地率全省第一。全年公开出让土地58宗2958亩，成交价款31.02亿元，分别是上年的1.51倍和3.53倍。其中，商住用地2071亩，成交价款27.69亿元，分别是上年的2.62倍和2.74倍。

【节约集约用地】 坚持把资源集约利用作为统领国土资源工作的重要抓手，着力健全政策引导、内涵提升、严格监管的新机制，努力形成政府主导、部门协同、社会参与的新格局，以节约促转型，以集约促升级。实施建设用地总量和强度"双控"行动，按照计划完成"十三五"时期建设用地总量控制和单位GDP建设用地使用面积下降目标任务。按照《推进国土资源节约集约模范市创建工作实施方案》要求，做好复核各项准备工作。注重经验总结和典型培育，着力在节地技术创新与推广、矿产资源节约与综合利用、建设用地流转等方面深入研究探索机制和办法，打造出资源节约集约利用新模式。莱芜矿业有限公司"全尾砂无动力深锥浓密膏体制备充填技术"入选国土资源部先进适用技术推广目录。年内，莱芜市继续保持国家级节约集约模范市称号，莱城区、钢城区被表彰为省级国土资源节约集约模范县（区）。

【地籍管理】 按时保质完成了省厅17次内业审核整改工作，完成图斑在线核查工作，共在线举证图斑469个，确保了变更数据的准确性。2月21日，全市变更调查数据通过省厅内、外业核查及数据质量检查，6月4日通过国土资源部的检查确认。积极做好第三次土地调查的调研及预算编制相关筹备工作。

【不动产登记管理】 制定不动产作业标准体系，一般登记时限压缩67%，抵押登记时限压缩50%，查封、异议登记实现即时办理。受理各类登记2.4万件，受理查询5.1万件，颁发证书证明2.1万本，为129家企业办理抵押登记63亿元，全部提前办结。对超出用地边界的遗留问题小区，创新先依法依规处罚再登记的新路子，化解了部分矛盾风险，被评为全省不动产登记便民利民示范窗口。

【矿产资源管理】 组织安全生产大检查、"大快严"集中行动，开展2次地下开采矿山专项大检查和露天开采矿山超层越界全覆盖大检查，严肃查处违法违规行为5起。制定《关于加强露天开采矿山监督管理工作的意见》《升级达标验收标准》《升级达标验收评分细则》，省厅对莱芜市做法给予充分肯定。全市61家露天矿山，确定关闭退出42家，压减68.9%。配合市安委会做好了迎接国家、省安委会督导检查工作，连续8年被市委、市政府授予全市安全生产工作先进单位称号。收取采矿权价款200万元，矿产资源补偿费4305万元，科技管矿在全省率先通过验收，莱芜市农业地质和城市地质调查获山东国土资源科学技术二、三等奖。

【地质找矿】 2017年，办结探矿权延续5宗，首次督促矿业权人注销1宗，督促全市19宗探矿权全部按期落实矿业权人信息公示，公示率100%，探矿权公示率位于全省前列。全面完成莱芜市金牛山地区铁矿普查、羊山地区玉石普查探矿项目，解译了该地区地表复杂磁异常的成因。完成"莱芜市沈家岭地区铁矿普查（续作）"的野外工程，钻探4339米/6孔及相应的物化探工作，6孔全部见矿，其中5孔见矿2米以上，磁铁品位45%以上，找矿效果较好，有望为全市新增一处富铁矿矿产地。莱芜市农业地质调查和城市地质调查成果分别获得省国土资源科学技术二、三等奖。积极运作莱芜市雪野地区及周边地热勘探项目、茶业口镇法山地区优质矿泉水资源普查项目，加快矿产资源领域的新旧动能转换。

【地质环境保护】 泰山“山水林田湖”生态修复试点入围国家第二批山水林田湖生态修复试点工程，首批1.5亿元项目资金已拨付到位。印发《关于做好2017年汛期地质灾害防治工作的通知》，实行地质灾害防治工作局系统内领导包点责任制。健全和完善了市、区、乡、村四级150余人的群测群防网络，实现对各地质灾害隐患点监测、预警、预报工作全覆盖。争取市级财政资金565万元，对上年汛期巡查发现的9处地质灾害隐患点进行治理。开展地质环境治理项目“回头看”活动，全市41个地质环境治理项目，26个项目通过市级竣工验收。争取市级财政资金178万元建设完成莱芜市地质环境监测平台和地质灾害视频对接系统，整合现有的地下水监测点，将历年的地下水资纳入地质环境监测平台网络，并与科技管矿平台对接，实现矿山信息共享。

【测绘业务】 更新绘制主城区205平方公里大比例尺地理信息数据。开展全覆盖排查整治“问题地图”专项行动，查处违法行为25起。全面规范测绘中介服务行为，首次制定《测绘行业诚信守法规范经营倡议书》，调整测绘服务收费标准6项，平均降低36%。为40余家单位提供档案查询6470余卷，严格执行省特级档案室标准，被评为全市十佳档案服务单位。

【深化改革】 针对2017年规划调整完善期间部分项目不具备报批条件的实际，对于急需开工的全市重点项目，探索实行“一落实五保证两提前”用地预审批办法，保障了全市25个重点项目1500余亩用地提前开工建设。与市财政局联合印发《关于实行市级耕地占补平衡指标有偿使用制度的通知》，倒逼各级优先使用存量土地，尽量少占或不占耕地。制定《莱芜市城乡建设用地增减挂钩试点管理暂行办法》，解决全市自2013年以来因市、区两级职责划分不清、资金渠道不明等原因导致挂钩项目停滞的问题。制定《关于落实产业用地政策的意见》，梳理归纳上级支持“四新”经济发展用地政策，细化到具体产业，帮助企业合理运用，降低成本，促进建设。推动“互联网+”与业务工作深度融合，搭建起涵盖“地、矿、测、环”全业务的综合服务管理平台，实现三级国土资源管理全业务全流程网上运转。主动公开国土资源行政审批目录，将30项审批事项承诺时限平均压缩30%。开展“服务振兴全市十大产业回访企业”活动和“困难摸排消”活动，主动帮助企业解决36个用地用矿问题。

【执法监察】 开展“执法监察年”活动。压实区镇村责任，6个区全部建立共同责任机制，16个镇办制定村级国土资源考核办法。“12336”国土资源违法行为举报电话并入“12345”政务服务热线，妥善解决信访案件276件，同比下降11%。2017年，累计巡查次数和联合执法次数同比增长23%，立案件数下降6.5%，违法占地面积下降19.6%，罚没款数额下降28%，120宗违法行为被消灭在萌芽状态，320宗违法占地被依法拆除，72起非法采矿行为被取缔，退还土地100余亩。卫片检查初始违法比例历史上首次低于10%。

【信访维稳】 制定重大事项社会稳定风险评估实施办法，坚持先期预测、先期评估、先期化解，从源头上减少和避免信访案件发生。实行日调度、周汇报、月通报制度，认真排查信访隐患，及时掌握信访动态，妥善解决缠访、重复访等问题。受理市级以上群众举报线索276件，全部处结，信访总量和重信重访率全省最低，信访形势总体稳定。

【依法行政】 制定依法行政第六个五年规划和法治宣教第七个五年规划，建立重大决策合法性审查和行政争议案件以案释法制度，组建由6名法律顾问组成的顾问团队。做好人大评议工作，对排查出的6个方面21个问题全部妥善解决，赢得人大代表和社会各界广泛认可，在9家被评议单位中位列第一。

（刘忠久）

市场监督管理

【概况】 根据山东省机构编制委员会《关于〈莱芜市综合执法体制改革试点工作方案〉的批复》和市委办公室、市政府办公室《关于印发〈莱芜市综合执法体制改革试点工作实施方案〉的通知》，2016年1月，莱芜市委、市政府整合市工商局、质监局组建莱芜市市场监督管理局。主要职责是贯彻执行国家、省有关工商行政管理、质量技术监督工作的法律、法规、规章，拟订相关政策规划并组织实施；按照法律、法规赋予的行政许可权限和省工商行政管理局、省质量技术监督局委托的行政许可事项组织开展行政许可工作；组织查处违反工商行政管理、质量技术监督法律法规的行为。

10月17日，完成新“三定方案”落实工作。局机关内设职能科室17个（其中行政许可科为10月17日新设），市局机关现有行政编制50名，在职公务员44人；下设企业注册局、公平交易局为市市场监管局直属副处级行政机构，其中企业注册局编制8人、在职6人，公平交易局编制8人、在职8人；机关工勤8人。下设8个事业单位，其中稽查局为参公事业单位，编制10名、在职10人。其他7个事业编制100名，在职事业人员78人。

2017年，在创建全国文明城市工作中，市市场监督管理局被授予先进集体称号，并记集体二等功，1人记二等功，1人获创建全国文明城市工作先进个人称号。

【服务经济发展】 深化“放管服”改革，壮大市场主体。深化商事制度改革，全面推进“多证合一”制度改革、住所（经营场所）申报制、登记管辖便利化改革、简易注销登记制度改革、全程电子化和电子营业执照改革，继续推行“四三服务法”，实行“双随机、一公开”综合抽查制度，着力激发市场主体活力。截至2017年年底，全市办理“多证合一”企业营业执照35458家（户）；全市发展内资企业118家，总量1694；发展私营企业4445家，总量25357家，比上年增长17.48%；发展外资企业11家，总量达到170家；发展个体工商户12092家，总量71722家，比上年增长15.28%；发展农民专业合作社224家，总量1936家，比上年增长12.10%。开放企业名称登记库，实行企业名称自主查名。实现以电子营业执照为支撑的网上申请、网上受理、网上审核、网上发照和网上公示，颁发无特定介质电子营业执照，实现了企业“零跑腿”办理营业执照的目标。11月22日，全市第一张电子营业执照颁出。截至2017年年底，全市共颁发4张无特定介质电子营业执照。主动帮助企业完善股权质押登记材料，开展股权质押登记。全年共办理股权质押登记业务280笔，出质股权数额共计570667万元，被担保债权数额共计1272709万元。开展“双文明”创建、“文明诚信市场”创建和“守合同重信用”企业评选活动，提高市场主体的诚心意识和文明素质。全市共评选文明诚信企业标兵14家、文明诚信民营企业116家、文明诚信个体工商户117户；莱芜市文明诚信市场9个；向社会公示2015—2016年度市级“守合同重信用”企业73家，全市共培育国家、省、市三级“守合同重信用”企业分别为14家、61家、73家。2017年3月9日，省工商局在莱芜开展企业公示信息核查软件系统试点工作；7月27日，全省企业公示信息核查软件莱芜试点经验推广工作会议在莱芜市市场监督管理局召开，试点工作取得显著成效。

推进行政审批改革，2018年1月1日起承接省质监局委托下放一批省级行政许可事项的发证审批事权以及除建筑用热轧钢筋和水泥（熟料）外所有许可事项的受理工作。试点推行省发17类工业产品生产许可取消发证前产品检验，实行后置现场核查，先行发证。2017年，共发放各类行政审批证书137张，申请注销证书1张。

【标准引领】 实施标准经济引领提升工程。推动市委市政府印发《关于发展标准经济建设质量强市的实施意见》和《莱芜市发展标准经济建设质量强市奖励办法》，开展标准引领竞赛活动和“标准化+”行动，将标准引领向商贸、公共交通、美丽乡村、节能环保等领域拓展。2017年，全市企业主持或参与制定国家标准等各类标准20项，培育国家级或省级标准化试点项目13项，7个产品取得采用国际标准认可证书，13家企业通过3A级标准化良好行为企业确认，新注册条码系统成员43家，条码续展企业39家，共为23家企业共274个产品提供了条码胶片的制作，免费为43家企业发放GDS卡。5月11日，国家标准委在莱芜市召开企业标准“领跑者”工作调研座谈会，山东巧夺天工家具有限公司被评为山东省八个“企业标准领跑者”之一。推进企业产品标准自我声明公开工作，115家企业公开标准523项，涵盖1738种产品。8月17日，省政府调研组到莱芜市调研制造业标准化工作，对莱芜市标准化工作给予高度评价。10月13日，市人大常委会视察组对全市标准经济引领促进产品质量提升工作情况进行调研。加强教育培训10月14日，承办山东省2017年“世界标准日”庆祝活动启动仪式暨“标准化助力质量提升”专题报告会，使“标准化助力质量提升”理念渗透到农业、服务业、社会管理、公共服务、节能环保、安全生产等经济社会发展各个领域。10月20日，承办中国检验检疫学会第一届理事会第四次会议暨中国检验检测创新联合体第一次成员大会，全国政协委员、中国检验检疫学会会长魏传忠，国际标准化组织主席张晓刚等领导嘉宾出席会议，市委副书记、市长梅建华出席会议并致辞。邀请省质监局和省标准化研究院专家到莱芜市举办企业标准体系创建、服务标准化等培训班，培训企业标

2017年4月9日，市市场监督管理局到阿尔普尔开展“企业点单、定向服务”调研活动（市市场监督管理局 供稿）

准化工作人员200余名。10月31日，市十八届人大常委会第五次会议审议并通过了关于全市标准经济引领促进产品质量提升工作情况的报告。加强宣传力度，《新华社山东要情动态》刊发《莱芜以"标准经济"引领市域竞争力全面提升》，在《莱芜日报》、莱芜电视台、省质监局网站等媒体发表稿件30余篇。

【质量强市战略实施】 组织开展全面质量提升行动。发挥质量强市战略的牵头作用，起草印发《市委市政府关于全面开展质量提升行动实施方案》，成立莱芜市质量发展委员会，促进全领域、全方位、全产业链质量提升，探索建设质量提升大数据平台，促进与"五位一体"全程质量管理支撑体系有机融合。组织创建国家节水灌溉产品质量提升示范区。5月20日，国家质监总局批准莱芜市创建国家节水灌溉产品质量提升示范区。对99家节水灌溉产品生产企业进行摸底调查，召开了5次质量提升研讨会，先后3次邀请专家到企业开展质量诊断、质量分析，为企业产品质量提升把脉问诊、查找病根。培育发展团体标准，指导山东节水灌溉产业技术创新战略联盟制定2项团体标准。10月，起草《关于创建国家节水灌溉产品质量提升示范区实施意见》，全面展开质量提升示范区建设。12月29日，市委、市政府印发《全面开展质量提升行动实施方案》，全面质量提升行动正式启动。发挥标准、计量、质量、认证认可等技术支撑，全年有30家企业通过实验室资质认定，有73家企业取得电线电缆、汽车轮胎等行业获得强制性产品认证，有32项计量标准通过省局或市局发证，夯实了质量提升基础。组织开展工业产品监督抽查，抽样合格率为99.06%，对15家不合格企业进行约谈。

做好政府质量工作考核。起草全市2016—2017年度政府质量工作情况汇报，整理汇总相关文件、批示、调研报告、质量分析报告等材料，形成实地核查见证材料一览表，确保考核顺利完成。

围绕"实施质量提升，推进品牌高端化"主题，组织开展2017年"质量月"活动，动员社会各界积极参与"质量月"活动。9月14日，市委副书记、市长梅建华调研"质量月"活动并主持召开全市质量提升座谈会，强调要把质量提升摆在与科技创新同等重要位置。9月4日，市政协副主席、市市场监管局局长李兴实在《莱芜日报》发表署名文章，动员各行业关注质量发展，积极参与"质量月"活动。9月30日，在山东力创科技股份有限公司组织召开全市质量管理经验交流现场会，5家企业做了典型发言。联合通信运营商，向全市手机用户发送了活动主题短信近150余万条。联合市内主流媒体，举办"莱芜质量大家谈"专栏。2017年"质量月"期间，市、区（功能区）30余个部门、近200家企业参与了活动，开展主题活动100多个。完成2016年度质量发展纲要落实情况报告。

【产业振兴提升】 推进汽车及零部件产业振兴提升，制定2017年产业发展计划，到30多家企业开展调研，召开20家重点企业负责人座谈会。开展"困难摸排消"活动，向20多家企业发放调查表，摸排并解决困扰和阻碍企业发展的土地、环保、资金、人才等11个问题；为汇金公司引进泰山学者1名、泰金精锻引进长江学者1名，为企业发展创造了智力支持。积极推进汇金公司高性能汽车零部件、浙江慈溪劲马动力机械有限公司高强度汽车零部件、环球公司新能源动力等新上项目建成落地。全市汽车零部件企业挂牌上市达到6家。帮助汇金、固克力轮胎等企业申报山东名牌产品3个，指导汽车及零部件产业申报山东省优质产品生产基地，山东汇金股份有限公司的汽车前后桥总成被认定为山东名牌产品。

【品牌建设】 印发《莱芜市人民政府关于推进全市品牌建设的意见》，对全市品牌建设工作进行规划，制定2017年度品牌发展计划。做好

2017年度山东名牌争创工作，突出钢铁、姜蒜制品、汽车零部件等优势特色行业和产品，开展品牌培育，培育山东名牌产品11个、山东省服务名牌1个、优质产品生产基地1个，名牌培育创历史之最。

全面落实市委、市政府确定的“质量强市”战略部署，实施商标品牌战略，开展“商标助企大走访”活动，通过政策引导、帮扶指导，商标品牌的档次和影响力显著提高。2017年，全市新增注册商标695件、国家地理标志商标1件、马德里国际商标2件，分别增长16.43%、33.33%、66.66%；帮助丰田节水、裕源食品、万鑫经贸新申报马德里国际商标；帮助莱芜白花丹参、莱芜山楂新申报国家地理标志商标。

【消费维权】 2017年，全市“12315”系统共受理消费者咨询、投诉、举报5884件。其中，投诉1081件，成功调解1081件，调解成功率100%，涉及争议金额86.97万元，为消费者挽回经济损失86.97万元。全市消协组织共受理消费者投诉494件，涉案金额267.56万元，为消费者挽回经济损失99.29万元。“12365”热线由部门管理整合到政府12345平台。

开展“3·15”国际消费者权益日纪念活动。3月6日，在莱芜市市场监管局召开全市“3·15”国际消费者权益日纪念大会暨消费维权情况通报会。3月14日，组织召开第三届莱芜市文明诚信民营企业、个体工商户表彰大会，10家民营企业、39家民营企业、106户个体工商户分别获得文明诚信民营企业标兵、文明诚信民营企业、文明诚信个体工商户称号。同日，市市场监管局、消费者协会组织17家经营单位负责人开展“诚信经营、放心消费”行政约谈活动。开展消费教育进社区、进农村、进企业、进学校、进景区“五进”活动。采取以案说法、以物释义的形式，深入企业开展新《中华人民共和国消费者权益保护法》解读及互动交流，向企业宣传消费维权方面的法律法规，帮助企业建立和完善消费投诉接待、处理机制，推进商场、超市等企业建立“消费维权服务站”，组建消费维权志愿者队伍。推广应用电商消费维权直通车平台，有19家电商企业加入直通车平台。开展丰富多彩的“3·15”纪念活动。活动期间，共设立咨询服务台68个，悬挂宣传条幅58条，摆放宣传展示牌105个，发放宣传资料3万余份，现场解答消费者咨询2000余人次，现场受理消费者投诉56件。3月29日，开展流通领域商品质量的“你点我检”活动，在同期《莱芜日报》刊发活动征集问卷。对汽车用品、电线电缆、儿童用品、服装鞋帽、电动自行车电瓶、充电器等5大类10小类的商品开展抽样监测，共抽检125个批次，合格率84%。加强农资商品质量监管，开展“红盾护农”行动。全年共抽检15家农资经营单位，抽取肥料共40个样品，合格率97.5%。10月25日，市市场监管局、市老龄办、市消费者协会联合在市老年大学组织开展全市老年消费教育宣传活动，及时发布消费警示，引导科学理性消费。11月10日，市市场监管局、市消费者协会与“莱买酒”“邮乐网”“淘实惠”“供销e家”等11家网络电商企业开展“双十一”网络电商集中约谈活动，督导履行义务和责任，依法依规经营。

【计量管理】 组织计量标准考核、计量专业项目考核和制造计量器具许可工作。对4家企业申报的水流量标准装置、二等铂电阻温度计标准装置等32项计量标准进行现场考核；组织25人参加专业理论和操作技能考试，发放97个项目的“计量专业项目考核合格证明”；对2家计量器具制造企业申请的11项制造计量器具许可进行审查。组织计量检查工作。对安全防护、医疗卫生、贸易结算计量器具和计量检定校准机构开展专项监督检查，共计检查在用安全防护用计量器具4100台，医疗卫生计量器具315台，加油机155台，电子秤168台，抽查原始记录600余份。开展“5·20”世界计量日宣传活动，组织莱芜市计量所、莱芜供电公司等民用计量密切相关的单位在现场散发计量法律法规知识明白纸1000余份。

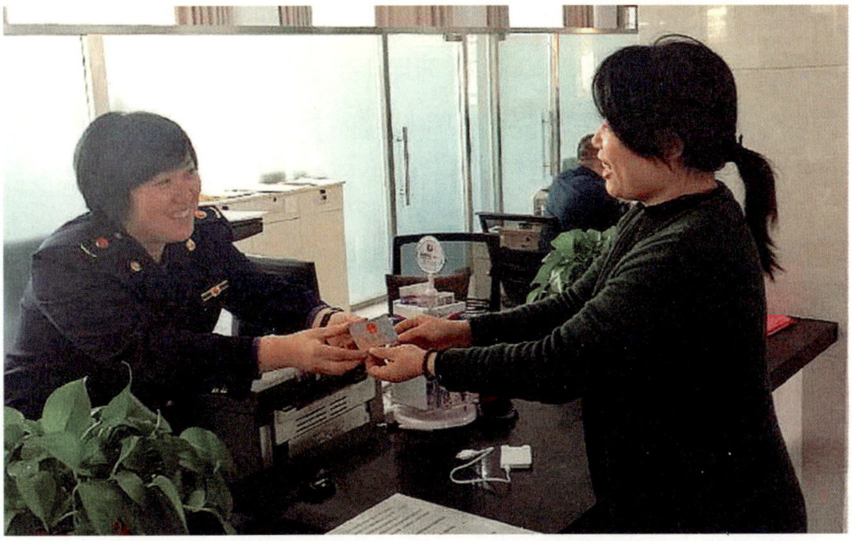

2017年11月22日，莱芜市第一张电子营业执照颁发

（市市场监督管理局 供稿）

【特种设备安全监察】 保障全市特种设备安全，强化安全监察。开展特种设备隐患排查治理。全年组织开展化工产业转型升级专项行动和安全生产大检查等活动，组织出动执法检查组197个，执法人员1220人次，检查各类相关企业584家，下达安全监察指令书149份，排查整治特种设备隐患246项。全年开展燃煤锅炉治理，累计注销10吨以下燃煤锅炉318台。对14家生产单位进行监督抽查，排查整治问题22起。严把检验关口，全年检验特种设备7753台件，压力管道77公里，安全阀3381只，重点监控特种设备定检率100%。夯实人员基础，基层监管人员培训覆盖率100%。4月，联合省局组织特种设备安全监察人员（B类）取证考核班，40人通过考核取证，全年培训各类特种设备作业人员2449人次，发证1680人次。为全市1200余台在用电梯免费购买安全责任保险。8月—12月，联合省标准化院对全市17家气瓶充装单位的55台加气机的自动充装装置进行升级。

【技术保障】 截至2017年年底，共建立社会公用计量标准88项，开展135种计量器具的检定、校准工作。2017年8月，经山东省质量技术监督局批准，积极筹建山东省流量计产品质量检验中心。参与省质监局组织的电线电缆、水质、碳素钢、着色剂4项实验室能力验证，结果均为满意。精心服务企业，为企业免费培训化验员40余人次。发挥莱芜市职业技术学院的实习基地作用，全年为50余名职院学生提供实习平台。坚持政府投资与市场化运作相结合，探索与社会共建实验室，与企业合作投资1000万元建设节水灌溉产品检验中心。

【行政执法】 坚持依法行政，全局查办一般程序行政处罚案件23起，行政诉讼案件2起，依法按程序对行政处罚案件信息进行全面公开。加强执法队伍建设，99人取得省政府颁发的执法证件。参与省人大等立法调研，开展规范性文件建设，推进法治工商建设和法治质监建设。制定莱芜市市场监督管理局《行政应诉工作管理办法》，为推进法治政府部门建设提供了制度保障。坚持整治“质量洼地”与培育“质量高地”并重，开展产品质量、医疗单位计量执法、特种设备、反不正当竞争、网络交易、商标广告等专项整治。开展不正当竞争专项整治。围绕供电、医药等领域开展专项整治，检查医疗机构、医药购销等企业55家；排查全市范围内的直销企业6家，传统店铺40余家。开展产品质量专项整治。围绕农资、建材、地条钢、特种设备、危险化学品、微滴灌、塑机、土工布等重点产业、重点产品开展执法监督。开展商标、广告专项整治严厉打击商标侵权等违法行为。强化网络监管。巡查网络经营主体网站2135个（次），健全完善1400家网络经营主体数据库，建档率100%。按照100%全覆盖的要求，对全市178个加油站（含油库1个）实施成品油质量专项抽检，抽检覆盖率116%，共抽取成品油样品364个，合格率97.5%，依法对销售不合格成品油经营单位进行立案查处。督导各区市场监管部门健全完善了加油站和油品经营企业动态监管数据库和动态监管台账。

（刘松峰）

食品药品监管

【概况】 2017年，全市食品药品监管系统以推进“食安莱芜”建设、创建省级食品安全城市为引领，以防控食品药品风险、保障饮食用药安全为目标，坚持源头严防、过程严管、违法严惩，着力构建预防为主、风险管理、全程控制、社会共治的食品安全格局，莱芜市食品安全形势总体平稳，没有发生系统性、区域性食品安全风险问题。截至2017年年底，全市共有“四品一械”（食品、药品、保健食品、化妆品、医疗器械）生产经营使用单位17008家，其中食品生产企业156家，食品流通单位8213家，餐饮服务单位4962家，保健食品经营企业1113家，化妆品生产经营企业489家，药品生产企业1家，药品批发零售企业19家、零售门店466家，医疗器械生产企业6家、经营企业197家，药品医疗器械使用单位1386家。

【食品药品抽检】 2017年，食品药品抽检经费586万元，同比增长39.7%，连续三年增幅超过财政支出平均增幅。全市食品抽检9000批次，市本级食品抽检完成5097批，其中不合格243批次，问题发现率4.8%；区级完成抽检3980批次，抽检样本量可达6.5批次/千人，比上年提高2.3个批次。根据省食安办发布结果，全市食品（含食用农产品）抽检合格率94.8%，高于全省平均水平，连续3年稳定在95%左右。药品抽检合格率100%，稳居全省前列。

【风险防控与日常监管】 强化风险防控，推行分级分类监管。全市所有食品生产单位、大中型餐饮服务单位全部实行分级分类，对高风险单位实行重点监管，全市没有发生较大的食品药品安全不良事件，中小学校及托幼机构食堂没有出现食物中毒事故。建立健全风险管理机制，梳理各领域各行业的风险清单，制定食品药品风险处置预案、管理手册。做好日常监督检查，全面推行“双随机”抽查机制和“四不两直”检查方式，严格落实学校（托幼机构）食堂“四查”制度，开展“星期三查餐饮”活动，邀请人大代表、政协委员、群众代表、媒体记者共同参与，每期均在电视、报纸、网站公开报道，既取信于民，又形成对食药监工作的监督。针对食品生产企业，开展“每月一类，每周一企”检查活动，已经完成对酱腌菜、肉制品、桶装水3类30多家企业的专项检查。针对农村地区食品药品监管薄弱的现象，开展农村食品药品专项整治三年行动，已检查348个行政村1022家单位，责令改正106家，立案调查53件。同时，积极抓好食品保健食品虚假宣传、韭菜“双证制”、畜禽水产品专项整治等工作。

【专项整治与稽查】 部署开展动物源性肉制品、畜禽水产品、农村食品药品、酱腌菜、肉制品、保健食品虚假宣传等专项整治行动，开展旅游景区餐饮单位专项检查、养老机构餐饮服务安全专项整治、食盐市场专项检查、现制现售乳饮品质量安全检查、餐饮环节食用油检查、医疗器械专项整治2017行动等专项检查。全年累计查办案件430起，罚没款327万元，较上年同期分别增长28.4%和35%，移送公安部门案件21件，办结8件，抓获犯罪嫌疑人10人。处置涉案物品货值超过50万元。

【基层基础建设】 莱芜市食品药品检验检测中心于11月通过实验室资质认定，食品检验能力实现从无到有的跨越。官寺市场等13处集贸市场、商场超市快检室运行顺利，委托快检、自主快检覆盖城区市场70%的食用农产品。全年为各区配备10辆食品快检车，20个基层所全部配齐快检设备。全市已经形成移动快检（车辆）、市场快检、基层监管所检验、中心实验室检测相互衔接、政府与市场互为补充的保障体系。

【示范创建】 以创建省级食品安全城市为抓手，将示范创建作为食品安全监管工作的深刻实践。莱城区创建食品安全先进区通过验收，钢城区创建工作正在推进，市级层面创建工作正在有序展开，农贸市场升级改造、肉菜追溯体系建设、餐厨废弃物集中处理等工作运转顺利。深化“食安山东”“食安莱芜”建设，印发《关于推进“食安山东”品牌建设的实施意见》，截至2017年年底，有“食安山东”“食安莱芜”示范单位353家，市级以上农业标准化生产基地46家，“三品一标”产品256个。

【宣传教育】 2017年，市食品药品监管局加大新闻宣传和科普宣传力度，建立新闻定期发布制度，发挥新闻发言人作用，全年围绕创建食品安全城市、2016年食品安全状况等主题召开2次新闻发布会。在《莱芜日报》开设“食品药品安全周刊”，每周1版，全年发布46期50个版面。组织开展“食安山东”品牌展示、“透明工厂”体验日、学校食堂开放日、“你点我检”、食品标准知识竞赛、食品安全法律知识竞赛等10余场活动，公众累计参与3000余人次。通过门户网站向社会发布监管信息75期，发布消费提示、红黑榜22次。发布微博微信52期。规范应急预案管理，修订完善市级食品、药品2个应急预案，指导各区监管部门编制预案，加快形成上下衔接的应急预案体系。

【食品安全监督考核】 莱芜市委、市政府将食品检验体系建设纳入2017年年市政府为民办实事项目，2017年年底又将餐饮质量提升工程列入2018年市政府为民办的实事项目，重点推进10个食品安全项目建设，将食品安全工作作为一项长期的事业纳入全市总体发展规划，写入《莱芜市国民经济和社会发展第十三个五年规划纲要》，制定《莱芜市食品药品安全“十三五”规划(2016—2020年)》等10个政府类文件，将食品安全工作各项目标具体化、明确化、责任化，将“食安山东”建设和食品抽检合格率纳入对各区经济社会发展综合考核，权重占到3.5%。市政府印发《莱芜市食品安全工作评议考核办法》《莱芜市食品安全工作责任约

2017年4月6日，莱芜市食品药品监督管理系统法制工作业务培训会议召开 （市食药局 供稿）

谈办法》，将食品安全作为全市八个“一票否决”事项之一。莱芜市食安委、食安办积极履职，主动开展工作，针对监管工作中的热点难点，加强组织协调，开展全市“守护舌尖安全”专项整治，组织多部门开展食品保健食品欺诈和虚假宣传整治、韭菜“双证制”、校园食品安全等执法检查活动。

【服务产业发展】 2017年，莱芜市生物医药产业现有重点企业16家，包括1家骨干企业（泰禾生化）和4家成长性企业（耀华医疗器械、康福德实业、珅诺基药业、宏葵生物），全年完成主营业务收入43.8亿元，增速10.1%；纳税总额0.3亿元，增速13.8%，均完成年度目标。莱芜市局作为莱芜市生物与医药产业牵头服务部门，为做好服务产业发展工作，牵头起草并制定《莱城区生物医药产业园项目推进方案》，成立生物医药产业项目推进指挥部，由分管市领导担任总指挥，明确项目节点，强化服务，做好项目保障，对重点项目每半月一次现场督察，每季度召开一次专门会议，研究分析项目推进落实情况。莱芜市局充分发挥职能作用，深入开展“摸排消”活动，实施精准帮扶，加强规划指导、审批许可、质量监管等工作，加强与省食品药品监管局的沟通协调，企业完善技术资料、进行厂房设计、申请办理注册、生产许可证相关事宜，珅诺基药业、宏葵生物、迪凯尔、华安、泽凯尔、济世药业、禾宝药业等多家企业的在建项目进展顺利。

（亓学文）

安全生产监管

【概况】 2017年，全市安监系统紧紧围绕“建一流队伍，创一流业绩，树安监品牌”的总体目标和“让生产经营更安全，让安监人员更安心，让领导群众更放心”的总体要求，认真贯彻落实市委、市政府各项安全生产工作部署，系统推进，整体发力，不断提升安全生产监管水平，开创了“严谨细致、创新实干、勇争一流”的安监工作新局面，全市安全生产形势持续稳定好转。全年累计发生生产安全事故29起（工矿商贸事故7起、道路交通事故22起）、死亡36人（工矿商贸事故死亡7人、道路交通事故死亡29人），同比分别下降53.2%、7.7%；未发生重特大生产安全事故。莱芜市在省政府2017年度安全生产考核中获得优秀等次，钢城区被评为全省安全生产工作先进区，高新区安监局、经济开发区安监局被评为全省安全生产工作先进县级部门，凤城街道办被评为全省安全生产工作先进乡镇，4名个人被评为全省安全生产工作先进个人。市安监局被市委、市政府授予工作实绩考核突出单位、学习型党组、群众满意单位、中共十九大维稳安保先进单位等荣誉称号。莱城区政府、高新区管委会、艾山街道办、雪野镇政府、张家洼街道办、寨里镇政府等62个优秀单位，60名优秀个人分别受到市委、市政府通报表扬。

【重点行业监管】 深入贯彻落实中央32号文件，坚持守土有责，坚持依法行政，加强重点行业领域安全生产监管，严格落实安全生产责任，充分发挥安全监管在经济社会发展中的积极作用。推进重点行业专项整治。开展矿山专项整治。克服阻力，压实责任，攻坚克难，对10家不达标企业注销安全生产许可证；累计投入资金2000余万元，完成鲁中矿业有限公司、莱芜矿业有限公司15.5万米非阻燃电缆的更换任务。开展化工产业转型升级专项整治。严格执行“八项断然措施”，开展危化品安全生产“大快严”紧急行动，首次拍摄制作《全市危险化学品企业安全生产问题及隐患》专题片，在全市工作部署会上播放，教育警示作用明显。按计划完成8家危化品生产企业的关停退出任务。开展工贸行业专项整治。强化对烟花爆竹经营单位的监督检查，合理规划布点，严格流向管控，强化执法监管，保证了人民群众的生命财产安全。开展工贸行业粉尘防爆、受限空间及金属冶炼安全专项治理。坚持管安全生产必须管职业健康，推行安全生产与职业健康监管执法一体化，职业病防治工作取得实质性进展，“历史欠账”问题得到有效缓解。

【“双重预防体系”建设】 把加强风险分级管控、隐患排查治理双重预防体系建设作为规范企业安全生产秩序、提高安全管理水平的根本途径，作为落实企业安全生产主体责任的核心内容。分别组织召开非煤矿山、危险化学品、交通运输、烟花爆竹、冶金、电力、城镇燃气7个重点行业双重预防体系建设现场会，示范引路，整体推进。截至12月底，列入重点推进范围的非煤矿山、危险化学品及化工、冶金等16个重点行业401家企业全部完成双重预防体系建设，走在全省前列，并在全省率先实现网上运行。11月2日—3日，省安监局在莱芜市召开全省第一个工贸行业双重预防体系建设观摩推广会，对全市冶金行业双重预防体系建设予以高度评价和充分认可。

推进“百日攻坚”治理行动和安全生产大检查活动。为确保全市安全生产形势持续稳定，为中共十九大胜利召开创造稳定的安全生产环境，从7月初开始，组织开展安全生产“百日攻坚”治理行动和安全生产大检查活动，全面排查治理安全隐患和事故苗头，坚决防范遏制各类生产安全事故。9月13日—14日、8月8日—9日，全国妇联副主席、书记处书记邓丽，省人大常委会党组副书记、副主任于晓明分别带领国务院安委会第26综合督查组、省人大执法检查组到莱芜市检查督导，对莱芜市安全生产工作给予充分肯定和高度评价。

【应急救援与事故处理】 加强体制机制建设。组建市、区安全生产应急管理机构，配备了专门工作人员。制定《生产安全事故应急处置程序》《应急值班报告流程》等一系列规章制度。强化应急处置演练。在中石化莱芜油库组织危险化学品泄漏应急救援演练，充分利用无人机空中侦察并实时传输视频信号等信息化手段实施应急救援。全市共组织扑灭火灾、危化品泄漏、地下矿山暴雨天气停产撤人、避险逃生等演练活动1000余次。严格事故调查处理。印发《莱芜市安监部门生产安全事故调查处理工作程序》《关于加强一般经营性道路运输事故责任调查处理工作的通知》，对生产安全事故调查处理程序、职责权限、工作流程进行梳理规范，完成对京沪高速莱芜段“8·8”较大道路交通事故、天泰绿城建筑安全事故等调查处理工作，均做到依法依规、客观公正、科学有效。

【行政审批业务改革】 梳理推出“零跑腿”和“只跑一次”服务事项清单，对行政审批许可、咨询服务等严格落实限时办结、服务承诺和责任追究制度，实现“一站式服务、规范化管理”。全年共办理行政许可事项110件，均做到依法行政、高效服务。畅通信访渠道，依法核查处理回复各类投诉举报事项。2017年，共受理“12350”举报事项46件，解答安全生产问题134件，办理并回复“政府在线”督办单38件，处理信访事项17件，兑现举报奖金1.4万元。

推进综合监管工作。充分发挥安委会办公室指导、协调、调度、督导职能，先后4次组织召开现场协调会，强力督办雪野航空俱乐部、全民健身中心消防隐患整改。全民健身中心、雪野航空俱乐部已全部完成整改并通过消防验收，彻底解决了困扰全市近10年的火灾隐患，得到社会各界充分肯定。

【监管制度创新】 在充分调研的基础上，不断探索安全生产监管模式，改进监管方法，走出了一条从被动到主动、从粗放到精细、从检查到服务的安全监管新路子。

创新建立专项巡查制度。建立《莱芜市安全生产巡查工作制度》，首次组织对莱城区、钢城区、高新区开展安全生产巡查；《领导干部督查安全生产制度》，市政府领导每2个月对安全生产工作进行1次督察，每年分别督察各区政府（管委会）3次，督察分管部门3次，每次督察至少实地查看1家企业，将“管行业必须管安全、管业务必须管安全、管生产经营必须管安全”进一步落到实处。创新安监执法模式。每年2次组织执法人员集中培训，每次培训做到“三个一”：每节课后组织一次讨论，每人至少撰写一篇心得体会，结业组织一次闭卷考试，提升监管监察业务水平和能力。安排市级专项资金50万元，聘请专家协助执法，对全市72家重点企业查隐患、控风险。整合各级执法资源，创造性开展市、区、镇（街道）三级安监人员联合执法行动，把问题发现在一线，把隐患消除在现场。

创新实施“应罚尽罚，上限处罚”和企业内部从业人员违规违章“现场处罚”专项行动，建立安全生产执法监察和行政处罚“月通报”制度，督促企业全面落实安全生产主体责任。2017年，全市各级监管部门共对546起安全生产违法行为立案处罚，共处罚款1416.51元，立案数、罚款数同比分别增长168%、507%。共有271家企业建立了内部现场处罚制度，累计处罚8454人次，罚款793580元，处分35人，真正形成安全生产法规制度不能违、不敢违、不想违的高压态势。

创新设计莱芜智慧安监平台。着眼安全监管“一盘棋、一张网、一张图、一张表”，创新性设计莱芜智慧安监平台，使之成为“安监工作总抓手、组织调度总枢纽、企业服务总平台”。截至2017年年底，风险分级管控、隐患排查治理、“网格化、实名制”监管、行政执法等10个子系统已全面建成并投入使用，638家企业在线运行，市、区、镇（街道）三级联网监管，做到执法现场对标检查、安全现状全景呈现、数据资源实时共享，开创了莱芜智能化安全监管新局面。12月28日，全省安监系统信息化建设工作座谈会议在莱芜市召开，国家安监总局张超英副巡视员、省安监局罗新军、高建军副局长到会指导，对市局信息化建设工作给予充分肯定。

创新开展“四个创建”活动。在全省首倡安全文化“四个创建”活动，开展安全文化示范镇（街道）、安全文化示范村（居）、安全文化示范企业和安全文化主题公园创建，组织召开观摩推进会，完成6个示范镇（街道）、100个示范村（居）、10家示范企业的年度创建任务，7个安全文化主题公园基本建成，开创了全市安全文化建设新局面。

创新开展“安全生产月”活动。开展安全生产月“随手拍”“关注安全·平安莱芜”安全知识网络有奖答题、“安康杯·平安莱芜”有奖征文等系列活动，筛选部分优秀图片在全市巡展，择优50篇稿件在《鲁中晨刊》刊登；莱芜市被评为2017年全省“安全生产月”活动优秀组织单位。

（高振华）

责任编校：卢海静

农　　业

综　述

【概况】 2017 年，全市实现农业增加值 57.92 亿元，同比增长 5.2%，为 2012 年以来新高；农村居民人均可支配收入 16100 元，同比增长 8.5%。

【农业供给侧结构性改革】 全市巩固提升“三辣一麻”“三黑一花”传统产业，进一步培大做强茶叶、食用菌、中药材等新兴产业，全市茶叶种植基地已发展 4200 多亩，培育食用菌生产企业（合作社）22 家，中药材种植面积 6 万亩。市农业局推进“放鱼养水”工程，共放流鲢鳙苗种 700 余万尾。新增高庄街道曹家庄村和牛泉镇庞家庄村为全国一村一品示范村，全市国家级一村一品专业村（镇）达到 7 个，省级一村一品专业村（镇）13 个，市级一村一品专业村 30 个。雪野旅游区富甲庄园、润百合生态休闲农业庄园被评为省级休闲农业与乡村旅游示范点，香山田园被评为省级生态休闲农业示范园区，南嵬石村被评为省级美丽休闲乡村，高新区利和庄园被评为齐鲁美丽田园。“雪野湖休闲渔业公园”项目通过验收，山东雪野文昌旅游开发有限公司被评为全市优秀服务业企业。

【农业综合竞争增强】 市农业局加快农业提质增效，起草完成丹参 GAP 等省级地方标准 2 项，全域开展农产品质量安全县创建，实施韭菜产品“双证制”管理，102 个单位实现农产品质量安全全程追溯，新增省级农业标准生产基地 7 家，全市“三品一标”农产品累计达到 256 个。加快农业节本增效，推广配方肥施肥面积 100 万亩，推广农田节水技术 20 万亩以上，新增水肥一体化面积 1.6 万亩，推广绿色控害技术 20 万亩以上，启动实施山东省蔬菜病虫害绿色防控技术集成与示范项目和农业部果菜茶病虫全程绿色防控试点项目。加快农业市场增效，莱芜生姜获 2017 全国十佳蔬菜地标品牌称号，被农业部评为地理标志登记保

2017 年 9 月 21 日，莱芜农产品参展中国第十五届国际农产品交易会

（市农业局 供稿）

护产品，大南山山楂干、一品味享调味品获山东省第二批知名农产品品牌称号，东兴源公司的“卖姜翁”牌有机姜茶获十八届绿博会金奖。全市农产品年出口额37.14亿元，深加工农产品出口同比增长12.8%，莱芜泰丰食品有限公司被评为“山东省出口百强企业”和“中国苹果出口十强”企业。

【农业新旧动能转换】 全市加强农业科技研发与推广，引进农作物新品种60个，示范推广各类农作物种植新技术、新成果20余项，完成农民培训6000余人，新增2家省级新型职业农民培育实训基地，2项成果获2017年莱芜市科学技术进步奖一等奖，国家特色蔬菜技术产业体系综合试验站落户莱芜市，组织召开全国姜蒜葱产业发展研讨会，获全市工作改革创新优秀项目。规范引导新型经营主体健康发展，市级以上农业龙头企业达到137家、农民合作社示范社247家、示范家庭农场89家，其中2017年递补省级龙头企业2家，新认定市级农业龙头企业9家、农民合作社示范社24家、示范家庭农场14家。万邦公司的“中国‘莱芜甜’水果山楂系列品种的推广种植”和成大公司的“山东成大生态循环农业项目”进入全国双创大赛半决赛。推进中国农技推广APP运行普及，全省大蒜“物联网+大数据”项目落户万兴公司。

【农村产权制度改革】 全市推进农村土地承包“三权分置”，做好土地确权颁证登记后续完善工作，发展多种形式的适度规模经营，新增土地流转面积0.9万亩。深化农村集体产权制度改革，选择17个村居率先开展省级改革试点，每个镇选择一个村开展市级试点，成立市农村集体产权制度改革领导小组，印发《莱芜市农村集体产权制度改革试点方案》，组织召开全市农村集体产权制度改革工作推进会、农村集体产权制度改革工作培训会议，完成试点工作。

【惠农政策落实】 2017年，全市落实耕地地力保护补贴资金1156.25万元，高产创建示范方达到目标产量，农业政策性保险承保面积近40万亩，做好小麦条锈病防控工作，市委副书记、市长梅建华专门批示对防治工作给予充分肯定。莱芜市获土壤熏蒸消毒技术全国先进单位称号，《农民日报》以《为了绿水蓝天的承诺》为题专版刊登莱芜市做法。农产品产地土壤例行监测有序开展，耕地质量提升项目深入实施，秸秆综合利用水平有效提高。推进农业脱贫攻坚工作，帮扶贫困户和贫困人口分别完成年度任务的468%和339%。做好《农药管理条例》宣传贯彻实施工作，出动执法人员1520余人次，检查农资经营单位4120余家次，纠正各种违规行为90余起。严格落实农民负担监管“五项制度”，做好农业信访工作，维护了农村社会稳定。

（亓立发）

种 植 业

【概况】 2017年，全年粮食作物面积59.26万亩，总产25.47万吨。其中，夏粮10.08万亩，单产348公斤，总产3.51万吨；秋粮49.18万亩，单产446公斤，总产21.95万吨。秋粮中，玉米43.66万亩，单产443公斤，总产19.34万吨；地瓜4.55万亩，单产527公斤，总产2.4万吨；谷子0.46万亩，单产261公斤，总产0.12万吨。高粱0.18万亩，单产206公斤，总产0.37万吨；大豆 0.33 万亩，单产 176 公斤，总产 0.058 万吨。全年蔬菜种植面积 39.85 万亩，总产 115.51 万吨。其中，生姜 7.42 万亩，单产 3380.2 公斤，总产 25.09 万吨；大蒜 14.64 万亩，单产 1391.9 公斤，总产 20.37 万吨；大葱 1.66 万亩，单产 2963.4 公斤，总产 4.91 万吨。花生播种面积 12.56 万亩，总产 2.41 万吨，单产 191.5 公斤；棉花播种面积 1.98 万亩，棉花产量 0.3 万吨，单产 148.9 公斤；烟叶播种面积 1.98 万亩，产量 2.75 万吨，单产 138.6 公斤。

（亓立发）

【莱芜市莱城区明利特色蔬菜种植专业合作社】莱芜市明利特色蔬菜种植专业合作社成立于 2007 年，主要从事芹菜、山药、马铃薯、苤蓝、韭菜等特色蔬菜的种植、加工和销售。截至 2017 年年底，合作社社员由最初的 54 户发展到 217 户，入社股金由 10 万元增长到 300.53 万元，年销售收入由 200 万增加到 800 万元，年可分配盈余由 3 万元增加到 46 万元，社员家庭年增收 8000 元左右。社员主要分布在莱城区高庄街道办事处曹家庄、张家楼、董家林等 20 余个村，服务范围遍及 4 个区（市、县）、20 多个镇（街道），同时带动周边 60 多个村、3000 多农户参与高端蔬菜生产。合作社先后获得全国农民专业合作社示范社、全国巾帼现代农业科技示范基地、山东省优质产品生产基地、山东省农业标准化生产基地、全国农业技术推广贡献奖、三农科技服务先进集体金桥奖、山东省十佳技术服务型农民专业合作社、山东省巾帼居家创业就业脱贫行动示范基地等称号。2017 年，合作社实现经济总收入 800 余万元，盈余 50 多万元。

（毕秀莹）

【莱芜市莱城区和众猕猴桃种植专业合作社】莱芜市莱城区和众猕猴桃种植专业合作社于 2014 年 4 月由郝增平发起成立，注册主打品牌“蓝崖蜜”。截至 2017 年底，合作社已发展会员单位 50 多个，种植面积 500 多亩，全年净利润 500 多万元。合作社采取“统一品种、统一管理、统一销售价格、分户经营管理”的模式，每年组织会员单位举办猕猴桃采摘节。合作社先后被山东省林业厅授予“省级示范社”，被山东省旅游行业协会授予“山东乡村旅游创业之星”称号；“蓝崖蜜”猕猴桃被山东省林业厅授予“齐鲁放心果品品牌”称号，获十二届、十三届中国林产品交易会银奖。

（郝增平）

【莱芜市三庆果蔬有限公司】 莱芜市三庆果蔬有限公司，主营蔬菜、水果、坚果的储存、粗加工（拣选、整理）、销售等。公司立足农业产业化发展，以生产安全健康食品为己任，本着“富民为本，质量第一，客户至上”的原则，促进企业高质量发展。现加工销售产品有黑蒜、寿司姜片等，并远销日本、欧盟、韩国、新加坡等 100 多个地区。

（张庆水）

林 业

【概况】 2017 年，全市林业和城乡绿化系统坚持创新、协调、绿色、开放、共享理念，以创建国家森林城市为引领，以抓好林业供给侧结构性改革为主线，以城乡增绿、林业增效、林农增收为目标，以改革为动力，按照“园林做精、林场做强、林果做优、林保做好、林改做深、林业做大”的总体要求，推进绿色发展，为建设“五个莱芜”提供良好生态支撑。全年完成新造林3027.67公顷，中幼龄林抚育3333.33公顷，义务植树200万株，全市新育苗271.87公顷，森林覆盖率36.02%。

【国家森林城市建设】 2017年，动员全市上下以创城拿牌为目标，推进国家森林城市建设。提升城市绿化、环城荒山绿化水平，完成汶源西大街（北坦路—汶秀路）、鲁中西大街（北坦路—汶秀路）等道路绿化、“四纵四横”主干道路景观改造提升、吉祥如意等8个精品游园建设提升、裸露土地绿化等工程，高质量完成为民办实事项目雅鹿山海绵系统改造工程、200公顷环城荒山绿化工程，全年新增城市绿化面积23万平方米，改造提升城市绿化面积136万平方米；全市新增造林面积3027.67公顷。全市建成区绿化覆盖率43.6%，绿地率40.9%，人均公园绿地面积18.8平方米，森林覆盖率36.02%。创森工作取得重大成果。10月10日，莱芜市被国家林业局授予国家森林城市称号。完善提升棋山幽峡国家森林公园，新建莲花山省级森林公园1个、大崮山市级森林公园1个，全市森林公园达到8个，其中国家级2个、省级2个、市级4个；全面推进钢城大汶河、莱芜雪野湖2个国家级湿地公园（试点）和4个市级湿地公园建设，全市湿地公园达到6处。以“绿化模范村”创建活动为抓手，推进乡村绿化美化。完成6个市级绿化模范镇、300个模范村绿化提升工程，全市村庄绿化率37.3%。钢城区汶源街道长胜村被评为全国生态文化村，雪野旅游区雪野镇官正村和莱城区牛泉镇庞家庄村被评为山东省生态文化村，莱城区和庄镇马杓湾村、牛泉镇庞家庄村等10个村居获山东省森林村居称号，雪野旅游区雪野镇房干村、王老村被授予“山东最美绿色乡村”称号。抓好森林生态网络建设。坚持“绿随路建、林随水走”，道路林木绿化率84%，水系林木绿化率82.9%，建成多树种、多层次、多色彩的风景林带和农田防护林网络。弘扬森林生态文化。建设森林文化、生态科普基地22处；加大市树市花宣传和推广应用力度；对16758株古树名木进行保护管理，出版《乡村记忆——莱芜古树名木》《生态莱芜》等4本书画册；在《莱芜日报》、《鲁中晨刊》、莱芜广播电台开辟“创森在行动”专栏。同时，组织开展知识竞赛、万人签名及创建国家森林城市知识“进企业、进农村、进机关、进校园、进社区”活动等，进一步营造了全民参与、共建共享的良好氛围。

【森林防火】 全市林业和城乡绿化系统推进森林防火能力建设，新修、维修、硬化防火道路100公里，清理防火隔离带88公里，安装智能电子语音卡口98台，更新添置了一批防火储备物资；投资1300多万元的华山林场以水灭火项目建成并投入使用；积极服务省航空森林消防雪野基地航站楼建设，主体工程建设完成；全市森林消防专业队员398人，护林员781人；积极争取国家林业局森林防火工程技术中心与莱芜结成共建单位。同时，加强责任落实、火源管控、宣传教育、督导检查和值班备勤，全年全市没有发生大的森林火情。

【资源保护】 全市林业和城乡绿化系统认真抓好林业有害生物防控。抓住有利时机，组织各区实施飞机防治、生物防治、人工防治等无公害防控措施，严密防范林业有害生物暴发蔓延。2017年，重点防治美国白蛾14493.33公顷（次）、日本松干蚧2800公顷（次）、松阿扁叶蜂2200公顷（次），做好松材线虫病预防工作，全市林业有害生物防治率达到95%以上，成灾率降到2‰以下。重视抓好防止违法占用林地。落实森林资源保护发展行政首长负责制，对各类森林资源严格管理、严格保护，严禁违法乱占。严把征占用林地项目审批关，对不符合林业法律法规的一律不予上报审批。加强自然保护区、风景名胜区、森林公园、湿地公园的保护，对普查建档的古树名木进行挂牌、拍照，实施保护复壮管理，严禁破坏森林资源的违法现象发生。组织开展“保护青山”“打击非法占用林地”等专项行动，查处案件66起，破案率98.6%，处理违法犯罪人员66人次；市森林公安局协助山西警方抓获逃犯2名、劝说投案自首1人次，协助辽宁警方送达执行文书1次、协查案件线索1条；制止防火区边缘野外用火行为28起，查处野外违法用火行为13起，维护了生态安全。经过积极争取，市森林公安局被确定为南京森林警察学院侦查学专业实习基地。7月—8月，市森林公安局赴辽宁、内蒙古、山西等地开展跨区域警务合作并签署警务合作框架协议；9月12日，国家林业局森林公安局、国家森林防火办公室副主任王元法督导检查莱芜市森林公安和森林防火工作，给予充分肯定；8月—12月，全市森林公安机关开展中共十九大林区安保维稳战并完成任务。

【林业产业】　全市林业和城乡绿化系统高标准建设林业产业基地，立足市资源优势，发展特色经济林、苗木花卉、林下经济等林业主导产业，推动林业转型升级、提质提效。2017年，新建改造经济林基地766.67公顷、新育苗271.87公顷、发展林下经济基地573.33公顷，均超额完成任务；全市花卉面积171.33公顷，经济林总面积29333.33公顷，果品产量22万吨；加强林产品安全质量检测和监管，新推广无公害生产技术1333.33公顷，推广林业新技术面积6666.67公顷，全市主要果品标准化生产程度达到63%以上；创建省级经济林标准化示范园3个、省级十佳观光果园4个、“齐鲁放心果品”品牌单位2个。做好第九届花卉博览会参展工作，全市选送展品获银奖1个、优秀奖4个，市林业和城乡绿化局获组织奖银奖；完成第十四届中国（菏泽）林产品交易会的参展任务，莱芜市获金奖1项，银奖3项，市林业局被评为优秀组织单位，莱芜市的特装展位被大会评为“优秀设计奖”。壮大林产品加工产业，引进和培育林产加工企业和林产品交易市场，涌现出了汇源果汁、万邦食品、六福果业、巧夺天工家具等龙头企业。做强生态旅游产业，以建设山水文化型休闲度假中心为目标，着力打造了六大生态旅游区和三条果品采摘乡村游线路，推动全域旅游建设。加强林业科技培训，举办林业业校9期，培训农民骨干1017人，为林业发展和行业扶贫提供人才支撑。

【林业改革】　全市林业和城乡绿化系统推进林业机构改革。认真贯彻落实市委、市政府部署要求，协调市编办、市人社局、市城管局，完成市园林管理局人员、编制的划转交接工作，组织起草市林业和城乡绿化局三定方案，进一步完善内部运行机制，构建起了“大绿化”格局。突出国有林场改革。按照市委、市政府确定的改革方案，推进改革进程。现国有林场的性质界定、编制核定、经费确定“三定”全部明晰。4个国有林场主要功能定位于承担生态公益林建设管理、国有森林资源保护培育等公益职责，均为公益一类事业单位。现有编制全部纳入全额，全市共核定全额事业编制186人。1月起，4个国有林场职工工资、机构经费等事业性支出全额拨付到位。在全省率先完成国有林场改革主体任务。9月12日—14日，全省国有林场场长培训班在莱芜市召开，莱芜市作典型发言。持续深化集体林权改革。重点抓好以林业合作社、森林保险等为主要内容的集体林权改革，增强林业发展活力。全市累计发展林业合作社215家，其中省级以上林业示范社12家，34886.4公顷森林参加森林保险。

（乔树文）

畜 牧 业

【概况】 2017年，全市畜禽饲养总量3750万头（只），肉、蛋、奶类总产量分别为13.2万吨、4.8万吨、1万吨。

【畜牧业生产】 高效特色畜牧业。特色畜禽品种资源的保护利用和培育工作取得新成果。在抓好莱芜黑猪、莱芜黑山羊保种选育的同时，依托山东省农科院、莱芜赢泰有机农业科技发展有限公司，重点抓好鲁中肉用绵羊的培育，成立了山东省农科院鲁中肉羊育种站，培育工作取得了积极进展，年出栏优质肉用绵羊4000只。莱芜猪原种场新场年内建设完成投入使用，存栏莱芜黑猪核心群600头，年向社会提供优质肉猪10000头。全省首家地方山羊遗传基因库存栏羊品种已达到13个，存栏种羊1000只。为适应群众对生态、绿色、安全畜产品的要求，加大特色畜产品的研发，实现了莱芜黑猪肉等特色畜产品品牌从无到有、从优到精的质的飞跃。中国品牌建设促进会依据品牌价值评价及有关国家标准，经专家评审、技术机构测算、品牌评价发布工作委员会审定，地理标志产品“莱芜黑猪”的品牌价值为31.60亿元，“莱芜黑山羊”的品牌价值为1.04亿元。

绿色畜牧业。畜禽养殖标准化示范创建与品牌建设成效明显。年内，新创建省级以上标准化示范场10家、市级12家，无公害认证企业新增8家，“双十百家”兽药经营企业2家。全市国家、省、市级标准化示范场128家、省级畜牧旅游示范点4个，“三品一标”认证企业35家。完成“粮改饲”试点县项目建设任务。2017年，莱城区“粮改饲”试点县项目总投资3916万元，15家项目企业带动全市青贮玉米14万吨，完成年初确定的任务目标，发展并带动标准化肉牛、肉羊、肉兔养殖场6家。畜禽养殖废弃物资源化利用取得新成效。按照中央环保督察和市政府确定的畜禽养殖场关闭搬迁任务目标要求，组织各科室完成了三区划分和关闭搬迁任务。全市共划定畜禽养殖禁养区107个，面积332.97平方公里，关闭搬迁禁养区内畜禽养殖场（小区）33个、养殖专业户486个。推进畜禽养殖废弃物综合利用。按照市政府年初确定的为民办实事项目要求，在全市建设完成了50个粪污处理示范点，并通过验收。同时，通过示范引导，建立完善了粪污处理利用技术指导服务三联单制度，区、镇、场三级对全市398个规模养殖场（小区）逐级落实粪污处理技术指导，规模养殖场（小区）畜禽粪污处理设施配建率达到100%，畜禽粪便处理利用率84%，污水处理利用率达到60%。

新六产。现代化经营流通新业态发展迅速。山东赢牧、金三黑、朗野蜂业等特色畜禽开发企业不断壮大，带动全市年出栏特色畜禽80万头（只），生产蜂蜜2400吨、蜂王浆15吨。企业充分依托“互联网+”、微商等现代化经营流通模式，引领全市畜牧业龙头企业创新激活传统产业，积极培育现代畜牧业经营流通新业态。金三黑食品有限公司先后与“央视商城”、中粮集团“我买网”、淘宝网农鲜配、聚世惠等大型电商平台建立合作关系，并建立淘宝网店和网上销售平台，设立的直营店、加盟店及肉制品专柜超过50家，产品远销北京、上海、深圳等地，年销售特色畜禽产品1100吨，其中线上销售100吨。新型经营主体不断壮大，成为产业融合的主力军。集团化、股份化和合作化经营三类组织运行模式得到了完善和深化，促进了畜牧产业的深度融合发展。年内，新发展家庭牧场5家，规范发展畜牧合作经济组织11家，组织14家农民合作社申报国家、省、市级示范社。全市畜牧业新型经营主体达到2200多家，带动全市年出栏生猪80多万头，家禽2700万羽，肉羊41万只、兔120万只，年生产各类饲料100多万吨、兽药500多吨，畜牧业已成为带动农民增收的重要产业。

2017年8月11日，全市禁养区内畜禽养殖场（户）关闭搬迁工作专题会召开　　（市畜牧局 供稿）

产业扶贫。2017年，全市各级畜牧兽医部门按照《山东省畜牧业脱贫攻坚实施方案》分配的计划，立足部门职能，落实畜牧产业脱贫攻坚措施，多渠道增加农民收入，帮助437户贫困人口506人（其中“第一书记”帮包村中的329户500人）全部实现脱贫，超额完成产业脱贫攻坚任务。

【畜牧业管理】 市畜牧局强化畜产品质量安全监督管理。畜产品质量安全专项整治取得实效。在全市集中开展兽药饲料、生猪屠宰监管“扫雷行动”等专项整治活动，发放畜产品质量安全明白纸、告知书3000余份，查处无证经营等违规企业8家，查处私屠滥宰窝点4个，没收不合格猪肉240公斤，严厉打击了各类非法生产经营行为。畜产品质量安全监测工作进一步强化。突出生猪屠宰、畜禽养殖和兽药饲料生产经营、使用等关键环节，共检测样品1264份，合格率99%。

【畜禽良种】 猪。莱芜猪、鲁莱黑猪。全市存栏2.82万头，出栏加工2.8万头，全年繁育推广3.2万头。其中，向浙江、河南、河北、四川、湖南等地推广1万头，向泰安、潍坊、聊城、临沂、淄博、东营等地推广欧得莱猪配套系、鲁农Ⅰ号猪配套系母猪1.5万头。全市存养长白、大约克夏、杜洛克等国外种猪3万头，全年繁育销售二元母本猪1.2万头，出栏杜长大三元杂优商品猪45万头。

羊。莱芜黑山羊。全市存栏19万只，全年出栏20万只。其中，推广到四川、河北、广东、江苏、黑龙江等地1.8万多只。山东开泰山羊资源研究中心（山东省地方山羊遗传资源活体基因库）饲养省内外品种11个，种群800只。莱芜黑山羊原种场保种群达到500只。

兔。獭兔。全市存栏65万只，全年出栏110万只，平均价格在7元/斤左右，平均价格比2016年降低26.3%。肉食兔。主要以法国伊普吕兔和日本大白兔为主，全市存栏12万只，全年出栏42万只。主要销往临沂、浙江、福建、广东等地，一部分用作实验兔，另一部分用作食品加工。长毛兔。全市存栏80万只，产毛总量410吨，兔毛主要销往河北等地用于纺织行业。鲁莱黑耳长毛兔。完成了一个世代的选育，育种群达420只，繁育群2100只，核心群产毛量达到1750克/只。莱芜黑兔。已完成四个世代提纯复壮选育，核心群已达550只，扩繁群4200只，年内推广5.5万只。主要销往福建、广东、广西等地。

鸡。肉鸡。全市出栏优质小型肉鸡1300万羽、快大鸡750万羽。山东峰祥畜牧种业科技有限公司培育的优质特色小型肉鸡吉山黑鸡Ⅰ系完成第四世代的选育，并向社会推广出栏13万羽；Ⅱ系完成第三世代选育，并向社会推广出栏5万羽。莱芜市永祥禽业有限公司全年孵化快大型肉鸡苗500万羽，存栏种鸡2万羽。莱芜市金牛山种禽繁育推广中心全年孵化麻鸡种苗520万羽，存栏种鸡4.8万羽。蛋鸡。全市存栏213万羽，其中本地小型散养蛋鸡96万羽。金源禽蛋有限公司主要从事蛋鸡养殖、鸡蛋销售业务，存栏蛋鸡6万羽，年产鸡蛋980吨。金凤凰养殖服务有限公司建有全自动标准化鸡舍4栋，存栏蛋鸡10万羽，年产鸡蛋1000多吨。

鸭。全市以饲养樱桃谷鸭为主。莱芜新希望六和食品有限公司采用"公司+农户"模式，年回收、屠宰、加工肉鸭2600多万羽。莱芜玉林食品有限公司年内孵化肉鸭苗500万羽，杨庄镇张泽永肉种鸭孵化场年内孵化肉鸭苗120万羽，苗山镇王光华年内孵化肉鸭苗100万羽。

牛。肉牛。全市存栏12273头，出栏9781头。以杂交肉牛为主。奶牛。全市存栏奶牛720头，其中能繁母牛320头，年产奶量2515吨。山东杰瑞牧业科技开发中心、建强牧业有限公司均设有自己的鲜奶吧连锁店。

【重大动物疫病防控】 2017年，全市完成春、秋季重大动物疫病集中免疫任务，免疫畜禽3516万头（只），使用各类疫苗3163.82万毫升（头份），抗体检测合格率达到75%以上，规模饲养场动物应免率和监管率均达到100%。组织开展流行病学调查12次，其中包括禽流感H7N9、布病专项调查各2次，口蹄疫、小反刍兽疫专项调查各1次，动物健康状况评估调查和免疫效果评估各2次，地方流行性传染病调查1次。采集各类畜禽血样、棉拭子等样品1.2万份，实施化验室检测2.5万份，检测抗体水平合格率达到75%以上，为疫病防控提供了技术支撑。全市产地检疫开展面100%，规模化饲养场产地检疫率100%。据统计全市畜禽产地检疫共4787.4万头（只），其中生猪、家禽、其他动物分别为：8.7万头、4770万羽、8.7万头（只）。对全市10家生猪定点屠宰场（点）和2家家禽屠宰场派驻了官方兽医，检疫生猪17.7万头，产品11万吨。年内，无害化处理病死猪48247头，申请补助经费385.976万元。

【畜牧科研与技术推广】 技术研究。市畜牧局组织实施科技项目6个，其中《提高莱芜猪及配套系母猪繁殖效率综合技术研究与示范》《肉用山羊规模化饲养技术示范推广项目》分别获得莱芜市科技进步二、三等奖。组织开展科技下乡活动，发放畜禽粪污处理利用技术手册、技术指导服务三联单等11000份，并重点在全市推广了畜禽粪污无害化处理和资源化利用等8项主推技术。同时，以《莱芜日报》、莱芜电视台、莱芜畜牧信息网等为载体，加大对畜牧业信息、技术、政策等内容的宣传，发表宣传报道86期，电视报道4期。市局与《莱芜日报》联合开设"绿色畜牧"专栏，刊发专题报道16期。

技术推广。以更新知识、提升水平为重点，开展新型职业农民培育、新型职业农民创业培训、农民实用技术培训、科技带头人培训等培训10期，培训1000余人。

（杨振燕）

水利和渔业

【概况】 截至2017年年底，全市总灌溉面积4.14万公顷，其中有效灌溉面积3.74万公顷。当年实灌面积3.46万公顷。发展节水灌溉，合理利用水资源，改善农业生产条件，全市已建成多处节水灌溉示范基地，节水灌溉面积已达3.79万公顷，其中微喷滴灌灌溉面积0.24万公顷，低压管道面积1.25万公顷。规模以上灌区15处，其中万亩以上灌区8处。全市水土流失面积17.61万公顷，累计达到治理面积14.72万公顷。全市220座大中小型水库，其中大型水库1座，大型拦河闸1座，中型水库7座，小型水库212座，设计灌溉面积59.21万亩，有效灌溉面积39.09万亩。全市年末规模以上机电井6676眼。

【水利改革发展】 城乡水务一体化改革稳步推进。为创新行政管理体制，优化政府职能配置，按照《莱芜市水资源管理体制改革实施方案》《莱芜市人民政府部分工作部门整合调整方案》，推进大部门制改革，整合原市水利与渔业局水行政职责、市城市管理局供水、节水、中水回用、排水、污水处理、城市防汛职责，组建市城乡水务局，负责全市涉水事务统一管理，统筹城乡河流、河道、农水、城水、污水处理及节水等工作。重新修订“三定方案”，原市水利与渔业局渔业办公室划归市农业局，市城市管理局供水管理服务中心、莱芜市大冶水库管理所、杨家横水库管理所划归市城乡水务局。

城乡供水一体化试点工程。为让全市城乡群众喝上洁净水、安全水、放心水，尽快实现优质供水全域覆盖，各级水务部门在深入基层，调查摸底的基础上，编制符合莱芜实际的供水规划和实施方案，并“先行先试”，开展供水试点工作，通过城市管网延伸，对城乡接合部的高庄街道、张家洼街道、方下镇、辛庄镇部分村庄进行集中供水。

推进河长制工作。根据省委、省政府印发的《山东省全面实行河长制工作方案》，印发《莱芜市全面实行河长制实施方案》，组建市河长制办公室，宣传河长制工作，推动工作按时间节点贯彻落实。建立覆盖市、区、镇、村“四级”河长组织体系，设立河长1080名，在全省率先构建完成市区镇“三级”制度体系，创新出台投诉举报受理制度。编制完成“一河一策”方案，开展了水域岸线环境综合整治，排查各类涉河违法行为241处，整治任务基本完成。

【抗旱防汛】 抗旱。针对春季持续发展的旱情，密切关注重点区域的旱情发展，加强雨水情、墒情、旱情的监测、分析和预警，实行抗旱周报制度，加密监测频次，完善信息上报机制，做到情况信息准确、报送及时，为各级领导抗旱决策提供可靠依据。及时修订抗旱预案，进一步细化完善各项防范措施。对重点缺水地区，进一步加大临时性饮水困难群众的排查力度，落实应急供水方案，千方百计解决临时饮水困难，确保群众生活用水安全。抓好以农村通自来水、田间配套工程、节水灌溉、水源工程为重点的供水项目，实施抗旱打井45眼，高效节水灌溉2万多亩，进一步提高工程抗旱能力。

防汛。汛前，开展防汛准备工作，全面落实防汛责任制，组织水利工程隐患排查、修复和预案修订，修复水毁工程 123 处，修订各类预案 108 个，充分备齐防汛物资，落实全市 220 座水库和重点河道防汛责任人，举办防汛抢险培训班、防汛及水文技术演练。投资 292 万元完成年度山洪灾害防治项目，对雨水情实时时行监测，特别对局部性、突发性灾害进行重点监测预报。汛期，严格 24 小时值守，密切关注汛情，加密监测频度，12 次下发紧急通知部署强降雨防范工作，转发重要天气信息 36 次，报送雨水情信息 3000 多份，发送雨水情、预警短信 5800 多条，及时将预报结果和预警信息通报各级防指及有关部门。科学调度洪水，累计调洪 4385 万立方米，确保全市安全度汛。

【水利建设】 启动实施大汶河生态水系治理。为改善大汶河生态环境和市委、市政府安排，将大汶河治理工程作为当前水利第一位工作，集中力量攻坚克难。在对河道现场测量、地勘的基础上，反复研究完成可研报告编制。按照边清障边设计边施工，迅速铺开一期工程建设，对大汶河曹村溢流坝至拦河闸段两岸 29 公里道路进行整治。两岸地面清障和清表工作已基本完成，开挖土石方 40 余万立方米，完成路基建设 29 公里。推动项目 PPP 运作模式，计划通过 BOT 方式进行融资，完成“两评一案”初稿并报市 PPP 管理中心评审。

加快实施雨洪资源利用工程。按照“立足本地解决水资源供给”的思路，实施雨洪资源利用工程建设。年内，实施了大冶水库、沟里水库增容工程和新建金水河水库工程，总投资 9.14 亿元。截至 2017 年年底，大冶水库增容工程批复内容已全部完成；沟里水库增容工程和新建金水河水库工程，均按照省厅时间节点，完成了目标任务。

抓好防洪薄弱环节治理。投资 806 万元，对有安全隐患的古德范、桃花峪、尚家庄、黄湾和上法山等 5 座小（1）型水库进行除险加固。完成寨里河、嘶马河等 6 个中小河流治理项目下达的 1.29 亿元投资计划。加快农高区河道治理，完成了 13.1 公里的堤坡削坡整治、4 座橡胶坝供排水系统调试整改和 3 座跨河桥的人行道铺装、栏杆安装等，栽植各类行道树木 4000 株，完成工程投资 4600 万元，通过对河道绿化、清淤疏浚、河堤护砌等，提高了河道防洪标准，改善了农高区沿河生态环境。

开展水土流失治理。加快省资助重点小流域治理，实施总投资 1060 万元的里辛河、马泉、雪野官正等 5 个项目，已累计完成投资 666 万元。全市共治理水土流失面积 30.2 平方公里。结合环保督察，严厉打击水土保持违法行为，依规征收水土保持补偿费 350 万元。积极争取钢城区列入国家级水土流失重点治理县。通过项目治理、水保方案审批和专项执法等工程和非工程措施，提高了城乡水环境承载能力。

发展节水农业。以小农水重点县建设为重点，发展农业高效节水灌溉及水肥一体化，全市发展高效节水灌溉 2.9 万亩，其中水肥一体化 1.4 万亩，全市灌溉水有效利用系数达到 0.6552。结合农田水利维修养护资金项目，加快冬春农田水利设施新建和维修养护，全市共完成各类水利工程 686 项。同时，协调有关部门，推进农业水价改革攻坚，完成技术方案等编制，制定资金奖补办法，建立起精准补贴和节水激励机制，按时完成 5 万亩农业水价改革面积。

【水产养殖】 加快渔业生产结构和模式调整。投资 98 万元，组织实施水库渔业资源增殖放流项目，共放流鲢鳙苗种 700 余万尾。引导支持市内休闲渔业发展，争取 100 万元补助资金支持“雪野湖休闲渔业公园”建设，全年接待游客 6 万人次。加大渔业行业管理力度，加强水产品质量安全监管，引导开展“三品”认证，全年抽检的养殖水产品样品全部合格。

【水利执法】 利用“世界水日、中国水周”，在利用电视、电台、报纸、短信等传统宣传方式的基础上，创新宣传思路，重点围绕创建节水型城市、推进河长制工作，开展普法宣传，提高公众水法意识；深化放管服改革，完成水利行政审批、中介服务事项及省分三批下放、取消的行政许可事项清理工作，进一步规范行政服务，提高审批质量，全年共办理行政审批43件，水利窗口连续4个季度被评为优秀服务窗口。强化依法治水，组织开展河湖执法检查活动，协调组织出动执法检查人员997人次，巡查河道5824公里，重点对河库岸线利用、采砂管理、河道清障、入河排污口管理等进行重点检查，发现并处理各种水事违法行为96起。

【水资源管理】 严格取水管理，重点抓好建设项目水资源论证及取水许可审批，加快推进农业取水许可证办理，2017年全市压缩下调取用水计划量22%，对乔店、大冶2座水库灌区办理农业取水许可审批，确保了全市用水总量控制达标；加强水资源保护，开展入河排污口综合整治，全市排查入河排污口140个，已整治114个。加强城市水源地水质和地表水功能区监测，全市水功能区水质达标率达到80%；加快水资源信息化建设，用水户远程监控率达到80%；做好国家节水型城市创建工作，加强供水调度管理，在确保城市供水安全的情况下，加强城市用水计划管理，计划用水率达到90%；启动水资源税改革试点，完成了取用水户的信息核实和确认工作；规范管理计量设施，确保水资源费应征尽征，全市征收水资源费5022万元。

【水库移民后期扶持工作】 围绕建设“宜居、富美、和谐”的库区目标，开展800万元的4个美丽移民村和889万元的大中型水库后期扶持结余资金、小型水库扶助基金项目建设。截至2017年年底，已累计完成投资1428万元，完成了年度目标任务。充分尊重移民意愿，创新后扶方式，将部分移民补助改为扶持项目，集中财力用于改善基础设施条件，收到良好效果。加强移民后扶人口动态管理，严格按照法定程序发放直补资金，截至2017年年底，发放移民直补资金2137.8万元，追回移民资金8.7万元。

（李圣波）

农业机械

【概况】 2017年，全市农机部门以“走在全省前列”为目标定位，坚持使命引领和问题导向相统一，坚持行使权力和担当责任相统一，坚持政府主导和市场调剂相统一，以推进农机化供给侧结构性改革为切入点，加快培育农机化发展新动能，促进新时代农机化创新发展、安全发展、绿色发展。截至2017年年底，全市农机总动力达到108.6万千瓦，农机总值达到9.7亿元，拖拉机保有量2.65万台，实现农机经营总收入5.4亿元，主要农作物耕种收机械化率80%。

【农机监理】 安全生产。2017年，全市农机监理系统，始终把农机安全放在首位，认真贯彻落实国家和省、市安委会关于安全生产工作的一系列工作部署，严格落实农机安全生产责任制，开展“大快严”集中活动、百日攻坚行动、安全生产月活动、变型拖拉机清理整治、安全生产大检查等活动，进一步强化督导检查，研究落实各项农机安全生产措施，防范和遏制了重特大农机事故。全年共开展各项检查30余次，检查拖拉机580台次，纠正违法驾驶行为80人次。检查农机合作社、农机大户、农机经营企业等单位120家，消除隐患30起，实现全年农机安全生产“零事故”，加快了全市农机安全生产和“平安莱芜”建设。

【农机推广】 围绕科技创新，坚持项目带动战略，加快全市农作物全程机械化发展。利用承担的“马铃薯播种收获机械化推广技术项目”“花生标准化播种收获项目”“大蒜机械化创新示范项目”实施，推进了主要农作物全程机械化水平，其中马铃薯、花生、大蒜、中药材等经济作物，从种到收、中耕管理、植保施肥、后期加工基本实现了全程机械化，减轻了农民劳动强度，提高了生产效率。部分经济作物重点环节机械化实现新突破。承担的生姜、大葱、茶叶省级机械化创新示范项目，重点生产环节机械化实现新的突破，比如生姜、大葱耕地、起垄、覆膜、收获，茶叶的采摘、烘干等主要环节也基本实现全程机械化。加快全市水肥一体化装备技术的研发推广。认真贯彻落实省、市关于加快推进节水农业发展的工作部署，把节水农业和水肥一体化作为全市农机工作重点，指导全市3家节水灌溉装备研发企业产品列入农机装备研发创新计划，帮助4家生产企业6个产品，通过了省级鉴定，纳入全省农机购置补贴范围。加快山区农业机械化的发展进程。引进推广适合山区作业的小型玉米收获与秸秆粉碎一体机，配合小型玉米秸秆还田机械实现山区玉米机械收获秸秆粉碎还田“一条龙”，减少山区秸秆焚烧造成的污染，遏制焚烧秸秆现象发生，在保护环境的同时提高了资源的利用率。

【修配管理】 认真贯彻《山东省农业机械化质量投诉监督管理办法》，按照农机“三包”规定，联合有关部门，组织开展农机市场打假活动，搞好农机修配市场的质量监督和调查研究，规范了全市农机修配市场秩序。公布农机化投诉办公机构和投诉监督电话，设有专人专责，成立应急技术服务队，积极应对农忙季节中出现的“三包”等各种服务问题。三秋期间，全市对补贴的玉米收获机进行重点质量跟踪，提前做好应急准备，确保全市全年无农机化质量投诉案件的发生；组织农机手参加全省农机手技能竞赛，获得第三名的好成绩。

【惠农政策】 农机购置补贴工作。全年向省和国家争取农机购置贴资金1400万元，补贴农民购置各类机具6000多台（件），受益农户5920多户，带动农民投资近2000多万元。大中小型各类机械均衡增长，优化了全市农机装备结构，多功能田园管理机，花生、马铃薯播种、收获机等多功能新型机械走进千家万户。在实施过程中，进一步简化补贴程序，由往年的农户“先申请后购机”，变为“先购机后补贴”，补贴办理程序由3～4个必经环节，缩减为2个环节，基本达到“零”跑腿。做好土地深松工作。2017年，积极争取省土地深松项目补贴资金105万元，补贴土地深松面积3万亩。其中，钢城区实施面积1.1万亩，农高区1.9万亩。辐射带动全市土地深松面积7万亩，超额完成全年的目标任务。

【服务体系建设】 围绕乡村振兴战略实施，建立健全“覆盖全程、服务全面，机制灵活、运行高效、综合配套、保障有力”的新型农机化服务体系，重点加强农机合作社等专业服务组织建设，全市农机合作社总量达到55家。其中，1家农机合作社被评委国家示范社、3家陪评委省级农机安全生产示范社、3家评为市级安全生产示范社。以合作社为平台，推动农业生产向智能化、种植向规模化、过程向全程化、服务向社会化方面发展。

（景丙成）

责任编校：卢海静

工　业

综　述

【概况】 2017 年，全市以加快推进新旧动能转换为抓手，以供给侧结构性改革为主线，加快实施重点产业振兴提升，以“四新”促“四化”，促进工业经济持续健康发展。全年，全市规模以上工业实现增加值 335.7 亿元，同比增长 9.76%，增速居全省第四位；实现主营业务收入 2152.8 亿元，同比增长 20.87%；实现利税、利润 12.3 亿元、72.5 亿元，同比分别增长 109.76% 和 140.3%，增幅均居全省第 1 位。其中，钢铁产业实现增加值 140 亿元，增长 6.5%；实现主营业务收入 1360 亿元，增长 20.75%；利润、利税分别实现 32 亿元、55.7 亿元，同比分别增长 44 倍和 4.8 倍。

技术改造步伐加快。2017 年，全市完成技改投资 192.16 亿元，增长 10.2%。其中，52 个重点技改项目完成投资 65 亿元，占年度计划投资的 108%，泰钢不锈钢冷轧等 32 个项目建成投产。积极申报山东省主导产业集群，全市钢铁生产及深加工主导产业集群获省资金 1000 万元。

技术创新成效显著。2017 年，新增省级工业设计中心 10 家，14 个项目列入省技术创新项目计划。组织 20 多家企业参加省产、学、研、展洽会展示，达成项目合作协议 16 项，协议金额 4.2 亿元，组建粉末冶金产业人才战略联盟。依托威马泵业公司打造工业 4.0 产业园。围绕“机器换人”，培育了奔速电梯、汇金公司、力创科技等一批智能制造示范企业。金鼎电子获山东省制造业单项冠军企业，九佳紧固件被评为 2017 年省级两化融合管理体系贯标试点企业，为实施智能化升级打造了模板。

新材料产业质效提升。2017 年，全市新材料产业实现主营业务收入 117.9 亿元，增长 20.3%；税金 1.65 亿元，增长 16.2%。莱钢 10 万吨高性能合金特种粉末项目一期、世阳德尔粉末冶金制品项目、新宜佳地毯年产 1000 万平方米 PVC 复合地毯项目已正式投产。

企业培育竞赛成果突出。继续落实《企业培育竞赛实施方案》，建立调度、督察、考核机制，实施由分管市长为总召集人，市直有关部门、各区、重点企业负责人为成员的联席会议制度。全年新增规模以上工业企业 92 家，完成全年目标任务的 115%。

供给侧结构改革步伐加快。泰钢 70 吨 EBT 电炉、富伦钢铁 120 吨转炉已经全部拆除，并通过了国家、省验收组的验收，完成了省政府下达给莱芜市的 124 万吨粗钢去产能任务。开展“大快严”整治行动，关闭化工企业 11 家，责令停产整顿 6 家，整改完成各类问题隐患 1353 项。开展全市成品油市场综合整治，对全市 163 个加油站全部进行检查，查改各类问题隐患 334 项。

节能降耗效果明显。开展“节能竞赛”活动，全市万元 GDP 综合能耗下降 6.33%，超额完成省政府下达莱芜市的 3.89% 的目标任务。积极推进节能技术改造，深入做好重点用能企业监察，确保每项节能措施落实到位。全面推进高新区、莱城北部工业园、钢城经济开发区的园区循环化改造步伐。

企业服务效能提升。实施企业家培训工程，举办企业家讲堂，222名企业高管参训；组织50名企业家到复旦大学开展培训；组织24名企业家赴德国进行以工业4.0和质量管理为主题的境外专题培训，促进企业家开拓国际视野。加快规模企业规范化公司制改制，全年有35家企业完成改制任务。深入开展企业困难“摸排消”活动，摸排企业存在的项目用地、用电、用工、技术、人才等问题77个，已经全部办结。新增电力直接交易企业13家，全市直接交易电量达60.7亿千瓦时，年可为企业节约电费支出约3.1亿元。积极对上争取，全年共争取无偿资金6000万元左右，比上年增长8倍。

（纪倩倩）

钢铁工业

【概况】 2017年，全市钢铁行业实现工业增加值129.25亿元，占全市工业增加值的38.5%，占全市GDP的14.4%。实现主营业务收入1316亿元，纳税总额19.21亿元，分别占全市规模以上工业的61.12%、22.5%。全年累计生产生铁、粗钢、钢材产量分别为1912万吨、1907.9万吨、2061.5万吨。

转调发展。产业体系日趋完善。全市钢铁产能2200万吨，山钢股份莱芜分公司产能1250万吨；泰钢集团已具备年产400万吨精品板带材、100万吨不锈钢的生产能力；九羊集团在山东省百强企业中排名第66位。钢铁深加工产业，包括铸造、锻压、板材、制管、钢结构制造、机械装备、粉末冶金等行业企业200余家，钢铁深加工能力500万吨。2017年，主营业务收入过10亿元的1家，过亿元的33家。全市形成以钢铁生产为主导，采掘冶炼、加工铸造、机械装备、运输物流等十几个上下游相配套的产业集群。

产品档次提升。山钢股份莱芜分公司是全国规模最大，规格最全的H型钢精品生产基地，产品覆盖国标、日标、欧标、英标、美标系列，热轧H型钢获中国名牌产品称号，自主研发的海洋石油平台用H型钢、钻井平台结构用E级H型钢，被国际公认为H型钢中的顶级产品，成为中石油、中海油重要供应商以及亚马尔项目工程指定的全球供应商之一，是国内唯一通过壳牌认证的型钢企业。莱芜是全国产销量最大的齿轮钢生产基地，齿轮钢和轴承钢获国家冶金产品实物质量金杯奖，螺纹钢获国家免检产品称号。开发了美标轻薄型钢、机车大梁用高耐候型钢等19项新产品，自主开发的中低速磁悬浮轨排F型钢，填补了全国该领域技术空白，成为国家中低速磁悬浮列车轨排制作的国内唯一供应商。泰钢建立了以SBU项目为载体的创新机制，开发出409L、430LX、410L、410B、420J1、420J2等多个400系不锈钢品种，其中410B不锈钢产品，被武汉科技大学认定为国内高档自行车、电动车刹车片用钢，成为国标新规范。九羊积极与济钢合作，引入济钢中板生产线和高级技术人才，往高、精、尖方向发展。金雷风电具有年生产MW级风电主轴8000台、Ⅰ－Ⅴ级各类大型锻件12万吨的生产能力，先后通过歌美飒、西门子、GE等世界领先企业的质量体系审核，成为世界三大风电主轴生产商之一。莱钢粉末冶金生产的还原铁粉和水雾化钢铁粉末两种产品均获山东名牌称号。6月，年产10万吨高性能合金特种粉末材料项目一期工程顺利投产。

技术装备水平提高。推进科技创新，钢铁企业自主创新能力不断提升。全市钢铁及深加工企业建立了国家级技术中心1家,省级技术中心2家，市级技术中心4家，4个博士后科研工作站、3个国家级实验室，2个省级实验室，1个市级实验室，通过系列技术改造，全市钢铁企业装备水平已有了较大提高。其中，莱钢先后引进和成功应用顶燃式热风炉、数字化蓄热式加热炉、高炉煤气全干法除尘、转炉煤气干法除尘等十几项世界先进工艺技术，同时坚持自主创新，形成“转炉高温烟气裂解焦化废水”等一批具有自主知识产权，并成功应用于钢铁行业的节能减排清洁生产新技术。泰钢不锈钢炼钢利用西门子奥钢联冶炼模型和二级控制技术，实现了全自动、数字化炼钢，推进“传统制造”向“智能制造”转型发展。

创新能力增强。山东省冶金行业仅有的2家国家级企业技术中心均落户在莱芜，分别是以不锈钢产业研发为主的泰山钢铁集团和以特钢产业研发为主的山钢股份有限公司。此外，全市钢铁生产及钢铁深加工企业还有省级企业技术中心24家，市级企业技术中心32家，5个博士后研究工作站，3个国家级实验室。莱钢热轧H型钢生产技术通过持续的探索和创新，产量大幅增长，成本不断降低，钢材成材率98.7%，合格率99.98%，主要技术经济指标达到国际同行业领先水平，产品畅销国内外，成为莱钢边际效益最大的拳头产品。泰钢不锈钢生态产业园已建成博士后科研工作站、国家级实验室、省级院士工作站、省级不锈钢工程技术中心、省级不锈钢重点实验室和省级知识产权园区等创新平台。金雷风电是国家火炬计划重点高新技术企业、中国农机工业协会风力机械分会副理事长单位、中国锻压协会理事单位，先后通过歌美飒、西门子、GE等世界领先企业的质量体系审核。莱钢成为国内首批装配式建筑产业基地。11月9日，莱钢集团被列入了住房城乡建设部认定第一批装配式建筑产业基地。此次认定是对莱钢装配式建筑标准化、工业化水平的认可，标志着莱钢在装配式建筑进程中取得突破进展。

绿色发展。钢铁生产企业高度重视节能环保项目建设，不断加强资金、技术和人员投入，建设绿色制造工厂。山钢股份莱芜分公司吨钢综合能耗、耗新水连续多年保持国内领先、国际先进水平，先后被省政府授予节能突出贡献企业、资源节约先进企业、清洁生产先进企业、优秀循环经济企业等称号，被中国资源综合利用协会授予全国资源综合利用十佳企称号，被评为国家节水标杆企业、中国钢铁工业清洁生产环境友好企业。泰钢集团建设了能源管理中心，新上干熄焦余热发电、高炉煤气余压发电等一批节能环保项目，实现烧结机脱硫企业标准严于省控标准、焦化废水达标率100%，入选省级循环经济示范单位。九羊集团公司把环保设施纳入重点设备管理，所有环保治理设施确保100%正常运转；在各主要排放口安装了SO_2、颗粒物、氮氧化物在线监测系统，并与省、市区环保监控中心联网，对冒烟及SO_2排放浓度严密监视，发现异常及时采取措施进行控制，确保各种污染物达标排放。

园区建设。规划建设莱钢钢铁精深加工产业园、泰钢不锈钢生态产业园、九羊嬴城工业园。莱钢钢铁精深加工产业园现建成投产钢铁精深加工企业40家，初步形成管材加工、优特钢深加工、板带深加工、型钢深加工产业链条，深加工能力达200万吨。泰钢不锈钢生态产业园现入驻项目22个。

企业外向度攀升。莱钢的螺纹钢、型钢、圆钢远销到日本、韩国、马来西亚、澳大利亚、墨西哥、巴拿马等国家，并在塞拉利昂投资采矿。汇金的出口汽车零部件主要为美国福特公司、沃尔沃集团、美国玛克公司、韩国现代公司、日本三菱公司等国外知名企业配套；出口人孔盖、管件产品主要销往西欧及北美等国家地区。威马泵业的抽油泵、特种泵、螺杆泵、永磁电机、无杆采油成套装备进入阿曼、叙利亚、墨西哥、阿塞拜疆等十五个国家和地区的石油总公司。莱芜锻压 30% 的产品出口到美国，欧洲，东南亚等国家和地区，为 300 余家从事冶金、风电、采掘、石化等行业的长期合作伙伴提供优质锻件产品。奔速电梯先后被确定为 2017 年世博会场馆建设一级电梯供应商、格鲁吉亚第十三届青奥会独家电梯供应商，公司产品被指定为外交部使领馆专用电梯与哈萨克斯坦总统府定制专用电梯。

（纪倩倩）

【鲁中矿业有限公司】 鲁中矿业有限公司是国有大型地下黑色冶金矿山企业，地处山东省莱芜市，隶属中国五矿集团公司。公司始建于 1970 年，占地面积 5 平方公里，矿区环境优美，地理位置优越，交通便利。公司矿产资源丰富，小官庄铁矿、张家洼铁矿、莱新铁矿已相继建成投产，现生产能力为年产铁矿石 600 万吨，剩余可采储量约 2.32 亿吨，已发展成为山东省内最大的钢铁原料基地。公司本部拥有的铁矿石资源，含铁品位在 45.5% 以上，可选性好，主产品铁精矿含铁品位稳定在 64%，含硫、磷极低且保持全自熔，是高炉冶炼、造球和炼钢的优质原料。公司现有资产总值 51 亿余元，职工 5500 余人，专业技术人员 960 余人。年内，公司被评为市级、省级“守合同重信用”企业和“AAA 特级信用”企业。

安全生产。2017 年，鲁中矿业认真贯彻“安全第一、预防为主、综合治理”的安全方针，全面落实安全生产责任制，建立安全双重预防体系，开展一级标准化达标创建工作，对生产现场进行综合治理，广泛推广应用新技术，完成井下非阻燃电缆更换。生产方面精心组织，加强调度协调，合理安排开拓和采准工程量，注重边缘矿体及零星矿体回收，精采细采，加强矿岩分离，提高采场的出矿能力，提高原矿产量及品位；不断优化选矿工艺流程，加大技术攻关力度，进一步降低选矿比，提高金属回收率。全年共生产铁金属量 180 万吨、矿岩量 570 万吨、铁矿产品 230 万吨，保持了稳产高产态势，主业基础更加稳固。全年销售铁精矿 224.64 万吨，实现销售收入 13.74 亿元、利税 3.57 亿元，全市纳税企业排名第四。

“一体三园”建设。“一体三园”是公司实现可持续发展和转型发展的战略规划。2017 年公司统筹安排现有资源的开采，加快矿山项目建设，推进科技创新，矿业发展质量不断提升。本部二期工程达产达效，通过了国家安全和环保竣工验收；村庄搬迁取得重要进展；尾矿库副坝建设完成，库容扩展至 370 米水平。加快实施自动化改造项目，公司生产设备和信息化部牵头完成了电力调度和控制系统自动化改造，质量计量部牵头完成井下原矿检测和汽车衡轨道衡自动化改造；三个矿山都建立了井下监测监控、人员定位和通信联络系统，公司自动化、信息化水平快速提升。

在加快主业发展的同时，鲁中矿业积极寻求机会推进三个园区落地，通过内部协同、外部合作等多种方式，取得了重要成果。鲁中铁路物流园项目进入规划设计阶段。该项目是中国五矿、中国铁路济南局集团有限公司和莱芜市共同打造的区域性物流中心，是构建全国铁路物流网络的重要一环。三方已经签署战略合作协议。五矿重机发挥资产优势，探索经营模式，正在广泛寻求合作伙伴，引进有实力的经营企业开展合作，发挥重机资产、人才、区位优势，尽快提升经营效益。开展尾矿利用试验研究，广泛寻找合作商机，与多家企业进行沟通，摸清了尾矿开发利用的方法途径。

精细化管理。2017 年，公司牢固树立“成本线就是生命线”的理念，紧紧围绕降本增效，深化企业改革，推进精细化管理，创新管理机制，确保企业平稳度过危机，降本挖潜。公司开展“对标挖潜、降本增效”活动，作为一项制度严格执行落实，经过坚持对标、持续改进，全员劳动生产率等多项关键经济技术指标都有大幅提升。在降本增效中，各单位都开展了卓有成效的工作，取得了一系列管理创新成果。小官庄铁矿创建“五精”管理模式，实施“五大”绩效考评体系，开创了一条独具特色的降本管理之路。张家洼铁矿以“落实、聚焦、突破”为总基调，抓分解落实，采矿成本逐年降低，产量大幅攀升。选矿厂以创建“一流选矿厂”为目标，围绕“安全环保、精矿生产、降本增效”中心工作，全面加强管理，一流管理体系逐步建立。莱新铁矿以科技兴矿为引领，开展技术协同创新，与长沙矿冶研究院采用EPC总承包模式，实施了选矿厂提质改造及尾矿铁资源回收一期工程并投入运行，技术增产增效成果显著。工会和团委发挥群众组织优势，弘扬“工匠精神”，发挥劳模（技师）创新工作室引领作用，开展合理化建议和“五小”成果征集活动，形成创新工作体系，掀起“全员降本、人人创新”的热潮，基层涌现出了许多闪耀着劳动者智慧的创新理念和降本举措。内部管理不断加强。深化改革，优化人力资源配置。经职代会审议通过，制定下发《在岗职工内部退养方案》，经审核程序，办理内部退养人数379人。开展定岗定编工作。详细排查各单位各类人员，现各单位部门的初步定岗定编方案已经上报。制定下发《党委会、总经理办公会决策权限管理办法（试行）》，落实党组织在公司法人治理结构中的法定地位，明确公司党委会、总经理办公会之间的职责边界和权限划分。启动2018年公司全面预算编制工作。“三供一业”分离移交成果显著。公司紧紧抓住国家分离企业办社会职能和“三供一业”移交的机遇，将水、电、暖、气等全部纳入市政保障体系，该由地方承担的交由地方承担，能交给专业运营公司的不再自己经营，大幅减轻了公司的负担。公司职工居民全部开通天然气；将幼儿教育交由地方专业幼教机构，不再新增人员和投入。“三供一业”分离移交可研报告全部完成并上报至集团公司。

社区环境。推进社区环境改造。工作文化环境进一步改善。规划建设生产调度中心，完成主体外墙挂上大理石事宜；统筹规划，加快推进职工活动中心建设，认真制定利用方案，丰富职工文化、体育生活。浦江和韵顺利交房。全公司各级领导高度重视，将浦江和韵建设当作一项重要工作来抓，加强督促力度，定期召开协调会，及时解决工程建设遇到的问题，倒排工期，极力按照时间节点扎实推进。浦江水岸完成道路、绿化等地表工程，具备了便利的生活条件。

（任　伟）

【莱芜钢铁集团有限公司】 莱芜钢铁集团有限公司（以下简称莱钢）始建于1970年1月，属省属企业。2008年3月山东钢铁集团成立后，莱钢隶属于山东钢铁集团有限公司。2014年7月，按照山东钢铁集团有限公司钢铁业务专业化管理、聚焦发展的要求，莱钢分离钢铁主业，主营非钢产业。截至2017年年底，莱钢出资企业共40家，其中拥有全资、控股和相对控股公司13家，辅业改制公司10家，参股公司17家。拥有总资产1777.12亿元。共有在职职工8226人（含自主用工1689人），其中在岗职工7850人。

2017年，莱钢坚持“聚焦、提速、创效”的路径和方向，转换增长动能，优化产业结构，深化企业改革，推进转型升级，不断提升盈利水平和发展空间，迈出了转型发展做大做强的坚实步伐。全年，莱钢集团全年合并营业收入767.68亿元，实现利税总额92.41亿元。

产业转型。加大产业结构调整力度，聚焦钢结构建筑产业，按照钢结构建筑产业进入国内第一梯队目标，下好“先手棋”，打好“组合拳”，2017年累计正在施工的项目110项、合同额129亿元，新签项目37项、合同额20多亿元。坚持“一体两翼”，致力打造莱钢钢结构建筑全产业链优势，建立院士工作站和钢结构建筑研究院，首批3个研发课题快速推进；被认定为国家首批装配式建筑产业基地，承建的济南临港创业园项目通过国家建设部科技示范工程立项。莱钢装配式钢结构住宅建筑体系核心技术通过专家审查，成为山东装配式建筑产业发展技术标准。中小学校、档案馆等公用建筑的钢结构体系在莱芜加快推进。加工生产的磁浮列车F轨排取得重大突破，在北京S1线成功进行试运行。承建的全国最大的绿色装配式钢结构建筑住宅小区、山东省装配式建筑示范工程——淄博文昌嘉苑项目全部应用自主研发的技术体系，其中16号楼、17号楼装配化率达到75%以上。加强与强企合作借“船”出海，签署巴新1000套集成房屋、价值近4亿元订单，实现了海外市场重大突破。组建专门团队造“船”出海，突破玻利维亚、智利项目，志在构筑南美市场桥头堡。

深化改革。注重改革的系统性、整体性、协同性，优化完善新旧动能转换三年行动计划，加快实施莱钢集团整体转型产业公司推进方案，突出9大类42项重点工作和28个改革转型关键事项，通过挂牌作战、节点考核、强力推进，基本达到预期目标。健全“三会一层”法人治理结构，实现依法规范运作。管理契约化迈出实质性步伐，集团公司与有关经营单位签订了责任书。对涉及钢结构业务和工程技术业务的公司实行分立改革、调整管理关系，绿建国际公司完成工商注册登记。“三供一业”及企业办社会职能移交工作有条不紊，各项措施扎实推进。集中统管经营财务、风险、采购等业务，基本形成权责明确、流程优化、运转高效的管控体系。

企业创新。充分发挥管理、技术和商业模式创新的支撑和引领作用，莱钢获中国钢铁工业科技工作先进单位称号，获国家专利局正式授权专利130项，获省级科技创新成果奖13项、管理创新成果29项。秉持所有资产都创效、所有职工都创效的原则，探索效益型管理模式，获9家出资企业分配红利6.69亿元；转让5家公司的股权，获得收益6.42亿元；创新“四金”压减方式，清收债权债务38项近4500万元；由点到面“解剖麻雀”，创新推动亏损企业治理，19家公司同比减亏1.4亿多元；5家“僵尸企业”处置任务基本完成。加强政策研究，开拓工作思路，首批划拨国有土地增资1.32亿元，争取旧区改造资金500多万元。

权属单位实力提升。设备检修中心积极推进整体承包维检业务，为莱芜片区热线设备提供精益高效的维检服务，获得日照公司主线设备维保合同，拓展了市场。建设公司、建筑安装公司、管理关系调整单位以及鲁冶项目公司理顺业务流程、强化内部管理。医院、培训中心为了职工身心健康和人力资源价值提升，优化服务环境、提升服务水平，放大比较优势、积极拓展业务。中泰证券公司、永锋钢铁公司抢抓市场机遇、拓展业务范围、加强精益管理，取得了明显的经营绩效。莱芜矿业公司、鲁南矿业公司、新泰铜业公司、鲁碧建材公司、矿山建设公司紧跟行业发展大势，稳定工艺装备、不断提升产能、加大市场营销，抓住了机遇、创出了效益。冶金设计院、汽车运输公司、泰东实业公司、金鼎实业公司、蓝天商旅公司创新营销模式、优化资源配置、培植新兴产业、提供增值服务，展示了形象、增强了后劲。烟台钢管公司化解环保风险，推进退城进园，经营绩效明显改善。

风险防控。深化“法治莱钢”建设，全面落实总法律顾问制度；推进“五化”合同管理模式，避免和挽回了经济损失。坚持管理制度、辨识清单、预警指标和境外投资风险一体推进，梳理风险事件60项、预警指标近200个，整体预警、预控力度持续增强。持续加大审计、巡察力度，对审计、巡察和潜亏潜盈自查等发现的问题责任到人，落实整改，举一反三规范经营管理。坚持“党政同责、一岗双责”，注重检修作业、建筑施工、班组岗位和其他相关方的安全管理，组织培训1.8万多人次、演练3200多人次，增强了干部职工的安全意识和能力。积极开展“双体系”建设，分级管控风险点2400多个，排查整改安全隐患4800多项。查找整改历史遗留环保问题11项，投资1500多万元升级改造重点设施设备，改善了区域空气质量，促进了环境保护本质化。维护安全稳定，严打违法犯罪，开展“抓现行、反盗抢”和道路交通秩序专项整治，成功查处一批大案要案，整改火灾隐患250多处，实现“两抢”和负主要责任重大道路交通事故为零。

（王立军）

【山东钢铁股份有限公司莱芜分公司】 山东钢铁股份有限公司莱芜分公司（以下简称莱芜分公司）隶属于山东钢铁股份有限公司，前身为莱芜钢铁股份有限公司。2011年12月30日，经中国证券监督管理委员会批准，济南钢铁股份有限公司换股吸收合并莱芜钢铁股份有限公司，并于2012年2月27日更名为山东钢铁股份有限公司，下设莱芜分公司和济南分公司，莱芜分公司由山钢集团旗下莱芜钢铁集团有限公司代管。2014年7月，山钢集团对其钢铁板块管理关系进行调整，莱芜分公司实现独立运营，莱钢集团所属银山型钢有限公司、莱芜钢铁新疆有限公司由莱芜分公司代管。2017年5月19日，山东钢铁股份有限公司下发《关于业务部门调整的意见》，对股份公司机关机构进行调整，除董事会办公室\监事会办公室\证券部外，办公室等13个业务部门全部与莱芜分公司业务部门\直属机构复合设置。截至2017年年底，莱芜分公司（含银山型钢有限公司）拥有总资产453亿元，共有在岗职工1.65万人。

2017年，生产生铁1167.8万吨、钢1163.4万吨、钢材1130.2万吨，同比分别增长6%、7.6%、8.1%；累计实现销售收入656亿元，利润总额23.21亿元，上缴税金13亿元。铁钢材产量均超额完成年度计划，实现历史性突破；利润指标创自2008年以来最好水平，各项经营指标超额完成目标要求。

生产运行。全面推进《钢铁制造流程系统优化大纲》，统筹优化资源配置，努力消除制约瓶颈，生产精益化水平不断提高。高炉运行总体平稳，炼钢产能有效提升，轧材生产持续优化，规模与品种优势充分发挥，生产组织和管理能力明显增强；加强产销平衡衔接，提升订单兑现率；采购供应、物流运输保障有力，能源调配平衡有序；全员设备精益管理体系有效运行，精准操作、精益点检水平提升，设备运行总体平稳；两体系建设持续深化，安全生产保持稳定。

降本增效。强化全面预算管理，严把原料采购、炉料优化、指标提升等关键环节，深度挖掘降本增效潜力，向行业先进指标水平迈进。2017年，吨铁成本1861元，领先行业平均水平157元；全可比产品成本降低6.59亿元，降低率3.1%。

产品结构优化。坚持适应性和战略性结构调整相结合，系统策划实施各轧线品种结构增效方案，产品质量档次和创效水平大幅提升。全年累计开发厚规格海洋风电用钢、供一汽系列高端齿轮钢、特深冲钢、高强抗震钢筋等新产品72项，新产品比例保持在20%以上。累计结构优化增效2.4亿元，折合吨材增效21元。异型钢生产线实现达产达效，美标H型钢实现系列化；济钢品种钢承接工作全面完成，批量化供货水平不断提高，一批优势产品打入高端市场。

精益管理。按照“五深化、五支撑”的总体思路，抓好全员精益能力提升培训，向更深层次推进运营转型、精益管理。确定“3+9+N”的项目管控架构，9个项目完成进度目标，关键项目累计实现对比收益17亿元；组织开展4次现场诊断活动，挖掘现场改善潜力2亿元以上；产线对标持续深化，棒材、炼钢等工序率先完成超越目标；开展星级现场标杆评选活动，推进专业模块建设，营造了浓厚的精益文化氛围，企业精益运营、自主改善能力得到提升。

节能环保。适应环保新标准新要求，策划实施环保提效达标改造方案。烧结机尾除尘等一批环保项目按期投产，重点环保设施有效运行，工艺减排能力持续提高。深化环境保护突出问题综合整治，新区环评顺利通过省环保厅的验收。加快推进《能源诊断、优化和节能专项规划》，加强和规范能源外供管理，优化能源平衡调配，资源能源综合利用效益提升。坚持绿色发展，公司被工信部授予“首批国家级绿色工厂”称号。

改革创新。修订完善各类规章制度，QESEn管理体系有效运行；适应山钢改革发展新要求，持续优化和完善组织架构、管理流程和执行体系设计，山钢股份公司机关与莱芜分公司机关实现合署办公；成立风险管理部，制度建设与法务管理扎实深入，风险防控能力明显提高；“三定”及全员竞争上岗工作稳步推进，人员结构不断优化，实现了人均产钢900吨目标；内部市场化试点取得突破，契约化改革持续深化，激发了干部职工创效活力。效能监察深入开展，挽回和避免了经济损失。

（叶　华）

【山东泰山钢铁集团有限公司】 山东泰山钢铁集团有限公司是一家以不锈钢为主打产品，以精品板带材为主体，集新材料、能源电力、国际贸易、机械制造、物流运输、房产开发、酒店服务等多业并举和产学研协同发展的现代化企业集团，是山东省唯一一家以400系为主体的全流程不锈钢生产企业、是山东省市场占有率高、客户群稳定的普碳热轧卷板和冷轧薄板生产基地，也是中国特钢企业协会不锈钢分会企业副会长单位、中国金属材料流通协会不锈钢分会副会长单位，现具备年产500万吨钢（其中180万吨不锈钢）的综合生产能力。2017年，泰钢集团以市场为导向，坚定推行市场化运作和精细化管理，主动挖潜提质增效，抓住国家宏观调控十年不遇的大好行情，呈现出系统效率最高、产品质量最好、消耗资源最少的良好局面。全年实现销售收入313亿元，同比增长16.6%。

品种质量实现突破，品牌知名度不断提高。2017年，泰钢集团依靠全员创新走出一条“品种、质量、效率、标准”的新路子，企业知名度和品牌影响力不断攀升，为加快发展提供了重要支撑。泰钢炼钢厂Q345B钢种连续四年质量异议为零，成为泰钢品牌产品；核心指标夹杂物达标率完成94%，创出历史最好水平；代表钢厂水平的有害元素硫达到了国内一流钢厂的控制水平。泰钢不锈钢炼钢厂完成23项质量提升创新项目，创效3200余万元。焦化公司煤气中硫化氢含量达标率连续9个月完成100%，创历史最好水平。原料厂180带烧和265带烧的含粉率逐月提升，实现历史性突破。全年累计开发新钢种24个，其中Q345B-04“以水代金”的研究，降低了合金加入量，吨钢可降低成本21元。30MnB5钢种研发取得了突破性，在高级别钢种开发上迈出扎实的一步。“经济型刹车盘用12Cr13马氏体不锈钢开发与应用”等十几项成果，分别进入国际先进、国内领先水平，410B、409L、420J1系列不锈钢，得到国内高档自行车、摩托车刹车片、集装箱、高档厨具市场的高度认可。

环保治理升级，巩固提升绿色发展新常态。泰钢集团以一贯的责任感和使命感，高度重视、层层发动，在资金上优先安排，在进度上重点督查，用实际行动践行“绿水青山就是金山银山”，以“看得见”的实效，为莱芜争创全国文明城市做出了贡献。2017年，泰钢集团高标准、快节奏地完成180、265烧结机除尘改造，炼钢厂转炉三次除尘改造，焦化公司煤棚等14项环保深度治理项目。在生产过程中，以超低排放为目标，监控点设立电子屏幕，做到了环保设施同步运行。在现场治理上，焦化公司开展了装煤、出焦烟尘无组织排放的攻关，厂容厂貌焕然一新；原料厂货场治理和烧结烟气脱硫改造效果明显，在线监测全部达标；炼钢厂煤气和烟尘回收改造取得重大进展；不锈钢系统的废气废渣废水治理有了新突破；超微粉主动消化不锈钢尾渣，既做到变废为宝，又为环境提升做出贡献。年内，泰钢集团董事长、党委书记、总裁王永胜被评为“低碳山东十大领军人物”，泰钢成为全省唯一一家入选的钢铁企业，并代表大会向全省9700万名齐鲁儿女发出“顺应时代要求，共担时代责任，呵护生态家园，共建美丽山东”的倡议；7月26日，泰钢集团成功入围工信部第一批绿色工厂；《中国环境报》《中国冶金报》还多次进行专题报道。

大项目建设竣工，集聚转型发展新动能。2017年，泰钢集团坚持以大项目建设带动产业发展，抢抓机遇、拓展空间，为产业园发展增加了新亮点，为全市生产生活树立了新标杆。泰嘉不锈钢冷轧深加工项目当年施工当年完成，可年产80万吨冷轧不锈钢板卷。12月30日，泰嘉不锈钢冷轧深加工项目推拉式酸洗机组完成第一次穿带试车进入试生产阶段，为泰钢集团后续做大做强不锈钢制品产业奠定坚实的基础。安泰华府落成交付。安泰华府占地75亩，总建筑面积13万平方米，可容纳3000多人居住，开创性地引进了世界一流的新风系统、净水系统走在了科技华住宅的前沿，获得“山东省优秀规划设计金奖”，创造了全市设计理念最新、建设速度最快、销售时间最短、业主满意度最高等多项领先，打造了继安泰首府之后的又一张亮丽名片，鲜明展示了泰钢的实力、信誉和品牌。绿色热动供暖项目按期投入运行，供热面积50万平方米，年可节约标准煤4.2万吨，减少CO_2排放11万吨，解决了姚家岭社区、绿源小区等十多个小区的供暖问题。另外，焦化公司干熄焦年修提前完成、不锈钢轧钢厂年修提前69小时一次性过钢成功、球团项目用42天时间一次联动试车成功，为泰钢集团实现低成本运行、高品质制造奠定了坚实基础。

企业知名度攀升。2017年，泰钢集团公司内聚人心、外树形象，企业知名度和品牌影响力不断攀升，为加快发展提供了重要支撑。11月13日，泰钢集团在苏州成功举办2017年合作伙伴高层论坛，中国钢铁行业的专家、市有关领导、新华社等媒体的记者朋友以及国内国际金融界、企业界合作伙伴共300多人出席盛会。10月底，泰钢集团董事长、党委书记、总裁王永胜作为唯一一家钢铁企业的负责人参加中央统战部举办的全国民营重点骨干企业负责人研讨班，11月24日参加了中国工商业联合会第十二次全国代表大会，受到李克强总理的亲切接见，并当选为中华全国工商业联合会第十二届执行委员会执行委员；年内，泰钢集团被评为全国职工教育培训示范点、全国厂务公开民主管理工作先进单位；成功入选《山东百年品牌企业培育工程实施方案》大品牌企业培育行列，成为全省入选的三家钢铁企业之一；入围“信用中国”A级纳税人的最高纳税信用等级；4月18日，泰钢集团成立全市首家企业文联——泰钢文学艺术联合会，企业知名度和影响力不断攀升。

（李文树）

【山东九羊集团有限公司】 山东九羊集团有限公司是集冶金、铸锻、机械加工、焦化、建筑安装、物流、休闲度假于一体的大型企业集团。公司下设山东富伦钢铁有限公司、山东九羊实业股份有限公司、莱芜市九羊福利铁厂有限公司、山东宝鼎煤焦化有限公司等全资或控股公司，是莱芜市重点骨干企业、山东省百强企业。公司占地5000多亩，现有员工10000余人，拥有5座高炉、炼钢3台120吨转炉、6座焦炉、4条轧线，铸段机加工车床等一大批国内先进设备。公司已形成高速线材140万吨、棒材130万吨、板材200万吨、钢坯500万吨（优质钢占40%以上）、生铁500万吨、焦炭220万吨、粗苯煤焦油20万吨的年生产能力。2017年，公司生产生铁398.5万吨，同比增长15.5%；生产钢坯405万吨，同比增长21%；生产钢材352.8万吨，同比增长8.36%。实现集团产值402.5亿元，同比增长40.46%；实现销售收入 390.2 亿元，同比增长 38.62%；实现利税 13 亿元。

经营创效。2017 年，公司采购部与销售部面对与象屿合作的新局面，主动求变，建立了原材料采购和产成品销售的新模式，并各自成立相关的价格委员会，每周定期对市场进行分析并对下一周的市场进行预判，提高了市场研判的准确率，掌握了市场主动权。采购部依托象屿充足的资金，严格按照合同条款执行，各种原材料不同程度的下降了 50~100 元，并且提高了原料质量，与山西焦煤集团、山东能源集团和兖矿集团建立战略合作关系，降低了公司的采购成本。市场部改变销售模式，加大了协议户的开发和协议量的增加，协议数量由原来的不足 40% 提高到 70% 以上。公司尝试颠覆传统的生产组织模式，探索产线对接市场的工作，把产品档次提升和质量升级作为核心工作，站在客户的角度组织生产。公司生产的 Q345B 板坯的客户多是做冷弯方管用，以往工艺执行高锰路线，锰含量控制在 1.4%~1.5% 左右，但客户在冷弯加工时容易出现 R 弧开裂，针对这种情况，炼钢厂优化工艺，执行低锰路线同时加少量钛铁，在保证质量的同时吨钢降低了 30 元成本。年内，新开发生产了 H08Al、60Si2Mn、方坯 65Mn、27SiMn、Q345B+Ti 等钢种，公司钢种达到 40 余个，其中优钢 30 余种。高铝钢已成为公司品牌产品，在市场上有很高的知名度；9SiCr、30MnSi、45#、20# 等品种钢已占据了山东主流市场，提升了公司的市场形象。

企业管理。2017 年，公司通过战略调整、部门重组与管理变革，塑造了集团良好的管理模式，提升了企业核心竞争力，促进了企业更好更快的发展。工艺管理。公司以强化基础管理、提升工艺技术指标为目标，以项目攻关为手段，全面开展工艺优化、降本增效工作。全年运行 QC 攻关项目 68 项，62 项通过验收；进行小改小革 201 项，140 项获得公司奖励；科技部完成项目设计共计 302 项，内容涵盖环保、新产品开发、降本增效等各个方面，取得了很好的成绩。轧钢厂三条产线的成材率都较上年有所提高；炼钢厂氧气、氮气消耗以及钢铁料、造渣料消耗均有大幅降低；铁厂通过优化操作，加强槽下筛分，控制料流，高炉炉况长期处于稳定运行状态，各项生产技术指标均有较大提高，尤其是综合入炉焦比，较上年降低了 27.26 公斤。人力资源管理。2017 年，公司人均工资较往年增长 10%，缴纳各项社会保险 15000 万元。同时，公司加强职工的培训，年内培训新入厂职工 492 人，轮训在岗职工 9000 余人次。与莱芜市技师学院合作，开展技师及高级技师培训，共计培训 219 人。与莱芜市特检院、安康培训中心合作，对特种作业人员进行取证培训，共培训 163 人。设备管理。公司参考先进的设备管理模式，重新修订设备管理制度，成立公司点检小组，对各分厂通用设备进行抽查，尤其是对特种设备进行重点检查，全年共计点检隐患 3412 项，整改完成 3403 项，并对整改效果进行跟踪评估，形成有检查、有整改、有复查的闭环管理模式，确保了所有设备维保正常，提升了公司设备管理基础，保障了生产正常有序进行。严格执行备品备件管理制度，从计划提报开始把关，立足现场，满足使用，保持合理库存，通过清理及压缩，全年实现降低备品备件占用资金 2156 万元。能源管理。受焦化一、二期停产，2 号高炉停产、2 号转炉拆除及高炉交替休风的影响，致使煤气不足，针对这种情况，公司及时调整，综合平衡，在确保重点工序、重点岗位能源供应的情况下，加强了对各单位煤气消耗的控制，保证了生产正常运行。继续实施余热余压综合利用，实现全年发电量 2.58 亿千瓦时。根据综合平衡，在满足生产需要的情况下，将一期制氧机停机，节约了电耗和不必要的氧气放散；及时协调氧气使用，在保证炼钢使用的情况下，增加高炉富氧，全年氧气放散率达到历史最低位。同时增加液氧产量，全年销售液态气体 2 万余吨，仅此一项实现销售收入 2000 多万元，创历史新高。为保证公司生产用水，公司在保证“节流”的前提下积极“开源”，组织相关专家对公司水资源进行论证，并顺利通过评审。办理了取水许可证，新增取水指标1190万立方米。

安全生产。2017年，公司面对严峻的安全形势，尤其是生产节奏加快，设备压力增大的情况下，加强现场监管，强化设备本质化管理，抓隐患排查治理，加强应急演练和消防安全管理，从严从实，提升重点领域危险源的管控能力，通过了山东省安全生产督察组、山东省安委会的多次检查，推动了公司安全生产管理工作。全年共计组织开展安全检查64次，排查整改各类隐患894项．通过省冶金工会专家组的验收，3个班组获省冶金安全标准化优秀班组称号。

环保生产。2017年，面对严峻的环保形势，公司领导班子审时度势，提前谋划，以突击大环评备案为重点，把环境深度治理和达标排放作为工作的切入点，主动投资治理，加大投入力度，各类环保及循环经济项目相继投入建设和使用，区域环境质量得到很大改善，通过了中央环保督察及省厅环评备案。投资1.25亿元的2#干熄焦项目于2017年10月投产，该项目的投用避免了锅炉烟气污染，减少SO_2、CO_2排放，大大改善了厂区环境。投资1400万元的炼钢三次除尘已经投产，彻底解决了厂房内的无组织排放，改善了工人的劳动环境，达到环保排放要求。投资3000多万元建设了生化污水处理站，已于5月正式运行；焦化废水深度处理项目也已基本完成，可将公司及上游村的所有废水回收利用。投资1.68亿元对机械化东、西料场进行全部密封建设，现料场基桩已建设完成，钢架结构正在吊装。项目完成后每年可实现扬尘减排2245.24吨，既减少了物料损失又达到环保要求，具有很好的环保效益和社会效益。投资3800万元对焦炉烟气脱硫脱硝技术进行升级改造，采用低温双氧化脱硝，氨法脱硫脱硝吸收的一体化工艺，正式投产后，将降低SO_2、NO_2的排放浓度，保证达标排放。另外，公司针对废气、扬尘、废水等治理做了大量工作，尤其是对公司中心路进行沥青铺设，提升了公司直观形象，为绿色九羊添了一抹亮丽的色彩，也为莱芜市成功创建文明城市贡献了自己的能量。

非钢产业发展。2017年，非钢产业实现了快速发展，取得了较好的经营业绩，在集团整体发展中的分量越来越重，部分非钢单位逐步发展壮大，具备了进入社会、参与市场化竞争的条件。大舟山国际温泉度假酒店试营业，提升了旅游公司的接待能力及档次；加强景区提升、创建工作，完成游客中心、停车场等硬件设施改造，通过了旅游局AAA级景区考核验收，进一步提升了景区的品牌和形象。举办第一届重阳节祈福庙会，通过网络、电视等平台宣传大舟山景区，全年共接待游客50万人次，同比增长20%，已经逐渐成长为钢铁主业的有力补充。

企业文化建设。工会以开展丰富多彩的文化体育活动为载体，组织形式多样的劳动竞赛、技术比武，为推动和谐九羊建设，提高职工素质，促进企业健康快速发展起到了积极作用。积极参加省总工会、省冶金工会组织的全省技能大赛和优秀班组长培训班，并参加在张钢举行的技能大赛，取得了优异的成绩。开展“党员闪光点”“先进红旗岗”“我为公司发展献一计”等活动，共收到各种建议327条，采纳289条，为公司创造效益近2000万元。开展帮扶救助活动。组织开展“慈心一日捐”活动，共计捐款28万元；对4名困难职工的子女入学予以每人救助2000元；对13名特困职工每人救助1300元，并对89名困难家庭发放了慰问品。同时，公司继续对敬老院、学校免费供暖；对羊里镇8个村庄近4000名60岁以上的老人发放了春节慰问品，弘扬了正能量，提升了企业社会形象。

（边永鹏）

粉末冶金产业

【概况】 莱芜市是国家新材料高新技术产业化基地，也是国家粉末冶金特色产业基地。截至 2017 年底，全市制粉、制品产能分别达到 35 万吨、10 万吨，其中制粉能力约占全国总产量的 35%，是国内最大的钢铁粉末生产基地，也是亚洲最大的钢铁粉末生产基地；制品能力占全国总产量的 15%、全省的 80%。全市粉末冶金制粉、制品企业有 31 家，其中规模以上企业 18 家，总产值 26.6 亿元，从业人员 3000 余人。2017 年，全市粉末冶金产业实现销售收入 26.6 亿元、利税 5.4 亿元。

企业创新能力不断增强。全市 31 家粉末冶金企业中省级以上高新技术企业 6 家，承担省级以上各类科技计划 52 项，其中包括国家“863”计划、国家科技支撑计划、山东省自主创新成果转化重大专项、特色产业集群、重大关键技术研发等重大科技项目 15 项。建有省级工程技术研究中心、企业重点实验室、院士工作站、工程实验室、企业技术中心、一企一技术研发中心、产业技术创新战略联盟等各类科技创新平台 19 家。突破高强度粉末冶金结构件等关键技术 56 项，有 13 个产品被列入国家重点新产品计划。取得国家专利 90 项，其中发明专利 20 项。获省级以上科技进步奖 12 项，其中国家科技进步二等奖 1 项、省科技进步一等奖 2 项。牵头制定或参与制定国家标准(行业标准)1 个。

对外科技合作进一步深化。全市 25 家粉末冶金企业先后与北京科技大学、中南大学、白俄罗斯国家科学院等 28 家高校院所在技术攻关、新产品开发、成果转化、人才培养等方面建立了长期的科技合作关系，先后与 6 名两院院士、千人计划、长江学者等高层次权威专家在项目合作、平台建设等方面建立了密切的合作关系。其中，莱钢粉末公司通过与中国工程院院士黄伯云合作，联合承担 2 个国家“863”计划项目，成功突破水雾化钢铁粉末规模化制备技术，建成国内首条年产 4 万吨水雾化钢铁粉末生产线，打破了国外技术垄断，产品填补国内空白。新艺制品公司通过与白俄罗斯国家科学院伊里申科院士合作，成功突破低合金高密度粉末冶金汽车零部件关键生产技术，制品密度由 7.15 克 / 立方厘米提高到 7.6 克 / 立方厘米、强度由 600 兆帕提高到 1000 兆帕以上，技术水平居国内领先、国际先进。

（刘泽明）

【山钢集团莱钢粉末冶金公司】 山钢集团莱钢粉末冶金公司始建于 1987 年，经过二十多年的建设、改革和发展，现已成为工艺先进、装备精良、制度健全、极具发展后劲和实力的现代化大型钢铁粉末生产企业。公司是国家高技术研究发展计划（863 计划）成果产业化基地，国家新材料产业化基地骨干企业，国家火炬计划重点高新技术企业，中国专利山东明星企业，中国粉末冶金产业技术创新战略联盟副理事长单位。公司生产的还原铁粉和水雾化钢铁粉末两种产品均获山东名牌称号。其中，LFH150 还原铁粉被国家经贸委评为国家级新产品，LAP100.29 水雾化纯铁粉和 LAP100.29A2 水雾化合金钢粉被科技部认定为国家重点新产品。“十三五”规划以来，莱钢粉末冶金公司不断优化产品结构，提升产品品质，公司的生产规模、产品档次、技术水平和经济效益提高到一个新层次。6 月，年产 10 万吨高性能合金特种粉末材料项目一期工程顺利投产。

（刘汉书）

煤炭工业

【概况】 2017 年，全市煤矿累计生产原煤 200 万吨，实现营业收入 90704 万元，同比增长 48%、税收 19453 万元，同比增长 378%，4 家煤炭企业进入全市企业贡献 30 强，市煤炭工业局积极向上争取奖补资金 6307 万元，位列全市牵头争取部门第 10 名。截至 2017 年年底，全市在籍煤矿 6 个，中型矿井 3 个，小型矿井 3 个，分别坐落在两区、三镇（街道），年核定生产能力 318 万吨，在籍员工 7461 人，全年产煤 201.59 万吨。6 个煤矿均为安全质量标准化矿井，其中一级 1 个、二级 4 个、三级 1 个。

安全监管。严格落实安全生产责任制。按照省、市相关通知要求，严格落实企业主体责任和政府安全监管责任，完善各级管理人员、工程技术人员的安全生产责任制、职能部门的业务保安责任制和各工种的安全岗位责任制，建立健全了考核机制，定期考核通报。全面落实双重预防机制建设。对全面落实双重预防机制建设进行规划，对照煤矿安全风险分级管控和事故隐患排查治理的相关要求，建立健全了安全风险分级管控和隐患排查治理双重预防工作机制。2017 年，共排查安全风险 371 项，其中重大风险 6 项、较大风险 46 项、一般风险 229 项、低风险 90 项，全部制定管控措施、对区队责任人及专业监督人进行落实。强化应急管理体制建设。各级成立了应急管理办公室，并与气象、防汛等相关部门建立紧急互动机制，充分利用现代信息手段及时掌握汛情水情预警预报信息。建立健全灾害性天气预警处置机制，突出抓好“调度员十项应急处置权”和“三分钟通知到井下所有人员”的落实；加强应急救援装备建设，做好抢险物资储备工作，做到专库存放，专人管理。汛期期间加强防洪物资储备，成立防洪抢险队伍，实行 24 小时值班，明确分工，做到万无一失。严格监管执法。市局认真贯彻落实《中华人民共和国煤炭法》《国务院预防煤矿生产安全事故的特别规定》等法律法规，强化行业管理力度。以“大快严”集中行动为抓手，开展各项监管执法活动。与省煤炭局、省煤监局、鲁中分局、市国土局等部门配合开展执法检查活动，实现上下联动、部门通力协作。开展百日攻坚治理行动和煤矿全面安全“体检”、职业卫生专项检查工作。开展区级每月一次、市局每季度一次的全覆盖、拉网式安全大检查和隐患集中排查活动。按照“双随机一公开”制度，对煤矿企业进行不定期抽查。全年共制作执法文书 23 份，共排查问题和隐患 253 条，已全部整改完成。开展安全生产标准化宣贯和落实，4 个矿井达到安全生产标准化二级矿井，鄂庄煤矿申报一级安全生产标准化矿井。截至 2017 年年底，全市煤矿已连续 17 年杜绝较大以上生产安全事故，实现了平稳健康发展。

化解产能。按照上级部署，2017 年全市计划关闭煤矿 1 个，即莱芜市苍龙峡旅游开发有限公司华鑫煤矿。2017 年 9 月 26 日、10 月 18 日，莱城区、莱芜市联合验收组分别对华鑫煤矿关闭退出工作进行验收；10 月 20 日，省煤炭行业化解过剩产能实现脱困发展领导小组办公室联合验收组对华鑫煤矿进行了验收。10 月 23 日，华鑫煤矿 2017 年化解煤炭过剩产能任务完成情况在山东省人民政府网站公告，完成化解煤炭过剩产能任

务 30 万吨，全年争取上级奖补资金 6307 万元，

清洁利用。市煤炭局及时召开全市民用清洁煤炭推广工作会，协助市政府办公室印发《2017 年全市民用清洁煤炭推广工作方案》，落实了相关部门责任和任务；根据各区政府（管委会）的要求，市煤炭局统一进行招投标确定清洁煤炭入围供应企业，并建立了清洁煤炭直配体系。注重宣传，积极与电视台、电台、公交公司合作，制作清洁煤炭专题动画、录音、图片、文字等在黄金栏目、黄金时段开展宣传，发放宣传单近 20 余万份，使煤炭清洁利用相关政策家喻户晓，引导广大市民自觉抵制劣质散煤；严格调度考核，制定了清洁煤炭推广检查考核办法，建立了清洁煤炭推广工作周调度制度；分工领导带领相关科室定期到 6 个区（功能区）现场督导，全力落实推广任务，完成 10 万吨推广任务。

（蔡海涛）

【莱芜市万祥矿业有限公司】 2017 年，万祥矿业完成原煤产量 74.86 万吨，同比增加 2.86 万吨；销售收入 3.4 亿元，同比增加 1 亿元；缴纳各类税费 4500 余万元。

安全管理。文明治理。按照“整治—提升—巩固—深化”的步骤，以“标准、规范、朴素”为要求，举全公司之力对矿井进行整治，安全质量标准化水平取得显著提升，纵向比较焕然一新。抓投入保障。着眼于关键设备、配件完好备用，致力于弥补安全生产的欠账和短板，在集团公司的支持帮助下，在公司的极尽努力下，投入保障得到大幅度提升。现场管理。抓下井带班盯岗质量，突出加强偏远地点、薄弱环节的安全管理，每天早会通报行走路线、查治隐患，出现问题倒追责任，进一步提高了安全管理的责任意识。抓责任划分。修订下发《安全生产责任制及考核细则》，上至公司领导，下至一线职工，涵盖 377 个岗位，逐级签订安全承诺，层层抓好工作落实，形成主体责任明确、群策群力抓安全的良好局面。抓隐患排查。坚持预防为主深化“双重”预防机制建设，加强风险预控，从源头上系统辨识风险、分级管控风险，全年累计排查安全风险 1.4 万余项，初步完成了风险数据库的建立，为矿井安全生产，减少事故隐患奠定了扎实基础；加强隐患查治，以隐患排查和治理为手段，认真排查风险管控过程中出现的缺失、漏洞和风险控制失效环节，全年排查治理各类隐患 1843 条，其中 B 级隐患 654 条、C 级隐患 1189 条，查出各类问题 5692 条，下达 D 卡 229 份，隐患整改率 100%，保证了现场稳定可控。

聚焦重点突破。“救命”工程。以 6198 面作为公司稳定发展的“救命”工程攻坚推进，战高温、抢进度，顶住各类风险压力，提前规划 4 个月完成放面，全年实现安全产煤 47.6 万吨，收入 2.37 亿元，为公司“扭亏为盈”做实了坚强保障。“希望”工程。面对每况愈下、临近枯竭的采场，以深部手续办理作为公司长远发展的“希望”工程聚力而为，在社会各界的支持帮助下，6 月底完成全部手续办理，新增有效可采储量千万吨，延长矿井服务年限 20 年。“止血”工程，减轻负担。全年在有重点的补欠账、增投入的基础上，继续深挖降本潜力。其中，全年修旧利废实现节支 259.15 万元；维修费同比降低 415.94 万元，降幅 27.4%；电费同比降低 583.87 万元，降幅 8.2%。

深化改革。瘦身改革。推进“三供一业”移交，水、电、暖及物业均已签订移交协议；再次分流减员 360 人，年内节支 766 万元，进一步减轻了人力负担。机制改革。推行竞争上岗机制，对重点岗位人员实行公开招聘，笔试面试择优录取，形成了积极向上的选拔用人机制。实施风险抵押金制度，分比例与安全、生产绩效挂钩，加大政策奖励、追责力度，做到利益与风险并存，压力与动力并举。实行管理人员“月度评议，年度评聘”机制，每月下发排名通报，对长居末位者半年警示、年底解聘，增强了各级管理人员务实作为的紧迫感。坚持“围绕大局、服务中心”，开展民

主评议活动，生产评议后勤，采掘评议辅助，评议结果直接与工资相挂钩，奖优罚劣，工作质量取得显著提升。体制改革。推行自主经营体制改革，签订施工合同，锁定结算单价，放手用人权限；并就重点工程实行单项承包，定目标、定责任，定重点、定要求，定措施、定奖惩，严抓工作落实，自主经营、自负盈亏、自挣自吃，增强了各级人员干事创业的工作动力。

创新驱动。充分发挥“创客中心”作用，积极“走出去”对标学习，先后完成“110工法”沿空留巷、矿井排水系统优化和高温水源利用等技术方案的设计，为公司治亏创效、节能降本提供了强大助力。在绿色喷浆上，矸石山就地取材，同比沙石喷浆便宜249元/米，并为矿井绿色开采提供了重要途径，也为社会带来了重大环保效益。在系统优化上，针对深部工作面战线长、皮带多、事故影响多的实际，打设深部缓冲煤仓，实现原煤集中运输、节能运行，年内减少系统运行费用160余万元。在管理创效上，以“依法合规”为原则，加强对上级政策的研究，深挖政策红利，全年财务创效2522.24万元。加强项目调研招标，3家以上比价，3家以下议价，最大限度地减少资金支出，全年节支708.2万元。

和谐企业建设。深化党建。不断深化“两学一做”学习教育常态化、制度化建设，牢固树立“四种意识”，强化领导班子建设，学做结合、务实重行，严格落实“双重组织生活”制度，深入基层、了解基层、服务基层，及时指导帮助解决针对性问题，凝聚了公司上下度危求生、改革脱困的正能量。强化信访。全面推行“网格化管理”，划分7个网格，“五定、三包、一落实”，逐级强化信访责任，保证了企业和谐稳定。全年接访182起，走访约谈314人次，逐一政策解析、思想劝导，避免了各类矛盾问题的发生。保障民生。坚持“发展依靠职工，发展为了职工”的宗旨，多渠道筹集资金164.48万元，实施精准扶贫，救助困难家庭912户次，解决了职工家庭的燃眉之急，凝聚了企业发展的向心合力。针对汶源电厂停运，社区冬季供暖受到影响的实际，积极对接上级各部门，推进供暖改造，11月15日如期供暖，保证了社区的正常生活。

（穆德玉）

【山东华泰矿业有限公司】 2017年，华泰矿业公司面对矿老井深、后组煤开采难等多重压力，公司全体干部职工坚持以贯彻学习中共十八届六中全会、中共十九大精神为指导，围绕全年各项任务目标扎实工作。截至2017年12月31日，实现了第14个安全生产年、连续安全生产5241天，矿区呈现出了稳定和谐的发展态势。企业连续11年保持了省管企业文明单位称号。

安全生产。牢固树立“红线”意识，坚守“底线”理念，建立健全“党政同责、一岗双责、齐抓共管”的责任体系，严格落实安全生产责任制和领导干部跟班下井制度，提升了对细节、过程的管理水平。对矿井主要生产系统、各生产作业地点、安全设施运行状况、矿井安全生产现状进行了全面自查、自检工作。全年对排查出的453条安全隐患进行限期整改，整改率100%。在特殊时期针对特定问题，制作了现场安全确认表，保障了安全生产秩序。坚持“朴素的安全生产标准化”理念，针对41条违反标准和不符合标准的问题，列出责任清单，严格考核落实，促进了安全生产标准化建设的内涵式提升。

企业管理。建立闭合考核制度。加强了调度室、办公室考核权重，并在公章使用、调度管理、费用报销、门岗管理、车辆使用、劳动纪律、材料交旧领新等方面及时出台一系列制度。有针对性制定考核标准，严格落实到期奖罚。采煤区队每天早调度会通报产量，落实奖罚；三个班子成员因工作落实不力，一个半月内先后受罚；召开了月度经营考核会，各项奖罚指标一一向被考核单位公示，让“干多少活拿多少钱”成为分配共识，改变了以往的平衡工资指标带来的消极影响。

建立了学习制度。立足跳出华泰看华泰，分生产、机电、经营、保卫等专业，由分管班子成员带队先后到鄂庄、孙村、翟镇等单位对标学习，在较短时间内提升了相关专业的业务水平、工作标准和工作状态。

降本提效。突出财务创收。加强承兑汇票使用，积极推进“四金”占用清理进度，对盘活的1宗土地和31宗房屋全部出租，完成了“僵尸”企业处置，争取技术开发费加计扣除等各类政策补助，共财务创效566万元。加强材料管理。强化旧料复用力度，延长材料使用寿命。加强材料采购环节管控，从160多家邀标比价询价供应商中选出了69家，矿用重点物资主要通过产品生产厂家直接供货，材料费降低200万元。加强机电管理。对主运、副提系统优化改造，采取分时段运煤、“分采区、按班次、集中供料”等方式，月减少峰期电量消耗5万度，减少人员占用21人。成立了3个专项维修组，减少外委修理费近200万元。创新煤炭洗销模式。调整洗煤参数，煤泥发热量由2200大卡调整到1500大卡左右，使精煤回收率提升2% ~ 3%。调整了潘西原煤洗选加工配煤方案，使经济最大化。实行了各煤炭购销客户轮流装运、煤泥价格竞价销售、其他煤种两户比价等销售策略，增加了公司经济效益。

和谐矿区建设。积极回应安仙棚改房居民反映诉求，与地方政府、村委、派出所进行对接，在较短时间内积极稳妥做好棚改房钥匙交付工作。从细节做起关爱职工。将承担劳保、社保业务的人力资源中心从办公楼四楼搬到一楼，方便岁数大退休老人、身体差伤病职工上下楼办理业务；筹集资金、协商周旋，为职工发放劳保用品；加强矿大门人员、车辆进出管理，让干部职工有安全感；接受职工建议，开展元旦趣味运动会，提振全员精气神，得到了干部职工的好评，增加了干群凝聚力。

（邹翠云）

【新汶矿业集团鄂庄煤矿】 2017年，鄂庄煤矿围绕治亏创效、改革脱困中心任务，在不断地对标赶超、竞先进位中，以责任和担当创新思路，以坚持和坚守苦练内功，真抓实干，奋勇突破，各项指标均创历史较好水平，全年完成产量90万吨，完成产值3600万元。

安全管理。始终将安全生产作为高于一切、重于一切、先于一切的“一号工程”，坚持以安全生产标准化建设为抓手，以“孝爱”文化为引领，不断强化“归零”思想和“万一”观念，夯实基础管理，严格责任落实，截至2017年年底，矿井实现连续安全生产26年，继续保持全国同类矿井最好水平。建设“孝爱”安全文化，在全矿干部职工中逐渐形成共识。开展质量标准“亮点工程”创建活动，推动生产环境由安全向健康转变，通过国家一级安全生产标准化矿井验收。

生产管理。作为老区矿井，生产条件较差，煤层薄，断层多，变化大。煤种复杂多变，煤质不稳定。基于以上条件，始终坚持以煤炭增量为突破口和发力点，以提速提效为抓手，在设备改造、系统优化、管理提升、科技创新等方面出实招，下实功，求实效。创新使用690毫米大截深滚筒，每循环增加推进度60毫米，增加1/10产量，提高安全系数，降低了职工劳动强度，缩短了职工劳动时间。

企业经营。通过每周召开产销平衡会，统筹安排采煤工作面调整和控制好各面推进速度，保证不同煤种均衡生产，实现了产、销、洗无缝对接。为实现产品附加值最大化，做到应洗尽洗，对地面原煤运输系统进行改造，增加了原煤反洗系统，解决了原煤无法返回入洗的弊端，保证了企业效益。

后勤物业管理。2017年，按照集团公司统一安排部署，成立了“三供一业”分离移交办公室，在集团公司率先成立业主委员会，依法合规选举了鄂庄社区、矿煤社区2个业主委员会成员。按集团公司要求高效完成了国有划拨土地作价出资工作。为保证冬季供暖，成立了专门领导小组，专题攻关锅炉房改造工作，2台燃气锅炉按时完成安装。南山佳苑社区用上了天然气，生活更加便利。在环保工作方面，通过定时召开环保工作专题会议，明确各有关单位、责任人的环保职责和目标任务，做到环保不出问题。

党建思想工作。严格落实全面从严治党要求，认真履行“一岗双责”，全面落实“两个责任”，切实抓好党建工作，凝聚发展正能量。强化形势任务教育。充分发挥党支部书记作用，做好思想政治工作，积极传递正能量，引导广大干部职工争做合格员工、争做合格党员，保证了职工队伍稳定。强化党建基础工作。扎实开展“两学一做”学习教育，不断推动党员教育从“关键少数”向广大党员拓展。严格党支部“三会一课”制度，规范开展“主题党日”活动。加强基层党建考核，每月一考核一通报，基层党建工作不断提升。强化信访稳定。班子成员积极深入到各基层区队开展了包保盯守，每季度至少召开一次座谈会，到现场两次办公，倾听基层职工的心声，解决他们关心的热点和难点问题，消除了沟通障碍，拉近了干群距离。严格执行信访联席制度，每周召开一次信访工作例会，及时收集信息，化解矛盾，保证了矿区和谐稳定。强化民生保障。强化“采掘工人是最可爱的人”的鲜明导向，收入、待遇继续向生产一线倾斜，优先发放采掘工人工资。在各工作面、掘进头、变电所等地点配备了急救药箱，满足职工应急需要。积极向地方政府争取省属困难企业退休职工独生子女父母养老补助。

（狄玉维）

电力工业

【概况】 莱芜市自1939年秋开创有电历史以来，经过半个多世纪的快速发展，已发展成为以500千伏网架为支撑，以220千伏双环网为主网架，110千伏及以下电压等级为配网的坚强供电网络。截至2017年年底，莱芜境内拥有发电厂19座，总装机容量4670.268兆瓦。统调电厂10座，其中有火电厂2座，即莱城电厂、莱芜电厂，总装机容量4060兆瓦；风电场1座，即平州中电风电场，装机容量99兆瓦；光伏电站7座，即苗山东鑫光伏电站、口镇劲能光伏电站、高庄中核光伏电站、高庄华能光伏电站、宋家华辰光伏电站、牛泉华能光伏电站、颜庄晶澳光伏电站，总装机容量160.5兆瓦；地方电厂9座，总装机容量350.768兆瓦。莱芜电网拥有500千伏变电站1座，变电容量150万千伏安，输电线路260.56公里；220千伏及以下变电站46座，变电容量626.331万千伏安、输电线路1082.202公里；全市配电线路341条，配电自动化覆盖率100%。2017年，全市全社会用电量达到110.16亿千瓦时，同比增长3.06%。

【国网莱芜供电公司】 国网莱芜供电公司成立于1993年，是国网山东省电力公司所属国有特大型供电企业，担负着莱芜市6323个企事业单位、1236个自然村、53.91万客户的供电任务。截至2017年年底，有在册员工514人、农电用工611人。下设办公室、发展策划部等13个职能部室，经济技术研究所、信通分公司等6个业务支撑机构，以及莱电新源投资有限公司1个集体企业。负责管辖35千伏及以上变电站46座，变电容量

623.74万千伏安、输电线路1190.33公里。2017年，公司售电量完成82.08亿千瓦时，同比增长5.48%。公司保持全国文明单位称号，并获得市工作实绩考核突出单位、安全生产工作优秀单位、群众满意度奖、基层党风廉政建设示范点称号。

电网建设。推动完成省公司与市政府“十三五”坚强智能电网建设战略会谈和协议签署。跟踪对接市域各级规划编制，电网规划项目准确纳入各区控制性详细规划。攻坚完成榆横—潍坊特高压工程境内通道清理工作。科学制定并实施工程建设“五个计划”，110千伏莲花—牛泉线路工程、园区输变电工程顺利开工并有序推进，35千伏凤凰站扩建工程竣工送电。实施配网建设“红黄旗”竞赛，提前完成58个中心村、33个贫困村电网改造及251眼机井通电任务，农网改造升级“两年攻坚战”顺利告捷。推进“一流配电网”建设，农村户均配变容量提升至2.15千伏安，10千伏公用线路“N-1”通过率达到85.5%。结合城市建设成功打通5个重要区段电缆通道，城区配网网架进一步优化。创新推行智能配网设备定检和保护定值“双定”管理，配电自动化动作正确率继续保持全省领先。

安全生产。开展安全生产大整顿、安全生产大检查等专项行动，累计查改问题隐患316项。持续强化“两个体系”，梳理七类人员安全职责清单，组建集体企业安全质量部，充实项目管理中心及基层安监人员10人。全面应用现场安全管控平台，监督管控现场1197处，实现重大风险、重要工序监控全覆盖。创新实施现场安全监督“七步工作法”及“2+7”痕迹化履责，违章数量同比下降10.9%。强化电网运维防护，完成565项春秋检任务，成功应对全网负荷五创新高考验，八级电网、设备事件同比减少15.4%。全省率先完成220千伏母差保护“双失灵”改造。输电线路“三跨”区段实现全可视。配电线路首段绝缘化率100%，10千伏线路故障停运率同比降低21%。精心组织29次应急演练，公司通过省公司应急能力专项评估。截至12月31日，公司实现连续安全生产8500天。

供电服务。严格执行输配电价政策，积极服务60户直接交易及市场化零售用户，累计交易电量39.5亿千瓦时，减少用户成本1.87亿元。严格“先接入、后改造”，实施业扩配套项目15个、资金1300万元，服务送电高压业扩360户、容量48.65万千伏安，接收小区32个、居民2.14万户。设立钢城供电中心，优化3个园区供电所，实现园区服务更高效。推动“全能型”乡镇供电所建设，创新建立台区经理“四撑三考一评”管理体系，农村地区网格化供电服务实现全覆盖。针对性实施“九大攻坚战”，城区费控应用率较年初提升36个百分点，公司推广应用率超过98%。完成09规约终端更换1.3万台，智能电能表新装更换6.5万只，消除破损无锁表箱2.76万只。深化“互联网+供电服务”，电e宝等自有渠道覆盖7.3万户，互联网渠道交费比例达到32%。平稳完成4次电价调整，通过省物价局价格监督检查。促成政府出台支持政策，12家国企“三供一业”分离移交框架协议全部完成签订。全年配网不停电作业3877次，故障抢修平均时长缩短55分钟。开展“彩

2017年10月24日，供电公司工作人员对输电电路进行红外测温
（市供电公司 供稿）

虹·心服务·新价值”主题活动，营销服务规范率保持全省前列。因地制宜推广电能替代，建成雪野镇电采暖、辛庄镇电烤烟示范项目，完成替代电量2.07亿千瓦时。电动汽车年充电量达到500万千瓦时。“多表合一”接入完成5000户。服务7个新能源、1392个分布式光伏项目顺利并网。

经营发展。全方位、深层次开展问题清单梳理，采取“三级包保、五级审核”措施，高质量完成“四上四下”工作。完成省公司4个专项审计和1个审计调查迎检，自主开展4个专项审计，66项审计发现问题全部整改销号。以“两审一查”推进结算管理关口前移，完成工程结算审计320项，节约资金3771万元。推进制度自检完善，完成制度废改立21项。开展“财务安全年”活动，清理压降财务账户2个，完成16项问题排查整改。理顺同期线损管理职责，10千伏分线达标率较年初提升59个百分点，台区线损达标率保持全省前列。建成投运线缆质量检测中心，全年规范处置废旧物资304万元。稳步推进“两供一业”分离移交，实现可研审查通过率、资金申请通过率及框架协议签订率3个100%。坚持公务用车严格管理，按期完成公务用车制度改革。规范集体企业“三会一层”法人治理结构，瘦身健体改革方案通过省公司审核。

企业管理。优化三级目标管控体系，围绕“四抓四提升”细化任务62项、明晰标准78条，高效指导推进全年工作。明确违章、投诉、对标和效益“四把标尺”，配套建立管控机制，倒逼作用有效发挥。主动适应对标发布规则变化，强化“三抓两评”过程管控，对标工作管控有力、成效显著。创新搭建卓越班组比拼平台，实行多维度综合考评，评选表彰12个卓越班组。9个班组结对共建成效显著，21个班组、4个供电所被评为省公司标杆和进步班所。1个班组获国家电网公司一流班组。建立创新创效“一四二”管控体系，60项科技成果获省公司级及以上表彰，数量较上年增长四倍。其中，1项成果作为莱芜市和地市公司唯一成果获山东省科技进步奖，3项成果获全国电力职工技术成果奖，公司被授予山东省职工技术创新竞赛示范企业称号。11项管理创新成果获省公司级及以上奖项，入选省公司创新成果转化推广目录数量居第一位，QC成果连续3年斩获“国优”。发明专利授权数量创历史新高。

（苏　鹏　李　洋）

【华能莱芜电厂】 华能莱芜电厂始建于1970年，2008年12月划归中国华能集团公司。原装有3台12.5万千瓦机组，分别于1972年、1973年、1975年投产发电，时为山东省单机容量、装机总容量最大的火力发电厂，2009年全部关停。现装有2台33万千瓦热电联产机组和2台103万千瓦二次中间再热机组，火电装机总容量272万千瓦；拥有高庄、牛泉2个光伏电站、容量4万千瓦。

2017年，华能莱芜电厂安全生产总体平稳，全厂未发生人身轻伤及一般以上设备事故。提质增效成果明显，完成发电量145亿千瓦时，同比增加44.3亿千瓦时；实现销售收入46.3亿元，同比增加16.7亿元；纳税总额1.25亿元，实现地方财政收入7592万元。企业发展再获突破，百万机组通过达标投产复检，高庄光伏通过竣工验收，牛泉光伏投产发电。

安全生产。以“安全生产责任制深化落实年”活动为主线，开展安全大检查、安全生产百日攻坚等活动，不断强化两票执行、“两措”落实和技术监督，本质安全水平得到进一步提升。加强设备可靠性管理，精心做好设备维护，4号机组实现修后连续运行251天。加强厂内燃料管理，抓好设备治理，完善软件资料，改善煤场环境，顺利通过华能集团燃料管理标杆电厂验收。

企业发展。百万机组通过环保、消防、安全、职业病、水土保持、档案六大专项验收，高标准通过华能集团达标投产复检。高度重视尾工尾项，重点推进厂区绿化、消防站建设、颜庄站铁路立交桥施工，取得厂区和泉水峪灰场不动产权证书。

新建“三大中心”如期投用，改善了职工工作环境。牛泉光伏项目4月14日并网发电；高庄光伏项目列入山东省增补规模，通过股份公司竣工验收。积极储备新的清洁能源项目，徐家峪光伏前期工作扎实推进，开展沟里村水库水上光伏可研准备工作。

经营管理。积极应对利用小时和电价双降、煤价大幅上涨等不利因素影响，准确研判市场，灵活采取策略，全年发电量、收入等均创历史最好水平。电量营销成效显著。全年落实电量计划141.83亿千瓦时，火电完成利用小时5331小时，高于全省统调平均水平506小时；加强厂内效益调电，百万机组利用小时达5429小时，比33万机组高460小时。燃料供应保障有力。在7号机组投产、用煤量大幅增加的情况下，加强与重点大矿沟通联系，落实供煤主渠道，保障了燃料供应。降本增收卓有成效。突出燃料在成本控制中的核心地位，严格市场煤招标采购，掺烧经济煤种77万吨，节约成本2900万元；加强融资管理，做好贷款接续、置换工作，全年贷款利率较基准利率下浮4.3%，节约财务费用245万元。实现工业供汽收入1700万元，收回市财政局往来账款2696万元，抵减企业所得税467万元。积极争取政策支持，获得污泥掺烧电价补贴502万元、供热补贴1113.17万元。

节能减排。持续加强小指标精细化管理、节能创新管理和预调度管理，积极开展机组耗差分析和指标达标治理，实施向颜庄镇供热、7号机组受热面等技术改造，供电煤耗完成286.10克/千瓦时，比预算指标低6.45克/千瓦时；厂用电率完成4.12%，比预算指标低0.43个百分点。6号机组获全国大机组指标竞赛一等奖、供电煤耗最优奖，7号机组能效水平创同类型机组最好水平。加强环保设备运维管理，确保机组达标排放，7号机组率先成为全负荷脱硝运行机组，没有发生影响企业声誉的环保事件。

企业管理。开展“管理融合年”活动，结合巡察整改等要求，制定、修订各类制度109项。高度重视内控管理，规范工作流程，建立整改台账，实施问题清单销号管理，“零缺陷”通过年度内控审计。开展审计问题整改“再回头看”，强化日常工作监督，动态推进整改落实。加强物资采购、招投标管理，完善商务体系，规范招标流程，全年共组织招投标132项，均符合“三重一大”决策要求；物资公开采购率、招标采购率、线上采购率均100%，采购金额比概算节约1893万元。加强法律事务管理，积极应对各类诉讼，防范法律风险。推进信息化管理平台应用，ERP、SAP等业务平台建设进一步完善，为生产经营决策提供有力支撑。

（张　亮）

【华电国际莱城发电厂】 莱城发电厂是华电国际公司的全资企业，隶属于中国华电集团有限公司。1998年3月开工建设装机容量为4×300兆瓦燃煤火电机组，2003年5月全部建成投产。2017年，莱城电厂抓好安全生产、提质增效、环保供热、新能源建设等重点工作，全面完成年度各项目标任务。全年完成发电量61.9亿千瓦时，完成供热量144万吉焦，安全生产突破18周年，继续保持首台机组投产以来的连续安全生产纪录。

提质增效。制定提质增效增收节支工作方案，抓实市场营销、煤价管控、“两金”清理、节能降耗等关键要素，提升企业对地方经济效益贡献度，荣获全市企业贡献三十强称号。抓好经济活动分析和对标管理，持续深化全面预算管理，提高利润滚动测算频率，强化预算准确性和执行刚性，经营管控更趋精益。优化机组运行方式，合理安排发电与检修技改关系，做好调停消缺、稳定运行等工作，电量计划兑现率101.06%，高于电网平均水平0.41个百分点。围绕“收、耗、存”主线，持续抓好燃料调运、入厂验收、煤场管理等全过程管理工作，燃料管理良好形象进一步提升。

安全生产。加强风险分级管控和隐患排查治理“两个体系”建设，推行“作业现场安全风险控制卡”和安全“双述”，强化危险作业“梯级监督”。开展脚手架、电除尘防触电等专项排查，做好本质安全查评、结对子互查等发现问题整改，消除隐患500余项。严格外包工程管理，利用安全例会、微信群、班前班后会，加强安全技术交底、安全教育培训和安全措施审查，规范使用安全绳、防坠网、接火盘，外包工程管理能力不断增强，获山东省电力行业2017年安全生产先进单位。抓好燃烧调整、掺配掺烧、防结焦积灰、吹灰器排查调整等工作，连续40个月锅炉无灭火。认真总结防磨防爆治理经验，采取防磨喷涂、更换管排等手段，抓好“四管”治理质量监督，连续29个月“四管”无泄漏。积极应对排污许可新要求，抓好环保设施运维、污染物排放对标等工作，机组始终稳定“超低排放”，及时获得“排污许可证”，获山东省火力发电企业环境保护技术监督先进单位称号。

可持续发展。积极履行社会责任，密切关注山东省清洁供暖要求和莱芜市全面淘汰燃煤小锅炉进展，加大供热市场开拓力度，做好安全稳定供热工作。抓好虎门风电项目造价控制、设备选型、工艺管控、安全监督和试运验收等工作，25台风机一次性成功并网发电，山东内陆地区连片开发的“示范性”风电场基本建成。按照新能源企业7S和精益管理标准，完善新能源公司安全生产、绩效管理和物资管理等制度，管理水平不断提高。稳步推进泰莱地区风光资源勘测和光伏、分布式能源、生物质能发电项目。

企业管理。印发《关于全面推进精益管理的实施意见》，强化管理机制、管理考评、内容深化等方面的管理，安全“零事故”、操作“零差错”、设备“零故障”、成本“零浪费”、经营“零风险”和营销“零距离”的理念深入人心。加强7S长效机制建设，固化7S管理标准和行为，实现从“形式化”到“行事化”再到“行为化”的转变。1项成果获得中国水电质协QC成果二等奖，2项成果获得国家实用新型专利。开展“勒索”病毒防范专项治理，获得山东省电力行业网络与信息安全管理先进单位。

（刘新宁　杨玉振）

机械工业

【概况】 2017年，全市现有规模以上机械工业企业50余家，主要产品矿山机械、塑料机械、风机、高速电梯、矿用传送机、轴承、电器开关等。塑机行业已发展超48家，形成了从零部件加工、整机生产到产品设计的塑机产业体系，产品共有12大类160余种规格，主要为地膜、包装膜、管材、异型材等设备。

（纪倩倩）

【山东莱芜煤矿机械有限公司】 山东莱芜煤矿机械有限公司（以下简称莱芜煤机公司）始建于1966年，是在原山东煤矿莱芜机械厂政策性破产基础上，经山东省国资委批准设立的国有独资公司，公司成立于2006年12月4日，现隶属于山东能源重型装备制造集团有限责任公司，公司占地面积390多亩，在册职工为989人。2017年，公司实现销售的收入近2.9亿元，利润211万元。在历经外部煤炭形势持续低迷，内部改革纷繁复杂的多重环境影响下，公司坚持以中共十九大精神为指引，在经营改革中实现了止亏增盈，在管理模式上实现了全面升级，在技术创新上培育了全新动能，在精神面貌上焕发了全新活力。公司整体呈现出经济效益递增，项目优势突出，发展持续向好，职工和谐稳定的好局面。年内，公司先后获得矿山行业机械协会标准化工作先进集体、创建全国文明城市工作先进单位、山东省档案工作科学化管理先进单位等称号，继续保持了全国重合同守信用企业、省级文明单位等称号，已连续7年入围中国煤炭机械工业50强。

技术创新。2017年，公司累计完成技术创新项目130项，其中新产品开发17项，产品系列化优化设计整改9项、特殊订货及用户设备改造升级23项、电控和液压产品配套设计25项，工程及工艺系统设计5项、技术协议转化37项，产品开拓试验14项。列入集团公司年度计划共计4项，全部按研发计划推进实施。受理实用新型专利7项，授权发明专利2项，在国家级核心刊物发表论文5篇，主持制定的1项国家标准、1项行业标准发布实施，实现技术降本增效34.5万元。发挥技术引领市场的作用，引导技术人员参与新产品的开发，先后完成新和成圆盘加压过滤机、转鼓加压过滤机的研发设计、云南云天化加压过滤机和平车降高系统的研发设计工作，并投入市场应用，为公司新增收入1230万元，技术创新潜能得到最大限度发挥。承办选煤设备年会，公司产品加压过滤机、破碎机获中国煤炭机械工业选煤设备十大成果称号；PYNTK72加压过滤机获山东省机械工业科技进步二等奖；FGM-3000煤泥干扰床分选机的研发及应用获山东省机械工业科技进步三等奖；发明专利《一种粉煤灰综合处理工艺》获莱芜市专利三等奖；公司获矿山机械行业标准化工作先进集体等称号。

（公　冉　亓文静）

建材工业

【概况】 2017年，全市58家规模以上建材行业实现增加值13.11亿元，同比增长11.1%；实现主营业务收入48.95亿元，同比增长16.31%；实现利税7.76亿元，同比增长156.8%，实现利润4.9亿元，同比增长333.12%。

【山东鲁碧建材有限公司】 山东鲁碧建材有限公司是集冶金辅料、建材、旅游置业、物流运输为主的大型冶金建材企业。公司注册资本1.26亿元、现有员工3200余人。公司主导产品有旋窑水泥、矿（钢）渣微粉、商品熟料、商品混凝土、冶金辅料、干粉砂浆、建材化工，产品总量1200余万吨。公司总部位于莱芜市，在青岛、日照、临沂、泰安、连云港等有十余家子公司、分公司。公司先后通过ISO 9002国际质量管理体系、ISO 14001国际环境管理体系、OHSAS18001国际职业安全卫生管理体系三项认证。公司水泥产品曾获全国消费者信得过产品、中华驰名品牌、山东名牌产品等一系列称号，公司曾获得全国五一劳动奖状、全国模范职工之家、全国建材行业企业文化优秀成果一等奖、山东省富民兴鲁劳动奖状、山东省劳动关系和谐模范单位、山东省著名商标、山东省清洁工厂、山东省建材工业节能减排资源综合利用十佳典范企业等称号。2017年，公司生产水泥274.81万吨，实现主营业务收入19.93亿元。

鲁碧公司深入贯彻落实科学发展观，按照“走循环经济道路，做节能减排典范”的发展理念，以打造莱钢冶金辅料精品基地和固体渣资源化利用基地为目标，实施以“做精辅料、做优水泥、做大商砼”为主导方向的“三步走”发展战略，先后在莱芜、青岛、连云港、日照、新泰、沂南、沂水等多个区域组建商砼及新型建材公司，建设了拥有世界一流水平的矿渣微粉生产系统、冶金辅料生产系统、熟料生产线。公司已具备水泥/微粉1000万吨/年、精品冶金辅料350万吨/年，商品混凝土400万立方米/年的产能规模，水泥/微粉、商品混凝土产业已成为山东省建材行业的佼佼者。

（纪倩倩）

轻纺、化学工业

【概况】 2017年，全市33家规模以上纺织行业实现增加值11.65亿元，同比增长1.27%；实现主营业务收入47.7亿元，同比增长1.5%；实现利税2.3亿元，同比下降51.93%，实现利润1.83亿元，同比下降57.67%。

2017年，全市73家规模以上化工行业实现增加值23.52亿元，同比增长2.85%；实现主营业务收入120.15亿元，同比增长7.86%；实现利税2.33亿元，同比增长24.16%，实现利润1.54亿元，同比增长28.84%。

【山东固德化工有限公司】 山东固德化工有限公司创立于2004年2月，位于莱芜市莱城工业区境内，地处鲁中，交通便利。公司采用国内领先技术工艺，年加工煤焦油30万吨。主要产品有工业萘、蒽油、洗油、沥青、喹啉等。2017年，公司生产煤沥青61.05万吨，实现主营业务收入65.71亿元。

公司始终坚持以市场为导向，以质量为中心，以发展为目标的经营战略，积极弘扬“和谐、诚信、开拓、创新”的企业精神，发扬“规范、严谨、高效、务实”的企业作风，致力于科技创新和管理创新，公司各项业务取得了较快发展。公司已通过ISO 9001国际质量管理体系、ISO 14001国际环境管理体系、OHSAS 18001职业健康安全体系认证。公司先后被授予中国化工企业500强、中国化工企业最具竞争力500强企业、全国诚信示范单位、山东民营企业100强、山东化工业十大品牌民营企业、山东省银行业最佳信贷诚信客户、中国专利山东明星企业、山东省优秀化工品牌企业、莱芜市十大工业企业等称号。

（刘汉书）

信息产业

【概况】 2017年，全市规模以上电子信息制造业主营业务收入33.01亿元，利润1.77亿元，利税2.38亿元。产业规模扩大，形成以金鼎电子、义和信息科技、博兰特等企业为龙头，以生产挠性覆铜板、电子PI膜等为主导的电子新材料加工基地；以力创、朗进、华冠智能卡、金田水利等企业为代表的信息产品制造业集群，产品涵盖智能电表、机车空调、变频控制模块、非接触式IC卡、射频卡灌溉智能控制系统。

【电子商务】 开展“工业电商百县行活动暨山东移动企业信息化推介会”活动。为优化完善全市企业信息化应用和推广环境，提升企业信息化应用水平，培育以电子商务为主的互联网新兴业态，推动产业转型升级，4月14日，市经信委与山东移动莱芜分公司联合举办了“工业电商百县行活动暨山东移动企业信息化推介会”活动，近200家规模以上企业参加了此次推介会。

【“两化”融合】 举办山东省“两化”融合深度行莱芜站暨信息化与工业化融合发展峰会。4月21日，在山东省经济和信息化委员会指导下，由山东省两化融合促进中心和莱芜市经济和信息化委员会主办的“山东省两化融合深度行莱芜站暨信息化与工业化融合发展峰会”活动在莱芜雪野成功举行。部分省直部门负责人、各地市信息化推进主管部门负责人、全省300家重点企业信息化负责人等出席本次活动。会议深入贯彻实施《中国制造2025山东行动纲要》和《山东“互联网+”行动计划》等文件精神，重点围绕《智能制造热潮下，企业信息化建设中面临的困境和解决的思路》《企业流程信息化管理之道》等当下热点问题进行了深入交流与探讨。

【贯标试点企业申报】 2017年，全市山东力创科技股份有限公司、山东净土高分子科技有限公司、山东九佳紧固件股份有限公司3家企业成功入选省级“两化”融合管理体系贯标试点企业。

【企业上云工程】 12月22日，由省经信委、省财政厅指导，山东省企业上云服务联盟、莱芜市经信委、莱芜市财政局主办，华为技术有限公司协办的莱芜市企业上云启动大会在莱芜宾馆举行，全市经信系统、财政系统及部分企业代表近130人参加了会议。会上，来自山东省企业上云服务联盟和华为技术有限公司的专家对企业上云平台、如何帮助企业快速上云等进行了演讲和解读，对于加快全市企业上云进程，促进工业新旧动能转换起到推动作用。

【山东力创科技股份有限公司】 山东力创科技股份有限公司成立于2001年8月，是一家专注于能源计量与节能控制相关产品研发、生产与销售的国家重点高新技术企业。公司现有员工600余人，其中外聘技术专家\高级顾问8人，高\中级职称48人、本科及以上人员310余人，专科及以上员工占职工总数的84%。享受国务院政府津贴专家1名、省有突出贡献的中青年专家3人，省市劳动模范\首席技师6人等，直接从事技术研发的120余人。2017年，公司生产热量表97680台，主营业务收入3.81亿元。

公司通过了QEO（质量、环境、职业健康安全）三体系认证，建有博士后科研工作站、省级企业技术中心、省级电测控工程技术研究中心、省级仪器仪表专用芯片工程实验室、省级供热计量与温控一体化工程技术研究中心、省级嵌入式系统服务平台和中美集成电路合作研究中心等国家及省级科研平台。公司超声波热量表、大型公建能耗检测分析与自动控制系统、供热计量与温控一体化智能系统先后列入住房城乡建设部全国建设行业科技成果推广目录。

（朱　梅）

责任编校：卢海静

商　　务

商贸流通

【概况】 2017年，莱芜市社会消费品零售总额380亿元，比上年增长9.3%。按地域分，城镇306.5亿元，农村73.5亿元；按行业分，批发和零售贸易业345.45亿元，住宿和餐饮业345.55亿元。商品零售价格指数100.7，居民消费价格指数101.5（以上年价格为100）。

【市场秩序建设】 莱芜市商务局完善“红黑榜”发布制度，10家诚信红榜企业名单在《莱芜日报》上公开发布。加大打击侵权假冒工作力度，协调各区和26个市领导小组成员单位，突出整治重点，加强两法衔接，强化考核通报，全市打击侵权假冒工作取得新成效。全年共出动执法人员5000余人次，执法车辆500余台次，立案50起，涉案金额1000多万元。加快全省重要产品追溯体系建设示范市建设，确定了建设方案和14家追溯节点企业，完成了市级服务平台建设。

【市场体系建设】 市政府批复了《莱芜市城市商业网点规划（2016—2030年）》，落实城区市场建设管理奖补政策，支持30多家农贸市场、便民市场、早夜市发展。对智慧便利店进社区情况进行调研，制定了实施方案，筛选重点承办企业，推进全市智慧便利店进社区建设。推动全市冷链物流业发展，组织企业参加冷链物流人才培训，重点支持万泽物流、家家悦冷链物流等项目建设。

【现代物流与电子商务】 2017年，现代物流与电子商务实现主营业务收入33.81亿元，增长16.4%，实现税金0.56亿元，增长2.1%。加快颐高电子商务产业园、鲁中钢铁物流园、华宝庆丰铁路物流园等重点项目建设，帮扶万泽冷链物流改制挂牌并成功在新三板上市。开展产业招商，与上海智炎、澳大利亚BBX国际易货平台、象屿集团等知名企业进行洽谈对接。强化品牌培育，万兴食品、万邦食品、顺香斋3家企业列入全省“互联网+品牌”培育计划。电商扶贫成效显著，建设发展农村淘宝村级服务站、淘帮手96个，覆盖300多个村，建设淘实惠农村网点135个，每家网点增加利润2000多元，带动就业400多人。深化与山东一达通、凤巢网络科技的合作，加快推动跨境电子商务发展，服务企业200多家，开展跨境电商业务的企业100多家。加强电商人才队伍建设，举办阿里春雨培训、颐高电商沙龙等活动7期，累计培训1500多人。

【商贸品牌建设】 莱芜市商务局启动第二批莱芜老字号推荐认定工作，成立第二批莱芜老字号认定专家委员会，并经企业自愿申报、所在区商务主管部门审核推荐、莱芜老字号认定专家委员会评审、社会公示等环节，认定玉顺斋食品等10家企业为第二批“莱芜老字号”。推荐指导9家企业参加第四批山东老字号认定，玉顺斋、凤王祥、山歌3家企业被认定为第四批山东老字号。全市山东老字号企业发展到16家，莱芜老字号企业发展到26家。搭建会展平台，免费组织10余家企业参加香港美食博览会、老字号品牌发展高峰论坛、中国绿色食品博览会等。

【特殊行业发展】 莱芜市商务局加强报废汽车回收拆解行业管理，严格落实企业主体责任，督导双诚报废汽车回收拆解公司对厂区进行搬迁改造。加强二手车经营主体备案管理，督促企业及时到全国汽车信息管理系统进行备案，备案二手车交易市场16家。对全市10家典当企业和6家拍卖行进行年度核查，新上1家典当企业。对东阿阿胶直销网点进行现场审核，对药品流通行业发展情况进行调研摸底。重点围绕消费返利购物、预付卡等上访问题，深入企业，主动与企业和业户沟通对接，妥善处理了相关问题，保持了社会稳定。

【市场运行和消费促进】 莱芜市商务局根据节日需求特点，引导各重点商贸企业提早动手，增加商品购进，丰富节日商品种类，备足备好货源，及时投放市场，确保节日期间全市生活必需品市场供应充足，市场价格稳定，供销正常。春节期间，银座、十八乐、大润发、佳乐家等重点商贸企业投放面粉和大米500多吨、品牌食用油160多吨、肉及肉制品300多吨、干鲜蔬菜200多吨、干鲜果品230多吨、各种酒类1.75万箱。粮、油、肉、菜、蛋等生活必需品价格基本稳定。引导各重点商贸企业针对节日消费特点提前策划促进消费。春节期间，围绕新春题材和年味特色，积极开展丰富多彩各类促销活动。组织商贸企业以优化购物环境、诚信服务为重点，开展节日优质规范化服务活动和各类主题促销及名优特新商品展销活动，引领居民消费。各大商超分别开设了年货大街、年货大集，满足消费者“一站式”购物需求。十八乐超市、银座商城、大润发、茂业天地4家重点监测的大型商贸企业共接待顾客59.4万人次，实现销售收入3600多万元。

莱芜市2017年社会消费品零售总额一览表

表6

分类指标	金额（亿元）	增长（%）
总额	380	9.3
城镇	306.5	8.9
乡村	73.5	10.8
商品销售	345.7	9.3
餐饮销售	34.3	9.2
限额以上	103.7	7.5
限额以下	276.3	10.5

（赵　洁　张大勇　李群杰）

【莱芜市玉顺斋食品有限公司】 莱芜市玉顺斋食品有限公司是莱芜南肠传承生产厂家，于2004年建立。公司现占地面积30余亩，车间生产面积2000多平方米，员工30多人，生产加工玉顺斋南肠、风干肉系列产品20多个品种，年产值3000万元。法人代表樊玉顺是继莱芜南肠始创人苏志亭、第二代传人苏乐颜（苏志亭之子）、第三代传人樊金水（樊玉顺之父）之后的第四代传人。2017年，公司先后获得“莱芜老字号”“山东省老字号”“莱芜消费者满意单位”等称号，玉顺斋产品加工制作工艺被莱城区政府命名为非物质文化遗产，以莱芜南肠几代传人艰苦创业史为题材创作的微电影《传承》获得2017年度“世瀚杯”全国老字号微电影大赛第三名。

（樊玉顺）

【莱芜市凤王祥锡雕研究院】 莱芜市凤王祥锡雕研究院于2012年9月，由莱芜锡雕第八代传人王圣良与其子王绪贤依托莱芜市莱城区凤王锡雕工艺店，经相关单位批准成立。该院以挖掘、整理、保护、传承、创新、发展莱芜锡雕为宗旨，积极开展学术研究、资料整理、继承人培训、工艺创新和产品开发，先后与山东大学哲学与社会发展学院民俗专业合作开展莱芜地区锡雕历史文化调研；与中国地质大学合作，挂牌成立非物质文化遗产教育传承中心兼教学实习基地；与中国工艺美术学会民间工艺美术委员会合作开展民俗民艺传承人保护研讨会。2015年6月，研究院在莱芜市特殊教育学校设立培训基地，对7名听障学员进行锡雕制作培训。

（王绪贤）

【山东盛世缘工贸有限公司】 成立于2006年，主要研创生产“嬴铸铁壶”“锡雕红瓷锡鼓”等工艺产品。“嬴铸铁壶”秉承古法，利用新型铸铁材料和专业技术工艺铸造而成，属煮茶良具，具有改善水质、补铁保健、赏玩收藏之功效。“锡雕红瓷锡鼓”取义于“一鼓作气”成语典故，兼具使用与收藏双重价值。

（李厚峰）

服 务 业

【概况】 2017年，莱芜市实现服务业增加值339.92亿元，同比增长9.9%，占GDP的比重37.9%；完成服务业投资308.33亿元，占全市固定资产投资的比重46.15%；实现服务业税收30.45亿元，同比增长3.15%，占全部税收的比重36.85%。在2017年度省对市经济社会发展综合考核中，莱芜市服务业指标得分居全省第一，比全省平均高4.85分。

【规划政策】 研究制定《2017年重点工作安排》，确定了招宾引客、招商引资、载体建设、行业发展、人才培训等重点工作，明确了全年工作思路。组织实施“十三五”服务业发展规划，按照“微笑发展、协作发展、集聚发展、创新发展”战略，着力构建“10+5”产业体系及“一核、两极、一带”空间布局，推动生产性服务业向专业化和价值链高端延伸、生活性服务业向精细和高品质转变。

招宾引客。落实《中共莱芜市委莱芜市人民政府关于实施招宾引客促进经济社会发展的意见》，对招宾引客任务目标进行分解。广泛宣传发动，组织召开全市招宾引客动员大会，对招宾引客工作作出全面安排部署；通过报纸、电视、网络等新闻媒体广泛开展宣传，营造了招宾引客的浓厚氛围。组织成立市招宾引客工作领导小组，并将招宾引客纳入各级各部门单位领导班子和领导干部实绩考核，同时作为全市重大发展事项进行督察。研究制定《莱芜市招宾引客工作考核暂行办法》，强化督察考核，建立了备案认定和月调度、共完成招宾引客24.8万人，占年度计划的112.7%。

【行业协调】 加强对商贸流通、交通物流、银行保险、房地产等重点行业的调度以及核算服务业增加值所涉及主要指标的监测，搞好服务业运行分析，推动重点行业平稳较快发展。交通物流、旅游、银行保险、房地产、商务服务等重点行业全年实现税收25.73亿元，占服务业全部税收的84.5%。贯彻落实新旧动能转换工作部署，组织召开全市服务业经济运行分析会，分解指标任务，压实部门责任，夯实发展基础。组织开展2016年度全市服务业发展绩效考核，对成绩突出的3个区、17个市直部门单位进行通报表彰。

【载体培育】 坚持实行调度分析督察制度，推动服务业重点园区、重点企业、重点项目“三大载体”加快发展。5个重点园区入园企业达到713家，15家重点企业业务收入同比增长16.33%，30个重点项目完成投资65亿元，“三大载体”的集聚示范作用进一步凸显。组织开展服务业企业培育竞赛，制定了实施方案，明确了目标任务、竞赛内容和考核办法；指导各区进一步研究完善企业纳新办法，确保完成年度目标任务。会同市统计部门，赴浙江温州、金华和江苏常州、扬州，学习服务业发展和服务业统计工作经验，研究制定培育发展限额以上服务业企业的政策措施。组织开展山东省服务业特色小镇试点申报工作，研究确定长勺古镇作为山东省服务业特色小镇试点上报；组织开展山东省重点服务业城区园区企业推荐申报工作，全市有1个城区、2个园区、2家企业入选；组织完成省级载体项目的申报调整和省级服务业引导资金扶持项目的组织申报工作。

【项目管理】 规范完善项目管理制度，强化项目绩效评价、调度、督察，提升项目管理水平。强化项目储备，116个服务业项目纳入储备库，储备服务业引导资金扶持项目27个，上报全省新旧动能转换储备项目26个。筛选确定2017年市级重点服务业项目重点推进，年内计划投资64.27亿元。

招商引资。创新招商方式，开展精准产业招商，引进中车同方（天津）股权投资基金合伙企业注资郎进科技股份有限公司股权投资5845万元，完成单位年度招商引资任务的194.83%；引进由山东永能节能环保服务股份有限公司投资建设的莱芜永能生物质热电联产项目，计划总投资5.75亿元。

人才培训。积极争取省服务业人才培训项目，5月7日—14日在浙江大学举办了现代服务业创新发展专题研修班，来自市服务业发展领导小组成员单位的35人参加了研修。6月14日—20日，在北京大学举办了现代服务业提升发展专题培训班，来自现代物流、文化旅游、商贸流通等服务业重点行业的51位企业负责人参加了培训，是莱芜市第一次大规模举办服务业企业家专题培训。组织开展山东省服务业专业人才奖励候选人推荐申报工作，研究确定人员作为山东省服务业专业人才奖励候选人上报。

改革创新。推动规模以上服务业企业规范化公司制改制，加快对接资本市场步伐，年内完成改制4家、上市1家。研究制定服务业全面深化改革考核指标体系，突出抓好特色改革事项、重点改革任务及发展亮点打造等任务的落实。组织开展雪野旅游区新一轮服务业综合改革试点，雪野旅游区围绕综合改革实施方案，建立健全工作领导机制，服务业体系不断完善，发展活力日益增强，开发建设步伐不断加快，在全市服务业发展中的龙头带动作用不断增强。围绕服务业创新发展，广泛开展调研，形成多篇调研报告，其中2篇调研报告获得市政府系统优秀调研成果一、二等奖，《关于提高莱芜服务业税收贡献的调研》《基于十大产业需求对我市发展新型服务业态促进新旧动能转换的调研》在市委《信息专报》刊发，为领导决策提供了依据。

（张永进　邹淑芳）

供销合作商业

【概况】 2017年，市供销社全面贯彻《中共中央国务院关于深化供销合作社综合改革的决定》、《中共山东省委山东省人民政府关于深化供销合作社综合改革的实施意见》、《中共莱芜市委莱芜市人民政府关于深化供销社综合改革的实施意见》文件精神，按照为农、务农、姓农要求，坚持聚焦“三农”抓改革，持续改进服务方式、提高服务水平，综合实力实现了新提升，各项工作实现新发展、新突破，为全市农业供给侧结构性改革、培育农业农村发展新动能发挥了助推作用。年内，市供销社在全省供销合作社系统2016年度综合业绩考核中获优胜单位特等奖，被评为全省供销社综合改革试点工作先进单位，被人社部、中华全国供销合作总社授予全国供销合作社系统先进集体，被市委、市政府授予工作实绩突出领导班子、群众满意单位、安全生产工作优秀单位、招宾引客工作优秀单位、创建全国文明城市先进集体，被市文明委授予市级文明单位称号。

【供销社综合改革】 供销社综合改革列入2017年全市重点推进的改革任务，市委1号文件、市政府《政府工作报告》和全市农村工作会议分别专门进行安排部署。制定“示范为农服务中心”创建等4个实施方案，启动实施“村社共建、为农服务中心、农村综合服务社”3项创新提升行动，组织召开全市深化供销社综合改革、推进农业服务体系建设、村社共建和发展土地股份合作社等4次现场推进会议。全年争取落实国家和省、市各级财政扶持资金1100万元，全系统14个重点建设项目完成投资2200多万元。在村社共建、为农服务中心、村级综合服务社、区级电子商务平台、镇级电商运营中心、区级农业服务公司和区级、镇级农民合作社联合社以及发展土地股份合作社、监事会机构设置等10个方面工作率先实现全覆盖，走在全省前列。

【农业全程社会化服务】 按照“供销主导、多方参与、统一运作、合同管理、政府支持”的运作模式，创新开展土地托管服务，并围绕推进“两个延伸”“两个提升”，对分散经营的农户，引导基层社依靠村“两委”牵头组织农民以土地经营权入股，成立4家土地股份合作社，为土地托管创造条件。2017年，全系统土地托管面积36.9万亩，“农民外出打工，供销社给农民打工”已成为供销社的亮丽品牌。开展农村合作金融服务，全市3家获金融办颁证的农民合作社中，供销社系统有1家。探索开展农业补充商业保险业务，商业性辣椒种植险投保面积达120亩。

【为农服务中心建设】 新开工建设综合性为农服务中心3个、总数达到20个，基本形成平原3公里、山区6公里的“土地托管服务圈”。配备土壤检测设备67台（套）、智能配肥设备15台、植保飞机7架，购置各类大中型农业机械380台（套），整合社会农业机械2000余台（套）。全系统已完成测土面积32.5万亩、智能配肥29.33万亩、飞防作业13.57万亩。培训农民、合作社社员、村“两委”成员3.35万人次。加快推进孔子学堂在为农服务中心的落地，全年已建成10个。同时，按照农业生产需要，联合莱芜职业技术学院微滴灌工程技术研究中心建立了合作联盟，与市丰田节水器材股份有限公司合作建立“莱芜市供销社水肥一体化技术推广中心”，建成致远林果、五福茶业、望富黄烟等6个节水和水肥一体化示范基地。

【“网上供销社”品牌建设】 农村流通现代化建设成效显著。市供销社组建的莱芜供销e家电子商务运营中心建成启动运营，莱城区、钢城区供销社分别组建成立电子商务公司，建成乡镇电商运营中心38个，村级电商服务站330多个，初步形成市、区、镇、村四级一体的电商服务体系，实现了互联互通、共享共赢的电商“一张网”。全系统全年电商交易额3.21亿元、增幅列全省首位。推进产供销一体化，布局建设农产品批发市场和商超连锁网络，加快发展农村综合服务社，通过信息、资本和业务联结，实现线上线下融合发展。全系统连锁经营网点已达2037个，建成农村综合服务社1070个、城乡社区服务中心23个，农产品批发市场8个。

【党建引领富民兴社机制】 市委组织部、市供销社联合下发《关于进一步深化和提升“党建带社建、村社共建”工作的通知》，推动做实共建内容，“党建带社建、村社共建”工作不断深化提升，成为全市做好“三农”工作、加强农村党的基层组织建设的响亮品牌。2017年6月，市委书记、市人大常委会主任王良在调研莱城区示范支部建设期间，对口镇栖龙湾村开展“党建带社建、村社共建”取得的成效，给予了充分肯定和高度评价。在全市抓党建促村级集体经济发展工作推进会议上，市供销社就党建带社建村社共建工作做专题交流发言。全年新增共建项目362个，总数达到2496个，干部交叉任职134人，累计帮助11个村集体收入实现“零”的突破，为村集体和农民分别增收3295万元和1.35亿元。

【合作经济组织体系建设】 按照一体化的发展思路，自下而上层层发起，村级重点抓领办发展农民合作社，镇、区健全联合社，着力构建市、区、镇、村四级联动贯通的合作经济组织体系。农民合作社量质齐升。将工作的着力点放在提质增效、规范运作上，增强社员的获得感和归属感，提高所领办合作社的引领带动能力，带动更多农户开展合作经营。全系统全年新领办农民合作社30家，总数271家。农民合作社联合社规范运作。研究制定了农民合作社联合社管理指导意见，探索区、镇农民合作社联合社内部产权联结、组织架构、服务方式、运行模式、分配机制等，以及区、镇级农民合作社联合社与区、镇级供销合作社融合发展机制，推动农民合作社联合社逐渐成为当地合作经济组织体系的领导者、推动者。

【联合社治理】 市、区供销社联合社着眼密切层级联系、理顺社企关系，强化行业指导体系和社有企业经营服务体系的协调联动，形成为农服域横向联合和跨层级纵向整合，形成整体优势和市场竞争力。围绕社有企业管理体制新变化，先后制定出资企业重大事项决策程序等一系列文件，逐步建立预决算制度，实现靠制度管权管人管事，推动社属企业实现平稳较快发展。同时，着眼拓展服务，整合“96621服务找供销”为农服务热线功能，组建成立莱芜供销为民服务中心，服务范围涉及家政服务、家具维修、信息咨询等，经营内容和业态更加丰富。

【精准扶贫】 以“合作社+贫困户”为主要方式，依托合作社吸纳贫困农民入社和开展带小户、带散户和帮扶贫困户脱贫“两带一脱”活动，对建档立卡贫困户提供有针对性的精准服务。实施电商扶贫行动计划，帮助贫困户特色农产品卖出去。通过利益联结、定向帮扶、就业安置、创业扶持等途径，累计帮扶818人实现脱贫，带动贫困户1100多户实现增收，超额完成省、市分配任务。

【党风廉政建设】 深入学习宣传贯彻党的十九大精神，以党建工作新成效促进供销社改革发展。认真履行党风廉政建设主体责任，严格执行中央八项规定，全面落实"一岗双责"要求，研究制定《市供销社关于2017年党风廉政建设和反腐败工作意见》，印发《落实党风廉政建设党委主体责任实施意见》，进一步修订完善《市供销社领导班子和领导干部党风廉政责任》和党风廉政建设责任网络图，把责任分解到人，形成一级抓一级的责任网络体系。全年社党组先后召开6次专题会议，研究全面从严治党、从严管理干部，加强党风廉政建设，落实"两个责任"，加强巡视工作等事宜，坚决把全面从严治党落实到位，在推进供销社综合改革中发挥中流砥柱作用。市社与机关科室、社属单位签订《廉政建设责任书》，全面落实党风廉政责任。

（亓乐群　张　雪）

食盐专营与盐政管理

【概况】 2017年，莱芜市盐务局认真贯彻落实国家、省有关文件精神，围绕全市用盐安全与供应服务核心工作，坚持正确宣传食盐专营政策，完善食盐专营制度，强化终端网络建设，提升盐业服务质量，确保了食盐质量安全与供应安全。全市共购进各类盐27892吨。其中，食盐购进19767吨，其中小包装食盐购进3211吨；小工业盐购进8125吨。销售各类盐28012吨。其中，食盐销售19581吨，其中小包装食盐销售3225吨；小工业盐销售8431吨。实现营业收入2486万元，上缴税金259万元。

【服务保障】 开展市场调研和数据分析，及时掌握盐业体制改革过渡期内全市食盐市场真实情况，不断优化和调整食盐专营各项工作开展。充分发挥"放心盐专柜"作用，坚持以"沟通顺畅、及时周到、便利高效"为工作和服务标准，对全市各大商超、连锁店、食盐经营户等进行高频、优质的跟踪服务，及时掌握市场动态、客户要求，切实保障盐业体制改革过渡期内优质、合格食盐的供应，满足全市居民日常用盐需求，确保全市食盐市场稳定有序。针对全市工农业生产用盐实际，充分考虑季节变化、用盐旺季、合理库存等因素，对腌制、食品加工用盐以及工业用盐等各类盐购进调入、储存、出库等工作，提前谋划、及时服务，为各类盐正常供应提供保障。

【宣传引导】 以食盐安全为总抓手，多形式、多渠道开展宣传工作，不断提升"鲁晶"品牌和莱芜盐业的社会认知度，树立良好品牌形象。发挥广播电视与报社纸媒平台宣传作用，及时宣传盐业法律法规、解读盐业改革政策、碘缺乏危害、打击涉盐犯罪行为确保食盐安全、保障用盐供应等内容，使全市居民能够正确认识盐业改革政策、提高安全用盐意识、了解盐行业监管与服务；采取多种形式，通过进超市、进社区、进学校，开展合理用盐、健康消费宣传，进一步巩固和提升消费者安全、健康用盐意识。通过精心制作新盐品彩页宣传单、宣传板、印制政策文件、典型案例、车体广告等，宣传用盐安全知识。针对专营政策不清、解读错误的的经营商户和物流配送单位，及时上门走访，帮助其正确解读当前食盐专营和盐业改革政策法规，纠正其经营行为，避免经营风险和损失。

【盐政管理】 2017年1月1日起国务院《盐业体制改革方案》实施以来，莱芜市发现个别外省盐企以跨区经营名义，采取签订虚假劳务合同、委托代理、物流配送、经销食盐协议等方式，预收盐款和保证金，违规开展食盐宣传和经营活动，破坏了全市食盐市场秩序；个别之前受过打击的不法分子趁改革之机，大肆开展制售假盐活动，市场环境不容乐观，执法难度进一步加大。市盐务局合理调配人员，加大执法队伍力量，通过责任分片、到人，各单位紧密合作，提高盐政执法准确性、机动性、高效性，全力保障全市盐业市场秩序。2017年，全市共查处盐业违法案件198起，其中移交公安部门4起、行政拘留2起、刑事拘留1起，查没私假盐229.8吨（跨区经营小包装食盐42.7吨、工业盐153吨、饲料添加剂氯化钠11.5吨、大包装食盐22.6吨），罚款1.1万元，端掉窝点6个。

【市场监管】 全年，市盐务局针对全市各大商超、农贸市场、食品加工户、电子商务及物流配送、学校幼儿园食堂、腌制户以及工业用盐企业，适时进行专项检查、开展专项治理。通过发放政策法规、涉盐案例和行政指导书，提高了市民安全用盐意识，规范了经营流通、物流配送、餐饮和食品加工用盐等单位和经营户的经营行为。查处“脚臭盐”。4月，市盐务局盐政执法人员在市场巡查中发现了由外省流入的存有明显异味的小包装食盐（因味道浓厚类似脚臭味，故被称为“脚臭盐”，此类盐在全国多个省市发现，一度受到全国人民高度关注），数量多达8吨。市盐务局随即进行抽样送检，对盐品立即封存，同时责令商家下架追回。因发现较早、处理及时，使“脚臭盐”未在莱芜市大范围流通，切实保障了市民用盐安全。为遏制全市违法从事食盐批发和制贩假盐等涉盐违法行为上升态势，10月组织开展了由经信、盐务、公安、食药监、市场监管、商务、畜牧7部门参与的食盐市场集中整治行动，着重加强对全市非法经营食盐、制贩假盐、食品加工用盐的整治，查处和打击了多类涉盐违法行为。

（郭传良）

医药生产经营

【概况】 2017年，莱芜市医药公司以保障莱芜人民用药及时、安全、有效为宗旨，认真履行企业社会义务，自觉践行社会责任，推进改革改制工作，围绕企业发展战略，适应国家医改政策和市场环境变化，致力于加强教育、提质增效、稳定发展，完成了各项经营任务，整体保持了积极健康发展态势。全年市医药公司实现商品销售收入3.6亿元，同比增长6.8%，实现利润528万元。其中，批发板块实现销售收入20667万元，同比净增453万元；零售板块实现销售收入11635万元，同比净增1484万元。

【药品零售】 山东益寿堂集团找准“坐稳莱芜、辐射周边”的战略定位，按照集团发展规划，不断新开店面，加强管理，提高员工职业技能，增强综合竞争力。借助专业机构提升经营管理、会员管理。与瑞商网合作，利用瑞学、瑞采、瑞智三大系统，加强数据分析，围绕品类管理、顾客管理、资金管理、职工管理、标准门店督导管理5条主线打造数字化运营体系，用数据说话，按流程办事；与上海蓝信康项目进行战略合作，进行会员精细化管理，分析会员数据，对会员提供精准服务；与上海聚音信息科技有限公司合作，实行药品过期换新服务，强化了顾客信任度，提高了顾客黏度；与上海医保健康有限公司签订合作协议。增加益寿堂莱芜地区独有的刷卡渠道，全方位服务于顾客。与鲁和、中盟等大型采购联盟合作，进行比价采购，降低了采购价格，优化了品种结构。与1号药城网合作，让公司在线轻松实现了供应商对接，药品选购，在线下单。优化药店布局，抢占零售市场。年内，新开店面9家，迁址1家，调整店内布局，优化店内环境20家，现店面达到73家。制定整体营销方案，每月一主题，每周一活动，每日有重点，刺激了销售，吸引了客源。与三利公司合作制定全年员工培训计划，对员工分类、分星级进行培训，进行慢病管理专员培训，参加步长金牌店长训练营等。分步建设O2O、O2C，线上销售渠道基本建成；抓质量管理，修订质量管理程序文件，加强计算机系统的管控功能，不断完善计算机系统内质量基础数据，对重点环节如冷链系统，重点把控，确保药品质量。

【药品批发】　莱芜益寿堂面临的市场形势更加严峻，随着两票制的实施，各批发单位认真研究营销模式，积极应对，尽量减轻医院配送品种消减带来的经营压力。莱芜益寿堂采配直销中心业务中心下移，以与各卫生院的协议销售和开辟卫生室、药店终端销售为重点，全年销售同比增长1689万元，终端销售实现日均销售额翻番。

【医疗器械】　莱芜益寿堂医疗器械有限公司、电子器材公司、卫生用品公司、计算机公司等单位稳步经营，完成了经营目标。医疗器械公司稳定经营的同时逐步探索由集约化业务方式向品类化、专业化业务方式转变，把握现有市场的同时逐步拓展外围和外部市场，通过深挖市场、内强素质、绩效激励等措施保持了良好的经营态势。卫生用品公司7个品规已经现场验收。

（刘　磊）

烟草经营与专卖管理

【概况】　2017年，莱芜市烟草专卖局共销售卷烟38026箱，同比增加1345箱，增长3.67%，增幅居全省第1位。卷烟单箱销售额26390元，居全省第7位，比全省平均水平高741元。实现利税2.04亿元，同比增长2%，增幅居全省第11位，为地方经济社会建设做出了贡献。年内，市局（公司）被市委、市政府授予全市企业贡献30强称号，被高新区管委会授予十佳明星企业称号，被山东省烟草专卖局（公司）授予2017年卷烟销售任务特别奖等称号。

【营销网建】　完成全市范围内的“最小单元”调查工作，研发《客户资源管理分析应用平台》软件和APP，实现了一线员工专销协同、数据共享，找出营销的“洼地”和专卖监管的“高地”。开展“一村一店”和精品店、标准店、普通店创建活动。持续开展“终端职能转型、基层服务站建设”系列创新竞赛活动，以解放思想，转变理念助推企业发展转型。召开卷烟商品陈列、细支烟市场培育、“最小单元”合拢收官、“客户经理9＋3”工作法等11个现场会，并形成了相关工作标准，在全市推广。强化细支烟、高价位卷烟品牌培育和重点建设项目区域品牌培育，开展重点客户拜访制度和客户库存管理，推行“一户一策”投放策略，提升基础工作水平。全市细支烟上柜率98%，销量同比增加1197箱，增幅102%；一、二类卷烟销量同比增加1236箱，增幅13.05%，比重28.18%，同比提升2.34个百分点；高三类卷烟同比增加1038箱，增幅12.10%，卷烟结构梯次上移效果显著。

【规范管理】 以“社会专卖”理念为引领，以强所战略为抓手，开展2017年度“齐鲁之盾”专项整治，开展节日卷烟市场、互联网和物流快递渠道、卷烟经营市场、道路运输4个专项治理，几乎涵盖打假打私与真烟流通的所有环节。在内部监管方面，严格卷烟规范经营，认真落实“六条禁令”及实施细则，加强卷烟营销各环节监管。全年共查获涉烟案件386起，查扣非法卷烟564.10万支，案值共计171.78万元，刑拘6人，逮捕2人，判刑7人，破获1起国标案件。全市市场监管高压态势基本形成，卷烟规范经营水平明显提升。

【科技推广】 认真落实减氮增密、推广滴灌技术、推行绿色防控技术，提升烟叶特色水平。全年共落实种植面积8000亩，收购烟叶2.4万担。建立科技推广示范区820亩，规划滴灌片区5处，推广滴灌面积1000亩，开展水肥一体化400亩研究示范，集成推广各项先进实用技术。应用烟蚜茧蜂释放、杀虫灯、生物性“诱捕器”、黄板等诱控措施，防治烟草有害生物，其中烟蚜茧蜂释放1000亩、性诱剂诱捕器1000亩，确保烟叶质量安全。开展烟区“山区丘陵地带农业产业调整”课题研究，示范推广烟叶—丹参轮作3000亩，轮作丹参亩均收入3800元左右，同比增加约1400元，轮作经济效益显著。

【企业管理】 开展“制度提升年”活动，全年新建、修订制度31项，全面进行固化提升，提高员工履职能力，使公司各项制度物化到生产经营各个环节。费用控制成效显著。围绕“审慎理财、适度从紧”工作要求，加强制度流程建设，明确费用考核关键节点，细化到部门、量化到个人，严把预算执行，精益管理的制度化已向企业文化转化。管理创新工作有效提升。认真贯彻全系统企业管理与科技创新现场会精神，开展课题攻关、科技创新等精益改善活动，全市共立项20余项课题。其中，1项QC课题获得省局（公司）成果发布会优秀奖，1项课题获得省局（公司）专利奖，2篇论文获得省烟草学会优秀论文奖。

【责任烟草建设】 莱芜烟草在保持企业健康稳定发展的同时，积极践行“报效国家、回报社会”的行业使命，以烟农、零售户增收致富为切入点，参与社会公益事业、注重履行社会责任，推动烟草公益品牌持续发展。通过开展“慈心一日捐”“金叶助学”活动，用于提升贫困零售户经营效益，资助家贫优秀学子。

（刘　志）

石油商业

【概况】 截至2017年年底，莱芜石油分公司在营加油站58个，在营加气站3个，油库1个，总库容1.65万立方米，年吞吐能力42万吨，铁路专用路1条。

【经营策略】 发挥主渠道作用，保障全市工农业生产用油。依据市场需求情况，灵活调整经营策略，抓好省石油公司资源配置计划的落实到位，积极自采油品投放到莱芜市场，保障了全市工农业生产用油需求。发展CNG加气业务，在营加气站达到3个，在2017年四季度气源趋紧的情况下，抢抓资源，满足城市发展的多元需求。同时，积极推进能源的转型升级，公司经营汽、柴油已全部升级为国Ⅵ标准，在加油站普及98号高标号清洁燃油，为改善城市生态环境做出应有贡献。发挥自身优势，做好供油服务。对各大中型企业及民营企业，加强联系，协议供油，做好售前、售中、售后服务，建立起与客户间的良性互动关系，在服务好客户的同时维护了企业良好的信誉度和美誉度。年内，开展了周二周六价格优惠、“IC卡积分免费加油和兑换礼品”、自助加油优惠、“油非互动赠送”等系列优惠及增值服务措施，最大限度地让利消费者。同时，充分发挥自身资源优势、服务优势，为所联系的民营大户在生产用油供应上提供最大限度的扶持帮助，为大中型用油企业及民营企业当好“油”管家。发展非油品业务，打造“汽车生活的驿站”。打造加油站“易捷”品牌，丰富商品种类和结构，做大营业额，扩大重点商品、地方特色商品的销售。对1站、11站加油站便利店投资进行样板站改造，通过改造，扩大便利店营业面积、提升中石化“易捷”品牌形象。在58个加油站开展ETC充值业务，方便市民，增加了城市配套服务功能。

【规范化管理】 全面夯实基础，强化管理，进一步提升企业管理水平。结合行业特点，重点抓好安全管理。层层签订安全承诺书，并组织签订各种安全生产责任书。强化现场管理，落实安全生产责任制，严格执行新建、扩建、改建工程“三同时”制度，加强工程建设和检修管理，严把承包商准入关。领导成员对各经营片区分片包干、中层干部与各加油站建立起“联系点”制度，经常进行安全检查教育。开展警示教育，落实开展“我为安全做诊断”活动，积极排查隐患并组织整改，使安全管理水平不断提升，被评为“两个体系”建设“省级标杆企业”称号。抓好服务管理，进一步提高服务技能和水平。开展“职业技能鉴定和技术比武活动”，发动全体员工投身到竞赛比武及学习活动中去，内强素质，外树形象，开展全员岗位大练兵，增强服务本领。在加油站积极培育员工的服务理念，树立起真诚为客户服务的意识，班子成员、中层管理人员带头联系客户，增进沟通，搞好服务。在公司营业室、各加油站、油库等服务窗口推行温情服务，打造温馨购油环境，使整体服务质量和水平进一步提升。

【党建工作】 坚持“围绕中心抓党建，抓好党建促发展”的工作思路，融入中心开展工作，干部员工队伍思想稳定，企业和谐健康发展，企业党建工作有序开展。充分发挥党委政治核心作用，为全面完成各项目标任务、推进科学有效和谐发展提供坚强的思想保证、组织保证和精神动力。健全联系群众制度，建立领导干部下基层调研走访长效机制，开展“走基层、访万家”活动，及时发现并切实解决一线员工关心的实际问题和困难。落实基层支部标准化建设，优化党群、干群关系，企业凝聚力和向心力显著增强。抓好党风廉政建设工作。认真执行“一岗双责”和“一级抓一级、层层抓落实”的党风廉政建设责任制要求，抓好《中国共产党廉洁自律准则》《中国共产党纪律处分条例》的学习，加大对全体党员干部，尤其是关键岗位员工的廉洁从业警示教育，杜绝违规违纪行为的发生。开展“廉政教育月”活动，搞好廉洁风险防控，组织党员干部参观警示教育基地，观看廉政剧目，增强了党员干部的廉洁意识。抓好稳定工作。进一步加强信访稳定动态管理，注重做好思想工作，层层化解矛盾，解决问题。关注重点时段、关注重点群体，高度关注预警排查，层层落实责任，加强企地联动维稳机制，确保了特殊敏感时期“四个不发生”，维护了企业和谐稳定大局。

（魏　玲）

会展服务

【概况】 2017年，莱芜会展中心按照“统筹协调、全面推进、重点突破”的原则，强化“一切工作以活动为中心”的工作思路，实施招宾引客工程，共举办各类活动100多次，实现了会议、展览、赛事活动齐头并进、竞相发展。

【会议服务】 2017年，莱芜会展中心利用良好的会场资源，以创新服务为驱动力，积极发展会议经济，强化“会员制”营销模式，采取“差异化”服务措施，在巩固老会员的基础上，逐步扩大办会主体，提升发展空间。以举办展览活动为主要任务，立足莱芜产业特点，“走出去、请进来”，广开门路，多方招展，加大与济南等地市会展中心、展览公司的联系力度，储备了一批新型会展题材，成功引进了烟台康万家会展服务有限公司、青州市鑫源会展国际贸易有限公司等一批合作伙伴，举办首届迎新春年货会、齐鲁车房展、书画工艺品博览会等活动。

【体育赛事】 以引进体育赛事为重要支撑，充分发挥体育场馆的载体作用，主动开展体育营销，做好招宾引赛的文章，成功举办全国跆拳道锦标赛、全国舞蹈大赛、国际传统武术争霸赛、山东省自由式摔跤锦标赛、蹦床锦标赛等重大活动。全年，会展中心的招宾引客任务是2万人，中心专门成立了招宾引客领导小组，开展招宾引客工作，完成招宾引客任务20187人。

【综合服务】 2017年，文化中心各馆全面开放，依托各馆功能特点，提升综合服务能力，开展社会公益活动，较好发挥了各馆的社会功能。发挥场馆的宣教基地作用，开展科普宣传，举办了全国博物馆日、全国科普日、陶瓷辩论展演等20多场活动，普及了文化知识；立足场馆的服务优势，主动走出去，开展讲解活动进校园、文明导游进社区等社会活动。

【标准化建设】 在成功创建山东省服务名牌和省级标准化建设的基础上，积极申报工业旅游示范点和国家级公共服务综合标准化试点单位，现已制定服务标准体系171项，完善岗位职责、工作流程100多项，全面提高了场馆的现场管理、综合服务水平，使各馆运行更加科学合理。加大文化中心开放力

2017年3月17日，全国跆拳道锦标赛在莱芜会展中心举行
（市会展中心 供稿）

度。除场馆正常维护外，在确保安全的前提下，加大场馆开放频次，提高使用效率，现已全面向市民开放，全年累计对外开放258天，接待参观人群5000余人，开展预约讲解90多场次，场馆的社会服务功能进一步增强。

（朱建利）

对外及对港澳台经济贸易

【概况】　2017年，莱芜市以新旧动能转换工程为统领，抢抓机遇、大力创新，确保对外经济稳步运行。不断优化出口产品结构，深加工农产品出口增长28.5%，机电产品、精细化工、钢材及制品、工艺品均实现快速增长。强化骨干企业培育，全市出口5000万元以上企业到达18家，万兴食品和泰丰食品蔬菜出口过亿美元。实施出口名牌战略，海关高级认证企业达到8家，山东省重点培育和发展的国际知名品牌企业达到5家。加大市场开拓力度，先后组织60余家企业参加境内外展会，签订贸易额2.6亿美元，出口市场达到169个国家和地区。加强协调调度，加强对境外投资项目的跟踪服务，提高资金到位率。抢抓“一带一路”建设机遇，推动奔速电梯在格鲁吉亚建立办事处，泰达车库在瑞士建设研发中心。

货物贸易。2017年，全市实现进出口1066720万元，比上年减少5.2%。

莱芜市对外贸易情况一览表

表7

项目	进出口（万元）		出口（万元）		进口（万元）	
	金额	增长（%）	金额	增长（%）	金额	增长（%）
合计	1066720	-5.2	699190	8.5	367530	-23.4
国有企业	0	—	0	—	0	—
外商投资企业	108709	-9.2	61664	-17.9	47045	5.4
集体企业	958011	-4.7	637526	11.9	320485	-26.4
私营企业	288113	-27.8	45506	21.5	242606	-32.9
一般贸易	1022711	-4.5	665777	10.2	356935	-23.5
加工贸易	42583	-16.8	33398	-16.9	9185	-16.2
其他贸易	1426	-46.2	16	-41.7	16	-41.7
纺织服装	48601	2.3	48028	2.6	573	-21.0
农产品	398600	1.5	371470	-1.5	27130	74.6
化工产品	102122	15.0	79883	6.2	22239	63.5
机电产品	103011	-5.5	96044	1.6	6966	-51.8
高新技术产品	3515	-40.5	1258	-53.8	2257	-29.2

进口额。莱芜市实现进口367530万元，比上年的477772万元减少23.4%。

进口商品结构。初级产品进口339672万元，占进口总额的92.4%；工业制成品进口27858万元，占进口总额的7.6%。

莱芜市大额商品进口情况一览表

表8

金额分类	商品名称	进口金额（万元）	占进口总额比重（%）
10000万元以上	铁矿砂及其精矿	269707	73.4
	纸浆	37065	10.1
	粮食	21715	5.9
	初级形状的塑料	10870	3
5000万～10000万元	合成橡胶	8567	2.3
合计		347924	94.7

进口来源。进口商品来自44个国家（地区）。从十大主要进口来源进口355311万元，占进口总额的96.7%。

莱芜市主要进口市场情况一览表

表9　　金额单位：万元

市场	当月			累计		
	金额	同比（%）	比重（%）	金额	同比（%）	比重（%）
合计（全市）	24212	−54.1	100.0	367530	−23.4	100.0
小计（前十大）	23890	−50.8	98.7	355311	−21.0	96.7
澳大利亚	15031	−55.1	62.1	247297	−24.8	67.3
巴西	4972	−30.4	20.5	40077	10.8	10.9
东盟	2349	71.5	9.7	16017	79.7	4.4
委内瑞拉	—	—	—	13521	207.7	3.7
中东	152	−90.7	0.6	8919	48.0	2.4
欧盟	60	−89.4	0.3	7117	−39.8	1.9
加拿大	1232	179.1	5.1	6860	−66.0	1.9
南非	—	—	—	5402	140.4	1.5
乌克兰	—	—	—	5190	−58.5	1.4
南亚	94	−97.6	0.4	4911	−73.9	1.3

注：按累计进口金额大小排序。

出口额。莱芜市实现出口699190万元，比上年增长8.5%，占全市生产总值的7.8%、全省出口总值的0.7%。

出口商品结构。初级产品出口330152万元，占出口总额的47.2%；工业制成品出口369038万元，占出口总额的52.8%。

莱芜市大额商品出口情况一览表

表10

金额分类	商品名称	出口金额（万元）	占出口总额比重（%）
50000万元以上	蔬菜及制品	267276	38.2
	钢材	69290	9.9
	水果及制品（鲜干水果及坚果）	57984	8.3
	电器及电子产品	51818	7.4
10000万—50000万元	纺织纱线、织物及制品	44266	6.3
	柠檬酸	40865	5.8
	机械设备	18623	2.7
	运输工具	12110	1.7
	金属制品	11461	1.6
合计		573693	81.9

出口市场。出口商品销往167个国家（地区）。对十大主要市场出口643808万元，占出口总额的92.1%。

莱芜市主要出口市场情况一览表

表11

市场	当月（金额：万元）			累计（金额：万元）		
	金额	同比（%）	比重（%）	金额	同比（%）	比重（%）
合计（全市）	62683	-0.2	100.0	699190	8.5	100.0
小计（前十大）	58986	-2.1	94.1	643808	8.7	92.1
南亚	9421	-28.8	15.0	136221	-5.5	19.5
欧盟	12620	-2.6	20.1	127432	11.1	18.2
东盟	9727	48.6	15.5	90431	44.1	12.9
中东	8668	-14.9	13.8	81720	3.2	11.7
美国	5987	-15.5	9.6	72863	17.9	10.4
日本	3792	11.2	6.1	41516	14.8	5.9
韩国	2966	11.5	4.7	35489	26.0	5.1
俄罗斯联邦	3049	102.6	4.9	23194	-6.8	3.3
加拿大	2230	37.4	3.6	21382	11.1	3.1
巴西	526	-50.6	0.8	13560	-35.7	1.9

注：按累计出口金额大小排序。

服务贸易。实现进出口 64144 万元，比上年的 71805 万元减少 10.7%。

进口额。完成进口 58266 万元，比上年的 64332 万元减少 9.4%。

出口额。完成出口 5878 万元，比上年的 7472 万元减少 21.3%。

主要业务领域。2017 年，全市服务贸易涉及旅游服务、承包工程、文化产品、交通服务等主要业务领域实现出口 5878 万元。

主要出口市场。2017 年，全市服务贸易主要出口市场为美国、拉丁美洲、澳大利亚、格鲁吉亚等，出口额 5878 万元。

技术贸易。实现进出口 1245 万元，比上年的 9084 万元减少 86.3%。

技术引进。签订引进技术和进口设备合同 26 个，比上年增加 8 个；合同金额 12387 万元，比上年的 8200 万元增长 51.1%。

技术出口。签订技术出口合同 1 个，合同金额 523 万元。

【利用外资及港澳台资】 坚持高层招商，市委市政府主要领导带队访问乌克兰、波兰、瑞典、荷兰、格鲁吉亚、以色列等国家，组织参加“2017 香港山东周”、“2017 山东美国商务周”、厦门投洽会、中国—东盟博览会等活动，其中香港山东周期间，莱芜市现场签约 2 个项目，签约额 6 亿美元，合同外资 2.03 亿美元。引进莱芜双莱王现代农业示范项目，计划总投资 1.2 亿元，全年完成固定资产投入 3200 万元，超额完成市委市政府下达的招商引资任务。实行外商及港澳台商投资“服务大使”制度，对全市外商及港澳台商投资企业存量和现状进行全面摸排，发挥现有外资及港澳台资企业优势，促进增资扩股，扩大发展规模。坚持重点招商，重点紧盯日韩、欧美、中国香港等国家和地区，紧盯世界 500 强和领军企业，全年接待外商考察、洽谈 50 多次、200 多人次。

2017 年，全市引进外商及港澳台商投资项目 6 个，签约额 25974 万元，实际使用 25959 万元。投资产业。外商及港澳台商第二产业项目 6 个，签约额 25974 万元，实际投资额 25959 万元。全年 5 个国家（地区）在莱芜市投资，投资额列前五位的国家和地区分别是中国香港、中国台湾、日本、韩国、新加坡，合计投资项目 6 个，签约额 25974 万元，实际投资额 25959 万元。

外商及港澳台商投资企业生产经营情况。2017 年，全市实有外商及港澳台商投资企业 61 家，投资总额 868488.73 万元，外方投资 507114.86 万元，实现产值 42700 万元。盈利企业 23 家，盈利总额 12265.8 万元。亏损企业 38 家，亏损总额 23371.7 万元。

【对外及港澳台经济技术合作】 对外及港澳台投资。2017 年，全市未新批境外投资企业，中方实际对外及港澳台投资 1237.3 万元。其中，山东金泰山水务建设集团有限公司美国贸易项目实际对外及港澳台投资 1229.1 万元，山东泰山阳光投资有限公司津巴布韦煤炭资源开发项目实际对外投资 8.2 万元。

截至 2017 年年底，全市现存正常经营境外投资企业 14 家，协议投资总额 7473.6 万美元，项目分布在澳大利亚、菲律宾、美国、韩国、津巴布韦、加拿大、日本、哈萨克斯坦、瑞士 9 个国家和中国香港地区。

劳务合作。2017 年，全市派出劳务人员 2591 人，列全省第 9 位，增长 6.6%，列全省第 5 位，年末在外 9479 人。劳务人员主要派往日本和新加坡，其中日本 1808 人，新加坡 783 人。莱芜日昇国际经济合作有限公司以“汽车装配专业”的特色入选了中国对外承包工程商会“2017 特色劳务领先企业”（全国共 4 家），并被复评为全国为对外劳务合作企业信用 AAA 级企业。

【园区建设】 莱芜市下辖莱城工业区和钢城经济开发区两个省级经济（技术）开发区。莱城工业区，规划面积150平方公里，现有规模以上企业140多家。重点培育汽车配件、先进制造、新材料、新能源、电子信息、现代服务业六大支柱产业。2017年，规模以上工业总产值493.77亿元，工业增加值120.87亿元，固定资产投资200.98亿元，地方财政收入5.6亿元，进出口额9.5亿美元。钢城经济开发区，规划面积54平方公里，依托莱钢集团规划建设钢铁精深加工产业园。已发展起各类企业400多家，形成钢铁深加工、电子信息、新型装备制造、新能源、节能环保等支柱产业。2017年，规模以上工业总产值283.76亿元，工业增加值104.48亿元，固定资产投资158.9亿元，地方财政收入4.14亿元，进出口额2.04亿美元。

（赵 洁 张大勇 李群杰）

【国际贸易促进】 2017年，全市签发原产地证2258份，商业文件证明书233份，使馆认证24份。年内，全市举办境内展（博）览会1次，参加展（博）览会5次，组织350家企业参加境内展，15家企业参加境外展。

开展境内外展览工作。为帮助企业开拓市场，组织企业参加境内外展览活动，组织企业参加绿色食品产业国际合作洽谈会、中日韩经贸洽谈会、“台湾”名品展、山东香港周、鲁台经贸洽谈会、哈萨克斯坦世博会等十几个展会。参展企业通过广泛联系境内外客商，取得了良好的参展效果。做好产地证出证认证工作，对企业进出口业务的开展起到保驾护航作用。

（李 珂）

【海关】 2017年，济南海关驻莱芜办事处共监管进出口货运量510.3万吨，同比下降50.1%；货值9.8亿美元，同比下降18.2%；税款入库5.6亿元，同比增长13.3%；审核报关单17383票，同比增长4.1%，属地报关率68%，属地纳税率67.1%；备案加贸手册32份，同比增长3.2%；备案金额3335万美元，同比增长0.3%；实际进出口值6314万美元，同比下降19%。完成统计分析28篇次，国务院领导批示1篇次，海关要情采用8篇次、省政府信息采用2篇次，协助济南海关审核22篇次。

以解决主要矛盾为引领，确立全新工作思路。落实济南海关“站正走稳，行远图强”工作思路，深入调查研究，广泛开展谈心谈话，分析制约发展的瓶颈和主要矛盾（加快发展积极投身济南海关强关建设和高质量发展的迫切心情与相对薄弱的基础条件和关员综合实力之间的矛盾），并以解决主要矛盾为切入点，提出了“树立一个目标，抓住两个重点，建立三个保障”的工作思路。“一个目标”是建设四个“莱办”（青春莱办、文化莱办、精致莱办、和谐莱办）；“两个重点”是抓党建、强业务；“三个保障”是搭建四个平台（党建平台、学习平台、民生平台、众创平台）、办好四个课堂（嬴牟课堂、红色课堂、实践课堂、比学课堂）、树立四种精神（越小越精神、越小越担当、越小越自信、越小越强大），高效统一了全办关员的思想和行动。

注重业务建设，防范执法风险。推进一体化改革，提高通关效率。积极响应全国通关一体化改革；全面落实“两中心三制度”作业模式；推进“单一窗口”建设，完成“通关时间压缩三分之一”的部署要求，2017年出口通关时间0.3个小时，列济南关区第2位，进口通关时间较上年同比下降53.3%。科学征管，完成税收征管任务。稳定税源，拓宽渠道，跟踪掌握重点税源企业经营情况和商品进出口变化，协助解决通关疑难问题，挖掘属地企业潜力，提高属地纳税率。做好审价补税，确保应收尽收。依托公式定价商品管理，以价格风险参数为参考，对铁矿砂实施规范化标准化审价，防控定价、运费和滞期费风险，全年审价补税2078万元，同比增长55.4%。以企业“精准监管”为抓手，强化属地管理。济南海关驻莱芜办事处辖区现有注册企业900家左右，其中有实际进出口的企业301家，重点企业30家，高级认证企业7家。积极探索企业属地化管理举措，建立重点企业电子档案；集中培育和个性化培育相结合，领导约谈和经办关员直接负责相结合，开展认证培育工作。

服务地方外经贸发展。严格落实“5+2”工作制和“24小时”预约加班制度，确保企业进出口货物第一时间通关。全年累计安排节假日加班80余人次，放行报关单800余票。加大调查研究。坚持下厂调研、送政策上门、召开政策宣讲和关企座谈等方式，听取企业意见建议，帮助企业解决疑难问题100余个。编发《海关信息》为地方政府决策提供依据和参考，报送的《关于莱芜市外贸发展情势分析报告》获市委副书记、市长梅建华批示。

服务重点企业和重点项目。集中开展政策宣讲4次，引导企业用足用好海关政策。2017年办理减免税30起，审批货值1833万美元，累计减免税款2203万元；积极协调青岛港、黄岛海关等部门，为企业设备进口提供全天候服务，通过派员押运、担保放行等方式，保证设备按时到厂，为企业节省港杂费、滞港费、箱时费共计100余万元；为地方政府全面参与“一带一路”和“新旧动能转换”倡议提供政策咨询和业务指导。

以推进从严治党为引领，加强队伍建设。深入学习宣传贯彻中共十九大精神和习近平新时代中国特色社会主义思想。根据济南海关党组“快、全、实、真、精”的要求，运用自学、集中学习、讨论相结合的方式，将学习宣传贯彻中共十九大精神作为首要政治任务和头等大事抓好、抓实。2017年，共召开4次党组中心组理论学习会，党组成员带头撰写学习体会、分别到所在支部交流学习心得；扎实推进“两学一做”教育常态化，全年组织“三会一课”60次；班子成员率先垂范、相互监督，做到吃苦在前、廉洁奉公、公平公正、依法、依规办事；班子成员之间、与分管科室和关员之间累计开展20余次谈心活动；开展“忠诚守国门、喜迎十九大”系列活动、“学习十九大、遵守新党章”自查自纠活动，建立“问题清单”，累计查摆整改问题74个，干部队伍作风进一步好转。

（苗华生）

【出入境检验检疫】 2017年，全市共完成出入境检验检疫11872批次，货值5.2亿美元，同比分别下降1.25%、6.36%。其中，完成出境检验检疫11749批次，货值5.01亿美元，同比分别下降1.57%、7.81%；完成入境检验检疫123批次，货值0.19亿美元，同比分别增长44.71%、59.95%。

打造“三最”口岸。按照山东检验检疫局打造“速度最快、费用最低、服务最好”的“三最”口岸要求，千方百计保安全、一心一意促发展、积极稳妥推改革、聚精会神抓建设，着力提高服务效能和服务水平，得到企业的广泛好评，在山东检验检疫系统2017年度顾客满意度调查中，莱芜检验检疫局以98.94%的满意率名列所有分支局第一名。研究制定食品农产品检验检疫监管工作方式改革措施，加强流程管理，检验放行平均流程实现由年初的3.65天缩短到0.3天。加大山东国际贸易单一窗口和e-CIQ网上申报系统等的推广，对企业开展专题培训100余人次，实现进出口货物、原产地证书等检验检疫免费申报的全覆盖。基于风险评估合理调整企业自检自控频次和项目，减少企业费用约200万元。实验室新增115万元检测设备，新开发项目12项，辖区进出口大宗食品农产品基本实现就近就地检测。组织无纸化系统操作培训、技术性贸易措施通报、病虫害防治培训等活动，促进全市自贸协定利用率回稳提升。全年签发自贸协定原产地证书3709份，签证金额1.51亿美元，有关出口企业享受关税优惠1019万美元；简化企业备案程序，加强“三同”（同线、同标、同质）工程宣传，开展出口食品企业“逐一帮扶”行动，积极服务企业提质增效，辖区无纸化报检企业占94%，无纸化报检批次占96.23%。对山东万兴公司实验室CNAS认证进行上门指导培训和预评审，帮助其顺利通过CNAS评审。

严守国门安全。严把进出口食品安全关。对辖区大宗出口食品生姜、大蒜开展调查，指导企业制定自检自控实施方案并监督执行。实施进出口食品国家安全监督抽检43批次、464项次，检出1批次出口生姜农残超标，及时通知企业召回，并做好风险信息采集、评估工作。加强进出口商品质量安全监管。对莱芜环球汽车零部件有限公司进口的34批480余个集装箱旧成套机电设备实施差异化检验监管措施，对装运前检验提出问题的整改进行跟踪验证，开展污染物排放检验监管工作，加大能效标识产品检查。对进口服装、小家电、一次性卫生用品、食品接触产品等重点敏感消费品加强检验监管，对5批次目录外进出口商品实施监督抽查，抽检项目全部合格。

质量提升行动。2017年，联合市商务局、生姜加工协会制定与国际标准接轨的《腌渍姜片生产卫生规范》团体标准，在40家出口企业推广应用。全年腌渍姜片的出口量与2013年同期相比增长了23%，连续多年位居全省第一，连续四年实现国外零通报。

融入莱芜重点工作。对接莱芜发展思路，先后出台《打造“三最”口岸促进外贸发展十五条措施》《服务推动新旧动能转换重大工程十二条措施》等，共得到市政府主要领导的4次批示肯定。开展调查研究，向市政府报送《关于推进生态原产地产品保护工作建议的报告》，推动市政府将其列为全市工作，专门印发《推进全市生态原产地产品保护工作实施方案》由莱芜检验检疫局牵头实施。

（宋　平）

责任编校：卢海静

旅游·体育

旅　游

【概况】　2017年，全市全年接待游客1130万人次，实现旅游消费总额68亿元，同比分别增长9%和13%。

【全域旅游示范区创建】　省旅发委主任于风贵到莱芜参加国际大学生旅游节启动仪式，并对莱芜市全域旅游发展给予指导。市委书记、市人大常委会主任王良，市委副书记、市长梅建华多次调研旅游工作，王良两次对旅游工作做出批示。市委常委会专题研究全域旅游工作，将旅游文体产业纳入全市“十大产业”体系，3个旅游项目纳入全市新旧动能转换“十大重点”项目。市政府召开全市旅游产业发展大会，对重点工作作出部署安排。市政府印发《莱芜市乡村旅游提档升级方案》，重点打造齐长城沿线、大汶河沿岸、南部山区3个乡村旅游连绵带及“一线五村”等14个乡村旅游集群片区。制定《莱芜市创建国家全域旅游示范区实施方案》，完成雪野休闲养生小镇等十个特色镇村规划，完成南部旅游区总体规划编制，投资2.4亿元建设30.5公里的旅游大道。2017年起，市政府设立了1500万元的市级旅游专项资金，省区域战略推进专项切块资金用于支持旅游部分由20%提高到30%。莱芜市政府与山东旅游职业学院签订校地合作协议，市委组织部举办“全域旅游专题进修班”，市委宣传部录制全域旅游大讲堂专题辅导片，为全域旅游发展提供智力支持。

【重点项目开发】　国家旅游局旅游项目库18个旅游项目共完成投资19.5亿元，全市现有在建项目25个，全年共到位资金26亿元。全市招商项目12个，总投资253.76亿元，规划占地面积14.89万亩，拟引进资金168.8亿元。

齐长城“一线五村”卧云铺景区。该项目位于茶业口镇，围绕卧云铺景区独特的古村石屋、万亩梯田、齐长城和山水风光，建设集休闲、度假、观光、体验、娱乐为一体的旅游综合体，打造成为全省乃至全国的特色乡村旅游目的地。打造以齐长城为主题的旅游穿越区；以梯田为主题的大地景观区；以影视基地和汽车营地为主题的旅游度假区；以古树、石屋人家为主题的乡村风貌观光区；以推碾、推磨、摊煎饼、纺线、织布、出豆腐等为主题的民风民俗旅游区；以荡舟、垂钓为主题的水景观光休闲区。年内，完成投资9000万元，建设景区道路9.4公里，4座旅游厕所，4个停车场，收购古民居83处，开办农家乐12个。民宿酒店、咖啡厅、青年旅舍具备接待能力。

棋山国家森林公园项目。该项目位于钢城区，总规划面积20万亩，其中林场面积10万亩，水域面积1万亩。整个景区分为“棋山主景区、棋山金银峡景区、棋山湖观赏区、棋山欢乐谷景区、棋山生态保护区”五大功能区、20多个景点。目标打造成宜居、宜业、宜游、宜商、宜养老的特色旅游小镇。年内，完成投资3亿元，完成20公里棋圣路、10公里棋盘路建设，10公里棋王路路基建设也已完成，拉起了景区的总体框架，棋山温泉小镇已正式投入营业，棋山道观、棋山索道已建设完成，棋山房车露营基地等一批项目正在规划建设中。

山东雪野湖旅游健康特色小镇。由世界500强企业上海绿地集团投资建设，计划总投资600亿元，以文化旅游、健康医养两大重点产业为引领，全力培育文化旅游、医疗养生、休闲度假等新兴产业，打造“365全天候旅游度假健康养生之城”。截至2017年年底，项目一期已取得970亩建设用地，地块工程规划和建设手续进入审批流程。

雪野乐嬉谷项目。规划占地面积28公顷，总投资10亿元，主要建设打造“五场、四区、三地、两村、一镇”旅游新格局。“五场”指，长勺之战表演、海盗表演、美人鱼表演、动物表演、山洪暴发表演；“四区”指，热带雨林瀑布群、侏罗纪野人部落、野生动物欢乐世界、齐长城生态文化园；“三地”指，高山滑雪基地、矿泉浴基地、采摘基地；“两村”即桃花源养生养老村、乐嬉谷度假村；“一镇”即长勺古镇，旨在打造成集自然山水、民俗文化、休闲古镇、游戏娱乐、餐饮购物、文化演艺、养生养老等为一体的多业态AAAAA级文化旅游综合体。截至2017年年底，项目总体规划已完成并经市专家评审通过，一期工程完成热带雨林瀑布群中的12个，雨林谷道路基础2300米，景区栈道800米，绿化工程造林500亩，25个塘坝工程完成土建，完成新建4座旅游厕所主体，观光火车道基础正在打混凝土，风雨桥基础已基本完工。

南部山区。项目规划面积约300平方公里，计划总投资100亿元。项目以全域旅游资源整合为基础，整合南部山区山、水、林、茶、乡村、宗教等多方资源，构建以齐鲁“和”文化为核心的多元产品体系，塑造齐鲁名片统领下的全方位、全产品的旅游度假品牌，全面提升全域旅游产业整体吸引力和竞争力，扩容全域旅游发展空间。重点开发历史文化体验、休闲度假、亲子体验、宗教禅修、青年拓展、美食旅游等新业态，树立全域新形象。形成齐鲁山水度假板块、齐鲁文化旅游板块、云台山山水运动板块三大旅游板块。打造鲁中南山国际历史文化旅游度假区、世界级文化型旅游度假目的地、中国旅游产业改革创新示范区、山东省城乡统筹与旅游扶贫示范区、莱芜全域旅游发展先导区。截至2017年年底，旅游总体规划编制完成并通过专家评审，北京最幕影业公司正利用七〇九、十七号等三线旧址打造影视基地，旅游大道基本实现通车，后续进行安防、绿化等工作。

【行业管理】 监督管理。举办旅游安全专题培训班，编制印发《旅行社落实安全生产法定责任工作手册》，明确旅游安全法定责任量化要求。突破旅游安全部门单一检查模式，联合公安部门治安管理大队、市安监局，对全市所有A级景区进行旅游安全大检查。制定旅游质监执法办案程序规范，为全面开展执法检查提供制度遵循。开展旅游市场秩序综合整治“春季行动”“暑期整顿”“秋冬会战”，瞄准“零负团费”“不合理低价游”、旅游合同签订不规范及超范围经营等问题开展实地督察，整改单位6家。行业建设。组织举办莱芜市职业技能大赛导游员决赛，评选金牌导游员2名，十佳导游员10名。推选2家旅行社创建山东省智慧旅行社，金海国际旅行社成功创建为山东省智慧旅行社，获2万元奖励资金。做好导游员星级评定、电子导游证换发工作，运用信息化手段强化对导游人员日常监管。发布《莱芜市旅游行业信用红黑名单制度》，推进旅游信用建设。年内，受理旅游投诉8起，为游客挽回经济损失2880元，办理群众来信来访问题1件，配合市消协办理涉旅行社投诉1起，即刻解决旅游投诉咨询类问题56件次。文明旅游。成立旅游行业创建全国文明城市工作领导小组，先后组织召开旅游系统创城推进大会、创城迎测誓师大会等会议7次，制定印发《旅游系统创建全国文明城市网格化责任分工方案》，推进责任人员、时间进度、目标任务“三落实”，创城迎检期间成立6个文明旅游督导检查组，实施“一看、二访、三返、四通报”四步督查整改制度，先后10次对32个点位开展摸排大检查，反复督察落实，查漏补缺，整改提升，出色完成旅游行业创城任务，市旅发委获集体二等功，3名个人分别获记功表彰。在“5·19”中国旅游日，以“旅游让生活更幸福”为主题，开展“文明旅游进社区、进景区、进校园、进车站”主题志愿服务活动。加强对旅游从业人员的文明礼仪和职业道德教育，引导各旅游企业开展学雷锋志愿服务活动，形成文明旅游长效机制。

【节庆活动】 “致青春　莱芜游”好客山东国际大学生旅游节。2017年5月27日上午，好客山东国际大学生旅游节在莱芜雪野旅游区开幕。开幕式以“致青春莱芜游”为主题，将青年大学生活动与旅游相结合，推出一系列丰富精彩的主题旅游活动。活动由山东省旅游发展委员会、《大众日报》、共青团山东省委、莱芜市人民政府共同主办，莱芜市旅游发展委员会、雪野旅游区管委会承办。好客山东国际大学生旅游节的成功举办，是山东在全国率先开展的一项旅游创新探索，开创了山东省旅游产品开发的新篇章。活动从5月一直持续到11月。山东省旅游发展委联合各主办方针对大学生群体暑假期间时间集中、消费集中、旅游体验集中的优势，面向国内、国际两个市场，策划推出一系列大学生旅游产品活动，如齐鲁文化游、节庆巡礼游、留学生联谊游、徒步登山游、单车骑行游、社会实践游、新生入校游、毕业纪念游和母校追忆游等产品。

2017浪漫雪野金秋休闲旅游节。9月16日，2017浪漫雪野金秋休闲旅游节启动仪式在山东省莱芜市雪野旅游区举行，本次旅游节集摄影与微视频采风、美食节、采摘节、大学生旅游节等于一体，全方位展现雪野旅游区的魅力金秋。活动在山东省旅游发展委员会指导下，由山东省旅游推广中心、莱芜市旅游发展委员会、莱芜市雪野旅游区管委会主办，《旅游世界》杂志社、山东省旅游摄影协会、雪野旅游区旅游局承办。本次旅游节包括2017“浪漫雪野”金秋休闲旅游摄影采风、“好客山东”旅游微视频大赛浪漫雪野采风、浪漫雪野金秋休闲旅游美食节及采摘节、“好客山东”国际大学生旅游节浪漫雪野休闲之旅等，活动从9月16日开始一直持续到11月16日。雪野境内有丰富的旅游资源，三面环山、山水相依，极具发展潜力，是一处集美景、美食、美拍于一体的好地方。本次旅游节是山东省对雪野旅游区的一次强势营销推介，对莱芜和雪野“全域旅游”发展发挥了积极的推动作用。

“徒步雪野，相约四季”活动。“徒步雪野，相约四季”全民徒步大赛创办于2016年，活动由莱芜市旅游发展委员、莱芜市体育局、雪野旅游区、莱芜报业传媒集团（莱芜日报社）联合主办，旨在促进莱芜户外运动与体育旅游相结合，提升全民健身运动的影响力和号召力。开赛以来，一直受到莱芜市民及周边地市徒步爱好者的追捧，2017全年共举办三季比赛，分别是卧云铺景区“古村迎春”赛、雪野三峡景区“三峡乘荫”赛和雪野农博园“农博大观”年终赛，全年累计超过7000名选手报名参加。经过全市人民共同努力，已经逐步打造成为全市规模最大、时间最长、品牌最亮、效果最好的全民健身活动。

【品牌宣传】 积极争取市政府专项资金支持，以“齐长城古道大汶河源头”为主题，在央视、高铁、高速沿线进行莱芜旅游形象宣传。组织全市旅游企业集体赴济南、淄博、滨州、东营进行专题营销推介活动，重点推出浪漫雪野、长城古村、红色记忆等八大主题旅游产品；以十大旅游景区、十大旅游特产为宣传主体，发挥媒体集聚效应，注重综合发力，不断加大对莱芜旅游宣传的广度和深度。组织旅游企业参加2017山东（济南）国际旅游交易会，全方位展示莱芜旅游产品。与《济南日报》、莱芜电视台、《莱芜日报》等媒体合作开设“莱芜旅游直通车”“全域旅游在行动”专版专栏及“俺莱芜游”专题栏目。印制“乐游莱芜”旅游攻略1.2万册，“莱芜游”徽章2万个；改版升级莱芜市旅游发展委官方微信平台，推送信息300余条。通过以上多渠道全方位的宣传活动，招宾引客效果明显，2017年市旅发委招宾引客任务完成率300%。

2017年10月16日，职业技能大赛导游员（讲解员）决赛现场

（市旅发委 供稿）

【产品开发】 推出“双十”精品旅游产品，提升“乐游莱芜”品味。坚持特色引领，着眼品牌意识，满足高端需求，根据“重品味、显特色、易记忆、便携带”的原则，推出首批莱芜十大旅游景区、莱芜十大旅游特产，涵盖全市自然、人文、康养、运动等旅游资源及美食、工艺品等特色旅游商品。双十产品的推出推动了全市旅游业转型升级、提质增效，提升了“乐游莱芜”品牌品味，成为全域旅游示范市创建工作的助推剂。在首届“山东好礼·一城一品”旅游商品评选活动中，莱芜市凤王祥锡雕和山东万兴食品的姜制品经过层层评选成功入选。围绕全域旅游品牌打造，特色引领，重点推出浪漫雪野、航空运动、峡谷生态、长城古村、乡村田园、温泉养生、红色记忆、舌尖美食8大主题旅游产品。

【达标创建】 新评定巧夺天工红木博物馆、蓝湾欢乐岛、棋山景区、大汶河国家湿地公园4家AAA级景区，五福茶旅园、富甲庄园、汶源冠世桃花源3家AA级景区。富甲庄园农林种植专业合作社、润百合生态农业休闲庄园专业合作社入选省休闲农业和乡村旅游示范点，香山田园生态农业区入选省生态休闲农业示范园区，南崽石村入选省美丽休闲乡村，利和庄园田园景观入选齐鲁美丽田园。

【景区简介】 2017年，全市有省级旅游度假区1处，国家AAAA级旅游区3处，AAA级旅游区10处，AA级旅游区4处，国家和省级工农业旅游示范点15处。

雪野省级旅游度假区。2010年11月由省政府批准设立，为中国国际航空体育节的永久举办地。2012年，被省旅游局列为全省创建国家级旅游度假区试点单位，并通过省旅游局、省财政厅组织的省级生态旅游示范区验收。总面积236平方公里，有济青南线高速公路（G2）和省道242线、244线、327线穿境而过，距济南、淄博和泰安市的车程均在1小时之内。区内旅游资源丰富，主体景观是碧波万顷、山水相映的雪野湖，为省会济南周边50公里范围内水域面积最大的湖面；有亚洲第一、全球第二，特色独树一帜的航空科技体育公园；既保存有比秦长城还早400多年历史的齐长城遗址，也有社会主义新农村建设典范——“中华生态第一村”房干村；既有气势磅礴、沟深壑险的齐鲁大峡谷群，也有培育着全世界最多种类姜科植物、号称“山东小海南”的雪野现代农业科技示范园。另外，以雪野湖出产的有机花鲢鱼为主原料的雪野鱼头和雪野鱼宴更是远近闻名。区内的雪野湖水面宽广，水域面积14平方公里，加之周围山地低缓起伏，气流稳定，非常适合开展航空运动及山水休闲运动。中国国际航空体育节每两年在雪野航空科技体育公园举办，区内现有恒大雪野湖北岸旅游小镇、文昌文化园、山东烟草文化基地、山东高速国际旅游度假村等10多个旅游大项目落户，总投300多亿元，已形成国家AAAA级景区2处、AAA级景区5处，国家和省级农业旅游示范点7处，年接待游客超过300万人次。

房干生态景区。国家AAAA级旅游景区，全国农业旅游示范点。位于莱芜市雪野旅游区房干村，占地面积1200多公顷。该旅游区属泰山余脉，景观山峻川媚，森林覆盖率达90%，鸟语花香，有丰富的生态旅游资源。现已形成以生态环保、休闲度假、农业观光为特色的旅游景区，被国际环保专家赞为“绿色天堂”“山区明珠”，房干村也有“中华生态第一村”之美誉。区内有九龙大峡谷、金泰山、梦幻情人谷、石云山、生态农业观光园等十大自然景观、近百个景点，集泰山之雄、华山之险、黄山之奇、峨眉之秀、九寨沟之美于一体，汇山、水、林、泉、潭、瀑、峡、洞为一处，是享受“森林浴”和乡村生活的绝佳之处。每年7至8月举办的“房干生态旅游节”，内容有观赏自然风光、体验农家生活风俗、观看文艺演出等活动。

莱芜战役纪念馆。该馆为国家AAAA级旅游景区、全国百家红色旅游经典景区、全国重点革命烈士纪念建筑物保护单位、全国爱国主义教育示范基地、全国青少年教育基地称号，是各级党政机关、社会团体及广大人民群众进行爱国主义教育、革命传统教育、国防教育的重要基地，其建筑规模、艺术创作水平和园区环境均在全国同类馆中名列前茅。

莱芜战役纪念馆位于市区内黄山之上，纪念馆总占地面积1.4万平方米，展陈面积6600平方米。馆区由纪念广场、革命烈士纪念塔、展览馆、全景画馆和室外兵器展场五部分组成，馆名由原中央军委副主席、国务委员兼国防部部长迟浩田上将题写。纪念馆的中轴线上矗立着陈毅元帅青铜塑像和革命烈士纪念塔。中轴线两侧的展览馆分为序厅、战前厅、战役厅、支前厅、英烈厅五部分，通过丰富的馆藏资料和多样的展示手段，向观众展示了莱芜战役的全过程。全景画馆主体高27米，内径40米，建筑面积5080平方米，地面塑型1200平方米，通过运用声、光、电等现代科技手段，利用油画的表现力，生动再现了1947年2月23日下午4点莱芜战役城北围歼战的宏大战斗场面，给人以身临其境和惊心动魄之感，具有很强的艺术感染力和极高的艺术欣赏价值。

中国（莱芜）钢铁博物馆。中国（莱芜）钢铁博物馆位于莱芜市高新区，于2010年10月建成开放，是山东省优秀社会科学普及教育基地、山东省科普教育基地、莱芜市青少年实践教育基地。整个馆区占地4万平方米，建筑面积1.3万平方米，展陈面积5000平方米。博物馆共分展览馆和纪念广场两部分。展览馆序厅“钢铁时代”主题雕塑由符号化的工人造型和巨大的齿轮造型组成，象征着钢铁工业是推动时代进步的巨大力量。展览馆由“矿冶春秋”“荆棘之路”“百炼成钢”“熔铸辉煌”“未来展望”等五个展厅组成，以莱芜三千多年的冶炼史为主线，通过场景雕塑、钢铁文物、背景动画、仿真技术等丰富的展示手段和翔实的实物图片资料，全面反映了中国钢铁发展史和当今前沿技术工艺，是钢铁发展的“百科全书”。纪念广场主题雕塑“盘古之手”耸立在博物馆正前方，高33.5米，上部日月喻天，下部立土喻地，中部熔金铸铁喻人类创造文明。整个雕塑寓意钢铁是现代文明的基石。

2017年，落实市委市政府“依托中国（莱芜）钢铁博物馆改造建设莱芜市方志馆，并争取上级支持同步建设国家方志馆冶炼分馆，同步对钢博馆周边广场绿地进行改造升级，建设全国方志文化主题公园”的决策部署，市史志办对国家方志馆冶炼分馆建设和全国方志文化主题公园全面进行考察论证，积极争取中国地方志指导小组及办公室对组国家方志馆冶炼分馆的批复，各项工作稳步推进，计划到2020年国家方志馆冶炼分馆改建完成。

山东雪野现代农业科技示范园。国家AAAA级旅游景区，省级农业旅游示范点，是集科技种植、农业观光、休闲度假、康乐美食于一体的旅游观光度假园区。该园位于雪野旅游区雪野湖畔，紧邻济青南线高速公路雪野出口，交通便利。园区占地500亩，花丛拥簇，小桥流水，鸟语花香，融汇了中国徽居建筑与现代园林景观设计风格，形成了自然与人文景观交相辉映的幽雅园林格局。该园拥有热带植物、热带水果、蔬菜、花卉和姜科园5个科技展示大棚，总面积3.4万平方米，汇集1200多种珍稀植物、蔬菜和花卉，是进行农业科普教育、农业观光的理想园区。尤其是汇集了国内外120多种姜科植物的姜科园，是国内规模最大、种类最全的姜科植物园。园区内按照四星级标准建设的雪野山庄，总建筑面积1.5万平方米，可提供住宿、餐饮、娱乐、会议等综合旅游服务。园区现为山东省文化创意产业基地。

莲花山景区。国家AAA级旅游景区，全国农业旅游示范点。莲花山，古名宫山、新甫山，因九峰拱围如莲，故名莲花山。景区位于莱城南部15公里处，总面积17平方公里。景区内沟壑纵横，山高水长、风光秀丽，有大小山脉20多座，峡谷10余条，自然和人文景观100余处，主峰莲花尖海拔994米，为莱芜第一高山。该景区现以自然生态与宗教文化旅游为特色，综合旅游服务功能不断完善，形成集吃、住、行、游、娱、购于一体的旅游景区。莲花山有闻名遐迩的四大特色景观——观音铜像、莲花天池、宫山夕照、百丈冰瀑。观音铜像高26.6米、重46.6吨，为中华坐观音最大。宫山夕照，又称“莲花佛光”，夏秋雨后，置身山头向东而望，偶见五彩光环，环中山水、楼台、人物历历在目，为莱芜古八景之一。莲花山顶容量17万立方米的莲花天池，海拔860米处，为山东第一高山湖泊，池水清明如镜，有“人间瑶池”之美誉。每年冬季，莲花山峡谷内由于流水不断结冰，形成冰瀑、冰柱、冰原、冰窟等景观，在云门、壶口、莲花瀑等处形成的百丈冰瀑，成为莲山冬季一大奇观。

香山景区。国家AAA级旅游区，位于雪野旅游区大王庄镇境内，因山中盛产香草得名。景区面积53平方公里。主峰海拔918.7米，是莱芜西北群山主峰，与东岳泰山一脉相承，傲立于鲁中地区的群山连绵之中，如擎天之柱，定海神针。区内山势蜿蜒曲折，大气磅礴，植被茂密，物种丰富，形成“仰佛观天”“紫霞望月”等自然景观。以香山为中心，周围群山环绕，峡谷纵横，流水点缀，丛林覆盖，分布着众多的奇光佳境，绝世美景。区内王石门“天上人家”景区，是国家AAA级景区和全国农业旅游示范点，是齐鲁峡谷群的主要景区之一，以原始生态、民俗旅游和人文景观为特色，主要有九天大峡谷、槐花谷、石门大峡谷、九天湖、九龙湖、王石门民俗村、牡丹园七大板块组成。因王石门民俗旅游村地处海拔851米的高山之顶，为山东省海拔最高的村庄，周围多有云雾缭绕，被人们誉为“天上人家”。“天上人家”最具有特色的景点是“槐花谷”，槐花谷，占地400多公顷，谷内遍植槐花，遮天蔽日，每年5月举办“槐花节”，为期半月。

莱芜市雪野航空科技体育公园。国家AAA级旅游区，公园位于雪野旅游度假区，紧邻雪野湖，占地120公顷，是国内最大、亚洲一流的航空科技主题公园。公园依山傍水，功能完善、风格独特、设施一流、环境优美，集旅游观光、航空体育文化、航空体验功能于一体，包括航空体育休闲园、航空俱乐部、航空产业园、观演区、飞行区、航空培训中心和配套商业区等9大功能区。园内建有长达800米的水陆并行飞机跑道，可容纳5万人的观演区和设施完善的航空俱乐部。每年9月，国内规格最高、规模最大、项目最全的中国国际航空体育节在该园举办。为配合航空体育节举办而专门规划建设的雪野航空器材装备展览馆，总占地24.25公顷，分室内展览区、停机坪及室外展览区、飞机停机库、停车场、集中绿地及展览发展备用第五大功能区，该馆的建设既完善了航空体育节功能，又为航空体育用品生产商、展销商、国内外航空运动装备器材商搭建了产品展示交易平台，形成“大飞机看珠海、小飞机和航空运动器材看莱芜”的航展格局。

龙山景区。国家AAA级旅游区、全国农业旅游示范点。景区位于雪野旅游区茶业口镇，森林覆盖面积85%以上，各种花草药材有100余科500多种，被称为“天然氧吧”。景区林木茂密，溪水淙淙；百米大峡谷，层瀑叠泉，白云缭绕，石趣天然。主要景点有潭龙道场、万亩樱桃园、龙山桂花园、龙山书画院、动物园、游乐广场、八仙洞、大小葫芦峪、旋风顶等。

大舟山景区。国家AAA级旅游区。景区坐落于山东省文化厅命名的重点文化产业园——九羊文化产业园内，地处莱芜市莱城区羊里镇大舟山麓，属于泰山山脉。园区占地10平方公里，计划总投资50亿元，建成国际级的集会议、培训、接待、养生为主的文化服务园区。景区背靠7万亩华山国家森林公园，山峦叠起，绿水清幽，林木葱郁，鸟语花香，空气清新。园区地理位置优越，交通便利，距莱芜市区20分钟车程，距泰安40分钟，济南50分钟车程。景区内九阳宫、九羊宝塔是经山东省道教协会正式批准的道教活动场所，有道教教职人员10余人常驻主持工作。

吕祖泉景区。国家AAA级旅游景区，全国农业旅游示范点。旅游区位于雪野旅游区，三面环山，植被茂密，山泉长年不断，自然景观众多。旅游区以“八仙”文化为载体，以“吕祖”为核心，规划开发了乡村景区、金蟾景区、仙缘景区、逍遥景区、生态林休闲区，是集休闲、度假、娱乐、商务、采摘和农业示范教育功能为一体的休闲度假旅游景区。区内景点100余处，主要有吕祖泉、八仙苑、元宝湖、爱情林、连理园、月老门、灵应台、金蟾石、阆苑仙舟等。

巧夺天工红木博物馆。由山东巧夺天工家具有限公司投资兴建。文化博物馆成立于2015年，实用面积2.6万平方米，设有3个展区，120个展厅，各类展品1万多套。凭借过硬的产品质量，精湛的工艺技术，“巧夺天工”已成为家喻户晓的红木品牌。在红木艺术精品馆，全面展示了巧夺天工品牌的各类精品，琳琅满目，造型优美，赏心悦目。

棋山国家森林公园。棋山国家森林公园总投资18亿元，总规划面积20万亩，其中林场面积10万亩，水域面积1万亩。整个景区分为棋山主景区、棋山金银峡景区、棋山湖观赏区、棋山欢乐谷景区、棋山生态保护区五大功能区、20多个景点。其中，棋山主景区中有棋山柯烂传说，雪蓑洞、一线天、中天门、人站泉等景观，各景点相映相称，美不胜收；金鸡峡景区因峡谷中相传有金鸡飞过留下划痕而得名，幽静的峡谷、潺潺的溪水，千奇百怪的石头都是金鸡峡的美景；银鸡峡景区位于金鸡峡景区南面，主要依托银鸡湖及周围三座山峰为依托，是观赏山水合一美景的最佳场所；棋山湖观赏区以湖泊观光为主，重点打造周边环境，作为进出棋山景区的门户；棋山欢乐谷是集高山滑草、山脊漂流、杂技魔术表演、拓展训练为一体的综合娱乐场所。

大汶河湿地公园。大汶河湿地公园总投资3亿元，东起汶水源头，西至博爱桥，规划总长约7.5公里，占地3000亩。主要建设了汶水湿地、汶水之韵、汶水书院、汶水广场、汶水湖、汶水岛、汶水街、汶水滩、汶水湾九大景观，新建了双凤山公园和儿童乐园，改造提升了仁爱桥、义爱桥、礼爱桥、智爱桥、信爱桥、德爱桥、忠爱桥、孝爱桥、慈爱桥、善爱桥、诚爱桥、博爱桥等十二桥。

大汶河公园已成为集生态自然、运动休闲、文化展示、滨水体验功能于一体的城市滨水文化公园。

雪野蓝湾欢乐岛。雪野蓝湾欢乐岛位于雪野湖南岸，是国家AAA级景区，占地19万平方米，滨湖岸线2.6公里，是一个集自然山水风光，浪漫温情沙滩，休闲惊险运动和水、陆、空全方位旅游体验于一体的大型滨水乐园。园区由蓝湾欢乐广场、蓝湾水世界、蓝湾金沙滩、蓝湾游乐园四大板块构成，有世纪飞碟、旋转木马、迷你高尔夫、热气球飞行体验、玛雅文化水寨、彩虹滑梯、造浪池、水上冲关、水上自行车等30多个娱乐项目。

雪野三峡景区。国家AA级旅游区，省级农业旅游示范点。景区位于雪野旅游区，区内旅游资源丰富，山体植被覆盖率90%以上，峡深壑险，潭清水澈，树茂林密，动植物资源丰富。因区内有青龙峡、乌龙峡、老龙峡，故称“雪野三峡”，同时景区还有天绿湖、金栗园、青龙潭、燕子崖水库、情侣石、长寿桥、寿星石、红石谷、回音谷、天梯等景点。其中，天绿湖依两侧高山峻岭而成，湖面宽阔，水质清纯，加之周围山色青翠，令人有水天一色、满目绿色之感。

五福茶旅园。国家AA级风景区，位于莱城区高庄街道办事处张家庄村，是集千亩生态茶园区、加工展览体验、休闲观光、科普培训及休闲度假于一体的旅游观光度假园区。以满足现代游客赏茶、品茶、悦茶、茶道展演核心需求，兼具养生度假、餐饮会议、康体健身、户外休闲、有氧运动等多种功能。

冠世桃花源。桃花源之所以称之为“冠世”，是因为连片发展有十余万亩蜜桃，其规模与面积在全省乃至全国都绝无仅有。规划建设冠世桃花源，既是保源头、保生态的需要，也是改善环境，建设钢城东部花园的需要，更是做大做强桃产业，实现富农兴业的需要。冠世桃花源总投资3亿元，规划面积75平方公里，其外形酷似一枚成熟的蜜桃，主要以桃花湖为中心，划分出山水文化、桃花观赏、仙桃采摘、民俗体验、源中园、自行车赛区等功能区，重点打造“山、水、林、路、景”。“山”，即打造桃花山、碧桃山、仙桃山、蟠桃山、蜜桃山，涵盖了东部山区村；“水”，即桃花湖、桃源湖、瑶池等3000亩水域；“林”，即规模发展10万亩蜜桃基地；“路”，即重点打造10公里桃花路、50公里桃源路；“景”，即沿路打造桃花仙子、桃花岛、桃花溪、桃花涧、桃花林、桃花寨、桃花亭等景点，特别是沿路的自行车赛区，已经被省体育局列为山地自行车竞赛基地，并举办山东省山地自行车冠军赛。

富甲庄园。富甲庄园位于山东省莱芜市雪野旅游区雪野镇富家庄村东临，项目占地面积56.41公顷，总投资1.26亿元。项目按照“绿色、环保、健康、快乐”的理念，以绿色生态为基底，农业生产为骨架，精心打造绿色高端农业综合体，是集绿色生产、精品采摘、休闲观光、农作体验、度假养生、运动健身、科普教育、科技示范与培训等功能于一体的休闲观光农业园。园区按“两环七区”规划进行建设，“两环”由上、下坡位道路构成。上环线由游步道构成，以休闲运动游览为主；下环线由园区内主干道构成。“七区”分别为：综合管理服务区、特色生态养殖区、特色种植区、休闲养生度假区、森林游赏运动区、动物世界体验区及特色餐饮服务区七大功能区，各区形成多个标志性景点。项目的实施，推动了生态观光农业和乡村旅游发展，改变了村级单一的种植产业机构，促进了产业转型升级，增强了集体收入。园区合理的建设及优美的环境可让游客感受到人与自然和谐相处及保护环境和生态平衡的重要性。园区的发展拉动了周边地区第三产业的发展，直接提供120多个就业岗位，解决当地剩余劳动力就业问题，为山东省休闲农业示范点。

齐长城“一线五村”卧云铺景区简介。卧云铺景区位于雪野旅游区茶业口镇，规划面积33.8平方公里，区内森林覆盖率65%，海拔800米以上的山峰10余座。景区有5个古村落组成，分别是下法山、中法山、上法山、卧云铺、逯家岭村。

春秋战国以后，这里一直是重要的古商道，现存有齐长城遗址、黄石关、风门道关等重要关口。5个古村落均沿齐长城一线分布，均以石头建筑为主，长期的历史积淀形成了该区域丰富的文化旅游资源，有孟姜女哭长城的传说，有父子槐、槐抱榆等树龄在千年以上的古树40多株，还有明清两代的石碑40余块，古房间600余间，上百年历史的四合院11个，建筑工艺讲究，做工精细，气势恢宏的高山梯田，层层叠叠，高低错落。

（张振乾）

【2017年莱芜全域旅游发展十件大事】

1. 首次召开旅游产业发展大会，六项行动助推转型升级。莱芜市委、市政府高度重视全域旅游工作，市委书记、市人大常委会主任王良，市委副书记、市长梅建华多次到旅游项目现场调研。王良对7月24日召开的全市旅游产业发展大会作出批示，充分肯定旅游工作成绩。大会通过观摩项目、交流经验、学习讲座等，动员全市上下进一步解放思想、凝聚共识，推动全市旅游业转型发展，增强项目建设的主动性、紧迫性和责任感，开创全市旅游发展新局面。会上印发《莱芜市十大旅游景区提升发展行动方案》。方案着眼景区建设发展和运营管理中存在的问题，坚持整治与提升并重、培育与创建并举，实施公共设施提升、景区综合功能提升、新业态培育、景区体制机制改革、景区品牌宣传营销提升、景区服务质量提升六项行动，全面推进全市旅游景区转型升级、提质增量。

2017年3月21日，“齐长城古道大汶河源头”专题旅游推介活动启动仪式举行（市旅发委 供稿）

2. 推出“双十”旅游产品，旅游精品整合亮相。4月27日，推出首批莱芜十大旅游景区，包括雪野湖景区、房干景区、南山景区、卧云铺（一线五村）景区、莱芜战役纪念馆、棋山国家森林公园、大汶河国家湿地公园、汶源冠世桃花源、香山景区、乐嬉谷景区；十大旅游商品，包括莱芜生姜、莱芜香肠、莱芜炒鸡、莱芜羊汤、莱芜火烧、雪野鱼头、莱芜干烘茶、莱芜锡雕、莱芜燕子石、莱芜布鞋。“双十”产品统一推介、抱团发展，使莱芜旅游的形象更具冲击力和竞争力，成为全域旅游示范市创建的有力助推剂。

3. 实施招宾引客，打响“齐长城古道大汶河源头”城市品牌。2017年，市委、市政府决定在全市大力实施招宾引客“322”工程，积极发展旅游、节庆会展、商贸流通产业，节会赛事精彩纷呈，商贸物流日趋活跃，人员流动更加频繁。年初，“齐长城古道大汶河源头”形象广告亮相北京南站、济南西站。3月，赴济南、淄博、滨州、东营进行专题营销推介活动，重点推出浪漫雪野、长城古村、红色记忆等八大主题旅游产品。发挥媒体集聚效应，《中国旅游报》《大众日报》等高层次媒体对莱芜市经验做法进行重点报道。市旅发委全年招宾引客任务完成率达300%。招宾引客工程和全方位的推介营销，提升了莱芜旅游品牌在全省乃至全国的美誉度。

4. 乐嬉谷、卧云铺等项目建设开足马力、值得期待。莱芜市将优质的旅游项目建设作为重要抓手，满足日益增长的旅游需求。截至2017年年底，全市纳入国家重点项目库管理系统的旅游项目共计18个，完成投资23亿元。7月30日，绿地雪野湖健康旅游小镇开建，将打造国家级特色小镇标杆项目。雪野乐嬉谷入选全国第三批旅游优选项目库，一期工程完成热带雨林瀑布群 12 个。卧云铺景区新打造民宿 7 家，完成民宿酒店、青年旅舍和咖啡厅建设，已具备使用条件。编制南部山区旅游总体规划、雪野休闲养生小镇片区规划，指导片区全域旅游发展。棋山景区索道完成主体工程。全年全市旅游项目建设全力以赴助推全市全域旅游发展。

2017 年 5 月 27 日，雪野旅游区——好客山东国际大学生旅游节开幕式举行
（市旅发委 供稿）

5. 打造“不忘初心、牢记使命”主题教育基地，实现红色旅游与红色教育的深度融合。按照市委做出的“挖掘红色资源打造红色教育系列展馆”的部署要求，市委组织部确定以“不忘初心、牢记使命”为主题，分大革命时期、抗日战争时期、解放战争时期、“小三线”建设时期、改革开放时期、廉政教育“六大板块”“九大教学基地”的总体规划，统筹推进各展馆建设。房干展馆已建成投入使用，先后接待各类学习参观团体 112 批次 11500 人次；莱城区（山东）小三线纪念馆、莱钢展馆、钢城区原新华机械厂纪念园春节前建成并投入使用。

6. 出台《莱芜市乡村旅游提档升级方案》，乡村旅游多点发力。结合莱芜市旅游资源禀赋和工作实际，制定《莱芜市乡村旅游提档升级方案》，打造齐长城沿线、大汶河沿岸、南部山区 3 个乡村旅游连绵带及“一线五村”、莲花山、王老、棋山、王石门等 14 个乡村旅游集群片区。乡村旅游配套和服务水平不断优化，雪野旅游区建设全长 21 公里的雪野环湖步游道及自行车专用道。莱城南部山区项目整合三山两水旅游资源，30.5 公里旅游大道通车。继续开展旅游厕所革命，完成 45 座旅游厕所新建、改建，全市 182 处（座）景区和乡村旅游厕所通过省旅发委验收。新设导示牌 350 块，完成 18 个旅游停车场建设。福安苑民宿被评为四星级精品民宿，富甲庄园、利和庄园等 5 个单位入选全省休闲农业和乡村旅游示范创建名单。乡村旅游提档升级不仅实现了旅游扶贫的纵深发展，还加速莱芜旅游资源整合，构建全域旅游大格局。

7. 新创建国家 A 级景区 7 处，同步建设城市旅游休憩带。2017 年，新评定巧夺天工红木博物馆、蓝湾欢乐岛、棋山景区、大汶河国家湿地公园 4 家 AAA 级景区，五福茶旅园、富甲庄园、汶源冠世桃花源 3 家 AA 级景区。截至 2017 年底，全市国家 A 级景区总量达 17 家。城市即旅游，旅游即城市，2017 年开始实施的莱芜核心区“增亮”“增绿”“增美”“增高”工程，突出核心区的综合配套功能，同步建设城市旅游休憩带，不断优化提升旅游环境和配套服务水平，实现城市游和景区游齐头并进。

8. 举办首届好客山东国际大学生旅游节，“乐游莱芜”成亮点。2017 年，市旅发委不断拓展宣传营销思路，组织开展系列旅游宣传营销活动。5 月，“致青春莱芜游”首届好客山东国际大学生旅游节在雪野开幕，活动为省市联动，规格高、规模大，开创了山东省旅游产品开发的新篇章。跑游山东半程马拉松赛、全域旅游风采展、首届千人渔夫垂钓大赛、雪野金秋休闲节、“大 V 游莱芜”山东网盟宣传莱芜行、“徒步雪野·相约四季”等系列主题活动，进一步聚揽了人气，“乐游莱芜”成为省内旅游的一大亮点。

9. 举办“全域旅游专题进修班”，创新旅游人才培养。2017 年 3 月，与市委组织部、市委党校联合举办为期 2 个月的“全域旅游专题进修班”，来自全市各级各部门 200 余名领导干部齐聚一堂，研究探讨全域旅游发展工作。与山东旅游职业学院签订校地合作协议，借智、借力促进旅游产业发展。10 月 16 日，第十届莱芜市职业技能大赛导游员（讲解员）决赛共评选出 2 名金牌导游员，10 名十佳导游员。做好乡村旅游带头人赴外精准交流工作，共有 44 名乡村旅游带头人赴日本、西班牙、法国、意大利、中国台湾进行学习。组织 47 人次参加全省特色小镇、新业态项目、精品民宿赴外省交流工作。

10. 文明旅游为创城加分添彩。营造惬意的旅游服务环境是全域旅游的品质所在。“文明旅游”是创建全国文明城市工作中的重要环节，市旅游委承担着创城 5 大类 32 个点位攻坚任务。经过不懈努力完成旅游行业创城任务，市旅发委被记集体二等功。通过在全行业开展“四抓四全”创城行动、“文明旅游、文明待客”主题活动暨“文明旅游四进”志愿服务活动，着力构建旅游行业网格化创城模式，以文明城市创建提升城市旅游品质。印发《关于加强旅游市场综合监管的通知》，建立多部门协调联动的综合执法机制，规范旅游秩序，优化全域旅游发展软环境。

体　育

【概况】　2017 年，莱芜市体育工作坚持以体育为民惠民富民为宗旨，以服务“五个莱芜”建设、打造航空运动之城为目标，强化措施、创新实干，全市体育事业健康发展。年内，市体育局被国家体育总局评为“2013—2016 年度全国群众体育先进单位”。

【群众体育】　以深入贯彻《全民健身条例》为抓手，突出健身设施建设、活动开展、健身指导三个重点，逐步健全全民健身服务体系，推动全民健身运动开展。设施建设。共建成笼式足球场 8 个、各类健身工程 65 个，实现了社区、城区公园（广场）健身设施全覆盖，农村健身设施覆盖率 98%。在城市核心区建设健身步道、增设体育设施、开放学校操场，满足群众健身需求。联合市教育局开放 10 所学校操场，为福和园、泰吉小游园等 10 个游园、广场配建各类健身器材 100 余件。同时，启动全市所有健身设施的首次巡检、维护，为 70 个农村健身广场更新体育设施。活动开展。以第 7 届全民健身运动会为重点，突出全民健身月、全民健身日等系列活动的组织，市级安排了 50 项、2200 多场健身比赛和活动，直接参与人数达到 3 万多人次。精心培育“五大联赛”、中国（莱芜）国际传统武术争霸赛等一批精品赛事，搭建起贯穿全年、覆盖各类群体的全民健身活动平台，在全市营造了“健康莱芜动起来、强身健体奔小康”的浓厚氛围。另外，组队参加山东省第七届全民健身运动会太极拳、健身气功等 12 项比赛，获得一等奖 12 个、二等奖 18 个、三等奖 19 个，展示了莱芜形象。健身指导。通过健全组织、强化培训、搞好体质监测等措施，为群众健身提供技术指导和帮助。在组织方面，市级单项体育协会达到 31 个，各级各类体育社会组织 400 多个，健身活动站点 960 个，发挥体育协会、健身站点的示范和带动效应，引领健身新风尚，倡导科学、文明健身。在培训方面，设立了全民健身技能传授大舞台，举办健身秧歌、健身气功、太极拳 3 期健身骨干培训班，培训社会体育指导员500名，全市社会体育指导员达到5800余人。在体质监测方面，为1600多名不同年龄段、不同界别的群众进行体质测试，并依据个人体质状况开具运动处方。

少年足球 逐梦校园 （亓怀斌 摄影）

【竞技体育】 加快推进新体校建设。在确保施工质量的前提下，倒排工期，科学施工，加快进度。田径场、学生公寓、餐厅、室外篮球场、网球场、足球场、综合训练馆相继投入使用，改善了学生的住宿、就餐和训练条件；射击场、射箭场等室外配套工程正在建设中。抓好参赛训练工作。共有毕胜峰、曹文龙等7名运动员参加第13届全运会摔跤、竞走、长跑等6个项目的比赛，是莱芜籍运动员参加比赛项目最多的一次；其中，毕胜峰获得86千克摔跤比赛金牌、曹文龙获得20公里竞走团体决赛金牌，创历史最好成绩。同时，积极参加省年度锦标赛及省级以上重要赛事活动，以赛促训，在省级以上比赛中共获得金牌12枚、银牌13枚、铜牌21枚（其中，全国比赛金牌8枚、银牌5枚、铜牌2枚），为备战2018年24届省运会奠定好的基础。精心组织好第12届市运会。市运会是全市竞技水平最高的综合性运动会，从1995年开始，每两年举办一届，2017年是第12届。本届运动会自4月开赛，10月27日结束，历时6个月，共有42个单位2205人参加了比赛，共决出金牌436枚，有4人次打破3项市纪录，标志着全市体育运动水平又有了进一步提高。强化人才队伍建设。抓好运动员选材，搞好梯队建设，完成选材120人，在训人数341人；突出教师、教练员目标管理，派出23名教师、14名教练员参加国家级、省级业务理论培训班，派出11人先后参加20项省级以上比赛的裁判执法工作，为系统教学和转变训练理念，创新训练手段打下了坚实的基础，为竞技体育发展提供了人才支撑。

【体育产业】 体彩市场规模稳步扩大。全市体彩销售网点达到140家，全年实现体彩销售1.82亿元，占省中心分配年度任务的117%，为全市体育事业的发展提供了有力的资金支持。体彩部门坚持“扶贫助学、济困赈灾”的理念积极回馈社会，2017年举办体彩公益慈善晚会，现场救助了6名贫困大学生。融合发展形成新业态。抓住全省新旧动能转换的契机，以推动体育、旅游、媒体融合发展为重点，打造体育产业发展新业态的思路。以申办省以上高水平体育健身比赛活动为载体，精心打造航空运动品牌、围棋文化品牌、徒步休闲品牌和武术健身品牌四大体育旅游品牌，推动招宾引客工作的开展。2017年，承办了全国围甲联赛、“跑游山东”马拉松赛等省级及以上高水平体育赛事10项，实现招宾引客1万多人次。推动社会力量办体育。全年发放体育产业引导资金70万元，扶持10个体育产业项目和2个示范基地。

（卞　鹏）

责任编校：卢海静

交通·邮电

交通运输

【概况】 2017年，全市公路通车总里程4605.2公里，公路密度205公里/百平方公里，其中高速公路140.3公里，普通国省道公路257.8公里，农村公路4136.2公里，专用公路70.9公里。全市拥有一级客运站1个、二级客运站1个，农村等级客运站9个，公交综合枢纽项目在建。全年完成公路旅客运输量149万人次、公路旅客运输周转量18950万人公里，同比分别增长8.76%、1.47%；完成公路货运量7526万吨、货运周转量981934万吨公里，同比分别增长11.63%、9.67%。

【交通基础设施建设】 国省道公路。2017年，莱芜市加快推进高速公路建设，滨莱高速公路莱芜段工程进展顺利，主要工程量完成7成以上；京沪高速公路莱芜段工程土地征迁工作全面展开；青兰高速公路莱芜段已开工，土地征迁工作近期全面启动。普通国省道干线公路改造有序推进，投资3881万元，完成G341胶海线莱芜沂源界至坡庄段大中修工程，干线路网服务功能进一步提升。城市道路。全面启动城区外环道路项目，工程全长62.2公里，按照"分步实施、重点推进"原则，首期建设西外环道路9.5公里，莱城大道路段已具备通车条件；城市核心区域文化路公铁立交桥综合工程、龙潭西大街、凤城大街和呈瑞大街道路建设改造工程积极推进，城市交通环境发生明显转变。农村公路。推进钢城区"全省村级公路网化示范县"建设，投资4.16亿元，建设农村公路299.5公里。做好农村公路安全生命防护工程综合验收工作，对全市769.3公里县乡道路进行综合评估，投资1030万元整治道路隐患，通过省厅验收。市政府重点工程。以济莱协作区建设为支点，科学谋划济莱快速通道，基本确定道路主框架，加快莱芜市融入省会城市群经济圈步伐。实施"公交优先"发展战略，投资600万元建设智能公交站点200个，完成市委、市政府交办的为民办实事项目。城市河道水体治理。系统推进黑臭水体整治，累计完成投资9000万元，整治河道水体14公里，水体生态持续好转。

【运输服务保障】 公共交通。2017年，莱芜市扩大"60岁以上老人免费乘车"范围，常驻莱芜的外地市户籍60岁以上老人均可免费乘车，每年为老年人节省出行费用4000多万元；投资1.2亿元购置新能源公交车240辆，全市新能源公交车总数达到1335辆，新能源公交车占比94%，位居全省前列；新开通定制公交、专线公交线路21条，运营车辆达75辆，满足了群众个性化、差异化用车需求；不断优化公交运营网络，公交运营线路增至162条，运营线路总长度达3270公里，全市20个镇（街道）、1070个建制村实现城乡公交全覆盖；开通"公交E出行"APP手机客户端，公交车辆运营效率和服务能力不断提高。长途客运。

汽车站设有26个发车位，拥有经营线路100余条，高档客车占80%以上，日发班次800个，日均发送旅客1.5万人，高峰时节发送旅客3万人次。3月15日，开通莱芜至泰安高铁站班线。6月10日，济莱城际快客实现分线运营。

【交通行业管理】 2017年，莱芜市推进综合交通运输体系建设，整合部门职能，成立市城乡交通运输委员会。行业改革。出租车行业改革进展顺利，印发《莱芜市网络预约出租车经营服务管理实施细则》，并通过市政府网站发布改革政策。着眼释放驾培市场活力，在10所驾校推行“先培后付计时收费”模式，培训质量和群众满意度不断提升。强化行政审批制度改革，精简行政审批流程，办理事项4.8万余件，办结率100%，为5家大型运输企业提供点对点服务，审检车辆4800余台。交通执法。开展“打非治违”专项行动，派出检查组48个，出动执法人员430人次，排查隐患98项，打击违法行为79起；开展专项治理行动，对315辆“两客一危”车辆安装车载视频终端，查扣非法营运出租车13台，纠正违规违纪行为160人次；开展化工产业安全生产转型升级专项行动，对12家企业、272台车辆进行全面排查，取缔2家企业营运资质；开展非法改拼装车专项整治行动，对311家维修业户实行拉网式排查，查处隐患410项；开展“平安工地”建设，对S327仲临线、S330莱肥线等5个项目进行排查，查处隐患500项；查处路政案件129起，维护了路产路权。市场管理。强化运输市场监管，审验道路危险货物运输车辆256台，更新车辆12台。严格船舶技术监督，加快推进船舶更新，船检合格率100%；严格从业资格培训，组织从业资格考试和继续教育培训1.3万人；强化公路工程质量监管，质量监督覆盖率100%；加强道路危险货物运输企业质量信誉认证，10家企业均达到AAA级。升级改造汽车综合性能检测中心，全面提高检测设备技术标准。加强交通企业标准化建设，市公共汽车公司入选全国第四批社会管理和公共服务综合标准化试点项目。

（王　力）

公路交通

【概况】 截至2017年年底，全市境内普通国省道有2条国道（G205山深线、G341胶海线），4条省道（S234惠沂线、S237章新线、S241临徐线、S317临历线），通车里程为249.883公里。按行政等级分为国道110公里，省道139.883公里。按技术等级分为一级公路101.293公里，二级公路128.198公里，三级公路10.973公里，四级公路9.419公里。

【公路建设】 重点实施G341胶海线莱芜沂源界至坡庄段13.8公里大中修工程，总投资3881万元，施工中切实抓好质量、安全、进度，迎接好环保督察，2年计划工期1年全部完成，10月底顺利交工，改善了莱芜到沂源的路域环境和路况质量，提升了莱芜东出入口形象。完成1.6亿元的农高区道路工程建设任务，上半年率先完成并交付使用，解决了农高区内外道路之间的互联互通问题。抽调精干力量参与大外环和南部旅游大道建设，完成投资额2亿元，服务了全市大项目建设。规划项目有序推进。积极推进“十三五”

期间7个规划项目的前期工作，2018年开工建设的大中修项目2个，计划投资额2.2亿元；2019年开工建设的大中修项目2个，计划投资额1.5亿元；2020年开工建设的大中修项目1个，计划投资额8600万元。G205山深线改建工程已批复行业审查意见，S234惠沂线改建工程已完成可行性研究报告，两个项目力争“十三五”期间开工建设，确保年年有项目，资金不断链，发展有保障。协调推进S234惠沂线章莱段通车。立足早日打通济莱重要干线通道，主动对接济南，督促加快项目进度，协调解决雪野旅游区征地拆迁、土地占补问题，为全线通车做出了贡献，方便了济莱之间的公路往来。在全市2017年度工作总结暨2018年度动员推进大会上，市公路局被市委、市政府表彰为工作实绩突出单位、安全生产工作优秀单位、信访工作优秀单位。

【公路养护】 莱芜市公路管理系统始终把“养好公路、保障畅通”作为主业主责，转变发展理念，加快改革创新，提升公路服务供给品质。日常养护全面加强。全年完成公路小修保养投资1600万元，组织实施G205山深线路况提升工程和G341胶海线、S241临徐线沥青路面微表处置工程，累计投资1249万元，超额完成好路率计划，G205山深线顺利通过交通运输部路网检测，展示了山东公路的良好形象。公路安全防护能力有效提升。组织开展公路安全设施整治提升专项行动，排查安全隐患点并及时消除，省安委会挂牌督办项目9月底成功摘牌；对暂不具备整治条件的，制定整治计划，结合大中修及小修专项进行整治提升，切实减少公路通行安全风险。

【路政管理】 加强路政人员学习培训，提升执法服务水平。2017年，莱芜市查处路政案件129起，收取路赔费71.4万元，事案查处率、结案率、路产回收率均达到较高水平，维护了路产路权。建立健全建筑控制区档案，纳入全市城市违法建设治理行动，继续保持管控违法建设的高压态势。开展路域环境综合整治专项行动，加大非公路标志、占路集市、桥下易燃物、桥梁隐患治理，优化了公路通行环境。

【系统改革】 枣园收费站提前停止收费。莱芜市公路局服务济莱协作区交通一体化大局，从2017年10月31日枣园收费站停止收费，1—10月征缴通行费535万元，完成年度计划的73%，提前4年撤站节省过往车辆通行费5000万元。探索PPP模式在新建、改建工程中的运用，破解地方配套资金不足的难题，G205山深线莱城区苗山至莱芜泰安界段新建工程入围2017年莱芜市PPP重点推介项目。深化职称改革，完成了专业技术人员职务聘任工作，调动了他们的工作积极性。

（彭　燕）

邮　政

【概况】 2017年，全市邮政普遍服务场所45个，其中城市自办营业场所17个，农村自办营业场所28个。莱芜市持证快递企业9家，设立分支机构115个，国有企业1家，民营企业8家，涉及快递品牌20个。全市邮政企业和快递服务企业业务收入（不包括邮政储蓄银行直接营业收入）完成2.42亿元，同比增长19.51%；业务总量完成2.85亿元，同比增长31.87%。全市快递服务企业业务量完成735.94万件，同比增长27.48%；业务收入完成8691.49万元，同比增长21.9%。年内，市邮政管理局被评为争创全国文明城市先进单位、“平安莱芜建设工作”先进单位，成功通过市级文明单位复核。

【行业发展环境】 深入贯彻落实省政府1号文件精神，认真开展调查研究，积极向市政府领导汇报，推动出台市政府5号文件《关于贯彻鲁政发〔2017〕1号文促进邮政和快递服务业健康发展的实施意见》。推动莱芜市邮政业发展“十三五”规划实施。市局成立邮政业发展“十三五”规划宣贯实施工作领导小组，具体负责组织领导、集中宣贯、任务分工、落实推进等工作，取得了良好效果。加强一系列邮政业发展文件及规划的学习宣传和舆论引导。对内组织专题学习，对省政府1号文件、市政府5号文件及省市邮政业发展“十三五”规划等进行系统学习，深刻领会把握文件和规划的科学内涵及推动全市邮政业转型升级的重大意义；对外通过转发文件、《莱芜邮政管理简报》全文转发省市促进行业发展文件，采取政策解读、专业访谈等形式，在《莱芜日报》、莱芜电视台等主流媒体刊登、播报行业“十三五”规划，扩大文件与规划的社会影响。开展调查研究。多次深入企业进行调研，组织召开企业负责人座谈会，深入了解企业在发展中的政策需求，帮助企业解决遇到的困难和问题。

【行业监管】 全面落实“三个100%”制度。开展收寄验视暗访暗查，对发现的问题依法进行调查；加强协议客户安全管理，将用户协议全部报市局备案，全市寄递企业共报备客户协议308件；推广应用“安心快递”实名收寄信息系统，加强对企业实名登记系统使用的督导，每日进行调度通报，并约谈3家实名收寄率低于全市平均水平的企业负责人；实施企业安检设备全覆盖项目，引导企业集中安装X光机及配套设施，8家寄递企业已配置安检机；广泛开展寄递安全宣传，在莱芜电视台和莱芜城乡公交播放了寄递安全公益广告。全力保障重大活动期间寄递渠道安全畅通。本年度完成“两会”、“一带一路”国际合作高峰论坛、香港回归20周年庆祝活动、第13届全国运动会、金砖国家领导人第九次会晤、中国共产党第十九次全国代表大会等重大活动期间的寄递渠道安保工作。切实组织好各类专项活动。结合行业特点和实际情况，细化措施注重实效，认真做好寄递渠道安全综合整治、危化品寄递环节综合治理、安全生产大检查专项行动和安全生产月活动，推动落实企业安全生产主体责任，防范和遏制生产安全事故发生，确保寄递渠道安全畅通。坚持每季度开展一次安全培训。围绕“三项制度”、《禁止寄递物品管理规定》、《邮件快件寄递协议服务安全管理办法（试行）》等制度落实，危险化学品、枪支弹药、易燃易爆、寄递渠道禁毒、管制刀具识别等各类禁寄物品防范和夏季生产作业、行车、用电、邮（快）件防水防潮、防汛抗洪等内容，先后联合市公安局禁毒支队、治安支队开展4次安全培训，培训快递企业员工近400人。强化行政执法工作。联合公安、国家安全等部门，以“三项制度”落实为重点，按照《中华人民共和国邮政法》和《中华人民共和国反恐怖主义法》等法律法规，对寄递安全管控不力、企业主体责任落实不到位的行为予以严肃查处。全年共开展检查快递企业及邮政支局248家次，出检512人次，纠正和查处违法违规行为66起，下达整改通知书30份，下达行政处罚决定书5份。开展机要通信专项监督检查，并针对发现的问题下达责令整改，经复查已全部整改到位。开展丁酉年等纪特邮票监督检查14次。强化邮政专用标志车辆管理，对全市专用标志车辆进行调查摸底和登记建档。开展行业“扫黄打非”工作，与各寄递企业签订“扫黄打非”工作目标责任书，按照“画像法”要求，传达查堵口径3次。全面规范快递市场秩序。开展快递市场清理整顿行动，全年新设立快递企业分支机构78个。印发专项工作通知，对年报填报方法进行一对一指导，全面完成快递业务经营许可年度报告。开展“邮安莱芜”创建活动。启用邮政行业安全生产标识，制作安全生产动漫视频，在公交电视、莱芜电视台等滚动播出，引导全社会关注邮政业安全生产工作。

【行业安全标准化建设】 为强化标准引领，提升企业形象，保障运行安全，在全市快递业开展了“企业形象、安全管理、服务管理”标准化建设，推进快递企业营业网点、处理场所、运递车辆和员工形象的企业形象标准化建设；安全生产制度、应急管理、安全生产操作、风险管控排查治理、安全文化、“三个100%”制度落实的安全管理标准化建设；服务质量管理内控体系、投诉处理和申诉处理的服务质量管理标准化建设。制定印发《莱芜市快递业标准化建设指导意见》，配套出台《莱芜市快递业企业形象和服务管理标准化建设参考手册》和《莱芜市快递业安全生产标准化管理台账》，召开专题会议进行安排部署，遴选4家企业作为帮扶企业，开展驻点帮扶，推动全市快递行业服务形象全面提升、行业安全全面保障、服务质量全面提高。

【行业服务】 开展普遍服务达标专项检查。制定《全市邮政普遍服务达标情况监督检查工作方案》，将普服网点检查内容细化为6个项目34项检查子项，对镇、村实地核查内容细化为5个项目11项核查子项，对45个普遍服务网点、13个镇及镇驻地村全部监督检查和实地核查，下达责令改正15份。开展区级党政机关党报当日见报率调查。开展样本点测试，在全市所有行政区及功能区，按比例抽取测试点，重点对《人民日报》《大众日报》及《莱芜日报》等党报党刊开展投递时限及服务质量测试，对党报党刊投递时限及服务质量进行全面摸底掌握。提升服务“三农”能力，助力国家精准扶贫。全市建制村直接通邮率100%；422个邮政便民服务站点建设纳入2017年度市政府工作报告；全市“三农”服务站总量达到1250个，覆盖全市90%以上的行政村。加强末端投递能力建设，稳步提升快递末端投递服务水平。在全市19个镇（街）建立各类快递网点128处，实现城乡快递网点全覆盖；加快智能信报箱建设力度，全市已布放各类智能信报箱20余处。提高行业服务质量，实施邮政放心消费工程。开展服务质量提升年和服务质量专项整治活动，着力构建快递服务质量的企业内控体系，指导企业建立内部服务质量管理制度；全面实行“54321”的申诉处理工作法，有效降低消费者投诉率和申诉率。申诉中心共受理消费者申诉470件。加快推广电子面单建设，助力绿色邮政发展。在寄递企业推广使用便携式蓝牙快递面单打印机，客户微信下单，现场打印电子面单，全市电子面单应用率80%以上。开展邮递员、快递员关爱活动，改善员工工作环境。开展“邮政（快递）服务之星”评选表彰活动，树立行业模范形象，传递行业正能量；开展媒体体验日活动，通过报纸、电视、广播、微信等多角度传递行业发展的最美声音，营造全社会理解快递员工的良好舆论氛围；在各快递营业网点悬挂“关爱快递员，从换位思考开始”宣传条幅，呼吁广大群众关爱、理解、尊重快递员；在快递营业网点和其他行业门店设立“快递员歇脚点”，为快递小哥提供饮水等服务。

（韩　振）

【中国邮政集团公司莱芜市分公司】 2017年，全市累计实现收入14967万元，完成省公司计划的101.89%，列全省第13位，增幅8.08%，列全省第17位。目标利润完成700万元，完成省公司计划的108.9%，列全省第8位。

落实《莱芜市人民政府关于贯彻鲁政发〔2017〕1号文件促进邮政和快递服务业发展的实施意见》，实施“邮系万家”便民惠商项目（2017年市委、市政府为民办的10件实事之一），加快智慧邮政建设，服务地方经济发展。落实市慈善总会印发《关于开展邮政慈善中心超市救助项目的通知》，开展邮政慈善中心超市救助项目。先后与太平洋财险、国税、地税、中国移动、中国人寿、盐务局6家落地签客户签订合作协议。

“三大增长极”稳步发展。金融方面，全年全市金融总量净增15.3亿元，累计市场占有率10.21%，年增市场占有率21.86%；农村电方面，买卖惠批销交易额完成3948万元；传统邮务方面，以活动营销、项目营销为抓手，全年共实现收入2400万元。

“四项重点工程”逐步推进。车险实现收入179万元。数字传媒实现收入446万元。简易险实现收入46.86万元。储蓄活比累计活比15.56%。

“五个重点提升”有序推进。市公司投诉积分得分排名及95580点均投诉量得分排名均在全省前两位；服务质量核心评价核心指标综合得分位列全省第1位；在“聚焦服务短板，提升客户体验”活动中，综合得分位列全省第1位；在省公司第三方暗查中，综合得分连续6个月位列全省第1位。机要通信业务继续保持质量全红。不断推进网点改造，50%以上网点达到监管部门最新验收标准。全年改造资金总投入750余万元。邮件处理中心实现大平面作业，实现了大班组管理，网运作业流程进一步优化。全市累计建设便民服务站有效站点1393个，渠道覆盖率129.18%。推进营销队伍转型和能力提升，营销人员实现业绩795.29万元，人均达到46.78万元，同比增长65.94%。

加强人才队伍建设。利用中邮网院开展管理人员大讲堂培训等专题培训，累计培训120余人次，参培率和考试合格率均达到100%。建立了11人的市级企业文化宣传内训队伍，为基层配发《中国邮政企业文化手册》和《口袋书》，建设企业文化示范点3个，进一步提升了企业文化软实力与员工凝聚力。

经营组织架构改革稳步推进。围绕“一体两翼”导干部本科在读率100%，均列全省前三位；生产人员持证率96%，双证率79.8%，列全省第1位。加强内控制度管理。先后出台《关于进一步规范资金上缴流程管理的通知》《关于规范各单位费用报账流程的通知》等文件。加强往来款和库存欠费清理工作，2017年应收款项较年初减少了419万元，降幅26%；应付款项较年初减少467万元，降幅50%；逐步树立滚动预算意识。采用季度预算与滚动预算相结合方式，进行资源配置。财务基础工作水平不断提升。前三季度财务基础考核得分94.74分，列全省第5位。

安全生产与金融风险防控。市公司获2016年度安全工作先进单位二等奖。加大安防建设投入，投资40余万元用于网点安防设施建设。严控死守，做好重大活动期间寄递安全工作。强化日常管控及隐患排查，高度重视金融风险管控，加大“十条禁令”、轮岗员工、日常行为排查，逐步提升全员安全意识和金融风控的规范性、有效性。

幸福和谐莱芜邮政建设。重视一线员工收入水平增长，薪酬分配政策积极向一线倾斜，员工收入增长高于业务收入增幅。加强带薪年休假制度的督导落实。全年投入资金24.48万元，完成20个农村支局星级员工小家、2个城市投递员之家和1个网运之家的创建，农村支局小家创建达标率71.42%，开展“夏季送清凉”“冬季送温暖”及员工救助帮扶活动，资助困难职工42名。

（范　文　李　荣）

电　信

【概况】 2017 年，全市电信业务收入 6.81 亿元，增长 5.29%；年末固定电话用户 14.79 万户，下降 6.36%。移动电话用户 132.96 万户，增长 1.13%。固定互联网宽带接入用户 30.85 万户，增长 11.13%。

【中国联合网络通信有限公司莱芜市分公司】 2017 年，中国联合网络通信有限公司莱芜市分公司（以下简称莱芜联通）认真贯彻落实“一二三四五”总体发展思路，坚持稳中求进工作总基调，加快建设“五个莱芜”，以服务全市经济发展、推进信息化建设为己任，以提高发展质量和效益为中心，深化企业内部改革，加大建设投资力度，提升通信服务水平，完成了所承担的市重点工作和其他各项年度工作目标。全年上缴税金 600 余万元，累计投资 3500 余万元。

经营模式。莱芜联通围绕“抓党建、促发展、控成本、转机制”十二字方针，聚焦市场需求，推进经营模式转型，推动各项重点业务发展，经营工作取得了新的成效，完成 2017 年既定目标。深化互联网化运营，实现企业降本增效。做好电商产品落地、线上线下协同和客户感知的互联网化，围绕“转化、引流、维系”三个重点开展工作，形成以客户感知为出发点的服务、产品和支撑体系，订单综合转化率超过 74%，在业务快速发展的同时实现了降本增效的目的。聚焦 4G 与流量，移动业务迅猛发展。打造联通 4G 匠心网络，构建优质体验环境，通过立体化、差异化和精细化的流量产品经营，实现对高、中、低端用户需求的全面覆盖，实现了移动业务用户数量与质量的双增长。4G 网络用户快速发展，占移动用户总数的 48.5%，同比增长 22.7%。聚焦品质与服务，宽带、电视业务稳步发展。践行国有企业责任，响应“提速降费”号召实施宽带网络“千兆引领百兆起步”计划，在全市范围内统一将联通宽带速率免费提升至 100 兆起步，让市民享受到智能光宽带的福利；推广联通 IPTV 优惠产品，推进“三网融合”，联通 IPTV 保持高速发展的势头。依托创新型业务，实现规模效益发展。依托幸福工厂、中小企业双创云平台、青春修炼营、美丽乡村四大平台，拓展行业信息化，完成网上党群服务平台、平安村居“慧眼”工程、四中云桌面、中石油沃云办公等信息化项目，带动重点业务规模发展。

企业改革。莱芜联通把全面深化改革作为“一把手”工程来抓，贯彻执行全面深化改革任务领导小组制度，加强全面深化改革工作的组织领导，定期召开专题会议研究部署改革工作，并按照计划有序推进。制定并落地《关于组织机构优化调整的通知》《莱芜联通机构精简优化方案》等系列改革文件，自上而下对全公司范围进行“瘦身健体”，确保改革取得实效。

匠心网络打造。围绕济莱协作区建设，建设运维协同推进，持续打造匠心网络。新建 3G 基站 27 个、4G 基站 120 个，3G/4G 村庄覆盖率达到 93.5%，完成 9 个小区的 FTTH 改造，全年累计新建 FTTH 端口 17530 个；完成 IP 城域网核心设备升级和带宽扩容工作，新增万兆端口 35 个，出口带宽达到 340G。持续推进济莱协作区通信融合发展，陆续开展 3G、4G 宏站室分项目、核心网扩容、天馈整治、网络调整工程等 16 项移动网络工程建设项目，为企业发展、群众生活提供更加稳定高速的网络基础。

智慧城市建设。整合业务资源，依托自身产品优势，与多部门携手联动，加快推进智慧城市建设。先后与莱城区公安局携手打造平安村居“慧眼”项目，进一步提升城市安全防范工作水平；与市智慧办共同启动“城区公共场所免费无线”服务项目，为公众提供免费、安全、优质的互联网接入服务；与住建局携手打造“智慧工地”，实现各工地监控点的接入；与市卫计委成功续签合作协议，继续携手打造全市卫生信息平台。

服务体系建设。以客户口碑评价为载体，以聚焦问题、重点攻坚为提升客户感知的重要抓手，围绕攻坚问题和量化目标，加强条线部署和过程督导，修补短板，固化优势，确保问题治本解决。聚焦客户服务触点感知提升，重点关注一线员工服务态度和技能提升，强化“以客户为中心，用服务促发展”的服务理念，持续提升客户服务水平，改善客户感知。

借力“互联网+”，全力打造美丽乡村。以信息化建设扶贫为己任，以服务民生为根本，借力“互联网+”，2017 年 3 月在牛泉镇政府举办农民手机应用技能培训，助推“互联网 + 现代农业”建设，做好与省政府签署的《深入推进“互联网+”发展战略合作协议》落地实施，利用“美丽乡村”综合应用平台，建立“互联网+三农服务”的农村信息化综合服务模式，通过农技推广、技能培训、远程教育等形式带动农民致富。

（吕　帅）

【中国移动通信集团山东有限公司莱芜分公司】2017 年，莱芜移动落实客户服务承诺，为全市人民提供高质量的通信服务，全年收入增幅好于行业平均水平，净利润高于上年水平，资本开支较上年明显下降；缴纳税费 2700 万元。公司致力于通信基础网络建设，共立项投资 1 亿元，建设 4G 基站 400 余个，在上年全域覆盖的基础上实现全市 4G 网络厚覆盖与深度覆盖；新建有线宽带覆盖站点 200 余个，总体站点覆盖率 98%，总覆盖家庭用户 51 万户；加强政府企业集团业务接入支撑，实现全市近 500 家集团客户的 100% 厚覆盖；建成蜂窝物联网基站近 100 个，实现全市城区室外连续覆盖，打造业内领先的窄带物联网新网络，为客户提供一个万物互联的高速平台；加强基础传输网络资源建设，新增敷设光缆 1134.23 皮长公里，为各类信息化业务快速接入奠定基础。按照市委市政府要求，落实安全生产工作要求，加强安全生产检查和管理力度，做好通信保障支撑；做好气象灾害监测预警、信息发布传播、应急保障等工作，全年公益短信发送超 2000 万条。

提速降费。推进长市漫一体化资费工作，克服技术困难及减收压力，于 2017 年 9 月 1 日完成长市漫一口价工作，9 月 1 日后省内通话全部按照市话收取，且全国范围内接听免费。长市漫统一价后，长漫客户每年节省近 900 万元。此外，落实“宽带中国”战略，开展宽带提速降费工作。全年完成全市范围内固定宽带 20 兆提速工作；有线宽带 50 兆带宽占比由年初 11.3% 提升到 59.6%，有线宽带费用由 480 元 / 年降低到 240 元 / 年，资费下降 50%。

农民手机应用培训。为推进农村手机应用普及，助力农业信息化发展，2017 年 3 月 17 日，由省农业厅和山东移动联合推进的农民手机应用技能培训走进莱芜。莱芜市农业局局长陶务瑞、副局长何兰平，山东移动集团客户中心副总经理赵向军，山东丘山农林开发有限公司董事长孙小燕等出席活动，山东移动莱芜分公司党委书记、总经理赵福忠主持启动仪式。启动仪式上，莱芜市农业局局长陶务瑞代表省农业厅致贺信并致辞。启动仪式后，来自山东移动的专家为广大参会人员详细讲解了“互联网+现代”农业重大工程的背景和意义，并结合山东移动农业信息服务平台，深入浅出地讲解了手机信息应用在实际农业生产和农村工作生活中的作用。广大农民可以通过山东移动“美丽乡村”APP 等手机应用，享受农业信息，便民服务、电子商务、培训体验等功能服务，让智能手机真正成为广大农民增收致富的好帮手。

企业信息化推介会。根据山东省经信委相关要求，2017 年 4 月 14 日上午，莱芜市经信委与莱芜移动公司联合举办“工业电商百县行活动暨山东移动企业信息化推介会”。双方将在企业研发设计、生产制造、市场营销、仓储物流、运营管理及商业模式等方面提供用得上、用得起、用得好的互联网基础环境、信息技术及和办公等业务的整体信息化解决方案，推动企业创新生产和营销方式，提高效率，形成发展新动能。参加此次推介会的规模以上企业近 200 家。

（徐加振）

【中国电信股份有限公司莱芜分公司】 2017 年，中国电信莱芜分公司全面完成省公司下达的各项任务指标；提高 4G 网络覆盖水平，全市网络覆盖率达到 96%，在行业内领先，提升了用户感知；“提速降费”举措继续行业内领先，让百姓真正得到实惠；完善服务流程，加强营业网点建设，月度万用户投诉 ≤ 30 人（省公司），季度百万用户申诉率 ≤ 14 人（工信部），投诉处理及时率 ≥ 95%；做好全市大项目及招商引资项目的通信保障和信息化应用推广，为智慧城市建设做好支撑。

推广信息化应用，推动智慧城市建设。参与智慧城市顶层设计；争取省公司对窄带物联网增加投资，率先建成覆盖全市的智慧城市窄带物联网。充分发挥物联网专网网络通道优势，率先推进 NB-IoT 建设，打造全网无缝覆盖、适合物联网各种行业应用接入的公共网络：工业、农业等经济领域，交通、环保等城市运行领域，智能家居、健康医疗等生活领域，市政、气象等公共服务领域的，细分行业如远程抄表、装备制造、仪表制造、智慧停车等；支持车联网、基础设施智能管理、智能停车、水电暖民生应用智能化改造、城市安全监控、执法监管、安全生产管理等政府信息化项目，可整体提升智慧莱芜建设水平，推动莱芜窄带物联网城市建设。同时，依托中国电信上海物联网开放实验室，开展基于 NB-IoT 相关技术的应用，为窄带物联网、传感器、信息处理设备及其基础软件、模组、芯片等的开发和制造企业提供支持；开展 NB-IoT 标准认证和关键技术验证、优化，在网络解决方案检测、应用创新和设备集成等方面提供测试环境；开展 NB-IoT 相关技术、产品和服务的商业模式创新，促进莱芜 NB-IoT 相关产业发展。在铁塔数据回传、智慧家庭应用、路灯杆等均已实现了窄带物联网的应用。

提速降费。2017 年 5 月 12 日，为积极落实国家提速降费的要求，同时惠及消费者、构建良好终端产业生态，电信推出提速降费五大措施。将打造智能化的高速网络，加快建设全光网络，积极提升 4G 网络的覆盖范围和速度，让用户享受到更快、更好的网络；推出了乐享家、一体化、十全十美、不限量等一系列取消长途、漫游的新资费套餐，让用户有了更多选择，满足了不同人群的需求；为满足中小企业互联网专线的使用需求，推出个性化网格无忧 399 元、689 元、999 元套餐，以及 600 元百兆专线政策，让中小企业用户用着实惠，感知良好；行业市场全网通手机的销售占比已达 80%，全网通手机逐步成为市场的主流。为让广大消费者更了解、认识全网通，莱芜电信自 3 月以来，全渠道加载“全网通”手机宣传元素，打造“买手机就买国标全网通”，让“全网通”概念深入民心，现销售 4G 终端占全部终端的 95% 以上；针对农村区域，为使广大农民群众得到更多实惠，推出一系列适合农村低需求的资费。

网络建设。加大 4G 网络建设力度，提供高效通信网络。2017 年，在全省率先完成 4G 网络五期工程建设，全年宽带网建设投资 4000 余万元，新开通基站 260 多个，乡镇 4G 覆盖率提升到 95%，城区覆盖率提升到 98%。

（邢晓雪）

责任编校：卢海静

建设·环保

城乡规划

【规划编制】 莱芜市规划局对城中村改造、大汶河全流域规划、城市核心区亮点片区，以及“三河”改造等重点城建任务，积极谋划开展研究。完善城乡规划体系。坚持城镇建设、土地利用、产业发展等“多规融合”理念推进各项规划编制。城市总体规划方面，先后10余次赴省厅汇报沟通，12月中旬经省城乡规划委员会审议通过。控规方面，老城区片区、高新区片区、经开区片区、钢城片区控规编制完成并进行了批前公示。完成近期建设规划、市域乡村建设规划方案、大汶河治理与建设规划等。协助推进镇村规划编制。完成雪野国家级旅游休闲区总体规划、农高区概念性总体规划及三个乡镇总体规划的编制。积极协调推进部分镇驻地33.1平方公里控制性详细规划编制，督促抓好“美丽乡村建设”部分村庄规划编制。联合市住建、城管编制《莱芜市“生态修复、城市修补”工作方案》。

【规划服务】 莱芜市规划局突出抓好十大产业振兴、城建重点工程、“城中村”改造等项目规划服务，围绕涉及“经济发展、城乡建设、民生工程”的项目，提速增效加快审批。先后召开三级会议114次，研究各类规划事项427个，核发选址意见书16个，建设用地规划许可证66个，建设工程规划许可86个，乡村建设规划许可证3个，《建设工程验线确认书》172份，建设工程竣工规划核实合格证34个。对市“摸排消”指挥部摸排项目、全市十大产业项目及十大建设工程，通过走访调研现场解决问题，加强调度督促推进等方式靠上服务。抓好各类产业园区的规划服务，为环保静脉产业园、生物发电等20多个园区及项目搞好相关规划服务。为莱矿医院搬迁、鲁中新城市铁路物流园、朗润医疗磁共振成像系统、济莱快速公路通道等项目和工程搞好规划服务。依法依规高效推进环保督察重点项目完善规划手续。以创建国家文明城市为目标，按照“干净、有序、方便、宜居”原则，积极打造精品城市。按照“增绿增亮增高增美”四增一拆一规范措施，对城市重要片区、公园绿地、道路、河道、旧村、重大建筑等科学规划，统筹规划绿化亮化增高增美，不断提升城市品位和内涵。完成城市核心区概念性规划方案，城市地标建筑创意方案征集，打造城市核心区亮点片区，组织编制CBD规划建设方案。做好“绿”文章，做好胜利公园、雅鹿山公园等规划方案。对红土河、青草河及人工河“三河”，制定规划方案，明确各河功能定位、改造原则和思路。推进旧村改造，对东升、东方红及孙花园“三片区”改造，坚持统一规划，做好范围划定、拆迁量测算、规划方案等。推进城市道路提升，做好鲁中大街、长勺路及文化路、嬴牟大街公铁立交、汶阳大街等道路工程规划方案。做好市委党校新校区、会展中心、市民活动中心（六馆）建筑及广场景观提升改造等一大批城建重点工程的规划服务，打造城市亮点片区。为济莱高铁选址、滨莱高速公路淄博西至莱芜段扩建项目、城市大外环高速服务区建设项目等省、市重点工程做好服务。加强建设工程规划监管、依法行政监管，每季度开展一次规划业务综合检查。严格落实城乡规划督察员制度，会同督察员做好疑似违法图斑和督察建议的处理工作。与城建重点工程同步搞好城乡居住、学校、医院、道路、敬老院等民生工程服务。涉及新建、改扩建的28所中小学，全部核发选址意见书或出具规划选址意见，21所办理用地规划手续，18所办理工程规划手续。为张家洼街道敬老院、雪野镇敬老院办好规划手续。

【机制创新】 莱芜市规划局积极探索实行"联合体"机制，推动部门合作，专家领衔、部门和公众全程参与机制进一步健全。村庄规划编制方面，采取"设计单位+村委+村民+规划管理"多方联动方式，问计于民、广纳民意。在全省先行先试，推进技术审查与规划审批分离，在上年基础上逐步完善了规划技术审查工作机制。探索审批服务新方式，实行基层协办员、全程代理短信告知、二维码进度查询等新服务方式，全面提升服务效能。定期开展规划上门服务和现场办公活动，与服务对象面对面沟通交流，集中解决存在问题。重点实行信息化建设，打造全市规划行业的"一中心一系统"，实现了大数据管理、网上报批，全面提升城乡规划管理工作的科学化、规范化和现代化水平。批后监管探索新模式。在全省首家实行批后监管电子远程监控系统，通过现场安装远程监控设备，配备电子执法仪器等，逐步实现对规划实施全程监管。

（侯永明）

住房和城乡建设

【概况】 截至2017年年底，莱芜市常住人口为137.6万人，常住人口城镇化率62.58%；常住人口城镇化率比全省高2个百分点，比全国高4.06个百分点。全市保障性安居工程开工1211套，房地产开发完成投资53.44亿元，建筑业完成总产值82.47亿元，新开工民用建筑推广应用装配式建筑28.26万平方米，完成二星级绿色建筑设计标识面积26万平方米，新增太阳能光热建筑一体化应用面积53万平方米，实施公共建筑节能改造面积2.1万平方米。

【城镇化建设】 莱芜市住房和城乡建设局以"人的城镇化"为核心，按照"全域发展、一体推进"的思路，推进新型城镇化工作开展。编制完成《莱芜市人口市民化规划（2016—2020年）》，制定印发《关于进一步加快推动农业转移人口市民化的实施方案》，加快推进农业转移人口市民化，2017年完成农业转移人口市民化2.7万人。莱芜市常住人口城镇化率由2012年的54.17%提高到62.58%，五年时间提升了8.41个百分点，城镇常住人口增加了14.96万人。

【村镇建设】 市住建局加大扶贫攻坚力度，开展农村危房改造工作，2017年完成建档立卡贫困户危房改造516户。将农村改厕列入为民办实事项目，推进"厕所革命"，改善人居环境。推进特色小镇建设，指导推进9个市级特色小镇规划编制，雪野镇养生休闲度假小镇获评创建国家级特色小镇，颜庄无纺特色小镇、口镇中德清洁能源小镇获评创建山东省特色小镇。莱城区苗山镇南文字村、钢城区颜庄镇澜头村等11个村庄命名为省级传统村落，雪野旅游区茶业口镇卧铺村入选国家级传统村落。做好省级“宜居小镇、宜居村庄”创建工作，茶业口镇、雪野镇、大王庄镇、方下镇4个镇命名为“宜居小镇”，莱城区苗山镇南文字村、雪野旅游区大王庄镇竹园子村等7个村命名为“宜居村庄”。

【智慧城市建设】 《莱芜市智慧城市顶层设计规划方案》通过专家评审并获市政府批复，制定下发《智慧城市建设项目管理办法》，为项目建设提供制度和规范。启动智慧运营中心一期工程，建成启用市区23个公共区域免费无线网络系统，协调推进扶贫、安监、国土、城管、养老五大领域智慧应用，实现智慧服务多点效应。

【建筑业】 2017年，全市资质等级内建筑业企业完成建筑业总产值82.47亿元，同比增长3.1%；实现增加值41.1亿元，增长3.1%。

【工程质量安全管理】 2017年，市住建局开展建筑施工安全攻坚行动，实行拉网式安全生产大排查快整治，消除各类安全隐患，建立常态化长效化安全管理制度，创建省级安全文明工地15个，市级安全文明工地35个。以治理工程质量常见问题为重点，组织技术攻关、样板引路和现场观摩活动，开展全市工程质量大检查和商品混凝土、“地条钢”专项检查、在建房屋建筑工程质量隐患排查，开展工程质量创优活动，创建泰山杯奖工程2个、凤城杯奖工程11个，省级优质结构工程9个、市级优质结构工程57个、市级优良工程19个，工程质量水平进一步提高。

【装配式建筑和绿色建筑】 莱钢集团被住建部评选为全国装配式建筑产业基地，莱钢磁浮轨道公司被评为山东省装配式建筑产业基地；装配式建筑部品部件生产企业发展到25家，年生产能力达到60余万立方米；28.26万平方米新开工民用建筑推广应用装配式建筑。全面执行新版建筑节能与绿色建筑标准，完成二星级绿色建筑设计标识面积26万平方米，新增太阳能光热建筑一体化应用面积53万平方米，实施公共建筑节能改造面积2.1万平方米。

【住房保障】 2017年，全市开工城市棚户区改造住房1211套，综合整治老旧小区31个。严格执行申请租购房补贴程序和管理办法，审查核准享受租购房补贴433户，发放补贴873万元。

【核心区城中村拆迁】 2017年，市委、市政府确定对城市核心区范围内11个城中村实施拆迁改造。成立由分管市长任组长，有关部门、单位主要负责人为副组长的城中村拆迁改造领导小组，同时将11个村划分为3个片区，每个片区成立一个协调推进工作组，具体负责房屋拆迁的综合协调推进工作。坚持区级作为拆迁实施主体不变，由区政府（管委会）全面负责所辖区域内城中村的拆迁改造工作。本着“让利于民，算着账”的原则，把土地、收费、安置、奖补等各项优惠政策全部下放到区级，给予区政府（管委会）政策保障最大利益化。将城中村拆迁改造纳入对区政府（管委会）负责人政绩考核，对完成任务的进行表彰，对完不成任务的进行约谈和问责。

【房地产】 2017年，全市房地产开发完成投资53.44亿元，同比增长13.19%。商品房在建施工面积488.11万平方米，同比增长23.26%，开工面积130.10万平方米，同比增长22.18%。全市新建商品房销售面积96.65万平方米，同比增长84.25%。其中，商品住宅销售面积89.96万平方米，同比增长78.65%。截至2017年年底，全市新建商品房待售（库存）面积47.46万平方米，比上年第四季度待售（库存）面积减少了 5.15 万平方米，商品房去库存周期约 10 个月，稳定在合理区间之内。全年全市二手房成交 5108 套，成交面积 76.81 万平方米，同比增长 50.60%；其中二手住房成交套数 4870 套，成交面积 52.16 万平方米，同比增长 59.12%。

（刘民永）

城市管理

【概况】 2017 年，莱芜市城市管理局以城市核心区建设为总抓手，推进城建重点工程和市容环境整治，打赢了全国文明城市创建、国家森林城市创建、中央环保督察三大“攻坚战”，城市综合承载能力进一步提升，市容环境持续改善，城市朝着“三年大变样、五年出精品”的奋斗目标迈出了坚实一步。

【城建重点工程建设】 市政道路。实施凤城大街、文化路、鲁中大街、长勺路 4 条城市主干道的改造提升以及健身步道内环建设。截至 12 月底，凤城大街改造提升工程已完成挖方工程，正在抓紧建设地下管廊；文化路改造提升工程已完成苗木移植、路灯更新工作，转盘以北路段已完成浇筑水泥混凝土结构层，已完成总体工程量的 80%，转盘以南路段已完成水泥混凝土路面铺装 600 米，其余正在进行路基开挖回填施工，已完成总体工程量的 60%；鲁中大街改造提升工程已完成路面改造；长勺路改造提升工程已完成道路改造初步设计，路灯改造正在进行地下电缆管线勘察；健身步道已完成路基整理。

园林绿化。重点实施雅鹿山公园海绵系统改造工程以及汶源大街、鲁中西大街道路绿化工程。雅鹿山海绵系统改造采用山体海绵技术对公园出入口、广场道路、山体绿化、星湖水系等进行改造提升，改造面积 46 万平方米，共栽植乔木 1384 株，地被 42.1 万余株，时令花卉 15.2 万株，初步形成了雅鹿山核心区海绵体系。对汶源西大街（北坦路—汶秀路）、鲁中西大街（泰钢东门—汶秀路）进行道路绿化建设，栽植行道树、新建道路两侧绿化带及两侧游园绿地改造，新增绿地面积 7.13 万平方米，改造游园绿地 3 万平方米，栽植乔木 6078 株，花灌木 7137 株，球类 6165 株，地被 56.66 万株，播种草坪 1.9 万平方米，安装湖石 800 吨。建成区园林绿化工程各项指标达到并超过创建森林城市标准要求。

城市照明工程。对文化路、鲁中大街、汶阳大街、汶源大街、鹏泉大街 5 条主干道年久老化、锈蚀严重路灯进行更换，对嬴牟西大街（鹿鸣路—汶秀路段）进行路灯安装。截至 12 月底，文化路路灯改造，已调试亮灯 230 杆。汶阳大街、汶源大街路灯改造工程共安装灯杆 210 杆，鲁中大街路灯工程共安装灯杆 105 杆，鹏泉大街路灯工程共安装路灯 100 杆，嬴牟西大街（鹿鸣路—汶秀路段）共安装灯杆 94 杆。在文化路与汶源大街路口、龙潭大街路口安装灯光小品 10 座，在市政府广场安装中杆华灯、景观灯 42 杆。对凤城大街、嬴牟大街、雪湖大街等道路路灯灯臂改造，市区街道亮化效果显著提高。

生活垃圾焚烧发电项目。主要建设垃圾焚烧和汽轮发电机组及配套设施，设计日处理生活垃圾 600 吨，2017 年 6 月试运营。在 2017 城市固体废弃物处理技术与设备国际展览会上，市环卫处组织申报的《莱芜市环保静脉产业园建设项目》，分别获得餐厨垃圾处理、垃圾焚烧、污泥处理3个项目银奖。

【市容环境整治】 铁路沿线综合整治。采取“清理、拆除、整改、绿化、遮挡”五大措施，按照“立行立改、先易后难、逐步推进、全面整顿”的原则，组织各区对环境卫生、市容镇貌等问题进行专项治理。全市共发动干部群众2万余人次，出动机械车辆1000余台次，整改铁路沿线环境问题561项，整改率100%，完成绿化任务60.2公里，完成率111%，通过省级考核验收。

违法建设治理。按照《关于深入开展全市城市违法建设治理行动的实施方案》要求，深入贯彻市委副书记、市长梅建华在全市城市违法建设治理行动动员大会的讲话精神，市区联动，强力出击，持续保持高压，取得了阶段性的成果。2017年，全市累计完成城市违法建设拆治149.28万平方米（总面积156.77万平方米），占总任务95.22%。

户外广告管理。按照“布局合理、管理规范、设置美观、经营有序”的目标，结合城市核心区主干道冬季综合整治工作，集中对核心区主次干道、城市出入口、重要节点周边广告、标识牌、门店招牌等开展综合整治。制定印发《莱芜市人民政府办公室关于做好城市核心区户外广告管理工作的通知》，组织召开推进城市核心区户外广告规范治理活动座谈会，按照“布局合理、管理规范、设置美观、经营有序”的目标，结合城市核心区主干道冬季综合整治工作，集中对核心区户外广告开展综合整治，累计拆除各类违规破旧广告6704块。

市容市貌提升。依托文明城市创建，集中开展环境卫生治理、市政设施维修、裸露土地绿化行动。落实领导干部包街责任制、包区督察制，逐一整改落实市创城办督办问题100余项。创城期间，维修道路15.3万平方米，更换照明等各类市政附属设施1.2万套；修剪草坪111.2万平方米，绿化裸露地块22万平方米；清理垃圾死角126处，清理生活垃圾6700余吨、建筑垃圾9600余吨；安装各类创城公益广告841块，城市变得更整洁、更文明。

黑臭水体整治。根据中央、省、市有关黑臭水体治理文件精神，遵循“适用性、综合性、经济型、长效性、安全性”的技术原则，全市共辨识出嘶马河、莲河、青草河、汶河四段黑臭水体。2017年，通过安装污水管网、疏通河道、生态治理等形式，在嘶马河、莲河治理基础上完成青草河、汶河黑臭水体整治，治理河道14公里，在全省率先完成黑臭水体治理任务。

环境卫生管理。全面提升道路清扫保洁水平，制定《城区道路扬尘治理工作方案》《道路洒水作业标准》，严格落实“两扫一保”作业制度，按照“五无六净”的工作标准，加大洒水力度，对鲁中大街等17条主干道每日进行洒水降尘四次，对英雄路等8条次干道每日洒水降尘两次。制定《莱芜市城市管理局重污染天气应急预案》，根据天气情况，适当增加洒水频率，减少道路扬尘。积极探索生活垃圾减量分类管理，按照“大分流、小分类”的垃圾分类方式，在9个居民小区试点推行垃圾分类投放。加大垃圾无害化处理力度，严格执行“日产日清，车走地净一路净”的垃圾清运标准，全年共处理生活垃圾30.6万吨，处理垃圾渗沥液7万余平方米，垃圾无害化处理100%。

污染防控。加快推进非工业燃煤锅炉淘汰改造，城市禁燃区344台非工业燃煤锅炉全部淘汰改造完成。起草制定《建筑垃圾管理实施意见》，指导各区分别建立建筑垃圾消纳场，进一步完善建筑垃圾长效管理机制。加强城乡垃圾运输车辆管理，开展垃圾运输车辆抛洒滴漏治理，解决道路污染问题。全面排查非正规垃圾堆放点，制定《莱芜市非正规生活垃圾堆放点排查整治工作实施方案》，建立健全排查监控体系，全面排查、及时整改积存垃圾。

（马爱民）

环境保护

【概况】 2017年，莱芜市大气四项主要污染物二氧化硫、二氧化氮、PM_{10}、$PM_{2.5}$平均浓度同比分别改善24.4%、2.3%、7.9%、12.2%，蓝天白云天数259天，列全省第8位，同比增加33天，增加天数列全省第4位；全年获得空气质量生态补偿资金2480万元。水环境质量持续改善，全市三个国家、省考核断面（徐家汶、贺小庄、寨子桥）稳定达到功能区划水质。

【环境规划编制】 《莱芜市生态红线划定方案》在完成2016年生态红线划定的基础上，按照省环保厅和省发改委要求，对全市生态红线划定工作方案又进行新的优化，并上报省环保厅和省发改委汇总审核。《莱芜市环境保护"十三五"规划》按照程序被市政府批复通过。

【建设项目环境管理】 切实履行建设项目环境管理职能，严把建设项目环保审批关。2017年，市级共审批建设项目57个，其中审批环境影响报告书项目10个，环境影响报告表项目47个；踏勘各类建设项目现场100余个。印发《关于调整建设项目环评审批文件审批权限的通知》，调整审批权限，提高了审批效率，更好地服务项目建设和全市经济发展。严格执行"三同时"制度，强化建设项目竣工环保验收。对竣工建设项目，加强了环保措施落实情况的技术审查，对落实了环保要求的项目及时批复；对部分未落实环保要求的，提出了整改意见，指导建设单位限期整改；对治污设施不完善、排污口不规范、污染物排放不能稳定达标、环保管理制度不健全的项目，坚决不予通过环保验收，从源头上控制了新污染源的产生。市级验收合格建设项目60个。

【大气污染治理】 自定《莱芜市大气污染治理十条》，开展钢铁行业环境深度治理，全市共完成大气污染治理项目45个，618台燃煤锅炉全部淘汰改造，174家加油站全部完成油气回收改造，41家需要进行三级油气回收的加油站全部完成，13家油气回收治理企业全部完成治理，81家高速公路、国省道沿线加油站全部按要求销售车用尿素，关停取缔"散乱污"企业273家，分类整治41家企业工业窑炉，2台10万千瓦以下机组、4家企业的6台燃煤锅炉完成超低排放改造，全面供应国六标准汽柴油，全市通过清洁生产审核企业达到47家。积极应对重污染天气。严格按照程序和要求启动重污染天气应急响应，全年共启动蓝色预警5次，黄色预警4次，橙色预警2次，重污染天气预警预报信息发布率100%。修订完善全市重污染天气应急预案，建立了重污染天气应急工业源、移动源和扬尘源清单。针对冬季大气污染较为严重的问题，印发应对重污染天气的"十条措施"，三大钢厂、化工、橡胶等重污染企业一律限产60%，水泥熟料生产线、铸造行业、砖瓦窑企业全部停产，城区内所有建筑及市政工地一律停工、所有渣土车辆一律停运，并不间断开展夜查、抽查、突查，一天一调度一通报的工作方式，确保了各项应急措施落到实处。开展大气污染防治总体情况会诊评估。邀请专家对市全空气质量现状进行分析指导，逐步建立高密度空气质量网格化监测及大气污染综合解决支持平台。

【环境应急管理】 强化环境安全管理。召开2017年全市环境安全管理工作座谈会。调整全市环境应急专家库，成立全市第二届环境应急专家库，聘请专家25名。印发《莱芜市突发环境事件应急预案》《莱芜市环境保护局突发环境事件应急预案》，全市备案企业突发环境事件应急预案112家。举办突发环境事件隐患排查治理培训班2期，培训环境应急管理工作人员150余人。开展环境安全隐患"大快严"集中行动，印发全市环境安全隐患"大快严"集中行动实施方案，出动检查人员301人次，排查重点风险源82家，饮用水水源地1处，治理各类环境隐患234个。参加全省环境应急实兵演练暨监察监测技术比武竞赛活动。严格落实"超标即应急"工作机制，启动河流断面超标应急程序4次，重污染天气预警11次。

【辐射环境管理】 开展放射源安全检查专项行动，检查放射源单位21家，放射源179枚。审批行政许可事项39项，审批报告表项目7个，审批或备案登记表项目16个，颁发辐射安全许可证5个，变更辐射安全许可证3个，延续辐射安全许可证7个，注销辐射安全许可证1个。举办全市辐射安全与防护培训班，培训辐射管理人员70余人。开展辐射事故应急演练3次。印发《莱芜市辐射事故应急预案》《莱芜市环境保护局辐射事故应急预案》。开展伴生放射性矿普查，纳入普查单位26家。开展辐射安全和防护状况年度评估，评估辐射工作单位50余家。收贮闲置放射源11枚，妥善处理电磁辐射信访2件。

【危险废物管理】 开展危险废物经营企业经营情况和产生企业产生情况申报工作。制定《莱芜市危险废物环境管理突出问题整治方案》，集中整治全市存在的突出问题，检查企业67家，依法处罚企业7家。严格执行转移联单制度，办理企业危险废物转移手续42家，发放转移联单318份，转移危险废物1600吨。制定《莱芜市危险废物规范化管理督查考核工作方案》，对各区危险废物规范化管理进行考核，通过省厅对莱芜市危险废物规范化管理考核。严格落实山东省"十三五"处置设施建设规划，加快全市危险废物处置设施建设进度，投入运行企业2家。印发《莱芜市土壤污染防治工作方案》，加强全市土壤污染防治工作。

【流域生态保护】 组织开展饮用水源地整治，对乔店水库、鹏山泉等5个城市饮用水源地环境状况进行评估，完成全市农村饮用水水源地基础环境状况调查。开展农村环境综合整治，钢城区20个、雪野旅游区47个农村水源地保护工程都已全部完成。加快禁养区内畜禽养殖场（户）搬迁，制定出台畜禽养殖场（户）关闭搬迁补助政策，禁养区内519家畜禽养殖场（户）全部关闭搬迁。

【污染减排】 印发《关于做好2017年度主要污染物总量减排工作的通知》等文件，明确减排任务和工作措施。严格执行《莱芜市建设项目主要污染物排放总量控制指标确认办法》，对新上项目按照先算、后审、再批的程序，做好总量指标确认工作。抓好减排工程项目的落实。水污染治理项目方面，钢城区污水处理厂二期工程、牟汶河人工湿地净化工程已建设完成，建成17个小型污水处理设施。大气污染治理项目方面，泰钢265平方米烧结脱硫改造工程、鲁中啤酒炉窑脱硝改造、鲁碧4800吨/日熟料生产线分级燃烧改造项目、泰禾生化锅炉脱硫脱硝改造项目、维达纸业锅炉脱硝改造项目已完成；全市钢铁烧结、电力、水泥脱硫脱硝设施稳定运行，充分发挥减排效益。

【环境监察】 完成了国家组织的京津冀大气污染防治督察和省组织的2017—2018秋冬季大气污染强化督察工作。加强对重点污染源的监督管理。组织开展污染源随机抽查，全年全市环保系统共抽查企业346家，立案处罚10家。莱芜市联合泰安市开展省会城市群执法联动行动，出动执法人员100余人次，提出整改意见20余条。开展执法大练兵活动，参加了全省监察技术大比武。开展火电造纸行业排污许可证执法检查、建材市场秩序专项整治工作。开展纳污坑塘集中整治工作，全市共摸排纳污坑塘30个。开展排污费征收工作，全年排污费已入库1.2516亿元，与上年同期（7293.86万元）相比，增幅71.6%。全市环保系统共受理环境信访案件2268件，均及时进行调查处理。开展环境监管网格化工作。组织各区政府（管委会）招聘专职网格员83人。

【环境监测】　完成全市地表水水质监测、地下水水质监测、声环境质量监测、城市降水水质监测等例行监测工作，共报出监测数据35000多个。加强重点污染源监督监测和总量控制监测，全年报出监测数据10000多个。开展各项社会服务性监测，全年完成建设项目环评监测、验收监测和各类委托监测150多项。完成辐射监测、农村环境质量监测、土壤环境质量监测、生态遥感监测野外核查等专项任务，全年报出监测数据3200多个。开展环境执法监测，积极参与迎接中央、省环保督察案件办理工作，配合完成90余次执法检查和污染纠纷调处监测。做好预警、应急监测，完成重点河流断面预警监测、风险源预警监测、涉铅等重金属监测，报出分析数据5800多个。加强环境应急监测技术培训，进一步完善环境应急监测预案，完成了17次应急监测任务，参加山东省环境应急实兵演练暨监察监测技术比武竞赛活动。加强业务技能培训交流，12人次参加国家、省站组织的技术培训班。强化数据综合分析，编制《2016年度莱芜市环境质量报告书》，提供了排污收费监测数据、文明城市检查考核数据。加强监测工作的规范化管理，通过实验室资质认定复审，参加了国家总站、省质监局、省环境监测中心站组织的能力验证。强化内部管理，加强监测基础设施建设，提升了监测工作能力和水平。

【环境监控】　完成空气监测点位的优化调整工作，将日昇国际站点调整到高新区公益服务中心，将自来水公司站点调整到莱芜战役纪念馆；将老年公寓站点由鲁中矿业工人俱乐部顶楼调整至胜利佳苑小区。完成新一中学、技术学校、钢城区环保局3个省控空气站点的更新设备预验收工作。完成“环境与污染源在线监测手机APP系统”项目。每旬向大气污染防治指挥部通报莱芜市环境空气质量和主要河流断面的水质质量；编写《环境质量通报》36期、《环境质量月报》12期和《莱芜市环境质量年报》；发布重污染天气预警预报11期；每季度根据空气、水自动监控数据计算全市各区“生态环保竞赛”得分。完成对第三方运维单位的检查工作，对2座空气站和水站运营单位及污染源自动监控运维单位的档案材料和现场情况进行检查，提出整改要求。开展城市空气质量监测和预报，发布空气质量预报365期。

新增加废气在线监测设备58套、废水在线监测设备1套。完成国控污染源38台/套自动监测设备四个季度的数据有效性审核工作；每天实时对污染源数据进行监控，每月对省控、国控企业自动监测设备进行例行检查，每季度对市控企业进行1次例行检查，全年例行检查共出动500人次。抓好国发软件的数据上传工作，全市传输有效率99.91%，全省排名第4位。汇总排污收费在线数据12次，发布污染源超标快报37期，全年共审核在线数据16万个，剔除污染源异常数据5000余个，审核上报企业异常情况800余个，完成全市117个污染源自动监控站点网上备案工作。完成机动车环保检测系统平台升级工作，完成全市机动车尾气检测线43条机动车检测线的现场检查工作并提出整改措施。约谈检测线负责人，提高其对数据质量的认识，强化为民服务意识。

（崔孝振）

责任编校：卢海静

财政·税务

财 政

【概况】 2017年，全市各级财政部门深入开展财税增收竞赛活动，把组织收入放在突出位置，坚持依法治税管费，确保地方财政收入稳定增长。全市地方财政收入完成56.01亿元，增长10.20%；财政支出完成88.77亿元，增长1.90%，连续25年实现财政收支平衡。其中，一般公共服务支出8.78亿元，增长25.18%；教育支出完成19.73亿元，增长3.92%；社保和就业支出完成11.57亿元，增长11.70%；医疗卫生和计划生育支出完成10.41亿元，增长3.54%；农林水支出完成7.65亿元，增长2.09%；城乡社区支出完成6.20亿元，增加25.33%；科技支出完成1.48亿元，增长17.28%；住房保障支出完成2.39亿元，增长203.94%；文体传媒支出完成1.39亿元，增长40.97%；节能环保、公共安全等事业都得到较好保障。

【支持新旧动能转换】 2017年，市财政系统把加快新旧动能转换作为统领经济发展的重大工程，紧扣五大发展理念和供给侧结构性改革，用好用活积极财政政策，促进经济运行保持在合理区间。推动产业振兴提升。按照新旧动能转换实施规划要求，着力抓好钢铁煤炭去产能、特色小镇等重点项目建设，加快培育新供给、新动能。拨付化解过剩产能、工业提质增效、服务业发展引导、节能改造等资金1.6亿元，助推产业转型升级。落实重点企业“三扶”培植计划，通过搭建政银企平台、化解企业金融风险、支持企业信贷融资和并购重组等方式，实现重点企业稳健、持续、快速发展。支持企业融资。最大限度发挥股权投资引导基金综合效益，和灵、中泰、中泰安盈、和灵鼎晟4只子基金，到位资金6.8亿元，对润达新材料、盛诺基医药、阿尔普尔、泰莱电气等27家企业累计投资6.17亿元。拨付规模企业规范化公司制改制资金425万元，全市有15家企业完成改制。支持企业上市，共给予17家企业1000万元扶持资金。在全国首创“财税银保”合作新模式，共为6家企业发放贷款1500万元。优化发展环境。开展涉企收费专项调查，停征地方水库移民扶持基金等。更新行政事业性收费和政府性基金目录清单，公布国家省立项的行政事业性收费34项、政府性基金8项，提高收费政策透明度。落实扶持高新技术企业、小微企业等减税降费政策，打造一流营商环境。支持人才引领和创新驱动。设立高层次产业领军人才（团队）创业投资基金，安排人才工作专项资金5000万元，共为63家企业兑现科技创新券资金660万元，为46个科技创新项目落实国家级科技孵化器奖励资金870万元，对18家企业兑现研究开发补助997万元，支持实施科技“小巨人”企业培育计划，提升企业核心竞争力。支持“三招三引”。落实招商引资、招才引智、招宾引客优惠政策，加大项目引进奖励力度，足额拨付工作经费。超额完成“三招三引”任务，引进中泰证券雪野金融小镇、和灵鼎晟项目2个，完成投资3.76亿元；引进长江学者1名，担任山东宝纳新材料有限公司学术带头人；完成招宾引客408人次。

【重点事业保障】 注重从解决好群众最关心最直接最现实的利益问题出发，多谋民生之利、多解民生之忧，在发展中补齐民生短板，不断提高群众的获得感、幸福感。加大“三农”投入。认真贯彻落实市委一号文件精神，加大财政支农投入，全市农林水支出7.65亿元。其中：安排市级专项扶贫资金4387万元，区级配套4258万元，争取上级资金2252万元，支持扶贫重点村产业发展、扶贫特惠保险、雨露计划等，年内建档立卡贫困人口9900人实现脱贫；落实资金7800余万元，支持大冶水库、沟里水库增容，新建金水河水库，发展高效节水灌溉农田1.9万亩；安排资金2900万元，实施农业综合开发项目；安排资金1000万元，加快培育新型农业经营主体；落实耕地地力保护、农机购置、棉花目标价格等补贴2700万元，调动农民发展生产积极性；拨付资金4500万元，加快乡村连片治理、美丽乡村、农村改厕等项目建设；拨付村级组织运转经费1.42亿元，村均经费达13.83万元，超额完成省科学发展考核要求。完善民生保障体系。坚持优先保障和改善民生，持续加大投入，确保各项民生政策落实到位。教育支出19.73亿元，支持大班额消控、“全面改薄”等，落实家庭经济困难学生资助、普通高中和中等职业学校公用经费等资金，推动教育事业均衡协调发展；社保和就业支出11.57亿元，提高居民养老保险、城乡低保、农村五保供养标准，做好退役士兵安置和权益保障工作，加大就业创业扶持力度；医疗卫生和计划生育支出10.41亿元，提高城乡居民基本医疗保险和基本公共卫生服务补助标准，加大公立医院投入力度，完成4个急危重症孕产妇和新生儿救治中心建设，对100家农村卫生室进行标准化改造；文体传媒支出1.39亿元，支持文化遗产保护、文体设施免费开放等，推进文化体育设施建设；住房保障支出2.39亿元，支持农村危房改造、棚户区改造、老旧小区综合整治等。支持重点工程建设。投入节能环保资金2.05亿元，支持重大环境治理工程、环境监测、污染治理、环保网格化监管体系建设，改善自然生态环境。支持打好文明城市、国家森林城市创建攻坚战，增添新的城市名片。安排资金3.4亿元，支持信息惠民、城乡公共体育设施等10件民生实事，推动项目顺利完成。安排资金2.08亿元，推进重点城建项目，改造提升凤城大街、鲁中大街、文化路等主干道路，支持城市亮化绿化、环卫、地下管廊等基础设施建设。安全生产、公检法司、“平安莱芜”建设、宗教、援疆援藏等支出也都按规定给予充分保障。

【财税体制改革】 在全市财政系统继续开展“财税改革落实年”活动，制定重点改革任务分解表，层层压实责任，强化督查调度，推动各项改革落地生根。深化预算管理改革。将各类结余资金、上级提前下达资金、预计地方新增债券资金全部编入政府预算，增强统筹调控能力。强化预决算公开，市区所有使用财政资金的部门，全部公开政府预决算、部门预决算、“三公”经费预决算。扩大国库集中支付改革范围，覆盖所有财政性资金和全部镇（街道）。出台《市级国有资本经营预算管理暂行办法》，完善国有资本经营预算制度。编制年度政府综合财务报告，全面反映政府财务和运营、政府受托责任履行情况。加强预算绩效管理。严格执行《市级预算绩效目标管理办法》，将财政资金投入的发展类项目，直接嵌入部门预算“二上二下”环节，强化绩效目标前期评审。聘请第三方机构对2016年的项目实施独立评价，评价结果与2017年度预算安排相结合，健全“花钱必问效、无效必问责”机制。加强政府债务管理。出台《莱芜市政府性债务风险应急处置预案》，制定债务风险评估、预警、应急处置、责任追究等制度，严防债务风险发生。建立存量债务管理台账，清理整改地方政府违规举债行为。2017年，共争取地方政府置换债券31.35亿元，全部用于偿还2014年清理甄别的存量债务；新增债券9.5亿元，用于公益性资本支出，避免出现区域性和系统性风险。通过全市各级财政部门的共同努力，全市政府债务率由2016年的127%，下降到118%。深化投融资改革。成立市政府投融资管理中心，多渠道多方式加强政府投融资管理，支持平台公司建设，引导企业完善机制职能，尽快做大做强。成立市PPP项目管理中心，推广PPP模式，召开全市PPP培训动员会，在北京成功举办了推介会，全市进入财政部PPP项目库项目60个，投资额574亿元。推行政府购买服务，调整政府购买服务目录，扩大政府购买服务范围，通过规范化的制度设计，将部分适合项目转化为市场项目，市级102个项目预算金额9663万元，不断改进政府提供公共服务方式。深化市财政体制改革。落实省政府关于推进省以下财政事权与支出责任划分改革的意见，重点理顺民生领域财政事权与支出责任。出台《莱芜市统筹推进县域基本公共服务均等化的实施方案》，以市为单位逐步实现县域间工资性收入政策、基本民生标准、农业转移人口市民化待遇、基层运转经费标准以及公共设施建设标准“五个基本统一”，努力缩小区域间基本公共服务差距。加强税政管理。调整城镇土地使用税税额标准，加强建筑业房地产业税收管理，开展保险业税源外流专题调研，做好营改增、水资源税改革试点工作，积极推进环保税法实施。

【依法科学理财】 围绕完善公共财政职能，创新财政管理机制，规范财政运行体系，努力提升管理水平。推进依法行政。做好“七五”普法工作，展播《政府采购法实施条例》法治微视频，莱城区财政局被确定为省级“法治财政示范点”建设单位。编制公共服务事项目录和“双随机、一公开”事项清单，深化“放管服”改革。做好政务信息公开工作，主动公开信息100余条，处理依申请公开2项。强化监督检查。组织开展省委巡视组反馈问题专项检查、预算执行情况专项检查、会计信息质量检查和预决算公开专项检查，印发《关于全面落实巡视整改工作构建维护财经纪律刚性约束长效机制的通知》，以查促改，确保问题整改到位，切实将权力关进制度笼子。联合市扶贫办开展扶贫领域腐败和作风突出问题专项治理，加强扶贫资金监管，让扶贫账成为“透明账”“明白账”。加快支出进度。把加快支出进度作为稳增长的重要手段，每月印发《关于预算单位资金支出进度情况的通报》，对支出进度较慢的单位进行约谈，同时结合落实省“四挂钩一通报”制度，将压减结余结转、盘活存量资金与下年预算安排相结合。提高财政资金效益。加强财政投资评审，完成评审355项，评审值7.43亿元，审减值8487万元，审减率达11.4%。加强政府采购管理，推行“阳光采购”，依法规范采购人、代理机构行为，完成政府采购事宜1382个，采购额4.1亿元，节省资金2800万元，节支率达6.9%。严格控制一般性开支，全市财政拨款安排的“三公”经费支出3784万元，下降21.7%，努力降低行政运行成本。加强基础管理。落实行政事业单位会计准则，组织好各项会计考试和会计人员继续教育，提升会计管理水平。加强干部教育培训，年初制定培训计划，举办基层财政干部、政府采购、行政事业单位会计等培训班，全年共培训700余人次。基层数字财政管理系统推广、财政信息化建设等工作都取得新进展。

（张　南）

国　税

【概况】　2017年，全市国税系统累计完成国内税收收入53.77亿元，其中市级以下收入23.86亿元。全面及时兑现各项税收优惠政策，全年累计办理出口退免税5.39亿元，办理资源综合利用退税、福利企业退税、高新技术等各项税收优惠6.82亿元。稳步推进营改增后续管理、税源专业化改革、放管服改革，有效夯实征管基础，不断推进便利办税，持续优化营商环境。年内，全市国税系统先后荣立促进财税发展集体二等功和创建文明城市集体三等功，并取得“全国文明单位”“全国巾帼文明岗”“全国工人先锋号”3个国家级称号和“山东省银龄之家”“全市基层党建示范点”等10余个省、市级称号。

【依法治税】　加大税收环境整治力度，开展财政性资金、失控发票等重点风险事项和钢铁、建材等重点行业专项核查，积极开展重大案件和税收专案检查。深入细致地开展全系统国有资产保护行政执法自查工作，全年对6个基层单位完成执法督察全覆盖，有效规范执法行为，预防执法风险。在全系统试点推行执法全过程记录制度、行政执法公示制度和重大税收执法决定法制审核制度，着力打造“阳光国税”“规范国税”“法治国税”。开展福利企业专项检查和失控发票专项核查，大力推广增值税电子普通发票，不断提升增值税管理水平；扎实开展所得税核定征收，做好汇算清缴和政策调研工作；优化退税服务，提升退税速度，严厉打击出口骗税，进出口税收管理切实加强；强化大企业税收管理，持续加大非居民企业税收风险管理和反避税工作力度；健全与交警车管部门信息交换机制，在有效强化管理的基础上，进一步防范车辆购置税执法风险。突出打虚打骗、行业整治、双随机检查和深化稽查改革的“3＋1”重点工作，加大稽查打击力度，保持打击骗税和打击虚开的高压态势，全年查补税款8606万元。深入开展数据风险分析应用，强化风险应对，2017年，风险应对共入库4.68亿元，风险管理成效贡献率达8.7%，实现了收入规模与质量“双提升”。以服务地方经济社会发展为己任，全面及时兑现各项税收优惠政策，全年累计办理出口退免税5.39亿元，办理资源综合利用退税、福利企业退税、高新技术等各项税收优惠6.82亿元，将税收政策“红利”转化为助推企业加快技术改造和新旧动

2017年4月14日，莱芜市“财税银保”合作签约暨深化国地税合作推进会举行　（市国税局 供稿）

能转化的强大动力。

【改革创新】 坚定不移推进税源专业化改革，结合区(分)局机构扁平化、市局一级稽查的实际，对全市机构、人员、征管资源进一步整合优化，风险管理事项实行市局实体运作，税源管理迈向团队化、差异化、精细化，逐步上收出口退税、政策法规、大企业风险管理权限到市局层面，初步实现办税服务厅实体化，税源管理“分类+专业化”，出口退税征退一体化。扎扎实实加强营改增后续管理，对全市营改增试点纳税人进行身份界定2683户次，完善登记信息。加强政策效应分析，对税负上升企业深入分析，查找问题原因，进行“一对一”辅导。依托政府持续强化税收共治。积极沟通协调市财政局、地税局等部门探索推行个体零散税源委托代征和税收网格化管理；强化税警联合协作，召开联合打击涉税违法犯罪成果新闻发布会，打击和震慑税收违法犯罪行为，为纳税人提供公平公正的营商环境。

【纳税服务】 全力打造“四位一体”办税格局，在广泛推行无纸化办税、电子发票、税务一扫通、网上预约申领发票、二维码便捷开票、邮政代开发票代征税款、邮政文书速递等多项办税便利化措施的基础上，建成钢城经济开发区和农高区2个24小时自助办税服务厅，自助办税网点建设被市政府列入2018年为民办的十件实事项目之一。深化国地税合作，联合市地税局，通过共建、共驻、互设窗口等形式，在全市范围内实现“进一家门、办两家事”，建立起涵盖服务、征管、稽查和纳税人权益保护等各环节的国地税合作长效机制，国地税合作的力度、广度和深度不断加强，并获2017年度全市工作改革创新奖。联合财政、地税、银行、保险等部门，在“银税互动”基础上，创新风险分担机制，在全国首创“财税银保”新模式，进一步帮助中小企业解决融资难、融资贵问题，支持企业创新发展，助力新旧动能转换，实现多方共赢。这一做法得到省委副书记、省长龚正的批示表扬。

（张克胜）

地　税

【概况】 2017年，面对新常态下的经济税收形势，全市地税系统紧紧围绕组织收入这个中心，聚焦问题，主动作为，多措并举抓收入。全年共组织地税收入25.97亿元，按可比口径计算，同比增收4.05亿元，增长18.50%。其中，地方财政收入累计完成22.17亿元，按可比口径计算，同比增收3.65亿元，增长19.72%，增幅列全省第4位。

【税收征管】 莱芜市人民政府印发《关于开展夯实税收征管基础加强地方财源建设活动的通知》，联合财政部门，抽调40名业务骨干，招标5家社会中介机构，抓好9000余户纳税人自查和100余户重点税源的集中辅导核查，发现税收疑点1.76亿元，入库税款8200万元。针对疑难征管问题痼疾难整改、难推动的实际，实施“大整改”活动，在全系统集中开展2016年纳税评估、2017年税源核实、近三年年度审计“三合一”问题整改，整改日常征管类问题1369个，整改各类检查发现问题50个，入库税款4700多万元。稳步开展“税收征管基础建设年”活动，抽调专人在全系统开展为期两个月的征管基础建设调研活动，

2017 年 6 月 9 日，市地税局调研组到山东莱芜金雷风电科技股份有限公司调研　　（市地税局 供稿）

精准查找 6 个方面、15 个突出问题，确定 7 大类 22 项工作任务、52 条工作事项，销号管理，按月通报，征管数据质量有了较大提升。同时，积极探索完善风险管理导向下的分类分级税收管理模式，既有效提升组织收入工作质效，又为莱芜地税长远发展奠定基础。不断完善一级稽查，突出抓好高风险纳税人定向稽查和涉税违法行为的打击震慑，查补入库 6100 多万元。全面规范欠税管理，对全市 10 万元以上欠税大户逐一建立档案，逐户制定清欠计划，跟踪管理，分类实施，清理历史欠税 3.1 亿元，占入库总量的 12%。持续深化部门合作。国地税一体化征收、便利化办税在全市实现全覆盖，不动产登记与征税业务协同办理推进加快，“税务+公安”“税务+法院”的合作范围不断拓展，税收网格化管理、委托邮政代征税款取得积极成效，齐抓共管的共治局面逐步形成。

【纳税服务】　全市各级地税部门主动提升站位，自觉融入地方经济社会发展大局，发挥税收在促发展、惠民生等方面的积极作用。释放政策红利，支持企业发展，加强税收优惠政策的宣传培训，依法落实各项结构性减免税 1.8 亿元，支持全市经济结构调整和产业结构优化。持续深化“银税互动”，联合财政、国税等部门，探索出具有莱芜特色的“财税银保”合作新模式，有效破解小微企业融资难题，《山东新闻联播》进行专题报道。服务发展大局，积极建言献策，紧紧围绕全市新旧动能转换战略部署，深入开展经济税收分析，形成《从税收视角看我市传统产业新旧动能转换》《莱芜钢铁产业经济税收形势分析》等一批有质量、有分量的税收调研报告，为领导决策提供参考依据。推进便民办税，提升服务质效，持续开展“便民办税春风行动”，落实《纳税服务规范》，开展税收专项帮扶活动，全面落实容缺办理、订单式、预提醒等服务，有效提升办税效率和服务质量。

（李文才）

责任编校：蔺延军

金融·保险

综　述

【概况】 2017年，莱芜市委办公室、莱芜市人民政府办公室联合印发《莱芜市银行业金融机构考核暂行办法》，激发银行业金融机构支持经济发展的积极性和主动性。市政府出台《关于实施重点企业“三扶”培植计划的意见》，对重点企业实施分类帮扶。在全市银行业金融机构开展“增提创”主题年活动，组织召开政银企对接会4次，增加授信78亿元。建立金融联络员制度，从全市银行业金融机构选派30名金融联络员为30家重点骨干企业提供全方位金融服务，畅通了银企联系渠道，累计为企业办理银行贷款70亿元。全市银行业金融机构存贷款余额创历史新高，各项存款余额954亿元，增长4.4%；各项贷款余额达735亿元，增长9.4%。

【直接融资】 市金融办落实市政府《鼓励规模企业规范化公司制改制对接资本市场的支持政策》，为14家挂牌企业申请奖补资金680万元。协调推进35家企业完成规范化公司制改制，13家企业分别在新三板和区域股权交易市场挂牌，全市上市挂牌企业达48家。2家企业股权融资突破1.2亿元，其中，汇锋传动6321万元，朗进科技5842万元。

【金融组织体系建设】 积极引进金融机构，青岛银行、光大证券、浙商保险等5家金融机构落户莱芜，全市各类金融机构达到68家。大力发展普惠金融，研究出台市政府《关于推进普惠金融发展的实施意见》，政策性融资担保公司组建工作进展顺利，小额贷款公司、民间融资机构等地方金融组织健康发展，农民专业合作社信用互助业务规模进一步扩大，全市普惠金融资产总额达1344亿元，增长19%。保险证券业健康发展，30家保险机构实现保费收入26.1亿元，增长18.7%；3家证券公司累计实现交易量854亿元，托管客户资产44.4亿元。

【金融风险防范】 积极化解担保圈风险，发挥化解担保圈风险工作领导小组作用，对贷款余额1亿元以上、债权银行3家以上的客户全部组建债权人委员会，“一企一策”，缩短、阻断担保圈链。防范企业资金链风险，着力解决企业资金临时周转和短期保障问题，为31家企业办理转贷应急资金16.34亿元。加强互联网金融风险专项整治，组织有关部门对互联网金融广告、第三方支付、P2P网络借贷等领域存在的问题进行专项整治。加大非法集资打击力度，制定出台《莱芜市非法集资案件举报奖励办法》，连续开展非法集资风险专项排查、涉嫌非法集资广告资讯信息排查清理等活动，非法集资案件发生数、涉案金额呈大幅下降趋势。组织召开促进全市金融稳健发展工作会议，市政府出台《关于做好打击逃废金融债务工作的通知》，严厉打击各类金融违法违规活动，金融生态环境进一步优化。截至 2017 年年底，全市贷款不良率 2.26%，低于全省平均水平 0.45 个百分点。

（张　震　王敬茂）

银　行

【概况】 截至 2017 年年底，全市共有银行业金融机构 13 家，分别是中国农业发展银行莱芜市分行、中国工商银行、中国农业银行、中国建设银行、中国银行、交通银行莱芜分行、中国邮政储蓄银行莱芜市分行、莱商银行、威海市商业银行莱芜分行、青岛银行莱芜分行、莱芜农村商业银行、莱芜珠江村镇银行、莱芜中成村镇银行；各类营业性机构 231 个（其中乡镇以下网点 99 个），从业人员 3731 人；总资产 1582.91 亿元。

【中国人民银行莱芜市中心支行】 2017 年，中国人民银行莱芜市中心支行主动适应经济发展新常态，扎实履行基层央行各项职责，强化货币政策传导，深化金融改革，加强金融监管，创新金融服务，为地方经济健康发展提供强有力的金融支持。截至 2017 年年底，全市本外币各项贷款余额 737.33 亿元，较年初新增 65.14 亿元，增长 9.69%，同比多增 32.29 亿元；年度贷款余额创历史新高，年度新增贷款额创 2010 年以来新高，年度增幅创 2011 年以来新高。中国人民银行莱芜市中心支行继续被省文明委授予省级文明机关荣誉称号；被市委市政府授予金融业发展贡献奖、开放型经济突出贡献单位、2017 年度全市服务业发展绩效考核优秀单位等荣誉称号。

货币政策。以 1 号文印发指导意见，引导金融机构认真贯彻稳健中性货币政策，改进金融服务，促进全市深化供给侧结构性改革。出台金融支持制造业发展的意见。加强再贷款管理，再贷款授信和发放额均创历年之最。组织举办莱芜市新旧动能转换金融支持洽谈推介会，银行机构与 26 家企业现场签约 64.55 亿元。成立金融顾问团，为监测企业开展融智融资支持。发挥好山东省企业融资信息服务平台作用，与相关部门建立企业融资信息共享机制。积极向市委市政府反映全市小微企业融资难融资贵问题。

金融服务。坚持普惠金融理念，服务社会民生。金融统计数据继续保持零差错。优化全市全域旅游支付服务环境建设工作得到孟令兴副市长批示，面向中小企业精准推广电票业务工作被人民银行济南分行《送阅信息》采用并得到济南分行董龙训副行长批示。金融 IC 卡惠民便民工作在济南分行推进非接受理环境利用电视电话会议上作经验介绍。创新设计制作的“以人民银行名义告诉您”漫画在人民银行总分行微信公众号上宣传。顺利完成莱芜农高区支库的设库工作。做好农村和小微企业地方征信数据库信息采集，小微企业数据库建设是全省达标的 8 个地市之一。全市跨境人民币结算占国际收支比例居全省前列。开展金融机构反洗钱内控制度提升年活动，1 条重点可疑交易线索被公安机关立案侦查并被分行列为上半年全省 6 个重点关注的可疑交易线索之一。扎实推进“两管理、两综合、一保护”工作，在全市组织开展 4 次大规模集中宣传，累计开展宣传活动 19 次。加大金融知识宣传普及力度，扎实做好“3 · 15”金融消费者权益日、“金融知识普及月”、“普及金融知识，守住‘钱袋子’”等活动，普及金融知识。

金融监管。坚持把风险防控放在更加重要的

位置，强化金融风险监测分析与报告，密切跟踪莱芜农商行改制情况。制定法人投保机构风险监测及早期纠正工作指引，规范开展存款保险评级和现场核查，扎实推进存款保险履职。积极参与市政府维稳领导小组工作，参与制定莱芜市金融风险处置工作方案，推动政府出台政策化解辖内重点企业泰丰纺织和泰钢集团的存量不良问题解决。坚持改进外汇管理，支持涉外经济发展。全面落实各项改革部署，提升外汇监管和服务水平，全力支持地方涉外经济发展。强化外汇监管，切实防范跨境资金流动风险。国际收支间接申报和银行结售汇统计数据均实现零差错。指导1家银行开办外汇业务；推进全口径跨境融资宏观审慎管理，指导1家企业完成全市首笔中资企业跨境融资148万美元，指导1家企业推进境外3亿美元融资项目；指导2家企业资本金流入2300万元人民币。制作《个人外汇法规知识》宣传片，通过多种方式开展外汇知识和政策宣传，提高政策实施效果。坚持依法行政，印发中支法治央行建设实施方案，外聘1名法律顾问，严格做好执法检查和行政处罚工作，全年开展执法检查10次，实施行政处罚3起，并实行“双罚”，处罚金额共26.9万元。

（刘兰月）

【中国银行业监督管理委员会莱芜监管分局】 2017年，莱芜银监分局全面贯彻落实国家经济金融政策和市委市政府“一二三四五”发展思路，引领辖区银行业加大实体经济支持力度，优化金融服务，深化银行改革，强化风险监管，提升监管效能，各项工作取得新进展，推动全市经济金融持续稳健发展。截至2017年年底，全市银行业各项存款余额943.99亿元，较年初增加42.57亿元，增长4.72%；各项贷款余额735.33亿元，较年初增加63.13亿元，增长9.39%；不良贷款余额16.58亿元、不良率2.26%，分别比年初减少4.47亿元、下降0.88个百分点。全年实现账面利润6.50亿元，较上年增加3.83亿元。

金融服务。在“三期叠加”的新形势下，莱芜银监分局积极加强与市委市政府决策部署的融合对接，推动辖区银行业积极向上争取优惠政策和信贷倾斜，努力盘活信贷存量、用好资金增量、改善服务质量，支持实体经济结构调整和转型升级。加大新旧动能转换支持力度。成立银行业新旧动能转换工作领导小组，制定工作实施方案，召开专题座谈会，引导银行机构积极对接支持。截至2017年年底，全市各项贷款余额735.33亿元，较年初增加63.13亿元，增长9.39%，各项贷款增速高于全市GDP增速0.99个百分点，高于全省各项贷款增速1.37个百分点；全市30个重点项目中已有18个获得银行对接支持，共计支持企业291家，投放信贷金额94.62亿元；全市“十大产业振兴提升”贷款220.30亿元，较年初增长18.51%。扎实开展进走访工作“增提创”主题年活动。及时制定活动方案，强化组织领导，由市政府牵头召开专题推进会，有效提升活动影响力。围绕重点企业“三扶”培植计划，引导银行业机构积极开展“三扶”企业走访活动。促请市政府建立政监银企金融服务合作联盟，搭建银企合作的更高平台。全年全市银行业累计走访企业1758个、项目118个、园区35个，制定综合服务方案1300个，实际融资余额392.40亿元，较活动开展前增加114.91亿元。帮助企业解决实际问题405个，为70家企业取消或下调银行服务收费，为49家企业降低贷款利率，银行业“进走访”工作实现常态化，银行深耕实体经济的能力明显增强。持续推动普惠金融发展。引领银行业加快农村金融创新，完善小微授信尽职免责机制，加强精准扶贫政策传导。指导中行莱芜分行推广“公益中国”精准扶贫平台，推动莱商银行引入德国IPC微贷技术，设立小微企业专营中心，支持农商银行、村镇银行创新推出“光伏贷”“烟草贷”“大棚种植贷”“保鲜货押贷”等农村金融产品，满足特定客户群体的差异化需求。截至2017年年底，全市小微、涉农贷款余额分别达到 249.87 亿元、195.86 亿元，分别较年初增长 14.42%、20.52%，全面完成监管目标。莱商银行落实监管要求支持普惠金融的相关经验被新华社要情全篇刊发。做实做细“分类分策”机制。指导银行业机构调整优化分类体系和统计报表，实现信贷资金精准发力。截至 2017 年年底，全市优先类、鼓励类企业贷款稳步提升，贷款总额较年初增加 28.21 亿元，增长 13.42%；限制类、制裁类企业贷款有序压降，贷款总额较年初减少 21.09 亿元，下降 50.92%，对供给侧结构性改革和经济转型升级的支持作用持续释放。加快发展科技金融。指导莱商银行、莱芜农商银行设立科技支行，打造科技金融专营模式。推动威海市商业银行莱芜分行加入“科技型企业孵化基地”项目，交行莱芜分行、莱商银行、莱芜农商银行加入科技“小巨人”专项计划资金项目。截至 2017 年年底，辖区银行业机构支持科技型企业 204 户，较年初增加 79 户；科技型企业贷款余额 49.7 亿元，较年初增长 6.07%。六是着力优化金融环境。组织全市银行业广泛开展“金融知识进万家”“金融知识进校园”“全民国家安全教育日”“金融服务展会”活动，积极宣传银行业消费者权益保护知识，培养消费者权益保护意识和能力。2017 年，共收到并处理银行业消保及信访投诉事项 56 件，同比减少 16 件。

2017 年 12 月 13 日，莱芜银监分局调研组到莱商银行小微金融服务中心调研（莱芜银监分局 供稿）

金融改革。督促银行业将改革作为全年的重点工作来抓，由改革领导小组统筹辖区银行业金融改革，认真落实上级工作部署，确保各项改革工作的顺利推进。推动莱芜农商银行夯实经营发展基础。开展农商银行“两会一层”风控责任落实情况专项检查，针对发现的关联交易、授信集中度超标等问题，督促该行加强公司治理建设和关联交易管理，建立关联交易和授信集中度月度监测机制，压缩集团客户贷款规模，守住监管指标底线。加强合规制度建设。指导农商银行全面排查制度建设方面存在的空白和漏洞，逐项增补完善，自改制以来，共修订规章制度 55 项、废止 55 项、新立 52 项，进一步提升制度合规性和时效性。持续深化莱商银行改革。在市委市政府的大力支持下，该行平稳完成战略投资者由浦发银行到齐鲁交通发展集团的更替，为其持续稳健发展提供有力支撑。督促该行科学预测资本消耗，加强资本的内源性积累。积极向山东银监局沟通汇报，指导该行完成 10 亿增资扩股计划，确保实现资本充足。督促该行对现有内部管理制度进行全面梳理，2017 年对 368 项制度进行修订完善，为合规建设夯实了制度基础。

风险防控。推动银行业机构积极运用“底线思维”和问题导向方法，全面落实风险防控“双线”主体责任，确保银行业在经济下行压力加大趋势下，保持平稳运行。有效防控信用风险。成立信用风险防控领导小组，审慎确定不良贷款防控目标，纳入监管目标承诺书。截至 2017 年年底，全市累计处置不良贷款 22.70 亿元，较上年多处置 4.53 亿元；不良贷款余额 16.58 亿元，较年初减少 4.47 亿元；不良率 2.26%，较年初下降 0.88 个百分点。发挥债委会稳控风险作用。印发债委会工作考核办法。截至 2017 年年底，辖区组建债委会 29 家，涉及贷款余额 332.47 亿元，占辖区公司类贷款的 55.95%。债委会帮扶困难企业 6 家，涉及用信金额 73.96 亿元。相关做法被山东银监局领导批示肯定，莱芜市债委会工作的先进经验在全省推广。初步控制担保圈风险。建立实施重点关注担保圈风险监测台账制度，实现对全市担保圈的动态监测。依托系统数据，绘制担保圈关系图谱，向各圈中核心企业的牵头行提供相关数据信息，促进信息共享。在辖区担保圈涉圈企业多，贷款数额大的严峻形势下，避免链条性风险发生。稳控案件及社会融资风险。通过开展"合规制度建设年"活动及案防法规测试等工作，传导案防压力，强化内控合规建设。与金融办共同牵头，认真做好 P2P 网络借贷风险专项整治工作。组织银行业广泛开展非法集资风险排查，开展防范打击非法集资、防范电信网络新型违法犯罪宣传活动，维护辖区良好的金融秩序。

（李英达）

【中国农业发展银行莱芜市分行】 2017 年，农发行莱芜市分行各项贷款余额 8.6 亿元，基金投资余额 3 亿元，全年日均存款 4.8 亿元。实现账面利润 1659 万元，考虑计提影子拨备等调整因素，考核利润较上年增加 555 万元，增幅 50.3%，超省行下达利润计划 219 万元。

业务工作。2017 年，积极促成省农发行第一个与莱芜市政府签署 100 亿元授信战略合作协议，市委、市政府主要领导多次在重要会议讲话中对农发行予以认可；作为重点支持的棚户区改造项目，多次通过呈阅件形式专题向市政府汇报，宣传信贷政策。为农发行莱芜市分行加快棚户区项目的支持创造有利条件；积极联合莱芜市区两级政府及有关部门、单位组成学习小组，赴烟台、潍坊、滨州考察学习棚户区改造项目经验；参与筹办莱芜市棚户区改造项目融资对接会，市财政局、市金融办、市住房城乡建设局等 20 余家政府部门单位及有关平台公司参加，邀请省行棚改信贷专家讲解棚改贷款政策。多措并举进一步形成与市政府各级部门的合力，加快推进棚改项目进度。对已批未放项目贷款 11 亿元，不等不靠，积极与省行、兄弟行以及政府、企业沟通，同时举办业务辅导及培训专项会议 2 次，根据省行的业务辅导方案，及时与贷款客户及政府各部门协商，力争选择适当的模式进行支持。

风险防控。在全省系统内不良贷款"双升"的严峻形势下，始终保持信贷资产"零不良"。各贷款企业及被投资主体均经营正常，担保可靠，信贷风险总体可控，守住信贷风险底线。强化制度管理，全面建章立制，先后制定市行《财务经费开支管理实施细则》《新闻宣传工作考核办法》《存款工作考核奖励办法》等制度规定，用制度管理人、约束人、激励人，做到各项工作有措施、有指导，进一步推动工作落实。实行"四个一"机制，即"一周一亮、一月一星、一季一赞、一

2017 年 3 月 21 日，莱芜市人民政府与中国农业发展银行山东省分行授信合作签约仪式举行（市农发行 供稿）

年一评”，起到良好的督促激励作用。贯彻省行“全面提升管理年”活动统一部署要求，2017年组织开展“提级晋位，我的责任”思想解放讨论活动，引导全行员工转变观念、拓宽视野、提升站位、主动作为。基础管理、风险防控、干部队伍建设、党建等各项工作再上新台阶新水平。在《信贷全流程标准化管理操作手册》微课竞赛活动中，荣获三等奖；在全省信贷全流程标准化网络知识竞赛中，获得第七名的成绩。深入推进信贷业务全流程标准化管理，认真落实总行贷后管理办法（试行）要求，扎实开展客户风险排查工作；时刻绷紧风险防控这根“弦”，每月工作分析例会将风险分析作为重点内容，把自营性贷款及基金业务风险作为关注重点；定期召开贷后管理例会，分析全行贷后管理工作情况；落实农发重点建设基金风险分类工作，因行政审批手续问题将6个基金项目中的5个列入关注类。2017年，投放自营性贷款2700万元，按期收回中长期贷款4650万元，对一个行政手续不齐全的基金项目2400万元及时予以收回。重新修订《财务经费开支管理实施细则》《财务审查委员会议事规则》等4个制度办法，严格落实各项财务规章制度，严肃财经纪律，规范财务行为，财会人员合规意识进一步增强，依归操作、照章办事成为新常态，财务收支得到进一步规范，全年费用开支均控制在上级行下达的指标以内。经过省行财会对接检查和全省财务费用专项审计，财会业务操作和费用开支规范合规，工作质量明显提高。

（王方超）

【中国工商银行股份有限公司莱芜分行】 2017年，中国工商银行股份有限公司莱芜分行坚持以客户为中心、以效益为导向的经营理念，努力开拓市场，全力增收创效，实现经营利润“双正增”。年末，全行实现拨备前利润2.49亿元，实现净利润1.78亿元，分别较上年增加0.1亿元、0.25亿元，增幅全省排名分别为第6位、第8位，是全省7家双正增二级分行之一。实现中间业务收入1.19亿元，继续保持四行占比第一。

全面经营转型。主要体现在机制体制进一步完善，存贷款巩固同业领先地位。在法人信贷业务集约化经营的基础上，成立大客户中心，提升法人客户服务层级和管控水平。在零售条线实施个人客户经理穿透式考核，整合了收单业务团队、商品交易市场直营团队，成立个人贷款业务团队、个人客户远维团队，更加突出支行零售业务、小微企业的经营定位。截至2017年年底，全行本外币全部存款时点余额124亿元，较年初增加1.77亿元；日均余额118亿元，较上年日均下降0.84亿元，时点和日均余额四行占比继续保持第1位。全行各项贷款（含贴现）余额98.9亿元，较年初增加0.17亿元，余额四行占比排名第1位。如不含贴现，余额98.29亿元，较年初增长14.03亿元，增幅全省排名第6位，余额、增量四行占比均排名第1位。

内控案防管理。组织全行90名人员签订《案件防范工作责任书》，完成辖内4个一级支行和2个二级支行的全面评价，扎实做好监管部门“三三四十”（三套利、三违反、四不当、十大乱象）专项治理，开展2017年内控合规“执行强化年”主题活动，在全行营造良好的合规文化氛围，保持零事故、零案件运行的良好态势。

信贷投放管理。紧紧围绕市委市政府工作部署，按照“抓大、抓小、抓优、抓新”的信贷工作思路，全力服务好“十业百企”、招商引资重点项目。全年累计投放表内外融资213亿元，其中贷款（含贴现）142.53亿元。截至2017年年底，全行各项贷款（含贴现）余额98.9亿元，较年初增加0.17亿元。如不含贴现，余额98.29亿元，较年初增加14.03亿元，增幅全省排名第6位。其中，公司贷款（不含贴现）余额76.38亿元，较年初增加8.44亿元，增幅全省排名第5位；个人贷款余额21.85亿元，较年初增加5.61亿元，增幅全省排名第2位。不断完善机制体制。本着“提升金融服务质效、支持地方经济发展”的基本原则，扎实深入推进全面经营转型，不断完善机制体制建设，有效提高业务办理效率和客户满意度。撤销法人客户直营团队，成立大客户中心，进一步提升法人客户服务层级。成立小微企业中心，对接上级行普惠金融业务部，提升小微企业服务水平。实施分行机构改革，理顺部室管理职能，进一步明确支行小微企业经营定位。成立个人贷款业务团队、个人客户远维团队，进一步满足全市居民不断变化的金融需求。全力支持大项目、大企业。积极参加雪野国际人才论坛，联动省行与莱芜市人民政府签订《全面战略合作协议》，在城市建设、基础设施、文旅卫生投资建设和十大重点产业等实体经济领域意向投放不低于150亿元资金支持。创新开办票据池质押贷款，全年累计为19家企业办理票据池质押贷款163笔、9.68亿元。积极对接全市124个重点PPP项目，参加莱芜市在北京召开的PPP项目推介会，坚持大项目融资行长负责制、按月调度项目营销进度、深化项目贷款专项考核。全年上报省行预审会项目8个、107.67亿元，储备并跟踪重点项目9个、224.04亿元。截至2017年年底，全行项目贷款余额22.92亿元，较年初增加1.84亿元，增量全省排名第9位，增幅全省排名第5位。同时，全力支持地区新旧动能转换，在全市金融支持新旧动能转换融资需求洽谈推介会上，省工行吴迎春副行长就金融支持实体经济作典型发言，工行莱芜分行与绿地城发投资公司、山东钢铁股份有限公司达成15亿元合作意向。利用济钢停产、山钢财务搬迁的有利时机，积极向省行争取政策，将济钢部分业务转至工行莱芜分行，9月份成功为山钢莱芜分公司新增流动资金贷款7亿元。12月28日，与市市场监督管理局签署《服务企业发展战略合作协议》，颁发全市第一张财智工商通卡，进一步提升工商企业注册效率。大力支持“两小”客户。小微企业方面，完善组织架构，发挥产品优势，全力支持优质小微企业成长壮大。截至2017年年底，全行小微企业贷款余额9.53亿元，较年初增加0.74亿元，增幅高于全部贷款增幅8.29个百分点；小微企业客户数106家，较年初增加1家；申贷获得率97.37%，较同期增加3.11个百分点，圆满完成“三个不低于”任务目标。个人贷款方面，积极响应市委、市政府“为民便民、利民惠民”号召，践行普惠金融，发挥金融支持民生作用，全力满足市民住房、消费类金融需求。全年累计发放个人贷款12.94亿元，其中，发放住房贷款7.4亿元、消费类个人贷款5.54亿元。截至2017年年底，全行个人贷款余额21.85亿元，首次突破20亿元大关，较年初增加5.61亿元，增幅全省排名第2位。

不良贷款“双下降”。始终保持对不良劣变的高度警惕，以维护地方金融稳定、优化地区信用环境为出发点，全力抓好不良防控。开展从严治贷“四严”主题活动，成立风险处置团队，定期召开大户风险分析评价会议，大力实施不良资产证券化，推动全行实现不良贷款的大幅双降。全年累计清收处置不良贷款6619万元，计划完成率116%。截至2017年年底，全行不良余额2989万元，不良率0.3%，较年初分别大幅下降5583万元、0.57个百分点。其中，法人客户不良余额1505万元，不良率0.2%，较年初分别下降3975万元、0.47个百分点；个人不良贷款1484万元，不良贷款率0.69%，较年初分别下降1599万元、1.21个百分点，均实现大幅双降，资产质量达到股改以来最好水平。

服务水平提升。制定《莱芜分行2018—2020年网点布局优化方案》，结合莱芜市最新城市规划及各区域发展现状，加快网点布局调整，提升对重点经济区域的金融服务覆盖。顺利完成莱城支行中银协四星级网点和城西、钢都支行总行级四星级网点验收并成功达标。撤并1家网点，原址改建为离行式自助银行，完成1家理财便利店改建。顺利实施开发区支行营业室、南冶支行装修，网点业务办理环境焕然一新，客户体验有效改善。

（刘　平）

【中国农业银行股份有限公司莱芜分行】 截至2017年年底，中国农业银行股份有限公司莱芜分行各项存款余额84亿元，比年初增长3.05亿元，四行增量占比38.4%，居第1位。各项存款日均余额比上年增长7.41亿元，四行增量占比43.53%，居第1位。各项贷款余额91.28亿元，较年初增长9.25亿元。全年累计投放各类信用106.66亿元，其中，贷款83.05亿元，其他信用23.61亿元。累计投放法人贷款76.42亿元，个人贷款6.63亿元。累计缴纳税金2394万元。小微企业贷款和涉农贷款实现监管目标。在省行2017年综合绩效考评中，位居第4位，跨入全省一类行序列，创历史最好水平。

信贷投放。开展走访工作“增提创”主题年活动，增进银企互信、提升服务水平、增强支持实体经济能力。累计走访重点企业48家，走访企业授信总额64.97亿元，用信总额50.26亿元。加大重点产业、重点项目信贷投放力度。对全市“十业百企”名单企业逐户进行走访调查，选择60余家企业进行重点服务对接，重点加大对“十业百企”的信贷支持力度。全年累计支持“十业百企”重点产业企业12家，投放各类信用50.34亿元。加大小微企业和民营经济支持力度。截至2017年年底，小微企业贷款余额3.67亿元，较年初增加6888万元；小微企业申贷获得率达到98%，较上年同期提高0.41个百分点；小微企业贷款增速达23.09%，较全部贷款平均增速高11.81%。加大“三农”支持力度。截至2017年年底，涉农贷款余额5.72亿元，较年初增加2.55亿元，同比多增7262万元；涉农贷款增速80.45%，高于各项贷款平均增速69.17个百分点，实现“两个不低于”目标。

经营转型。对公业务转型成效显著。制定出台《客户经理考核管理办法》等5个管理考核办法，加强绩效考核系统对公管户模块应用，完善条线、部门、岗位之间营销分成机制，持续提升客户综合营销能力。加强客户经理队伍建设，对公客户经理达到38人，较转型前增加17人，对公客户经理占全行员工的11%。对全行核心法人客户实施名单制管理，有效落实“管理层管户”责任。加强基层对公信贷业务营销能力建设，实现对公信贷业务网点全覆盖。对公业务转型考核全省排名第2位。网点转型持续深化。进一步明确各岗位营销管理职责，固化各项制度流程，加强网点人员岗位适应性培训。组织开展网点营销业绩PK赛，按周总结表彰，营造良好的“比学赶帮超”氛围。强化联动营销，制定《“扩户提质”及重点业务专项奖励办法》，将零售重点业务、基层对公业务营销能力提升、对公业务“扩户提质”、机构客户重点业务等内容均纳入其中，切实提高联动营销、综合营销能力。信贷转型有序推进。完善信贷运作机制，推行联合作业机制，提升调查质量和效率；实行信贷业务会商制度，加强调查与审查环节之间、上下级行之间的沟通、协调；加快推进审查审批中心、法人信贷业务放款中心、信用风险监控中心“三大中心”建设，切实提高风险识别和防控能力。

风险管控。强化信用风险防范和化解。先后组织开展信用风险排查、法人信用业务真实性检查、高风险行业信用风险专项治理、新增法人贷款“回头看”等风险排查，摸清风险底数。强化法人不良贷款客户名单制管理，实施市行班子成员挂包制度，直接参与重点客户清收处置。持续加快潜在风险客户退出步伐，稳步推进担保圈风险化解。加强操作风险管控。深入推进“三化三铁”创建，强化客户信息保护，规范加钞操作流程，“三铁”单位占比高于全省平均水平。完成“用印网络审批”系统推广工作，实现审批流程电子化。持续开展“三化三达标”创建工作，组织各支行开展实战演练76场（次），“三化三达标”优秀率达到100%。认真组织开展信息系统应急演练，保障了信息系统安全运行无事故。强化案防管理。深入开展案防风控大排查、“三个违反”、银行业市场乱象治理等各类风险排查，排查治理整改各类问题12个。做好各类检查问题整改工作，整改问题44个，整改率达到100%。采用“线上线下融合、补齐线上、做实线下”的方式，在全省率先实现“三线一网格”全行入网。制定印发《关于规范员工对外担保行为的意见》，加强员工担保行为管理。深入开展员工经商办企业专项排查，签订《员工不参与经商办企业承诺书》。

（张更新　高　然）

【中国银行股份有限公司莱芜分行】 2017年，中国银行股份有限公司莱芜分行本外币表内各项贷款时点余额96.32亿元，位列四大行第二，但日均余额100.79亿元，位列四大行第一；表外贷款余额47.24亿元，共为全市近百家企业客户和项目建设提供信贷资金支持。全行本外币存款时点余额92.27亿元，位列四大行第四，但日均余额101.46亿元，较年初新增4.79亿元，余额位列四大行第二。全行不良授信余额1.54亿元，较年初压降24791万元，不良率1.60%，较年初下降2.43个百分点，资产质量持续向好。同时，潜在不良管控取得成效，全年全行无对公新发生不良。2017年，全行纳税9518万元，为四大行第一纳税大户。

结构转型。抓住全市大力实施“工业立市、生态建市、创新兴市、质量强市”战略机遇，积极服务71个金额共计900亿元的PPP政府项目，对接项目11个，包括济莱城际铁路（莱芜段）、莱城外环项目、智慧城市项目、大桥路北延工程、高新区中小学大班额等项目。邀请省行公司金融部、投行资管部等部门人员到行宣讲产品，7月28日，在莱芜宾馆举行“中国银行莱芜分行银政企投融资推介会”，并就济莱城际铁路、财金集团股权收益权、水发集团特定资产收益权等项目达成合作意向。同时，积极支持莱芜经济转型升级，做好三大钢铁企业授信的同时，拓展电力、医疗、卫生、教育等领域。2017年，叙做的积极增长类授信客户包括莱芜长勺精神病医院、莱芜市自来水公司、山东桂鲁高速公路建设有限公司。

金融服务。支持全市重点企业发展。抓住供给侧结构性改革和新旧动能转换的有利机遇，加快自身结构调整，紧密联系莱钢、泰钢、九羊等钢铁企业，充分了解企业经营情况与资金需求情况，维持三大钢铁企业授信总量不压缩。截至2017年年底，三大钢铁及其关联企业授信余额达66.76亿元。同时，紧盯绿色钢结构装配式建筑生产基地项目，积极跟进中德高端制造产业园项目，主动对接济钢产能调整至九羊集团项目，推动新旧动能转换。支持外向型经济发展。充分发挥集团“全球化网络、多元化经营、海内外一体化发展”的整体优势，充分利用海内外两个市场、本外币两种资金、表内外两种融资，努力为莱芜外经贸企业“走出去”做好金融服务。2017年，全行共有国际结算客户168户，新拓展客户30户，实现国际结算业务量7.15亿美元，市场占比40.85%，四大行排名第一；共有跨境人民币结算客户20户，新拓展客户4户，实现跨境人民币结算量14.02亿元，市场占比38.93%，四大行排名第一。扎实推进中小企业发展。推行“易兑通宝”产品，发挥“1+N”营销模式，采取控制物流、资金流等方式，为上游客户核定授信额度，办理供应链融资，共批复31户，批复金额2亿元。截至2017年年底，全行中小企业客户达58户，较年初新增7户；贷款余额3.79亿元，较年初新增800万元。发挥产品优势满足个人金融需求。积极转变个人客户群体拓展模式，在住房贷款上，打造按揭贷、E社区、代发薪等综合住房金融模式；积极推广“中银E贷”、爱家分期、易达钱等消费金融产品。至2017年年底，全行个人贷款余额10.93亿元，较年初新增1.24亿元。同时，加强科技创新服务引领，全力推广新兴业务，2017年，共铺设职能柜台17台，手机银行累计交易客户数27961户，聚合支付新拓客户17户。积极推进农村供给侧改革。随着新型农业经营主体、特色农业产业化不断推进，分行积极对接域内农产品企业。截至2017年年底，共支持农副产品加工、储运、流通类企业共计6家，总授信金额3850万元；涉农贷款余额3919.56万元，较年初增加169.56万元，涉农贷款增速2.5%。推进农村金融服务。开办微型企业贷款，共为17家小微企业续作36笔微型企业贷款，累计放款5001万元。2017年，发展助农取款服务点10家，分布于9个乡镇10个村，存款余额1260万元，发卡909张。可为5000户村民，15000余人提供小额取现、转账汇款、定期存款等服务，并可辐射周边30个村庄，1.5万户村民，约4.5万人。

（张云青）

【中国建设银行股份有限公司莱芜分行】 截至2017年年底，建行莱芜分行一般性存款时点余额79.2亿元，比年初新增2.6亿元，四行占比21.33%，比年初提升1.1%。一般性存款日均新增四行第二。各项贷款余额72.61亿元，比年初增加10.98亿元；信贷余额103.56亿元，较年初增加11.59亿元。贷款四行占比比年初提升1.61%。不良贷款余额668万元，较年初减少3639万元；不良贷款率0.10%，较年初下降0.58个百分点。逾期贷款率0.22%，较年初下降0.53个百分点。资产质量实现同业、系统内“双第一”。2017年实现主营业务收入3.01亿元，同比增加565万元；实现拨备前利润2.08亿元，同比增加482万元。缴纳各项税款2497万元，比上年增加172万元，增幅7.4%。

支持地方经济发展。截至2017年年底，建行莱芜分行对公信贷余额91.21亿元，较年初新增6.67亿元。除此之外，还实现理财资金投放3.8亿元。综合融资余额95.01亿元，较年初新增10.47亿元。主动作为，千方百计做大贷款规模。2017年，在有限的贷款规模下，优先实现对棚改项目、垃圾发电项目、光伏发电项目、污水处理项目、山财大莱芜校区项目、绿色信贷项目、山钢莱芜分公司融资租赁保理项目等的投放，优先满足全市重点项目、重点客户、实体经济的新增加投放的资金需求，累计投放金额14.97亿元。全力支持全市十大振兴产业和重点项目。以与莱芜市政府签订的战略合作协议为契机，全力支持全市十大振兴产业和重点项目。在钢铁及深加工产业方面，总行要求钢铁行业信贷余额要比年初下降，通过积极向上级行争取资源，确保钢铁行业信贷及贷款余额维持在年初水平；在装备制造业方面，除支持现有的莱芜煤机、锦尔泰、威马泵业、泰达车库外，积极营销金雷风电、郎进科技等客户；在新能源节能环保产业方面，支持华能新能源光伏发电项目、光大环保垃圾发电项目、华能莱芜热电和华能莱芜发电，累计投放6.99亿元；其他在生物医药、食品饮料与农产品、电子信息、新材料等产业方面，均保持较充足的授信支持。发展普惠金融、履行社会责任。2017年，建行莱芜分行大力发展以小微快贷为代表的普惠金融业务。小微企业累计贷款投放70家，年末小微企业贷款余额预计5.2亿元，较年初新增0.4亿元。

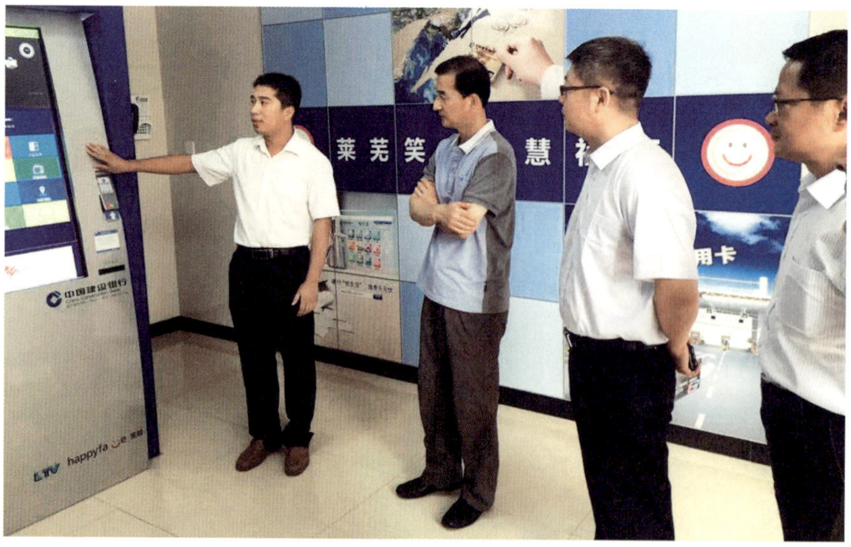

建行莱芜分行智慧社区项目　（建行莱芜分行 供稿）

优化金融环境。智慧社区项目稳定推进。截至2017年年底，智慧社区上线42个。其中2017年全年智慧社区共上线10个。农村金融业务持续推进。截至2017年年底，建行莱芜分行助农取款点363家，实现新拓并激活裕农通服务点45家，为农村客户足不出村完成存款、取款、转账、参保缴费等提供便利。高校生态圈打造亮点突出。截至2017年年底，莱芜职业技术学院学费全部通过网银代扣形式实现，餐卡移动充值打破了支付宝和微信的垄断局面，丰富了移动支付渠道。

加快个贷业务发展。贷款规模快速增长。截至2017年年底，个人贷款余额9.42亿元，比年初增加2.56亿元，增幅35.37%，市场规模进一步扩大。公积金贷款同业领先。截至2017年年底，公积金贷款比年初新增5.1亿元，同比多增4.6亿元，贷款新增占比70%，列四行第一位。住房租赁项目加速推进。2017年12月，建行莱芜分行与莱芜市房管局签订住房租赁综合服务合作协议，积极做好项目推动。

（崔晓琳）

【交通银行股份有限公司莱芜分行】 2017年，交通银行莱芜分行多措并举提升经营管理水平，各项业务稳健发展。截至2017年年底，全行各项存款余额27.61亿元，各项授信余额30.61亿元，实现经济利润4211万元，全面完成监管部门小微企业“三个不低于”、小微企业年度增量计划和涉农监管指标，不良贷款余额为零，无逾期欠息户。交通银行莱芜分行充分发扬“拼搏进取、责任立业、创新超越”的交行精神，大力提升服务水平，准确研判莱芜当地的经济形势，围绕“深化改革、转型发展、从严治党”三大任务，解放思想、改革创新，各项工作进展良好，获得国家级、省级、莱芜市委市政府、监管部门等上级单位和外部管理部门的多项表彰：在中国金融工会“光荣属于劳动者——全国金融系统先进集体、先进个人表彰大会”上，荣获“全国金融模范职工之家”称号；在中国银行业协会组织的2017年中国银行业文明规范服务五星级营业网点评选中，莱芜分行营业部被命名为“中国银行业文明规范服务五星级营业网点”；在山东省总工会年度表彰大会上，荣获山东省“富民兴鲁劳动奖状”；在全市创城工作表彰大会上，荣获“创建全国文明城市工作先进单位”称号；在人民银行莱芜市中心支行2017年金融统计综合考评中，被评为“金融统计工作优秀单位”；在莱芜银监分局2017年监管统计工作综合考核评价中，被评为“莱芜银行业2017年监管统计工作优秀单位”；在交通银行山东省分行案防工作会议上，被评为“案防工作先进集体”。

支持实体经济。优化结构，巩固优势，抓好业务发展，服务地方经济。以“增提创”活动为契机，坚持高位营销不放松。开展“增强联动、提升服务、创立品牌”主题年活动，将“进企业、走项目、访创业园区”工作常态化、制度化。分行党委书记主动带领分行党委班子成员先后走访百余家企业，深入了解企业、项目、园区生产经营状况和实际融资需求，着力提升服务实体经济质效，切实为企业解难题、办实事，激活金融引领作用，紧密分行与重点企业的联系，有效支撑经济供给侧改革。探索新的发展模式，积极寻求新的增长点。拓展以三大钢企为核心的上下游产业链融资，形成快易贴业务项目制，在服务核心客户供应链客户奠定良好基础；通过积极参与棚户区改造项目，快速响应，研究政策，积极跑动，克服困难，成功争取到总行授信支持，进一步密切与当地政府的合作关系。加强宣传引导，不断推进个金客户群建设。分行成功举办“魅力女性，美丽如花”高端客户插花活动以及“中秋贵金属展销”等活动，聚拢高端客户，吸引新的私人银行客户，进一步提升交通银行莱芜分行的知名度和美誉度。组织开展“财富管理进企业”“财富管理进社区”“财富管理进商圈”三进宣传活动，组织参加首届“沃德杯”广场舞大赛，进一步增强交通银行的知名

2017 年 3 月 8 日，交通银行莱芜分行开展“魅力女性，美丽如花”高端客户插花活动　　（交通银行莱芜分行 供稿）

度与客户黏性，受到企业员工和社会的好评，对交通银行莱芜分行业务发展起到了推动作用。

案防内控管理。严管严控，深化改革，资产质量稳定，案件防控成效显著。扎实开展排查工作，筑牢风险防火墙。认真开展专项排查，加强员工行为管控，先后开展新“五大领域”“长剑2017”“两加强、两遏制”回头看、“三违反”“三套利”“四不当”“深化整治银行业市场乱象工作”等专项行为排查，排除隐患；组织开展典型案件警示教育活动，警示全员珍惜拥有、珍爱职业生命。根据省行要求深入开展“员工 25 条禁令”，要求各部门、支行负责人带头学，结合本职工作深入学，做到人人知晓，入脑入心，进一步增强员工合规经营、按章办事的自觉性。强化营运条线化管理，助力营运工作顺利展开。开展自查自纠和专项风险排查工作。发现制度执行和业务操作中存在的问题，并及时制定整改措施，确保风险排查和自查自纠工作的效果。

服务品牌建设。2017 年交通银行莱芜分行不断完善服务机制，持续改进服务质量，严格规范服务管理，扎实推进服务品牌建设。认真开展五星级网点创建工作。交通银行莱芜分行营业部成功获评“中国银行业文明规范服务五星级营业网点”。服务工作常抓不懈，持续提高分行服务软实力。通过开展服务工作专项培训、按月召开服务例会等形式，全方位提高服务工作水平，2017 年度，有 2 人次分别被评为“交通银行 2017 年消保服务专项劳动竞赛优秀大堂经理”和“交通银行山东省分行 2017 年度服务明星”。

（邵　珊　丁　钥）

【中国邮政储蓄银行莱芜市分行】 2017 年，中国邮政储蓄银行莱芜市分行下辖市分行营业部、柳家店支行、龙潭支行、凤城支行、文化路支行、长勺支行、羊里支行、鹏泉支行、钢城支行和苗山支行 10 个二级支行，内设办公室、财务会计部、人力资源部、个人金融部、公司业务部、三农金融事业部莱芜市分部 / 零售信贷部、授信管理部、风险管理部、法律与合规部和监察部 / 党群工作部 / 工会等 10 个一级部门，电子银行部、小企业金融部和审查审批中心 3 个二级部门。全行从业人员 269 人，大专以上学历 260 人。

支持地方经济建设。坚持主动融入地方经济，不断加大对民生、“三农”和实体经济等领域的支持力度，累计投放贷款 13.38 亿元，贷款新增 3.26 亿元，居当地同业第 6 位。各项存款余额达到 84.9 亿元，同比增加 7.66 亿元，增幅 9.91%。积极跟进棚改、济莱高铁等大项目建设，陆续开展了莱钢集团、鲁中汇源、华能流贷授信业务，年内公司贷放款 2.6 亿元。加大对民生领域的支持力度，新增医院贷授信 2 笔，授信金额 3300 万元，发放税贷通业务 200 万元，实现了涉税贷款业务零的突破。努力打通“三农”金融服务的最后一公里，为广大涉农客户提供更优质的金融服务，涉农贷款余额 5.53 亿元，新增 1.17 亿元，增幅达到 26.13%。践行普惠金融理念，稳步推进扶贫贷款业务，发放小额扶贫贷款 31 笔，金额 155 万元。

加强风险控制。通过规范业务管理流程、健全风险管理机制、充分发挥合规检查职能和建立安全保障制度，筑牢风险防控体系，为业务发展保驾护航。落实监管要求，认真推进“三违反”“三套利”“四不当”“十风险”“市场乱象”等监管系列专项整治活动。在省分行组织的反洗钱知识竞赛活动中获得初赛团体第1名，决赛三等奖，在人行莱芜中心支行组织的全辖反洗钱内控制度展评活动中获得第1名。资产保全的工作能力进一步提升，完成不良资产处置“春雷行动”和全年清收计划，累计现金清收654.24万元，完成年度清收计划的105.52%。不良贷款余额746.94万元，较年初下降248.07万元；不良率0.93%，较年初下降0.64个百分点，连续三年实现“双降”。

企业精细管理。人力资源管理体系不断完善。员工收入明显提高，增幅达到18.5%。开展员工职级优化调整，有132名员工实现职级晋升，占比48%，有效调动了广大员工的积极性。人员结构进一步优化，2017年实现减员13人，市行机关支撑类人员占比40.89%，销售类人员占比29.37%，两项指标均完成省行目标。加强内控管理，年内实现全部10家二级支行支行长轮岗，轮岗率、强制休假率、员工行为排查率均达到100%。加强专业化营销队伍建设，调整充实信贷员队伍，完成“三农”金融事业部改革，成立个金业务营销团队，整合公司营销团队。财务精细化管理水平不断提高。财务政策导向作用不断提升，对各支行收入预算实施分档激励，利润预算核定资产减值损失。加强成本管控，合理压降市场发展费用，有效降低后勤费用，后勤费用同比下降17%。历年核销备案通过率97.2%，居全省第2位，2017年核销备案通过率100%，并列全省第1位。增值税专票抵扣率8.48%，居全省第6位。资产负债管理能力稳步提升，小额、消费、小企业贷款利率在省内较上年分别提升3个、2个和1个位次。安保能力稳步提升。完成第五轮营业场所安全评估自评工作，3家支行被评为优秀。市分行营业部、文化路支行、鹏泉支行通过总行“营业场所安全管理标准化达标”验收。鹏泉支行代表省分行顺利通过总行营业场所标准化达标验收，并被山东省银行业协会评为“安全管理先进单位”。服务能力不断提升。全面开展服务质量管理提升，成功举办“炫动青春，与邮储同行”服务风采大赛。在山东省银行业协会组织开展的辖内文明规范服务百佳及星级网点评定工作中，营业部被评为“三星级网点”，成为全行首个星级网点。

（谭豪森）

【莱商银行】 截至2017年年底，莱商银行资产总额1024亿元，较年初增加193亿元，增幅23%；各项存款余额675亿元，较年初增加118亿元，增幅21%；各项贷款余额462亿元，较年初增加50亿元，增幅12%；资产、存款、贷款的增量增速始终保持省内城商行前列。全年实现拨备前利润12.8亿元，同比增加2.4亿元，增幅24%，实现净利润4.5亿元，同比增加1.5亿元；当年纳税5.31亿元，同比增加0.58亿元，增长12%，其中，莱芜地区纳税额3.32亿元，同比增加0.3亿元，增长9.9%。

重点工作开展。莱商银行坚持走高质量发展之路，借鉴国内同业先进经验，妥善应对风险挑战，着力稳增长、调结构、防风险、增效益，从以注重增量为主向调整存量、做优增量并重转变，优化资源配置，促进业务发展由高规模低收益向优结构高质效转变。2017年，莱商银行将党建写入公司章程，把坚持党的领导、加强党的建设融入公司治理各个环节，党建工作成效显著，被省委组织部确定为党建直接联系点；顺利引入齐鲁交通发展集团作为新的战略投资者，双方在业务融合、金融创新等领域的合作已经全面展开，力争打造成济莱协作的典范案例；10亿股增资扩股工作圆满完成，募集资本金27.5亿元，为持续支持当地经济社会发展提供强有力的资本支撑。

2017年3月24日，莱商银行与莱芜城市发展集团签署战略合作协议
（莱商银行 供稿）

款余额462.11亿元，较年初增加50.39亿元，增长12.23%，通过投行、信托等渠道帮助企业融资156.7亿元，较年初增加107.42亿元。

金融精准扶贫。主动落实各级政府有关工作要求，结合各地扶贫攻坚计划，充分发挥金融扶贫先导和杠杆作用，创新金融精准扶贫模式，切实加大对贫困地区和贫困人群的信贷资源投入，积极推行“金融+1+N”的精准扶贫工作模式，金融支持扶贫龙头企业发展，带动贫困人口增收，为各地顺利实现脱贫工作目标起到积极的促进作用。截至2017年年底，累计发放精准扶贫贷款6.75亿元，同比增加4.63亿元，增长218%；带动建档立卡贫困人口脱贫8388人，同比增加7388人。

创新驱动战略。莱商银行坚持以理念创新引领发展全局，灵活调整业务思路，加快产品创新，腾挪信贷空间，拓宽利润来源。在符合监管要求的前提下，适时审慎探索多元化经营，积极探讨搭建涵盖商业银行、金融租赁、消费金融、投贷联动等的综合性金融服务平台，提升可持续发展能力。设立总行直营的小微企业金融服务中心，引进德国IPC微贷技术，年内累计走访联系小微客户6万余户，发放微型贷款205笔、6083万元，被团市委评为莱芜市助力青年创新创业先进集体、优秀项目。在内部建立产品创新的统筹管理与评估框架，先后研发上线“国内信用证+福费廷”“搭桥贷”“农监贷”等十余个业务产品，金融产品种类越来越丰富。在重点乡镇区域布设集存取款、转账、充值缴费等功能于一体的“服农通”助农终端53台，打通农村金融服务最后一公里。

支持实体经济。莱商银行紧紧围绕供给侧改革和“三去一降一补”的政策导向，不断加大实体经济支持力度。引导鼓励各分支机构，根据各地区经济发展趋势和产业结构调整信贷支持方向，建立区域客户沙盘，对重点项目或重点客户制定个性化的综合服务方案，优先支持政府采购项目、政府支持项目、公共服务项目、民生项目以及重点国有企业。截至2017年年底，莱商银行各项贷

（李 智）

【山东莱芜农村商业银行股份有限公司】 2017年，莱芜农商银行紧紧围绕“争创一流农商银行，打造地方主流银行”的奋斗目标，以党建为引领，以“严管理、增效益、创品牌”为主基调，以支持产业振兴提升、推动地方经济发展为重点，积极深化改革，加强内部管理，加快工作创新，加大业务拓展和对地方经济的支持力度，全面提高金融服务水平，实现各项工作的持续稳健发展，在推进全市经济和城乡一体化发展中发挥积极作用。

业务拓展。存款组织。组织开展“新跨越新提升”首季业务开门红活动，全面推广家庭银行服务模式，扎实开展网格化营销活动，实行差异化利率定价，注重存款与理财、保险、代收付等业务的互动发展，积极为客户提供“一揽子金融服务”，进一步巩固扩大基础客户群体，推动存款业务的持续稳定增长。截至2017年年底，各项存款余额221.95亿元，较年初增加12.2亿元，剔

除非银同存因素，实际较年初增加17.2亿元，增幅8.4%。信贷营销。坚持“做小、做散”的信贷战略和“四个面向”市场定位，紧跟全市产业结构调整和农业现代化步伐，不断加快金融服务创新，加大对农户、个体工商户、现代农业和全市重点项目、优质中小微企业的信贷投放力度，全力支持地方经济发展。截至2017年年底，各项贷款余额174.7亿元，较年初增加14.8亿元，增幅9.3%；其中，实体贷款余额146.1亿元，较年初增加12.7亿元，增幅9.5%。增收节支。建立健全内部财务管理制度，完善一级支行相对独立核算考核体系，引入内部资金转移定价考核，采用成本收入比核定费用的模式，将费用增减幅度与各支行模拟净收入实现情况挂钩，引导各支行算好成本账，提高议价能力，积极压缩费用开支，真正做到勤俭办行；加强资金头寸管理，大力压缩非生息资产，积极开展理财、中间业务、国际业务，努力拓宽收入渠道。截至2017年年底，实现各项收入11.8亿元，资本充足率10.78%，拨备覆盖率153.19%，抗风险能力进一步增强。

2017年1月20日，莱商银行与市扶贫办为古城精准扶贫点揭牌

（莱商银行 供稿）

服务地方经济。支持现代农业发展。在全市所有行政村，逐村开展家庭银行及网格化营销推广工作，建立电子档案，从各村致富能人、专业合作社、现代农业经营主体入手，创新推出“致富通”小额信用贷款和“家庭亲情贷”家庭信用类系列贷款产品，大力支持农户、个体工商户和农民专业合作社等新型农业经营主体发展。截至2017年年底，涉农贷款余额93.06亿元，较年初增加10.7亿元，增幅13.0%，高于各项贷款增幅3.7个百分点。扶持中小微企业发展。加快小微贷技术应用，推广主办行业务，创新小微信贷产品，降低贷款担保条件，实行信贷优惠政策，充分运用收回再贷、展期续贷、并购重组等方式，着力破解中小微企业融资难题，加大民生基础设施项目、全市重点项目、纳税大户等优质中小微企业客户的信贷支持力度。截至2017年年底，小微企业贷款余额110.5亿元，较年初增加15.57亿元，小微企业贷款户数2427户，小微企业申贷获得率98.32%。优化农村金融支付环境。开展社区金融建设，加快农金员“去单化”进程，加大电子机具布放力度，积极整合个人网银、手机银行等电子渠道和CRS、ATM、农金通等自助渠道，积极融入互联网金融业务，先后推出智e购电商平台、公务卡、扫码支付等新型电子银行业务，引入银铁通、理财POS，加快现有线下柜面业务向线上电子渠道迁移，促进互联网金融服务平台与传统业务的融合发展。全年新发展特约商户353户、安装直连POS终端395台，新布放新型农金通113台，电子机具村覆盖面达到100%，新增电子银行客户5.9万户，增幅29.65%，电子银行柜面业务替代率67.95%，农村金融支付环境进一步优化。开展精准扶贫工作。成立精准扶贫开发领导小组，对辖内1.08万户、2.6万人建档立卡贫困户建立信息档案；创新信贷扶贫产品，采取“龙头企业+贫困户”“合作社+贫困户”“脱贫项目+贫困户”等产业发展模式，加大对建档立卡的

2017 年 3 月 28 日，莱芜农商行第二次股东大会召开
（莱芜农商银行 供稿）

贫困户及帮助贫困户脱贫致富的新型农业经营主体的信贷扶持力度。2017 年，新发放扶贫主体贷款 3692 万元、贫困户贷款 226 万元，对有扶贫带动作用的农业龙头企业等新型农业经营主体及贫困户发放一般性贷款超过 2 亿元。

品牌创建。文明规范服务建设。细化网点建设功能分区和打造标准，加强员工规范化服务的提升培训，制定农商行文明服务公约，积极开展创建省级文明单位、文明服务行业、文明服务窗口、青年文明号、五星级网点和争当文明服务明星、最美柜员等活动，文明规范化服务质量和水平明显提升。员工队伍建设。组织开展“定岗、定编、定员”工作，实行员工综合行为积分管理，建立银行化改革功劳簿，完善专业人才库管理，充实骨干专业人才 15 名，新锐专业人才 45 名。落实员工带薪年休假，完善员工岗位退出机制，组织开展网格化营销、反洗钱培训等培训班 50 余期，不断提高员工的业务知识水平和专业技术能力，培养一批知识丰富、业务熟练、技术精湛的岗位能手和标兵。企业文化建设。大力倡导“家文化”的理念，严格落实关爱职工送温馨“四个一、五到场”制度，设立“团体慈善救助基金”，开展员工查体、关爱女职工、帮扶救助病困职工和走访慰问困难员工、老党员、老员工活动，增强员工的归属感和认同感；组织开展全行金融知识竞赛、“喜迎十九大说说农商人心里话”主题征文、莱芜农商银行第 1 届篮球比赛等系列文体活动；开展“青年文明号助百村”结对帮扶脱贫、“青年文明号助千家”送温暖、爱心助学、交通协勤、创城志愿服务等社会公益活动，进一步凝聚全体员工团结一心、拼搏向上，爱岗敬业、争创一流的精神动力，树立莱芜农商银行的良好社会形象。

（王润亮　陈文刚）

保　险

【概况】 2017 年，莱芜市保险业实现保费收入 28.82 亿元，同比增长 17.82%。其中，财产险保费收入 6.17 亿元，同比增长 8.07%；人身险保费收入 22.65 亿元，同比增长 20.80%。2017 年，有 3 家保险公司进驻莱芜设立机构，截至年底，全市共有 31 家保险公司，其中，财产险公司 18 家，人身险公司 13 家，保费收入过亿元公司有 6 家，全行业从业人员达 1.4 万人。

服务发展。2017 年为全市提供 7511 亿元的风险保障，全年共支付赔款与给付 8.33 亿元，赔付率为28.90%。全市31家公司及万余保险从业人员共上缴营业税、个人所得税，代收代缴车船税等各种税金1.41亿元，同时驻莱保险公司积极参与社会公益事业，在慈心一日捐、无偿献血、关爱福利院儿童及帮助困难职工方面都热心参与，共募集捐款20余万元。

保险保障。在服务“三农”方面，2017年，承保种植险69万亩，养殖险2.11万头，林业保险30.06万亩。赔付各类种植险3.96万亩，支付赔款429.57万元；赔付能繁母猪1061头，支付赔款109.5万元。在责任保险方面，2017年3家共保公司共承保医责险500余笔，共计保费691.59万元，为723家医院、门诊、卫生院、卫生室分担风险。在养老医疗保险方面，2017年莱芜人保财险承办大病保险服务参保人群112.2万人，支付赔款5678万元。减少“因病致贫、因病返贫”现象的发生，放大党和政府的惠民政策，为参保群众构建起第二道生命防线。为更好践行保险脱贫扶贫的责任，中国人寿莱芜分公司打造以“银龄安康工程”为代表的一系列小额惠民业务，通过进一步加深政企合作力度，真正做到送保险进千家万户、保险助脱贫。2017年，“银龄安康”老年人意外伤害组合保险承保4.86万人，保费合计169万元，承担风险保障共1014亿元。全年为812人办理理赔，赔付金额166.12万元，赔付率高达98.76%；残疾人意外伤害保险参保2.17万人，保费合计65.2万元，承担风险保障33.87亿元，现赔付33人，赔付金额21万元。在参与社会管理方面，承保治安保险4.3万户，赔付9.372万件，支付理赔款6185万元。另外在农村小额人身保险、学生平安保险、企业年金保险、新农合保险等方面均有一定成效，补充社会保险体系，保险保障功能作用进一步凸显。

市场整顿。自律是行业协会组织的一项重要职能。随着市场经济体制的逐步完善，监管方式、监管重点的调整和保险竞争的日趋激烈，行业自律是难点。2017年，莱芜市保险行业协会坚持依法合规自律，竭力维护良好的市场环境，为会员单位维护较好的生存发展环境。落实会议精神，加强行业自律。召开5次自律工作会议，开展产寿险自律检查3次，涉及保险机构31家，由面向点、由普查向专项检查转变，对重点业务、重点领域、重点公司进行重点检查，对查实的问题及时督促进行整改，较好的规范保险市场秩序。根据《关于落实国家17部委通知要求进一步做好全省互联网金融风险专项整治清理整顿工作的通知》文件要求，对全市保险机构互联网高现金价值业务、保险机构依托互联网跨界开展业务、非法经营互联网保险业务等情况进行风险排查，规范互联网保险市场环境。信访投诉处理力度加强，将妥善处理好信访投诉工作作为维护消费者利益的重要环节。建立突发事件应急处理方案，坚持早发现，早处理，提前化解，避免群体性事件的发生。完善投诉受理体系，成立山东省保险消费者权益保护中心莱芜分中心，实施首问负责制，确保投诉件件有回复，并定期对投诉处理情况进行分析、总结和通报。2017年，累计妥善处理群众各类来访来信20余件，接听处理群众电话咨询30多起。

优化环境。政策推动力度增强，2017年，市保险行业协会加强与公安、经侦、交警、司法、安监、工商等部门的协作，并出台相关文件，加大联合打击保险诈骗的工作力度，与高速公路交警支队建立联席会议制度，维护行业和消费者的自身合法权益。行业形象得到提升，保险业更加关注行业宣传，积极开展各类社会活动，普及保险知识，提升保险形象。通过开展“3·15”消费者权益日保护、“7·8”全国保险公众宣传日、“保险扶贫公益跑”等大型行业宣传活动提升行业影响力，加强与相关宣传部门及媒体的沟通，引导媒体坚持正面宣传报道，避免负面炒作。各新闻媒体在充分发挥舆论监督作用的同时，更加注重对保险功能作用的正面宣传，保险业社会形象得到提升。

（宋丛丛）

【中国人民财产保险有限公司莱芜市分公司】2017年，人保财险莱芜市分公司紧紧围绕“五个莱芜”建设战略布局，充分发挥保险行业风险管理职能，带头维护行业自律，服务莱芜实体经济发展，在持续保持市场领先地位的同时，通过提供风险管理、履行赔付责任、服务精准扶贫、助力普惠金融事业等举措，持续发挥中管骨干保险企业在服务民生、保障经济、稳定社会的关键职能，为促进莱芜市经济发展、保障服务民生、创新社会治理贡献自身的力量。2017年，全险种累计实现保费收入20170万元，首次突破2亿元大关，累计为全市4万辆机动车、1.7万家企事业单位、20余万农户、112万名城乡居民和职工提供各类风险保障，上缴各类税收2015万元，处理各类赔案7.37万件，支付各类赔款1.38亿元。

业务发展。服务“三农”。认真落实强农惠农政策，在全市建设“三农”营销服务部14个、三农保险服务站7个，乡镇网点覆盖率达到100%；建设村级“三农”保险服务点745个，村网点覆盖率68.8%，拥有“三农”队伍人员861人。承办大病保险。2017年，承办大病保险服务参保人群112.2万人，支付赔款5678万元。参与精准扶贫。“金融扶贫，保险先行”。公司认真贯彻落实莱芜市委、市政府和监管机构一系列扶贫部署，2017年11月10日与市扶贫办签订保险精准扶贫合作框架协议，明确保险项目、补偿方式、资金来源及投保流程。截至年底，公司累计为全市1.4万贫困户，18792名贫困人口提供75.88亿元的补充医疗、财产损失和意外伤害等风险保障，累计支付各类赔款145万余元。实施普惠金融。公司积极探索“无抵押”支农融资业务，在解决农户和涉农企业“融资难”“融资贵”问题方面逐步探索，更好的支持了各区农业发展。公司与市政府相关职能部门的“政融保”协议正在洽谈之中，合作额度预计2亿元。积极创新中小企业贷款保证保险业务，与莱城区人民政府、莱芜交通银行签订“政银保”合作协议，先后帮助莱城区部分中小企业办理贷款660余万元，有效解决中小企业贷款难的问题。创新社会治理。公司大力推广各类责任保险产品，深度参与创新社会治理，为建设平安莱芜承担社会责任。2017年，公司为全市所有行政村和街道办提供治安保险服务，参保居民达5.02万户，居民覆盖面达10.24%，支付赔款21.3万元；大力开展安全生产责任险，为全市33家企业投保安全生产责任险，累计承担风险责任5.05亿元，支付赔款51.51万元，保障企业安全生产水平；保障校园安全，承保全市校园方责任险，为全市142家学校13.48万名在校学生提供了5981万元的风险保障；服务改善民生，发展医疗责任险，为全市133家医疗机构提供3940万元医疗风险责任。服务大型企业和重点工程。围绕济莱经济协作区带动战略，为全市大型企业和重点工程提供全方位的保障服务。先后为莱芜钢铁、鲁中矿集团、九羊集团、阳光食品等大型企业办理财产险、工程险、货运险、责任险、车辆保险、出口信用险等各类业务，累计承保财产险3735件、机动车4万余台、责任险1405件、意外险4781件、保证险36件，累计支付各类赔款7000万元。

服务提升。公司推出十二项增值服务和八项贵宾专享服务，打造线下人和商盟服务平台，推出“莱芜人民保险”微信公众号，打造线上、线下立体式服务平台。运用大数据分析客户服务需求，提升公司客户服务水平。2017年，累计吸纳微信会员4万余人，发布图文消息44次，阅读量达到30.28万人次，总活动量达到5万人次，为客户提供年审、保养、洗车、违章处理、双免救援等各类增值服务1.2万人次。同时在全市推出行车路上有人保、交钥匙等增值服务，有效提升客户服务黏性。

合规经营。公司坚持依法合规经营，带头维护莱芜财险市场行业自律，确保二次商车费改平稳过渡。同时严守合规底线，引导全市财险市场规范经营、合规经营，有效维护市场竞争秩序，保障财险行业健康稳定发展。截至2017年年底，整个财险行业实现保费收入5.63亿元，同比增长8.47%，实现增量保费4399万元，促进财险市场的健康稳定发展。

（陈　青）

【中国人寿保险股份有限公司莱芜分公司】 2017年，中国人寿保险股份有限公司莱芜分公司现辖有10个经营单位，其中，2个综合性县域支公司，8个城区专业化销售单位，71个服务网点遍布全市城乡各地，现有从业人员5000余人。截至2017年年底，公司总资产34.6亿元，全年实现保费总收入8.463亿元（股份+集团），同比增长17.51%，保费总量位居全市同行业首位。全年共缴纳各类税金合计1222.7万元，累计赔付支出各项保险金超过9亿元，充分发挥人寿保险的风险管理和经济补偿作用；运营管理、风险管控取得良好成绩，各项公司级年度工作目标实现新突破；先后荣获“2017年度金融业发展贡献突出单位”“创建全国文明城市工作先进单位”等称号。公司目前拥有2个市级“文明单位”、4个省级“青年文明号”单位、1个市级“青年文明号”单位。

业务运营。公司立足于以“三渠九部创万人大业”为核心的市场拓展体系建设，着力打造以提质增效为核心的运营管理体系，坚持做好以综合检查推动关口前移为核心的风险管控体系建设。2017年，股份公司实现保费总收入8.42亿元，同比增长18.48%，总保费占莱芜寿险市场份额为35.55%；其中续期保费实现5.04亿元，同比增长28.98%；新单保费2.99亿元，同比增长5.6%。全年累计承保寿险新单2.3万件，管理的有效保单累计达103万份，累计服务客户超过110万人次，承担的风险保障超过1200亿元。年内处理保全业务11.96万件，为6895人次办理赔付，累计赔偿给付各类保险金超过9亿元。

管理效能。公司积极探索以综合检查推动关口前移为核心的风险管控体系建设，围绕“四位一体”的反腐倡廉和风险管控体系建设目标，持续推动由事后处理向事前预防转变的“移动式体检中心”建设，党委巡视和综合检查的“利剑震慑”“清淤化阻”“探险排雷”作用日益凸显。年内有针对性地开展廉政纪律、内控制度、合规经营的教育宣导，积极开展巡察监督、综合检查与审计工作，组织开展反洗钱、非法集资专项治理等活动，推进关键岗位检查和重点风险监测，坚决守住不发生系统性、区域性风险底线。

客户服务。公司坚持以客户为中心，根据客户需求定制个性化服务。积极适应新形势发展的要求，聚焦客户体验、提质增效升级，打造起管理集中、服务前伸、拓展下沉的运营服务体系，整合资源、支持销售、服务客户能力持续提升。针对关键业务指标、销售队伍建设、基层创先争优、短险战略升级、满期转保等重要指标项目，加大对基层投入各类政策支持；全力实施“彩虹计划”。通过推广互联网应用新一代工程，加快推动创业伙伴和服务客户“上线进圈”，努力在社会、客户、公司之间搭建互动、互通、互融的信息平台和沟通桥梁，提升客户服务的能力和水平。

企业文化。公司坚持以“成己为人、成人达己”的“双成”企业文化为载体，积极组织员工开展、参与各种公司文化、社会公益活动，丰富员工精神文化生活，践行企业职责，促进和谐莱芜建设。年内积极开展“青年文明号助千家”结对帮扶活动，深入困难群众家庭，为他们送去基本生活保障；广泛开展志愿服务活动，助力莱芜市全国文明城市创建工作；连续21年组织开展无偿献血活动，把温暖送进千家万户，把爱心送给每一个人，用实际行动感恩社会、回报社会，传递社会正能量。积极响应“精准扶贫”政策的号召，履行社会责任，强化政治属性，助力保险扶贫攻坚战。年内，积极与市老龄办、市残联、市计生协等部门分别签署精准扶贫方面的战略合作协议，积极推广小额惠民扶贫保险项目。

（李　豪）

证　券

【概况】 2017年，全市共有中泰证券、中信证券、光大证券3家证券机构，全市证券业规范发展。3家证券公司累计实现交易量854亿元，托管客户资产44.4亿元。

【中泰证券股份有限公司莱芜分公司】 中泰证券在莱芜市开展规模企业规范化公司制改制、齐鲁股权挂牌、“新三板”挂牌、IPO辅导、雪野金融小镇建设等工作，辅导企业建立归属清晰、权责明确的现代企业制度，进一步规范法人治理结构，拓宽企业融资渠道，提升企业系统性风险抵抗能力，积极推进绿色金融环境生态建设，为全市经济良性发展做贡献。

规范化公司制改制。中泰证券莱芜分公司依托于自己的专业优势和资源优势，2017年继续深挖莱芜当地企业潜力，稳步推进规范化公司制改制工作，先后辅导东岳车桥、佳合股份、融金科技、兆信股份4家企业完成规范化公司制改制。通过规范化公司制改制，一方面帮助企业完善公司治理结构、健全内部控制制度、规范财务和股权结构，解决历史遗留问题，为企业以后的挂牌、上市、融资扫清障碍；另一方面，公司的财务顾问在当地营造良好的市场声誉，为全市创造优质、健康的资本市场氛围。

齐鲁股权挂牌。2017年2月，由中泰证券推荐的莱芜琦龙豆捞餐饮股份有限公司和山东天一冷暖科技股份有限公司在齐鲁股权交易中心挂牌。2017年12月，由中泰证券推荐的莱芜市佳合餐饮股份有限公司通过齐鲁股权专审会审核。通过在齐鲁股交中心挂牌，进一步提高企业的知名度，起到良好的宣传作用，使企业树立品牌，提高企业形象及公信力，从而拓宽企业的市场影响力，提高市场地位。

新三板挂牌。截至2017年年底，中泰证券先后推荐山东威马泵业股份有限公司（股票代码：430732）、山东世阳德尔冶金科技股份有限公司（股票代码：832169）、山东汇锋传动股份有限公司（股票代码：834137）、山东万泽冷链股份有限公司（股票代码：870534）4家企业在新三板挂牌。企业挂牌上市的成功，既是对企业多年来公司业绩的肯定，也意味着企业从此进入一个新的快速发展期，具有重要的里程碑意义。

IPO。山东汇锋传动股份有限公司拟首次公开发行人民币普通股（A股）并于境内上市，2017年向中国证券监督管理委员会山东监管局报送首次公开发行股票并上市辅导备案材料，并接受中泰证券股份有限公司的辅导，9月22日辅导备案情况在山东省证监局网站公示。金融小镇建设。2017年，中泰证券按照“打造全国一流金融特色小镇”的发展目标，科学规划、精心施策、快速推进，全年累计投资3.17亿元，建成建筑面积2.1万平方米，顺利完成金融小镇一期建设任务。同时，依托金融小镇项目建设，注册成立了中泰安盈、中泰股权、中泰资本等5家金融投资基金企业，累计纳税3098万元。

（李晓林）

责任编校：蔺延军

教　育

综　述

【概况】　2017 年，莱芜市有各级各类学校 182 所，在校生 150681 人。其中，小学 121 所，在校生 53793 人；初中 40 所（含九年一贯制学校 13 所），在校生 49148 人；普通高中 9 所（含民办高中 1 所），在校生 29738 人；中等职业学校 8 所，在校生 7106 人；高等职业院校 3 所，在校生 10796 人；特殊教育学校 1 所，在校生 100 人。幼儿园 367 所，在园幼儿 38758 人。年内，市教育局在全市创建文明城市工作中荣立集体二等功，被市委、市政府授予工作实绩考核突出单位、安全生产、平安莱芜建设、食品安全、信息调研、督查、机要、保密工作优秀单位称号，市教育局党组被授予学习型党组称号。

【教育投入】　2017 年，市委市政府将大班额消控工程和青少年校外教育实践基地列入市委市政府为民办实事项目。全市解决大班额问题项目共征地 749.04 亩，动工建设校舍 35.07 万平方米，完成投资 11.18 亿元，完成规划投资的 110.57%。基本完成 28 所学校的建设任务。新增教学班 521 个，学位 24909 个。市级拨付莱城区建设资金 800 万元，青少年校外实践基地完成了旧建筑拆迁、不动产权证办理、新建工程地质勘探等前期工作，开工建设。全面改薄工程已开工校舍改造项目 324 个，竣工项目 313 个，竣工率 96.6%（省定目标为 87.56%，莱芜市超额完成），完成投资 2.94 亿元，完成设备购置投资 1.17 亿元，完成目标任务的 103%。全市学校宽带网络“校校通”、优质资源“班班通”达到 100%，网络学习空间“人人通”教师覆盖率达到 95%，学生学习空间开通率超过 50%。全市中小学校班级教室多媒体设备实现全覆盖。

【教育改革】　中小学校长职级制改革。市教育局印发《市直中小学校长职级评审认定办法》（试行），明确规定了评审认定范围和对象、申报条件、评审标准和评审认定程序。多次与人社部门和财政部门进行对接，印发《中小学校长职级薪酬制度实施办法》。完成市直学校校长职级制改革职级认定、评聘等主体任务，各区全面展开校长职级制改革。

中小学教师县管校聘改革。莱城区、钢城区积极建立县级机构编制部门负责核定编制总量、人社部门负责核定岗位总量，教育部门在总量内统筹分配到校，实行动态管理的机制。

考试招生制度改革。全市落实高中学校办学自主权，由各高中自行组织艺体类招生，并新增加特色专业，面向全市招生。积极探索多样化考试考查方式，中考体育与健康毕业评定考试内容增加足球运球选项，从 2017 年秋季入学初中一年级起，英语学科初中学业水平考试增加口语测试，物理、化学、生物三个学科的实验操作技能将合并为综合实验操作，列入考试科目，促进学生全面发展。

【教师队伍建设】 抓好师德师风建设，市教育局组织开展“师德师风建设月”“教师节宣誓”等系列活动，全市集中开展“树师德、正师风”治理在职教师有偿补课专项活动。完善校长、教师培训机制，全年组织教师培训 14000 人次。组织全市 10655 名教师参加“互联网+教师专业发展”工程，组织 55 名小学校长到北师大参加高级研修培训，50 名初中校长到东北师范大学参加任职资格培训，组织 150 余名校长、骨干教师参加省级以上培训。搭建教师成长平台，在全市开展“一师一优课、一课一名师”活动，组织全市广大教师进行录课、赛课、晒课。确认 19 名教师为第二期莱芜名师，31 名教师为第三期莱芜名师建设工程人选。5 名教师被评为省特级教师。

【教育管理】 学校管理。坚持依法治校，全面实现中小学“一校一章程”。完善规范办学长效机制，严格落实课程课时、作息时间、作业、考试和节假日安排网上“五公开”制度，开展规范办学行为专项整治，对全市义务教育阶段配套练习册、普通高中同步类教辅的选用情况重点督查。委托市社情民意调查中心开展学生学业负担与师生关系电话调查，切实减轻学生课业负担。

学生管理。坚持立德树人，推进德育综合改革，挖掘地方特色资源，编写《我爱莱芜》青少年系列读本，其中《我爱莱芜——历史文化篇》，由山东教育出版社正式出版，于 2017 年春季学期起，正式在全市初中二年级学生中免费使用。关注学生心理健康，开展心理健康教育特色学校创建。中国教育报以《阳光洒进心灵心育引领未来》为题，报道了莱芜市钢城区新兴路学校心理健康教育工作。加强学生法治教育，在全市中小学组织开展“学宪法讲宪法”演讲比赛，并参加了省级决赛，实验中学选手赵嘉乐获初中组亚军。开展国防教育，莱芜一中等 4 所学校被评为全国国防教育特色学校。在全省中小学国防知识竞赛中，凤城高中和鲁矿一小代表队分别取得全省第一名和第三名的好成绩，并获全省集体一等奖。

教学管理。莱城区先后出版《小学实验数学课程纲要》和《小学实验数学活动用书》(试行版)。创新课堂教学模式，推行选课走班、分层教学，着力培养学生的动手能力、创新能力和实践能力，走出了一条“轻负担、高质量”的课堂教学改革之路。推进“互联网+教学”改革，推动信息技术和教育教学的深度融合创新。深化集体教研与推广，在深化跨区域教学联盟的基础上，针对基层学校规模小、专业教师不足、无法开展集体教研的实际，推广镇域集体教研，先后组织集体教研 60 次，推动了优质学校和薄弱学校教学管理、教学研究、课程建设、教师发展一体化合作。

安全管理。积极创建平安校园，全面落实“一岗双责、全员管理”工作机制，强化学生安全教育，强化应急演练，切实增强学生自救自护能力。印发《关于预防学生溺水事故加强学生安全工作的通知》，加强学生防溺水工作。开展“护校安园”、校园安全大检查等活动，提升了全市校园安全管理水平。做好矛盾纠纷的排查化解，抓好信访维稳，高度关注网络舆情，积极回应社会关切，营造了良好的教育发展环境。

【教育惠民政策落实】 启动学生饮用奶计划。根据市委、市政府要求，市教育局按照“安全、营养、方便、价廉”的原则，争取财政等部门支持，规范运作，全市 53832 名小学生从 2017 年 10 月 10 日起全部喝上政府免费提供的饮用奶。

提高精准资助水平。全面落实国家各类奖、助、免、补、贷等学生资助政策，进一步做好建档立卡等家庭经济困难学前、高中、中职、高校学生资助工作，免除普通高中、高校建档立卡家庭经济困难学生学费，核定各类受助学生 17000 余人，协调发放资助金 3600 余万元，办理生源地助学贷款 1600

余万元，为家庭经济困难学生完成学业提供了坚实的保障。筹资 7.7 万元，救助困难教师 51 名，筹资 30 万元，援建 10 所农村小学图书室。

基础教育

【学前教育】 积极应对二孩政策带来的入园难问题，深入调研，科学制定《莱芜市学前教育规划》。立足全市实际及时调整了幼儿园收费标准，规划新建、改扩建的 35 处幼儿园全部完工，完成投资 5866 万元。为 46 所幼儿园改善设施配备。通过专家培训、跟班学习、外出培训等方式，完成幼儿教师培训 500 余人次。制定《莱芜市教育局等 8 部门关于进一步促进民办幼儿园发展的意见》，规范办园行为，保教水平不断提升。

【义务教育】 2017 年 11 月 15 日—17 日，市教育局迎接了国家对莱城区（代表莱芜市）“义务教育发展基本均衡县（市、区）”复评，指导莱城区通过了国家复评。组织开展 3 次专项督导，完善义务教育均衡发展动态监控和预警机制。对市直中小学和各区（含功能区、市直）初中、小学差异系数进行动态监控，确保了全市及各区中小学均衡发展水平连续提高。

【高中教育】 重点抓好“三课建设”（听课、磨课、上课）和“三题建设”（做题、品题、命题）两项大的活动。2 次对各普通高中进行教学视导。累计听课 200 余节，各学科累计组织集体教研活动 160 余次，查阅了大量常规教学资料，并将视导情况当天对各学校进行反馈。积极应对新高考改革，先后组织教研员、高中校长、教导主任、高中教学骨干等 70 余人到上海、杭州学习改革经验，认真起草了莱芜市新高考应对策略，全市普通高考再创佳绩。2017 年高考，全市文理本科上线 4866 人。2017 年奥赛又创佳绩，全市 30 名同学获得全国奥赛一等奖。莱芜一中蝉联全国自主招生排行榜第一名。

【山东省莱芜第一中学】 截至 2017 年 12 月，山东省莱芜第一中学建筑面积 14 万平方米。在校学生 8216 人。教职工 636 人，其中，正高级职称 2 人，副高级职称 130 人，中级职称 251 人，初级职称 206 人。

2017 年高考录取情况。2017 年，莱芜一中 55 级 2882 人参加高考，本科上线人数 2324 人，上线率 80.6%。普通文理科十大院校（ESI）录取 82 人。北京大学 2 人、清华大学 1 人、中央美术学院 1 人，中国科学院大学 1 人、浙江大学 6 人、上海交通大学 8 人、复旦大学 1 人、中国科学技术大学 3 人、南京大学 1 人、中山大学 3 人、山东大学校本部 55 人（录取人数全省高中第二名）。211 大学录取 479 人，985 大学录取 207 人。奥赛获奖情况。2017 年，莱芜一中共有 29 名人获全国奥赛山东省赛区一等奖，73 人获二等奖，28 人获三等奖，获奖人数在全省名列前茅。在全国中学生物理竞赛、数学竞赛决赛中，莱芜一中学生代表山东省参赛，获三金牌一银牌，并且全部与北京大学签约 2018 年高考一本线录取。各类全国大赛得奖情况。2017 年，莱芜一中学生参加各类作文比赛共有 5 人获全国特等奖、金奖，153 人获全国一等奖，149 人获全国二等奖；各类英语竞赛共有 7 人获全国一等奖，67 人获全国二、三等奖；全国中学生地理科技大赛，1 人获地球小博士称号，30 人获全国一等奖，49 人获全国二、三等奖。首届北大燕园杯历史写作大赛暨 2017 全国中学生史学论坛活动，5 人参赛，获全国一等奖 1 人、二等奖 1 人、三等奖 1 人。全国各类科技创新大赛，1 人获全国银奖，1 人获全国创意奖，3 人获省一等奖，17 人获省二、三等奖，203 人获得专利申请证书。

教师专业发展激励机制建设。以“民主”为核心，创造良好发展环境。坚持“靠制度创造公平，以民主促和谐发展”，坚持教代会决策制度、民主公开制度和责任追究制度，事关教职工切身利益的大事都在教代会上讨论形成相关制度并予以不折不扣的执行。完善制度落实保障机制，强化落实“工作承诺制”“目标考核制”“责任追究制”“民主评议制”等制度。年度考核和双向选择聘任制得到进一步落实，考核看目标任务与完成实绩，聘任看考核结果与工作态度。以“激励”为导向，完善优秀教师评选培训机制。建立了各层次优秀教师的评选激励机制，包括学年度校级各类优秀评选；人事部门年度考核优秀评选；学年度突出贡献奖、特别贡献奖评选；年度市级教育教学工作先进个人、优秀班主任评选；市级、省级、国家级各类荣誉评选。不断加大对教师的培训力度，建立邀请学者、专家到校培训，学年度突出贡献奖特别贡献奖获得者出国研修，年度市级教育教学工作先进个人优秀班主任国内集中培训的制度。2017 年，学校共邀请 16 位专家、学者来校作培训报告 9 场；和北京师范大学共同举办 2 期研修班，一期是管理干部高级研修班共有 40 人参加研修，一期是优秀教师国内研修班；42 名教师参加培训，出国研修 23 人，其他各类教师外出学习培训 400 余人次。以提升为引领，走“学习+培训+经验共享+反思领悟”教师成长之路。建立课堂教学展示平台和教师研讨平台，把为教师专业发展搭建平台的工作切实落到实处；开展“一师一优课”“一课一名师”活动；开展青年教师优质课评选活动；开展各个学科内部以及跨学科教师专题讲座活动；做好名师课堂录播活动等。

课程开发与建设。围绕促进学生全面发展与特长培养，构建智慧课堂，发展学生智力。明确“好课堂”的标准，即教得生动，学得有趣；方法多样，启发思维；师生互动，合作探究。重视课堂的导入和情景创设，以“启发探究”的观念引领课堂建设，让课堂充满思辨，培养学生批判性思维能力和质疑能力。同时，注重以“生活引领”的观念，引导学生将学习和生活密切结合，培养学生应用能力。兴趣引领，活动育人，着力提高学生核心发展素养。积极创设条件为学生提供多兴趣学习选择五大学科奥赛，为学有余力的学生打开了一扇成才的大门；语文、英语、地理等学科大赛，激发学生学科学习的热情，促进了学科发展；创新兴趣小组，为学生创新实践拓展了视野和空间；特色教育班，航空班、俄语班，开拓了国际交流空间，开辟了一条教学新路；大学选修课，为优秀学生打开了前瞻的视野。

学生活动开展。以“体验”为核心，以实践性为原则，广泛组织开展形式多样的学生活动，营造全员参与、适度竞争、广泛合作、充分交流的氛围，培养学生合作竞争意识，增强学生的道德情感。坚持开展“校园四节”（文化艺术节、体育节、读书节、科技节）活动；开展社团活动，在课程表上专设活动时间，全面推行每周一次社团活动；组织校外实践活动，建成“家长+班主任”的育人共同体，抓好校外实践活动和假期综合社会实践活动。品格育人，提升学生发展核心素养。培养学生自主管理能力，突出“责任”“爱心”“感恩”“诚信”四项教育内容；培养学生领导力，包括自我管理能力、融入团队的能力、组织协调能力；“启智”为引领，积极探索实践“博学+质疑+探究”的培养模式，培养学生会思考、会创新，引导学生“博学明辨，格物致知”。

开展学生职业生涯教育，强化学生心理健康教育。一中通过开设人生规划课、召开主题班会、组织自主招生辅导、参观工厂、公司、社区等形式，开展学生职业生涯教育，让学生了解各种职业的特点，让学生树立人生的目标，在职业向往和兴趣引领下学习。加强学生心理健康教育，除配备专职心理教师，建立学生心理咨询室、医务室之外，还要求所有任课老师全面了解学生的家庭状况、成长经历、学习历程等，在了解的基础上做好学生心理疏导工作。各级部还通过召开女生工作会、女教师有针对性地和女生谈心等形式专门加强女生工作。

教学安全保障。完善“三防建设”，强化安全教育，校园安全秩序得到进一步加强。完善校园安全“三防”建设，全校监控点445个，实现了校园高清视频监控全覆盖，新建了“一键报警系统”、微型消防站等，各类安全装备按要求配备，使用演练常态化。开展生命安全教育，落实安全教育“八个一”“六不”及“1530”要求，通过视频教育，加强学生安全知识和安全技能的培训，举行防火防震逃生演练、干粉灭火器灭火演练、心肺复苏知识学习演练等。加强校园秩序管理，加强校园巡逻，严抓人员车辆出入管理，严禁社会闲杂人员进入校园，严查校园违规停车，实行家长定期探访制度，维护了良好的校园秩序。开展6项安全教育和治理专项活动，落实24小时治安巡查、校长值日、处室工作每周一查等要求，形成人人讲安全、时时讲安全、处处讲安全、事事讲安全的工作局面。

教学设施和后勤工作。继续投入资金，改善办学条件。投入300余万元升级或新建实验室、录播室、微机室，投入300余万元进行校园设施维修、铺设沥青路面、绿化美化校园，投入100余万元更新办公家具、办公设备，切实做到了及时高效的保障教学。强化服务意识，加强后勤管理。开展“食品安全年”活动，组织“食堂安全开放日”，打造“透明餐厅”；实施错时就餐，保障所有学生的按时就餐；多次召开学生民主生活会，迎接了省市食品药品管理局、教育局多次检查和兄弟学校参观学习，均取得好成绩，得到高评价。

（李佃忠）

【山东省莱芜市第十七中学】 2017年，莱芜市第十七中学科学谋划，狠抓落实，各项工作均取得优异成绩，学校先后获事业单位绩效考核优秀（A级）单位、中小学教学工作先进单位、中小学教育科研工作先进单位、创建全国文明城市工作先进单位等荣誉称号。学校深化与济南一中的协作办学，强化教师队伍建设和教育科研，共计有65名教师和210名学生获得各类省市级荣誉。

教育质量管理。截至2017年年底，学校共有教职工354人，其中，正高级2人，高级教师87人，中级教师110人，初级教师100人；在校生3847人。学校着力推进“科研兴校”“科研兴教”战略，长期举办“读教育经典，做智慧教师”活动，注重以科研课题为载体，提高教师专业素质和科研能力。2017年度，2项省级课题结题，6名教师获得省优质课评选一等奖，1人被评为市教科研先进个人，学校在研市级以上课题10项，参加各级课题的教师达到80余人。学校修订完善《专业技术人员评聘条例》，公开透明，量化考核，逐项公示，开诚布公，完成114人的职称评聘工作。为突破生源瓶颈，学校坚持“百花齐放、多元育人、分类推进、全面发展”的发展战略，采取“低进高出，高进优出”的教学原则，不断加大教育教学管理力度，教学质量年年有突破。2017年高考，学校本科上线人数达426人，春季高考17人，艺术类169人，各项指标均超额完成教育局分配的任务，与高一录取生源相比，实现大幅度的提升。

校园文化建设。学校以“立德树人”为核心，以创建全国文明城市为契机，制定《莱芜十七中创建文明校园实施方案》。学校共印制“创城”宣传版72块，核心价值观、新版《中小学生守则》挂图113个，条幅4对，发放创城知识手册4600份，组织志愿者服务215人次，举办“创文明城，做文明人”主题班会8次，通过新生规范周、军训、主题升旗仪式、道德法制信仰规划团校讲堂、文学欣赏讲座、社团采风、寻访红色足迹爱国主义教育活动等多种形式的德育教学活动夯实学生理想信念根基，规划师生未来愿景。学校有“文明礼仪社团”等32个社团组织，专人指导，定期活动。先后开展了第三届中华好诗文朗诵大赛、家长开放周、作文大赛、市中小学艺术展演、市中学生运动会、“国学小名士”经典诵读电视大赛等文化活动，取得了丰硕成果。

校园安全管理。学校建立健全安全保卫工作领导责任制和责任追究制，与马庄派出所成立联防办公室。学校组织开展各项安全、法制等教育活动，结合创城活动，加强校园周边环境综合治理。学校定期开展学生逃生演练和消防演练，定期组织食品安全教育，加强学校常见病、传染病的预防及防治工作。学校还通过实施“1530”安全教育制度，将安全教育纳入课堂，强化日常安全教育和节假日安全班会，增强学生的安全意识和自我防护能力。

校舍扩建工作。学校改扩建工作是全市城镇中小学大班额消控重点工程之一，市委、市政府和市教育局党组高度重视，多次到校调研。2017年上半年完成两座新宿楼的配套设施，暑假中拆除原来4座旧式楼板房宿舍楼，根据新的校园规划设计，在原基础上加盖4座教学楼，教学面积增加11054平方米。暑假开学后，学生顺利入住2座新宿舍楼，改善了住宿条件。2017年11月中旬，4座教学楼主体工程完工，内部配套设施通过严格招投标程序，正在抓紧采购与施工，工程建设进度走在了全市前列。

党建师德管理。学校积极推进“两学一做”学习教育常态化、制度化，认真学习贯彻中共十九大精神，全面从严治党；打造“精致管理模式”，提升了科学民主管理水平。按照“谁主管、谁负责”的原则，学校与中层以上干部签订《党风廉政建设目标责任书》，构建了党风廉政建设的组织和保障体系。学校开展廉洁勤政教育和廉洁文化进校园活动，制定《教职工考勤制度》和《关于禁止在职教师从事有偿家教的暂行规定》规范教师行为，向每名学生家长发放《致学生家长的一封信》，逐级签订了拒绝有偿家教公开承诺书。为发挥优秀党员先锋模范作用，激励广大教职工和全体教职工以强烈的政治责任感、饱满的精神状态和良好的工作作风，学校推进“四反对、四带头”大讨论活动，积极开展“一名党员一面旗帜”优秀共产党员和“爱岗敬业特别奖”评选和表彰活动。14名乐于奉献的优秀党员和12名勤勉敬业的优秀教师受到学校表彰，佩戴奖章，事迹在学校宣传栏宣传。2017年5月10日中国文明网以《莱芜十七中开展“一名党员一面旗帜”教育实践活动》为题作了报道。学校组织青年教师进行学习中共十九大精神师德演讲比赛，激发全校教职工的工作热情。

（陈克重　尹祚鹏）

【莱芜市实验学校】 莱芜市实验学校是直属于莱芜市教育局的九年一贯制义务教育学校，位于凤城西大街43号，始建于1998年7月，是在原教师进修学校基础上改建的一所中小学，占地33.5亩，交通便利，环境优美，设施完善，布局精致。现有9个级部、38个教学班，在校生2000人左右。校内办公楼、小学部、初中部错落别致，拥有可容纳500余人和150余人的报告厅各1个；图书室、阅览室藏书12万余册，可同时供2个级部进行借阅、阅读。还拥有省级化高标准科技探究实验室1个、物理实验室2个、化学实验室2个、生物实验室1个、仪器室5个、微机室2个、音乐教室2个、舞蹈室1个、美术室2个、书法室1个、心理咨询室1个、安全室1个等全市一流的现代化教学设施，并广泛应用在教育教学中。塑胶操场、篮球场、乒乓球场、排球场和教职工活动室丰富了教职工的校园文化生活。每间教室都配有多媒体教学系统、网络系统和教学评估系统；每个楼道都有各级部的楼道文化。

学校师资力量雄厚，现有教职工 149 人，研究生学历 6 人，其余均为本科学历。学校先后承担并完成国家、省、市级实验课题 50 余项。初中各学科组均被评为莱芜市优秀教研组，“宽严堂”办公室被市总工会评为工人先锋号，初四办公室被评为青年文明号。学校在坚持开全课程、开足课时的基础上，积极研发校本课程，开设了 30 余门艺术特色课程及活动。年内，学习获全国未成年人思想道德建设先进单位、2016 年度市直事业单位绩效考核 A 级单位、莱芜市教育教学工作先进单位、“小手拉大手”青少年创建文明城市优秀组织奖、莱芜市先进工会组织、莱城区计划生育先进单位、第三届青少年书画大赛优秀组织奖、蓓蕾艺术工作站、莱芜市中小学生合唱比赛三等奖、莱芜市中小学生戏剧比赛二等奖、“纪念莱芜战役践行城市精神”全市青年演讲比赛优秀组织奖、第二届莱芜市中小学生爱国主义教育征文大赛最佳组织奖等荣誉称号。1 名个人获山东省十佳建功立业标兵称号，并被授予富民兴鲁劳动奖章，并被选为省妇代会代表。1 名个人在全省教育工会系统优秀调研成果评选活动中获优秀调研成果三等奖。1 名个人在市总工会组织的“五好三争”最佳品牌评选活动中获全市“五好三争”最佳品牌奖，并被市劳动竞赛委员会和总工会授予莱芜市职工创新能手荣誉称号。另外，还有近 200 余名同学在各级各类比赛、评选中受到表彰。

坚持德育为首，严格思想教育。以养成教育为主线，认真实施德育规程，开展讲文明活动。组织“文明处室”“文明教师”“文明学生”“文明班级”评选。强化一日常规，教育学生从一点一滴做起，帮助学生形成良好的品德修养和严谨的校风校纪。学期初的第一个月为校风校纪整治月，每周二定为习惯训练日，坚持常抓不懈。积极举行班会队会狠抓学生的思想品德教育、法制教育和安全教育，做到警钟长鸣。严格升降国旗制度，向学生进行爱祖国、爱家乡、爱学校的“三爱”教育，陶冶学生情操。开展校内值日、公益劳动、环保教育等，帮助学生树立正确的人生观，增强民族自尊心和自豪感。充分利用节假日，搞好各种传统节日教育专项活动；组织学生收听市法院领导做的法制报告、观看莱芜市本土电影《我的老兵爷爷》，并写了心得体会和观后感。

突出质量核心，严格常规落实。强化集体备课制度，在集体备课的基础上，任课教师要进行二次备课，同时根据课堂教学效果及时修订教案及反思自己的教学，再进行三次备课、撰写教学反思。强化推门课制度。每周坚持听推门课，中层以上每人每周至少听 2 节，教研组组长、级部主任每月至少对所听的课进行一次反馈，并认真填写“推门课听课反馈单”，上课教师进行签字后上交教导主任室。入职五年内的青年教师坚持听推门学习课，认真填写“听课记录表”，每周不少于两节。强化教研课制度。学校以教研组为单位进行抽课检查，实行“团队”考核制，把团队中个体的成绩与不足，纳入到团队的考评项目之中，最终以团队的考评结果来反映教师个体考评成绩的评价。强化读书演讲活动。开展“读经典名著做智慧教师”读书演讲活动、青年教师优质课评选、市级“优课”的录制选拔推荐、教学资料展览等教学活动和竞赛，进一步提高教师的业务素质和业务水平。强化培优辅差工作。任课教师根据学生具体情况，协助学生分析优势及劣势学科以及努力的方向，制定“一对一”的辅导计划，抓好课堂、用好课间和微信，做到辅导有重点，作业必面批。对出现的错误做出详细解释和讲解后，教师又进行同类跟踪练习，做到举一反三。

强化安全教育，落实安全责任。全面落实《教育部安全工作指南》，严格落实安全责任人制度，严格落实 1530 等各项安全工作要求，积极创建平安和谐校园。各项安全检查及报表严格按照规定积极推进、上报。对早晨和午读前，到校比较早的学生也安排专人进行检查和管理，以免发生意外事情。

强化服务意识，改善办学条件。在上级领导支持下，建设516座的报告厅1个，建设录播室1间，更换学生桌椅400余套，更换了教室和老师办公室的空调。

（郭建松）

高等教育

【概况】 2017年，莱芜市深化与山财大合作，积极引进燕山学院迁址莱芜办学。支持莱芜职业技术学院完成“山东省优质高职院校”申报工作，争取省厅支持将莱芜市高级技工学校列入“山东省示范性中等职业学校”建设序列。

【山财大莱芜校区】 作为山东财经大学的有机组成部分，莱芜校区是莱芜市唯一一所高水平财经类国有公办普通本科院校区。学校党委高度重视莱芜校区工作，要求创新办学模式，突出办学特色，保证办学质量，把莱芜校区办成有特色、高品质、新模式的亮点校区。2017年，在山东财经大学党委行政的正确领导下，莱芜校区管理办公室认真履行办学使命，秉承“克明峻德格物致知”的校训理念，全力办好莱芜校区，推动山东教育均衡发展，全面提升莱芜高等教育办学层次，促进莱芜经济社会发展。

校区建设。2017年校区已建设面积585亩，一期、二期17.3万平方米建筑面积的工程已建设完成，共完成投资6.3亿元。莱芜校区建有教学楼、行政办公楼、实验楼、图书馆、会议礼堂、学生公寓、教师公寓、学生食堂、大学生创业中心、标准400米塑胶田径场、现代化体育馆及配套服务设施，能够较好地满足本科教学和人才培养的需要。校区图书馆藏书3万余册，电子图书和网络数据全部共享山东财经大学本部图书馆资源。

学科建设。2017年，莱芜校区不断加强原有学科建设，并成功引入了旅游管理专业。截至2017年年底，莱芜校共有经济学、经济统计学、工商管理、人力资源管理、旅游管理5个专业，均为山东财经大学热门优势专业。其中，经济学为国家级特色专业、省级品牌专业；经济统计学为省级重点学科、省级特色专业；工商管理为国家级特色专业、省级特色专业；人力资源管理为省级特色专业。

本科招生情况。2017年山东财经大学莱芜校区共招生619人，其中，考生文科投档186人，最高分557分，超山东省本科分数线74分；理科投档433人，最高分562分，超山东省本科分数线129分。

校区师资力量。随着校区服务不断完善，越来越多的山东财经大学本部的优质师资力量来校区授课。2017年，莱芜校区开展了转专业考试、辅修二专业和选修课设置等教学工作。

大学生思想政治教育。2017年，随着莱芜校区学生增加，年级增多，校区高度重视学团工作；学校学生处、团委等部门继续关心支持莱芜校区学团工作，莱芜校区也不断健全和加强各级学团组织建设，激发学生内部潜能；校区采取多项举措，切实加强学风建设，夯实各项学团工作的基础。2017年，莱芜校区学团工作从细从严要求，辅导员多开班会、关注学生成绩，学团工作工作前置思考，紧紧围绕学风、“三优班级”建设、考研引导为中心不动摇；校区高标准、高质量的组织开展丰富多彩的学生社团和社会实践活动。通过开展读书活动，精心设计、积极引导学生围绕专业、广涉经典阅读，建设书香校园，丰富学生文化生活；校区学团部以饱满的热情，勤动脑、勇创新，将学团活动与当地经济社会发展相结合，与当地传统文化相结合，积极寻求校地合作，打造校区学团工作的特色；校区特别关注经济困难学生、心理问题学生、学习成绩差学生等特殊群体，遵循学生成长规律，科学指导，细致细心的教育服务学生。

服务保障。为使校区的教学管理能力和服务保障能力再上一个台阶，校区积极申请承办全国大学生英语四六级考试。为获得承办资格，莱芜校区管理办牵头，协调莱芜市教育局和城投公司，莱芜校区投入大量的人力物力建设满足全国四六级考试要求的标准化考场，并通过了山东省招考院的检查考核，获得了举办全国四六级考试的资格。12 月 16 日上午，山东财经大学莱芜校区 2017 年下半年全国大学英语四六级考试共设置四级考场 17 个，506 名考生参加本次考试，共聘用监考教师、考务及服务保障人员近 50 人。

后勤保障。学校建立健全安全保卫工作领导责任制和责任追究制，莱芜高新区派出所在校区派驻了警务值班室，莱芜市人民医院在校区设立了校区医务室。学校组织开展各项安全、法制等教育活动，结合创城活动，加强校园周边环境综合治理。学校定期开展学生逃生演练和消防演练，定期组织食品安全教育，加强学校常见病、传染病的预防及防治工作。

（孙玉杰　李延太）

【莱芜职业技术学院】 莱芜职业技术学院（以下简称学院）是 2000 年 10 月经省政府批准成立的公办高职院校，建筑面积 26.31 万平方米，固定资产 7.63 亿元，仪器设备总值 1.16 亿元，馆藏图书 84.65 万册。学院设有 8 个系、3 个二级学院、18 个研究所，建有 1 个省级重点实验室、1 个省级研究院、1 个省级机械基础实验教学示范中心、216 个校内实验实训室、267 个校外实习实训基地；开设 39 个专业，其中，7 个省级特色专业，面向 13 个省（自治区）招生，全日制在校生 12000 人。学院在职教职工 723 人，专任教师 523 人，其中，教授、副教授 168 人，博士、硕士 349 人。先后培养出专业带头人 39 人、骨干教师 97 人、院级教学名师 12 人。年内，学院涌现出全国、全省先进工作者 12 人，山东高校十大师德标兵 1 人、山东省教学名师 4 人、山东省青年技能名师 1 人、山东省优秀教师 7 人、山东省富民兴鲁劳动奖章获得者 2 人，莱芜市有突出贡献的中青年专家 5 人、莱芜市劳动模范 3 人。1 人获全国“五一劳动奖章”、1 人登全国好人榜、1 人获得山东省最美劳动者称号。

学院是全国高等职业教育“校企一体化”创新联盟永久秘书处单位、全国职业院校魅力校园、全国模范职工之家，是山东省首批技能型人才培养特色名校、山东省校企一体化合作办学示范校，先后获得山东省职业教育先进单位、山东省高职高专人才培养工作水平评估优秀学院、山东省德育评估与校园文明建设优秀单位、山东省高校校园绿化管理工作先进单位、山东省文明单位等称号。

校企一体化办学。学院与武汉美斯坦福信息技术有限公司、武汉金石兴机器人自动化工程有限公司等企业开展软件技术、工业机器人等专业人才的联合培养工作；与北京智联友道开展的协同育人项目稳步推进；与高新区 12 家化工材料企业成立化工与材料技术产教联盟。牵头成立了莱芜市市场营销等 4 家职教集团。组织完成了 8 个学院现代学徒制试点项目的评审。聘任企业高技能人才 15 名，组建技能大师工作室 2 个。学院与新发药业有限公司被省教育厅认定为第二批山东省校企一体化合作办学示范院校和企业。学院与合作单位青岛海尔股份有限公司、山东舜和酒店集团有限公司分别被山东省职工教育协会评为校企合作先进单位，1 名个人被评为校企合作先进个人。

教学管理。学院完善学分制试点改革，全年开设选修课 133 门，满足学生个性化发展需要。

新上工业机器人、眼视光技术 2 个专业。完成机电一体化技术智能制造等 8 个方向人才培养方案的修订工作。建设了 8 个院级专业教学资源库，机电一体化技术专业教学资源库被评为山东省职业教育专业教学资源库。新建 20 门院级精品资源共享课，评选立项 16 项院级教改项目和 19 项院级校本教材编写项目。7 个项目被评为山东省教学改革立项项目，4 个项目获得中国职业教育学会 2017—2018 年度教学改革与教材建设课题研究立项，4 个项目获得 2017 年山东省企业培训与职工教育重点课题立项。

信息化建设。2017 年，学院完成山东省第一批教育信息化各项试点工作，以“优秀”等次通过验收，被评为山东省教育信息化示范单位。建成三维虚拟仿真实训基地，搭建了 25 门专业仿真课程，在全省率先将 3D、可穿戴设备引入教学。建立了漏洞扫描、密码更改、系统升级、补丁更新、安全策略设置、应急处理等人防机制，成功应对各类网络安全事件。学院被中央电教馆确定为全国第三批“职业院校数字校园建设实验校”。

科研创新。学院全年立项科研项目 35 项，争取科研经费 300 万元，新增 6 项发明专利、2 项实用新型专利获准授权。先后获省高校科研成果奖 2 项、莱芜市科技进步奖 2 项、莱芜市专利奖 1 项、莱芜市“大众创业万众创新奖”1 项。组织了 3 个省科技发展计划项目的结题验收。1 个科研平台被评为山东省职业教育技艺技能传承创新平台，1 个省级、2 个市级“工程技术中心”获准立项建设。山东省粉末冶金先进制造重点实验室团队与莱钢粉末冶金有限公司等企业合作进行雾化合金粉末研发。与莱芜高新区合作共建“金属新材料协同创新中心”，以项目带动研发，成果转化能力进一步增强。与省科学院、市农科院合作开展铁皮石斛引种与繁育研究。

学生管理。2017 年，学院开展“感恩校园·报恩思进”主题教育、第十六届科技文化艺术节、第十五届社团活动展示月、第九届宿舍文化节、文化大讲堂和征文、青春创业等多项活动。修订学生教育管理工作系列规章制度，完成新《学生手册》的修订工作。完善学生公寓突发公共事件应急预案和各类突发事故应急处理流程。认真落实班主任、辅导员、学生干部管理办法及考核细则，加强学管队伍的规范化、专业化建设。1 名辅导员获第八届山东高校优秀辅导员称号。全年共发放各类奖助学金和学费补偿款 855.79 万元，办理学生助学贷款 463.2 万元、保险理赔 4.3 万元。在 2017 年的省级以上技能大赛中，学生共获奖 89 项，其中，国家级一等奖 4 项，二等奖 2 项；省级一等奖 15 项，二等奖 27 项。仅在山东省职业院校技能大赛中就获得一等奖 1 项、二等奖 6 项、三等奖 6 项，实现历史性突破。

师资建设。学院实施师资队伍建设“四项工程”，开展业务培训和学习交流。引进高层次人才国家“千人计划”特聘教授 1 名。承办山东省职业院校软件技术和数控技术 2 个专业的省级培训，被评为 2017—2019 年山东职业院校教师素质提高计划项目承担机构，获得 2017—2019 年山东省级教师培训资格；2 个名师工作室被评为山东省高等职业教育名师工作室。在 2017 年山东省职业院校技能大赛高职教师组赛项中，学院教师获一等奖 1 项，二等奖 3 项，三等奖 1 项。

招生就业。2017 年，学院共招生 3601 人，其中，高职招生 3093 人，五年大专招生 508 人，生源质量进一步提升，生源结构进一步优化。2017 届毕业生就业率 95.61%，总体就业率名列全省前列。在“山东省黄炎培职业教育奖创新创业大赛”中，学院学生获一等奖 1 项、二等奖 2 项，5 名教师被评为“优秀指导教师”，学院获“优秀组织奖”；在第九届山东省大学生科技节创新创业大赛中，学院代表队分获一、二等奖；在山东省职业教育创新创业大赛中，学院代表队分获一、二等奖。

（陈叶颖　杨晓华　张志锋）

【莱芜技师学院】 2017 年，学院在市委、市政府的坚强领导下，秉承“质量立校，特色强校、合作兴校”的办学理念，围绕大力提升高技能人才培养质量这一中心任务，坚持以特色求发展、以创新求出路、以合作求突破，积极推进校企、校际、校地合作，努力把学院建设成为现代化一流技师学院。

教育质量提升。2017 年，学院开展“改进课堂教学”等教研活动，不断完善高效课堂教学和一体化教学模式,积极开展新进教师过关课比赛、同年教师排位赛、“风采教师”大赛等活动，通过比赛不断锤炼和增强教师基本功，切实提升教师教育教学水平。2017 年，按照鲁教职字〔2017〕5 号文件精神，根据省示范性及优质特色中职学校建设项目申报要求，组织专业带头人和专业课教师完成了项目的任务书与建设方案的编制，通过了省教育厅专家组评审，并获扶持资金 800 万元。此外，争取品牌专业建设、国家产教融合实训基地建设两大项目，获取扶持资金 2700 万元。成功承办第九届市职业院校技能大赛中职组的焊接、电气安装与维修、汽车维修基本技能、烹饪、会计手工和会计信息化 6 个项目的比赛；承办第十届“泰钢杯”职业技能大赛的钳工、数控车和电子商务 3 个项目的比赛；承办第二十六届海峡两岸珠心算通信赛。在所有参赛项目中，学生分别获 12 个一等奖，17 个二等奖，27 个三等奖的好成绩。选派学生参加了 2017 年山东省“技能兴鲁”职业技能大赛数控车、数控铣项目比赛，有 2 名学生获三等奖；参加山东省第九届珠心算比赛，有 6 名学生获二等奖。此外，学院还组织 854 名学生参加了高级工职业技能鉴定，96% 的学生通过了技能鉴定。

创新办学模式，提升办学活力。开辟办学新路子根据学院发展需要，成立莱芜航空中等专业学校，进一步拓宽了学院办学空间。做好“3 + 2”联合办学。学院与山东理工职业学院签署航空服务、数控加工技术、汽车维修专业的“3 + 2”合作协议，与山东劳动职业技术学院签署焊接加工技术、电气技术专业的“3 + 2”合作协议，与莱芜职业技术学院签署学前教育、机电技术、电子技术专业的“3 + 2”合作协议。深化校企合作。学院在与莱钢集团、泰钢集团、海信集团、泰盈科技、阿尔普尔等 50 多家企业签订联合办学协议的基础上，继续开展校企一体化办学，招工招生一体化，理论实习一体化，课堂车间一体化，实现与企业的无缝对接。2017 年，学院成与山东威邦工艺品股份有限公司联合设立“线材模具研发中心”,与阿尔普尔共同设立“纪广杰大师工作室”，与五矿集团鲁中矿业公司共同设立“五矿集团鲁中矿业公司产学研基地”。

服务社会经济发展。2017 年，学院组织优秀教师，利用周末和节假日，深入九羊集团、山东泰山钢铁集团、西煤机、力创科技有限公司、汽车 4S 店等企业，进行焊工、钳工、数控、车工、铸造工、维修电工、热工仪表、电子技术等专业的“金蓝领”培训，培训企业高素质员工 1508 名；举办电工进网作业培训班 5 期，培训 453 人。

推进市委、市政府重点工作。围绕全市十大产业、新旧动能转换新开设航空服务、模具制造、幼儿教育专业，培养高技能人才，服务全市经济社会发展。完成创城任务。学院充分发挥广大师生在创建国家文明城市中的主力军作用，开展创城宣传、志愿服务、交通协管、卫生清洁等活动，为全市成功创建国家文明城市贡献力量。完成招商引资、招才引智、招宾引客任务。与高新区管委会共同推进汇源果汁境外增资项目；与中国科学院院士潘际銮签订聘用协议，并协助山东奔速电梯股份公司建立了“焊接专业技术院士工作站”；与国家“千人计划专家”夏志杰、王宏宇签订聘用协议；完成招宾引客指标 300 人。成功争取“十三五”产教融合发展工程项目。学院与市发改委、财政局协调，成功争取国家“十三五”产教融合发展工程项目，并列入国家项目库，获国家财政扶持 1500 万元。做好城乡村帮扶工作。选派 2 人到东上崮村进行对口帮扶，帮助帮扶村规划了美丽乡村建设方案；积极争取政策资金扶持，建设了村卫生室，并更新了医疗设备；启动了村级供销合作社建设，搭建了村级电商平台；配合电力部门完成了村庄电网改造提升工程以及农村电网井井通工程。

（吴茂明）

职业　成人　民办教育

【职业教育】　莱芜职业中专加快数字化校园建设，并积极申报第三批全国职业院校数字校园建设实验校。争取省、市财政资金250万元，加强省级品牌专业建设和骨干教学团队建设，莱芜职业中专计算机应用专业2017年被列入省级品牌专业建设序列，技师学院电气技术应用、莱芜职业中专建筑工程施工2个品牌专业均按照“山东省品牌专业建设标准”推进。组织了职业院校管理工作“校校行”活动。举办了2017年职业教育活动周，各校组织了校园开放日、便民服务、走进社区、走进企业等活动，参与师生、家长达4万余人。

【成人教育】　对现有11个设站单位的22个成人高等教育驻莱函授站点（学习中心）进行年检。莱芜成人学历教育在校生达到5000余人。10月14日—20日，围绕“推动全民终身学习，加快建设学习型社会”主题，举办了全民终身学习活动周活动，党政机关、职业院校、各类培训机构、社区、民间协会等52个单位、2400余人参加了学习活动周开幕式。

【民办教育】　对全市135所下发办学许可证的民办学校进行年检，对全市122个民办教育培训机构负责人进行了全员培训，提升了民办学校管理水平。

（胡安迎）

【莱芜市旅游学校】　莱芜市旅游学校是经山东省教育厅和莱芜市人民政府批准成立的一所全日制中等职业学校，学制三年（两年在校学习基础知识和专业课程，一年国内外顶岗实习），开设旅游管理、导游、高星级酒店运营与管理、旅游外语、中西餐烹饪与营养膳食、中西餐面点、会计、社会文化艺术、城市轨道交通运营管理、美发与形象设计、计算机动漫制作、老年人服务与管理等十余个专业，毕业后颁发国家承认学历的中职毕业证书，学生可参加春季高考、对口单招、成人高考、网络教育等，接受继续教育，取得大专学历。在校学生1500余人。

学校位于莱芜高新技术开发区凤凰路与鹏泉东大街交汇处，占地面积百余亩，校区紧邻沿河公园，环境幽雅，条件优越。学生公寓、学生餐厅等配套设施齐全，交通便利，市内公交车可直达校门。

学校秉承“理论与实践结合，人文与技能融合”的办学理念，努力培养素质型、应用型、技能型的社会急需专业人才。学校以促进学生就业为导向，重视学生的就业质量，不断开拓就业市场，始终把提高学生就业率、稳定率作为就业工作重点，实行校企合作办学，与国内省内各大星级酒店、餐饮集团、旅行社、风景区、幼教集团、城市轨道交通企业、科技城、老年机构等30余个单位以及日本多家旅游会社、新加坡珍宝集团签订实习就业协议，订单式培养，确保成绩合格的学生高薪就业。办学10多年来，学校毕业生已遍及国内北京、上海、广州、济南、青岛、烟台、东营及莱芜周边城市，为社会培养和输送了3000余名中高级技能型人才。

（魏　娟）

【莱芜机械工程职业中等专业学校】 莱芜机械工程职业中等专业学校是市教育局批准省教育厅备案的规范化市直中等专业学校，是市政府重点扶持学校。学校设有中专部、高等教育部（和德州技术学院、山东工业技师学院联合办学，泰山职业学院三 × 二连读贯通班）、短训部。学校现有教师 59 人，“双师型”教师 34 人。学校设有机电技术应用、数控技术应用、焊接技术应用、通信技术、农业机械使用与维护、农村经济综合管理、汽修、钢铁冶炼、烹饪、机器人技术应用、康复技术、建筑装饰等专业。

学校始建于 1996 年，名为莱芜预备军人学校，主要培训军警预备役学生。后来为适应社会发展需要，2002 年转型为全日制职业中专教育，2009 年学校更名为莱芜机械工程职业中等专业学校，2010 年，学校又和德州职业技术学院山东工业技师学院强强联合，走出了一条高等学历教育与高技能培训相结合的新路子，2018 年又与泰山职业学院合作开设三 × 二连读贯通班，为学生找到了一条进一步提高学历的有效途径。学校在全市率先实行校企合作、校企合一、使学校与企业实现零距离对接，实行订单式培养模式，先后与莱钢集团、日钢集团、北汽集团、韩国裕罗、海尔集团、海信集团等省内外大型企业达成合作意向，学生毕业全部安置就业、并交纳社会保险。近年来，学校在硬件建设、内部配套、等方面不断加大投入，改善办学条件；在人才培养方面，不断创新培养模式，大胆改革，走出了一条适合学校发展的新路子；在教师队伍建设、教学改革、学生教育等方面也不断注入活力、开拓新路。

办学条件不断改善。学校有莱城、钢城两个校区。莱城校区位于高新技术开发区苍龙泉大街 10 号，占地面积 60 亩，有教学楼 1 座，餐厅及宿舍楼 1 座，体育场地 10000 多平方米，建筑面积 2.6 万平方米，学校和企业一体化，真正做到了校企合一；钢城校区位于莱芜市钢城区黄羊山大街，占地 60 亩，建筑面积 3.6 万平方米，设有中专教育和高等教育部。有教学楼 1 座、办公楼 1 座、宿舍楼 2 座、实验楼 1 座、运动场 1 个，校内设有电工、车工、钳工、数控、行车、钢铁冶炼等实习车间。实训室 8 个，实训基地 2 个，实训设备总资产 430 万元；现有在校生 600 多人。2015 年，钢城区教育局又与学校联合设立“莱芜机械工程职业中等专业学校钢城分校”钢城分校。为改善莱城校区办学条件，经市教育局批准 2016 年学校新征土地 60 亩建设新校区，新校区位于财经大学西南，第一期工程已投入 1000 余万元。

人才培养模式。学校严格遵守《中华人民共和国民办教育促进法》和《中华人民共和国职业教育法》等一切法律制度，坚持以人为本，牢固树立质量是生命线得观念，坚持人才培养的中心地位，抓管理，求质量，促就业。学校一直实行全封闭军事化管理，延续着军人预备役学校的优良传统，无论从出操还是宿舍内务都以军人的标准严格要求每一位学生。不断进行课程改革，基本形成以职业技能培养为核心，理论与实践紧密结合。为培养学生技能，学校每年都组织各种技能大赛，选拔出优秀选手参加市、省技能大赛，在历届莱芜市职业院校技能大赛中均获一、二、三等奖。学生入校即签免费安置协议书，毕业发市教育局颁发的中专毕业证和国家劳动部验印的中、高级、技师技术资格证（考试合格），学生就业率 100%。

（张洪彬）

责任编校：蔺延军　卢海静

科　学

科学技术

【概况】　2017 年，莱芜市全社会研发经费投入占 GDP 的比重达到 2.56%，居全省第 6 位；全市高新技术产业产值 483.63 亿元，同比增长 16.92%，占规模以上工业总产值的比重比年初提高 1.27 个百分点；万人拥有有效发明专利 8.21 件，居全省第 5 位；在全省实施首个科技“小巨人”培育工程；大力推进开放式科技创新的做法被省委、市委深化改革办在全省、全市推广交流；争取科技扶持资金总额同比增长 50%，新认定高新技术企业 20 家，一次争取国家“万人计划”、科技部创新人才计划和泰山产业领军人才 7 名，均实现历史性突破。

【科技计划项目和企业培育】　2017 年，莱芜市抢抓省征集扶持新旧动能转换重大项目机遇，积极做好政策对接和汇报争取，新申报省重点科技计划 57 项，批复立项 36 项，获扶持资金 3864 万元，同比增长 50%，抓好已经立项的 112 项省、市新旧动能转换项目实施，突破关键技术 91 项，开发高新技术产品 124 个系列，对于解决制约行业发展的关键共性技术，提升企业科技创新能力和全市科技综合实力发挥重要作用。实施全省首个科技“小巨人”培育工程，对 28 家符合产业发展方向、成长性好、创新能力强的企业进行培育扶持，发放政府委托贷款 2750 万元，撬动金融信贷资金跟投 2.52 亿元，培育期后，将新增销售收入 19.4 亿元、税收 2.9 亿元。实施科技型企业“小升高”计划，新遴选 13 家企业纳入高新技术企业储备库进行培育，新认定高新技术企业 20 家。对 50 家科技型企业实施扶新培育计划，组织 42 家企业参与“山东省中小微企业创新竞技行动计划”，16 家企业晋级胜出，获省攻关计划资金扶持。启动实施企业研发费用后补助计划，为 18 家企业发放补助资金 1130 万元。兑现科技创新奖励资金 872.5 万元，争取省科技进步奖 1 项，评选市科技进步奖 45 项，鉴定科技成果 141 项。落实“科技创新券”政策，对 63 家企业兑现“科技创新券”663.3 万元。

【科技创新平台建设】　启动国家创新型试点城市创建工作，报请市政府印发创建实施方案，多次到省科技厅汇报对接，省政府已上报国家科技部。积极争创农高区为国家农业科技园区，目前已通过省科技厅对省级农高区的评估验收，全省科技成果转移转化示范区也正在积极创建之中。多次前往青岛科技大学和邀请大学专家、教授到莱芜进行现场考察、对接洽谈，达成市校全面科技合作协议，促成企业科技合作 12 项，青岛科技大学莱芜化工材料研究院已落地高新区高创中心，正在规划建设之中。市院双方建立常态联系机制，中科院莱芜院地协同创新中心正在落实机构、人员等事项。山东新材料产业（粉末冶金）

专利信息公共服务平台已建成投入使用。积极做好省级创新平台的创建工作，新建批复山东省院士工作站4家、省级众创空间1家、省级国际合作平台1家，创建国家星创天地1家，省级农科驿站6家，指导16家省级工程技术研究中心依托企业，加大研发投入，完善设施设备，开展科研攻关，集聚科技人才，加快平台提档升级，完成绩效预评估工作。新培育认定市级科技创新平台21家。

【科技人才与合作】 根据企业技术、人才需求，面向全国28家高校院所选聘40名专家、教授到企业担任科技特派员，开展技术攻关、成果转化、人才培训等，会同市人才工作领导小组办公室为他们颁发聘书，目前已帮助企业解决技术难题82项，共建研发平台12个，培训技术人员350名。大力开展招才引智，发挥“科技工作者之家”优势，以“未来30小镇”为平台，积极开展赴京津冀、“长三角”“珠三角”、东北地区招才引智活动，与9个产业领军人才团队签订合作入驻协议，引进院士、国家“千人计划”等专家12名，紧缺急需的创新创业人才13名。对符合条件的本土人才，积极推荐国家、省人才计划，2017年入选国家“万人计划”3名，科技部创新人才推进计划2名，泰山产业领军人才各2名，这是全市一次入选国家、省人才计划最多的一年，实现科技人才工作的重大突破。强化企业家培训，坚持“走出去”与“请进来”相结合，组织26名科技管理人员和企业负责人赴以色列参加科技创新培训，8名科技人才参加科技部组织的创新人才培训。在全市举办科技创新政策、知识产权培训7场次，培训人员850人次。深化国内外科技合作，新促成20家企业与山东大学、解放军信息工程大学、哈尔滨工业大学等高校院所技术合作26项，转化科技成果36项。推进部分企业与美国、哈萨克斯坦、以色列等国家进行科技合作，引进宫颈癌快速诊断、高速电梯、智能节水灌溉等一批关键技术，提升生物医药、高端装备制造、节水灌溉等产业技术水平。

【科技体制改革】 深入贯彻国家、省、市全面深化改革的部署要求，坚持问题导向，加快推进政府科技职能从研发管理向创新服务转变，不断为科技工作注入新活力。制定出台《莱芜市科技“小巨人”企业创新能力培育扶持办法》《莱芜市天使投资基金管理办法》等配套文件，全市形成“1+16”的科技创新配套政策体系。加快推进科技计划管理改革，改革财政资金支持方式和重点，由支持科研项目为主转变为综合支持关键技术、重大平台、科技合作、科技人才等，支持方式由无偿资助向委托贷款、股权投资、贷款贴息、后补助等方式转变，有效提高财政科技资金使用效益，同时加大财政资金支持力度，市级科技扶持资金由上年的1500万元增加到2017年的6400万元，单个项目最高支持额度由20万元提高到200万元。深化科技金融联动，与莱芜银监分局建立联席会议制度，向金融机构推荐高新技术项目32个，获银行授信12.5亿元；发挥莱商银行、威海银行2家科技支行作用，先后为阿尔普尔、恒威电力等12家企业发放科技贷款2.2亿元。启动实施天使投资基金培育扶持计划和科技贷款风险补偿机制，新设立天使投资基金2000万元、科技贷款风险补偿专项资金1000万元。大力推进知识产权质押融资，向金融机构推荐专利优势企业32家，帮助威马泵业、兴业环保等5家企业获得知识产权质押贷款3840万元。加强知识产权保护运用，出台《莱芜市核心专利转化实施与产业化奖补办法》，培育核心专利技术项目18项。实施专利优势企业培育工程，新启动5家企业开展了《企业知识产权管理规范》国家标准认证工作，新增知识产权管理体系认证企业2家、省知识产权示范企业1家、国家知识产权优势2家；莱城区被列入国家知识产权强县工程试点区。

【科技成果与专利创造】 2017年全市获省科技

进步三等奖1项，市级科学技术进步奖45项、专利奖25项、优秀发明人10名、科技创新奖励项目65项，奖励金额共计1145.5万元。万人拥有有效发明专利7.89件，居全省第5位。出台《莱芜市核心专利转化实施与产业化奖补办法》，培育核心专利技术项目18项。实施专利优势企业培育工程，新启动5家企业开展《企业知识产权管理规范》国家标准认证工作，新增知识产权管理体系认证企业2家、省知识产权示范企业1家、国家知识产权优势2家；莱城区被列入国家知识产权强县工程试点区。

【社会发展科技工作】 全年组织市、区44名党员干部与100家科技型企业、扶贫村结成帮扶对子，重点开展科技服务进企业、进农村困难摸排消活动。为全市重点贫困村派驻科技指导人员，开展技术指导、推广、培训服务187项，帮扶项目23个、资金54万元。促成4名专家与高庄街道办邵家庄等4个省级重点贫困村结成帮扶关系，举办“农家乐旅游管理”等培训班20场次，向10个省级重点贫困村赠送科普图书1600册。协调解决扶贫资金55万元，帮助“第一书记”村西凤阳村新建花椒加工车间、“三农”服务社、苗圃基地各1个，新增经济收入4万元。摸排、解决企业在技术、人才、融资等方面的困难问题82项。做好防震减灾服务。新建钢城区深井前兆台，对所属台站设备进行检查维护，台网中心进行软件升级，新增省级地震科普示范学校2所。开展“5·12”防灾减灾日、“7·28”唐山地震纪念日等科普活动，发放科普8000份，收到良好的宣传效果。做好科技信息和技术市场服务，出具科技查新报告136份，指导企业编写科技报告20份，编印《科技快讯》163期，认定登记技术合同83项，合同额4.83亿元。

（刘泽明）

2017年度莱芜市科学技术奖励项目

一、莱芜市科学技术进步奖

（共45项）

一等奖（6项）

1. 铸铁轴颈滚柱轴承调节器制造关键技术

完成单位：山东汇金股份有限公司

2. 高性能六方片状氮化硼粉体制备技术

完成单位：莱芜亚赛陶瓷技术有限公司

3. 矿山岩体稳定性光纤综合监测系统

完成单位：莱芜钢铁集团莱芜矿业有限公司、山东省科学院激光研究所、山东盛隆安全技术有限公司、山东微感电子有限公司

4. 潜油往复式直线电机采油系统

完成单位：山东威马泵业股份有限公司

5. 设施草莓高效生态生产技术体系创制与应用

完成单位：莱芜市植物保护站、莱芜市赢泰有机农业科技发展有限公司

6. 丹参连作障碍形成、消减及其质量评价体系研究

完成单位：莱芜紫光生态园有限公司、山东省分析测试中心、山东科迪臻药业有限公司

二等奖（17项）

1. 碳化钛钢结硬质合金强韧化技术研究与应用

完成单位：莱芜职业技术学院

2. 面向预警决策的信号故障分析与大功率电力变压器智能化有源降噪系统研究

完成单位：国网山东省电力公司莱芜供电公司

3.220V交流电线路的多路漏电同步检测与太阳能电热集成一体化技术

完成单位：国网山东省电力公司莱芜供电公司、山东希格斯新能源有限责任公司

4.410S冷轧板、022Cr11Ti超纯铁素体不锈钢工艺控制与微纳米超细铁粉的研究

完成单位：山东泰山钢铁集团有限公司、莱芜市泰东粉末科技有限公司

5. 基于大数据分析技术的“问题云”负面清单管理与场所行业二维码管理应用平台

完成单位：莱芜市公安局、莱芜市公安局莱城分局

6. 汽车变速器输入轴复合精密成形技术

完成单位：山东中兴汽车零部件有限公司

7. 提高莱芜猪及配套系母猪繁殖效率综合技术研究与示范

完成单位：莱芜市畜牧技术推广中心

8. 大型铁水罐用“KR 三脱”陶瓷复合衬砖与环保型无水炮泥的研发

完成单位：莱芜市九龙耐火材料厂、山东银山耐火材料有限公司

9. 大型锻件均质化热处理技术

完成单位：山东莱芜金雷风电科技股份有限公司

10. 陶瓷金属冷切锯片基体加工关键技术

完成单位：山东黑旋风锯业有限公司

11. 基于云服务和生物识别技术的出入口安全控制系统

完成单位：山东华冠智能卡有限公司

12. 基于物联网的新型超声波流量计

完成单位：山东力创科技股份有限公司

13. 三相电压智能自动调节装置

完成单位：莱芜科泰电力科技有限公司、国网山东省电力公司莱芜供电公司

14. 冠心病患者血清缺氧诱导因子与冠脉狭窄程度关系及 1.5T 磁敏感加权成像在高血压脑微灶性出血应用研究

完成单位：莱芜市人民医院

15. 胫前动脉骨膜穿支皮瓣修复小腿软组织缺损与检测对糖尿病合并结直肠癌、非酒精性脂肪肝的诊断价值

完成单位：莱芜市人民医院

16. 中医治疗肾衰病、急性脑梗死、原发性痛经疗效及超声对女性外阴营养不良和乳腺癌诊疗的价值研究

完成单位：莱芜市中医医院、莱芜市妇幼保健医院

17. 高频超声检查踝关节三角韧带损伤、微型钉棒治疗肩胛骨骨折及血清检测在食管鳞癌患者表达应用研究

完成单位：莱芜市人民医院

三等奖（22 项）

1. 高密度铁基软磁材料制备技术与应用

完成单位：莱芜职业技术学院

2. 基于十字骨架的线缆敷设技术

完成单位：国网山东省电力公司莱芜供电公司

3. 肉用山羊规模化饲养技术示范推广

完成单位：莱芜市畜牧兽医科研所

4. 高性能陶瓷结合剂金刚石砂轮制备及产业化

完成单位：山东振辉新型磨具有限公司、北京科技大学、莱芜职业技术学院

5. 汽车变速器用高性能电磁体

完成单位：莱芜市鼎益粉末制品有限公司

6. 风电主轴智能化喷涂技术研究与应用

完成单位：山东莱芜金雷风电科技股份有限公司

7. 环保型蜡石－碳化硅－碳质不烧砖

完成单位：莱芜市九龙耐火材料厂、山东银山耐火材料有限公司

8. 新型发泡平台及预制直埋保温弯头发泡平台的研制与应用

完成单位：山东茂盛管业有限公司

9. 热轧铁素体不锈钢表面质量控制技术与高合金耐热不锈钢钢带生产技术研究

完成单位：山东泰山钢铁集团有限公司

10. 户外变压器智能监测与自动灭火系统及变电站智能在线监测系统研究

完成单位：莱芜科泰电力科技有限公司、国网山东省电力公司莱芜供电公司、莱芜市科技信息研究所

11. 力创水电双控智能灌溉平台与水电双计灌溉控制器

完成单位：山东力创科技股份有限公司、国网山东省电力公司莱芜供电公司

12.LW1042 型多功能直视食品安全快速检测电动车

完成单位：莱芜市泰祥汽车部件科技有限公司

13. 游离脂肪酸检测试剂盒及制备方法

完成单位：宏葵生物（中国）股份有限公司

14. 耐碳青霉烯鲍曼不动杆菌耐药性分析与对颈椎病、颈部肿大淋巴结、女性盆腔术后盆底结构功能变化的研究

完成单位：莱芜市人民医院

15. 对肺癌、肺炎病理的研究及治疗

完成单位：莱芜市人民医院

16. 良性前列腺增生、鼻腔狭窄的临床治疗与多重耐药菌感染影响因素研究、双层指示手套防护效果研究

完成单位：莱芜市人民医院

17. 对膝骨性关节炎、退行性椎管狭窄、乳腺癌的系统治疗与无创血流动力学监测对不同休克的诊断意义

完成单位：莱芜市人民医院

18. 中医对冠心病等患者的肠胃功能恢复的临床研究

完成单位：莱芜市中医医院、莱芜经济开发区张家洼街道社区卫生服务中心

19. 对脑梗死、急性冠脉综合征中西医结合治疗与分娩镇痛、乳腺小结节影像学临床研究

完成单位：莱芜市中医医院

20. 对育龄女性子宫内膜息肉、子宫内膜癌与抽动障碍儿童、子痫前期患者的临床研究

完成单位：莱芜市妇幼保健医院

21. 血管性痴呆患者、中枢神经脱髓鞘疾病的临床研究与清热止痒洗剂治疗脂溢性皮炎

完成单位：莱芜钢铁集团有限公司医院、莱芜市皮肤病防治所、钢城区人民医院

22. 治疗足背足踝部软组织缺损、早期股骨头坏死的临床研究与原发性肝癌、晚期胃癌的治疗

完成单位：新汶矿业集团莱芜中心医院

二、莱芜市专利奖

（共 25 项）

一等奖（3 项）

1. 不锈钢生产过程中显微气泡的检测工艺

专利权人：山东泰山钢铁集团有限公司

2. 耐低温 H 型钢及其生产方法

专利权人：莱芜钢铁集团有限公司

3. 一种高强度复合树脂纤维的制备方法

专利权人：山东莱芜润达新材料有限公司

二等奖（7 项）

1. 无杆采油使用的双作用抽油泵

专利权人：山东威马泵业股份有限公司

2. 一种表贴式永磁电机转子的磁极结构

专利权人：山东奔速电梯股份有限公司

3. 环氧树脂导电胶膜的制备方法

专利权人：莱芜金鼎电子材料有限公司

4. 一种相差法超声波流量测量电路及测量方法

专利权人：山东力创科技股份有限公司

5. 一种智能化变电站

专利权人：国网山东省电力公司莱芜供电公司

6. 电能质量智能平衡与补偿装置

专利权人：莱芜科泰电力科技有限公司

7. 一种直连式全自动辊锻机送料机构

专利权人：山东千里马锻压自动化设备有限公司

三等奖（15 项）

1. 迷你卡生产方法及专用冲孔装置和裁切装置

专利权人：山东华冠智能卡有限公司

2. 一种十字骨架及采用该骨架的电缆

专利权人：莱芜鲁能开源集团电器有限公司

3. 一种高碳化钛钢结硬质合金模具材料

专利权人：莱芜市金威新材料有限公司

4. 一种可移动式光伏电源

专利权人：山东希格斯新能源有限责任公司

5. 复合型消音硬质合金锯片及其制造方法

专利权人：山东黑旋风锯业有限公司

6. 机器人滚珠式蜗轮减速关节

专利权人：山东精瑞自动化设备有限公司

7. 一种碳化硅陶瓷复合材料内加热器保护管及其制备方法

专利权人：山东宝纳新材料有限公司

8. 气体绝缘开关设备用气垫密封螺栓

专利权人：国网山东省电力公司莱芜供电公司

9. 高承重动力悬挂滑翔机机翼

专利权人：山东雪野天翼航空技术开发股份有限公司

10. 一种大直径浮选柱中矿旋流装置及尾矿旋流出料装置

专利权人：山东莱芜煤矿机械有限公司

11. 连续保温炉

专利权人：山东温岭精锻科技有限公司

12. 电线电缆盘具用包装版的制造系统

专利权人：莱芜鲁能开源集团电器有限公司

13. 带有状态监测及故障报警的变压器

专利权人：山东恒威电力设备有限公司

14. 一种掺杂聚四氟乙烯纤维的超高分子量聚乙烯单丝滤布

专利权人：莱芜兴业滤材树脂有限公司

15. 一种微型可视化椎间盘穿刺系统

专利权人：亓久德（莱芜市人民医院）

三、莱芜市优秀发明人

（共 10 名）

耿国凌　山东金鼎电子材料有限公司

吴卫平　山东阿尔普尔节能装备有限公司

魏烈军　山东汇锋传动股份有限公司

冯浩华　山东黑旋风锯业有限公司

陈韶华　山东华冠智能卡有限公司

王玉恒　山东精瑞自动化设备有限公司

亓海燕　山东泰山钢铁集团有限公司

史晓晖　山东莱芜煤矿机械有限公司

田中山　东金田水利科技有限公司

魏永彬　山东千里马锻压自动化设备有限公司

四、莱芜市科技创新奖励项目

（共 65 项）

创新平台类（22 项）

1. 山东省省级众创空间

依托单位：莱芜颐高电子商务产业园集团有限公司

2. 莱芜市齿轮近净成形工程技术研究中心

依托单位：山东温岭精锻科技有限公司

3. 莱芜市高强韧性球墨铸铁工程技术研究中心

依托单位：山东汇金股份有限公司

4. 莱芜市碳化钛陶瓷工程技术研究中心

依托单位：莱芜职业技术学院

5. 莱芜市新型建材外加剂工程技术研究中心

依托单位：莱芜市易和环保科技有限公司

6. 莱芜市工程机械耐磨件工程技术研究中心

依托单位：山东大众机械制造股份有限公司

7. 莱芜市矿用支护产品工程技术研究中心

依托单位：山东能源重装集团莱芜装备制造有限公司

8. 莱芜市紧固件工程技术研究中心

依托单位：山东九佳紧固件股份有限公司

9. 莱芜市射频识别工程技术研究中心

依托单位：山东华冠智能卡有限公司

10. 莱芜市电梯制造工程技术研究中心

依托单位：山东奔速电梯股份有限公司

11. 莱芜市智能配电设备工程技术研究中心

依托单位：莱芜科泰电力科技有限公司

12. 莱芜市肉用绵羊工程技术研究中心

依托单位：莱芜市赢泰有机农业科技发展有限公司

13. 莱芜市山楂深加工工程技术研究中心

依托单位：莱芜万邦食品有限公司

14. 莱芜市农业病虫害综合防控工程技术研究中心

依托单位：莱芜远洋果菜有限公司

15. 莱芜市制锯重点实验室

依托单位：山东黑旋风锯业有限公司

16. 莱芜市高品质不锈钢板带重点实验室

依托单位：山东泰山钢铁集团有限公司

17. 莱芜市超低温空气源热泵重点实验室

依托单位：山东阿尔普尔节能装备有限公司

18. 莱芜市冶金固态废弃物综合利用重点实验室

依托单位：莱芜钢铁集团泰东实业有限公司

19. 莱芜市过滤材料重点实验室

依托单位：山东新兴业环保科技股份有限公司

20. 莱芜市生物医药产业技术创新战略联盟

依托单位：宏葵生物（中国）股份有限公司

21. 莱芜市市级众创空间

依托单位：山东合众智远信息技术有限公司

22. 莱芜市市级科技企业孵化器

依托单位：莱芜市嬴城发展集团有限公司

科技合作类（6 项）

1. 山东省院士工作站

依托单位：莱芜钢铁集团有限公司

2. 山东省院士工作站

依托单位：山东泰莱电气股份有限公司

3. 山东省院士工作站

依托单位：山东金铸基药业有限公司

4. 山东大学纳米材料研究院

依托单位：山东双创纳米材料科技有限公司

5. 电子信息材料产业研究院

依托单位：莱芜市金鼎电子信息产业研究院

6. 粉末冶金产业研究院

依托单位：莱芜市新艺粉末冶金产业技术研究院

科技成果类（1 项）

1. 分布式馈线自动化快速保护控制技术（山东省科技进步三等奖）

完成单位：国网山东省电力公司莱芜供电公司

高新技术企业类（36 项）

1. 莱芜市耀达工贸有限公司
2. 莱芜市新艺粉末冶金制品有限公司
3. 莱芜钢铁集团粉末冶金有限公司
4. 山东世阳德尔冶金科技股份有限公司
5. 山东金鼎电子材料有限公司
6. 山东爱地高分子材料有限公司
7. 山东莱芜润达新材料有限公司
8. 山东锦尔泰精密压铸有限公司
9. 莱芜连云玻璃股份有限公司
10. 莱芜市盛腾包装科技有限公司
11. 莱芜科润汽车内饰材料有限公司
12. 莱芜中天绝缘材料有限公司
13. 山东阿尔普尔节能装备有限公司
14. 山东岱荣节能环保科技有限公司
15. 莱芜金晟阳光精密设备有限公司
16. 山东茂盛管业有限公司
17. 宏葵生物（中国）股份有限公司
18. 鲁中汇源食品饮料有限公司
19. 生态洁环保科技股份有限公司
20. 莱芜市春雨滴灌技术有限公司
21. 山东银山耐火材料有限公司
22. 山东泰东环保科技股份有限公司
23. 山东畅享光电科技有限公司
24. 山东脚印网络科技股份有限公司
25. 山东能源重装集团莱芜装备制造有限公司
26. 山东汇金股份有限公司
27. 山东朗进科技股份有限公司
28. 莱芜环球汽车零部件有限公司
29. 山东泰金精锻股份有限公司
30. 山东大侨玉成精密机械有限公司
31. 山东威马泵业股份有限公司
32. 莱芜鲁能开源铁塔有限公司
33. 莱芜正奇塑料机械有限公司
34. 莱芜市科力新材料股份有限公司
35. 莱芜钢铁集团电子有限公司
36. 山东成通锻造有限公司

气　象

【公共气象服务】 气象保障重大活动服务。2017年，市气象局共制作发布呈阅件、重要天气预报等决策服务材料110期，发布各类灾害性天气预警信号80次，启动重污染天气、暴雨等灾害性天气应急响应9次，发送决策短信292条51万余人（次）。两会、春运、汛期、公祭日等重大气象服务圆满完成。加强部门合作和应急联动，及时开展森林防火、矿山和非煤矿山及“平安行·你我他”、高速公路应对恶劣天气等行业气象服务，做到重大灾害性天气过程不漏报、重大气象服务无失误。森林防火气象服务连续13年受到市政府表彰。气象保障生态文明建设。面向大气污染防治，与环保部门深化合作、共享资料、加强会商，联合发布预报预警；与水利、林业等部门联合，开展防汛抗旱、森林防火气象服务。建成现代化的人工影响天气系统，包括作业系统、指挥中心和校验系统，目前全市有4部火箭车，流动火箭作业点8个，地面燃烧炉30部，地面燃烧炉实现山区全覆盖，地市级人影燃烧炉布设数量、覆盖率全省第一。通过地面燃烧炉和发射火箭弹2种方式，全年共组织开展增雨（雪）、防雹作业16次，为改善生态环境发挥积极作用。气象为农服务。全市305家涉农企业和农业合作社纳入信息库，基本实现重大灾害、关键性、转折性天气直通服务。官方微信平台设立“农业气象”专栏，抓住春耕春播、设施农业、三夏、秋收秋种等关键农时节，针对小麦条锈病、干热风、阴雨寡照、强降温、寒潮、大风等灾害性天气及时发布农业气象灾害预警。完成全国设施农业灾害影响预报试验服务，将全市61名驻村第一书记手机号纳入服务平台。

【气象业务能力建设】 综合观测能力。建成2个土壤水分观测站、5个两要素观测站、2个雨滴谱仪，升级改造9个区域站；建成国家站降水现象仪，开展降水现象平行观测；所有区域气象观测站安装GPS防盗系统，实现设备远程监控和实时追踪；启动观测场搬迁堪选站址工作；莱芜市气象为农服务试验基地完成713C天气雷达、气象观测场、土壤水分自动站、设施农业观测站等综合观测设施建设，开展温室大棚设施农业小气候观测及果树种植观测试验。气象服务能力。国家突发事件预警系统建设取得新突破。完成影视演播室升级改造，采用气象全景真三维虚拟演播系统，实现电视天气预报全高清节目的编录；建成一键式发布系统，实现短信、12121、传真、微博、微信、邮件、手机客户端、政务平台等多个平台的融媒体发布，并实时对接国家突发事件预警发布系统，最大程度上减少信息发送时间，提高工作效率。新增《莱芜日报》“气象之窗”“莱芜天气”官方微信、官方微博以及“凤城风云”“嬴牟三农服务”“莱芜高速公路应急处置联动群”“莱泰京沪高速公路工作群”“嬴牟风云”手机APP等信息传播方式，服务迅速且面广、线长。科技创新能力。年内，完成3项省局课题验收工作，发表科技论文4篇。申请到省局面上课题1项和预报员专项1项。人才培养。采取市局自行培训、外出学习培训和远程教育培训方式，开展不同层次、不同岗位人员的业务知识培训。全局举行培训10余次，邀请专家讲课6次，参加中国气象局、省局及市委市政府组织的各类培训50余人次，参加市委党校学习1人，人人参与远程教育学习。在全省业务竞赛中，1人获得历史个例单项一等奖第一名。1 人被遴选参加南极科考活动。

【气象改革和法治建设】 防雷改革。明确防雷监管职责，与市住房和城乡建设局等 9 部门联合印发《关于贯彻落实山东省气象局等 12 厅局优化建设工程防雷许可联合发文的通知》，并与市住建局完成工作交接，优化全市建设工程防雷许可。参加市政府重点企业“专家查隐患”活动，检查易燃易爆、危化品企业 27 家；开展汛期防雷安全专项检查，抽检 200 多家重点企业和单位，覆盖率达 95%。开展雷击灾害现场调查 3 次，并提供防雷技术服务。社会监管。气象行政审批制度改革深入推进，强化事中事后监管，行政审批事项实现零投诉。加强行政执法工作，开展施放氢气球执法检查 2 次。积极开展“七五”普法工作，邀请单位法律顾问宣讲宪法等法律知识，组织科级以上干部普法考试，提高干部职工的法律意识。双重财务体制。2017 年，地方财政项目经费拨付 320 万元，人员经费 259.01 万元，公用经费 30.14 万元，总数 609.15 万元。地方财政预算占本年全部预算收入的 65.57%。解决 12 名外聘人员经费 60 万元。地方出台的人员津补贴实现全额落实、全员覆盖，为全市气象事业的持续稳定发展提供经济支撑。

【气候影响评价】 概述。2017 年（1 月 1 日—12 月 31 日，下同）全市总体气候气温偏高，降水偏少，日照时数偏多，出现雷电、大风、冰雹、暴雨、大雾、寒潮、霜冻、阴雨寡照、道路结冰等高影响天气，对工农业生产、市政运行、交通运输等造成一定影响。2017 年基本气候特征。气温：2017 年平均气温 14.7℃，较常年偏高 1.4℃；年极端最高气温 35.5℃，出现在 7 月 23 日，年极端最低气温 -9.2℃，出现在 1 月 20 日。

冬季（2016 年 12 月—2017 年 2 月，下同）平均气温 2.0℃，较常年偏高 2.2℃，是有气象记录以来的最高值；春季（2017 年 3 月—5 月，下同）平均气温 15.8℃，较常年偏高 1.7℃，是有气象记录以来第三高值；夏季（2017 年 6 月—8 月，下同）平均气温 26.4℃，较常年偏高 1.0℃；秋季（2017 年 9 月—11 月，下同）平均气温 14.7℃，较常年偏高 0.9℃。从气温月变化来看，10 月份较常年偏低 0.4℃，其他月份均较常年偏高，其中 5 月份平均气温为 23.0℃，是有气象记录以来的最高值。从全市平均气温分布来看，中部、西南部各乡镇年平均气温较高在 14℃以上，口镇最高为 14.9℃，其月地区在 11℃ ~ 14℃之间，房干最低为 11.3℃。

降水量：2017 年降水量 622.9 毫米，较常年偏少 72.4 毫米。从降水量季节分布看，冬季为 37.8 毫米，较常年偏多 14.5 毫米；春季为 110.2 毫米，较常年偏多 13.3 毫米；夏季为 435.0 毫米，较常年偏少 25.5 毫米；秋季为 54.1 毫米，较常年偏少 60.5 毫米。从降水量月分布看，7 月降水明显偏多，8 月降水明显偏少；从降水量区域分布看，东北部和西南部降水较少，最小值出现在茶业口 445.1 毫米，最大值出现在艾山 792.8 毫米。

日照时数：2017 年总日照时数 2377.3 小时，较常年偏多 68.0 小时。从日照时数的季节分布来看，冬季为 438.7 小时，较常年偏少 39.1 小时；春季为 751.6 小时，较常年偏多 68.7 小时；夏季为 579.0 小时，较常年偏少 12.6 小时；秋季为 534.1 小时，较常年偏少 22.9 小时。从日照时数月变化来看，1 月、3 月、7 月—8 月、10 月较常年偏少，其他月份较常年偏多。其中，10 月日照严重不足，较常年偏少 63.2 小时；5 月光照充足，较常年偏多 66.3 小时。

2017 年重要天气气候事件。年初、年末冷空气活动频繁，多寒潮天气。2017 年年初和年末冷空气活动频繁，多大风降温天气。1 月 19 日、1 月 26 日、2 月 18 日、10 月 28 日—29 日、11 月 2 日—3 日、11 月 9 日—10 日、11 月 16 日—18 日及 11 月 28 日—29 日出现寒潮天气。其中，2017 年 1 月 19 日冷空气造成的低温和大风天气最明显，市区极大风速为 17.3 米 / 秒（8 级），区域站石云山极大风速为20.8米/秒（9级），20日最低气温市区-9.2℃，区域站最低气温-13.7℃，为2017年气温的最低值；11月16日—18日的寒潮过程中降温最明显，过程降温幅度9.1℃，19日市区最低气温-4.5℃，区域站最低气温-9.0℃。

强对流天气出现早，多局地性。受对流天气影响，4月13日出现初雷暴，比常年（4月21日）偏早，苗山出现冰雹。6月—8月出现7次局地性暴雨天气过程，部分乡镇出现大风、冰雹和短时强降水。其中，6月20日莱芜北部山区出现强对流天气，区域站大王庄降水量101.7毫米，区域站石云山极大风速19.4米/秒（8级），多个乡镇出现冰雹；7月14日—17日莱芜出现暴雨天气过程，降水量分布不均，市区65.9毫米，艾山最大150.0毫米，极大风速22.1米/秒（9级）；7月26日—28日，莱芜出现大到暴雨局部大暴雨天气过程，并伴有雷电和短时强降水，过程降水量市区87.5毫米，钢城最大230.5毫米，灾害性天气造成部分乡镇玉米倒伏、耕地损坏、房屋倒塌等。

降水时空分布不均，秋季出现阴雨寡照。年降水量较常年偏少，降水时间分布不均匀，降水主要集中在6月—8月。其中2月21日—22日全市出现降雪，市区降雪量为4.9毫米，积雪深度3厘米；7月15日日降水量56.0毫米。9月、11月降水量较常年明显偏少，均为近20年来降水第三位少值。10月份日照时数较常年明显偏少，是1957年以来第二位少值。受冷空气和副热带高压边缘切变线的共同影响，10月7日—12日莱芜市出现阴雨和降温天气，降水量17.2毫米，日照时数仅为12.0小时。

大雾频繁，影响交通运行。年内出现多次不同范围和强度的大雾天气过程，对交通运行造成一定影响。其中，1月3日，市区出现能见度不足50米的特强浓雾；1月13日，出现能见度不足100米的强浓雾；9月17日，莱芜出现能见度不足200米的强浓雾；10月7日，夜间出现能见度小于500米的浓雾，局部地区出现能见度不足200米的强浓雾。

年平均气温创新高，5月出现干热风。2017年平均气温14.7℃，是有气象记录以来最高值，四季气温均较常年偏高。年内出现≥35℃高温天气3天，高温日数接近常年。5月28日最高气温35.2℃，是近30年来最早出现高温的年份。5月中、下旬高温低湿天气造成区域干热风多发，对部分小麦造成一定影响。根据气候统计，4月1日开始，莱芜进入春天，比常年偏早；9月25日进入秋季，较常年偏晚22天；11月14日进入冬季，较常年偏晚12天。其中，秋季持续50天，较常年偏少10天。初霜冻出现在10月30日，比常年偏晚12天。

（郑　燕　张秀娟）

地　震

【概况】 2017年，市地震局坚持“震情第一”的观念，全年共完成52份周会商，12份月会商，2份年度会商报告；完成钢城区颜庄镇东当峪村深井前兆台建设任务；对41个基建项目进行审批；全市新增2所省级地震科普示范学校，1名省级地震优秀科普辅导员，1家省级地震安全示范企业，被省地震局评为“防震减灾工作优秀单位”。

【监测预报】 市地震局以“抓基础、提能力”为重点，稳步增强监测预报水平。对所属台站设备进行检查和维护，特别是在夏季来临前，对台站的防雷进行加强，对部分台站的线路进行更换，同时对台网中心的服务器和 UPS 电源进行更换，对台网中心软件进行升级，对钢城区台网中心的服务器撤销，利用专线将市地震局服务器数据接到钢城区台网中心，实现市区两级共享 1 台服务器数据。积极推进钢城区深井前兆台建设工作。通过市区两级地震部门的共同努力，10 月 17 日设备安装到位，并正常工作。同时根据今年夏季雷电对设备的损坏情况，地震局对 3 个前兆台的电源进行更换，全部由市电更换为太阳能供电，从根本上防止夏季雷电对设备的损坏，3 台太阳能供电设施已全部安装完毕，投入正常使用。

【地震应急】 2017 年，市地震局围绕地震应急，扎实开展一系列工作。妥善应对地震事件。8 月 20 日 9 时 21 分，在辛庄镇铁车村西（乔店水库北）发生 M2.5 级地震，震源深度 14 公里，此次地震造成莱城区东部局部地区有感，钢城区辛庄镇等地震感明显。地震发生后，市地震局和钢城区地震局立即启动地震应急预案，向市科技局和钢城区政府报告震情信息；同时加强震情监视和分析会商，做好群众安抚及问题解答工作，加强应急值守，注意舆情变化，防止谣言事件发生，确保有感区域群众情绪稳定和社会秩序良好。积极参加兖州 3.6 级地震应急响应。9 月 10 日晚 22：41 兖州发生 3.6 级地震，省内多个市有震感。地震局值班人员在凌晨接到省地震局调动流动台的通知后，马上启动应急预案，按照预案通知相关人员，并准备应急物资，凌晨 2：00 开赴兖州地震现场，在 5 点到达现场后立即与省地震局人员配合架设流动台并与省局台网中心组网进行震后应急监测，经过 4 天的监测，圆满完成此次震后应急监测任务，得到省局的高度认可，特别是兖州震后应急是市地震局首次到外地执行震后应急行动，通过这次行动积累一定的震后应急经验，为以后的地震应急行动打下良好的基础。

【社会防灾宣传】 2017 年，市地震局重点向乡镇一级的社区，学校进行重点宣传，以达到地震科普宣传全面覆盖的目标。上半年，市地震局结合“5・12”防灾减灾日活动，“5・12”前后分别在东风社区、苗山中学、南冶中学等社区和学校开展地震科普活动；5 月 12 日当天，在市政府广场举办纪念汶川地震九周年暨防灾减灾日大型宣传活动，活动中共发放青少年科普读本 600 余本，防震减灾“三字经”2000 多份，明白纸 5000 多张，现场解答市民提问几十项，收到良好的宣传效果。下半年，利用“7・28”等特殊节点，到羊里中心小学，当峪联合小学等学校进行地震科普宣传。全年共免费向市民发放农村民居抗震设防建筑知识书籍、青少年地震安全知识手册等资料，在室内开展地震科普知识讲座，共有 4000 多群众和师生到场听取讲座。通过科普宣传，对地震来临时科学避震常识进行普及，提高广大群众的地震应急避险能力。

（滕宗学）

水文监测

【概况】 2017 年，市水文局贯彻落实最严格水资源管理制度，有效提升防汛抗旱服务水平，加快推进中小河流水文监测系统建设。现辖国家基本水文站 2 处，水位站 22 处，雨量站 76 处，墒情监测站 12 处，蒸发站 2 处，出入境水量监测站 3 处，中型水库用水监测站 7 处，水功能区监测断面 7 处，地表水农业灌溉典型实验区 2 处，地下水典型实验区 4 处，生活用水典型实验区 7 处，地下水水位观测井 16 眼。

【降水量】 2017 年全市平均年降水量为 613.1 毫米，其中莱城区 577.4 毫米，钢城区 718.6 毫米，钢城区全年降雨较莱城区偏大；按基准段统计，1 月—5 月降水量为 112.5 毫米，占全年降水量的 18.3%，其中莱城区 100.2 毫米、钢城区 134.6 毫米，莱城区较钢城区雨量偏小；6 月—9 月降水量为 481.5 毫米，占全年降水量的 78.5%，其中莱城区 459.4 毫米、钢城区 562.6 毫米，莱城区较钢城区雨量偏小；10 月—12 月降水量为 19.1 毫米，占全年降水量的 3.1%，其中，莱城区 17.8 毫米，钢城区 21.4 毫米，钢城区较莱城城区雨量偏大。总体而言，全年 78.5% 的降水集中在汛期，时间分布极不均匀；点降水量在 450 ~ 810 毫米之间，空间分布极不均匀。

【地表水蓄水量】 全市 8 座大中型水库蓄水总量为 17268 万立方米，年蓄变量为 -3124 万立方米，1 月—5 月总蓄变量为 -2825 万立方米，6 月—9 月份蓄变量为 1178 万立方米，10 月—12 月蓄变量为 -1477 万立方米；全市小（1）型水库年蓄变量为 -142 万立方米，1 月—5 月总蓄变量为 -578 万立方米，6 月—9 月蓄变量为 430 万立方米，10 月—12 月蓄变量为 6 万立方米。大中型及小（1）型水库总蓄变量 -3266 万立方米，1 月—5 月监测总蓄变量为 -3403 万立方米，6 月—9 月为 1608 万立方米，10 月—12 月为 -1471 万立方米。经调查，2017 年全市小（2）型水库、塘坝、拦河坝总蓄变量为 -80.3 万立方米。

【地下水水位】 2017 年共监测收集地下水位监测数据 1300 多个，市水文局采用地下水水文资料整编软件进行整编。整编成果显示，1—5 月全市平均地下水位比年初上升 5.05 米，其中莱城区下降 1.05 米，钢城区上升 16.1 米；6—9 月由于处于汛期降雨较多，地下水得到补给，地下水位上升，全市平均地下水位上升 5.85 米，其中莱城区上升 2.83 米，钢城区上升 14.91 米；10—12 月地下水水位边幅较小，全市平均地下水位下降 1.88 米，莱城区下降 0.46 米，钢城区下降 6.11 米。

【出入境水量】 全市共计实测出入市界实测水量 12727 万立方米，实测出入区界水量 8147 万立方米。1 月—5 月，全市实测入境水量 45.32 万立方米，出境水量 4138 万立方米，出入区界水量 1570 立方米；6 月—9 月，全市实测入境水量 56 万立方米，出境水量 8142 万立方米，出入区界水量 5536 万立方米；10 月—12 月全市实测入境水

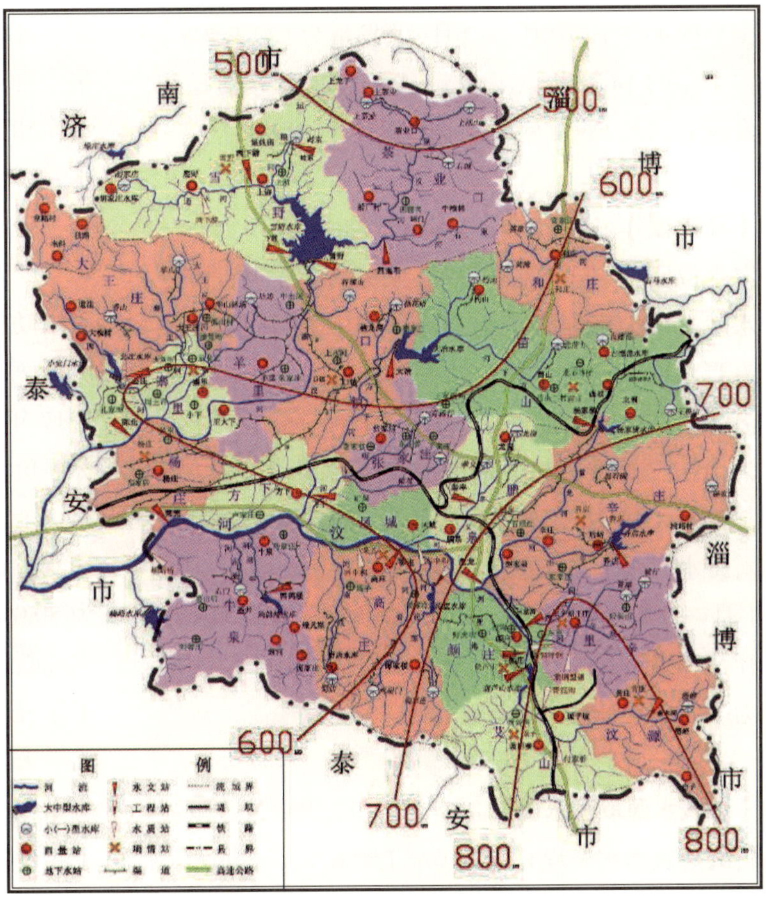

图 4 2017 年莱芜市降水量等值线图

洪峰流量监测　（莱芜市水文局 供稿）

量 17.85 万立方米，出境水量 329 万立方米，出入区界水量 1041 万立方米。

【蒸发量】 2017 年，全年蒸发量为 966.2 毫米，其中，1 月—5 月，蒸发量为 365.9 毫米，占全年的 37.9%；6 月—9 月，蒸发量为 461.2 毫米，占全年的 47.7%；10 月—12 月，蒸发量为 139.1 毫米，占全年的 14.4%。（蒸发量数据由 20 厘米口径蒸发器数据和 E601 型蒸发器数据转化获取。）

【径流量】 2017 年，2 座基本水文站共实测获取水位资料 1749 组，其中，莱芜站 921 组、雪野水库站 635 组；流量资料 71 次，其中，莱芜站 66 次、雪野水库（西输水洞）站 5 次。莱芜水文站年径流量为 9727 万立方米，其中，1 月—5 月径流量为 1059.7 万立方米，6 月—9 月径流量为 7732 万立方米，10 月—12 月径流量为 934.8 万立方米；雪野水库水文站年径流量为 1734 万立方米，其中，1 月—5 月径流量为 424.7 万立方米，6 月—9 月径流量为 1360.1 万立方米，10 月—12 月径流量为 -51.1 万立方米。

【地表水源取用水量】 全市共有取用水量监测资料的地表蓄水工程 8 个，提水工程 6 个。全市大、中型水库全年总供水量 6720.6 万立方米，其中，1 月—5 月总供水量 2254.6 万立方米，6 月—9 月总供水量 2627.2 万立方米，10 月—12 月总供水量 1838.8 万立方米。全市扬水站供水量为 1859.4 万立方米，其中，1 月—5 月提水量为 693.7 万立方米，6 月—9 月提水量为 618.5 万立方米，10 月—12 月提水量为 547.2 万立方米。

【地下水源取用水量】 水源地：经调查统计，莱芜市 2017 年各水源地累计开采 859.35 万立方米，主要作为生活用水。其中鹏山水源地开采量为 653.39 万立方米，占水源地集中开采量的 76%；大渔池水源地开采量为 73.34 万立方米，占水源地集中开采量的 8.5%；徐家庄水源地开采量为 79.57 万立方米，占水源地集中开采量的 9.3%；寨子水源地开采量为 53.05 万立方米，占水源地集中开采量的 6.2%；企事业单位自备井：根据统计全市共有 144 眼自备井，全部使用水表计量取水量，根据监测资料，2017 年企事业单位自备井开采地下水 2587 万立方米。

【水功能区及跨界断面水质监测】 水功能区监测断面每月进行监测，全年监测 12 次，莱芜市 2017 年监测评价的 5 个重点水功能区中，按全指标评价达标的水功能区有 4 个，不达标的水功能区有 1 个，达标率为 80.0%；按双指标评价达标的水功能区有 4 个，不达标的水功能区有 1 个，达标率为 80.0%。莱芜市有 2 处跨市界监测断面，全部为出境断面，分别为马小庄（牟汶河莱芜—泰安）、王家洼（瀛汶河莱芜—泰安）。从年度达标评价结果来看，2 个出境断面均达标，达标率 100%。

【年度水功能区预警情况】 山东省水利厅颁布的《山东省水功能区限制纳污警戒线》中，莱芜市有3个重点水功能区划定COD和氨氮警戒线，分别为雪野水库饮用水源区、大汶河钢城工业用水区、大汶河钢城饮用水源区。全年共有3个水功能区出现COD预警，其中大汶河钢城饮用水源区COD黄色预警7次；大汶河钢城工业用水区COD橙色预警3次，黄色预警5次；雪野水库饮用水源区COD橙色预警2次，黄色预警8次。

【入河排污口】 2017年，全市共监测入河排污口96站次，其中，pH值均未超标，COD超标3站次，超标率3.1%，最大超标倍数为4.24倍，为莱芜市莱城区泰山钢铁集团工业入河排污口；氨氮均未超标；总磷超标4站次，占4.2%，最大超标倍数为1.5倍，为莱芜市莱城区泰山钢铁集团工业入河排污口；挥发酚均未超标。五日生化需氧量（BOD5）检测34个样品，超标1个，最大超标倍数2倍，超标率为2.9%，为莱芜市莱城区泰山钢铁集团工业入河排污口。根据2017年实测的入河排污口监测资料，6个入河排污口为连续排放，6个入河排污口为间歇排放，经统计，2017年全市主要入河排污口污水入河量为0.0725亿立方米/年，COD年入河量271.9吨/年，氨氮年入河量19.5吨/年，挥发酚年入河量0.079吨/年，总磷年入河量1.2吨/年，总氮年入河量166.3吨/年。

【限制纳污达标】 2017年全市水功能区限制纳污情况：全市COD达标，氨氮达标；从各县（市、区）纳污控制指标评价情况来看，莱城区COD达标，氨氮达标；钢城区COD达标，氨氮达标。

【防汛测报】 2017年，大汶河莱芜水文站共发生中小洪水2场次，最大实测洪峰流量为7月28日7时42分的357立方米/秒。瀛汶河陈北水文站共发生中小洪水1场次，最大实测洪峰流量为7月15日10时的21.1立方米/秒。雪野水库坝上最高水位为231.90米，蓄水量为1.44亿立方米，最大入库流量为111立方米/秒。汛期部分大中型水库超过汛期限制水位，并开闸放水。其中，葫芦山水库汛期累计放水4009万立方米，雪野水库汛期累计放水970万立方米，沟里水库汛期累计放水198万立方米，公庄水库汛期累计放水13万立方米。市水文局全年收发雨水情报文7万余条。

【抗旱服务】 市水文局全年监测土壤墒情20次，全市平原区（高庄监测站）年平均土壤含水率为19.1%，山丘区（雪野监测站）年平均土壤含水率为14.8%。6月1日，雪野监测站土壤含水率监测值为10.3%，为全年最低值，出现短暂的中度干旱；9月1日，高庄监测站土壤含水率监测值为23%，为全年最高值。市水文局及时提供降水信息和主要河道水情、大中型水库水情、地下水水位信息，为各级领导科学指挥抗旱提供决策依据。

【中小河流水文监测系统建设】 2017年，中小河流莱芜市新建水文站工程5个标段全部完成工程审计，市建管处紧抓工程尾工质量、进度；2017年10月，盘龙、方下等尾工建设全部完成，达到验收标准并投入试运行。工程档案全部完成移交通过了竣工验收；至此，山东省中小河流水文在监测系统2012、2013、2014年度莱芜市新建水文站工程建设全部完成。

（李鹏飞 张 伟）

责任编校：蔺延军

文　化

综　述

【概况】 2017 年，市文广新局坚持以习近平新时代中国特色社会主义思想为指引，认真贯彻落实科学发展观，围绕中心、服务大局、锐意进取，大力推进基层综合性文化服务中心和村史展室建设，组织举办丰富多彩的群众文化活动，繁荣艺术创作，科学制定文化产业发展规划，不断加强文物和非物质文化遗产保护力度，强化文化市场监管和服务，结合文明城市创建工作，深化“扫黄打非”专项行动，进一步加强对全市文化市场的监管，优化社会文化环境，推动了全市文化事业繁荣发展。

【公共文化服务】 2017 年，市文广新局充分利用《中华人民共和国公共文化服务保障法》出台这一文化立法的重大突破，坚持把公共文化服务体系建设作为保障人民群众基本文化权益的重要内容，统筹推进各项文化惠民工程。组织召开全市基层文化设施建设座谈会、（社区）综合性文化服务中心建设现场观摩会和考核部署会议。建立贫困村文化活动室建设推进台账，加强基层综合性文化服务中心的调研督导，对功能设置、服务项目、活动开展、队伍建设等情况重点检查，整合资源，推进基层综合性文化服务中心建设，通过了年底的省对各市经济社会发展考核中村（社区）综合性文化服务中心建设达标率考核。组织实施 2017 年为民办实事项目村史展室建设，制定《村史展室建设选址基本要求参考标准》和《全市村史展室建设展陈指导纲要》等指导性文件，联合市旅游局、市财政局等部门形成《关于推进 2017 年市委市政府为民办实事村史展室建设项目的实施方案》，召开全市村史展室建设工作会议，动员部署对全市村史展室建设任务。下半年，召开了村史展室建设调度会议，市领导对部分村史展室进行督导，印发《2017 年市委、市政府为民办实事村史展室建设项目验收标准》，组成联合考核组对 60 个村史展室进行全面验收，村史展室规模和档次有了极大提升。组织各级积极申报全省县及县以下历史文化展示“十百千”示范点，全市区、镇、村三级历史文化展示工作走在全省前列。深化市校合作，推动乡村文化创新发展，成立莱芜市与山青院战略合作领导小组，印发《关于深化与山东青年政治学院战略合作推进乡村文化创新发展的实施意见》，召开传统文化村落保护与发展研讨会和农村文化传承保护战略合作工作领导小组第一次会议，加强了文化艺术交流合作。

【文物和非物质文化遗产保护】 实施重点文物保护工程。2017 年，先后实施了卧云铺古村落维修工程、锦阳关古道维修保护工程、蔡家镇经幢保护设施建设工程、刘仲莹故居维修展示工程和莱东抗战纪念馆展陈提升工程，完成牟国故城勘探和齐长城锦阳关段、黄石关段维修保护方案编制的工作。推进“乡村记忆”工程，会同市农工办组织了27处古建筑、古民居维修保护工程，打造了一批“乡村记忆”工程示范项目。继续实施市博物馆展陈提升工程，完成历史文化展的展陈布展工作。在扎实搞好博物馆对外开放的同时，突出特色、突出重点，先后策划举办石刻拓片展、乡村记忆摄影展、考古发现图片展等多种特色展览活动十余场；组织参加2017（济南）国际文物保护装备博览会，充分展示和宣传了莱芜市文博事业发展成就。参与承办中国（莱芜）第二届嬴秦文化与远古文明工作会议，进一步打造嬴秦文化品牌，提升了全市文物事业的影响力和知名度。扶持两家非国有博物馆发展，完成展陈提升及在省局的备案工作。

完善“非遗”保护体制，进一步推进全市非物质文化遗产四级名录体系建设。积极组织项目及项目代表性传承人申报工作。加强非遗传承人人才队伍建设，组织全市8名“非遗”传承人分别参加文化部、省文化厅主办的各类“非遗”传承人研习培训班，推荐全市30余个“非遗”项目及传承人入驻省文化馆“聚匠网”展示、展销平台。在“非遗月”及“自然和文化遗产日”期间，协调组织全市各非遗展馆对外免费开放，累计接待参观人数达6000余名。争取上级非遗专项资金扶持，申报下拨国家级“非遗”项目中央专项资金85万元，省级项目及项目代表性传承人专项资金23.4万元，下拨资金均已专款专用，加大对全市“非遗”项目及项目代表性传承人的传承保护力度。

【文化产业】 紧紧把握全市十大产业振兴提升的有利契机，多措并举推动文化产业快速发展。2017年，全市文化及相关产业增加值24.59亿元，同比增长26.2%，占GDP比重3.44%，占比增长0.51个百分点，增速位列全省第四。制定《莱芜市文化产业发展规划》，优化产业政策，促进文化产业与相关产业融合发展。以山东九羊文化产业园、莱芜市清美文化艺术有限公司（锡雕）、山东雪野文化创意园有限公司、山东威邦家居用品股份有限公司四个文化产业示范基地为基础，推进文化产业载体建设，2017年推荐巧夺天工红木家具参加全省文化产业示范基地考评。莱芜709DREAM文化产业园（莱芜嬴泰文化传媒有限公司）、电影《我的老兵爷爷》[安迪影视制作（莱芜）有限公司]、智能化印刷生产线建设（山东华立印务有限公司）、莱芜报业融媒体中心建设（莱芜报业发展有限公司）4个项目入选新闻出版广电重点项目库、重点项目园区。引进安迪影视（莱芜）有限公司、北京最幕影业有限公司、光映影视制作有限公司、岁月如织影业4家影视公司落户莱芜，安迪影视（莱芜）有限公司已拍摄完成《玲珑井》《不曾逝去的爱人》等电影5部。组织举办首届“文化惠民消费季”，全市30多家企业参与文化惠民消费季，累计发放市级消费券40万元，使用省级消费券12.5万元，直接带动文化消费260余万元。莱芜梆子艺术传承保护中心首次探索销售会员卡模式，累计卖出会员卡1600余张，对引进的4部外地院团演出，全部实行购票观看，累计售票800余张，实现了由以往免费看戏到现在花钱看戏的转变。培育产业人才，有计划地开展文化产业人才培训，推进产业创新发展。继续实施莱芜梆子艺术人才培养计划，派出青年艺术人才参加全省青年戏曲作曲后备人才培训班、全省地方戏曲小剧种传承人表演培训班，促进其业务水平的提高。加大对文化产业经管者产业政策、产业管理、融合发展培训力度。组织文化企业经营者和文化产业管理人员参加全省文化产业转型升级专题培训、山东省文化产业园区经营管理高级研修、文化创意产业管理高级研修和服务业管理能力提升培训等系列培训，全面提升文化产业管理和经营者的管理和运营水平，拓宽文化产业高端人才培养的新渠道，推动文化产业转型升级。

【文化市场】 规范行政审批行为，推进放管服改革。完成网吧、娱乐场所、印刷企业、出版物经营等共计272家单位的年度核验工作。办结行政审批事项39项，其中互联网上网服务营业场所经营单位设立审批5项；娱乐场所设立、变更审批1项；出版物零售许可6项；内部资料性出版物准印证核发15项；印刷经营许可证核发2项、注销9项；举办营业性演出审批1项。按照市编办统一部署，编制“零跑腿”和“只跑一次”事项清单。对山东省行政权力事项动态管理系统中涉及的行政许可事项和公共服务事项进行全面梳理，推进政务服务平台建设及互联互通工作，进一步提升公共服务水平，推进简政放权、放管结合、优化服务改革。强化文化市场监管，加大执法密度和频度，开展文化市场打击整治非法经营活动（场所）攻坚战，严厉打击违法违规经营行为，重点加强校园周边文化市场整治；探索新兴文化市场监管，对IPTV、点播影院、wow屋、“网上书店”等市场进行摸底排查；强化案件督办，以办案带动执法工作全面提升，人均办案率达到4.2件；强化举报制度，受理各类举报17宗，有报必查，有查必果。开展创建文明城市工作。全面贯彻落实全市创建文明城市会议精神，及时部署网吧市场迎检工作任务，加强执法检查，开展集中整治，严格责任落实，分片包区，严格执法，完成了网吧市场创城工作任务。开展平安文化市场创建活动。加大日常检查工作中消防安全知识宣传力度，与全市200余家文化经营单位签订《文化经营场所安全经营责任书》；举办2017年网吧市场消防安全培训、安全生产宣传咨询日、网络安全宣传等活动，发放宣传材料1000余份。与公安、消防联合检查，严密排查网吧、娱乐场所等人员密集场所内存在的各类安全隐患，督促各场所全面开展消防安全自查自纠工作。共组织开展安全大排查5次，检查经营单位1000余家次，建立健全《全市公共娱乐场所消防安全专项检查台账》，发现安全隐患90余处，已全部整改。强化宣传教育，营造良好执法环境。分批次开办2017年违规经营网吧业主法律法规培训，培训文化市场从业人员180余人次，编写《莱芜市文化市场经营单位守法应用手册》，免费发给各文化市场经营单位。组织开展以“远离有害出版物，多读书读好书”为主题的“绿书签”宣传活动；执法人员通过张贴“绿书签”宣传海报，发放“绿书签”，集体签名等方式走进莱芜市实验中学开展宣传活动。开展世界知识产权日集中宣传咨询活动、“远离网吧，绿色上网，做文明使者”进校园宣传活动、“学雷锋志愿服务”“文明上网志愿服务”等活动，发放倡议书2000余份，法律法规、文明上网等宣传材料1000余份。全年共出动执法人员18000余人次，较上年增长63%，检查经营单位6000余家次，较上年增长90%，行政处罚违规经营单位42家，较上年增长16%，集中销毁侵权盗版及非法出版物共计14200件。

【图书馆】 2017年，图书馆共接待到馆读者162万人次，借阅图书37万册次，新增读者办证量1.2万余个。全年采购新图书15368种33060册，杂志800种2万余册，报纸80余种2万多份。投资一百多万元采购和建设了数字资源库及设备，使馆藏数字资源量达23TB。图书馆建有10余种数据库，其中，中国学术期刊网络出版总库收录学术期刊8300余种，核心期刊1900余种，文献总量达750余万篇，期数达到18万余期；中国政报公报期刊文献总库收录文献量2万本。加快数字图书馆推广工程资源联建工作，完成地方政务信息公开资源整合平台的设计及资源建设工作，加工上传政府公开信息8000千多条。完成地方报纸《莱芜日报》的数字化及篇名识别工作，上传5000版。在全国文化信息资源共享工程和公共电子阅览室建设计划中央补助地方专项资金项目申报中，图书馆所申报的《齐鲁乡土影像志——莱芜篇（第一期）》——“传统文化进校园”系列文化专题片成功获批。开发建设移动图书馆，实现了图书馆的移动端服务；建设读者积分管理系统与活动发布平台，取消了原有的读者借书超期罚款制度对读者进行积分管理；建设公共文化数据决策系统，及时准确分析图书馆文献资源利用情况及读者阅读习惯。推行总分馆制建设，按照计划部署建设6个分馆，总、分馆之间实行通借通还，共同保障市民服务。继续推动“书香莱芜全民阅读”活动，“嬴牟讲坛”、全市读书朗诵大赛等系列活动取得成功，社会品牌效应进一步加强。全年共举办嬴牟讲坛公益讲座17期，文化共享工程优秀影视展播58期，毛毛虫绘本故事会6期，毛毛虫手工坊13期，微笑读书会16期，尼山书院剪纸、书法16期，尼山书院国学讲堂16期，“好莱芜文化大讲堂”4期，扫码看书“微图书馆”18期。电子阅览室建成数字体验馆，包含VR国学六艺互动体验区、3D立体书体验区、3D奇幻体验平台、多媒体学习驿站及少儿多媒体阅读和手工制作教学平台。自数字体验馆对读者开放以来，共举办读者体验活动48期，累计接待读者千余人。

【新华书店】 2017年，新华书店共销售各类图书及电子音像制品5804万元，同比增长20.9%。年内，新华书店被评为莱芜市创城工作先进单位，获山东省第二届全民阅读示范基地称号，1名员工获全民阅读推广人称号。在山东省新闻出版广电局组织的优秀实体书店评选中新华书店被评为十家“山东优秀书店”之一。新华书店在全省新华书店中一般书销售增幅第二名，获全省图书馆馆配会先进单位二等奖。2017年11月22日，山东出版传媒股份有限公司在上海证券交易所上市，是山东省首个上市的大型文化国企，对加快经济文化强省建设具有重要意义。

网点建设。新华书店拥有莱芜书城、钢城书店两家门店，并设有莱芜一中、莱芜职业技术学院、雪野中学3家校园书店和1家军营书店。

社会效益。通过转型升级，新华书店初步实现在“形象、业态、营销、服务”四大方面的提档升级，以最美“空间、氛围、品种、服务”激发大众阅读的热情，以创新营销为思路做全民阅读推手，得到广大读者的广泛好评。服务当地事企业单位、助力书香莱芜建设。全省图书馆馆配会邀请了90家中小学校和企、事业单位参会，为他们提供了与名社、大社近距离接触的机会，为他们能挑选到最合适、最优质的图书做好服务。以高度的政治责任感和使命感，做好中共十九大文件、《全面从严治党面对面》与《习近平谈治国理政》（第二卷）等政治读物的发行工作。

经营情况。在一般书经营方面，2017年，在初步完成门店转型升级的基础上，莱芜书城着重阅读氛围的营造，细节的建设，提升服务质量。“智慧书城”“爱书客”“ERP”三个系统全部打通，发挥各系统效能和融合度，挖掘线上平台潜力，通过多种营销方式提高了微会员注册率和消费转化率。调整模式，实现多元业态的深度融合。增加多元文创产品，引进“共读书房”阅读培训项目，致力于弘扬优秀传统文化，改变了书城依靠销售的单一经营模式，由经营图书向经营读者、经营服务的方向转变。店内，文房四宝、书吧和百新文具营业额稳步增长；与各类教育培训机构达成了合作，搭建了教育培训的活动平台；电子产品、早教机、学习桌、定制旅游、手工制作、茶艺等多元业态稳步发展。全年店内多元销售较上年增长44.3%。

（张 健）

【莱芜市多福砚博物馆】 莱芜市多福砚博物馆2017年全年开放320天，免费接待青少年学生、文玩收藏爱好者、书画家、各级专家领导及普通观众1.2万余人次。2017年春节期间举办“松烟墨、油烟墨、朱砂墨传统研墨法现场演示”活动。4月，多福砚博物馆文创作品参加山东省鲁砚协会第三届“大成杯”鲁砚砚雕展评会，获金奖；同月，馆长张瑞乾被山东省鲁砚协会评为山东省砚种制砚名家。5月，多福砚博物馆文创产品参加济南国际旅游商品展览会。5月18日，国际博物馆日期间，举办“馆藏精品砚”进校园进社区活动。6月11日，文化遗产日期间举办“明清多福砚历史文化”专题讲座，邀请青少年学生及书画爱好者走进博物馆参观馆藏历代名砚。8月，莱芜市史志办、山东省鲁砚协会、多福砚博物馆联合举办《多福砚志》编纂座谈会暨“走进多福砚之乡弘扬多福砚文化”讲座，邀请国内砚文化界13位专家、教授走进多福砚之乡，实地考察对多福砚博物馆及多福砚产，并对多福砚文化产业的发展振兴提出指导性建议。10月，多福砚博物馆参加国家文物局举办的“2017山东济南国际文物保护装备展”，进行手工制砚、拓砚、传统研墨法等现场演示活动。11月，多福砚博物馆文创产品入展中华炎黄文化研究会砚文化联合会“中华精品砚”评选，获二等精品砚。

（张瑞乾）

【莱芜万福山民俗博物馆】 莱芜万福山民俗博物馆，位于高新区万福山旅游区，共有7个展厅，总建筑面积300平方米，其中，展厅面积180平方米，库房面积20平方米，其他利用面积100平方米。该馆于2015年经山东省民政厅、文物局备案，莱芜市民政局批准成立的非国有博物馆法人单位。博物馆于每星期的星期三、四、五、六及星期天免费对外开放。2017年，共接待参观人数8000人次。

（李言实）

【莱芜市汶源书院】 汶源书院于2014年开始重修，设藏书楼、大讲堂、东书房、孔子学堂（中国孔子基金会）、传统工坊、文化长廊等，具有较完备的藏书、讲学、道德教化和文化传承等传统功能。学院先后聘请包括国内知名儒学研究专家、青年“泰山学者”曲阜师大宋立林教授在内的20多名国内知名专家学者组成学术委员会。礼聘21位莱芜市文化艺术教育领域的专家、学者任导师。2017年6月，书院建立党支部。2017年9月，进行文化志愿者招募、培训等工作，年底在书院登记的志愿者达20余人。12月，设立“莱芜市民大讲堂汶源书院分堂”，开展公益讲座。12月，汶源书院获得山东省文化厅山东省乡村（社区）儒学示范点称号。

（刘　强）

文学艺术

【文学创作】 原创作品征集活动。为贯彻落实中共莱芜市委宣传部、莱芜市文学艺术界联合会、莱芜市文化广电新闻出版局《关于征集“文化惠民消费季”原创文艺作品的启事》，组织召开2次作者会议进行动员，本次活动征集到原创作品317件。（2017年11月30日征集作品活动结束，征集情况为：戏剧类33件，音乐类164件，曲艺（小品）类40件，舞蹈类1件，文学类55件，影视类24件）。按作品门类分别聘请有关方面专家组成评委会进行严格评审，共评出戏剧、音乐、曲艺（小品）文学、影视获奖作品50件，获奖名单在2018年1月19日“我们的中国梦迈进新时代”莱芜市第五届原创作品展演中公布并颁奖；全年面向全市共征集原创作品60件。组织参加国家、省、市级艺术交流活动。歌曲《梦的家园》在CCTV2017新春原创音乐会上荣获金奖并参加了澳中文化艺术交流促进会、在维也纳主办的“2017维也纳金色大厅新春音乐会”和中华全国总工会举办的“爱我中华爱我港澳”庆祝香港回归二十周年演出活动；《煤矿工人的笑》获中国职工音乐家协会、国资委共同举办的“2016年中国职工好歌曲”优秀歌曲奖；《童心追梦》荣获金奖；《大道之行》参加CCTV《唱响中国人》新闻发布会；《我爱你香港》参加“唱响中国——第二届大型音乐活动”并获奖；合唱《在太行山上》和《天边》，参加了省文化厅组织的“喜迎十九大·共筑中国梦”群众合唱展演活动。

【专业文艺】 2017年，完成《心系大南山》和《沃土仁心》2部莱芜梆子大型舞台艺术作品的创作排演，实现了数量和质量新的突破。完成莱芜梆子新编历史剧《嘶马河》加工提升并组织面向全市党员干部集中展演50余场。完成莱芜梆子《新娘》《好儿还乡》剧本创作。恢复排演《白蛇传》等7部传统剧目。引进《孔府乐舞》等4部精品剧目来莱演出。莱芜梆子《嘶马河》和景彪行草《古人小品文选抄》分别获第十届山东省泰山文艺奖编剧作品奖、音乐作品奖和书法类二等奖，亓文进、陶华作品入选由省委宣传部等部门组织的“大美齐鲁·山东青年美术作品晋京展”。莱芜梆子传统剧目《赵连岱借闺女》入选首届山东文化惠民消费季山东地方戏曲剧种代表性剧目展演，小戏《背婆婆》《三贴养老榜》入选全省群众艺术优秀新创作品。安迪影视公司制作的院线电影《我的老兵爷爷》获第26届中国金鸡百花电影节国产电影新片奖，并入围第四届北京青年影展，实现了莱芜市电影制作的新突破。蟠龙梆子文化创意发展有限公司制作的故事片《十五的月亮》获得第十届山东省“泰山文艺奖”微电影作品奖三等奖、微电影《忠厚传家》获省纪委“爸妈的叮咛——我的家风传承”有奖征集活动视频类三等奖。莱芜市人民广播电台选送的《关爱心理健康——学习篇》、莱芜市锦绣江山文化传媒有限公司选送的《垃圾入箱举手之劳》2件公益广告作品分别获得省新闻出版广电局广播类、电视类资金扶持。当代明诚影业公司投资3亿元、取材于莱芜国家级非物质文化遗产的电视剧《孟姜女与范喜良》在北京人民大会堂举办开机新闻发布会。由郭峰创作的歌曲《远方》获山东省2017年流行音乐大赛原创作品奖；孙建修创作的《童心追梦》《状元郎》2支歌曲，进入全国总决赛，最终分别获得“天籁童声云梦奖（二等奖）”和“优秀演唱奖（三等奖）”。

【社会文艺】 2017年，累计组织实施冬春文化惠民季、纪念莱芜战役胜利70周年、喜迎中共十九大、“千场文艺走基层”、莱芜梆子精品剧目展演、莱芜市周末文艺大舞台、消夏晚会、国庆晚会以及“中国梦·职工情”迎春书法美术作品展、“新中国美术家系列·山东省中国画作品展巡回展”、“庆祝党的十九大胜利召开——‘乡情留韵’莱芜籍书画名家作品邀请展”等各类主题系列群众文化活动1500多场，组织举办“首届文化惠民消费季旗袍文化节”、奇石展、“全市业余剧团戏曲大赛”等文化活动，受到广大市民群众一致欢迎。其中，以消夏文艺晚会和旗袍文化节为代表的群众性文

2017年春节期间，市文广新局组织开展民间艺术表演活动

（市文广新局 供稿）

化活动形成届次、建立品牌；“首届业余剧团戏曲大赛”探索尝试网上投票模式，吸引了10万余人参与和关注；莱芜籍书画名家作品邀请展吸引了30位有影响力的莱芜籍书画作者参展，并捐赠代表性作品，丰富了美术馆馆藏，扩大了莱芜市的知名度。创新文化活动形式和内容，全市民间艺术展演、百姓“春晚”大联欢、迎新春传统文化活动展和“文化进万家·共圆中国梦”广场文艺演出四项群众文化活动入选山东省冬春文化惠民季活动品牌项目。雪野旅游区茶业口镇被命名为“山东省文化艺术之乡”。“书香莱芜”氛围日渐浓厚，举办“好莱芜文化大讲堂”公益文化讲座21期，开展全民阅读推广活动350余场，放映公益电影13000余场，送电影进福利机构600场次。开展《我的老兵爷爷》专题放映活动，观影人次30000余人次。莱芜市新农村数字院线公司被省新闻出版广电局推荐评为“第七届全国服务农民、服务基层文化建设先进集体”，全市农村公益电影数字化放映工作在省财政厅、省新闻出版广电局委托第三方的测评中成绩列全省第一名。文化部办公厅下发文件对莱芜市图书馆组织申报的《齐鲁乡土影像志——莱芜篇》专题片予以立项，共下拨中央财政补助资金75万元。本项目由市广播电视台承制，属于山东省资源建设第二项“山东地域历史文化系列”，共20集，分2期实施完成。

（孟淑美　李　雷）

新闻出版

【概况】　截至2017年年底，全市共有出版物经营单位65家，印刷企业96家，音像店5家，网站8家，广播电视播出机构1家（莱芜广播电视台），广播电视传输机构1家（山东省广电网络公司莱芜分公司），企业电视站2家（鲁矿企业电视站、泰钢企业电视站），城市多厅数字影城4家（鲁信影城莱芜分公司、鲁信影城钢城分公司、莱芜横店电影城有限公司莱芜分公司、万达影城莱芜茂业广场店），城乡电影放映机构2家（莱芜新农村数字电影有限公司、莱芜市风尚文化传媒有限公司）。全年新注册影视制作类企业40家，如安迪影视（莱芜）有限公司、北京最幕影业有限公司、光映影视制作有限公司、岁月如织影业、山东云来集影视文化传媒有限公司等。

实施中央广播电视节目无线数字化覆盖工程，实现了市区和平原乡镇的广播电视节目无线数字全覆盖，观众可免费收看到中央12套、山东3套、莱芜新闻综合频道等16套数字电视节目以及收听到4套广播节目。继续推进有线电视进村入户工程，全面铺设光缆、调整节目套数，提高有线电视入户率，全市有线电视用户总数达19.8万户。同时，做好偏远山区直播卫星接收设施的维修维护，实现广播电视信号全覆盖。

完成中共十九大公益广告创作播出任务，广播、电视公益广告播出每日不少于4条。抓好全国“两会”开幕式、闭幕式及领导人记者见面会等重要保障期的宣传和安全播出工作，确保全程安全播出；定期督查市台、各企业电视站等对广电总局66号令及补充规定的落实情况，组织开展安全播出传输技术、消防安全自查。加大对广播电视广告播出的监管力度，严格执行总局66号令及补充规定，要求市广播电视台各企业电视站建立24小时值班制，设立监督电话，杜绝违规广告的播出。年内，未发生重大安全播出事故。

【行业监管】 对全市播出机构和频道、企业电视站、电影放映单位及影城进行年度审核，做好“广播电视播出机构许可证”和“广播电视频道许可证”换证工作。不定期进行票务系统规范运行、广播电影电视单位文明经营行为巡查。及时调度农村二级电影市场数据，进一步规范了电影市场的经营秩序。做好各影城国产片放映奖励资金的申报。组织填报全省广播影视统计系统月报、季报、年报以及电影二级市场发行放映月报。严格新闻工作者职业资格制度，组织广电系统干部职工参加总局、省局组织的“2017年全省新闻采编人员资格考试”“2017年全省广播电视技术能手竞赛”等各类技术培训、竞赛。

加强非法地面卫星接收设施监管力度，制定完善《莱芜市境外卫星电视传播秩序专项整治工作部门联席会议制度》，联合市综治办、工商局、公安局、网信办等多部门开展治理“黑广播”违法犯罪专项行动、“整治网络非法传播视听节目·绿网2017”专项行动等多次整治活动。全年共出动执法人员200余人次，查缴非法接收设施1000余件。

对报社、记者站、连续性内部资料出版物进行年度核验；开展系列活动促进新闻出版产业发展，组织新华书店、三味书屋等开展学习中共十九大等主题出版物展示展销活动、中小学教科书绿色印刷监督检测和安全生产宣传；督促印刷行业重点解决好安全生产流程、原材料储运、明火明电、消防设施等问题，发行门店、市场着重解决产品摆放、消防器材配备、消防通道通畅、应急疏散等问题。做好日常作品登记和初审，与“全民阅读活动”相结合，开展学校、文化企业著作权登记宣传活动，保护著作权人知识产权。在全面完成党政机关软件正版化工作的基础上，健全制度，不断推进正版化工作的长效机制建设。推进企业软件正版化工作。开展网络侵权盗版专项整治，加强对网站的主动监管，打击网络侵权盗版行为。推进绿色印刷和数字印刷。对全市印刷复制发行管理工作人员进行业务培训，对印刷企业负责人进行法规培训，结合文明城市创建和安全生产整治，加强对企业管理人员落实印刷管理五项制度的培训，提高业户规范经营的自觉性。

完成全市100多家印刷企业及内部资料出版物、《莱芜日报》的年度核验并换发经营许可证件。做好《莱钢日报》、莱芜报兴印务等单位的印刷许可变更审核。进一步加强对《大众日报》和《联合日报》2家驻莱芜记者站的监管。印发《莱芜市推广文化市场随机抽查，规范文化市场事中事后监管工作实施方案》，公开文化市场随机抽查事项清单，设定随机抽查工作重点市场领域，强化事中事后监管。组织全市新闻采编人员参加全省新闻采编人员资格培训和考试，办理新发换发新闻记者证。开展2017年年报印刷、发行名录库整理，完成全市新闻出版统计月报、季报、年报。开展“扫黄打非”工作，印发《2017年扫黄打非行动方案》，实施“清源”“净网”“秋风”“固边”“护苗”五大专项行动，以查处政治类非法出版物为重点，严厉打击各类非法经营活动，净化了社会文化环境。

（李 雪）

【莱芜报业传媒集团（莱芜日报社）】 2017年，莱芜报业传媒集团（莱芜日报社）［以下简称集团（报社）］以深入开展“两学一做”“三比一看”学习教育为载体，以深耕主业、拓展产业、做大事业为总目标，以深入推进“1511工程”为总体工作思路，坚持问题导向，突出改革创新，强化责任担当，聚焦做细做实，整体工作稳步前进。新闻宣传强化策划，突出“精、专、深”，媒体宣传质量、声势、力度、规模、影响进一步提升和扩大，全年集团（报社）共有36件作品获山东新闻奖和市地报新闻奖，获奖等次和数量继续稳居全省地市报第一方阵；经营创收千方百计做活动、搞协作、优服务、打影响，奋力克难攻坚，经营创收总体形势趋于稳定；新媒体建设快速推进，全媒体采编平台、莱芜发布客户端、视频直播全新建成上线；适应全媒体发展需要《莱芜日报》《鲁中晨刊》专刊部室整合，采编体制、考核体制进一步改革到位；抓好党建引领，“两学一做”“三比一看”学习教育不断深化，报庆30周年系列活动圆满成功；狠抓规范化管理，后勤保障和行政管理服务工作都有了新加强。集团先后获山东省文明单位、全市工作实绩突出单位、群众满意单位、改革创新优秀项目奖、创建全国文明城市三等功、全市优秀青年志愿服务集体等多项荣誉称号。成功组织三季“徒步雪野相约四季”全民徒步大赛全年，受到市领导和广大徒步爱好者的一致赞扬。

媒体宣传。2017年，集团（报社）所属的《莱芜日报》、《鲁中晨刊》、新媒体平台、党报阅报栏等多媒体深度融合，紧紧围绕市委、市政府各项重大战略部署，全年重大主题宣传浓墨重彩、强势有力。突出做好新旧动能转换、“创建全国文明城市”“纪念莱芜战役胜利70周年”、精准扶贫等的宣传报道。重点工作宣传跟进贴紧、到位突出。先后推出稳增长调结构促发展、标准化体系建设、第一书记先进事迹、创建国家森林城市宣传等战役性报道20余组。重大典型深入挖掘呈现，引发社会共鸣。全年对“齐鲁时代楷模”陈明利、全国道德模范房公训等的先进事迹，以及白血病患者胥兵等进行突出报道、追踪报道。民生宣传深入解读，讲好精彩故事。突出做好市委市政府民生政策、民生实事、民生行动的报道，如“稳调促”专栏，注重从社会公众的角度对民生政策、全市重点工作和典型人物事件进行解读，报道步步深入，层层引导，引起市民的极大关注和点赞。融媒体报道，全面深入做好中共十九大精神的宣传。制定总体宣传方案，莱芜日报、鲁中晨刊、新媒体在中共十九大会前、会中、会后，分别开设十几个专栏，拍摄制作微视频、微动漫，共刊发、转发中共十九大相关报道1000多篇，图片100多幅，在全市营造了浓厚学习氛围。舆论监督积极稳妥，全面从严治党宣传更深更细。强化舆论监督，开设“曝光台”“热线追踪”等专栏，对涉及环保、交通、绿化、卫生等民生问题及时进行曝光和追踪报道。强化党规党纪宣传教育，先后运用评论、消息、综述等形式，对新党章等全文进行转载、解读，营造了敬畏党规党纪，推动作风建设持续好转的良好氛围。自主策划特色鲜明、亮点纷呈。先后推出全市季度十大经济工作亮点、关注高考、精准扶贫在行动等特别策划，及时捕捉群众关心、领导关注的热点话题，进行全面系统的阐述和解读，很好地回应了全市上下的关切。新媒体矩阵快速发展、势头强劲。新媒体平台用户总数超过30万人，每天发布信息200多条。其中，微信公号粉丝14万人，每周总阅读量超过30万人次，稳居莱芜微信排名首位。莱芜日报新浪微博粉丝9.5万人，全年发布内容1900多条。莱芜新闻网每天向全国100多家地市新闻网站推送莱芜信息，同时在今日头条开设专栏，共发布新闻稿件800多条，平台阅读量已达579万人次。注重品牌建设，对上宣传取得新突破。全年在《人民日报》《经济日报》《大众日报》等省级以上媒体发稿200多篇，超额完成全年对上报道任务。围绕“讲文明树新风”“弘扬社会主义核心价值观”等主题，集团（报社）全年共刊发317期公益广告，折合220个整版。集团（报社）积极参与服务经济社会发展，年内组织了“徒步雪野、相约四季”全民徒步大赛、住博会、鲁中论坛等大型活动，彰显出了党报媒体服务经济社会发展的巨大活力和潜力。

报业经营。2017年，面对经济不振、市场疲软、常规广告下滑的严峻形势，集团党委审时度势，迅速调整经营思路，积极倡导策划营销、合作办报，创新市场经营模式，拓展赢利新空间，经营工作总体趋于稳定，完成了年初下达的经营任务。强化部门合作，精准服务，挖潜市场，提升了客户广告吸附力。进一步深化与部门、行业、企事业单位的战略性合作，巩固老客户，开拓新用户，深耕细作、深度服务，为客户提供一揽子宣传服务方案，赢得了客户的信任和支持。品牌类经营产品进一步做大做优、巩固提升。莱芜日报在原来《三农之窗》《金融周刊》的基础上，新推出《凤城社区周刊》等，合作办刊规模日益扩大。抓住重大节日、节点做特刊，“五一”劳动节、教师节、莱芜战役胜利70周年、报庆30周年，各类特刊越做越精致，影响力持续提升。活动策划的社会效益、经济效益有了新提高。通过媒体搭台，经营唱戏，全年成功组织鲁中论坛、住博会、少儿模特大赛、全省亲子徒步活动等大大小小的活动30余次。非媒产业加速发展。新媒体中心小程序、“莱芜发布”新闻客户端开发、微信推广、报业微商城等全新创收项目崭露头角；发行投递管理部推出青少年专业阅读平台“约读书房”，报名人数越来越多，已成长为新型教育产业；广告传媒分公司抢单济南、泰安等外地市场，在金融、教育、电信、房产等多个领域实现新突破。莱芜日报书画院成功举办“激扬鲁中——庆祝莱芜日报创刊30周年书画邀请展”，影响力逐步提升。

机制创新。重视体制机制的顶层设计。从集团层面提出了“1511工程”的总体工作思路，提出了日报、晨刊改版、融媒体改革、广告经营改革、工作考核等一系列措施和办法。同时，建立社长总编轮流值班制，进一步充实壮大了采编统筹指挥调度、协调力量。深化新闻宣传改革创新。日报、晨刊7月1日全新改版。改版后的莱芜日报，形式上更加大方、大气，版面规格由680瘦长报变为720板型，风格上瞄准时尚、新锐，版式上追求大气、文气，内容上着力主打“精、专、深”。专门设立了深度报道板块，将日报3版定位为深度报道版，7月起，共刊发“聚焦”“关注”类深度报道70多个版面，报纸的可读性、影响力、公信力指数明显提升。《鲁中晨刊》围绕“一老一小一文”目标受众，通过精简版面、调整内容、整合部室、定向考核等措施，构建起本土新闻、专刊、副刊三大板块，进一步提升了晨刊的亲和力、服务性和社会影响力。加快融媒体建设改革步伐。在全省率先与南京路特公司进行洽谈合作，投资参与其众筹项目的研制开发，加快融媒体建设步伐。搭台。2017年，淘汰使用了20年的纸媒采编平台，将日报、晨刊、新媒体整合，引进开发了全媒体采编平台。建端。研制开发了“莱芜发布”新闻客户端，新上了微视频直播项目。全年对“交警夜查酒驾”“十九大报告宣讲”，“徒步大赛”等活动进行同步微视频直播，每次直播都有3万人次左右的网民在线观看，收到了广泛的社会影响。流程再造。结合新一轮中层干部竞争上岗，组织实施内部体制机制整合改革，将《莱芜日报》、《鲁中晨刊》、新媒体专刊部室及采访部室整合打通，建设统筹指挥调度、统筹内容采编、统筹对外发布、统筹人员考核管理的渠道和平台。深化人事劳动分配项制度改革。坚持事业单位企业化管理不动摇，进一步严格执行“以岗定薪、岗变薪变”岗薪制度，全员参与绩效考核，全员经营风险共担。进一步细化完善“以岗定薪、岗变薪变”办法，形成11级23档的岗薪管理新模式。

（李　鹏　苏友永）

广播电视

【概况】 2017年，市广播电视台新闻宣传紧紧围绕全市总体发展思路，坚持把牢正确导向，统筹内宣外宣，舆论引导成效显著。强化节目创新创优，一批优秀作品在评奖评优中屡获佳绩。加强媒体监督，初步构建起全媒体监督体系。网台互动，媒体融合取得新成效。全面提升技术保障能力，完成十九大期间安全播出任务，广播电视节目实现全年安全优质播出。

【新闻宣传】 战役性报道影响大。牢牢坚持正确舆论导向，全台统筹协调，全媒体参与，开展全方位、多层次深入宣传，突出做好中共十九大、创建全国文明城市等战役性宣传报道。开设“喜迎十九大”专栏，开展“砥砺奋进的五年”主题宣传，深入宣传习近平总书记“7·26”重要讲话精神。中共十九大胜利召开后，紧紧围绕中共十九大主题，开设《学习贯彻十九大精神》《新时代 新气象 新作为》等专栏，报道全市中共十九大精神集中宣讲活动和各级各部门的学习情况，多角度宣传全市各级各部门贯彻落实中共十九大精神的新思路、新举措、新成效。主题宣传声势强。围绕市委、市政府中心工作，聚焦加快新旧动能转换、体制机制改革、生态环境保护等重点，在主要新闻栏目中开设《践行新理念建设新莱芜》《发挥优势 补齐短板 加快新旧动能转换》《深化放管服改革》等专栏30多个，宣传全市经济社会发展的显著成就和典型经验。加大经济报道力度，提升经济宣传专业水平，提振发展信心。按照市委安排，分次分批赴山东省聊城、德州等四市和广东、贵州、浙江、河北等地进行深入采访，拍摄完成《激荡齐鲁》《借得东风好扬帆》等系列专题片，生动介绍外地市先进经验，为全市发展、新旧动能转换提供有益借鉴。外宣再上新台阶。注重创新，重点突破，在发稿的量和质上都有提升，全年在省级以上媒体发稿529条，在央视发稿20条。《良心农人陈明利》《改写“一钢独大”历史非钢产业占比首超六成》等一批主题稿件和系列报道在广播《山东新闻联播》和电视《山东新闻》等栏目作为头条或提要稿件重点播出，进一步提升了莱芜影响。

【创新创优】 突出特色，彰显节目定位。广播3个频道发挥服务性、公益性、互动性特点，依托《民生974》《就爱帮你忙》《一路平安》等栏目及时发布便民信息，组织爱心义卖、金叶助学等公益活动，举办观光体验和美食品鉴等线下活动，频道特点更加鲜明，增强了听众黏性，提升了频道影响。优化电视节目设置，新开办《美丽乡村》栏目。匠心制作，打造精品纪录片。以《村庄影像志》《口述历史》《俺莱芜游》等栏目为载体，深入挖掘莱芜红色文化、优秀传统历史文化、特色风土人情，制作《仙路遗踪》《莱芜大战》《亓诗教》等一批具有较高艺术性和文化价值的纪录片。发挥优势，丰富活动形式。充分发挥广电宣传、组织、技术优势，组织车房展、家具展等展会活动，百姓春晚、少儿才艺大赛等晚会节庆活动，旗袍文化节、国学小名士、《诗声朗朗》等文化活动，最美医生评选、公益慈善晚会等典型宣传活动，取得良好的社会效益和经济效益。强化内容评价，助力节目质量提升。组织30次内部评优评选，评出新闻、社教、播音主持优秀作品230件。认真开展监听监看，全年提出宣传意见建议和发现问题差错约 200 条次，为评估节目质量、加强宣传管理、促进宣传创优提供重要依据。在 2017 年评奖评优中，市广播电视台 48 件作品获省级以上奖项 55 个，其中《苍龙峡》获第十届中国电视旅游周旅游电视专题最佳作品奖，《卧云铺》获省第十二届“文艺精品工程”奖。

【媒体监督】 《电视问政》《政风行风热线》《市民热线》《民生广角》《莱芜零距离》等栏目关注社会民生热点和突发事件，及时准确有效发声，发出权威回应。《电视问政》3 期节目涉及 56 个民生问题，政风行风热线和市民热线共接到热线电话和网友提问 3600 多个，《民生广角》播发为民办事新闻 600 多条，《莱芜零距离》回复群众问题近 3000 个。这些栏目关注社会热点和突发事件，及时准确有效发声，发出权威回应，协助解决了一批热点、难点问题。

【媒体融合】 立足官方微信平台，组织开展“学习十九大报告全民有奖答题”活动，利用新媒体手段宣传中共十九大精神，提升了官微公信力和影响力。配合创建全国文明城市开展宣传，开设“创城随手拍”栏目，图文展示莱芜美丽形象。尝试运用新的传播形式，通过微信平台和笑脸社区 APP 对旗袍文化节、车房展等活动进行网络直播，实时展现活动实况，为最美医生评选、业余剧团戏曲大赛、最美社区评选等活动开设网络投票通道，线上线下互动，增强了活动效果。

【技术保障】 市广播电视台开展安全大检查，针对发射、播控、安保等关键部位和环节，全面排查安全隐患，严格落实整改意见。成立领导小组，加强对安全保障工作的统筹协调。制定完善突发事件应急预案、播出机房管理、安保消防等制度。强化技术人员安全学习培训，加大日常巡查检查力度，组织多次应急演练，提高技术人员实战操作和应急处理能力。更换传输电缆、配备备用发射机、备用电源，安装安全播出预警终端，建立起安全防护保障体系，保障全台节目安全优质播出，完成十九大期间安全播出任务。

【集团运营】 进一步完善法人治理结构。按照市委市政府相关文件精神和国有文化企业管理的有关规定，明确企业属性，严格按照现代企业制度规范运作。成立党委班子，设立董事会和经营管理层，实行一体化管理机制，形成党委领导与法人治理结构相结合的管理模式。初步理顺人员关系和经营思路。

（杨　帅）

责任编校：蔺延军　卢海静

卫生·计划生育

卫　生

【概况】 截至2017年年底，全市共有各级各类卫生计生机构1288个，其中，三甲医院2家，三乙医院2家，二甲医院2家，二乙医院2家，各级妇幼保健计划生育服务中心23家，总床位7219张，卫生计生技术人员8104人，每千人拥有床位5.25张，每千人拥有卫生技术人员5.89人；拥有万元以上医疗设备5820台（件）。全年共诊疗807万人次，住院22万人次。

【医药卫生体制改革】 2017年6月1日，市委、市政府召开新世纪以来第一次全市卫生与健康大会，对加快推进健康莱芜建设做出全面部署，全市迅速掀起健康莱芜建设的新热潮。公立医院综合改革持续推进。巩固破除“以药养医”成果，统筹推进医药卫生体制改革。实施城市公立医院法人治理结构改革，市人民医院、市中医医院、市妇幼保健院、市皮肤病防治所实施法人治理结构改革，现代医院管理制度建设走在全省前列。全市10家城市公立医院住院病人实际报销比例同比增加7.05%，平均住院日下降0.4天，药占比下降6.88%，医疗费用增长得到合理有效控制，控费指标位居全省第一位。分级诊疗制度有效建立。全市构建医联体和医共体6个，牵头单位和所有乡镇卫生院（社区卫生服务中心）实现了远程医疗全覆盖。药品网上采购机制不断完善。全市公立医院全面实施药品采购“两票制”，8家二级以上医院在省药品集中采购平台采购药品7.08亿元、高值医用耗材6642万元，基层医疗卫生机构网上采购药品1.13亿元，网上采购药品到货率、有效订单率均居全省前列。成立市公立医院药品采购联合体，18个达成协议产品较省平台企业自主报价平均降低15.14%。制定《莱芜市医疗收付费方式改革实施方案》，从2018年1月1日起对107个病种实行按病种收费政策。鼓励和引导社会资本办医。全年共审批新设医疗机构24家，办理注册登记21家，其中社会办医疗机构20家，多元办医格局初步形成。

【公共卫生服务】 国家基本公共卫生服务全面落实。人均经费补助标准提高到50元。为100多万城乡居民免费建立电子健康档案，建立家庭医生服务团队126个，重点人群覆盖率达68.75%，全人群覆盖率达到34.79%，实现了在管老年人、贫困人口及计划生育特殊家庭签约服务全覆盖。重大疾病防控成效明显。传染病疫情报告质量和重点传染病监测指标位居全省前列。成功处置了1起H7N9禽流感疫情，连续19年实现“一个确保”目标。全市免费疫苗接种41万剂次，免疫规划疫苗全程接种率达95.73%。卫生应急处置和食品安全风险监测能力不断增强。全年共做标准备案115份，8家哨点医院共上报食源性疾病病例监测信息1277例。爱国卫生工作成绩显著。巩固提升国家卫生城市成果，50 个村（社区）、6 个单位成功创建为省级卫生村、单位。

【卫生计生监督】 在全系统开展综合监督规范年活动，监督检查各类单位 6167 户次，在各专业开展“双随机”抽查 262 批次，监督覆盖率和建档率均达 100%，行政处罚案件 240 件，罚款 34 万元，申请法院强制执行案件 4 宗。莱城区被授予山东省卫生计生综合监督示范区称号。市卫生计生监督所被评为全省卫生计生综合监督提升年活动先进集体。

【医疗服务】 医疗机构管理持续规范，质量管理体系不断健全，巩固进一步改善医疗服务行动计划活动成果，在优化服务流程、深化预约诊疗、畅通急诊绿色通道、开展优质护理服务以及规范诊疗行为等方面下功夫，群众就医体验明显改善。2 家镇卫生院和 1 家社区卫生服务中心分别被评为国家级群众满意的乡镇卫生院和优质示范社区卫生服务中心。全面开展血液核酸检测等工作，确保血液质量和安全。全年共 18350 人次无偿献血 367 万毫升，连续 10 年荣膺全国无偿献血先进城市称号。完善“三调解一保险”医疗纠纷预防与处置体系，全市二级以上医院和乡镇卫生院、社区卫生服务中心和 90% 以上村卫生室完成医责险投保。

【科技兴医】 2017 年，全市 38 人参加全科医师转岗培训、43 人参加住院医师规范化培训，与 1 名泰山学者签订了合作协议，年内招聘硕士研究生 44 人。55 名专业技术人员参加全省适宜卫生技术推广项目培训，14 个项目参加 2017 年度山东省医药卫生科技发展计划项目申报，3 个项目参加省第九批适宜卫生技术推广项目申报。

【妇幼保健】 开展孕前、孕中、产后无间隙优质服务。2017 年，全市完成 1.2 万名计划怀孕夫妇免费孕前优生健康检查、6.7 万名农村妇女免费“两癌”筛查、6884 名孕产妇免费产前筛查，新生儿疾病筛查率达到 99.28%。年内，全市孕产妇死亡率、婴儿死亡率和 5 岁以下儿童死亡率分别降至 14.15/10 万、2.69‰和 3.4‰。

【中医药事业】 市人民医院进一步扩大中医药综合服务区，市妇幼保健院将中医药服务拓展到各临床科室，钢城区将建设中医药特色村卫生室列入为民办实事加以推进，雪野中心卫生院中医门诊人次占比较上年增长 11%。全市所有社区卫生服务机构和乡镇卫生院、70% 以上的村卫生室能够提供中医药服务。中医药参与医改力度不断加大，先后开展 8 个中医优势病种收费方式改革。3 名指导老师和 6 名继承人获批全省第五批指导老师和继承人。截至 2017 年底，全市共有师承老师 25 人、继承人 54 人。成功创建 1 个“全国名老中医专家传承工作室”，4 人分别入选全省中医药科普巡讲专家和省名中医药专家，6 人被评为省基层名中医。采取多种形式，发掘、传播中医药文化，市中医医院和口镇中心卫生院被评为

市卫计委组织开展“百医进百村”便民服务行动现场（市卫计委 供稿）

省中医药文化建设示范单位。注重加强社会办中医医疗机构，全市民办中医医院 1 个，中医诊所达到 46 个。

【医疗基础设施建设】 市人民医院扩建工程全面完成，医疗资源进一步优化。市财政投入 800 多万元，建立 3 处危重孕产妇和新生儿救治中心，市人民医院、市中医医院、市妇幼保健院提前完成并投入使用；莱钢医院自筹资金建成危重孕产妇和新生儿救治中心，全市完成 100 处标准化村卫生室建设任务。

【健康扶贫】 按照“三个一批”要求，做好分类救治工作，为 1 万余名患病贫困人口落实住院“先诊疗后结算”、区镇医疗机构门诊“两免两减半”等健康扶贫政策措施。深化提升“百医进百村”服务，启动“爱心医师联千村”活动，组建“1+1”爱心服务团队，到 503 个村（居）共免费诊疗 5.6 万余人次、发放药品 26 万元，为群众节省费用 170 多万元。

【发展保障】 依法行政工作有序推进。全面推进政务公开工作，进一步深化“放管服”改革，规范权力运行，简化行政审批证明材料，全面做好相关规章和规范性文件清理工作。信息化建设步伐加快。完成卫生计生专网整合工作，建立全员人口信息库、基础资源库、居民电子健康档案、电子病历 4 个基础数据库。全市 8 家二级以上医疗机构全部实现院内医疗和综合信息资源共享，15 家乡镇卫生院、11 家社区卫生服务中心全部安装了统一标准的医院信息综合管理系统。舆论宣传引导更加有力。加强宣传引导，大力弘扬社会主义核心价值观和职业精神，及时组织重大政策解读、回应社会舆论关切。组织评选首届莱芜市最美医生活动，选树典型，弘扬正气。

（章　涵　杨　静）

【莱芜市人民医院】 2017 年，莱芜市人民医院全面落实“四围绕、四实现”总体部署，推进“三甲”综合医院创建、院区扩建工程、公立医院改革、医院内涵建设等重点工作，医疗服务质量和管理水平得到有效提升，医院的良好口碑和积极形象更加深入人心。年内，市医院获得国家卫计委“2017 年度‘进一步改善医疗服务行动计划’先进集体”、全省健康管理工作先进单位、健康服务创新奖、山东省卫生保健协会先进单位等称号。

院区功能布局完善优化。2017 年，市医院对北院区外科各专业进行充实和细化，同时重新优化南院区功能布局，重新布局了干部保健科、健康管理中心，设计了高标准的血液净化中心、康复医学中心、中医药功能示范区和临床技能培训中心，形成南北院区贯通一体、功能布局更加完善的现代化综合医院。同时，以市中分院内科、特需科为基础，根据医院总体发展规划和市中分院功能定位，组建成立老年病医院。进一步优化传染病救治流程，通过加强与济南市传染病医院的合作，提高各种传染病的应急处置能力。

医院内涵建设。做好“三甲”创建工作。将创建“三甲”综合医院作为全院的头等大事，对照创建标准对现有的规章制度、工作流程等进行完善，对各类诊疗指南、操作规范等在法律法规、部门规章的范围内，结合市医院实际进行细化，确保各类制度规范、权威并具有可执行性。加强医疗质量和医疗技术管理。按照三级综合医院评审标准要求，结合新出台的《医疗质量管理办法》，重新梳理制定了 15 个质量管理模块模板，完善院科两级质量管理体系。鼓励各科室积极开展新技术、新项目，全年共开展新技术新项目 20 项。各种高难度高风险三、四级手术及微创手术在数量和质量上大幅度提高。加强运行及终末病历质量监控。提高病历内涵质量，以病历质量带动医疗质量的持续提高。加强围手术期及合理用药管理。加大非计划再次手术管理，严格重大手术审批管理。对临床特殊使用抗菌药物情况进行备案，加强抗菌药物应用率、使用强度、微生物送检率和围手术期使用抗菌药物各项指标的监控工作。重点学科建设和科研教学工作。组织举办科研专题培训活动,提高广大医务人员的科研意识与能力。年内，市医院获山东省药学会科学技术奖1项、山东省医药卫生发展计划项目3项、山东省中医药科技发展计划项目1项,市科技进步二等奖8项，三等奖17项，泰山医学院教学成果三等奖1项。完成2项国家级、17项省级、10项市级继续医学教育项目的举办和1项山东省适宜卫生技术项目的推广等工作。

人才队伍建设。做好人才引进和培养工作。结合公立医院人事制度改革，完成卫生初级岗位招聘和短缺专业人才招聘申报工作，共招收硕士研究生47人。组织实施护士招聘工作，招聘护士43人。分批次选派40余名中层干部赴邵逸夫医院、新加坡、日本等地学习培训，选派30名医疗护理骨干到省内外知名医院进修学习；派人外出参加各级各类学术会议400余人次。抓好全市全科医师、住院医师的规范化培训及进修医师的培养、培训工作。市医院被齐鲁医药学院评为2016—2017年度实践教学工作“先进教学基地”。

医疗服务水平提升。深化优质护理服务内涵。举办“莱芜市人文关怀知识培训班”和“树天使形象做有温度护士”演讲比赛，引导护理人员树立健康向上的工作态度，全面提升优质护理服务水平。开展护理网格化管理试点，实现二级监管无缝隙。提升门、急诊服务水平。修订完善门急诊就医流程、急危重症患者优先处置程序。建成全市急危重症孕产妇救治中心和急危重症新生儿救治中心。推行排队叫号系统、门诊电子病历、掌上医院、银医通等便民措施，推行“全时段分时预约挂号”和“支付宝在线支付”，进一步完善加强多学科综合门诊建设,改善患者就医体验，满足患者多层次的需要。落实各项便民惠民措施。开展“百医进百村”服务活动，先后组织义诊30余次，免费发放药品价值2万元，监测血糖3000余人次，心电图监测2600余人次，为群众节省医疗费用10余万元。成立护理志愿服务队，举办走进电视台、学校、光荣院、社区、家庭等应急急救知识“五进”活动，进行保健知识讲座、心肺复苏等自救技能培训，受到广泛赞誉。

医院运行秩序规范。建立完善医院法人治理结构。成立医院理事会和监事会，召开第一届理事会第一次会议，审议表决理事会议事规则和医院章程，为推动医院法人治理结构改革奠定重要基础。加快医院信息化建设步伐。完成“银医通”二期工程多个突破性项目的建设和启用。推广社保卡作为就诊卡使用，推进“互联网+”线上服务平台与线下自助服务平台深度融合，实现病房内入出院办理、门诊多种形式非现金支付、医保卡等同诊疗卡等智慧化、便民化医疗服务。加大后勤社会化改革力度。引进服务一流的专业管理团队，将医院的空调、强电、电梯、保洁交给爱玛客公司管理；引进上海医药集团对医院药房及耗材库房进行管理；引入莱芜神盾特勤负责医院的安保；引入莱商银行管理医院的收费挂号和住院结算；引进银座超市、山东祥意泉等省内知名的超市和餐饮公司入驻医院，让病人享受更加便捷、高效的服务。深化院务公开工作。召开第八届第二次工会会员、职工代表大会。每季度通过OA系统刊发一期院务公开工作简报，提高院务公开知晓率。每季度开展一次针对职工及患者的院务公开调查及督查工作,确保各项工作落到实处。加强医院文化建设。组织举办“喜迎十九大·共创新辉煌”庆祝北院区启用暨国庆文艺晚会等一系列文体活动。开通上线“莱芜市医院”微信服务号，对医院网站进行升级改版。开展“我心中的北院区”有奖征文活动。注重树立典型，发挥先模人物的示范引领作用，年内市医院有2名医生被评为全市“最美医生”，曹呈国被评为“全国卫生计生系统先进工作者”，刘英才家庭获得全国“最美家庭”候选家庭。

（张国华）

【莱芜市中医医院】 2017年，莱芜市中医医院以“五着力五提升”工程为主线，全面深化改革，开拓创新，中医药内涵建设不断增强，综合服务能力有很大提升，取得了医院建设和发展的新成就。

深化改革。法人治理结构建设。根据《莱芜市公立医院法人治理结构建设实施方案》要求，成立理事会和监事会，召开理事会第一次会议和监事会会议。公立医院综合改革不断深化。加强医联体建设，与鹏泉街道社区卫生服务中心、牛泉卫生院、寨里卫生院签订《莱芜市中医医院医联体单位协议》，与羊里卫生院、莱钢集团莱芜矿业有限公司职工医院签订《莱芜市中医专科联盟协议》。开展中医优势病种收费改革，已开展4个病种，参与收费改革的病种平均每例为病人节省5000元左右。组织开展单病种付费改革价格测算工作，按时完成113个病种测算及临床路径规范任务。业务水平提升，与山东大学齐鲁医院签订《分级诊疗技术协作协议》，成为山东大学齐鲁医院协作医院，齐鲁医院妇科、耳鼻喉科、外科专家受邀来院坐诊、手术、查房、带教。

创新发展。通过大型中医医院巡查。山东省中医药管理局大型中医医院巡查专家组利用3天时间，通过明察暗访、听取汇报、查阅资料、实地查看、现场访谈、参加医疗活动、统计资料分析等多种形式对中医院进行认真翔实的巡查，专家组对医院工作给予充分肯定。医疗质量持续改进。开展新技术，妇科开展腹腔镜下子宫全切术及腹腔镜下子宫肌瘤剥除手术，心病科四病区开展穴位贴敷用药、中药泡洗用药和外涂片中医护理技术用药、皮肤科开展烟熏疗法和热敏灸等新技术。新增设狂犬病暴露处置门诊。加强对医疗废物、多重耐药菌、一类切口感染的管理与督导检查，落实手卫生规范，提高全院医务人员手卫生依从性。继续深化优质护理服务内涵，优化“6s”管理，完善“医护一体化”服务模式，开展“优质护理服务月”活动，创建“优质服务示范病区”。中医药特色日益突出。开展中医特色护理服务，开展脐疗法、中药熏蒸疗法、气压治疗、平阴秘阳循经按摩法等多种技术。省中医药管理局对全省121家二级以上中医院中药饮片进行质量评价，中医院代表莱芜市获第一名，实现了中药品种全、质量好、服务优，打造了“莱芜第一中药房”。

精益管理。精细化管理。进一步调整收入结构，严格控制药占比，统一部署停用53种辅助用药，降低130种药品采购价格，对排名前100名的药品两次降价，劳务收入同比增长19.15%，控制医药费用不合理增长工作成效显著。实施节能改造，更换公共场所照明灯具，安装感应节水器具，使用节能产品，被授予“全省节约型公共机构示范单位”称号。规范化管理。定期对电梯、供电、供水、供暖等设备进行检查检验，定期对设备管线进行巡查，及时解决安全隐患，实现全年后勤设备安全运行。智慧化管理。加大医院信息化建设力度，新HIS、LIS、银医系统全面上线，办公自动化OA系统全面启用。

公益服务。坚持医院公益性。医院选派10人到寨里、牛泉卫生院、鹏泉社区卫生服务中心开展对口支援工作。选派2人参加支援西部经济隆起带和省扶贫开发重点区域帮扶工作。选派医护药3名业务骨干帮扶贵州省遵义市习水县中医院。积极开展口腔窝沟封闭工作，为1480名儿童实施口腔窝沟封闭，封闭率86%。开展“百医进百村”工作，2017年度共计免费诊疗2725人。开展志愿活动。组织医院志愿者服务队参加“学雷锋，做草根志愿者”“弘扬雷锋精神护佑百姓健康”等主题活动和重阳节关爱老人等志愿服务。ICU方大正同志，作为中医院第2例、莱芜市第5例造血干细胞捐献者，在国际志愿者日当天，用自己的造血干细胞救治一名患者。提高为民服务能力。新建急危重症孕产妇和急危重症新生儿救治中心。装修改造婴幼儿洗浴间，达到全市一流水平。

（李尊奉）

【莱芜市妇幼保健院】 2017年，莱芜市妇幼保健院以推进医院综合改革和强化业务内涵建设为重点，提高全院服务质量、服务水平，提升妇幼健康服务能力，推进医院各项工作稳步发展。全年总诊疗人次42.69万人次，同比增长0.2%，出院人数16482人次，产科接生7829人，病床使用率73.51%，药品收入占业务收入比重同期降低7.53%。

医院综合改革。按照“公立医院改革实施意见”精神，推进公立医院综合改革。2017年6月30日，市妇保院理事会成立，召开理事会第一次会议，审议通过《医院章程》和《理事会议事规则》，对深化医改、推进市直公立医院实行法人治理结构建设迈出关键一步。7月24日，召开理事会第二次会议，就医院重大项目投资问题，充分听取各位理事意见和建议；12月12日，组织召开理事会第三次会议，对重点项目建设调整事项，进行汇报并争取各位理事意见，为医院重大决策和遵守法律法规发挥民主监督监管作用。4月，市妇幼保健院完成与市计生中心的合并，使妇幼计生资源实质得到优化整合和服务升级。

人事制度改革。实行人员总量控制设定、分类管理和实施内聘管理，招聘急需实用型专业技术人员22名，按程序内聘130名专业技术人员；强化中层干部培训，聘请海创（中国）医院管理研究中心专家首席讲师邹树波到院讲授“中层角色定位与职业发展管理”培训课程并达到预期效果；积极配合物价部门对医疗服务价格进行精准核算，降低药占比，规范成本核算和成本管理，严格控制医疗费用不合理增长，改革医疗费用支付方式，实行医疗保险总额预付、按病种付费等支付方式的综合改革。

业务内涵建设。市妇幼保健院按照三甲妇幼保健院复审标准，进一步完善全院医护质量考核内容，落实医疗核心制度及各项技术操作规程，强化临床一线科室督导检查及业务考核，及时兑现绩效奖惩，开展全员培训及远程教育21次、“三基三严”理论考试和技能操作11次、技能竞赛和安全教育3次；加强上下级医院协作，发挥与上级合作医院优势，一方面请上级医院专家到院讲座、查房、手术指导，一方面派出业务骨干进修学习、规范化培训，多方位多途径促进技术人员专业水平的提高；市级急危重症孕产妇救治中心和急危重症新生儿救治中心通过了主管部门考核验收。

学科建设。推进建立医联体协作新机制。年内将中医妇科列为省级重点专科，加强妇产科、新生儿科、检验科3个市级重点专科管理与标准化建设，创建省级和市级临床重点专科及示范基地；继续巩固提高与省妇幼保健院、齐鲁儿童医院联合办医、结对发展工作成果，加入山东大学齐鲁儿童医疗集团，引进省城医院优秀诊疗专家定期到院坐诊；聘请“泰山学者”王谢桐教授到院指导业务工作，开展产前诊断及优生咨询；推进妇幼“医联体”建设，推动医疗资源在医疗联合体内合理流动，逐步构建层级优化、优势互补、功能完善的医疗机构协作格局。

标准化建设。打造妇幼健康服务品牌。加强

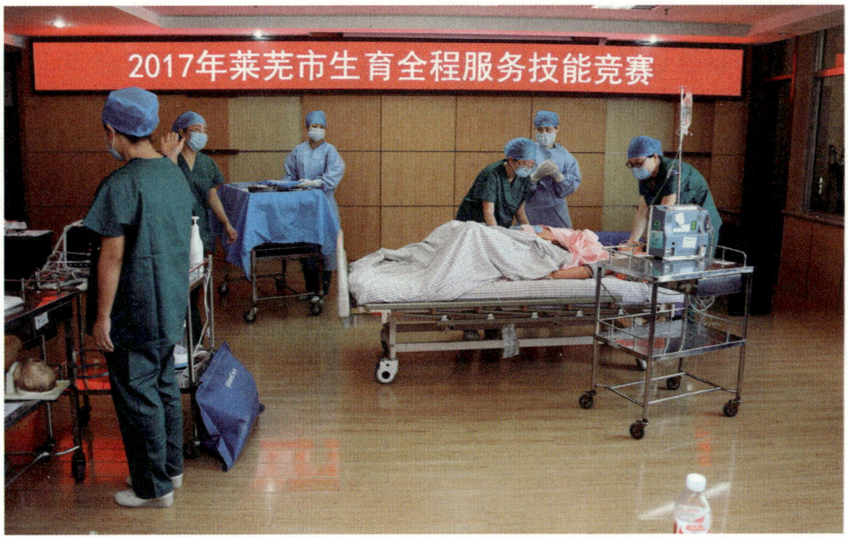

2017年9月29日，莱芜市生育全程服务技能竞赛在市妇幼保健院举行
（市妇幼保健院 供稿）

妇幼健康服务体系建设，启动三甲妇幼保健机构复评审工作，成立领导小组，制定《三级妇幼保健机构复评审工作实施方案》。开展妇幼健康优质服务示范工程创建活动，加强爱婴医院管理、儿童早期发展基地创建，推动市妇幼保健院作为全国“中医药工作示范单位”建设，树立“无中医不保健”的服务目标，扩大中医药在全市妇幼健康服务中的特色优势作用。

信息化建设。市妇幼保健院注重打造以“互联网+”为支撑的信息化服务模式，发展规范的互联网妇幼健康服务，优化就诊流程，完善和增加排队叫号系统、门诊电子病历、掌上医院、银医通等便民措施，探索实行预约挂号和支付宝在线支付；引进医院物流管理信息系统，实现药品、医疗物资、医用耗材、后勤物资配送等科学有效的管理，逐步实现对全院物资的可视化、动态化、精确化管理。

基础设施建设。加快推进医院保健楼改造项目建设施工进度，克服重重困难，及时研究调整施工方案，上报审批，计划 2018 年上半年完成施工并投入使用，为迎接医院三甲复审和新业务新技术的开展提供基础服务保障。

（张　燕）

计划生育

【概况】 2017 年，全市共出生 17039 人，其中，两孩出生 12486 人，占出生总人数的 73.3%，符合政策生育率为 99.2%，出生人口性别比为 106.1，出生婴儿缺陷发生率控制在 4.5‰以下。

【计生转型发展】 改革人口目标管理责任制考核办法。设置人口均衡发展指标，加大服务性指标权重，推进计划生育转型发展。全面实行首接负责制、个人承诺制、婚育证明电子化，全市生育登记和育龄妇女信息覆盖率均超过 90%。落实农村部分计划生育家庭奖励扶助对象 6.2 万人、奖扶金 5993 万元，特别扶助制度对象 1503 人、特扶金 870 多万元，为市属困难（破产）企业退休职工中独生子女父母发放养老补助 600 多万元。开展流动人口和农村留守儿童健康关爱活动，全市流动人口基本公共卫生服务覆盖率达到 85% 以上，流入育龄妇女免费技术服务率、流入已婚妇女免费孕检率和药具发放率均达到 96% 以上。

【计生协会】 2017 年，争取市财政支持生育关怀资金 20 万元，人口关爱募捐 24.9 万元。发放计生特殊家庭一次性扶助金 16 万元，为 1609 人投保计生特殊家庭住院护理综合保险，为 44175 人投保计生家庭意外伤害保险。

（章　涵　杨　静）

责任编校：蔺延军　卢海静

社会生活

民政事务

【概况】 2017年，全市民政工作以习近平新时代中国特色社会主义思想为指引，深入学习贯彻中共十九大精神，服务民生保障，创新思路、锐意进取，呈现整体向好、稳步推进的良好态势。

【社会救助】 2017年7月，市政府印发《关于进一步健全特困人员救助供养制度的意见》，提高城乡低保、农村特困供养人员保障水平，城市低保标准提高到每人每月485元，农村低保标准提高到每人每年3642元，保障城乡低保对象3.2万人，发放保障金及各类补贴8500多万元。农村特困人员集中供养标准提高到每人每年6400元，分散供养标准提高到每人每年3700元，保障农村特困对象3158人，发放保障金1340余万元。完成全市4个中心敬老院建设改造，实现农村特困人员集中入住。开展市属以上单位大病医疗救助和临时救助活动，救助困难群众323人，发放救助金121万元。指导各区（功能区）救助1.4万余人次、发放救助金1900余万元。全市救助城乡低保和低保边缘家庭大学新生166人，发放救助金57.2万元。开展政府救助保险工作，并列入2018年市委、市政府为民办实事项目。做好春荒期间灾民救济，下拨自然灾害生活补助资金420万元，惠及灾民2.1万余人。落实享受困难残疾人生活补贴6065人、重度残疾人护理补贴10788人，下拨补贴资金1032.56万元。建立严重精神障碍患者监护人看护补贴制度，拨付市级补助资金40.6万元。2017年，全市“慈心一日捐”募集善款377万元，完成募捐任务。设立公益慈善基金和企业专项基金，引导莱芜农商银行设立团体慈善基金，设立金额107万元，先后开展“情暖万家”“爱心复明”“启航行动”“慈善血透”“慈善超市”等活动，惠及困难群众7000多人。下拨自然灾害生活补助资金420万元，救助灾民和困难群众0.89万户，惠及灾民2.1万余人，将商业保险引入救灾工作，充分发挥保险业参与社保管理职能及防灾减损中的重要作用。

【双拥优抚安置工作】 双拥共建工作。2017年，全市民政系统协调安置随调家属6名，为197名未就业随军家属发放生活补助140余万元。为全市131名立功现役军人家庭发放慰问金18.2万元。推动军地互办实事，支持国防和部队新建、改造基建项目9个，为驻莱部队解难题、办实事4件。建立军地协同扶贫工作机制，驻莱部队帮扶贫困村7个，引进或投资建设扶贫项目8个，结对帮扶贫困户38家，资助贫困学生65名。2017年11月，钢城区顺利通过省双拥模范城年度考评检查组的考评验收。

优抚安置工作。2017年，严格对照省“11条”要求，推进符合政府安置条件退役士兵权益保障工作，妥善解决自1978年以来退役士兵应安置未安置、安置后未上岗等权益保障历史遗留问题，全面完成“清零”任务。全年全市发放抚恤定补金6000余万元，为优抚对象办理医保续保、报销及补助医疗费300余万元，为1192户义务兵家庭落实优待金1867万元。12月20日前，按照“四公开一监督”原则，完成34名退役士官安置工作。

【基层政权和社区建设】 2017年，全市民政系统深化社区管理体制改革，在10个社区探索建立社区工作站。开展社区减负增效行动，社区协助政府办理行政事项减少为30多项，同比下降70%。在15个社区开展社区协商示范点建设，增强基层民主协商能力。开展“魅力社区”评选活动，评选出10个群众最满意的“魅力社区”。实施农村社区服务中心三年建设计划，提升农村社区管理服务水平，按“一厅一校八室”标准设置服务中心功能。完成94个农村社区服务中心建设。

【社会事务】 2017年，全市建立农村留守儿童关爱保护体系，192名农村留守儿童监护人全部签订《委托监护责任确认书》，监护责任落实比例100%。以市政府文件出台《关于加强困境儿童保障工作的实施意见》，完善困境儿童分类保障措施。规划160个村级公益性公墓（骨灰堂），推进殡葬惠民政策落实和移风易俗工作。开展婚姻收养登记工作规范化建设，婚姻、收养登记合格率均100%，涉外收养实现“零”的突破。完成地名普查的外业调查和补查工作。全市征集各类资料150余万字。形成文字资料2.3万余份、多媒体信息3.5万余份，形成普查成果集成数据条目5718条，建成地名普查数据资料库。开展地名普查成果转化工作，编辑出版《莱芜市地名图集》，完成图集的初步编纂工作。做好边界线联检，完成部分行政区划调整工作。

【社会福利】 2017年，全市启用残疾人两项补贴信息系统，录入残疾人信息16853条，落实享受困难残疾人生活补贴6065人、重度残疾人护理补贴10788人，拨付补贴资金1032.56万元。建立严重精神障碍患者监护人看护补贴制度，对落实看护管理且患者未发生肇事肇祸行为的监护人，给予每月200元补贴，全年拨付市级补助资金40.6万元，保障676人。开展养老院服务质量建设专项行动。对全市27家养老院开展标准化整治，整治合格17所，合格率63%。新建农村幸福院16所、社区日间照料中心1所。协调有关单位为10家公办养老机构免费加装电梯28部，总价值1000多万元。安排培训经费180万元，培训初级养老护理员1200名。开展齐鲁福彩助残行动，为160名肢体残疾人员更换假肢和矫形器具，价值183万元。

【社会组织管理】 2017年，全市新登记社会组织48家，变更登记84家，注销登记11家，完成年度检查。市民政局联合市发改委等16部门，成立全市行业协会商会脱钩领导小组，以市委、市政府“两办”文件印发《行业协会商会与行政机关脱钩实施方案》，组织召开全市社会组织脱钩工作会议，推进政社分开。完善社会组织党建工作体制机制，依托市直部分业务主管单位成立12家社会组织行业党委，形成社会组织党建新格局。

【地名管理】 2017年，市民政局完成地名普查的外业调查和补查工作。采集地理坐标信息点1.5万个，多媒体信息3.9万余份，补完有关文物、交通运输、企业等地名资料500余条。全市征集各类资料150余万字。形成文字资料2.3万余份、多媒体信息3.5万余份，普查成果集成数据条目5718条，全面建成地名普查数据资料库。开展地名普查成果转化工作，完成《莱芜市地名图集》初步编纂；完成《中华人民共和国标准地名词典》莱芜部分编撰，编纂莱芜市词条64条，其中市级7条，莱城区38条，钢城区19条，释文内容3万余字。完成部分行政区划调整，按照市委、市政府部署，完成将经济开发区的大陡沟村、于家庄村、黄崖头村、大崮山村4个行政村划归高新区管辖工作。实地检测边界地区界线标志物和界桩情况、界线双方睦邻友好情况，10月形成界线联检成果资料及《莱芜市行政区域界线联检报告》，完成莱城岱岳线、莱城博山线和莱城钢城线联检任务。

【局属事业单位工作】 2017年，市军休所保障军休干部政治和生活两项待遇，优化服务设施和服务环境。莱芜战役纪念馆完成莱芜战役胜利70周年纪念大会、创建全国文明城市窗口迎检及烈士公祭等服务保障工作，全年接待游客52万余人次；投入940余万元，启动缅怀堂二期工程，打造“城市名片”。莱芜军供站完成军供保障任务，优化基础服务设施。市社会福利院落实养老护理制度，打造全市老年人集中供养示范单位。市救助站全年救助1640余人次，无病、冻、饿死事件发生，救助对象和救助对象家属满意率100%。市光荣院投入380多万元改造消防设施，完成150余人的优抚对象轮养任务。市儿童福利院全年新收孤儿、弃婴24名，送养17名，其中3名残疾儿童完成涉外收养。市荣军医院完成市委安排的社会精神障碍患者救治任务，临床经营总收入达400余万元。市福彩中心福彩销售额达到2.41亿元，同比增长超过20%，募集福彩公益金2400余万元。市蟠龙山公墓投资100余万元建成便民服务大厅，投入400余万元建设新墓区，殡葬服务设施标准全省一流。市殡仪馆全年火化遗体8900具，承办遗体告别会590场次，为群众减免基本殡葬服务费用630余万元。

（吕士豪）

人力资源和社会保障

【概况】 2017年，全市实现新增城镇就业1.92万人，农村劳动力转移就业2.38万人；城镇登记失业率2.6%；开展就业创业培训1.21万人；扶持自主创业5600人。全市企业养老、职工医疗、工伤、生育保险参保人数分别达27.42万人、27.73万人、26.84万人、19.23万人。机关事业养老保险参保人数达2.94万人，城乡居民养老保险参保人数和待遇领取人数分别达到50.23万人和16.64万人，居民医疗保险参保人数达92.3万人。

【就业工作】 2017年，市人社局完善落实积极就业政策，制定了《莱芜市创业带动就业扶持资金管理暂行办法》，进一步明确了规范扶持创业的政策项目和资金使用流程。认真落实援企稳岗政策，对采取有效措施不裁员、少裁员，稳定就业岗位的企业给予稳岗补贴，为182家企业落实稳岗补贴2462.12万元。出台技能提升补贴政策和家政服务业从业人员意外伤害保险补贴政策。有针对性的向政策享受群体精准宣传，提高了政策知晓、普惠度。开展“春风行动”、高校毕业生就业服务月等专场招聘活动，累计提供就业岗位5.6万个。突出抓好重点群体就业。抓好高校毕业生就业，全市高校毕业生登记就业服务率97.6%。开展高校毕业生就业专场招聘会15场次，提供3400余个就业岗位。招募2017度“三支一扶”人员26名，出台政策对服务期满考核合格的“三支一扶”人员在基层进行政策性安置，进一步激发了高校毕业生服务基层积极性。开发公益性岗位对退役人员、就业困难人员进行专项安置，安置退役士兵783名，安置就业困难人员271名。切实抓好就业精准扶贫。印发《莱芜市人力资源和社会保障精准扶贫2017年工作要点》《关于进一步加大就业扶贫力度的通知》《莱芜市扶贫车间奖补资金管理暂行办法》等文件，组织召开全市人社系统精准扶贫工作推进会，对贫困人口重新建档立卡。综合实施转移就业扶贫、助推创业扶贫、精准培训扶贫、人才支撑扶贫、全民参保扶贫五大扶贫系列行动，依托扶贫点吸纳贫困人员就业650人，培训农村贫困人员793人。强化创业服务载体建设，提升大众创业能力。新认定2家市级创业孵化示范基地并给予资金奖补。莱芜创业大学被评估为省级示范创业大学。参加全国创业就业服务展示交流活动，全市有16个项目获奖，市人社局获得突出贡献奖。全市钢城区、凤城街道办、雪野旅游区入选全省创业型城市（县区）和创业型街道（乡镇）公示名单。牵头组织开展“大众创业万众创新奖”评选活动，在全市评选出16个获奖项目。

【社会保障】 2017年，全市实施社会保险全民参保计划，全面完成全民参保登记的入户调查工作。严格依法扩面征缴，强化服务和执法手段，确保各项社会保险超额完成年度扩面征缴任务。不断深化养老保险制度改革。对贫困人员参加居民养老保险按最低标准缴费财政予以全额补贴。推进被征地农民养老保险，资金已落实98.2%，位居全省前列。企业退休人员养老金待遇实现十三连调。开展市直机关事业单位原统筹期间养老保险个人缴费部分清算工作，推进非营利性民办学校教师养老保险与公办学校教师同等待遇试点工作，机关事业单位养老保险制度改革政策得到稳妥落实。推进医保制度改革。推动实施职工大病保险制度，调整居民大病保险政策，对未列入省医药目录的某些重大疾病特效药实行单独补偿。实施医疗费用总额控制，加强对定点医疗机构监管，合理控制医疗费用过快增长。实现全国定点医院联网即时结算，全市近120万医保参保人员在全市48家定点医院可以随时住院联网，与省内415家定点医院、跨省7688家定点医院实现异地就医即时结算。推进工伤保险工作，全市建筑业在建项目工伤保险参保率100%。建档立卡贫困人口参加居民医保的个人缴费全部由财政负担，大病保险起付线减半，各分段报销比例相应提高5个百分点，封顶线提高到50万元，切实提高了贫困人口受益水平。加快信息化建设。进一步优化社保大厅服务流程，提高服务效率，确保各项社保待遇按时足额发放。加大社保卡制卡力度，累计制卡84万张，开通社会保障卡65项功能，实现社保卡直接作为医院实名制诊疗卡使用，方便了参保群众办理就业、就医、社保待遇领取等业务。推进社会保险业务标准化、信息化、一体化建设，启动使用莱芜人社微信号及莱芜人社APP应用，使群众办理业务更加便捷。

【人才队伍建设】 2017年，全市实施5158人才聚集工程，重点引进一批“千人计划”专家、泰山学者等高层次人才，支持了企业发展。开展重点企业人才需求征集等活动，有针对性地开展“长春站”名校直通车活动，与济南联合赴西北、东北、北京地区6所国家重点高校进行人才引进活动，引进各类急需人才374名。抓好外国专家工作。强化引智政策宣传，主动服务企业，推动用人单位借助海外智力发展，促成威马泵业、泰钢集团、农科院等多家单位和美国、韩国等外国高端专家进行实质性合作。积极申报实施省重点引智项目和外国专家项目，获批各类省级引智示范项目4个，获得省级资助60万元。新增“齐鲁友谊奖”专家1人。加强专业技术人员队伍建设。做好享受国务院颁发政府特殊津贴人员推荐选拔工作，全市享受国务院颁发政府特殊津贴人员达到16人。推进专业技术人员继续教育培训，对2万余名专业技术人员进行公需科目培训。开展专家服务基层、高层次研修等活动，专家服务发展的作用进一步发挥。强化职业能力建设，壮大高技能人才队伍。实施技师培训项目，对902名企业技能人才进行技师培训。做好省、市首席技师、有突出贡献技师推荐和评选工作。新增齐鲁技能大师特色工作站1个，新增齐鲁首席技师3人，新增莱芜市首席技师、有突出贡献技师17人。成功举办第十届全市职业技能大赛，52家企业640余名选手参加了29个工种的决赛，促进了优秀技能人才脱颖而出。严格职业资格证书审核、验印、登记等制度，全年核发职业资格证书8155本。

【人事管理工作】 公务员管理工作规范运行。2017年，全市完成了76名公务员（参照管理人员）考录工作。认真抓好公务员教育培训工作，执行各项教育培训计划。按照省厅要求，开展公务员平时考核试点工作。抽调80名学员参加市委党校2期科级干部任职进修班，会同市委组织部完成6个班次的学员调训任务，会同市服务业办成功申报2017年度“服务业千人培训工程”人才专题培训项目，取得明显效果。抓好干部任免、交流轮岗、政府表彰等工作。不断强化事业单位人事管理和工资制度改革。完成618名事业单位工作人员的招聘录用工作。职称评聘、竞聘上岗等工作按规定规范有序完成。进一步完善机关事业单位工资制度，抓好县以下机关公务员职务与职级并行实施、特岗津贴审批发放、员额法官检察官工资套改、事业单位绩效工资制度等工作。做好军转安置和各项人事考试工作。拓宽安置渠道，严格组织程序，全面落实完成2017年军转安置任务，安置转业军官24名。建成自主择业军转干部管理服务平台，提高了自主择业军转干部管理服务水平。做好企业军转干部解困维稳工作。加强人事考试管理，提升人事考试软硬件水平，完善各项考务流程，全年组织12项2.25万人次的考试工作。承担完成省考试中心委托莱芜市举办的社会工作师、注册计量师、价格鉴证师三项考试。

【劳动关系协调和权益保护】 开展劳动关系和谐企业星级管理评选活动，评出23家劳动关系和谐星级企业。做好化解过剩产能过程中职工安置及权益维护工作。确定全市2017年企业工资指导线，将月最低工资标准提高至1640元。做好国有企业负责人薪酬制度改革有关政策的落实。劳务派遣行政许可、特殊工时制、劳动合同备案等工作扎实推进，有关劳动法律法规得到有效落实。加强劳动保障监察执法。开展农民工工资、清理整顿人力资源市场、用人单位遵守劳动保障法规等专项检查，督促企业对存在的用工问题进行严格整改。及时受理处置日常各类劳动保障投诉举报案件，共受理101件，涉及劳动者3万余人次，累计追讨工资7274万元，补签劳动合同1659份，督促用人单位为4994名劳动者补缴社会保险728万元，案期内结案率100%。强化劳动人事争议调解仲裁工作。重点推进基层劳动人事争议调解组织标准化建设，全市20个镇（街道）、243个村（社区）、463家企业建立基层劳动争议调解组织。7家企业被评选为省级劳动人事争议预防调解示范合格单位。全年基层调解组织化解处理的案件占全市案件总量的61%以上。在羊里镇建立全市第一家“劳动人事争议流动仲裁庭”，实现仲裁职能下沉。推进“一裁终局”，创新实施“阳光仲裁”，加强仲裁员队伍建设，办案效率进一步提高。累计受理劳动人事争议案件415件，立案处理272件，当期结案率98%。集中做好农民工工资保障工作。坚持“属地管理，分级负责，谁主管谁负责”的原则，严格落实“一书两金一卡”制度，通过专项检查、领导包案、定期通报、责令整改等措施，累计为1503名农民工兑付工资共计1743.6万元。对农民工工资争议纠纷开通农民工劳动争议仲裁“绿色通道”，维护了农民工合法权益。

（伊庆国）

住房公积金管理

【概况】 2017年，全市住房公积金（不含莱钢）缴存单位1005家，缴存职工7.97万人。全年市中心新增缴存单位102个，新增缴存职工8941人；归集住房公积金9.5亿元，同比增长50.5%；共提取住房公积金4.46亿元，占当年归集额的50.5%；共发放公积金贷款2031笔7.62亿元，同比增长88.5%，为全市稳定房地产市场，支持自住型和改善型住房资金需求做出贡献。

【住房保障】 2017年，市公积金管理中心紧跟国家宏观政策导向，及时调整公积金提取政策，实行差别化信贷政策，调整最高贷款额度和公积金贷款购房首付比例；出台“组合贷款”政策，破解职工买房住房公积金额度不够、商业贷款利息又较高的难题，全年发放组合贷款0.35亿元；推出公积金异地贷款业务，发放异地贷款0.58亿元；改革公积金贷款担保办法，增加以所购住房抵押担保方式，占比达到85%以上，解决“担保难”问题，全年为缴存职工节省担保费用300多万元。市场占有率达到30%，贷款增长幅度列全省第一，促进了全市房地产业的健康发展。

【公积金服务】 推行窗口服务规范，审批时限在规定时间内压减三分之一；住房公积金的新政策新举措及时在网站发布，通过登录中心网站实现住房公积金查询、了解住房公积金信息、下载公积金有关业务表格等，方便了广大缴存职工；深化“放管服”改革，进一步梳理和优化住房公积金提取、贷款审批流程，提供办事流程、办理程序、所需材料的“一张清单”，对住房公积金提取手续进行简化，取消在提取申请表中加盖单位公章和单位负责人签字的规定，公积金归集、提取方面全面实现“只跑一次腿”。

（何建明）

民族宗教事务管理

【概况】 2017年，全市民族宗教管理系统深入学习贯彻中共十九大报告精神和习近平总书记系列重要讲话精神，持续推进中央省委民族工作会议精神和全国全省宗教工作会议精神的贯彻落实，进一步以打基础、强宣传、保稳定，强服务、重民生、促发展，抓创建、善引导、促规范为抓手，推动全市民族宗教工作迈上新台阶。

【民族宗教领域团结和谐稳定】 2017年，坚持每月对民族宗教方面不稳定因素的排查报告制度，坚持每月对民族关系分析进行研判，坚持建立一本“台账”，深入基层开展经常性的矛盾纠纷排查调处工作。春节、端午两次联合莱城区民宗局、食品药品监管局对全市大型商场的清真食品经营情况进行检查。下发多个有关维护稳定工作的通知，严格排查，确保节假日、重大政治活动期间的安全稳定。加强网络舆情监测管理，协调处理4次网络舆情事件。参与中共十九大维稳指挥部工作，24小时值班，加强排查，做好信访和舆情管控，确实做到了民族宗教领域“五个不发生”。

【民族宗教政策法规宣传】 2017年，春节期间，走访慰问7人次民族宗教界代表人士，鼓励他们继续发挥桥梁纽带作用。6月，以“学习贯彻全国、全省宗教工作会议精神”为主题，开展宗教政策法规学习月活动。开斋节期间，协调市领导与有关部门先后到东西两坊清真寺和穆斯林同胞共庆节日。9月，围绕“中华民族一家亲，同心共筑中国梦”为主题，在全市开展民族团结进步宣传月活动，开展“民族团结和谐家庭”创建活动，评选出49户“民族团结和谐家庭”，发挥模范带头作用，促进民族团结社会和谐。推进民族团结进步创建活动开展，推荐东方红社区为全省民族团结进步创建示范单位，全市5家单位被评选为第一批全市民族团结进步创建示范单位。

【少数民族经济社会事业发展】 2017年，全市贯彻落实《关于春节期间对我省穆斯林农户和城市穆斯林低保户发放牛羊肉价格一次性补贴的通知》，选定73户低收入穆斯林群众发放了每户400元的牛羊肉价格一次性补贴，共计发放2.92万元。为4名少数民族考生出具身份证明，协调教育局确保其顺利享受到中考降分录取的照顾政策。为进一步扩展星级清真餐馆的影响力和带动作用，评选认定小天马食府等3家为第二批星级清真餐馆。推动开展全市少数民族精准扶贫工作，4名少数民族群众脱贫。莱芜市在全省加快新旧动能转换深化少数民族脱贫攻坚工作座谈会作了典型发言，受到省民委领导高度评价。开展省级民族宗教事业发展专项资金绩效评价和扶持项目备案工作，为西关社区回民公墓项目争取到10万元；为市实验小学争取10万元少数民族教育资金，用于少数民族聚居区学校基础设施建设。

【宗教事务管理】 开展民族宗教的公共服务事项编制工作，共编制民族宗教公共服务事项3项。为进一步完善事中事后监管机制，建立“双随机、一公开”制度，完善“一单两库”，即“随机抽查事项清单”“抽查对象名录库”“执法人员名录库”，确保民族宗教进一步简政放权、放管结合、优化服务。以“规范”为主题开展和谐宗教活动场所创建，指导宗教界以法治化为方向，加强场所内部各项管理，加强财务管理规范，维护场所安全和谐稳定。做好教职人员考核，强化教职人员队伍建设，为8名佛教僧人进行了教职人员资格认定备案，为1名基督教长老认定备案。推荐各宗教界代表参加省级宗教团体举办的培训班、讲经交流会，为4名阿訇争取每月300元生活补助，共计1.44万元。开展制止和处理乱建寺观、滥塑大型露天宗教造像工作，市8个单位联合下发《关于全面推进乱建大型露天宗教造像专案整治工作的通知》，对全市滥塑露天宗教造像进行排查整治。依法查处违法违规设立功德箱、假僧假道等借教敛财行为，压缩非法宗教借教敛财的空间。严格宗教活动审批，对开办庙会的瑞云观等佛道教场所加强安全管理，确保宗教活动开展安全有序。调研民间信仰工作，制定工作措施，加强对民间信仰工作的监管。做好天主教佘山朝圣和圣母月工作，全市没有出现违规朝圣等现象。做好流动穆斯林的服务管理工作，通过“少数民族服务中心”等服务窗口，为其提供劳动就业、社会保障、子女入学、医疗卫生、法律援助等方面帮助。

（李　霞）

老龄事业

【概况】 2017年，莱芜市老龄办坚持以保障和改善老年民生为主线，发扬“团结实干、一心为老、开拓进取、争创一流”的团队精神，推进提升养老保障和养老服务水平。高龄津贴、老年人免费乘坐公交车等老年人优待政策进一步完善；银龄安康工程完成投保费197.73万元，同期增长27.4%。年内，市老龄办获市级文明单位、全省实施银龄安康工程先进单位、全市信访工作优秀单位称号。

【老年人权益保障工作】 高龄津贴发放。严格按照“一申请、两审核、两公示、一审定、一备案”工作流程，确保发放工作规范、有序进行。全市80~89周岁老年人每人每月发放50元，90~99周岁老人每人每月100元，百岁老人每人每月500元，2.93万名老年人受益。完善老年人免费乘坐公交车政策。全市2300余名外地老年人实现与本地户籍老年人享受同等免费乘坐公交车待遇。开展老年人公益维权服务示范站创建活动。开展老年普法宣传教育，优先优惠为老年人提供各项法律援助和法律服务，保障广大老年人的合法权益，4家基层单位获山东省老年人公益维权服务示范站称号。全年共为3359名老年人办理老年优待证。

【银龄安康工程】 2017年3月，召开全市总结表彰会，对2016年全市实施银龄安康工程11家先进单位、43名先进个人表彰奖励。7月，由市老龄办一名副主任带队到潍坊、日照等地，考察学习先进经验。8月，协调市政府办公室转发《市老龄办关于加快实施“银龄安康工程”的意见》。成立联合督导组，到各区、镇进行定期督导。为简化办理手续，在市政务服务中心老龄办窗口设立个人直接购买代办点。在《鲁中晨刊》《莱芜老年》等新闻媒体上对办理程序、案件理赔进行广泛宣传报道。截至2017年年底，全市完成投保费1997.73万元，人均34.89万元。共办理理赔案件812人次，赔付金额166.12万元，满意率100%。

【“敬老月”走访慰问】 2017年9月30日，市委、市政府印发《关于2017年“敬老月”期间开展党政领导干部走访慰问老年人活动的通知》，要求市、区、镇（街道）党政领导干部每人至少走访慰问一名老年人。10月25日，市委副书记、市长梅建华走访看望高新区鹏泉街道孝义楼村百岁老人李金兰，带动市、区、镇各级党委政府领导计50余人先后对贫困、高龄、失能、空巢等困难老年人进行走访慰问。市直有关部门、各企事业单位、社会各界也都开展慰问老年人活动。据统计，“敬老月”期间，全市共有200余个村居向老年人发放累计1000余万元的物资、现金等生活补助，受益人数达3万余人。

【老龄宣传工作】 加强与主流媒体的合作。市老龄办联合市广播电视台创办的《莱芜老年》报刊，每周一期，发行量达2万份，主要针对人口老龄化形势、老龄政策、老龄产业、敬老美德等方面进行宣传，深受全市老年人欢迎。与莱芜日报社合作，开办“银龄之家”专栏，以“面向老年人、服务老年人”为宗旨，定期对老年维权知识进行刊发与解读，营造了社会公众支持与关注老龄事业的浓厚氛围。开展专题宣传活动。“敬老月”期间，联合市公安局开展老年人防范电信网络诈骗宣传，共发放《山东省老年人防范电信网络诈骗知识手册》10000份，《山东省老年人权益保障条例》2000份；联合市市场监管局、市消费者协会开展老年消费教育知识讲座系列活动；联合中国人寿莱芜分公司开展“孝行齐鲁关爱银龄”老年人健康大讲堂公益巡讲活动3场。市老龄办为省级以上新闻媒体提供老龄信息和老龄新闻稿件，有98篇次被全国老龄办网站等省以上媒体采用，在宣传莱芜市老龄政策、交流工作信息等方面发挥重要促进作用。

【老年文化建设】 市老龄办组织参与全省银龄风采艺术节、山东省老年书法美术大赛和老龄主题摄影大赛等活动，有32部优秀作品获奖，其中一等奖6个，二等奖12个，三等奖14个。在7月18日于哈尔滨和8月22日于内蒙古举办的“七彩夕阳”全国中老年才艺大赛中，市中老年人音乐舞蹈协会两场演出皆获“凤凰金奖”，协会获“最佳组织奖”。“敬老月”期间，举办庆祝老年节企地联欢活动、中老年人武术展演以及文化下乡演出活动共计20余场，丰富了老年人的精神文化生活，烘托了浓厚的节日气氛。10月27日晚，举办欢庆中共十九大暨庆祝“九九”老年节大型文艺晚会。推进老年社团管理服务工作，指导其围绕市委、市政府中心工作发挥余热。6月，市老龄办向全市老年人发出积极参与创建全国文明城市倡议书，发动各涉老团体做好创城宣传、环境卫生清洁和文明劝导等志愿服务活动。滨河花苑老年协会“乐龄善行”志愿服务队被省委老干部局授予山东省最美老干部志愿服务组织称号。

（刘　生）

慈善事业

【概况】 莱芜市慈善总会成立于2005年7月26日，是经市委、市政府批准，市民政局依法登记注册，具有独立法人资格，由热心慈善事业的公民、法人及其他社会组织自愿参加的全市非营利性公益社会团体，创始基金1500万元。截至2017年底，市慈善总会有正副会长9名、秘书长1名、常务理事50名、理事103名、会员110名。总会现设有综合部、义工宣传部、募捐救助部三个部门。2017年，全市共募集善款8014362.66元，支出6828318.44元，花费经费254129.5元，全年工作经费支出仅占当年善款支出的3.7%。全年共救助困难群众1万余人。

【慈善募捐】 “慈心一日捐”活动。从2017年5月开始，在全市开展以“扶贫攻坚、共创和谐”为主题的“慈心一日捐”活动，所募集的善款全部用于全市的扶贫攻坚。召开“慈心一日捐”活动动员会和2017年“慈心一日捐”活动启动仪式；召开各区“慈心一日捐”工作调度会和市直部门单位“慈心一日捐”工作调度会，调度通报各部门单位捐赠进展情况,安排部署下一步工作任务。为确保活动效果，总会办公室制定活动推进方案和宣传方案，制作“慈心一日捐”公益宣传片，持续在莱芜电视台播放，在《鲁中晨刊》开设专版，通报活动进展情况。建立调度通报制度，从5月19日开始，每周对各区、市直各分会活动进展情况进行调度通报，共调度11次。全年全市各级慈善组织累计接收捐款377.55167万元。

公益慈善基金设立活动。与中国科技创新战略联盟组织委员会健康医养工作委员会联合成立中国梦民生公益慈善基金，基金主要用于健康、医疗及养老等民生领域的设施建设、配套文化产业等公益性投入以及针对困难群众进行生活、医疗、教育、住房等方面的救助。与莱芜市扶贫办联合成立扶贫创业就业扶持公益慈善基金，基金主要用于农村地区产业项目发展等涉农民生领域的公益性投入以及针对农村贫困户及收入单一的普通农户进行创业就业技能培训等方面的扶持。与莱城区凤城高级中学联合成立“凤城高中学校发展教育基金”，主要用于鼓励优秀为管理干部、任课教师和优秀学生以及救助特困师生和推进学校发展等方面。山东省亓氏酱香源食品有限公司设立亓氏酱香源慈善基金，每年捐赠善款4万元（共五年）用于孤贫学生救助、拥军、敬老及其他慈善公益事业。一位退休企业家出资30万元设立了清水玉清基金，基金利息用于救助农村孤寡老人，这是总会成立以来收到的莱芜市最大一笔个人专项基金。

企业专项基金和团体慈善基金设立活动。2017年，针对2012年以来设立企业专项基金的企业协议已经到期，总会领导分别上门进行座谈劝募，引导企业继续签订企业专项基金协议，先后与莱商银行、莱钢集团、莱矿、鲁中矿、朗进科技、力创科技、山歌食品等企业签订新一轮的企业专项基金协议，督促新签企业缴纳基金增值部分。同时，通过召开座谈会、调度会等形式，引导莱芜农商银行设立团体慈善基金，设立金额达107万元。

【慈善项目】 扶贫创业就业扶持公益慈善基金。为助力脱贫攻坚、帮扶济困，促进农村地区贫困对象创业就业及相关技能培训等民生公益慈善事业的发展，市慈善总会与市扶贫办共同设立“扶贫创业就业扶持公益慈善基金”，已接受捐款40万元。该项捐款主要用于全市塑编产业发展的补助，塑编加工是市扶贫办引导发展的庭院手工类重要项目，该项目投资少、见效快，主要针对部分有劳动能力的贫困人口难以走出家门就业问题，发展就地参与的塑编产业项目，让贫困人口在家门口就能就业增收，真正实现“农忙不误事、农闲有活干、早晚能顾家”。经过筛查，由莱芜市古辰家具有限公司负责对各加工点货源的调配、物流运输、技术指导、工人培训、成品验收等工作，为了促进该项目的有序发展并且让工人能有较稳定的收入，将创业就业扶持基金用于扶持该项目的建立和运营，已拨付334624.32万元。截至2017年年底，在全市设立塑编加工点60多个，吸纳有劳动能力的人员2600多人，其中贫困户400多人，熟练工人日工资60~80元，一般工人日工资30~50元，真正让贫困人口足不出户就能实现增收。

“拉呱大院”建设项目。在深入调研基础上，从2016年开始在全市启动“拉呱大院”建设项目，按照《莱芜市“拉呱大院”建设实施方案（试行）的通知》要求，“拉呱大院”以改善农村贫困老年人生活环境为目标，按照“政府支持、村级主办、互助服务、社会参与”的思路，坚持因村制宜、量力而行和自治、自愿、自助的原则，建设集互助关爱、助医解困、休闲娱乐等于一体的村级公益活动场所，开展喜闻乐见的群众性文体活动，丰富农村精神文化生活，提高农村贫困老年人的生活质量。2017年，全市新建设完成64个“拉呱大院”。截至2017年年底，全市已有232个村建设完成“拉呱大院”。综合考虑全市“拉呱大院”的建设资金来自于多个方面整合的情况和建设的数量，经与市扶贫办研究，采取以奖代补的方式给予扶持，2017年将市级“慈心一日捐”中32万元用于各区“拉呱大院”建设。

关爱留守儿童和双丝带救助活动。市慈善总会联合团市委在全市开展以“一个平台+五项活动”为内容的关爱留守儿童活动，在有条件的社区，村居，整合各种活动场所，建设留守儿童活动之家，为牵手关爱行动提供活动阵地，开展好亲情陪伴、课业辅导、心理疏导、自护教育、感受城市等5项活动，截至2017年年底，已累计关爱留守儿童600余名。联合市妇联在全市开展双丝带行动，为经筛查，确诊为两癌的贫困妇女提供医疗救助支持，全年发放救助金10万元。

常规救助项目。市慈善总会按照市委市政府的要求，积极调整救助思路，精心设计救助项目，根据全市扶贫、脱贫需求，有针对性的设计实施慈善救助项目，重点对救助需求较大、急需救助的贫困人群实施救助，切实把慈善资金用到最贫困、最需要的人身上，把精准扶贫扶到点，扶到位，扶到心。开展“情暖万家”救助城乡困难群众项目，救助因病、因灾、因祸等原因造成的困难家庭929户；开展“爱心复明”项目，救助贫困老年白内障患者200名；开展“启航行动”救助困难高考新生项目，救助当年考入本科院校的莱芜籍考生92名；在全市开展“慈善书屋”援建小学图书室项目，帮助10所小学建设“慈善书屋”；开展“慈善血透”救助困难尿毒症患者血液透析项目，救助家庭困难尿毒症患者182名。

慈善超市平台救助项目和慈善书画院项目。截至2017年年底，慈善超市生活用品已达近500种，优惠幅度从9折到5折不等，有些商品直接进价销售，超市成立后有3000多困难户得到实惠。总会还通过公开招标，采购价值40万元米、面、油、调料、洗涤用品等困难群众生活必需的物资，利用邮政慈善中心超市平台免费发放给市直及市以上的城市低保对象、低保边缘家庭，据统计2017年到超市领取免费生活商品的困难户达12236人次，使救助对象的基本生活得到更好的保障，受到社会各界的一致好评。慈善书画院成立以来，市慈善总会组织入会的28位书画家，围绕全市社会经济和慈善事业发展开展采风、创作活动，并于2017年国庆节前期，举行“迎国庆”慈善书画展活动，集中展示慈善书画家们采风创作的作品，展览结束后，部分作品被爱心企业家义买，开辟慈善资金募集新渠道，截至2017年年底，除已义卖的作品外，还接收书画家们的作品50多幅。除此以外，还参加省慈善总会统一组织的“9·5”慈善网络拍卖活动，一副书画作品成功拍出，募得慈善基金8000元，开创了莱芜市慈善书画网络拍卖的先河。

【慈善宣传】 常规媒体宣传。结合《中华人民共和国慈善法》宣传，在《莱芜日报》开设慈善大讲堂，对慈善法的重要条文、重要内容进行解读。市慈善总会结合“慈心一日捐”活动，从5月15日开始，在莱芜电视台莱芜新闻中段插播公益宣传片。开展“凤城数码杯”“爱心点燃希望慈善温暖人心”慈善有奖征文活动，累计收到征文60余篇。

开拓宣传渠道。市慈善总会与莱芜日报社深度合作，建设并开通莱芜市慈善总会微信公众号，对慈善总会工作动态、慈善募捐情况、慈善救助项目组织实施进行信息实时推送，提高社会公众的知晓率。通过微信公众号连续10天开展慈善有奖答题活动，累计参与人数达到300余人。调整慈善总会网站的布局，增加了网上捐赠通道。与莱芜公交电视频道合作，制作播放公交电视慈善公益广告。

（王孝伟）

责任编辑：蔺延军　卢海静

各区概况

莱 城 区

中共莱城区委

书　　记　马保岭

副 书 记　秦　蕾（女）

　　　　　吕宝泉（1月起）

　　　　　王发棠（挂职，6月止）

常　　委　马保岭

　　　　　秦　蕾（女）

　　　　　高永胜（1月止）

　　　　　吕宝泉

　　　　　李永实

　　　　　刘训涛

　　　　　薛　亮（1月起）

　　　　　李秋超

　　　　　亓军杰（1月起）

　　　　　韩卫英（女）

　　　　　王　宁（1月起）

　　　　　唐立国（挂职，2月起，9月止）

　　　　　赵泓任（挂职，5月起）

中共莱城区纪委

书　　记　李永实

莱城区人大常委会

主　　任　栾　健（1月止）

　　　　　高永胜（1月起）

副 主 任　刁玉照（正县级，1月止）

　　　　　张文琴（女，1月止）

　　　　　董成林

　　　　　赵春培（1月止）

　　　　　李祚峰

　　　　　周长珍（女，1月起）

　　　　　崔　文（1月起）

　　　　　张学凯（1月起）

莱城区人民政府

区　　长　秦　蕾（女，1月起）

代理区长　秦　蕾（女，1月止）

副 区 长　桑红军（1月止）

　　　　　李秋超

　　　　　唐立国（挂职，4月起,9月止）

　　　　　赵泓任（挂职，8月起）

　　　　　刘西茂

　　　　　亓军杰（1月止）

　　　　　李娅丽（女）

　　　　　高学常

　　　　　时　波（1月起）

　　　　　李　颖（女，挂职科技，4月起）

　　　　　王志明（挂职科技，10月起）

莱城区政协

主　　席　苏国庆（1月止）

　　　　　冯美玲（女，1月起）

副 主 席　田方国（1月止）

　　　　　李润亭

　　　　　杨　军

　　　　　张法迎

周长珍（女，1月止）
王启壮
孙晓昕（女，1月起）
张卫静（女，1月起）

莱城区人民武装部

部　　长　王　波（4月止）
于　涛（6月起）
政　　委　吴慎宝（12月起）

莱城区人民法院

院　　长　赵景来

莱城区人民检察院

检 察 长　封　政（1月起）
代理检察长　封　政（1月止）

莱城工业区管委会（正县级）

主　　任　桑红军
副 主 任　薛　亮（1月止）
韩克春
王静媛（女）
工委书记　桑红军
纪工委书记　雷印高
工会主任　亓巨川
工委委员　桑红军
雷印高
薛　亮（1月止）
韩克春
亓巨川
王静媛（女）

【概况】　莱城区位于山东省中部，泰山东麓，北临莱芜市雪野旅游区，东靠淄博市博山区，南接莱芜市钢城区和泰安市所辖的新泰市，西连泰安市岱岳区。1992年11月县级莱芜市升格为地级市设立县级莱城区。莱城区因驻地莱城而得名。截至2017年年底，全区总面积838.33平方公里，辖7个镇（街道），405个村（居）。年，全区常住人口54.07万人，人口自然增长率5.5‰。全年实现生产总值362.12亿元，比上年增长9.2%。其中，第一产业增加值28.92亿元，第二产业增加值179.53亿元，第三产业增加值153.67亿元。固定资产投资204.45亿元，公共财政预算收入18.63亿元，公共财政预算支出25.17亿元，社会消费品零售总额184.50亿元，进出口总额486182万元。城镇居民人均可支配收入32690元，农民人均可支配收入15711元。

全区粮食播种面积33.05万亩，粮食总产量15.86万吨。花生播种面积3.07万亩，花生总产量0.60万吨。蔬菜播种面积17.82万亩，蔬菜产量44.41万吨。生姜面积2.73万亩，生姜产量8.15万吨。大蒜面积6.03万亩，大蒜产量8.47万吨。大葱面积1.35万亩，大葱产量4.24万吨。水果总产量4.48万吨，生猪出栏量38.54万头，畜禽存养量341.66万头（羽），肉类总产量3.77万吨，奶产量0.16万吨，水产品总产量0.34万吨。新增绿化面积7415亩。农民专业合作社739家、家庭农场214家、市级以上农业龙头企业44家，"三品一标"农产品160个。全年实现农业增加值29.51亿元。

全区规模以上工业企业209家，实现工业总产值750.1亿元、工业增加值121.84亿元、主营业务收入695.05亿元、利税总额25.69亿元、利润总额14.88亿元。主要工业产品产量保持稳定，其中，铁矿石原矿27.93万吨，生铁443.62万吨，粗钢411.10万吨，钢材473.44万吨。全区实现建筑业增加值33.32亿元。全年房屋建筑施工面积136.4万平方米，房屋竣工面积15.6万平方米，其中住宅竣工面积1.33万平方米。全年新发展个体工商户4980户，新登记注册私营企业1992家，实现服务业增加值150亿元。

全区公路通车里程1516.98公里（含区、乡及村道），其中，一级公路46.75公里，二级公路128.52公里。公路密度达到180.95公里/百平方公里（含县、乡及村道）。全区城镇化率达到65.64%。全区有AAA级景区2处，国家级农业旅游示范点1个，省级农业旅游示范点2个，山东省旅游强乡镇2个，山东省旅游特色村2个。全年共接待国内游客327万人次，实现国内旅游收入6.3亿元。

全区共有各级各类学校219所，其中普通中学16所，小学46所，幼儿园157所；各级各类学校在校中小学生人数5.88万人。全区省级以上创新平台37家，有效发明专利276件。专利申请量1862件，发明专利申请250件，发明专利授权90件。档案馆1个，公共图书馆1所，文化馆1个，基层综合性文化服务中心390个。医疗卫生机构509所，其中，医院（卫生院）14所，拥有病床床位756张，卫生技术人员1198人。农民体育健身工程407个，全年参加省级及以上体育比赛共获奖牌21枚，其中参加国家级体育比赛获奖牌12枚。

全区城乡居民基本养老保险参保人数21.16万人，全区医疗、失业、工伤、生育保险参保人数分别达到5.11万人、2.1万人、5.66万人和3.38万人，新型农村合作医疗参合率100%。

【基层组织建设】 2017年，莱城区委把抓基层强基础作为固本之策，推动基层组织全面进步全面过硬。建强村级党组织。建立村党支部书记调整区委组织部备案制，选准配强党支部书记；探索村干部星级管理方式，完善坐班值班制度，建立动态调整机制，全年调整支部书记12人；倒排43个后进村，由党委书记带头，班子成员包、机关干部驻、部门企业帮，进行集中整顿，9月底前全部转化完成。规范村级管理。把原来的各级基层党建制度，规范合并到全区的“镇村联合议事日”制度，各村每月固定一天共同议事、民主决策，提高村级工作透明度。50%以上的村每月召开2次以上会议，党员参会率普遍提高到80%以上，有关农村干部的信访量年均下降15%。壮大村集体经济。以莱城区被确定为农村产权制度改革示范县为契机，不断增强农村集体经济组织的经营活力。在凤城街道的14个村作为农村产权制度改革试点的基础上，其他6个镇（街道）分别选取1~2个村试点开展农村产权制度改革；突出党建引领、深化村社共建，实现农村与合作社资源互动、优势互补，增强农村基层党组织的向心力、凝聚力和号召力。党务督查工作。区委组织部牵头，从全区抽调16名同志分3组，每2个月对各村班子运转情况、村级制度落实情况、“两学一做”推进情况、村级审计整改情况等8个方面31项具体工作，进行全面督查。党务督查实现全面覆盖。对督查情况，逐镇逐村形成问题清单进行反馈，督促党委抓好整改。

【文明城市创建】 2017年，莱城区委、区政府把迎接好文明城市测评作为首要大事来抓，带领全区各级各部门认真贯彻落实市委、市政府决策部署，全区社会文明水平有了明显提升。市民素质提升。组织开展“创文明城市、做文明市民”宣讲活动，在《莱芜日报·莱城区新闻》、《莱芜广播电视台·莱城新闻》、“赢在莱城”微信平台、莱城文明网分别开设栏目宣传文明城市创建工作，刊发创城稿件330篇，电视新闻160条，宣传文明创建先进典型人物20个，先进单位60个，印发各类创城倡议书、明白纸、调查问卷36万份，发放到户，曝光不文明行为180处。实施核心价值观进楼道工程，提升市民文明素质。环境卫生综合整治，累计出动5万人次，动用机械3500台，对辖区452条背街小巷和424个生活小区进行全面清理，其中，净化垃圾15万余立方米，换置分类垃圾桶5500个，清理小广告10万平方米，粉刷墙面60万平方米；对7条河道进行清淤整治，清运垃圾1600车。为长期保持创城成果，街道把所有老旧小区特别是无人管理小区纳入管理范围，为所有无人管理小区安排1名保安人员和2~3名保洁人员，为有条件小区建立业主委员会进行长期管理。未成年人思想道德建设。组织开展“学生文明带动家长文明”主题教育活动、经典诵读、争当美德少年、我们的节日、“寻访红色足迹”

等主题教育实践活动40余次，推进文明校园创建，深化社会主义核心价值观“1+6”进家庭教育活动，编写符合校情的核心价值观读本，利用《24字核心价值观的120个故事》等书籍，推动社会主义核心价值观进教材、进课堂、进学生头脑。志愿服务活动，坚持志愿服务“五位一中心”战略，即以创城工作为中心，分别将“道路”“社区”“村镇”“学校”“网络”作为五个重点阵地，有序开展各具特色的志愿服务工作。

【大项目建设】 莱城区围绕大项目建设，进一步转变作风、完善制度、打造平台、强化考核，深层次破解融资、用地、人才等瓶颈制约，不断提升服务软实力。2017年，全区新开工大项目90个，在建项目127个，宏葵生物高端试剂及全自动生化仪等81个项目竣工投产。项目建设在体量规模、建设速度、质量层次等方面显著提升，新城医院被列为2017年度省重点建设项目，高端装备制造产业园和电力器材及设备制造项目被列为2017年全市十大集中开工奠基项目，南部山区旅游、阿尔普尔超低温空气源热泵等9个项目被列为2017年全市重点产业项目。保障机制建设。建立项目建设联席会议制度，成立项目筛选推进小组，打造“引荐、项目、园区”三方联动机制，实行项目信息共享，集中对项目可行性、项目统筹选址、项目推进、政策落实等事项进行评议、推进、落实。按照统筹衔接的原则，调整区级领导包产业、包园区、包项目、专职招商责任分工，全面做好产业规划、招商引资、难题破解、要素保障等工作。协调服务机制。落实“三个三分之一”工作法，各部门单位原则上确保三分之一力量抓招商、三分之一力量服务重点园区、三分之一力量一线服务项目，全面推行“交钥匙工作法”，采取认领结队方式，确定帮扶对象，及时帮助解决项目建设中遇到的实际困难和问题，确保项目快落地、快建设、快投产。建立企业联络员、科技特派员、金融联络员、党建联络室“三员一室”、项目临时党支部和重点园区“政务服务中心业务代办点”，为企业提供立项、科技、金融、生产经营等一站式服务。考核评议机制。坚持“一月一调度、两月一过堂、一季一评议、半年一观摩”督查评议机制，强化对投资强度、技术水平、税收贡献、节能环保等方面的综合考评，推动项目建设提质增效。

【招商引资】 2017年，莱城区深入落实“三个三分之一”工作法，加强党建引领，完善工作机制，强化精准招商，推动3个重点聚力精准招商。全年洽谈引进项目335个，形成固定资产74.8亿元。强化专业招商。着力构建区级领导干部带头、专业部门主攻、镇（街道）园区联动的招商格局。区级领导干部以包产业分工为依据，围绕“建链、补链、强链”，瞄准行业龙头对接招商；发挥专业招商组和重点产业招商部门主力军作用，进一步调整完善专业招商力量，积极与各单位座谈、沟通，把会招商、能招商的同志吸收进专业招商组；各镇（街道）和重点园区立足自身优势，明确发展方向，围绕自身特色抓招商。强化人才招商。充分发挥企业家层次高、影响大、信息广的优势，发动企业广纳招商引资信息，共召开2次企业家座谈会，参会企业44家，聘请32名企业家作为全区的招商顾问。全区共引进中科院院士2名、长江学者2名、国家“千人计划”专家1名、泰山学者4名。强化环境招商。深化联审联批机制，成立招商引资项目筛选委员会和推进委员会两个专门组织，全年组织信息汇总筛选会议12次、现场督查会2次，对22个重大项目的可行性、选址、推进等事项进行评议和落实。优化营商环境，严格招商引资优惠政策、激励政策，保障各项政策执行落实，全面提升招商引资科学化、规范化水平。

【工业经济】 2017年，莱城区委、区政府聚力企业培植强化骨干企业发展动力。聚力实施“骨干企业培植计划”。对20家骨干企业、20家成长型企业、30个重点项目进行重点培育，开展企业困难“摸排消”活动，一企一策、靠上跟踪服务，为企业解决问题37个，促进规模以上工业企业加快发展壮大，前三季度，规模以上工业主营业务收入573亿元、利税22.2亿元，分别增长30%和39%。实施企业家素质提升工程，进一步提升企业家战略思维能力、运营管理水平，组织135名企业家赴上海、德国等地学习培训。聚力实施“育苗扶壮”工程。推进商事制度改革，推行企业登记全程电子化，全面提高登记注册便利化程度，充分激发民营经济发展活力。1月—10月，全区新发展私营企业1591家、个体工商户4173户，完成“个升微”企业132家、“微升小”企业70家。聚力推动企业挂牌上市。调整充实上市后备资源库，泰莱电气、万泽冷链、东岳车桥、时代酒具4家企业在“新三板”和齐鲁股权交易中心挂牌，全区挂牌上市企业达到18家，累计引进股权投资1.5亿元；与威海商业银行合作成立莱城区科技支行，为阿尔普尔、恒威电力等14家企业发放科技型贷款2.5亿元。

【新旧动能转换】 2017年，莱城区委、区政府强抓泛济青烟新旧动能转换综合试验区建设的重大机遇，招引高端项目，建设精品园区，培育全链产业，开启“新旧动能转换”模式，“三招三引”增添新旧动能转换活力。聚焦招才引智。抓住人才这个“象鼻子”，强化以才引才、以才聚智、以才招商，形成“引进一个专家、领创一个企业、培育一个产业、聚集一批人才”的完整产业链，争创全省人才工作先进区。组建区招才局，聘任国内知名院士、知名企业家等16人作为“招才大使”，在意大利都灵成立莱城区首家海外人才工作站。全年新落户山大莱芜技术转移中心、纳米材料工程技术研究院等省级创新平台7家，新引进院士2名，国家“千人计划”专家、长江学者、泰山学者7名，博士硕士77名，自主培养“泰山产业领军人才”2名。聚焦招商引资。在紧盯长三角、京津唐的基础上深耕济南，瞄准新医药、新能源、新材料和高端装备制造四大支柱产业，与北京珅奥基、独墅联盟实现深入持久合作。分赴北京、上海、天津、苏州等地开展招商推介活动30多次，先后邀请华大基因、腾讯众创、北京首创等300多批次客商到莱城考察，洽谈引进项目335个，形成固定资产74.8亿元。聚焦招宾引客。立足区位优势，实施招宾引客“322”工程，发展全域旅游、节庆会展、商贸流通“三大产业”，营造硬环境、软环境“两大环境”，强化政策、资金“两个支撑”。依托独墅联盟成功召开“智汇新动能·赢牟大健康”产业研讨会，成立第一个分盟山东分盟。全年完成招宾引客3.8万人次。

【生态莱城建设】 2017年，莱城区委、区政府实施五大行动助推“生态莱城”建设。实施发展质量提升行动。围绕实现“高质量”发展，聚焦新旧动能转换，推进招才引智、“五园两基地”建设、招商引资和项目建设、企业创新，推动引才新突破、园区新提升、产业新集群和企业新发展。聚焦城市改造，加快主城区改造、北部新城建设、镇驻地环境提升，实现城市形象大转变、新城功能大提升、镇驻地环境大改观。聚焦全域旅游，推进社区“三清三建”、农村“三增三改”、南部山区旅游开发等重点工程，不断提升全区旅游品牌的吸引力和竞争力。抓好发展环境攻坚行动。严守生态红线、底线，抓好大气、水、土壤污染防治工作；加快推进化工产业安全生产转型升级，强化风险防控和监管，巩固好全区安全稳定大局；争创省级食品安全先进区，守护好人民群众“舌尖上的安全”；防范金融风险，持续优化金融生态环境；继续做好打击信访违法行为、领导干部接访、积案化解等工作，营造和谐稳定的社会环境；提前谋划、强化措施，做好全国卫生城市新一轮复审工作；办好切实关系群众利益的民生实事，提升群众获得感。突出抓好乡村振兴突破行动。以严细实作风开展脱贫攻坚，尽快实施偏远山区扶贫综合开发工作，做到脱真贫、真脱贫。按照“六美乡村”标准和“七个一”的要求，建设全域化美丽乡村。以构建“农业+时尚+趣味+生态”的生态田园旅游综合体为目标，打造高端“三产融合+扶贫”项目和农业技术转移成果转化示范基地。实施莱城形象塑造行动。抓好文明创建常态化管理、弘扬先进典型、讲好莱城故事三大重点，使讲文明、创一流成为全区上下的自觉行动和价值取向，擦亮“生态莱城”品牌。实施党建创新引领行动。以政治建设为引领，营造风清气正的政治生态；推进“两学一做”学习教育常态化、制度化，开展“不忘初心、牢记使命”主题教育，用党的创新理论武装头脑、指导实践、推动工作；树立实干担当工作导向，开展“一线服务、一线督导、一线落实”主题教育活动，形成“人人干实事、一线抓落实”的浓厚氛围；抓好村两委换届，打造好“农村+为民服务中心、社区+党群服务中心、企业+党建联络室”三级服务体系品牌、“红色记忆”和“过硬支部”品牌，夯实基层党建基础。

【美丽乡村建设】 2017年，莱城区委、区政府认真落实省委关于加强生态文明乡村建设部署要求，以创建省级生态文明乡村建设示范区为载体，强化体制机制、产业发展、基础设施建设、公共服务保障“四个支撑”，推进美丽乡村建设，全区城乡居住环境持续优化，生态文明村覆盖率达到36.6%。强化体制机制支撑，为美丽乡村建设提供组织保障。强化组织领导，成立生态文明乡村建设领导小组，统筹做好政策制定、统筹协调、督查考核等工作。出台美丽乡村建设考核表彰办法，将美丽乡村建设纳入各级各单位工作实绩考核，结果与干部评先树优挂钩。加强规划引领，聘请省规划设计院结合当地实际科学编制生态文明示范村提升规划，突出抓好特色村庄建设，带动全区美丽乡村建设开展。全区各镇（街道）详细规划覆盖率40%、村庄规划编制率70%。完善筹资机制，探索整合惠农政策、资金、项目集中用于美丽乡村建设。

【“两新”组织党建】 2017年，莱城区委积极探索“两新”党建新路子，推进“两新”组织全覆盖。打基础配齐配强力量。在区委组织部成立“两新”组织党工委，在工商联、市场监管局、农业局、民政局分别设立规模以上企业、小微企业和个体工商户、农民专业合作社和社会组织4个领域党委，负责相关领域党建工作的统筹谋划、指导协调和督促检查等工作，并直接联系一批“两新”组织。在镇、街道建立综合党委，在工业园区建立“两新”组织党组织孵化站，选优配强党建指导员，加强工作指导。抓基层实现党建全面覆盖。对新注册的“两新”组织，实行“双同步”制度，即同步摸排党员、符合条件的同步建立党组织。本着便于管理、便于开展活动的原则，在“两新”组织比较集中的区域，以社区为单位建立联合党支部；在商务楼宇、市场商圈和小型园区，建立区域型党组织；对部分落地在村的“两新”组织，挂靠村党支部建立兼合式党支部，让每个“两新”组织都进入党组织视线。固基本加大经费投入。设立“两新”组织党建工作专项经费，从区财政、区管党费中划拨资金进行充实，对“两新”组织党员缴纳党费进行全额返还，为开展“两新”组织党建工作提供保障。建立“红色公基金”制度，开展“两新”组织党建品牌创建活动，以奖代补，以点带面，激励“两新”组织党组织探索经验、创建品牌。2017年，全区已打造天洁环保、明利蔬菜专业合作社、恒威电力等“两新”组织党建示范点11个。

【改革发展】 2017年，莱城区委坚持把全面深化改革作为推动发展的核心动力，在重点领域和关键环节率先破局，打造出一批具有莱城特色的改革亮点。深化“放管服”改革。实行投资项目在线审批监管，取消10项施工前置审批；推进“多证合一”登记改革，将16个部门31类证照事项整合到营业执照上；加快简政放权步伐，向莱城工业区（口镇）下放6个部门共计15项行政许可权限，行政审批时限压缩至37个工作日。国地税联合办税服务厅启用运行，实现“进一家门、办两家事”。深化投融资体制改革。新组建嬴昊城投、嬴泰文旅等政府投融资平台，做好中小企业贷款保证保险试点工作，实施科技支行等三个创新试点，为62家企业融资4.6亿元，新增上市挂牌企业4家，总数达到18家。深化分级诊疗体制改革。进一步健全分级诊疗机制，提高医疗服务效率。在200元包住院的基础上，探索分级诊疗、智能医院、个人健康服务等新模式，创新组建莱城区“1+7”半紧密型医联体。深化农业农村改革。完成农村集体产权制度改革试点，培育新型农业经营主体，认定田园综合体23家，新增市级以上示范社6家、示范家庭农场5家。

【全国健走示范城市】 2017年，围绕“万步有约”，莱城区开展健步走活动。“万步有约”健步走活动旨在通过政府倡导，全社会参与，开展健康知识宣传，树立健康文明的生活理念，消除或减轻影响健康的危险因素，减少疾病的发生，提高健康水平和生活质量。对于提升广大居民的健康理念，普及健康知识，倡导践行健康生活方式将起到积极的推动作。12月16日，第二届“万步有约”职业人群健走激励大奖赛总结表彰会在云南省腾冲市召开，莱城区获“健走示范城市”“全国优秀健走示范区”“省内优秀示范区”“示范区优秀组织奖”等荣誉，以省际第一名的成绩成为第三届“万步有约”大赛6个主办候选城市之一。

【中德清洁能源小镇】 2017年5月15日，中德清洁能源小镇被山东省住建厅和山东省外办批准为中德特色小镇，是全省三个中德特色小镇之一，是全国唯一一个以清洁能源产业为定位的特色小镇，依托山东阿尔普尔节能装备有限公司，借鉴德国小城镇建设的经验做法，调整完善口镇总体规划，把口镇打造成集高端产业、科技服务和开放创新为一体的新型国际合作的示范镇，与德国巴伐利亚州建筑业协会合作完成特色小镇概念性总体规划，与中国智慧能源协会达成战略合作，与一批院士、国家部委、知名企业建立起共建网络。小镇围绕清洁能源产业链供应、制造、销售信息数据化、智慧化发展需求，上游延伸至基础产业和技术研发环节，下游拓展到市场销售及售后环节，形成包含价值链、企业链、供需链和空间链四个维度一体的完整清洁能源产业集群，逐步建设成为一个集高端制造、科研服务和开放创新为一体的历史文化特色鲜明的新型国际合作特色小镇。莱城区委区政府把特色小镇建设作为莱城新能源产业发展的支柱项目，作为全区深化供给侧结构性改革、加快新旧动能转换的强力引擎，以最周密的服务保障项目推进。2017年8月22日开工建设，与西门子、德国EMT、芬兰KWH、浙江同星制冷等企业达成入驻意向，签约项目13个、储备项目24个；中德小镇一期工程占地面积2.6平方公里，建设完成后，可实现产值200亿元，利税30亿元，打造成为中德新型城镇化国际合作示范镇和北方地区热泵基地，建成生态环境优美、体制机制创新、历史人文特色鲜明的清洁能源制造业基地。

【齐鲁时代楷模——陈明利】 陈明利，莱城区高庄街道曹家庄村人，1966年出生于一个贫寒家庭，全家六口人仅靠父亲挣工分维持生活。2014年，由于多年的操劳，生活没有规律，患上胃癌。2016年10月，因病医治无效逝世。生前是莱芜市莱城区明利特色蔬菜种植专业合作社党支部书记、理事长，莱芜市第十七届人大代表。1987年以来，他扎根基层，从种植大棚蔬菜到自办农业技术推广站，再到成立蔬菜种植专业合作社，带领广大农民闯市场、发展特色农业，发家致富奔小康，充分体现了一名基层优秀共产党员的责任担当和为民情怀。陈明利获全国农村青年创业致富带头人、全国农业技术推广奖、山东省劳动模范、山东省首届乡村之星、山东省农村优秀人才、山东省十大杰出青年农民等称号，被广大农民兄弟亲切地称为“科技致富领头人”“农民致富好参谋”。为深入学习宣传陈明利的先进事迹，弘扬他的崇高精神和高尚品德，积极培育和践行社会主义核心价值观，为全省打赢脱贫攻坚战提供强大精神动力。4 月 20 日，中共山东省委宣传部决定，追授陈明利“齐鲁时代楷模”称号。

（孙启东　刘少波　韩　丽）

钢　城　区

中共钢城区委

书　　记　张　钊

副 书 记　曹殿军

刘彬华（1 月起）

衣军强（挂职，10 月起）

常　　委　张　钊

曹殿军

刘彬华

衣军强（挂职，10 月起）

张　勇（1 月止）

张家才

王兆生（4 月止）

张富林

亓　勇（1 月起）

任启民（1 月起）

毕泗柏（1 月起）

孙秀梅（女，1 月起）

中共钢城区纪委

书　　记　张家才

区人大常委会

主　　任　胡文朴（1 月止）

王纪青（1 月起）

第一副主任　李全义（1 月止）

副 主 任　张　勇（1 月起）

赵洪新（1 月止）

葛敬玉（1 月止）

侯尚俭（1 月起）

魏育江

郭本忠（1 月起）

曹凤英（女，1 月起）

区人民政府

区　　长　曹殿军（1 月起）

副 区 长　张富林

李秀芳（女）

亓　勇（1 月止）

任启民（1 月止）

史秀卫

吴加庆

田　波（1 月起）

司鹏超（挂职，11 月起）

区政协

主　　席　王纪青（1 月止）

李全义（1 月起）

副 主 席　张春修（1 月止）

邹　峰

侯尚俭（1 月止）

李智笃

张明三

吴金学（1 月起）

尚翠芹（女，1 月起）

潘长喜（1 月起）

区人民武装部

部　　长　刘　峻（1 月起）

政　　委　王兆生（4 月止）

范盛海（7月起）

区人民法院

院　　长　陈　刚（1月起）

区人民检察院

检 察 长　张传文（1月起）

钢城经济开发区（莱钢钢铁精深加工产业园）

党工委书记　陈伦华

党工委委员　毕泗柏（2月止）

郑光和

刘纯真

管委会主任　陈伦华

管委会副主任

毕泗柏（1月止）

郑光和

刘纯真

钢城高新技术开发区

党工委书记　孙秀梅（1月止）

朱效波（1月起）

管委会主任　孙秀梅（2月止）

朱效波（2月起，5月止）

陈传文（5月起）

【概况】 莱芜市钢城区位于山东省莱芜市东南部。北面、西面接莱芜市莱城区，东连沂源县，南邻新泰市。区政府驻艾山街道，西北距莱芜市政府驻地20公里，至省会济南市100公里。全区总面积506.42平方公里，辖5个镇（街道），230个村（社区）。年末常住总人口32.51万人，人口自然增长率-2.61‰。

2017年，钢城区实现生产总值221.15亿元，比上年增长9.10%。其中，第一产业增加值8.71亿元，第二产业增加值131.33亿元，第三产业增加值81.11亿元。规模以上固定资产投资173.07亿元，公共财政预算收入16.28亿元，公共财政预算支出13.90亿元。社会消费品零售总额69.96亿元，进出口总额13.76亿美元。年末金融机构本外币各项存款余额210.57亿元。城镇居民人均可支配收入38194元，农村居民人均可支配收入16701元。年内，钢城区被山东省委、山东省人民政府表彰为“山东省信访工作先进集体（代表区）”；被山东省委、山东省人民政府表彰为“全省社会治安综合治理先进县（市、区）”；被国家体育总局表彰为“2013—2016年度全国群众体育先进单位（代表区）”；辛庄镇获“全国文明村镇”称号。

全区粮食总产3.07万吨，肉、蛋总产1.20万吨、0.40吨。全年新增造林面积15677亩。全区拥有农业机械总动力27.2万千瓦。规模以上工业企业291家，实现增加值97.47亿元，实现主营业务收入702亿元，实现利润29.9亿元，实现利税52.14亿元。全年建筑业实现增加值1.58亿元，实现利税2.28亿元。

公路（国省道）通车里程约70.62公里。公路（国省道）旅客运输量59.86万人次，货物运输量334.60万吨。完成电信业务总量1.21亿元，邮政业务总量2802.5万元。全区城镇化率68.99%，城市基础设施建设完成投资1500万元，村镇建设完成投资22700万元。城市空气质量优良率63.8%。3A级及以上旅游景区3家，全年实现旅游总收入1.3亿元。

全区有普通高中1所，在校生3232人。普通中小学40所，在校生2072人。全年共取得重要科技成果10项，专利申请量1072件，其中发明专利申请量215件，授权量达到199件。有档案馆1个，公共图书馆1所，农村文化大院212个。医疗卫生机构7个，共有床位2295张，卫生技术人员1901人。新建公共健身工程3个。全年参加市级及以上体育比赛共获奖牌113枚。

2017年，钢城区城镇居民人均可支配收入38194元，农村居民人均纯收入16701元。居民基本养老保险参保人数10.1万人，新型农村合作医疗参合人数19.8万人。城镇最低生活保障人数1819人，农村最低生活保障人数4392人。

【产业培育】 2017年，钢城区探索推行“六个一”产业发展方式，集中力量推进钢铁生产及深加工、汽车零部件、粉末冶金、电子信息、红木、现代服务业、温氏及“三黑”牧业7个主导产业，主营业务收入、税金同比分别增长48%、140%。工业固基领跑，新增规模以上工业企业25家，完成技改投资38.8亿元，实现工业增加值100亿元，增长14%，工业产值、增加值、主营业务收入、利税、利润增幅均列全市第一。服务业激活提升，新增规模以上重点服务业企业11家、限额以上批零企业56家，培育农产品电商30家、跨境企业电商6家，实现服务业增加值80亿元，增长9.1%。现代农业提质增效，新培育市级以上农业龙头企业5家、新型经营主体134家，新建现代农业示范园区5个、省级标准化基地2个，新认证“三品一标”20个，新发展优质林果3500亩，实现农业增加值10亿元，增长5.5%。

【项目建设】 2017年，钢城区抓住项目建设不放松，完善“六项机制”“八项制度”，在建大项目达到112个，累计完成投资81.7亿元。新开工重型铸锻件加工、高强度汽车零部件等项目52个，唯莱特、天益通元等44个项目投产达效。10万吨特种粉末二期、钢结构装配式建筑等一批影响钢城长远发展的项目有序推进，温氏高端高效现代牧业一体化项目列入省重点项目。统筹实施农村公路网化示范县、高效节水灌溉等200多个农业农村项目，完成投资10.6亿元。坚持招商引资“一号工程”不动摇，组建专业招商服务团队，实行脱岗专职招商，紧盯主导产业上伸下延，瞄准北上广深等重点区域，精准使用招商资源，开展专题招商活动50多次，新引进过亿元项目22个，完成招商引资71亿元。

【企业发展】 钢城区坚持质效导向，做强实体经济，发展优势加速聚集，发展质效得到新提升。领先优势彰显。金雷风电主轴产品国际市场占有率15%，泰达车库成为国内智能停车行业中的龙头企业，金鼎电子成为全省制造业单项冠军企业，温岭精锻被评为全省特色产业镇动能转换20强优秀企业，巧夺天工被评为全省首批8个企业标准“领跑者”之一。企业主导或参与制定国家、行业标准12项，培育山东名牌2个。全区新增规范化公司制改制企业6家，汇锋传动正在进行上市辅导。积极为企业排忧解难，解决实际问题120件。重视企业家培训，国际国内累计培训企业人员200人次。创新优势凸显。新增高新技术企业10家，高新技术产业产值达到47.6亿元，占地方规模以上工业产值的43%。新增授权发明专利184项，转化科技成果17项，新发展省级创新平台5家，泰达车库、中兴汽配分别在瑞士、英国设立离岸研发中心。强化创新能力保障，组建招才局，成立海外人才工作站，新引进院士、“千人计划”专家等高层次人才16名，任启华、朱传宝2位企业家入选第3批国家“万人计划”领军人才。合作优势渐显。组建中国粉末冶金产业人才战略联盟，成立泰山无纺产业研究院。与北京前沿科技、广州新材料在线合作成立产业招商公司，与和灵资本合作设立和灵鼎晟基金，泰达车库与中国电科38所、金雷风电与山东大学开展全面战略合作。企地融合进入新阶段。钢城区牢固树立服务莱钢就是发展自己的理念，主动作为，勇于攻坚，仅用一个多月的时间，稳妥完成陈家庄、张家岭、南赵、银山子4个村1381户的整体搬迁，破解了莱钢新区环评影响难题，赢得了搬迁群众的满意和市委市政府、山钢、莱钢的高度认可。联合制定深度融合发展实施意见，签订融合发展备忘录，在产业、人才等七大领域深度合作，形成了高层定期会商、中层联系对接、部门对口交流的良好局面。合力规划建设钢结构装配式建筑产业园，开工建设鲁碧绿建新材料、钢结构构件加工项目，成功创建国家装配式建筑产业基地。联手开展全国文明城市创建，全面深化企地平安共建，推进莱钢办社会职能和“三供一业”移交工作。

【环境建设】 发展环境发生新变化。坚持问题导向，着力补短板、强弱项，城市更加宜居宜业。修编城镇总体规划，编制10项片区控规、4个专项规划和27个村庄规划。改造提升污水管网4.8公里，新增天然气用户4000户、供热面积12万平方米。整改城区街巷6公里，完成拆迁改造15万平方米，拆除违章建筑4.3万平方米。智慧钢城建设稳健起步，运营中心基本建成，智慧艾山试点初见成效。多措并举提振房地产市场信心，成功盘活沃商广场项目，稳妥推进华诚丽都项目，区域房价同比增长17%，成交量增长264%。打造美丽乡村12个，连片治理9个村，整治小街小巷65个村，农村无害化厕所改造7425户。新建改造农村道路153公里，完成道路安全生命防护工程80公里。加快推进“一体两翼”战略，改造提升园区道路14公里，铺设各类管网63.8公里，新增“七通一平”面积2.7平方公里。配合好济莱高铁规划建设和京沪高速、青兰高速改扩建前期工作。生态质量获得新改善。开展环保突出问题综合整治，全力办结中央、省环保督察交办案件101件。重拳出击，铁腕治污，关停取缔“散乱污”企业267家。推进化工产业转型升级，关停危化品企业8家。淘汰拆除燃煤锅炉92台，完成煤炭消费减量任务，推广应用清洁煤2万吨，PM10、PM2.5浓度同比改善6%、18%，蓝天白云天数达到276天，较上年增加57天。全面推行河长制，建立区镇村三级河长体系，261名河长实现履职全覆盖，整治水域岸线问题80个、入河排污口42个，清理河道97.3公里。加快金水河水库建设，大坝主体工程基本建成。开展乔店水库等水源地环境综合整治，关闭搬迁禁养区养殖户93家。实施牟汶河上游水质净化工程，河流出境断面水质达到三类标准。新增造林2.1万亩，改造提升植物园，成功创建国家森林城市。发展生态旅游，创建国家AAA级旅游景区3处，棋山成为山东十大旅游目的地品牌。

【社会事业】 民生福祉有了新提高。钢城区坚持以人民为中心的发展思想，加大投入，精准发力，着力解决群众最关心、最直接、最现实的利益问题。区中心敬老院、公共自行车等十个方面的民生实事如期完成。脱贫攻坚扎实推进，实施扶贫项目35个，开通扶贫大篷车42辆，完成贫困户危房改造99户，1554名建档立卡贫困人口实现脱贫。民生保障力度加大，新增城镇就业2661人，农村劳动力转移就业6450人，各类保险扩面2560人，城乡低保、居民医疗补助标准进一步提高。教育事业全面发展，友谊路小学、新兴路学校改建投入使用，金水河学校建成主体工程，学校标准化食堂实现全覆盖，1.2万名小学生喝上免费放心奶。“振兴四中”目标初步实现，高考本科上线率80.2%，名牌大学录取人数创历史新高，1人被清华大学录取。卫生服务水平不断提升，基本公共卫生服务人均标准提高到50元，新建25处标准化卫生室，创建11个省级卫生村。二孩政策全面实施，计生服务持续优化，优生优育水平保持全市领先。文化体育事业蓬勃发展，新建村史展室15个，综合性文化服务中心基本实现全覆盖，推出电视剧《二妮的山村梦》等优秀文艺作品。开展全民健身运动，推进校园“足球之星”培养计划，莱芜四中被评为全国青少年校园足球特色学校。全面加强食药监管，食品、药品抽检合格率分别达到95.8%、100%。严格落实安全生产“党政同责、一岗双责、齐抓共管”的责任体系，开展“大快严”集中行动，强化安全隐患整治，安全生产形势保持稳定。“平安钢城”建设扎实推进，推行“一村一警务助理”、网格化巡防，严厉打击违法犯罪行为。村（社区）“两委”换届选举工作顺利推进。

【钢城高新技术开发区】 钢城高新技术开发区辖8个村（社区），区域面积19.6平方公里。2017年地方财政收入4371万元；固定资产投资15.3亿元；规模以上企业数达48家；工业增加值

1.3 亿元，高新技术产业产值占比 51.81%。

招商引资。实施产业招商。突出电子信息、智能车库两大产业做优、做强，实施“建链、补链”招商，拉长产业链条。围绕电子信息产业，依托金鼎电子先后在昆山、苏州、深圳、莱芜举办 6 次产业招商推介会和产品展览会，成功协助金鼎电子与和灵资本签约，引进战略投资 2 亿元。7 月 21 日，举办钢城区电子信息产业招商推介会，成功签约 9 个项目，协议引进资金 9 亿元。为推进电子信息产业发展，规划产业布局，实现精准发力，定位招商。邀请中国电子材料行业协会专家于 8 月 23 日到钢城高新区调研指导电子材料产业发展情况，并为钢城高新区电子信息产业规划发展拓宽了视野，开阔了思路。围绕智能停车产业，与中科 38 所签订智能停车产业园合作框架协议，借助泰达车库在行业内的龙头地位和 38 所技术人才优势，发展智能停车产业。实施代理招商。长期聘用西安，昆山 3 名招商代理，实施代理招商，及时储备洽谈济钢铁合金、雅居乐固体废弃物、汽车弹簧板加工，精密铸件，智能仓储装备，新材料装饰板材，异型钢、方舟电子 SMT 等 8 个项目，计划总投资 9 亿元。加强人才引进。实施招商引智，广泛引进电子信息、精密制造等产业高科技人才，先后招宾引客 2300 余人，为企业注入了生机和活力。泰达车库与瑞士艾力肯公司合作，在瑞士设立境外研发中心，拥有了世界最先进的仓储式智能车库技术产权。金鼎电子通过“外引内培”组建一支 62 人的强大技术研发团队，含中国工程院院士、千人计划专家、万人计划专家、泰山学者及外国专家。

项目建设。健全机制促项目。切实把项目建设作为工作落脚点，健全项目建设督查机制，加强对在建工程项目的工作指导、协调，利用办公大厅电子屏幕对重点工程项目的进展情况公开展示，在项目建设的不同阶段，进行分类指导、协调和推动，及时跟踪重点项目的前期工作及落实进度，形成对重点项目的全面跟踪、督促，及时掌握、了解各项项目建设的工作进度，力促工程项目如期完成。强化服务推项目。实行“一个项目、一套班子”的项目推进制度，明确分工，压实责任，加速推进。续建工程天益通元柔性线路板项目，完成一期 2.1 万平方米厂房及 5000 平方米研发楼主体工程，7 月 21 日正式竣工投产。同时，机器人高柔导丝导线项目车间厂房也已装修完成，生产设备陆续到位。金鼎电子触控屏用柔性透明导电膜项目，完成两条生产线，进入试生产。该项目的实施使金鼎电子有限公司成为目前国内唯一一家同时具备涂布、层压、溅射 3 种工艺方式生产的企业。雅居乐固体废弃物项目正在办理土地征用等开工前相关手续。常瑞电子信息材料、义通模具完成厂房装修。天辰太阳能、华赢塑胶 4 万吨板材加工、济钢铁合金厂铁合金加工、孵化园、红色传承教育地基等项目，分别按照项目节点有序推进。提高承载能力引项目。电子信息产业园、智能车库产业园、高端技术装备产业园的规划建设，提升了园区建设的承载能力，招引了大批新项目。高端装备制造业 15 万吨精锻加工项目，边改造边生产，克服种种难题，积极帮助协调立项、土地、环评、安评等手续办理。全年完成投资 2.2 亿元，锻造、铸造生产线改造全部完成。孵化大厦公共服务平台建设，总占地面积 80 亩，由 5000 平方米的中央孵化大厦和 8 座车间组成。孵化大厦外部装修完成，外围设施建设完毕，已有广州青朴文化传播有限公司、火柴合移动电商服务中心、上海集派文化传播有限公司及国内钢铁第四方交易平台钢钢网等一批电子商务企业、创业项目入园考察，钢钢网已正式入驻。

社会事业。2017 年，钢城高新技术开发区坚持以利民惠民为根本，立足群众的切身利益、正当权益，抓好各项惠民工程。结合创城迎检，投资 800 万元用于基础设施建设，重点改造了园区嬴丰大街和泰达路南延。完成乡村道路 3 公里，卞家泉、大上峪、小上峪 3 个村（社区）的小街小巷 30000 平方米的硬化。精准扶贫工作，抓好了扶贫项目的落实，通过了省扶贫检查。全年发放收益金 7.5 万元，1 个市级贫困村实现脱贫，辖区 49 户 71 人脱贫任务全部完成。环境污染治理取得显著成效。在保证辖区内所有土小企业的关停不反弹的同时，按时完成了国家环保巡查组督办的问题，保持了周边良好的环境。人口和计划生育指标得到有效控制，各项考核指标均完成。严格落实城乡低保、新农合等各项社会保障制度，关注关爱弱势群体。

党建工作。钢城高新技术开发区牢固树立抓基层党建第一责任人职责，坚持书记抓、抓书记，年初与各村（社区）支部书记签订《基层党建目标责任书》，层层压实党建责任。建立完善党建工作督查、述职考评和问责机制，营造了“比、学、赶、超”的良好氛围。农村党建重在强基础创典型，实现“以点带面，村村连片”；社区党建重在建设党群服务站，统筹协调社区范围内各类组织和各项工作开展；企业党建依托党群服务中心平台，实现服务工作全覆盖。推广“项目一线党旗红”等党建品牌，扩大品牌影响力。继续深化“两学一做”学习教育，加强对党员干部的素质和能力培养。开展“党员奉献日”活动，利用党员奉献日组织党员投身创城迎检工作中，党员志愿者累计出工 2000 余个。强化村（社区）“两委”坐班服务、党员教育管理、“四议两公开”、联系服务群众“三项制度”等制度落实，及时跟进督查。牢固树立严格按制度办事的观念，让党员自觉养成遵守制度的习惯，努力营造人人遵守制度，人人执行制度的良好氛围。强化党建服务功能。针对辖区内企业数量多、普遍规模小、党员零散、活动组织难开展等问题，投资 100 万元建起精准高效的一站式党群活动服务中心，统筹各类资源，将活动中心建成集党建指导、学习培训、组织活动、日常服务等多功能于一体的非公企业党建总部。投资 120 万元建设区域化党建高家庄、卞家泉社区、金鼎电子和恒信经贸的党群服务站，初步构建了社区和企业党组织网络。

【棋山国家森林公园】 棋山国家森林公园由国家林业局批准成立于 2015 年 1 月，经过三次区划调整，现辖 28 个村、1.2 万口人，区域面积 50 平方公里，是一个集“旅游观光、休闲度假、生态自然、山水体验、红色教育”于一体的旅游景区。

旅游开发。推进棋山温泉小镇、生态观光区和棋山影视小镇 3 个特色板块的规划建设。温泉二期、道家文化产业园、棋山索道 3 个重点旅游项目全部建成。规划建设贯通小镇东西的影视大道和沿河景观路、影视小镇接待中心等重点基础设施项目，其中影视大道北泉段、西泉段、团圆坡段已完成硬化改造，红崖段路基改造工程基本完成。总长 10 公里的棋王路路基工程全面完成，打通了景区第三条旅游主干道。集中整治旅游主干线两侧乱搭乱建、乱堆乱放，整治提升炒鸡店，实施绿化提升和亮化工程，将棋圣路和棋盘路 2 条旅游主干道打造成体现国家森林公园形象的景观大道和生态走廊。

社会事业。实施乡村连片治理工程。2017 年，棋山国家森林公园投资 1200 万元，对三岔河、棋山观等 7 个村开展连片整治，重点实施道路、游园、美化、亮化、绿化和安保 6 项工程，实现联村主干道及村内街巷全硬化、全绿化、全亮化，打造村庄游园、文化长廊，安装监控，打造高标准连片整治示范区。推进高标准农田建设示范项目。投资 1000 万元，对穆家寨、白冶子、焦家庄、李家峪、圈里、棋山观、三岔河 7 个村的 7500 亩农田进行综合整治。落实十件实事工程。完成 157 名贫困人员的脱贫工作。推进村庄小街小巷的硬化工程，高质量完成三岔河、圈里和高家庄 3 个村的小街、小巷硬化；推进村级网化示范县道路工程建设，高质量完成 10 个村、10 公里的连村路硬化工程。成功举办全国围棋甲级联赛、全国野战运动冠军赛山东赛区选拔赛、世界旅游仙子选拔赛、魅力棋山全国摄影大赛等重大赛事，逐步打造寻道祈福节、温泉旅游文化节、迎冬纳福节三大文化品牌。坚持每月至少举办 2~3 次规模较大的文体活动，每村送戏两场以上。村村建设文体广场，配备健身器材，开展体育赛事。实施村庄绿化工程，实现“一村一花”。大力治污、治乱，成功取缔11家小散乱污企业，完成了中央环保督查任务。村村安装路灯，实现照明无盲区。对符合大病救助政策的人员，在享受上级规定政策的基础上，再给予一定补助。对辖区村庄的农作物实行集体投保。村头巷尾安装监控，实现无缝隙治安监管。对村卫生室进行提升改造，达到规定标准。

【辛庄镇获“全国文明村镇”称号】 11月17日，在全国精神文明建设表彰大会上，辛庄镇被中央文明委表彰为“全国文明村镇”。

辛庄镇坚持把文明创建作为一项得民心、顺民意的惠民工程来抓，创新思路理念，深入宣传发动，聚焦问题短板，全力整改提升，镇容村貌发生了明显变化。加大资金投入，营造整洁环境。先后投资1000多万元，实施镇驻地环境改造提升工程，对镇驻地6公里多的道路全部进行改造，安装路灯200多盏；投资1500多万元，实施以硬化、绿化、亮化、美化为主要内容的村庄连片环境综合整治；投资800多万元，实施8000多户的农村户厕改造工程，在全市率先完成，实现“三年任务一年半完成”的突破。多种形式宣传，营造浓厚氛围。为扎实做好宣传、教育、发动群众的工作，建设精神文明宣传栏70多个，制作大型户外广告塔8个1500平方米、路灯杆道旗300面，安装讲文明树新风、社会主义核心价值观等墙面公益广告2000多平方米，制作异型广告26个，180平方米；印发明白纸、文明公约等2万多份，组织宣传车不间断巡回宣讲，对调查问卷的相关内容进村入户进行宣传。推进综合整治，营造和谐秩序。在镇驻地新建1个便民市场，坚决取缔马路市场和乱摆摊点现象；设置3个公共停车点，合理施划停车位300多个；对城镇驻地及周边大街小巷生活垃圾进行“地毯式”排查，对店外经营、违章停车、乱贴乱画等进行集中清理，先后动用大型机械600多台次，清运垃圾5000多吨，粉刷墙面1万多平方米。强化道德建设，提升文明素养。坚持开展文明乡镇、文明村、文明集市为主题的各类精神文明创建活动，在主要路段、公交站点安排不文明行为劝导员，教育引导村民改变随地吐痰、乱扔杂物等不良习惯，培养文明行为，提升文明素质，争做文明市民。其中，4个村被评为省级文明村和省级生态文明村，12个村被评为市级文明村和市级生态文明村。

【《棋山观村志》出版发行】 《棋山观村志》是钢城区域内公开发出版发行的第一部村志，入选第一批“齐鲁名镇名村志”。该书于2017年6月启动编纂、10月召开专家评审会、12月出版发行。该书共15编，62章，150节，33.9万字，彩图34幅，正文图300余幅，方志出版社出版，记述下限至2016年年底，个别事件记述至2017年6月。记述范围为棋山观村区划，贯通古今，详今明古，客观系统地记述了发展历程、乡村文脉、产业特色，体现村的“名”与“特”，反映了棋山观村人民不懈奋斗、追求幸福新生活的光荣传统。

【莱芜四中被评为“全国青少年校园足球特色学校”】 2017年，莱芜四中依托校园足球训练营，认真落实全国校园足球特色学校的各项标准，积极申报全国少年足球特色学校。学校加强校园足球的组织领导工作，严格落实国家政策，将足球发展纳入学校三年改革发展规划中，建立健全了工作机制。学校强化学校足球基础保障工作，严格落实足球教师待遇，进一步完善学校场地设施，专门划拨足球工作专项经费。学校不断更新教育教学理念，充分挖掘校内外资源，开发具有学校特色的足球课程，并积极营造校园足球文化。2017年7月，莱芜四中被教育部评为“全国青少年校园足球特色学校”，对学校“足球品牌”建设起到了推动作用。

（陈建新　高　涛　李　娟）

莱芜高新技术产业开发区

党工委书记　王哲军
主　　　任　王哲军

【概况】　莱芜高新技术产业开发区总规划控制面积108平方公里，辖1个街道，70个村（社区），年末全区户籍总人口77993人。2017年实现GDP145.95亿元，同比增长9.1%，其中，第一产业增加值1.39亿元，第二产业增加值103.50亿元，第三产业增加值41.06亿元。固定资产投资132.36亿元，公共财政预算收入8.92亿元，社会消费品零售总额37.79亿元，实现进出口总额16.92亿元。

【项目建设】　坚持把抓招商、上项目作为推进新旧动能转换的“牛鼻子”，实施项目引进提质量、项目推进提速度“双提工程”。2017年，完成招商引资任务45.6亿元，占年度计划的143%。环球新能源动力、沃丰金属新材料2个项目被评为全市“十大优秀项目”。投资20亿元的环球混合动力发动机项目，自9月28日起仅用25天完成马盘龙村拆迁，10月24日正式动工，28天完成车间基础施工，25天完成钢结构立柱施工，12月15日起设备进场与车间建设同步展开，12月底全部完成；投资5亿元的清芸太阳能光热发电设备项目，10月20日正式动工，12月中旬设备到位安装，12月下旬试生产，从开工到建成仅用了67天，树立了项目建设的新标杆。此外，投资2.6亿元的德正环保、投资2亿元的中瑞华特消防科技、投资2.9亿元的圆泰环保新能源项目等相继建成投产。

【转型升级】　高新区实施规模跃升、智能升级、上市挂牌、标准引领、品牌创建、素质提升“六项行动”，提高了经济发展质效。产业规模实力有了新增强，全区新增规模以上企业31家，其中规模以上工业企业20家、限额以上贸易企业7家、规模以上服务业企业4家；工业企业产值过亿元企业63家，同比增加3家；纳税过千万的企业17家，同比增加3家，过百万的企业108家，同比增加22家，工业企业纳税占比提高2个百分点；实现进出口总额16.5亿元，增长15%，其中出口11.3亿元，增长19%。技术创新水平提高，以“工业4.0”理念为核心，打造泰金精锻、鲁能开源电器、黑旋风锯业等智能制造示范企业6家；新增省级研发平台4个，市级工程研究中心4个，市级重点实验室3个，新认定高新技术企业5家，获批省“双创基地”专项扶持资金800万元，威马泵业等3家企业被评为第一批全省中小企业创新转型优胜企业。企业挂牌上市新突破，朗进科技6月27日在“新三板”挂牌上市，随即启动主板上市进程，11月30日证监会正式受理创业板上市申请；新兴业环保、山歌食品、玉成数控3家企业在齐鲁股权交易中心挂牌，全区挂牌上市企业总数达到12家。质量品牌建设有了新成效，区内企业主持起草国家标准2个，采用国际和国外先进标准5个，新增标准化服务试点1个、标准化创新项目16个，博雅新苑、高创中心2项工程获全省建筑工程质量最高奖“泰山杯”。

【深化改革】　2017年，高新区探索实施了干部人事制度改革。在市委常委会、市政府常务会研究审议的基础上，推行以“全员聘任制、目标考核制、绩效工资制”为主要内容的职员制改革，逐步建立起适应高新区发展的现代人事管理制度，激发了干事创业的内在活力动力。承接落实行政审批制度改革。对接完成规划管理权限下放，实行规划编制备案、审批“二号公章”等制度，全年核发规划证件数量同比增长60%；全面推进“多证合一、一照一码”等改革工作，启动企业简易注销登记，群众创业热情空前高涨。全年新办理企业营业执照648户，个体工商户1107户，增幅均超过30%。积极推进投融资体制改革。全年共签约PPP项目4个，总投资37亿元，其中郭大铁路连接线及物流园项目成为全市唯一一个获批的“国家PPP示范项目”；依托高新投资控股公司，持续加强融资力度，公司资产总额达到16亿元，比上年成立时翻了两番；建立“采购文件联审制”和“标准范本制”，促进政府采购规范化、标准化。聚力做好人才发展体制机制改革。依托高创中心这个国家级孵化器，落地建设鲁中工业科学研究院，与青岛科技大学合作规划建设鲁中化工产业研究院，搭建起区域科技创新大平台。实施以引进高层次人才为重点的“凤凰英才计划”、以吸引本地大学生回莱创业为重点的“归雁工程计划”，全年实质性引进各类高层次人才70多名，泰山学者及以上层次人才6名，如国家“千人计划”专家、上海交大张德良教授等；引进济世药业、清芸阳光等一批“产业+人才”项目。

【产城融合】 2017年，高新区进一步完善规划设计，全年编制完成村庄规划27个，覆盖率86%；编制40平方公里区域的控制性详细规划和街区控规14项，片区控规实现全覆盖。进一步增强承载能力，突出抓好以“一园一区一中心，两化三河，四路四校”等24项城建重点工程，新修改造道路5条，香山南路改造建成通车，凤凰路北延段已完成路床施工；投资5500多万元对凤凰路及周边景观进行亮化提升；新建改造污水管网10公里，改造延伸天然气管网4.7公里；连河治理完工，大崮山森林公园、盘龙河治理开工建设并完成年度建设任务。进一步改善环境质量，全面实施环保突出问题集中整治攻坚行动，共办结完成中央、省环保督察转办案件26件，给予党纪处分1人、问责2人；清理黑臭水体6条；关停取缔土小企业18家，淘汰燃煤锅炉42台，推广洁净煤、气代煤1.2万吨，全年煤炭消费量低于10万吨；“蓝繁”天数（蓝天白云、繁星闪烁）为259天，同比增加33天；24条河流、119个塘坝全部落实“河长制”。

【民生保障】 脱贫攻坚。健全完善“三帮扶”工作机制，投入扶贫资金451.8万元，发展特色种植、庭院养殖、托管增值等扶贫产业项目，成功引进赢浩休闲用品等扶贫项目3个，在3个省定贫困村新增雪藕种植30亩，新上芹菜种植项目，全年脱贫513人，完成年度脱贫攻坚任务。群众居住条件明显改善，全年累计拆迁旧村30万平方米，完成年度任务的150%，基本完成孙故事、冯家林、南连河3个城市核心区“城中村”的拆迁任务，完成小陈家峪、段盘龙、马盘龙、草沟4个村的集中连片拆迁；汶阳集中居住区二期57栋楼房全部建成，群众如期入住，三期33栋楼房已开工建设。美丽乡村建设。2017年，全区改造提升农村公路7条9.8公里，新铺设农村供水管道4000多米，新建文体广场3个、村史展馆1个；前坡、东龙崮、南龙崮3个村被列入省级“美丽乡村”建设示范点。教育惠民深入实施，总投资3亿元用于4所学校的改扩建工程，截至2017年年底，累计完成投资1.6亿元，其中新建世纪城小学、改建大故事小学，已于2017年秋季开学投入使用；新建裕丰小学已完成主体施工，新建实验学校正在加快基础建设。就业养老医疗体系不断完善，全年实现城镇新增就业2700人，农村劳动力转移就业600余人；居民医疗保险、养老保险参保率达到99%以上；为符合条件的80岁以上老人发放高龄津贴100多万元；改造提升标准化卫生室7个，新建妇幼保健服务站1个；鹏泉街道和郭家沟村成功入选全省首批“健康村镇”建设试点村镇。

【党建工作】 以“两学一做”学习教育常态化制度化为抓手，组织全区205个党支部、4800多名党员和入党积极分子，深入学习习近平新时代中国特色社会主义思想及中共十九大精神；5月，分两期组织区直机关干部、企业党组织负责人70多人赴清华大学进行集中学习，进一步提升了党员干部和企业家的整体素质。以严管干部为重点，严格核查646名党员干部档案中的“三龄两历一身份”，集中整顿软弱涣散基层党组织3个；强化对补交党费的使用管理，下拨党费105.8万元，专项用于走访慰问困难党员、教育培训、活动经费等；配套资金554.9万元，强化村级经费保障和工资补贴报酬。以全面提升党建工作水平为根本，新成立“两新”党组织8个；集中打造维达纸业等党建示范点7个，力创科技党支部被列为市级党建示范点；完成程故事等3个社区的大党委试点改革，推进南姜庄、大桥社区的产权制度改革；依法依规、精准有序做好村、社区“两委”换届选举，截至2017年年底，70个村（社区）已完成党支部换届68个，村（居）委会换届64个。以强化党风廉政建设为保障，组织开展警示教育活动10多次，组织4个区直部门及鹏泉街道党政主要负责人现场向区纪工委述廉述责，并向基层延伸；全年共约谈党员干部3名、函询2人、诫勉谈话4人；立案审查19起，结案18起，给予党纪处分18人，发挥了警示震慑作用。

（任雯雯）

雪野旅游区

党工委书记　金宗义
主　　　任　王清军

【概况】 雪野旅游区位于莱芜市北部，是以文化旅游为主的功能区，总面积587.6平方公里，人口12.13万人。2017年，全区实现地区生产总值26.92亿元、增长7.1%，完成固定资产投资72.61亿元、增长4.1%，实现地方财政收入2.56亿元、增长18.24%，地方财政收入增幅在全市各区中排名第二，比全市平均水平高8.04个百分点，超出年初计划10.24个百分点，较好地完成年初确定的目标任务。

【项目建设】 2017年，全区重点推进卧云铺、乐嬉谷等一批文化旅游项目，金融小镇、软件研发中心等一批金融创投和总部经济项目，金谷山庄、华山庄园、大宅线大修、“一线八村”旅游大道等一批现代农业和基础设施项目，卧云铺、乐嬉谷、金融小镇等9个项目列入全市重点服务业项目，乐嬉谷、金融小镇项目被评为全市十大优秀项目，中泰证券财富中心项目列入省重点建设项目。

【园区建设】 雪野软件园、航空产业园、新兴产业示范园、金融小镇、雪野湖健康旅游小镇、航空运动休闲小镇、养生休闲度假小镇“三园四镇”加快建设，打造了主导产业集聚发展的重要载体、创新创业的重要平台；雪野旅游区被评为全省“十三五”时期服务业综合改革试点单位，是全省3家两次连续入选的单位之一，也是全市唯一一家。

【招商引资】 2017年，世界500强企业绿地集团落户雪野并顺利开工；全年新引进过亿元项目12个，形成外来固定资产投资43.79亿元，分别完成年度计划的133%、199.1%；完成招宾引客4.56万人次；完成项目储备22个、计划总投资175亿元。

【全域旅游】 2017年，卧云铺、乐嬉谷、江南里小镇等13个旅游龙头项目建设加快，蓝湾欢乐岛、房干景区、香山景区等传统景区进一步改造提升，雪野湖休闲渔业公园、天宫人家、鹰飞跳伞等一批旅游新业态项目投入使用，举办“徒步雪野·相约四季”全民健身徒步大赛、“跑游山东”半程马拉松雪野湖站等20多项赛事、文体活动，蓝湾欢乐岛创建为AAA级景区，富甲庄园创建为AA级景区，永祥农业生态观光园被评为省级农业旅游示范点，潘家崖、中茶业被评为省级传统古村落，上法山、邢家峪、朱家峪等8个村被评为市级乡村旅游示范点，年接待游客506万人次、实现旅游消费总额22.2亿元，分别增长10%、15%。

【改革创新】 2017年，全区新发展田园综合体14处、农民合作社58个；新增个体工商户967户、私营企业196户、规模以上企业6家；创建了PPP项目库，入库项目达19个，计划总投资90多亿元；争取专项资金3.84亿元、增长20%；举办雪野国际人才论坛，高标准建设未来30小镇——雪野高层次人才创新创业基地，雪野旅游区被评为全市工作改革创新优秀项目、省级人才改革试验区创新示范项目。

【生态环境建设】 全区开展环保突出问题治理攻坚行动，办好中央、省环保督察交办案件；淘汰燃煤锅炉23台，关闭搬迁禁养区内养殖场（户）32家，关停“散乱污”企业26家；建立覆盖区镇村的三级河长制组织体系，环湖周边87家农家乐饭店配套建设小型污水处理设施，全长25公里的污水管网续建工程管道铺设基本完成，雪野水库水质、汇河出境断面稳定在III类水标准；完成“文明城市创建”和“国家森林城市”创建任务，拆除违法建筑58处、7000余平方米，新增造林绿化面积1.65万亩。雪野旅游区被评为全市生态环保竞赛优秀单位。

【民生保障】 全年用于民生的各项支出达5.83亿元、增长11.44%，占财政支出比重达92%；落实专项扶贫资金3335.56万元，实施精准扶贫项目31个，2850人实现脱贫，完成年度脱贫任务，雪野旅游区被评为全市扶贫开发工作实绩突出单位，雪野镇被评为扶贫开发工作实绩突出镇；投资2500万元的环湖路提升改造工程、投资1500万元的老莱明路拓宽改造工程竣工投入使用，投资3500万元的大宅线大修工程主体完工，8081户农村改厕、375户危房改造全部完成，雪野镇被评为全市生态型镇域提升竞赛优秀单位，大王庄镇被评为全市城乡社区建设优秀镇；投资3000多万元改善教育教学设施，完成7所中小学全面改薄任务；区中心敬老院建成投入使用，完成15个村级标准卫生室建设；移风易俗工作群众满意率达95.7%，茶业口镇的房公训获得第六届全国道德模范诚实守信奖；中共十九大安保维稳取得全面胜利，全区社会大局持续和谐稳定。

【党建工作】 2017年，农村“两委”换届依法、有序完成；9个软弱涣散村全部转化巩固；在浙江大学成功举办4期干部培训班，培训干部200多人次；雪野镇、大王庄镇党群服务中心投入使用；房干精神展馆建成开馆，被列为省委和市委党校党员干部教育基地；打造廉政建设示范点12个，受理问题线索91件，立案13件，给予党纪处分和组织处理57人，营造了风清气正的良好干事创业氛围。

莱芜经济开发区

党工委书记　张子信
主　　　任　李长春

【概况】　经济开发区紧邻市区，是主城区的北门户，初步建成六纵五横道路网络，辛大铁路、山西中南部铁路和京沪高速公路横穿东西，242省道、莱城大道纵贯南北，是公交客运北站所在地，距铁路新客运站、莱芜东站、蔺家楼站均不足10公里，距京沪高速莱芜城北出入口不足5公里。全区总面积70平方公里，辖1个镇（街道），46个村（社区）。截至2017年年底，全区常住总人口8.66万人，人口自然增长率8.95%。

2017年，全区实现生产总值87.11亿元，比上年增长7.3%。其中，第一产业增加值1.51亿元，第二产业增加值55.87亿元，第三产业增加值29.73亿元。固定资产投资38.24亿元，公共财政预算收入2.18亿元，公共财政预算支出2.47亿元。社会消费品零售总额22.37亿元，进出口总额10.11亿元。城镇居民人均可支配收入34889元，农村居民人均收入16144元。年内，经济开发区被评为市级文明单位。

【招商引智】　“三招三引”取得新成效。聚焦招商引资，以拉长不锈钢深加工产业链条为核心目标，区党工委、管委会主要负责同志带头，区直各部门同志分线作战，先后赴北京、广东等地开展招商推介活动30余次，引进过亿元大项目5个、总部经济企业2家，形成固定资产投资17亿元。聚焦招宾引客，实现招宾引客13271人次，聚集了人气商气，提高了经济开发区的知名度和影响力。聚焦招才引智，引进中国工程院院士殷瑞钰、金红光等知名高层次人才；推动经桥集团与中博联签订战略合作协议成立中博联研究院山东分院；支持茂盛管业与山东省科学院新材料研究所签订产学研合作协议。

【项目建设】　坚持以项目为载体，实行区级领导联系重点项目制度，重点项目快速推进。2017年，全区共开工大项目15个，其中，过亿元大项目6个，竣工投产项目11个，超额完成年度目标任务。其中，泰嘉80万吨冷轧不锈钢一期项目已实现试生产；鲁中铁路物流园项目完成预可研第二稿编制，近期将由铁路部门牵头进行论证完善；鲁中不锈钢商城一期工程不锈钢产品展示与交易中心已投入使用，二期项目正在加紧建设；山东大海集团投资建设的科林光电一期已竣工投产，二期即将开工建设。

【企业培育】　开展“困难摸排消”活动，打造“效率最高、效益最好、成本最低、服务最优”的营商环境，全区经济活力明显增强。2017年，全区新增私营企业319家，总数1367户，同比增长30.4%；新增个体工商户932户，总户数达到4661户，同比增长25%；科林光电、盈德气体等9家企业实现纳新。金航矿机、合力无纺2家企业与中泰证券沟通，纳入股份制改制重点推进范畴。

【基础设施建设】　服务推进市级城建工程建设，其中，龙潭西大街510户地上附着物清理全部完成，74户房屋已完成拆迁49户；完成雅鹿山公园地上附着物清点、估价工作；完成莱城大道、山财大街西延清障任务。新开工区级城建工程7项，续建工程4项，完成基础设施投资3060万元，其中，白龙一路建成通车，永兴东路完成土方开挖7万多立方米，胜利北路人行道、永兴西路绿化等6项配套工程完成；嘶马河上游治理工程完成投资650万元，安装沿河护栏1.7公里，建设道路1.3公里，建设拦沙坎2座。2017年，全区共新增绿化面积2.4万平方米，新铺设污水管网1.7公里，新增供热支线3条，全区基础设施进一步完善，承载能力进一步提升。城市建设快速推进。初步完成不锈钢制品产业园项目规划，完成中心城区经开区片区控制性详细规划编制。对沈家庄、李梁坡等4个村进行“城中村”改造，完成拆迁3.5万平方米。实施棚户区改造，建设楼房1211套，其中，张家洼安置二期570套已竣工，李梁坡安置区56套已封顶；泰钢嬴牟社区350套、南山子安置区235套已动工。

【文明城市创建】 2017年，全区投入创城资金4500万元，修缮道路20公里，拆除违章建筑1.48万平方米，粉刷美化沿街墙面7万余平方米，设置公益广告牌2000余块，全区市民素质明显提升、发展环境明显优化。

【生态环境建设】 2017年，全区快速办结中央环保督察组交办的9批12件环境信访问题，取缔土小企业2家、养殖场1家，责令泰钢炼铁厂、焦化厂、万庄拜尔建材等企业进行整改。强化突出环境问题治理，完成6条河流黑臭水体治理；完成12个加油站油气二次回收治理、8个加油站三次回收治理；33家“小散乱污”企业清理完毕并纳入网格化管理；开展盈德气体和泰山焦化2家化工生产企业“打非治违”和“三评级一评价”活动，助推化工产业转型升级；督促泰钢集团拆除70吨EBT电炉，完成粗钢去产能58万吨的目标任务；通过企业技术升级改造、重点节能工程、集中供热、清洁煤炭推广及错峰生产等方式，压减煤炭消费50.97万吨。制定《莱芜经济开发区畜禽养殖布局规划》，将徐家河、柳家店等11个村约12.8平方公里区域划为禁养区，其他行政村为控养区，禁养区内12家养殖户实行搬迁或关闭。

【精准扶贫】 2017年，全区将脱贫攻坚作为最大的政治任务和民生工程，印发《莱芜经济开发区农村贫困家庭保障办法》，帮助特困家庭稳定脱贫。坚持输血帮扶脱贫与造血自主脱贫相结合，2个光伏扶贫、2个特色种植扶贫、2个服装加工和1个手工类扶贫项目完成验收，157名贫困人口实现脱贫，市级贫困村青杨行村正在申请“摘帽”。

【民生保障】 2017年民生支出占一般公共预算支出的比重达到68%。城镇新增就业800人，农村劳动力转移就业1600人，“零就业”和“零转移”家庭保持动态清零。扩大城乡居民医疗保险的覆盖范围，农村养老保险参保率99%，城乡居民医疗保险做到应保尽保。推进民生实事，其中“全面改薄”工程中投资375万元新建的大洛庄小学9月投入使用，投资3500万元的白龙店小学改扩建工程基本完成。

【社会管理】 2017年，全区完成中共十九大安保维稳任务，严格落实领导干部公开接访、包案制度，开展信访积案大排查快化解，全区排查不稳定因素51件，化解48件。围绕“四新四特”创建思路，规划建设的不锈钢特色小镇被列为市级特色小镇名录。对张家洼街道办事处实行“公办民营”改革试点，完成土地预审。大汶河、嘶马河等4条骨干河道设立区级“河长”，其他河流、水库等分别设立镇、村级河长，全面构建起区、街道、村三级“河长”组织体系。

【党建工作】 推进“两学一做”常态化制度化。各级党组织累计组织集中学习400余次，轮训“两委”成员2000人次。96个党支部开通“e支部”，

4303 名党员注册利用“灯塔——党建在线”平台进行学习。将“主题党日”作为推动“两学一做”学习教育向纵深发展的重要载体，128 个支部每月开展一次“主题党日”活动。建立“党性体检”机制，支部班子和党员个人普遍列出问题清单，制定整改措施，明确整改时限。创新基层党建积分制管理，为党员和党组织建立积分台账，进行定量考核，并把积分作为干部待遇绩效、不称职支部书记调整、预备党员转正等工作的重要依据，调动党员积极性。基层党建。持续加强党建规范化建设，在试点社区建立 8 个网格化党支部；推进党群服务点建设，建成商圈党群服务点 1 个，雅居苑、柳家店农贸市场 2 个党群服务点正在加快建设。实施“两新组织”堡垒工程，新建党支部 7 家，选派 35 名机关干部担任 68 家“两新组织”党建指导员，激活全区党建“神经末梢”。按照“六有标准”培植信誉楼、九佳紧固件等 4 个区级党建示范点。推进红色传承教育基地建设，建设泰钢集团、鲁中矿业两个红色教育基地。解决一些基层党组织弱化、虚化、边缘化问题，整顿 3 个软弱涣散党支部，健全 43 个村支部书记档案资料。加大关怀帮扶力度，为 14 名新中国成立前老党员、94 名困难党员发放生活补助近 25 万元。开展“摸实情、办实事、解难题”大走访大调研活动，以基层班子运行情况、群众关心热点难点、影响换届不稳定因素为重点开展走访调研，为村（社区）“两委”换届早谋划、早布局。

（杨同成）

莱芜农业高新技术产业示范区

党工委书记　周光学

主　　　任　周光学

【概况】　莱芜农高区成立于 2008 年 11 月，是省政府正式批复成立的全省第四家省级农业高新技术产业示范区，也是莱芜市唯一以农业为特色的省级园区。2016 年 2 月 22 日，市委、市政府着眼长远发展，作出理顺农高区发展体制决策部署，将农高区由区属调整为市属功能区，辖方下、杨庄、寨里 3 个镇，总规划面积 194.8 平方公里，共有 146 个村，人口 14.77 万人，耕地 16.24 万亩。2017 年，全区实现生产总值 52.77 亿元，比上年增长 8.7%。其中，第一产业 11.49 亿元，增幅 5%；第二产业 23.79 亿元，增幅 7.4%；第三产业 17.49 亿元，增幅 13.3%。固定资产投资 47.42 亿元，完成规模以上工业增加值 16.27 亿元，同比增长 7.98%；完成规模以上工业主营业务收入 75.47 亿元，同比增长 15.1%；利润 2.04 亿元，同比增长 44.49%；利税 3.76 亿元，同比增长 40.62%；实现社会消费品零售总额 39.92 亿元，同比增长 9.3%；完成规模以上固定资产投资 47.42 亿元，增长 2.31%；完成财政收入 1.35 亿元，同比增长 8.93%；完成出口贸易额 16.22 亿元，同比增长 1.5%。

【项目引建】　按照“精准招商、专业招商、全民服务”理念，立足区级园区平台优势和政策优势，聚焦智慧农业、新材料、新能源、生物制药等产业，先后在北京、上海等地开展招商活动 40 余次，获得有价值信息 60 余条，引进项目 23 个，其中过亿元项目 16 个，完成投资 12.5 亿元，完成年度分配任务 104%。以供给侧结构性改革为主线，深化新旧动能转换力度，按照“签约项目快落地、落地项目快开工、开工项目快投产”的要求，建立项目建设台账,实行项目引进、建设“一站式”“保姆式”服务，加快项目建设。全区全年在建大项目29个，计划总投资39.2亿元，姜茶固体饮料、润百禾现代农业等13个项目实现竣工投产，完成投资37亿元。提升传统产业，针对企业发展中存在的融资、手续、人才、招工等问题，抽调专人成立专门服务机构，集中解决资金、土地、手续办理等瓶颈制约，全力为企业发展提供全方位优质高效服务。

【基础设施建设】 对照“乡村振兴战略”，聘请国际顶尖规划团队，对全区全域发展进行一体化规划。主动融入城区大外环路工程建设，做好协调配合，加快“两纵四横”道路、“四河治理”、公铁立交等续建工程建设，完成70公里道路路面铺油、景点铺装、苗木绿化，完成2座公铁立交桥建设。坚持做靓西部新城，编制完成驻地棚户区改造规划，按照城市建设标准，基本完成新城15平方公里水、电、排污、供暖等配套设施建设，提升城市综合承载能力。加快推进小街小巷硬化、农厕改造、美丽乡村健身、大汶河生态治理等重点工程建设，其中农村改厕完成3975户，实现“三年任务两年完成”的工作目标。

【民生保障】 坚持把精准扶贫、精准脱贫作为第一民生工程，不断加大投入，落实财政资金988万元。围绕扶贫领域财政专项资金巡查问题整改，成立专门区级扶贫机构，配齐配强工作力量，完善精准扶贫工作机制，因村施策、因户施法，用好光伏扶贫、庭院扶贫等10个扶贫项目，实现1472人脱贫。坚持教育优先发展，加强教育教学管理，改善办学条件，提升全区教育教学水平，出色完成中高考任务，并先后与人大附中、山能健康等单位洽谈，引进优质教育卫生资源。2017年，通过山东省学校全面改薄工程、山东省校舍标准化资金清算验收、山东省校舍安全工程等检查验收。扶持基层医疗卫生机构基础设施建设和设备更新，重点加强慢病管理、儿科、康复科建设，完成11个标准化卫生室和3个国医堂建设，7600余人享受到“200元包住院”惠民政策，1.11万人享受到计划生育奖扶金、特扶金。推进城乡居民养老保险、基本医疗保险、老龄、低保、优抚安置等工作，1.86万人参保新农保、新农合参合率99.8%、发放高龄津贴4651人、城乡低保5289人、农村五保554人、孤儿补助34人、医疗救助400人，完成退伍士兵安置和权益保障工作，专项公益性岗位安置26人、自谋职业4人。在原寨里镇敬老院的基础上，投资800万元完成中心敬老院建设，提升集中供养率，改善五保老人生活质量。全年实现城镇新增就业560人、城镇失业人员再就业211人、就业困难人员就业19人，群众获得感、幸福感不断增强。

【科技创新】 发挥企业科技创新主体作用，引导山东汶源农耕等企业，在土壤修复、缓释技术推广等方面重点加强与东华大学合作；引导莱芜远洋果菜搭建农业病虫害综合防控工程技术研究中心，持续推广生物反应堆及植物疫苗技术，并应邀参展在北京举办的中国食品追溯技术产业链高峰论坛，提升农高区特色农产品的影响力。加快推进葱姜蒜研究中心、江南大学保健食品研究中心以及生物反应堆研究中心等10个平台建设，推进新技术新产品研发，增强产业核心竞争力。其中，山东万兴食品有限公司与江南大学保健食品研究中心合作，研发姜蒜精深加工产品近百种；莱芜裕源食品有限公司与省发酵食品研究院合作，研制黑蒜饮品、黑蒜茶、巧克力、阿胶等系列保健食品，先后获得7项国际认证和6项国家发明专利。制定科技创新奖励政策,发挥“星创空间”“农科驿站”“科技特派员”等平台载体作用，多渠道、多层次、多形式培育一批高新技术企业。其中，莱芜锻压、天一冷暖等企业已通过国家高新技术企业审核认定，“姜老大星创天地”已通过国家科技部认定，莱芜远洋、康福德等7家企业入选省科技厅中小微企业信息库，润百禾“农科驿站”已通过省科技厅备案。

【社会综合治理】 以迎接省安委会巡检倒逼安全生产工作提升，全面落实安全生产监管责任和主体责任，加强区、镇、村安全生产网格化管理，先后检查非煤矿山、涉氨制冷、工商贸等各类企业204家、排查整改隐患1682项，建立安全标杆企业11家，组织各类安全培训1900多人次。以创建省级食品安全区为抓手，突出食药安全和特种设备安全，开展各类专项检查，先后检查2692户次、发放宣传资料1.8万份、整改问题33个。以卫片执法检查、例行督察反馈等问题整改为抓手，加快52处、541.4亩违法图斑的整改，开展国土巡查200余次、组织联合执法行动7次，出动执法人员160余人次，出动大型机械装备10台次，拆除违法建筑物11座、拆除非法选洗点12个、查扣作案设备18台次。完成永久基本农田划定工作，层层签订《永久基本农田保护责任书》942份，划分796个保护片（块）、4588个图斑。抓好大气污染防治，加大节能减排力度，关停取缔违规土小企业34家，完成清洁煤炭推广1.5万吨，推广节能炉具2250台，淘汰燃煤锅炉81台；在对辖区6条河流及其支流、85座塘坝进行摸底排查、建立台账的基础上，设立区、镇、村三级河长271名，不断强化河道日常监督管理；持续深化城乡环卫一体化管理，推进铁路沿线环境整治、违法建设清理、文明城市创建等工作，拆除违法建筑2000平方米，治理5.9万平方米，清理乱堆乱放350处、私搭乱建120处，粉刷墙面2.2万平方米，有效提升了城镇建设管理水平。

【作风建设】 坚持以“两学一做”学习教育常态化制度化、“四反对四带头”大讨论、学习党的十九大精神系列活动为载体，建立机关干部经常培训机制，强化日常学习，不断提振工作作风。坚持抓早抓小，着力解决群众身边的“四风”和腐败问题，加大执纪审查力度。对区直部门负责人进行充实调整，社会新招聘12名工作人员，出台聘用人员管理暂行规定，打通聘用人员的薪级增长和职务晋升渠道，确保招得进、留得下、干得好。树立服务理念，不断畅通民意诉求渠道，全年共受理市长公开电话146件，办结率97.3%；政府在线栏目受理137件，办结率100%，切实将事关人民群众切身利益的问题解决到位、落到实处。

【基层管理】 在2017年年初集中培训和5月“优化发展环境”专题培训的基础上，对全区565名农村“两委”成员进行3次集中培训，利用好“灯塔——党建在线”和“农高区大讲堂”等媒介平台，佩党徽、温誓词，激发荣誉感责任感。建成2个镇级党群服务中心、10个基层党群服务站，提升基层组织服务水平。以“两学一做”学习教育制度化常态化为契机，严格执行“三会一课”等制度。开展“百村万户”大调研活动，走访党员、群众13000多人次，6330名农村党员志愿认领服务事项。制定《关于进一步加强非公企业党建的意见》，从队伍建设等5个方面进行规范，建立党务人才库，出台奖惩措施。舒祺毛纺织、裕源食品被评为市级党建示范点。

镇、街道概况

凤城街道

党工委书记　刘胜群
办事处主任　宋景章

【概况】　莱城区凤城街道位于莱芜中部，北与苗山镇、莱芜经济开发区（泰钢不锈钢生态产业园）的张家洼街道为邻，东与莱芜高新技术产业开发区的鹏泉街道接壤，南与高庄街道隔牟汶河相望，西与莱芜省级农业高新技术产业示范区的方下镇相连。因街道机关驻莱城（又名凤城），故名凤城街道，是市委、市政府和区委、区政府机关驻地。全街道总面积28.12平方公里，辖20个村（居），常住人口14.97万人。2017年，实现规模以上工业增加值8083万元，公共财政预算收入34727.02万元，固定资产投资34.46亿元。凤城街道先后，获省级安全生产先进单位，市级创建全国文明城市集体二等功、市级镇域竞赛优秀单位、城乡建设优秀单位、食品安全工作优秀单位等称号。

【镇域经济】　大项目建设，坚持把加快新旧动能转换作为统领经济发展的重大工程，稳妥推进大项目建设，全年建设大项目8个，其中，碳纤维复合材料制品项目、银座家居项目和凤城财富广场项目为过亿元项目，茂业中心、网库信息技术等8个项目实现竣工投产。园区建设，明确各园区功能定位，完善基础设施配套，提高园区承载力，在电子信息及电商物流产业园建设11万伏变电站1座，配置变电箱11座，新架设路灯40余盏，实现通水、通电、通路、通电信、通公交“五通”标准，园区发展蓄势待发。企业帮扶，对现有企业中科技含量高、市场前景好、创税能力强的企业，加大在资金、人才、技术等方面的帮扶力度，成功协调卓尔电子、优士达公司与威海商业银行分别贷款500万元。引导万泽冷链等企业利用市场资本，成功在“新三板”上市。环境保护，开展突出问题治理攻坚行动，淘汰、改造工业燃煤锅炉14台、非工业锅炉18台，取缔土小企业、散乱污企业7家，辖区内蓝繁天数242天，同比增长26天。

【城市建设】　城中村改造，完成核心片区9个社区（董花园、孟花园、吴花园、孙花园、东升、东方红、任花园、吕花园、北埠庞家岭）前期摸底调查工作，涉及居民旧房3036户，企事业单位36家，总占地1084亩。截至12月底，东升、东方红、吴花园、董花园、北埠庞家岭5个社区共拆迁1966户，拆迁面积61万平方米。非核心片区完成226户、拆迁面积4.7万平方米。创城工作，开展“创城攻坚奋战80天”活动，共投入资金9200万元，出动40000人次，整修路面超20万平方米，粉刷墙面60万平方米，新增绿化面积12万平方米，划停车位5万余个，安装路灯800余盏。强势推动创城工作打开新局面、迈上新台阶，最终获“全国文明城市”称号。城市社区建设，坚持以“便民、利民、为民”为出发点，规范窗口公共服务、全年实现群众满意率98%以上。石家庄社区从抗震硬件和软件方面下功夫，获全国减灾示范社区称号；清馨园、戴花园、孟花园、万福园、新东方华庭等社区开展“情系桑榆、暖心港湾”“智慧父母”等活动，敬老爱老的良好风尚蔚然成风；推行“免费查体进社区”，为2万多名居民建立翔实的健康档案，做到居民全覆盖；推进集体资产股份制改革，14个社区（村）成立经济股份合作社，在全市试点工作中名列前茅。

【社会事业】 教育工作。为化解中小学大班额问题，投资2600万元新建陈毅中学6600平方米教学楼、投资940万元新建二实小4000平方米教学楼，大班额销控取得明显成效。民生保障，新农合、城乡居民养老保险参保率都达到96%以上，优抚救助五保户、低保户、残疾人、贫困大学生、高龄老人等各类人员2600余人，发放资金600多万元，为现役军人家属发放优抚款50余万元。精准扶贫，2017年街道脱贫任务有11户14人仍享受扶贫政策收益。利用泰钢余热，协调解决姚家岭、叶家庄、孟家庄、南十里铺、北十里铺冬季供暖问题，受益达1500余户。社区党建，打破社区原有组织架构，建立社区大党委，将驻地单位纳入管理服务范围，实现社区党建由垂直管理向区域统筹转变。以“两委”换届为契机，将社区党委建设与社区两委换届同步推进，10个社区党总支一次性换为社区党委，总数达到13个。信访维稳工作，将各类矛盾进行梳理，分类归口，协调化解信访积案4起。叶家庄村人民调解员时向菊25年如一日，获2017年度全国法治人物。全年接待群众来访180起480人次。

（李　森）

高庄街道

党委书记　吕云生

办事处主任　刘纪俊

【概况】 莱城区高庄街道地处莱芜南部，北依汶河与莱城隔河相望，东与钢城区颜庄镇接壤，南与新泰市以莲花山分水线为界，西与牛泉镇毗邻。因街道机关驻高庄村，故名高庄街道。全街道总面积158.54平方公里，辖90个村（居），常住人口9.54万人。2017年，实现生产总值49.6亿元，公共财政预算收入8864万元，固定资产投资26.8亿元。

【镇域经济】 项目建设，健全完善项目推进机制，倒排工期、倒逼进度，推动项目建设提质增效，优化项目建设环境，落实班子成员包重点项目制度。全年在建过亿元项目19个，其中新开工项目12个，竣工投产项目11个。招商引资，成立3支专业招商队伍，瞄准文化旅游、新型建材、啤酒原料和酒具制品、仓储物流、塑机及节水灌溉和总部经济等绿色生态产业深入开展产业招商、专业招商、精准招商等活动，全年共新引进过亿元项目4个，完成招商引资14.6亿元。园区建设，鲁中啤酒原料产业园，坚持走提升总量、提高质量、多元发展路子，投资6.8亿元，新上包装新材料项目，1号、2号车间建设完成准备试生产，3号车间立柱安装基本完成。新型环保建材产业园，坚持高点定位、高端规划、高效实施，不断加快基础设施建设。园区规划设计、区域环评、道路路基、地形图测绘工作已完成。企业培植，深入实施“骨干企业培植计划”，持续深化企业“摸排消”活动，全年新增规模以上企业9家。

培育中小微企业，营造安全放心便捷的营商环境，全年新发展私营企业187家、个体工商户560户，增强镇域经济发展活力。改革创新，农业农村改革稳步扎实推进，78个村、5.5万亩土地全部完成土地确权颁证。推动农业适度规模经营，新发展农民专业合作社15家、家庭农场2家，提升农业生产的规模效益。培植壮大村集体经济，把野店村列为农村产权制度改革试点村，已完成清产核资、股权分配等产权制度改革工作。强化标准引领，永驰橡塑参与国家标准制定1个，4家企业被评为AAA级“标准化良好行为企业”，明利和隆军合作社分别新认定14个和3个绿色食品，莲花河社区创建为省级标准化社区。

【生态高庄建设】 旅游配套设施建设，为南部山区旅游大道、沟里水库防渗、“红色记忆”备战备荒纪念馆等旅游设施项目搞好协调服务，保障项目顺利建设。开展增绿补绿工程，完成荒山绿化1900亩，长江防护林工程650亩，植被恢复工程110亩，莲花山沿线植被覆盖率有效提升。环境突出问题整治，以迎接中央环保督查为契机，加大突出环境问题整治力度，集中开展大检查、大执法活动，关停砂石矿山15家，取缔土小企业27家，改造5家石灰窑，完成71家燃煤锅炉淘汰改造工作，关闭搬迁禁养区养殖户34家，生态环境质量显著提升。美丽乡村建设，按照“六美乡村”标准和“七个一”要求，投资774万元，对莲花山沿线的圣水庵、沙岭子、石庙子、后坡4个省级美丽乡村进行重点打造，已全部建设完成，“连线成片、处处风景”的绿色景观长廊初步打造完成。特色茶旅小镇建设，依托莲花山万亩茶园做好茶旅结合文章，深挖产业潜力，打造特色风情茶旅文化小镇。莲花山特色茶旅小镇规划方案已批复；茶文化博物馆建设审批手续已上报，具备开工条件。文明城市创建，累计投入960多万元，铺设沥青路面2公里，粉刷墙面15万平方米，制作安装公益广告5000多平方米，垒砌文化墙500余平方米，划定停车位2900多个；清理乱写乱画小广告4000多处，取缔乱摆乱设摊位200余处，没收清理落地广告牌400余个，规范店面经营200余处。全面推进小街小巷治理工程，13个村10.5万平方米小街小巷完成硬化，镇容村貌明显改观。

【社会事业】 精准扶贫，整合产业扶贫资金700余万元，依托农村合作社和旅游开发公司，实施光伏发电扶贫、特色养殖扶贫、乡村旅游扶贫和庭院经济扶贫，拓宽贫困群众增收渠道。民生保障，推进危房改造，全年改造危房25户。提升就业服务水平，新增城镇就业630人，实现农村劳动力转移就业1562人。全年发放低保、五保及80岁以上老人保障金额641.2万元。卫生工作，深化“200元包住院”制度，惠及1700余名患病群众，减轻群众负担60余万元。文体惠民，建设村史馆展室4个，农村健身广场10个，开展文化下乡演出100余场。安全生产，突出抓好标杆企业“两个体系”建设、“职业卫生防治工作”、异地安全执法等重点工作，围绕危险化工、煤矿及非煤矿山等重点领域深入开展安全生产百日攻坚行动，重点推进全处15家化工企业完成转型升级，确保无重大安全生产事故发生。

（李 阳）

口　镇

党委书记　韩克春
镇　　长　王静媛

【概况】　莱城区口镇位于莱城区中部，北靠雪野旅游区的茶业口镇、雪野镇，东临苗山镇，南连莱芜省级农业高新技术产业示范区的方下镇、莱芜经济开发区（泰钢不锈钢生态产业园）的张家洼街道，西接羊里镇，是全国重点镇、全国文明村镇、省级中心镇、全省百镇建设示范镇、省经济发达镇行政管理体制改革试点镇，是省级经济开发区莱城工业区驻地。全镇总面积 132.82 平方公里，辖 57 个村（居），常住人口 7.82 万人。2017 年，实现规模以上工业总产值 178.67 亿元，主营业务收入 163.31 亿元，利税总额 4.54 亿元，利润总额 2.92 亿元，公共财政预算收入 20148 万元，固定资产投资 73 亿元。

【镇域经济】　招商引资，按照“扶优促强、创建特色产业集群”的原则，引进新医药、高端装备制造、新能源、新材料等战略性新兴产业项目，着力打造一批新兴产业集群。全年举办招商洽谈会 32 次，开展招商活动 154 人次，引进过亿元大项目 13 个、完成招商引资 25 亿元，储备合同项目 15 个、在谈项目 40 个。项目建设，对项目采取园区化、扎口式管理，做好全过程、全方位服务，在建项目 39 个，新开工项目 29 个，投产项目 24 个，完成固定资产投资 50 亿元，15 个项目实现“当年签约、当年开工、当年投产”。招才引智，共引进高层次人才 73 人，包括院士 3 人，千人计划 3 人，长江学者 3 人，泰山学者 6 人，博士 36 人，硕士 27 人。其中，国家“千人计划”特聘专家、北京航空航天大学教授蔡茂林团队引领创办智慧空压设备研发生产项目获“国家科学进步奖”。企业发展，实施“骨干企业培植计划”，深化重点企业“摸排消”活动，支持企业上项目、扩规模，投资 13 亿元，实施 16 个重点技改项目，新增规模以上工业企业 13 家，总数达到 75 家。小镇建设，依托阿尔普尔公司建设的中德清洁能源特色小镇，坚持高起点规划、高平台支撑、高质量集聚，规划设计已经完成，一期项目正抓紧建设；已储备项目 24 个，完成 1200 余亩地上附着物清理，高效热能机组项目 4.6 万平方米厂房已建设完成，生产线已订购。

【城市建设】　按照“宜居、宜业、宜游”现代化新城定位，城市建设步伐加快，发展环境不断优化。道路建设，垂杨街、冶庄路、银安街、亿祥路、龙马河南路建设完成，总计 7.4 公里，道路网络不断优化。绿化提升，完成莱城大道、汇河大道、香港路等 14 个节点的绿化提升工程，种植苗木 6 万株、花卉 4 万平方米、草皮 7 万平方米，核心区绿地率达到 40% 以上；完成香港路大桥、德和苑等 6 个节点的霓虹灯安装，环境面貌焕然一新。供水供气工程，建成小区供水、排污管网已正常使用，天然气主管网已完成、职业中专、德和苑已启用，城市服务功能日益完善。公共服务设施，新城医院被列为 2017 年度全省重点项目，已完成主体建设；嬴城步行街已竣工验收，将逐步建成集休闲娱乐、餐饮购物为一体的商业综合体；新城水厂建成启用，覆盖 4 个镇 179 个村庄，保证居民用水；党群服务中心已投入使用，承接调研、参观 3000 余人次，成为凝聚党员、服务群众的重要教育服务阵地。

【社会事业】 扶贫攻坚，持续推进希格斯光伏认购、庭院经济、手工艺加工等多元扶贫模式，实现脱贫141户、242人。精神文明建设，建成全长6.5公里的莱明路文化墙，设置各类公益广告2万平方米，安装道旗500余面，建成7个美丽乡村；文明城市创建工作中获全市集体三等功。医疗保障，持续实施“200元包住院”工程，受益群众3764名、减少群众支出26.7万元；新农合和城乡居民养老保险参保率分别达到98%和95%。劳动就业，建立健全应届毕业生就业跟踪服务登记制度，新增就业人口1300余人。素质教育，口镇中学被评为全市教学工作先进单位、吐丝口小学被评为全市科研工作先进单位。环保整改，关闭拆除70余家“散乱污”企业，淘汰拆除100台燃煤锅炉，关闭搬迁60户禁养区内畜禽养殖户，完成中央、省环保督察各项任务。安全生产，层层签订安全生产承诺书，开展安全生产大检查活动，排查整改隐患583项。基层组织建设，建立整顿软弱涣散党组织常态化机制，倒排5个后进村，全部完成转化。信访稳定，坚持领导干部值班接访、首访负责、领导包案制度，开展“大走访”活动，排查处理各类矛盾纠纷案件57起，完成中共十九大期间安保维稳工作，实现“零登记”目标。

（李文卿）

羊　里　镇

党委书记　胥会先

镇　　长　王　敏

【概况】 莱城区羊里镇位于莱城区西北部，北临雪野旅游区的雪野镇，东与莱城工业区（口镇）隔嬴汶河相望，南靠莱芜省级农业高新技术产业示范区的方下镇、杨庄镇，西接雪野旅游区的大王庄镇、莱芜省级农业高新技术产业示范区的寨里镇。因镇政府驻羊里村，故名羊里镇。全镇总面积75.66平方公里，辖53个村，常住人口6.12万人。2017年，实现工业总产值378.26亿元，主营业务收入370.96亿元，利税3.30亿元，利润1.20亿元，公共财政预算收入15343万元，固定资产投资27.6亿元。

【镇域经济】 工业。坚持钢铁立镇，加快九羊集团与国有企业产业融合，盘点九羊集团资产，消化不良资产，为接受济钢集团210万吨产能转移做准备，已完成与济钢集团的合作框架协议。以九羊公司为依托，引进厦门象屿集团管理团队，管理人员11名。引进河北高级技工团队，技术人员6名。落实绿色项目，建设干熄焦余热发电工程、环保型封闭式料场项目、烧结机烟尘超低排放改造项目，杜绝扬尘污染，减少烟尘排放量。农业。全年新打机井68眼，铺设节水管道6万米。全年新增各类专业合作社67家，家庭农场3家，田园综合体新报合作社5家。贾洼村“香久久”韭菜纳入省重点韭菜生产管理系统。集生态观光、旅游休闲、餐饮娱乐为一体的玉林家庭农场初步建成。就业创业，培训本土人才、农村实用人才700余人次。支持址坊村村民王承强创办山东万强食品有限公司，扶持仓上村村民吕连堂创办投资公司，打造莱芜隆运蔬菜种植基地，支持东兴源食品有限公司技术开发部经理郭东菊进行姜酵素研发。旅游业，聚力打造大舟山旅游度假村，重点打造汇河沿岸风景带，连接大增民俗文化村、城子县嬴城遗址、辞香岭民俗文化庙会、东魏庄陈毅秘养所、东土屋纪家寨遗址。嬴秦文化产业园建设，承办第二届中国（莱芜）嬴秦文化研讨现场会。打造“嬴秦文化”品牌，嬴秦古都城子县，大增家庄黄义旧宅，朱童蒙墓神道石像生，孙王石村、城子县村的国槐，羊里古今人物等登《莱芜记忆》系列套书，展现羊里韵味。九羊集团总投资1.5亿元，对大舟山温泉酒店进行装修升级，已开始试营业。

【镇村建设】 基础设施建设，留村集中居住区项目开工建设，项目规划占地132.29亩，建设安置楼房12栋1870套，总建筑面积33.84万平方米，其中1651套用于还房，可满足北留村、东留村的安置需求。北留村已基本完成拆迁协议签订工作，东留村搬迁工作已经启动。完成8个村小街小巷硬化，面积54618平方米。创城工作，全镇累计投入680万元用于道路修缮、河道疏通、路灯安装，参与人员1.2万余人次。全年完成农村改厕2566户，改善村民生活卫生条件。环境保护，淘汰工业燃煤锅炉30台、非工业燃煤锅炉50台，对土小企业进行整治。畜禽养殖禁养区内59户需关停的专业养殖户，全部实现关停。全面落实河长制，对镇内7条河流进行逐段巡河，对河道进行集中清理、整治。乡村振兴，按照“六美乡村”标准，连片打造辛兴社区7个美丽乡村。投资900多万元对代辛路、社区路进行重点打造。新硬化小街小巷近2万平方米，安装路灯171盏，粉刷墙壁10万平方米，实现硬化、绿化、亮化、美化。

【社会事业】 教育优先发展。落实中小学生“作业、校服、校车”的“两免一补”惠民政策，全年共为中小学生减免137.5万元。先后投资186万元建设羊里中心小学高标准塑胶操场，投资102万元新建王石小学教室20间，投入200多万元为羊里镇中心幼儿园和各村办园统一配备大型教学玩具等。新配备标准化校车10辆，对辖区内24条校车运营线路、17辆校车实现科学规范管理。羊里镇中心幼儿园被评为省级示范幼儿园，羊里中学中考上线人数达287人。公共卫生服务。加强基础门诊建设，完成5个标准化卫生室升级打造。与济南明水眼科医院合作，免费进行眼科手术366例，为群众节省163.7万元。实施“参保农民200元包住院”政策，全年累计报销住院费用29.3万元。羊里镇敬老院在全市敬老院改革中成为唯一一个被保留的乡镇敬老院。精准扶贫。全年，共建蒜黄大棚103个，带动贫困人口103户，176人。隆运蔬菜种植专业合作社作为帮扶主体，注入扶持资金248.6万元，确保贫困户每年获得不低于15%的保底收益。全镇实现164户、333人脱贫，脱贫人口人均收益达到500元。安全生产。对辖区内危险化学品、钢铁加工、涉氨制冷等行业领域的263家重点企业，开展“地毯式”隐患排查，有效防范和遏制重特大安全生产事故发生。

（杨　倩）

牛 泉 镇

党委书记　吴春峰
镇　　长　李　强

【概况】　莱城区牛泉镇位于莱城区西南部，北与莱芜省级农业高新技术产业示范区的方下镇、杨庄镇隔牟汶河相望，东与高庄街道相邻，南与新泰市交界，西与泰安市岱岳区接壤。因镇政府驻东牛泉村，故名牛泉镇。全镇总面积143.09平方公里，辖69个村，常住人口7.49万人。2017年实现规模以上企业工业总产值19.92亿元，主营业务收入19.82亿元，利税1.94亿元，利润1.27亿元，公共财政预算收入6138万元，固定资产投资25.4亿元。

【镇域经济】　大项目建设。全镇新开工项目14个，总投资25.5亿元，投资过亿元项目6个，完成固定资产投资9.8亿元，其中工业、服务业等创税型项目9个。全镇签约项目4个，总投资5.8亿元，在谈项目9个，计划总投资10.2亿元。全镇完成纳新企业工业5家，服务业2家，建筑业2家。园区建设，以铸造产业园和新能源新材料产业园为平台，积极引进关联企业，实现产业集聚和辐射效应。推进南部山区旅游开发，深入挖掘鲁长城、夹谷会盟等历史文化资源。实施中共山东省工委旧址、和尚洞等红色资源修复工程，加快推进旅游路和光大集团垃圾运输专线建设，争取尽快建成通车。协调大汶河水系治理工程牛泉段建设，整个地面清表已基本完成。加快贺小庄蔬菜大棚、华兴鸡腿葱、万邦食品加工、大庄水蛭养殖、毕毛埠梳绒加工等特色农业项目建设。

【社会事业】　文明城市创建。建立“班子成员包片、机关干部包路段”的机制，逐项落实责任单位、承办站室所，实行网格化管理，确保横到边、纵到底。从镇主干道、大街向背街小巷延伸，集中力量抓好重点路段、公共场所及社区、背街小巷的环境卫生整治，集中打好创城攻坚战，高标准、高质量地完成文明城市创建各项任务。民生保障。在全面推行参合农民“200元包住院”制度的基础上，继续实行高血压、Ⅱ型糖尿病患者免费用药制度，切实减轻群众医疗负担。预防腐败，印发《牛泉镇机关工作制度》《村级组织考核办法》《牛泉镇农村财务管理制度》，加大执纪监督力度，从源头规范党员干部行为。2017年，在完成35个村财务审计的基础上，对其他34个村开展财务审计，提升村级事务公开、透明水平；依托印章管理和“三资”管理服务中心，对村级印章和“三资”统一管理，切实从源头加强监管，保障村集体和村民合法权益。信访稳定，建立信访事前排查机制，坚持有案必查，有访必接，严格落实领导干部公开接访和下访制度，及时解决处理群众的来信来访。全年共收到市长电话59个、区长电话25个、政府在线问题4个、上级交办问题22个、来人来电访问109件，这些问题和矛盾都得到有效化解，群众满意度和社会稳定度大幅提升。

（孟光涛）

苗　山　镇

党委书记　曹卓然
镇　　长　刁庆玉

【概况】　莱城区苗山镇位于莱城区东北部，北与和庄镇、雪野旅游区的茶业口镇相连，东与钢城区辛庄镇、淄博市博山区南博山镇为邻，南跨夹岭与莱芜高新技术产业开发区的鹏泉街道相接，西与口镇交界。因镇政府驻南苗山村，故名苗山镇。全镇总面积213.93平方公里，辖85个村，常住人口5.65万人。全年实现规模以上工业总产值20.92亿元，主营业务收入12.85亿元，利税1.15亿元，利润1.09亿元，公共财政预算收入1933万元，固定资产投资15.4亿元。

【镇域经济】　招商引资，落实《苗山镇招商引资管理办法》，强化服务意识，为投资商提供优质服务，成立4支专业招商队伍，实施“走出去战略”，先后赴福建、河南、天津等地招商10余次，全年引进企业8家，实现投资7.93亿元。项目建设，对新开工项目和在建项目实行挂图作战，责任到人，加快建设进度，确保项目快建设、早竣工、早投产。2017年，计划投资11.53亿元，山东京顺特钢高品质轴承钢生产项目、三盛模具有限公司特钢模具生产项目、通达新型材料生产项目、齐耀发电等8个新建项目建成投产。园区建设，投资400万元铺设煤气管道2.8公里、建设相关辅助设施3处，园区内企业现已正常使用；投资585.25万元用于硬化道路2.5公里、栽植绿化苗木1100株、埋设电缆1500米、铺设自来水管道1850米、安装路灯30盏。现代农业，推进种植业向规模化、板块式发展，因地制宜做大做强农业品牌。中药材、黄烟、花生种植和畜禽养殖等产业均实现规模发展，已形成20000亩白花丹参种植基地、5000亩黄烟种植基地，2000亩种养加高科技示范园完成初步规划。认真抓好1.42万亩中南铁路补充耕地质量提升项目和9000亩节水灌溉农业项目，提高耕地质量，节约劳动力投入，亩产增幅达20%，特色农业建设步伐加快，农民真正得到实惠。

【镇村建设】　基础设施建设，投资210余万元修缮水东路见马至卫生院段25公里。美丽乡村建设，投资300余万元，对石湾、孟家峪、兰子等10个村进行“六美”乡村建设，改变脏乱差面貌，改善农村环境。文明城市创建，清理河道1500米，拆除违章建筑12处，硬化道路20000平方米，绿化1000平方米。抓好形象塑造，对府前街进行重新规划。投资450万元完成府前街2000米道路的绿化、亮化、硬化工程；对沿街广场进行美化，设置文化长廊；对沿街河道进行护坡，设置护栏，使河道重现清水长流。镇域环境得到提升，城镇管理水平进一步提高，城镇综合服务功能初显成效，苗山镇被区委、区政府评为创建工作集体三等功。

【社会事业】　基层党建，拨付村级运转经费147.68万元，筹资68.8万元对6个村办公场所、13个村便民服务中心进行改造提升；投资80余万元打造乐美工艺品公司和苗山中药材协会非公党建品牌。完成85个村“两委”换届工作，筑牢基层支部战斗堡垒作用。严格落实从严治党责任，深入开展党风廉政建设。精准扶贫，投入944.58万元，实施光伏产业、庭院经济等扶贫方式，顺利实现脱贫1349人，占贫困人口的91.9%。社会保障，健全完善就业、养老、医疗、救助等民生保障体系，新增城镇就业1700余人、转移培训农村劳动力600人；严格低保动态管理，全年发放低保金283.27元、五保金928.65元，做到应退尽退、应保尽保；"新农合"及"新农保"参保率均达到98%；教育工作，投资350余万元对苗山中学、苗山小学、见马小学、苗山幼儿园等进行改造提升，改善办学条件。

（袁鹏程）

和庄镇

党委书记　王　峰

镇　　长　黄延龄

【概况】　莱城区和庄镇位于莱城区东北部，北东两面与淄博市博山区交界，南临苗山镇，西与雪野旅游区的茶业口镇相接。因镇政府驻和庄村，故名和庄镇。全镇总面积86.17平方公里，辖31个村，常住人口2.48万人。2017年，实现工业产值16.22亿元，主营业务收入12.45亿元，利税0.62亿元，利润0.39亿元，公共财政预算收入2207万元，固定资产投资12.6亿元，农民人均纯收入14700元。

【镇域经济】　招商引资，依托毗邻淄博地区和现有产业优势，开展对外招商，新招引项目8个，完成投资6.38亿元。项目建设，全镇在建大项目11个，建成投产7个，其中，投资4.5亿元的香港中电二期工程全面并网发电；投资1.2亿元的鑫瑞祥新材料项目，车间主体基本建设完毕，设备已订购；6千伏及以上干法交联电力电缆、玥圣鑫线缆制造等项目已投产。电线电缆特色产业，引进位列中国民营企业500强前茅浙江正泰电气集团与科虹线缆公司进行合作，已正式签约。正泰集团正式进入后，计划连续三年实现产值翻番。园区建设，全年累计投资1820万元，完成园区内河道改线、垒砌河堤300米，新建桥梁1座；整理产业园中心路路基650米，挖填土方6万余立方米；新修滨河南路1200米，架设入园桥梁1座；铺设给排水管800米、10千伏输电线路1300米、天然气管线2500米。农业工作，实施完成高标准农田项目0.5万亩，新建总面积约200亩的2个田园综合体。

【镇村建设】　基础设施建设，自筹资金150余万元，对下佛羊至张家台4.3公里公路进行修复及部分重建，并为峨峪至马杓湾陡峭路段修建防护设施。小街小巷治理共硬化村内道路约3万平方米，任务基本完成。完成滨莱高速公路改扩建和庄段、特高压交流输变电、油气管道改线等工程协调工作。环境保护，按照"两断三清"标准，彻底关停6家、执法清理近20家"散乱污"企业，全面淘汰燃煤锅炉9台。搬迁和关停禁养区内畜牧养殖26户。投资665万元开展文明城市创建行动，完成和庄集、下佛羊集搬迁工作。淄河治理工程进入收尾阶段，河长制工作全面推进，农村人居环境不断改善。

【社会事业】　教育工作，投资1000余万元的和庄镇中心小学、投资120万元的南麻峪幼儿园竣工并正式投入使用。卫生工作，继续推行贫困户免费住院及"200元包住院"制度，惠及719名病人，共减免费用9万余元；投资380多万元的和庄镇新卫生院主体建成。精准扶贫，在全镇范围进行新一轮识别调整，新识别贫困人员 5 人，返贫 36 人。推进旅游扶贫开发项目和光伏扶贫电站项目，参与贫困户年收益率达到 12% 以上。推进村级监督一体化，完成 25 个村纪检委员兼任村监督委员会主任和民主理财小组组长民主选举程序。防范各类风险，落实疑难信访问题集中化解包案制度，建立协同调处机制，研究解决复杂疑难信访问题。开通镇长公开电话、民生热线、“三农”工作网站以及监督举报邮箱，及时收集各类违纪违法问题，做到有访必核、有案必查，化解信访积案 3 件，办结违纪违法案件 3 例，未发生信访人员越级访和非访事件。

（黄瑞莹）

艾山街道

党工委书记　高加宝

办事处主任　张鹏忠

【概况】　艾山街道总面积 86.04 平方公里，辖 36 个村（社区），常住总人口 87495 人。2017 年，艾山街道地方财政收入 10558 万元，增长 12%；固定资产投资 26.76 亿元，增长 16.41%；私营企业 1633 家，个体工商户 3647 户。

【产业发展】　全面加快城中村、厂中村搬迁安置步伐，推进城市经济和城建重点项目建设，历时 14 天时间完成陈家庄社区全居 699 户，720 处的房屋拆除工作；完成陶家岭社区旧村拆迁 860 余套，腾挪土地 39 万平方米；陶家岭安置区爱山名郡 12 栋楼房建设完成并达到入住条件，钥匙分发到户；以创建全国文明城市为契机，实现 3 个农贸市场、逯家庄精品街的规范化管理，张庄、九龙家园、汶水山庄等城市社区基础设施建设不断完善，城市基础设施配套不断提升。抓住莱钢“十三五”规划扩产能机遇，依托莱钢产业链发展循环经济，实现企地共建双赢。推进 10 万吨特种粉末项目建设，一期炼钢生粉车间、还原车间均已投产，二期工程厂内主要道路硬化、场前区绿化以及管线施工工作全部完成，车间施工招标完成；整合周家坡搬迁腾挪出的 217 亩土地，新上山东神州再生资源利用项目，通过资源开发产业链条的延伸，实现对废旧资源的精深加工与再生利用，建成周边地区最大的再生资源加工配送中心。发展观光农业，打造“荷塘月色”景区，完成莲藕种植 200 亩；连片种植丹参 4000 亩，打造“九龙药谷”万亩中草药种植基地、山东农业大学教学科研实践育人基地，与山农大合作柔性引进山农大博士 1 名挂职办事处副主任，指导九龙药谷建设和中草药产业发展；推进九龙山风景区建设，全力创建 AAA 级景区，九龙路、环湖路、九龙绿道、九龙牌坊、第一停车场、观景平台、“卧虎藏龙”牌坊等景点建设完成；推进北楼村、东施家峪村 2 个“美丽乡村”试点建设，以点带面，全力带动西部农村建设发展。在推进泰捷信等园区现有公司新上项目的基础上，加快金汇物流项目手续办理；进一步拓宽发展领域，新上博瑞物流等项目，围绕扶持企业发展，切实解决现实困难，协调用电部门做好高压电迁移等服务协调工作，切实化解企业难题。加快清泥沟、方家庄园区等物流园区基础设施配套提升，园区承载能力不断提升。方家庄园区道路提升与园区路绿化工程全部完成。

【项目建设】 落实重点项目建设责任制，明确党工委书记抓城市经济、办事处主任抓工业及园区经济、党工委副书记抓生态旅游经济，坚持储备项目抓跟踪、签约项目抓落地、开工项目抓建设、续建项目抓投产，通过谋划一批、开工一批、在建一批、投产一批，形成项目滚动发展的良好格局，实现开工建设项目15个，过亿元项目4个，过5亿元项目1个，总投资17.6亿元。同时，严格按照“以四新促四化”要求，以10万吨特种粉末、山东神州再生资源利用等项目为重点，推进供给侧改革，加快推动新旧动能转换，不断提高产品附加值和市场占领能力。坚持主要领导要亲自谋划、亲自争取、亲自监管、亲自监督，解决项目建设中遇到的实际困难和问题；坚持领导干部挂帅产业引领、挂靠重点项目、挂点园区整合，为企业开展跟踪服务；成立项目评审工作领导小组，负责协助企业办理各项相关手续，为项目加速推进提供了保障。

【社会事业】 成功完成创城任务。环境卫生整治方面，对辖区范围内所有农村社区环境卫生、私搭乱建、乱停乱放等现象拉网排查，建立台账，集中整治，4个多月时间共拆除违法建设18000余平方米，清运垃圾2400余吨，清理红纸小广告1万余处，粉刷墙面50万平方米，在办事处驻地与社区内划定停车位6000余个，出动4万余人次，动用机械2600余台次，进行小菜园和路面整修，新增绿化面积5万平方米，城乡环境面貌和整体形象显著提升。市场经营管理，在全面提升市场配套功能基础上，积极引导经营业户入驻市场，加大市场规范管理力度，严格市场经营秩序，开展联合执法行动80余次，对占道经营、店外经营等现象进行集中整治，农贸市场规范化管理水平不断提升。社区功能提升方面，在9个城市社区统一打造了社区综合文化服务中心，设置科普普法、图书室、未成年人活动等多个站点，丰富居民文化生活；围绕社区安全管理，多措并举打造监控无盲区、巡逻全覆盖、四防均健全的平安社区，保障居民居住安全；加强社区内道路提升、文体活动场所改造，全方位提升居民幸福指数。居民素养提升方面，通过全方位、广覆盖、大阵势的宣传引导和党员干部、文明志愿者的示范带动，街道上下形成“人人齐参与、共创文明城”的良好氛围，居民文明素养普遍提高。环保整治。以迎接中央和省环保督查工作为契机，重点抓好环境保护突出问题综合整治工作。对排查出的问题建立整改台账，严格执行销号管理制度，坚持问题整改一项，销号一项，边查边改，即知即改。对排查出的31家小炼铁、小炼油、石材加工等“小散乱污”企业全部取缔，对“禁养区”3户养殖户进行全部搬迁关停，对群众反映强烈的不在禁养区的69家养殖户畜禽养殖污染问题全部整改到位，对8家燃煤锅炉与2家黑加油站点等全部关停取缔，对中央环保督办问题进行了全面整改，群众生活环境有了改善。

【惠民工程】 社会保障方面，发放优抚资金、生活救助资金等各项补助资金600余万元，惠及群众2000多人；推荐劳动就业1100余人，开展就业培训8次；城乡居民养老保险、医疗保险基本实现全覆盖；创业岗位开发补贴、小额担保贷款等惠民政策落实到位。道路建设方面，17个村（社区）涉及13万余平方米小街小巷硬化治理工作全部完成并通过初步验收；交通局至九龙、小回家庄路至城古路、徐家庄至北城子坡道路全部修建完成。智慧城市建设方面，网格化社会综合治理系统开启使用，九龙家园摄像头以及云视通远程教育接入，辖区所有村庄网格划分完毕，网格长和网格员配备齐全，智慧阳光艾山微信客户端已投入使用。扶贫开发方面，在做好党建扶贫、产业扶贫、光伏扶贫、就业扶贫、基础设施扶贫等原有扶贫方式的基础上，探索托管扶贫新模式，将2017年扶贫专项资金194.1万元托管至金锴建设开发有限公司统一经营，每年为贫困户发放不低于所投本金 10% 的保底收益，年内收益已全部拨付到位。计生服务方面，深入 31 个村（社区）开展公共卫生服务项目，开展计生服务 30 余次，惠及群众 300 余人，群众满意度不断提升。文化教育方面，成功举办九龙湖莲藕文化艺术节，组织支部书记拔河比赛、区第 7 届全民健身运动会等活动，调动了居民参与活动、提升自我的积极性；加大教育事业投资力度，投资 200 余万元巩固教育基础设施建设，艾山一中、二中餐厅建成并投入使用，艾山一中、艾山中小、卞家泉联小等学校楼顶防水建设完成，双峰联小加固维修工程全部完成。

【党建工作】 推进党建阵地建设。在九龙家园社区服务中心原有基础上，投资 300 万元高标准打造了集党群服务、党员教育、综合调解、廉政教育、群团服务于一体的党群服务中心，开展重温入党誓词、党员廉政教育、大学生村官青春朗读、暑期学生安全培训、机关老年党支部书法比赛等各类活动 30 余次，同时推进张庄社区、陈家庄社区、汶水社区 3 个社区党群服务站的建设，全部建成投入使用。农村党建抓示范。与各村（社区）党支部书记签订《基层党建目标责任书》，压实工作责任，确保党建工作快推进、见实效。党员纳新方面，重点倾斜党建工作突出、真正为民办事的基层班子，树立鲜明工作导向。整合组织、文化、扶贫等资源，推进庙子、方家庄、古墩 3 个农村党群服务站建设，发挥典型的示范带动作用，推动农村党建工作上台阶。庙子、方家庄党群服务站建设建成投入使用。“两新”党建抓提升。积极开展规范组织设置、规范党员管理、规范阵地建设、规范台账资料、规范党课活动“五个规范”活动，提升非公企业党建工作规范化水平。加快金宇楔横轧、钢城驾校 2 个党建示范点建设，着力打造各具特色的非公党建品牌。建立党建工作台账和党务工作者人才库，向所有“两新”组织选派党建指导员，实现街道非公企业和社会组织党建工作的全覆盖。

（展雪梅）

颜　庄　镇

党委书记　刘永泉
镇　　长　刘士俊

【概况】 颜庄镇总面积 70.5 平方公里，辖 38 个村（社区），常住总人口 51107 人。2017 年，镇地方财政收入 15114 万元，增长 54.7%；固定资产投资 43.5 亿元，增长 9.88%；私营企业 1008 家，个体工商户 1523 户。

【招商引资】 2017 年，颜庄镇全力培育钢铁深加工、无纺和建材三大产业。做精钢铁深加工产业，新上了万景电梯轨道、唯莱特工程机械配件、双得高速公路护栏等项目 7 个。做大无纺产业，联络莱芜市 80 多家无纺企业，成立莱芜市无纺产业协会，举办了第一届无纺产业发展论坛。9 月，颜庄无纺特色小镇成功被省政府确定为省级特色小镇创建单位，已完成小镇总规、控规和产业发展规划，正在编制精细建设规划。做绿建材产业，重点为鲁碧建材服好务，清理了 40 亩土地的地上附着物，为鲁碧东扩做好了准备工作，围绕济青、青兰高速和莱芜大外环沿线建设，新上 4 个高标准的商混拌和站。加大闲置资产的盘活力度，重点盘活万荣不锈钢产业园 4.2 万平方米的车间，引进项目4个，盘活闲置5年的钢管产业园2.8万平方米的车间，引进中车轨道交通项目，盘活倒闭5年的原博信工贸公司2.2万平方米车间，引进河北天河化纤汽车内饰项目。

【城镇发展】 抓项目建设，加快新旧动能转换。围绕3个主导产业抓招商，共洽谈引进项目19个，计划总投资23亿元。加快项目建设，围绕项目推进，坚持规划先行、项目先整、手续全包，一个项目一套班子。进一步调整完善土地利用总体规划和城镇总体规划。对500亩符合规划要求的工业建设用地进行提前准备和场平。成立镇行政服务代理中心，全权做好项目立项、审批等手续办理工作，做到“保姆式”服务。城镇和园区基础配套设施建设。不断完善路网框架。确定2016年、2017年为全镇道路建设年，消除了20公里长的农村断头路，在东部园区投资8000万元高标准建设总长度11公里的汶河东路、汶河西路和钢悦路3条干道，完成绿化30000多平方米。提升城镇基础配套设施。投资3200万元对颜庄大道进行改造提升，实现供水、污水管网、强弱电全部下地，安装路灯160盏，沿街楼外墙全部统一粉刷改造，商铺广告统一规格样式，打造文明示范一条街。投资8000万元铺设网管12公里，从华能莱芜电厂引进居民生活用暖，实现供暖面积70万平方米，铺设供气管线14公里，颜庄所有居住区和园区可全部实现集中供暖。环保整治。将土小企业治理纳入村级考核，治理结果与村考核排名以及“两委”成员工资挂钩。组织开展环保“百日攻坚”“重点行业整治”等行动，开展联合执法19次，共关停拆除“小散乱污”企业160余次，关闭非法加油站点20余家，搬迁畜禽养殖场8处，按要求整改完成省环保督察组交办问题16项，强制拆除18处违法洗沙点和23家非法石料加工点。环保“电视问政”曝光后，配齐配强环保工作人员，环保执法人员达到7名，配备环保执法车辆1辆。2017年，重点打造野虎沟村“美丽乡村”示范点和东当峪、柳桥峪等10个典型村。

【社会事业】 精准脱贫。规范扶贫资金的使用，加强对4个产业扶贫项目的监管，确保收入不低于10%。2017年，完成181户、215人的脱贫任务，贫困人口动态调整678人，三条线两不愁三保障调整基本完成。推进农厕改造。全面完成2903户的农厕改造总任务，并购买抽粪车3辆，用于后续维护和清理。发展教育事业。启动占地38亩、总建筑面积7200平方米、总投资1300万元的颜庄镇中心小学搬迁工作。投资360万元，建设完成澜头小学教学楼1座。把安全生产放在重中之重的位置。成立新的安全生产委员会，将将全镇划分为4个网格，并聘请村级安全协管员39名，建立全覆盖的安全生产监管网络。深入企业160余次，排查企业140余家，排查隐患689起，整改完成667起，下达责令限期整改通知书160余份，累计罚款达4万元，安全生产形势保持持续稳定。

【党建工作】 加强制度规范。制定《颜庄镇党建工作三年规划（2017—2019）》，实行党员包街巷制度，对8个后进村进行集中整顿，为换届打下良好的基础；从严落实“三会一课”制度，推进“两学一做”学习教育常态化制度化；建立机关干部分类评议考核机制，机关效能持续提高。加强党建阵地建设，高标准建设3200平方米的镇党群服务中心，打造野虎沟等4个村级党群服务站和桂祥铝业等3个非公企业党建示范点，对全镇2000多名党员信息进行重整入档，从源头上消除了党员组织关系“空挂”“失联”等现象。发挥党员模范带头作用。开展爱心接力活动，组织机关党员干部90人次和38个村的“两委”成员，到敬老院献爱心36次，成立“党员突击队”，在文明城市创建、环保整治、安保维稳等工作中，党员先锋模范带头作用得到极大彰显。

（亓新平）

里辛街道

党委书记　张晓龙
办事处主任　刘　勇

【概况】　里辛街道总面积64.76平方公里，辖31个村（社区），常住总人口57180人。2017年，地方财政收入20270万元，增长16.3%；固定资产投资51.71亿元，增长1.01%；私营企业1156家，个体工商户2051户。

【经济发展】　招商引资方面，共引进项目11个，总投资9亿元。金山矿业升级改造项目、装配式住房加工项目、轻量化汽车零部件等项目正在施工、购置设备，九鑫高强度金属材料项目已投入生产。落户昊鸿商贸、诚誉建安、盖伊尔新能源3个总部经济项目，在谈项目4个。项目建设方面，重点抓好金雷铸造、温岭上市等骨干企业发展，增强辐射带动能力。盘活改造京华制管、陆远环保、鑫锋钢铁等困难企业，帮助它们重新投产见效。协调完成红木家具三期项目占地拆迁（共拆除12户）。做好110千伏变电站占地及进出线协调工作（共拆除果园户5户，住户1户）。新增规模以上企业4家，工业规模以上企业总数达到45家。新开工大项目15个，竣工项目1个。人才创新工作方面，按照“人才是第一资源”的理念，完善人才工作领导小组，积极探索引才、育才、用才、留才的新路子。年内，新增市级工程实验室3个，柔性引进国家千人计划林建国，院士李德发、王国栋，泰山学者赵国群等高端人才9名。

【城乡一体化发展】　棚户区改造任务提前完成。2017年8月，完成南赵、张家岭、银山子3个村共计686户的拆迁任务。同时，启动冯家庄、里辛河南共430余户的拆迁工作，所有住户测量、测算全部完成。完善基础设施建设。桃花路东延工程经区镇研究，街道拨付200万启动资金，沿街楼拆迁采取市场化运作，开工建设。完成前朱山、黄家洼连片整治规划，申请省级资金140万元；为省级贫困村前朱山村申请100余万元的省级扶贫旅游资金；完成南赵、北赵、郑王庄等低温循环水供暖计划。全域旅游发展。立足街道实际，以“高端装备制造小镇”名称成功入选莱芜市首批特色小镇。发挥前朱山、后朱山、黄家洼山水及家庭农场、大棚果蔬种植采摘等优势，抓好新型旅游点。环保问题整治。集中力量整治辖区“小散乱污”企业，共摸排出小散乱污企业113家，先后组织联合执法活动6次，动用大型机械50余台次，对48家小散乱污企业的球磨机、磁选机等生产设备进行拆除，24台燃煤锅炉全部拆除。

【民生改善】　推进美丽乡村建设，加快小街小巷综合治理，完成10个村、20公里、8万平方米的道路硬化，该经验做法在全市范围内推广。投入1000万元，加大街道驻地等重点区域整治力度，城市更加整洁有序，完成全国文明城市测评。支持教育事业发展，改善办学条件，完成一中、二中等5个标准操场建设，里辛街道成为全市首个实现中小学操场塑胶化的乡镇（街道）。集中力量开展扶贫攻坚，加强扶贫资源整合，因地制宜培育发展旅游、新型种植养殖等富民产业，帮助51户88人成功脱贫，全面完成了脱贫任务。同时，城乡居民养老、医疗、低保、农村五保等保障标准不断提高，群众的获得感、幸福感不断增强。

【基层党建】 2017年，街道勇于创新，推出村居方阵化管理、领导干部包重点项目、机关干部包村制度、“党建超市”等一系列新举措，激发各村居干事创业的积极性主动性，促进街道各项任务的完成。在基层组织建设工作中，持续改善推进农村方阵化管理，规范“三会一课”、村务公开、政务公开、财务公开等制度落实。重视党群服务中心作用发挥，全部31个村的全体党员及外来单位分批次前来参观学习，反响良好。打造了温岭精锻、中兴汽配两个非公企业党建典型，代表全区两次迎接全市非公企业现场观摩检查，并都被评为2017年度全市红旗党组织。在党员管理中，探索实施“党建超市”项目，搭建了一个综合性的创新管理服务平台，已有2000多名党员认领项目10000多个，为群众办实事好事3000多件。8月28日，中央电视台《晚间新闻》以《“党建超市”让服务更加贴近百姓》为题进行报道，《大众日报》、山东电视台等多家媒体也广泛宣传。街道制作的宣传片在全市“两学一做”主题微型党课评比中列第一名。在社会稳定工作中，继续深入落实领导干部包片、机关干部包村制度，把调处责任落实到负责人、部门、站所、村（居），做到人人身上有担子、有责任。持续开展“清风里辛”网上村务公开监督平台活动，从根本上减少村级征地、补助、土地承包等矛盾问题发生。

（颜培虎）

汶源街道

党工委书记　崔玉玲

办事处主任　吴　超

【概况】 汶源街道总面积66.14平方公里，辖33个村（社区），常住总人口58706人。2017年，街道地方财政收入10016万元，增长14.10%；固定资产投资24.66亿元，增长2.91%；私营企业1028家，个体工商户4163户。

【经济发展】 做大做强飞地园区。红木家具在省内设立3个直营店的基础上，在北京、河南开辟了直营店，启动了三期工程，总投资2.5亿元，完成建设生产车间4.2万平方米。年内，公司被评为全省8家企业标准“领跑者”之一。瑞驰钢结构二期总投资1.1亿元，建设厂房2万平方米，现已投入使用。完善柏瑞环保手续，并通过消防验收，实现正常生产。抓招商。街道成立以办事处主任为组长、3名副局级干部为成员的产业招商队伍。2017年，完成招商引资4.65亿元。开展企业困难“摸排消”活动。全年累计为企业解决资金、土地、手续办理等各类困难23个。完善全域旅游基础设施建设。成功举办第14届桃花旅游文化节、第四届樱桃采摘节、蓝莓采摘节、首届桑葚采摘节，硬化霞峰源中园道路8公里，完成陶公阁、陶公像建设，并将“寿”“桃”“阁”等景点以台阶串联，形成链带式观光景点。服务业项目方面，沃商广场的住宅部分已经基本达到交工条件，商业部分正在有序推进。吕家庄社区汇鑫电商创业园新引进商家40家，入驻企业达60余家。

【民生项目落地】 民生工程建设稳步推进。服务好金水河水库建设，淹没区内涉及7个村的附属物清点、清理工作已经全部完成；大坝、放水洞、溢洪道、管理房已开工建设；东王庄村、沙岭子村移民安置区施工图正在编制，沙岭子村场平工程正在施工。协调金水河学校项目建设，作为装配式建筑示范项目，中、小学教学楼钢结构全部安装完成。鲁碧矿山项目完成清点 72 户。桃花路工程清点工作全部完成，已签协议 52 户。完成汶源大街道路改造工程，总投资 600 万元，铺筑沥青 3 万余平方米。推进美丽乡村建设，重点打造下历山村、南通香峪村，修建村级道路 20 余公里，并通过第三方验收。小街小巷治理，总投资 596 万元，共整治 10 个村，改造面积 9.94 万平方米。危房改造项目总投资 116.6 万，共计完成 53 户，为群众创造安居生活。深化精准扶贫。2017 年，申请财政专项扶持资金 296.46 万元，进行产业扶贫。全年扶贫资金收益共 17.93 万元，已按时发放。按照上级要求进行动态调整，全年新增贫困户 3 人和返贫 4 人。完成 713 户共计 1235 人的基础信息录入。做好雨露计划扶贫项目，发放补助资金 6000 元，确定建档立卡贫困家庭学生 2 人，其中，北通香峪 1 人，柿子峪 1 人。落实惠民政策。低保工作方面，2017 年共评议农村低保户 677 户，975 人，月发放保障金 177934.4 元，城镇低保 128 户，185 人，月发放保障金 56311.6 元。社会救助方面，积极协调上级有关部门让五保、低保、优抚对象全部加入合作医疗。同时对家庭困难户和低保户中进行大病救助，全年共救助 67 户。优抚工作方面，街道共有优抚对象 418 名，发放抚恤金共计 17.49 万元，同时安排优抚对象到莱芜市光荣院进行轮养。开展暖心行动，广泛发动社会各界爱心人士，扩大范围，针对留守儿童、空巢老人、困难党员，开展“微心愿”认领活动，共认领助学心愿 30 个，助困心愿 30 个，其中钢城公益协会认领 10 个助困心愿。开展“扶贫日”活动，街道机关干部参与 100 人，教育部门参与 186 人，共计帮扶 97 户 159 人次。

【城乡面貌改善】 全力打赢创城迎测攻坚战，累计投入资金 2200 万元，动用机械 5000 台次，人工 8 万人次，城区面貌焕然一新，居民素质显著提升，文明氛围日益浓厚，为莱芜市创建全国文明城市作出贡献。借助农村环境综合整治，加强城市社区小区道路环境整治以及农村“三大堆”的治理，先后清理 20 余吨，创造宜居环境。稳妥推进“拆违”工作。2017 年，摸排建筑面积 79.27 万平方米，其中违法建设面积 59.40 万平方米。并结合文明城市创建、畜牧养殖拆除等活动，共计拆除 27030.15 平方米。落实环保督查整改任务。多次组织联合执法，先后对 10 家散乱污企业依法关停，依法取缔 6 家黑加油站，关停 6 家燃煤锅炉，重塑环境质量，出动 200 人次联合巡查私挖河沙行为，防治环境破坏。严格执行落实河长制。建立上下联动的组织体系，由党工委书记、办事处主任任总河长，村（社区）支部书记任村级河长。制定《汶源街道全面实行河长制实施方案》，联合环保、国土、林业、执法等部门集中对水域岸线进行排查，共计拆除沿岸违章建筑 6 户，砖厂搬迁 1 户。清理河道沿岸垃圾及树木，共出动机械 50 台次，人工 100 余人次，清理树木 2000 余颗。抓好安全生产，对重点行业领域进行专项整治。对危化品行业领域 4 家加油站每月至少 1 次检查。配合区安监局、区公安局派出所对隆泰烟花爆竹销售点违规超量存储进行联合执法，对不符合布点要求的销售点进行取缔。对辖区内企业进行全面的隐患排查，排查出涉粉尘企业 3 家，先后出动检查人员 40 余人次，查处各类安全隐患 75 处，下达整改通知书 6 份，已全部整改完成。

【党建工作】 扎实推进“两学一做”学习教育常态化制度化。打造三个党建品牌，实现党建工作在东部山区、西部城区、飞地园区的区域覆盖和工农商领域全覆盖。精心组织“主题党日”活动，宣传党的思想，提升整体党性。完善党员积分制管理制度，进一步完善党员“量化”考核机制，按程序对 1 名党员予以除名。区域化党建稳步推进。2017 年，投入 110 余万元打造建筑面积 2000 平方米的街道党群服务中心，招聘专职工作人员 11 名。洪沟、西冶社区、北丈八丘村党群服务站完成建设。西冶社区成立商圈党支部，针对商户及周边居民需求建成“第二课堂”。洪沟社区把党建工作延伸到小区，建成金洪小区党群服务站。规范“两新”组织党建工作。以“灯塔——党建在线”信息统计为契机，对辖区内“两新”组织进行全面排查、摸底，掌握现有“两新”支部活动开展、作用发挥情况。农村党建持续巩固。坚持“党建任务交办会”制度。召开12次，安排党建任务26项。强化审计结果运用。33个村(社区)完成审计并针对存在问题予以整改。稳妥推进村(社区)“两委”换届工作，35个党支部、村(社区)委会换届全部完成，达到“选出一个好班子，选出一个好村风，选出一股好干劲”的良好效果。

（范媛媛）

辛 庄 镇

党委书记 曹卫锋

镇　　长 周　波

【概况】 辛庄镇总面积145.35平方公里，辖56个村（社区），常住总人口43710人。2017年，全镇地方财政收入6987万元，增长159.30%；固定资产投资11.18亿元，增长11.59%；私营企业559家，个体工商户1539户。

【招商引资】 坚持充分发挥主观能动性，积极“走出去”主动洽谈、“请进来”实地考察，招商引资、招才引智、招宾引客取得了丰硕成果。全镇共洽谈引进项目5个，其中，投资过亿元项目2个，完成固定资产投资6.58亿元，占全年任务的109.7%；与山东农业大学合作，引进农业领域泰山学者1名；完成招宾引客5700人次，占年度计划的114%。莱芜温氏高端高效现代牧业一体化项目，被列为全省重点建设项目，也是年初全市开工奠基的十大重点项目之一。占地面积350亩的东泼坡商品猪场作为莱芜温氏首个开工项目，4条生产线主体工程及所有配套设施已经全部竣工，共完成建筑面积6万平方米，完成投资3.2亿元。占地面积60亩的莱芜温氏总部和饲料厂用地已经获得省政府批复，正在办理土地出让和工程规划；占地面积350亩的大官庄商品猪场地上附着物清点工作已经完成。

【现代农业发展】 全面完善辛庄镇农业布局，提升农业信息化、科技化发展水平，加快农业现代化步伐。新发展以葡萄、樱桃、海棠为主的优质林果面积1500亩，新建高档蔬菜大棚50个；新发展以景观松为主的花卉苗木面积107亩，营业额3200万元；依托镇域内的景观松资源，打造中国景松特色小镇。黄烟种植实现大丰收，全镇共收获烟叶10500担，产值1228.35万元，烟叶税270.2万元。建设温氏家庭农场8家，发展养殖大户30余家，“莱芜三黑”精深加工实现良好开端，注册“猪老大”品牌，莱芜猪老大食品有限公司已在全省开设连锁经营门店20多个，通过开发食品精深加工产业，拉长延伸产业链条，进一步巩固了辛庄作为“莱芜三黑”原产地和主产区研发养殖基地的品牌优势。

【镇村建设】 以打造美丽乡村为统领，突出抓好“三清四改五化”建设。推动村庄规划编制工作，年内完成朱家沟等2个村的村庄规划，全镇完成村庄规划的村达到23个。采取政策补助、市场运作的方式，改造农户厕所5784户，累计完成8125户，共完成投资700多万元，在全市率先实现三年任务、一年半完成的目标。实施危房改造工程，争取上级扶持资金52万元，完成危房改造28户。推动农村道路改造升级，力求“村村通”变为“户户通”，吕家峪、上陈等13个村积极克服砂石、商品混凝土等原材料价格上涨方面的不利因素，共改造完成农村道路26.7公里，完成年度目标任务的133.5%。打造美丽乡村示范点，在下三山、上陈、吕家峪3个村实施净化、绿化、硬化、亮化，完成投资800万元，通过市区美丽乡村验收。兴修农田水利工程，在上三山、南蛇沟等村治理河道、河沟3000余米，在前城子、后峪、东涝坡、崖下等村维修水池、塘坝8个，打通水渠1000余米，打井3眼；在赵家庄、南埠子、芦城、百咀红、侯家台等村整修自来水管道8000多米，解决了群众吃水难的问题。变无序为有序，实施农网改造工程，南埠子、城岭、裴家庄等村对线路进行了重新修整，新安装变压器5台。

【绿色发展】 高举绿水青山就是金山银山的发展理念，推进生态型乡镇建设。以迎接国家环保督察为契机，以保护水源地、荒山绿化、河道治理、砂石管护为重点，对全镇生态环境进行综合整治。关停取缔小石材加工、塑料颗粒加工等小散乱污企业30多家，关停禁养区畜禽养殖户96家，关停水源地周边饭店12家。在水源地内建设围栏3500余米、设置标识牌540块，绿化荒山3000多亩，清拆违建36处，清除河道内树木3万多株。开展违法建设专项治理行动，整改拆除30处，处置面积13.6万平方米。加强砂石资源监管，坚持夜查制度，组织200人次以上的联合执法15次，关停山砂场22处。2017年，颜庄镇在全市5个生态型镇（街道）考核中，连续四个季度保持了第一名的好成绩，比上年提升了四个位次。

【民生扶贫】 把保障和改善民生作为政府一切工作的出发点和落脚点，围绕“两不愁、三保障”，按照“五个一批”“六个精准”要求，多措并举，因人制宜，一户一策。坚持扶志先行，加强教育培训。举办农村党支部书记扶贫工作培训班，结合“三八”妇女节举办贫困家庭中的“女当家”脱贫增收培训班。通过培训，解决了多数贫困户依赖政府等靠要、吃老本的思想，调动了贫困户的脱贫积极性。扶贫车间带动，庭院经济推动。依托永青食品、古辰户外家具、恒源节水灌溉等10多家工业企业和农产品加工企业，在全镇设置扶贫车间30多个，设置一级、二级加工服务网点70多个，涉及蒜米加工、户外家具编织、吨包缝制、服装加工、节水管材组装、桔梗打皮、花瓶粘贴、艺术葫芦加工等十几个行业，带动2600多人不出家门就能增收，370多户490多名贫困人口实现脱贫。调整产业产品结构，发展特色种植养殖。在特色种植上，率先探索将扶贫资金作为股金入股合作社模式（即可以将扶贫资金入股分红，又可以为贫困户提供工作岗位）。引进高产花生示范田项目4个、平均亩产251.5公斤，比传统花生品种亩均增产46.1%。引进宝葫芦种植基地1个、黑木耳培育基地3个，特别是用黑木耳代替平菇，消除了价格限制，提高了贫困户收益，每年可增加贫困户收入7000元以上。在特色养殖上，推动三黑牧业、峰祥牧业、凤华家庭农场与贫困户结成对子，鼓励有条件的贫困户发展特色养殖，探索了黑鸡、黑山羊、獭兔领养、代养模式。通过“富民生产贷”和“富民农户贷”为5家帮扶主体贷款350万元，帮助11家贫困户贷款43.18万元，贫困户有了持续稳定的收入来源，脱贫致富的小康路越走越宽。引进光伏项目，发展光伏扶贫。利用上级扶贫资金投资276.2万元，新上年发电量382.8KW的光伏扶贫项目，共扶持贫困人口590人。洽谈引进中民投屋顶太阳能发电项目，群众不用投资，每户平均年收入可达1200~1500元。加强扶贫资金监管，确保扶贫资金安全。对上级拨付的扶贫专项资金，严格按照有关规定要求，及时足额落实到每个项目和帮扶主体；对应下发到贫困户的扶贫款物，严格按照时限要求拨付到位。年内，全镇建档立卡贫困户有326户569人实现脱贫，累计脱贫人口844户1491人，分别占全镇建档立卡贫困户的38%和99%，省市级贫困村吕家峪村、后峪村实现整村脱贫，摘掉了“贫困”帽子。脱贫攻坚的做法得到上级领导的充分肯定，中央《新闻联播》《大众日报》等主流媒体多次进行宣传报道。

【党建工作】 扎实推进“两学一做”学习教育常态化制度化。坚持高标准严要求，及时召开了全镇“两学一做”常态化制度化工作推进部署会议，制定了实施方案和详细的“主题党日”计划，组织全镇党员干部以支部为单位集中学习了党章党规、习近平总书记系列讲话、中共十九大精神和习近平新时代中国特色社会主义思想，观看《榜样》《作风永远在路上》等专题教育片，广大党员干部对全面从严治党的形势和任务有了更加深刻的认识。创新党员干部管理。创新实行《辛庄镇机关工作人员“积分制”管理办法》《辛庄镇农村党员“积分制”管理办法》等制度，将全镇机关干部和农村党员的工作业绩和效能进一步细化量化，为全面准确地评价考核党员干部提供可靠依据。通过建立积分台账，年底按照积分情况进行排名，有效解决党员评议中缺乏依据和标准、不讲党性和原则、不敢真评和实评、“老好人”现象突出等问题。强化党建载体建设。本着凝聚党员、服务群众、贴近实用的原则，利用镇政府沿街楼东西两侧大厅规划建设了辛庄镇党群服务中心，搭建了便民中心、党群中心、财政中心和综治中心，配齐了工作人员和办公设备。将政府大门南面160米的墙面设计成辛庄党建文化墙，分“红色辛庄”、“绿色辛庄”两大主题板块，“红色辛庄”包括辛庄镇历史沿革、党的历史、英模人物等；“绿色辛庄”主要是生态产业及发展成就。新建党群服务网站和党群服务微信公众号“生态辛庄”，充分利用互联网+党建的形式普及党群服务，规范服务内容，创新服务方式，让广大党员和群众足不出户就能了解信息、咨询问题、处理事务。

（孟广水）

鹏泉街道

党工委书记　高文水

办事处主任　李红华

【概况】 高新区鹏泉街道地处莱芜市区东郊，总面积108平方公里，辖70个村（社区），人口7.3万人。2017年，街道实现地方财政收入2.59亿元，同比增长28.93%，在全市镇域经济综合考核中名列复合型乡镇第一名，自2012年全市开展镇域经济综合考核以来，连续六次蝉联全市第一。

旧村改造工作走在全市前列。2017年，累计拆迁旧村30万平方米，超额完成任务，完成年度任务的150%。在城市核心区，基本完成孙故事、冯家林、南连河3个“城中村”的拆迁任务，完成拆迁15.89万平方米，完成全年任务的159%；在南部片区，完成小陈家峪、草沟、段盘龙、马盘龙4个村的集中连片拆迁，累计拆除722户、16万平方米，为环球新能源动力、维达三期等项目建设腾出了空间，改善了群众的居住条件。

【环境整治】 鹏泉街道和郭家沟村成功入选全省首批“健康村镇”建设试点村镇。以坚决打赢创建全国文明城市攻坚战为统领，实行了一个统领、三项挂钩、四级联动工作法。充分发挥党建统领作用，落实属地管理责任，将20余个外来人口居住小区全部纳入管理服务范围，发扬“不讲条件、不打折扣、不等不靠、不遗余力”的精神，投入足额资金用于文明城市创建，处、村两级累计投资5200余万元，城市面貌焕然一新，人居环境得到显著提升。三项挂钩即把创城工作与年终考核、村级组织运转经费、社区“两委”干部绩效工资挂钩。四级联动即构建街道大工委、社区大党委、小区网格党支部、楼宇党小组四级联动协作机制。抽调118名机关干部、整合89名社区干部、聘用175名网格员，成立了力量强大的创城工作督导、推进队伍。做好31.5公里的铁路沿线环境综合治理，通过了省检查组验收，进一步优化了城市环境。以迎接中央、省环保督察为契机，做好环境保护工作，对接到的4件中央环保督察组转办件，认真整改，对涉事现场彻底做到“两断三清”。抓好大气污染治理，推广洁净煤、气代煤1.2万吨。

【信访维稳】 2017年是中国的“政治年”，面对全国“两会”、省党代会、中共十九大等敏感时期的巨大维稳压力，鹏泉街道紧紧围绕“五个不发生”的目标，开展信访稳定工作规范年活动，制定《关于建立信访稳定新机制的实施意见》，从远处着眼、细处着手，明确目标、细化分工、压实责任，建立处村联动、分级负责的信访稳定新机制。建立信访联席会议制度，每周六下午召开信访例会，对信访稳定情况进行梳理、研判、部署，形成街道党工委、办事处统一领导，纪委、司法所、信访办支持监督,4个社区党总支各负其责的信访维稳工作格局。建立矛盾纠纷排查机制，为辖区内各村居确定70名信访信息员，信访信息一周一上报，4个社区党总支对信访隐患进行一周一排查，综治维稳中心对矛盾纠纷进行一周一摸排，做到矛盾纠纷第一时间发现，第一时间化解，确保问题不出村。建立包案化解机制，实行一个案件、一名党政班子成员、一包到底，针对信访积案、要案进行深入分析研判，一案一策，全力化解积案，全年成功化解信访积案3件，信访人全部在《信访答复意见书》上签字。建立考核奖惩机制，制定《鹏泉街道办事处信访维稳奖惩制度》，与各村居签订《信访稳定工作目标责任书》，明确了各村居的维稳属地责任，将信访稳定工作作为对村居的主要考核指标进行考核，实行信访稳定一票否决制，考核情况与村级组织运转经费挂钩，与村干部绩效工资挂钩，激发了基层干部的工作热情。在中共十九大维稳和全国“两会”、省党代会维稳期间，全处上下党员干部发扬忠于职守、勇于担当的作风，不分昼夜、不怕疲劳，放弃周末、全天候、24小时对重点人员进行盯守、稳控，及时处置突发事件，未发生一例进京非访，完成了各项维稳任务。

【项目服务】 2017年，面对各重点工程、重点项目接踵而来、集中签约的形势，鹏泉街道积极探索创新项目服务机制，以机制创新带动项目服务水平提升，全处上下不讲条件、不打折扣、不遗余力地扑在拆迁清障一线，为莱芜国家高新区建设当好开路先锋。工作中，建立了调度观摩机制，对重点清障项目坚持两天一调度，拆迁清障分管领导每两天亲自调度一次项目进度，调度表经分管领导签字后报党工委书记。建立了协调推进机制，成立项目服务攻坚领导小组，由党工委书记担任组长，每周召开一次分析研判会，对项目服务中的难题进行分析研判，会上由包项目负责人汇报项目服务的方案，全体人员会商，提出整改意见，凝聚工作合力，确保推进方案滴水不漏，做到服务项目“快、净、稳、优”。建立考核激励机制。将项目服务与干部使用、村级组织运转经费、项目服务奖金发放“三挂钩”，切实树立“以实绩论奖惩、以成败论英雄”的激励导向。全年先后推进裕丰小学新校区、实验学校新小区、凤凰路北延段、环球等10个工业项目、19个城建重点工程的用地清障和施工协调工作，累计清障面积达3500余亩；化解各项目工地工程纠纷上百起，附属工程分配秩序得到进一步规范。

（任雯雯）

雪 野 镇

党委书记　邹振儒
镇　　长　李　勤

【概况】　雪野镇位于莱芜市最北部，辖51个行政村，总面积226.32平方公里，人口5.1万人。2017年，雪野镇全面落实“两园两区三镇一谷”的总体布局，以特色小镇建设为总抓手，以党的建设为保障，攻坚扶贫，保障民生，带领全镇人民扎实苦干，推动实施乡村振兴战略。全年完成地方财政收入2016.65万元，同比增长48.59%。年内，雪野镇获全市镇域提升竞赛生态型第一名；成功申报全国航空运动休闲小镇、山东省养生休闲度假小镇；通过山东省文明镇复评；再次入选“全国综合实力千强镇”；房干村通过全国文明村复评、王老村被评为全国文明村，房干村、王老村、官正村均被评为山东省森林村居、山东最美绿色乡村。

【大项目建设】　2017年，全镇在建乐嬉谷、富甲庄园、天峪生态享老等产业大项目12个，得象产业园、中国雪野湖文昌休闲区旅游项目、房干精神展馆、莱芜猪原种场建设项目已竣工投产；服务好绿地、乐嬉谷、金融小镇、建金享老、民兵训练基地、恒大酒店、富甲庄园、金谷山庄等项目建设，规划总投资1243.9亿元，完成大项目投资12.01亿元。

【招商引资】　借助山水资源优势，雪野镇先后赴北京、济南等地开展招商活动30余次，邀请300多人次客商到雪野实地考察。全年新建、续建招商引资项目12个，完成外来投资6.24亿元。落户太平洋保险莱城中心支公司等总部经济项目3个，年形成税收1400余万元。

【特色小镇建设】　2017年，雪野镇制作了《雪野镇总体规划（2017—2030）》，编制了《雪野养生休闲度假旅游片区总体规划》。先后投资0.59亿元加强基础设施建设，为小镇建设奠定了基础。精选契合小镇主题，融合小镇自然、人文、历史环境特点，落地过亿元大项目4个，已完成投资3.59亿元，4个项目推进良好。成功创建为“全国航空运动休闲小镇”，受邀在第23届鲁台经贸洽谈会暨特色小镇建设交流推介会作了经验介绍，应邀在上海召开的两岸经营者俱乐部年度峰会上作了典型推介。

【美丽乡村建设】　以北岸新镇拆迁安置为突破，加快小城镇建设。北岸新镇社区的入住不断提速。在前期安置321户的基础上，主动承接绿地项目辐射，加快工作进度，规划推动206户的拆迁安置任务。邢家峪幸福小镇建设持续加快，积极与有关单位对接洽谈、规划及相关手续，建设集居住、旅游、文化、娱乐、商业为一体的美丽乡村示范项目。完善基础设施建设。投资1000余万元，对学山、马家峪等10个村实施“美丽乡村标准化”建设；投资600余万元，在富家庄等6个村，实施了农业综合开发项目，整理土地4200亩。高效改厕提升环境质量。实施26个村1730户改厕任务，农村环境卫生得到改善，乡村文明程度得到了进一步提升。抓好生态环境建设，筑牢雪野发展的根基。集中开展污水治理，对环湖周边饭店、农家乐小型污水处理设备运行情况进行现场督查，保障污水处理设备正常运转。

【脱贫攻坚】 落实扶贫政策，为全市扶贫档案管理提供现场。以产业扶贫为主体，以帮扶为依托，发展了托管收益型项目和光伏发电项目，有6家帮扶主体参与到扶贫开发项目中，涉及加工业、特色种植业、光伏发电等产业。投资1049.28万元，推动684人精准脱贫，稳定脱贫率达90%。11月20日，雪野镇承办了莱芜市扶贫档案管理规范化培训现场会。雪野镇被评为扶贫开发工作实绩突出镇，大厂村被评为市级实绩突出村。

【民生保障】 加大环保力度，迎接省级督导。严格落实网格化责任管理，先后拆除17台燃煤锅炉，取缔散煤销售点8个，彻底关闭华森岳恒等7家不合格企业，代表旅游区接受了省级督查。实施供暖改革，推进全省供暖试点。在农村公共服务设施场所和6个试点村共安装碳晶电热板1.6万片，供暖面积7.3万平方米，清洁能源供暖试点村覆盖率达100%。实施创城惠民工程，为创建全国文明城市贡献力量。累计投资800余万元，深度宣传，完善设施，优化服务，完成创城攻坚任务，市委、市政府表彰雪野镇为创建全国文明城市先进单位、1名个人为三等功、1名个人为先进个人。教育工作持续健康较快发展，投资5007万元建设了中心小学二期工程、雪野小学综合楼、鹿野小学综合楼、中心中学运动场及绿化工程等13个项目。加强内部配套，不断改善办学条件，2017年中考，3名学生进入全市前100名，教育质量逐年提高。不断完善社会保障体系，创建“群众满意医院”，报销比例显著提高；全镇“新农合”参保率99.1%；全年发放各类社会保障金498万元，开展五保、低保、高龄津贴、扰抚等16项社会救助工作；敬老院平稳有序的转交给区里管理。

【党建工作】 选优配强村两委班子。完成51个村“两委”换届选举工作，选出“两委”成员224名，35名党支部书记实现连选连任；书记主任一人兼22人，两委成员交叉任职62人，妇女成员进村委会52人。培训好党员干部。组织集中收看中共十九大开幕式，聆听习近平总书记作的中共十九大报告；参加各级组织的专题培训；组织两委干部培训班，224名村两委干部进行为期5天的集中教育。用好党员干部。实行党政领导包社区、机关干部包村、党员包户制度，实现党员对接群众全覆盖。在创城问卷调查抽样等工作中，收到了很好效果。管好党员领导干部。实施党员积分管理制度，已有6名党员转入镇集中教育党支部；制定《关于开展雪野镇“红旗村”“红旗手”评选活动的方案》和分领域推进过硬支部建设。加强阵地建设。投资1500余万元，打造房干精神展馆教育阵地；投资50余万元，帮助南双王等14个改建了村办公室；投资360万元高标准规划建设北岸新镇党群服务中心。培育了得象等非公企业党建典型。

（韩　勇）

茶业口镇

党委书记　毕文杰
镇　　长　尹连学

【概况】 茶业口镇位于莱芜市最北部，总面积185.6平方公里，辖60个行政村，12790户，3.7万人，山场面积9.3万亩，耕地面积3.5万亩。全镇基层党组织包含1个党委、8个党总支、97个党支部，2084名党员，其中农村党员1560人。2017年，全镇在区工委、管委会的坚强领导下，坚持以习近平新时代中国特色社会主义思想为指导，深入贯彻中共十九大精神，认真践行新理念，以新旧动能转换统领全镇经济社会发展全局，以创城成果为动力，以基层党建为保障，明确目标，强化措施，落实责任，不断提高镇域综合实力，经济社会保持持续健康快速发展。全年完成固定资产投资9.26亿元，完成主营业务收入1.27亿元，完成地方财政收入1029万元。

【招商引资和大项目建设】 严格落实“一个项目、一名领导、一套班子、一条龙服务”的一线工作法，设立卧云铺景区建设项目、阁老道路硬化项目、中茶业景区建设项目等6个项目协调小组，倒排工期，挂图作战。卧云铺景区建设取得突破性进展，完成44间古房主体工程，5家民宿正常营业，古戏台完成修复。投资330万元建设完成了中茶业主席台纪念广场，投资80万元在汪洋台修建完成了钟效培烈士陵园。华腾、仙农园等项目也加速推进。

【全域旅游】 加快推进乡村旅游发展，精心打造生态休闲和农家乐旅游品牌。2017年，茶业口镇累计接待各类游客12.6万人次，同比增长120%，旅游文化产品综合收入360万元，同比增长130%。组织村党支部书记和党政领导干部到枣庄山亭部落、临沂竹泉村等地参观学习。成功举办莱芜市全民徒步大赛第一季“古村迎春”赛，打造一批精品旅游线路。创新办节理念，成功举办第十届樱桃文化旅游节。申报传统村落，潘家崖、中茶业2个村被评为省级传统村落。

【生态农业】 坚持以项目为依托，以农业为支撑，以生态为根本，以品牌为灵魂来加快推进生态农业发展。西嵬石农业综合体项目、凤凰山生态旅游文化园项目、智慧生态林业观光体验基地项目加快推进。引导和鼓励农户发展樱桃、蜜桃、蘑菇、猕猴桃、薄皮核桃等生态农业，实现规模化种植。全镇已累计发展大樱桃12000余亩、蜜桃1200亩、核桃1200亩、猕猴桃160亩、茶叶150亩，建设蘑菇大棚120个。

【镇村建设】 牢固树立“绿水青山就是金山银山”的理念，从严抓好生态环保工作，不断改善居住环境。将创城工作与违法建设治理、环境综合整治工作相结合，完成上级交给的创城任务，茶业口镇获创建全国文明城市集体三等功。按照“两断三清”标准，关闭取缔14家石料厂和1家铸造厂，拆除老汪洋中学等4个燃煤锅炉，关停吉山村、下龙子村2个养殖场。在普雪路、仲林路、下王庄—下茶业道路沿线对裸露土地和主要干道路肩进行全面绿化，栽种苗木1.8万株，改善了镇村环境面貌。

【民生保障】 结合茶业口镇实际，确定了庭院经济项目、资产收益型项目、丹参种植项目、旅游产业发展项目4个扶贫方向，脱贫758人，完成了年度脱贫任务。加快完善“一纵三横”道路网络格局建设，投资2800万元的阁老旅游路工程已全线通车。按照“六美”乡村的标准，完成尧舜、董家峪等5个村的美丽乡村建设任务。

【基层党建】 6月29日，召开“七一”党员大会，召集全镇党员集体上党课，进一步统一思想、提高认识、增强党性；组织机关全体党员在中茶业主席台纪念广场前重温入党誓词，筑牢思想根基；结合党员户挂牌活动，以党支部为实施主体，建立党员积分管理机制，每年2次对党员进行民主评议，年底对党员进行评星定级，评星高的党员户继续保留“党员家庭户”门牌，评星低的门牌暂时由党支部保存，待星级标准提高后经党员大会通过后再复挂。开展村“两委”换届工作，将严肃换届纪律贯穿换届选举全过程，严格监督、严厉查处，完成全镇村“两委”换届工作。

（李洪亮）

大王庄镇

党委书记　张健强
镇　　长　陈传阁

【概况】　大王庄镇位于莱芜市西北部，辖62个行政村，103个自然村，面积161平方公里，1.6万户，4.6万人。2017年，全镇坚持以习近平新时代中国特色社会主义思想为指导，结合镇域实际，按照“稳中求进、巩固提升、创新发展”总体发展思路，以打造“山城一体、山岳养生”旅游名镇为目标，全力推进“一圈、一线、一带、一块”四大产业板块建设，主动加压，担当尽责，实现了经济社会平稳较快发展。2017年，全镇实现地方财政收入1092万元；完成固定资产投资10.35亿元、竣工投产项目11个，同比增长7%和11%；招商引资共计10.5亿元，超出全年任务17%；规模以上工业增加值完成2600万元，同比增长6%。

【项目建设】　重点推进香山旅游开发、金鸡岭自驾游等文化旅游项目，天安保险莱城服务部、润圆石油等总部经济企业；投资58亿元的国家电网抽水蓄能项目正在稳步推进；大宗石油交易平台项目正在等待省发改委批复；通过副局级干部包企业制度和一线工作法，深入现场，掌握项目进度情况，了解企业诉求，及时解决项目建设过程中遇到的问题，安排专人盯住落实，为项目建设和投产创造良好条件，实现了项目快落地、快建设、快达效。

【全域旅游】　香山国际旅游度假区配套已基本健全，基础设施建设已基本完善，景区综合提升、相关产业发展也在不断完善和加强，争创国家AAAA级景区的申报材料已上交；投资1000万元的天上人家酒家综合体，全部投入使用；香山森景旅游开发股份有限公司，成功在齐鲁股权交易平台挂牌上市；游客达到20万人次，实现旅游收入4000万元，提供就业岗位200个，收到了良好的经济和社会效益。环香山生态圈王石门、独路、龙尾、石屋子等村，积极发展与景区配套的农家乐、乡村游、采摘游，形成了合理互补、多业态共存的旅游格局。

【小城镇建设】　坚持以人民为中心，始终把改善群众居住条件、优化群众生活环境作为重要的民生工程，常抓不懈。投资2000万元，完成香都家苑社区建设，安置居民160户；投资500万元建成滨河嘉园党群服务中心；投资1000万元，基本完成“三线入地”工程；通天街以西、王庄河以东四街改造工程完成规划设计，大王庄镇被评为全市城乡社区建设优秀镇。

【生态高效农业】　着眼于一、二、三产业融合，不断改善农业生产条件，适度推进规模经营，力促现代高效生态农业加快发展。香山田园和赢丰现代农庄种植各类有机果蔬共220亩，实现营业收入900万元；华山庄园项目，累计投资2000万元元，流转土地800亩，栽植樱桃3万余株；金鸡岭自驾游项目，累计投资500万元元，建设生态大棚8个，完成高端民宿场平40亩；投资800万元、占地30亩的焉家林生态园投入使用；投资1000万元、占地40亩的新竹园生态园装修完毕；

云亭景松项目示范基地逐步扩大规模，沿线占地2000亩，拥有5万余株景观松，年营业额超过2亿元。

【镇域环境整治】 开展环保突出问题治理攻坚行动，办好中央、省环保督察交办案件；持续开展创文明城市、农村环境综合整治活动，建立了环卫一体化工作新机制，实现镇容村貌的大转变；建立覆盖区镇村的三级河长制组织体系；完成造林任务5700亩；依法严肃整治洗沙、盗挖河沙等违法行为；竹园子村被评为莱芜首个中国美丽宜居村庄，另外全镇有省级宜居村庄2个，省级生态文明村3个，市级生态文明村4个。

【社会民生事业】 1027人的脱贫任务已全部完成，落实扶贫资金1152万余元；开展美丽乡村建设，5个村全部通过验收；始终把教育事业放在优先发展的位置，千方百计加大教育投入，改善教学条件，提高教学质量，2017年上半年先后投资120余万元，新建智慧教室2间，完成4个学校教学网络无线中控系统安装，开展大槐树小学隐患围墙、厕所的拆除重建以及3个幼儿园隐患改造、传达室建设、园所配套等工程；成立镇卫生计生办公室，进一步优化整合计生卫生资源和职能；开展改厕工作，累计完成2898户厕所改造任务；全年危房改造任务全部完成，共89户，其中，省计划52户，其他形式37户；严格落实低保等民生政策，落实低保人口1564人，五保困难户140户；加快医疗卫生事业发展，提高群众医疗保障水平，“新农合”参合率达到97.2%。大王庄镇被评为全市平安镇。

【党建工作】 农村“两委”换届依法、有序完成；3个软弱涣散村全部转化巩固；全面完成62个村的村级财务审计工作；严格整改落实市委巡察组反馈意见，切实开展扶贫领域腐败和作风突出问题专项治理工作；打造廉政建设示范点3个，立案5起，结案3起，给予党纪处分和组织处理12人，营造了风清气正的良好干事创业氛围。

（禹兆祝）

张家洼街道

党工委书记　孔庆玲

办事处主任　张立清

【概况】 莱芜经济开发区张家洼街道位于莱芜市区北郊，辖46个行政村（居），总面积70平方公里，农村人口4.6万人，常住总人口8.66万人。2017年，街道公共财政预算收入21773万元，增长7.64%。完成固定资产投资38.24亿元，增长10.57%。规模以上企业数量63家，比上年末增长21.2%。完成规模以上工业增加值31997万元，增长9.8%。私营企业总数达到1441家，同比增长34.3%；个体工商户总数4631家，同比增长20.3%。

【招商引资和项目建设】 2017年，街道先后赴浙江、江苏等地开展招商活动37次，签约项目12个，完成招商引资7亿元。截至年底，街道在建大项目12个，其中，新建项目4个，续建项目8个。新引进各类人才26人，招宾引客完成4529人。

【城乡建设】 2017年，投资5.8亿元，建设胜利佳苑、安泰华府等居住改造项目9个。投资3400万元，建设完成长兴路、银龙路、小洛庄污水管网、贾家庄污水管网等11条道路和管网建设。

同时，全力迎接中央环保督察，加大“小散乱污”企业、畜禽养殖、燃煤锅炉淘汰等环境整治工作。完成了长兴路道路建设，解决了老百姓的出行难题。

【民生工程】 全年先后投入约4500万元，志愿服务9000余人次，完成文明城市创建工作；投资4000多万元，改扩建中小学及食堂4处；实施幸福养老工程，持续推进敬老院“公办民营”改革工作；抓好各项惠民政策落实，为老年人、优抚对象、残疾人提供全方位社会保障；推进卫生计生事业发展，深化医疗体制改革，强化基本公共卫生服务常态化、均等化建设；全面落实“河长制”，实现“河长”全覆盖；推进精准扶贫工作，形成全社会帮扶合力。

【党建工作】 开展丰富的党员活动，“两学一做”学习教育实现常态化制度化；印发《农村（社区）干部“三项制度”管理规范》，加强对村干部的规范管理；开展软弱涣散村党组织集中整顿，全部实现晋位升级；完善党建积分制，对党员和党组织进行定量考核；不断区域化党建，实现服务群众重心下移；持之以恒正风肃机，以严格的执纪问责来提升群众的获得感和幸福感。

（杨同成）

方　下　镇

党委书记　王　帆

镇　　长　吕　华

【概况】 方下镇位于农高区驻地，北依羊里镇、口镇，东临凤城街道、张家洼街道，西接杨庄镇，南隔牟汶河与牛泉镇相望，全境南北最大纵距7公里，东西最大横距10.3公里。明朝，境内属莱芜县南乡辛庄保、方下保，西乡封邱保所辖。1941年后，境内为方下区、鲁西区。1945年10月，方下区并入鲁西区，1951年3月改称第四区。1958年3月，设立鲁西乡、方下乡。同年10月成立鲁西人民公社、方下人民公社。1984年4月改为方下办事处。1985年10月改称方下镇。全镇总面积65.5平方公里，辖53个行政村，常住人口5.63万人。2017年完成财政收入1.067亿元。固定资产投资23.38亿元，增长5%。农村居民人均纯收入13500元。

【镇域经济发展】 截至2017年年底，全镇现有规模以上企业39家，私营企业399家，个体户2017家。实现工业总产值21.84亿元，同比增长18%，工业主营业务收入21亿元，同比增长18%，实现利润0.69亿元，增幅87.%，利税2.14亿元，增幅55%。新引进大项目5个，完成招商引资6亿元；建立方下镇总部经济服务中心，累计形成税收300余万元。重点服务业完成营业收入1.18亿元，同比增长20%，利润总额417万元，增幅81%，利税1115万元，增幅40%；批发零售业类商品销售额9.59亿元，增幅20%，零售额0.91亿元，增幅0.2%。新增个体工商户247家，新发展私营企业42家。

【农业产业发展】 加大农业科技推广力度，突出培育新型农民，不断扩大五龙口食用菌等特色农产品的种植规模。全镇专业合作社106家，2017年新增7家，现有蔬菜温室1000个，大棚2000个，食用菌大棚650个。另外，引进一禾现代农林种质资源创新示范园项目、安信高效育种育苗项目、生物反应堆项目、盛禾火龙果项目等高端农业，引导农业产业化发展。

【城市建设】 2017年，投资200余万元维修国方寨路和泰山路，其中方寨路新修两侧人行道10000平方米，边沟砌石230立方米，安装路灯110盏；新建耿公清居民楼12栋，张公清居民楼2栋，沈家岭居民楼2栋；镇政府宿舍、耿公清小区、土楼小区天然气5月全部建成并投入使用；完成方赵庄、亓官庄、梁家庄、王家庄、鹿家堂、韩官庄、柳行沟等7个村的连心路建设；协调石泉官庄、柳行沟、大辛庄、小辛庄、卢家庄村调水占地，铺设管道2600米，实现了调水管道的全线贯通；完成方下河景观桥修建等工作，城镇功能不断完善；加强小城镇管理，对乱搭乱建、乱圈乱占、乱停乱放等行为进行治理，打造了和谐有序的发展环境。

【民生事业】 实施教育改薄工程，积极改善办学条件，投资170余万元，完成方下中学、中心小学、鲁西中学、李义小学等基础设施及配套设施的改造提升工作。推进精准扶贫，通过光伏产业扶贫、扶贫资金托管收益等形式，全年脱贫554人。推进农厕改造和危房改造工程，完成农厕改造1029户，危房改造51户。对3个省级美丽乡村、7个市级美丽乡村进行全面改造，进一步提升了乡村形象。各项民生资金发放到位，2017年农村低保共发放补贴390余万元；农村分散五保发放补贴54万元；集中供养五保老人、优抚人员共发放补贴320万元；80岁高龄老人发放补贴99万元；享受残疾人两项补贴的残疾人发放补贴77万元；享受孤儿待遇、困境儿童发放补贴11万元；享受大病临时性救助人员110人发放大病救助金30万元。截至2017年年底，全镇流动人口建档率、验证率、证明反馈率98%；同时，协同镇卫生院进行“两癌”筛查、健康查体等工作；认真落实计生助福行动及各项计生奖励政策，争取各部门、各单位的支持，建立计划生育困难户救助基金，加大对因意外伤残、病残、死亡或其他原因而致贫的计划生育困难户的救助和帮扶力度。发放2016下半年度60岁奖扶、特扶资金147.2万元，独生子女费17.19万元。2017年，对37户伤残、死亡等特扶家庭重新摸排，建立纸质及电子档案，开通计划生育特殊家庭就医“绿色通道”，建立联系人制度。

【环境综合整治】 以创建全国文明城市为抓手，每周二、周四、周六组织全体机关干部对镇域环境进行综合整治。投入500余万元，实施镇驻地环境整治、扩容提质、管理提升、街路修补和节能亮化五大工程，优化完善城镇基础设施。开展创城执法活动，共拆除违章建筑50余处，清理店外经营500余处，广告牌1000余块，条幅600余条，小广告10000余处。开展农村环境综合整治，巩固城乡环卫一体化成果，2017年全镇有12个村（柳行沟村、何家庄村、丰登官庄村、大辛庄村、龙口西村、小辛庄村、店子村、鹿家堂村、方北村、台头村、耿公清村、安台子村）被评为“山东省卫生村”。设立生态红线，守住环保底线，全面打响环境整治攻坚战。关停或搬迁禁养区内畜禽养殖户45家，关停11家“散乱污”企业，淘汰29家燃煤锅炉，治理8处纳污坑塘。全面实行河长制，按照省市区河长制工作安排部署，对大汶河、方下河、嘶马河、义和沟河、新河及74座塘坝，逐一拍照、摸底排查，并逐河逐塘坝建立档案，制定综合整治方案。对偷沙盗沙行为严厉打击，安排派出所、执法队2辆车、12个人、3个岗哨每天24小时巡查，坚决杜绝乱采乱挖、乱排乱放等现象的发生。全年，查处偷沙37次，扣留违法车辆、船只273（台）次。

【精神文明建设】 在全镇范围内开展“四反对四带头”专题大讨论活动，以及“凝聚共识谋发展，争创国家农高区”大讨论活动，全镇党员干部共撰写心得体会300余篇，签订承诺书2000余份。

组织理论学习6场次，并成功组织大讨论活动演讲比赛。开展宣传思想及精神文明建设工作，宣传文明单位在文明传播、优质服务、作风建设、志愿服务等文明创建工作中的特色亮点、经验做法等。完成对区级、市级、省级文明单位的申报、复核及验收工作。做好报刊及各类新闻媒体的宣传工作。及时做好新闻报道工作，与莱芜电视台等新闻媒体联系，及时投递方下镇新闻材料，共发表文章150篇次。推进移风易俗工作开展，印发明白纸6000余份下发到各户。在宣传载体方面，投入80余万元对镇驻地、主干道及人员密集的公共场所，设计制作了以“喜迎十九大”、“讲文明，树新风”“图说我们的价值观”为主题的大型公益广告。其中，泰山路、方寨路、老泰莱路、文化路手绘文化墙1600平方米，大型公益广告牌59个，约2000平方米，灯杆广告334个。

寨 里 镇

党委书记　郭玉杰
镇　　长　吕爱武

【概况】　寨里镇位于莱芜西北部，镇政府驻寨西村，距市区中心19公里，北接大王庄镇，东依羊里镇，南靠杨庄镇，西邻泰安市。镇因政府地寨里村而得名，据出土《重建金堂禅寺之记》石碑记载，元朝初年，镇国将军都元帅刘禹东征时，曾在此安营扎寨，由此得名刘元帅寨、旧寨；明朝称旧寨保，清末称旧寨镇，民国时期改称寨里。寨里镇总面积70.4平方公里，辖4个社区，48个村，人口57420人，耕地6万亩，是山东省中心镇、省级环境优美乡镇、省级文明镇、花卉苗木百强镇、省级“百镇千村”文化特色示范镇。2017年，全镇完成工业总产值18.1亿元，同比增长27.54%；实现主营业务收入17亿元，同比增长21.48%；完成财政收入1363.01万元，增长6.28%。农民人均收入达到16907元。

【招商引资】　围绕产业链条延伸、上下游产品配套，开展精准招商、产业招商、以商招商。2017年，共引进项目8个，其中过亿元项目2个。坚持招商引资与招才引智、招宾引客相结合，莱锻与山大赵国群教授合作，投入500多万元科研经费用于提升锻件质量，石油锻件通过API认证，产品打入中东市场。

【新旧动能转换】　工业技改加快升级。莱芜锻压有限公司的煤改气工程通过省级验收，获得资金支持同时节省了企业能源消耗开支；莱芜阔程润滑油科技有限公司拆除原糠醛蒸馏设备，新上精包装润滑油生产项目。现代农业提质增效。立足农业型乡镇的优势和特点，发展节水农业、生态农业、智慧农业，规划建设2000亩的秸秆生物反应堆示范基地、润百禾900亩的节水增产实验基地。全面开展生姜、大蒜种植期商业保险试点工作。加大土地流转力度，完成流转土地1700亩。培育和发展新型农业经营主体，专业合作社、家庭农场总数达到108家。推动农副产品加工企业转型升级，市级以上龙头企业达到12家，其中省级3家。服务业发展加快。推进全民创业，以创业带动就业，全年新增小微企业29家、个体工商户120户，经济发展活力明显增强。截至2017年年底，全镇共培植私营企业260家，个体工商户1034家，从业人员超过2万人。

【镇域环境整治】 以建设精品城镇为目标，聘请专业规划设计院完成镇总体规划和产业发展规划。立足资源特色、区位优势和产业基础，规划建设桑蚕养生小镇，并成功入选全市首批“十大特色小镇”。全面推进寨里河治理工程，投资1000余万元。开展文明城市创建，投资500万元实施弱电入地工程，启动实施大下片、水北片等8个村的美丽乡村建设，加快农村改厕进度，完成改厕5300户。抓好中央环保督查问题整改，做好“后头看”工作，关停取缔违规土小企业12家、“散乱污”企业污染4家，完成锅炉改造或拆除30台，完成禁养区内养殖户关停56家。

【民生保障】 坚持把脱贫攻坚作为首要政治任务和最大民心工程，探索庭院经济、托管收益、扶贫车间等扶贫新模式，2017年，558人实现脱贫、累计脱贫1940人。完成17户“建档立卡”贫困户危房改造。高标准完成农高区中心敬老院建设，为老人们提供更优质的服务。城乡居民养老保险参保率和城乡居民基本医疗参保率均达到98%以上，基本实现全覆盖。全面落实河长制工作，全镇5条河、8座水库、23座塘坝全部落实河长。开展安全生产大检查，督促企业彻底排除安全隐患。开展信访百日攻坚行动，做好“四类风险”排查化解，严格落实领导干部公开接访、班子成员包案责任制，加强对重点案件、老案积案的分析研判，化解案件7件，多件信访老案取得突破性进展，维护了全镇稳定有序发展环境。

杨 庄 镇

党委书记 丁绪峰
镇　　长 刘　雷

【概况】 杨庄镇位于莱芜市西部平原，北隔汶河与寨里为邻，东与方下镇、羊里镇接壤，南隔牟汶河与牛泉镇相望，西与泰安市岱岳区毗连。全境南北最大纵距10公里，东西最大横距13公里，境内辛泰铁路、老泰莱路、泰莱高速、244省道分别穿境而过。因镇政府驻地杨庄村，故名杨庄镇。全镇辖45个行政村，48个自然村，总面积58.8平方公里，耕地面积5.2万亩，总人口4.8万人。2017年，实现农村经济总收入20亿元，增长7%，实现地方财政收入1545万元，增长10%，农村居民可支配收入14800元，增长12%。

【镇域经济发展】 招商引资促发展。先后20余次赴泰安、济南、青岛、淄博、寿光、浙江等地开展招商引资、招宾引客、招才引智活动，共招宾引客4500人，引进北京科百智慧农业等项目3个，正在洽谈项目12个。推进项目提质效。落实“机关干部包项目责任制”，对重点项目分别成立工作组，制定倒排工期表，推进项目按期竣工投产。万兴生姜保健食品研发与应用项目车间已建设完成，由台湾冠凌集团设计，引进上海先进设备建设标准化专业生产线精密数控机床研发与应用项目已购进树脂砂设备，进入试生产阶段；杨庄镇党群服务中心、康福德二期等项目建设按施工计划有序推进。突出园区强载体。抓好产业园区提升建设延伸姜蒜产品精深加工产业链条，研发姜蒜等农产品健康保健食品，提升产业产出效益与附加值。注重发挥园区特色优势先后2次赴浙江学习考察特色小镇和产业集群特色产业镇建设经验，结合杨庄镇姜蒜产品研发实际，拉长姜蒜产业链条，融合园区产业全面发展。

【环境综合整治】 以迎接环保督查工作为契机，加大环保投入力度，全面改善城镇环境，加大环卫设施投资力度，进一步完善环卫设施，规范污水处理厂运营，确保污水达标排放。开展铁路沿线环境综合整治活动，清理建筑垃圾、土堆 500 余立方米，种植绿化树木 1220 株，营造了干净整洁的镇村环境。推进全镇畜禽粪污环境污染治理和禁养区关闭搬迁工作，关闭禁养区内养殖户 12 个，全镇 77 个养殖户全部完成粪污处理设施建设，达到雨污分流标准。严防大气污染，推进节能减排，全镇 18 台燃煤锅炉全部淘汰，推广清洁煤炭 4000 吨，清洁炉具 600 台严格按照“两断三清”要求，彻底取缔 8 家“小散乱污”企业，实施秸秆禁烧“随手拍”活动和秸秆回收行动。全面实行河长制，清理大汶河河道内网箱、迷魂阵等 160 余处，治理违规采砂点 2 个，完成嬴汶河、大汶河沿线清理任务。加大美丽乡村建设对杨庄、西宅科等 8 个村进行美丽乡村建设，投资 130 多万元硬化村庄小街小巷、制作文化墙、实施绿化亮化工程等，打造生态宜居新农村。文明城市创建成效显著。成立创城工作领导小组，按照分工成立 6 个专项整治小组，集中力量开展创城工作。实行“网格化管理”，将城镇及沿线划分为 7 个大网格，68 个小网格，每个网格明确专人管理，突出环境综合整治、拆违等重点工作，拆除违法建筑 17 处，治理乱搭乱建 30 处、店外经营 270 余处，乱贴乱画等小广告 2700 余处，城镇面貌得到极大改善提升。严格落实监督督查、列出问题清单等制度，将督查清单的 162 个问题进行挂牌销号，公开公示，确保工作实效。营商环境显著提升。实行联系帮包企业制度，对企业实行“店小二式”服务，坚持问题导向，积极为企业解决规划环评等问题。加大基础设施投入力度，加快泰山路和嬴牟西大街道路协调工作进度，对〇九路进行重新修复，不断提升营商环境水平。高度重视安全生产环境建设，聘请专家对全镇重点企业及涉氨制冷企业检查指导，共检查 75 家企业 1945 个问题，已对照问题下达限期整改通知，并定期到企业监察督促整改，现已整改完成 90%，保障了全镇安全稳定的发展环境。

【作风建设】 2017 年为作风建设年，结合市“四反对四带头”大讨论活动和农高区“凝聚共识谋发展，争创国家农高区”大讨论活动，弘扬务实担当作风，提高工作效率。制度建设更加完善。结合全镇实际，制定落实农村党组织书记规范化管理八项制度，强化社区党总支管理、社区总支书记、社区主任实行专人专职，保证基层组织建设时时有人抓、有人管。强化考核评价机制建设，实行“周例会、月调度、月排名、年总评”工作制度，每月对各村党建稳定、环境等工作“一月一打分一排名”，公开公示评分成绩，并纳入年终考核，切实调动镇村干部部工作的积极性与主动性。责任划分更加明确。与各村、各企事业单位签订工作目标基层党建、信访稳定、安全生产等方面工作责任书，明确责任分工，形成“一级抓一级、层层抓落实”的工作格局。信访稳定工作取得了明显成效，按照“化解为先，稳控为主”的指导思想，对全镇 19 个信访案件积极化解稳控，十九大安保维稳工作实现无一人进京的目标，维稳形势良好；扶贫工作再精准，重新梳理 2014—2017 年贫困户信息，按照“应纳则纳、应脱则脱、应返则返、应退则退”的标准，精准完成动态调整，继续与山东万兴食品有限公司合作，发展姜蒜产业扶贫，发放扶贫收益 30 多万元，在营房村投资 38.92 万元实行光伏发电项目，全年共助力 227 户、316 人脱贫致富；进一步加大对医疗教育等方面投入，投资 20 余万元硬化卫生院院落，投资 300 多万元拓宽中心小学、中心中学道路，硬化校园路面，充分保障了师生上下学道路畅通安全，极大促进了教育卫生事业发展。

责任编校：蔺延军　卢海静

人　物

新任职的中国共产党莱芜市第十四届委员会常务委员

于景涛　男，汉族，1964年1月生，齐河县人，在职大学，1985年7月参加工作，1985年4月入党，现任莱芜市委常委、市纪委书记、市监委主任。

1983年9月至1985年7月，在德州师范专科学校中文系汉语言文学专业学习；1985年7月至1988年7月，任山东工业大学人事处干部；1988年7月至1989年1月，任山东大学人事处档案室副主任（副科级）；1989年1月至1992年11月，任省教育委员会人事处副主任科员（1987年8月至1990年7月，在山东师范大学夜大学中文系本科班汉语言文学专业学习，获文学学士学位）；1992年11月至1996年12月，任省教育委员会人事处主任科员；1996年12月至2000年10月，任省教育委员会人事处副处长；2000年10月至2003年12月，任省教育厅（省委高校工委）人事处副处长；2003年12月至2014年2月，任省教育厅派驻纪检组副组长、监察专员办公室主任（其间:2006年5月至2006年11月，在山东省中青年干部赴美国康涅狄格州中央州立大学行政与经济管理培训班学习；2009年9月至2011年6月,在山东师范大学教育学院教育管理专业学习，获教育硕士学位）；2014年2月至2016年12月，任省外办党组成员、派驻纪检组长、监察专员；2016年12月至2018年1月，任莱芜市委常委、市纪委书记；2018年1月以后，任莱芜市委常委、市纪委书记、市监委主任。

历任十一届省纪委委员，十一次省党代会代表，十三届省人大代表，十四次莱芜市党代会代表，十八届莱芜市人大代表。

张云锦　男，汉族，1968年12月生，荣成市人，大学，1987年9月参加工作，1989年11月入党，现任莱芜市委常委、莱芜军分区政委。

1987年9月至1991年7月，外国语学院汉语言文学专业学员；1991年7月至1993年2月，任外国语学院五系一队副连职区队长；1993年2月至1993年12月，任外国语学院二系副连职参谋；1993年12月至1996年6月，任外国语学院二系助教（专业技术十三级）；1996年6月至1998年2月，任威海军分区政治部干部科正连职干事；1998年2月至1999年2月，任济南军区海防五团政治处干部股股长；1999年2月至2001

年3月，任威海军分区政治部组干科副营职干事；2001年3月至2003年8月，任威海军分区政治部宣保科副科长；2003年8月至2006年1月，任济南军区海防五团政治处主任；2006年1月至2008年1月，任威海军分区政治部组干科科长；2008年1月至2008年10月，任乳山市人民武装部政委；2008年10月至2012年3月，任济南军区海防五团政委；2012年3月至2013年11月，任驻中国石油大学（华东）、聊城大学后备军官选培办主任（正团职）；2013年11月至2014年5月，任济南军区海防五团政委；2014年5月至2014年5月，任济南军区内长山要塞区副政治委员；2014年5月至2017年5月，任东营军分区副政委；2017年5月至2018年1月，任山东省军区政治工作局副主任；2018年1月至2018年4月，任莱芜军分区政委；2018年4月以后，任莱芜市委常委、莱芜军分区政委。

任十三届省人大代表。

2018年山东省富民兴鲁劳动奖章（状）以上荣誉名单

一、全国工人先锋号

山东威马泵业股份有限公司研发中心

二、山东省劳动模范

王兆申　莱芜市莱城区财源蔬菜种植专业合作社理事长

王迎迎（女）　山东奔速电梯股份有限公司出纳

亓　凯　山东金鼎电子材料有限公司生产部经理

吕占美（女）　山东莱芜润达新材料有限公司技术中心分析测试室主任

刘加前　莱芜市钢城区棋山国家森林公园八大庄村党支部书记

苏　军　山东威马泵业股份有限公司磨床操作工

吴卫平　山东阿尔普尔节能装备有限公司董事长

陈　锋　山东九佳紧固件股份有限公司车间主任

罗登武　山东钢铁股份有限公司莱芜分公司党委书记、总经理

岳隆杰　莱商银行股份有限公司党委书记、董事长

赵　刚　山东泰山钢铁集团有限公司不锈钢炼钢厂副厂长

黄金栋　莱芜裕源食品有限公司董事长

梁栋梁　山东得象电器股份有限公司技术员

三、山东省先进工作者

祁庆梅（女）　莱芜市钢城区环境保护局污染物总量控制办公室主任

杨　磊　山东省莱芜市国家税务局党组书记、局长

张新生　中国共产党莱芜市莱城区口镇委员会机关党总支书记

附　录

2017年中共莱芜市委重要文件选目

2017年，中共莱芜市委共印发重要文件15份。

2月23日，印发《中共莱芜市委关于印发〈中国共产党莱芜市委员会工作规则〉的通知》（莱发〔2017〕3号）

2月24日，印发《中共莱芜市委关于印发〈2016年度市委常委班子民主生活会整改工作方案〉的通知》（莱发〔2017〕5号）

2月25日，印发《中共莱芜市委、莱芜市人民政府关于发展标准经济建设质量强市的实施意见》（莱发〔2017〕6号）

3月29日，印发《中共莱芜市委关于印发〈中共莱芜市委2017—2021年巡察工作规划〉的通知》（莱发〔2017〕7号）

4月12日，印发《中共莱芜市委印发〈关于监督执纪“四种形态”实施办法（试行）〉的通知》（莱发〔2017〕8号）

4月16日，印发《中共莱芜市委、莱芜市人民政府关于实施招宾引客促进经济社会发展的意见》（莱发〔2017〕9号）

5月12日，印发《中共莱芜市委、莱芜市人民政府关于加快特色小镇建设的实施意见》（莱发〔2017〕10号）

5月21日，印发《中共莱芜市委、莱芜市人民政府关于开展健康城市健康村镇建设的实施意见》（莱发〔2017〕12号）

8月11日，印发《中共莱芜市委关于认真学习宣传贯彻习近平总书记在省部级主要领导干部专题研讨班上重要讲话精神的通知》（莱发〔2017〕14号）

是日，印发《中共莱芜市委、莱芜市人民政府关于印发〈莱芜市贯彻落实省环境保护督察组督察反馈意见整改方案〉的通知》（莱发〔2017〕15号）

10月29日，印发《中共莱芜市委关于认真学习宣传贯彻党的十九大精神的通知》（莱发〔2017〕18号）

11月27日，印发《中共莱芜市委关于深入学习贯彻党的十九大精神的决议》（莱发〔2017〕19号）

12月29日，印发《中共莱芜市委、莱芜市人民政府关于印发〈全面开展质量提升行动实施方案〉的通知》（莱发〔2017〕21号）

是日，印发《中共莱芜市委印发〈中国共产党莱芜市委员会常务委员会议事决策规则〉的通知》（莱发〔2017〕24号）

是日，印发《中共莱芜市委 、莱芜市人民政府印发〈关于加快推动国有企业改革的十条意见〉的通知》（莱发〔2017〕25号）

2017 年莱芜市人民政府重要文件选目

2017年，莱芜市人民政府共印发重要文件25份。

1.1 月 3 日，印发《关于印发〈莱芜市地方储备粮管理办法〉的通知》（莱政发〔2017〕1 号）。

2.2 月 8 日，印发《关于推进全市品牌建设的意见》（莱政发〔2017〕2 号）。

3.3 月 8 日，印发《关于印发〈莱芜市人民政府工作规则〉的通知》（莱政发〔2017〕3 号）。

4.3 月 15 日，印发《关于 2016 年度莱芜市科学技术奖励的决定》（莱政发〔2017〕4 号）。

5.5 月 8 日，印发《关于贯彻鲁政发〔2017〕1 号文件促进邮政和快递服务业发展的实施意见》（莱政发〔2017〕5 号）。

6.5 月 25 日，印发《关于贯彻〈中国制造 2025 山东省行动纲要〉加快推进制造业强市建设的实施意见》（莱政发〔2017〕6 号）。

7.6 月 5 日，印发《关于进一步降低实体经济企业成本的实施意见》（莱政发〔2017〕7 号）。

8.7 月 19 日，印发《关于进一步健全特困人员救助供养制度的意见》（莱政发〔2017〕8 号）。

9. 7 月 11 日，《关于印发〈莱芜市智慧城市建设项目管理办法（试行）〉的通知》（莱政发〔2017〕9 号）。

10. 是日，印发《关于加强困境儿童保障工作的实施意见》（莱政发〔2017〕10 号）。

11. 是日，印发《关于加强市管国有企业监管的意见》（莱政发〔2017〕11 号）。

12.7 月 14 日，印发《关于印发莱芜市“十三五”卫生与健康规划的通知》（莱政发〔2017〕12 号）。

13.8 月 1 日，印发《关于印发〈莱芜市国有土地上房屋征收与补偿办法〉的通知》（莱政发〔2017〕13 号）。

14.12 月 22 日，印发《关于贯彻鲁政发〔2017〕23 号文件加快发展康复辅助器具产业的实施意见》（莱政发〔2017〕14 号）。

15. 8 月 14 日，印发《关于实施重点企业“三扶”培植计划的意见》（莱政发〔2017〕15 号）。

16.9 月 9 日，印发《关于批转市财政局莱芜市权责发生制政府综合财务报告制度改革实施方案的通知》（莱政发〔2017〕16 号）。

17.9 月 3 日，印发《关于印发“十三五”老龄事业发展和养老体系建设规划的通知》（莱政发〔2017〕17 号）。

18.10 月 13 日，印发《关于推进普惠金融发展的实施意见》（莱政发〔2017〕18 号）。

19.11 月 18 日，《关于在市场体系建设中建立公平竞争审查制度的实施意见》（莱政发〔2017〕19 号）。

20. 11 月 8 日，《关于贯彻鲁政发〔2016〕23 号文件实施支持农业转移人口市民化若干财政政策的意见》（莱政发〔2017〕20 号）。

21.11 月 10 日，印发《关于印发莱芜市人民政府部分工作部门整合调整方案的通知》（莱政发〔2017〕21 号）。

22.12 月 5 日《关于餐饮质量安全提升工程的实施意见》（莱政发〔2017〕22 号）。

23.12 月 27 日，印发《关于印发〈莱芜市“十三五”节能减排综合工作方案〉的通知》（莱政发〔2017〕23 号）。

24.12 月 26 日，印发《关于印发〈莱芜市土壤污染防治工作方案〉的通知》（莱政发〔2017〕24 号）。

25.12 月 29 日，印发《关于助推新旧动能转换做好当前和今后一段时期就业创业工作的意见》（莱政发〔2017〕25 号）。

中共莱芜市委　莱芜市人民政府关于表扬2017年度全市优秀单位和优秀个人的决定

（2018年2月23日）

2017年，是党的十九大召开之年，是实施“十三五”规划的重要一年，是供给侧结构性改革的深化之年。一年来，面对复杂多变的国内外环境和艰巨繁重的改革发展稳定任务，全市上下坚持以习近平新时代中国特色社会主义思想为指导，牢固树立和贯彻新发展理念，完善和落实“一二三四五”总体发展思路，建立并强化重点工作指挥协调机制，扎实深入开展“七项竞赛”大力推动十大产业振兴提升，统筹做好稳增长、促改革、调结构、惠民生、防风险各项工作，综合实力大幅提升，经济结构不断优化，发展活力显著增强，生态环境明显好转，群众生活持续改善，各行各业涌现出一大批优秀单位和优秀个人。为树立榜样、再鼓干劲、经研究决定，对2017年度十大优秀项目等27类项目予以表扬鼓励（名单附后）。

2017年，经过历届市委、市政府矢志不渝，全市各级各部门单位和广大干部群众勠力同心、接续奋斗，我市以优异成绩荣获“全国文明城市”称号，圆了莱芜人民期盼多年的“创城梦”。为表彰创建过程中涌现出的先进单位和先进个人，经研究决定，给予莱城区等32个单位记集体二等功，雪野旅游区等,34个单位记集体三等功，授予市国土资源局等85个单位“创建全国文明城市工作先进单位”称号；给予马保岭等54名同志记二等功奖励，给予韩克春等99名同志记三等功奖励，授予谢爱章等405名同志“创建全国文明城市工作先进个人”称号（已召开专题会议表彰）。

2018年，是贯彻党的十九大精神的开局之年，是改革开放40周年，也是决胜全面建成小康社会、实施“十三五”规划承上启下的关键一年。做好今年的各项工作，关系全局，关系长远，意义重大。希望受表扬的单位和个人，发扬成绩、再接再厉、乘势而上、再立新功。各级各部门单位和广大干部群众要以优秀为榜样，扎实苦干、开拓进取，学习赶超、创先争优。全市上下要全面贯彻党的十九大精神，以习近平新时代中国特色社会主义思想为指导，坚持稳中求进工作总基调，坚持新发展理念，着力实现“十百千”发展目标，加快新旧动能转换，加大改革创新力度，加强风险防范管控，加速城市品质提升，不断增进民生福祉，奋力开创经济社会发展新局面，为在全面建成小康社会进程中走在前列不懈奋斗！

2017年度全市优秀单位和优秀个人名单

一、十大优秀项目

阿尔普尔超低温空气源热泵研发与应用项目

奔速电梯特种装备制造项目

宏葵生物高端试剂及全自动生化仪产业化基地项目

金鼎电子柔性导电膜项目

温氏高端高效现代牧业一体化项目

莱芜环球新能源动力项目

沃丰金属新材料项目

雪野乐嬉谷旅游度假区项目

雪野金融小镇项目

泰嘉不锈钢冷轧板材深加工项目

二、企业贡献 30 强

山东钢铁股份有限公司莱芜分公司
莱芜钢铁集团有限公司
山东泰山钢铁集团有限公司
鲁中矿业有限公司
山东九羊集团有限公司
山东鲁碧建材有限公司
山东华能莱芜热电有限公司
莱芜钢铁集团莱芜矿业有限公司
鲁中汇源食品饮料有限公司
华电国际电力股份有限公司莱城发电厂
新汶矿业集团有限责任公司鄂庄煤矿
莱芜市万祥矿业有限公司
山东阿尔普尔节能装备有限公司
山东华泰矿业有限公司
山东高速绿城莱芜雪野湖开发有限公司
山东朗进科技股份有限公司
莱芜熠能矿业有限公司
莱芜兴宇置业有限公司
莱芜钢铁集团金鼎实业有限公司
山东泰盛房地产开发股份有限公司
莱钢集团矿山建设有限公司
山东莱芜金雷风电科技股份有限公司
莱芜盈德气体有限公司
莱芜市燃气热力有限责任公司
山东高速投资发展有限公司
山东莱芜烟草有限公司
莱芜恒大金碧天下置业有限公司
莱芜金汇特种合金材料有限公司
莱芜绿地城发投资开发有限公司
莱芜泰禾生化有限公司

三、科技创新优秀企业（20 个）

山东汇金股份有限公司
山东奔速电梯股份有限公司
山东阿尔普尔节能装备有限公司
山东泰莱电气股份有限公司
山东能源重装集团莱芜装备制造有限公司
山东东岳永盛车桥股份有限公司
莱芜钢铁集团粉末冶金有限公司
山东温岭精锻科技有限公司
山东金鼎电子材料有限公司
山东泰东环保科技股份有限公司
莱芜市九龙耐火材料有限公司
山东鲁中钢铁物流有限公司
山东力创科技股份有限公司
山东威马泵业股份有限公司
山东莱芜润达新材料有限公司
山东黑旋风锯业有限公司
山东泰金精锻股份有限公司
山东得象电器股份有限公司
莱芜市泰山冷轧板有限公司
山东省万兴食品有限公司

四、最佳成长进步明星企业

莱芜市九龙耐火材料有限公司
山东中兴汽车零部件有限公司
山东省万兴食品有限公司
山东大众机械制造股份有限公司
莱芜市新艺粉末冶金制品有限公司
山东润辰工贸有限公司
山东李先生食品有限公司
莱芜市方圆制管有限公司
莱芜泰禾生化有限公司
山东能源重装集团莱芜装备制造有限公司
莱芜市正胜板业有限公司
山东温岭精锻科技有限公司
山东莱芜润达新材料有限公司
维达纸业（山东）有限公司
山东恒威电力设备有限公司
山东华盛包装科技股份有限公司
山东东岳永盛车桥股份有限公司
山东金鼎电子材料有限公司
山东东岳汶河氟材料有限公司
莱芜市福泉橡胶有限公司

五、优秀服务业企业

（一）财政贡献（10 个）

山东中联上鼎房地产有限公司

山东豪冠置业有限公司

莱芜汇源凤凰置业有限公司

莱芜颐高电子商务产业园集团有限公司

山东钢铁股份有限公司莱芜铁路运输分公司

莱芜信誉楼百货有限公司

中国移动通信集团山东有限公司莱芜分公司

莱芜广厦集团有限公司

中国人民财产保险股份有限公司莱芜市分公司

莱芜市中洋房地产开发有限公司

（二）成长性（10 个）

莱芜市钢城区铁运物流有限公司

莱芜市钢城区平安物流有限公司

山东百川能源科技有限公司

山东香山森景旅游开发有限公司

山东华创国际贸易有限公司

莱芜市钢城区天瑞人力资源有限公司

莱芜市十八乐物流有限公司

莱芜市龙泉物资有限公司

莱芜钢铁集团金鼎实业有限公司雪野湖假日酒店

莱芜市莲河置业有限公司

（三）发展新型服务业态（10 个）

山东兴安评估有限公司（商务服务）

莱芜市嬴泰文旅发展有限公司（文化旅游）

中泰证券股份有限公司莱芜分公司（现代金融）

山东经桥商务集团有限公司（综合服务平台）

山东鲁宝特色农业科技有限公司（观光农业）

山东春暖花开文化传播有限公司（新媒体）

山东雪野文昌旅游开发有限公司（现代旅游）

莱芜市新合作农产品有限公司（电子商务）

莱芜琦龙豆捞餐饮股份有限公司（总部经济）

山东天惠信息科技有限公司（软件服务）

六、金融业发展贡献突出单位（20 个）

莱芜市金融工作办公室

中国人民银行莱芜市中心支行

中国银行业监督管理委员会莱芜监管分局

莱商银行股份有限公司

中国农业银行股份有限公司莱芜分行

中国建设银行股份有限公司莱芜分行

山东莱芜农村商业银行股份有限公司

中国工商银行股份有限公司莱芜分行

威海市商业银行股份有限公司莱芜分行

中国农业发展银行莱芜市分行

中国邮政储蓄银行股份有限公司莱芜市分行

中泰证券股份有限公司莱芜分公司

中国人民财产保险股份有限公司莱芜市分公司

中国大地财产保险股份有限公司莱芜中心支公司

中国太平洋财产保险股份有限公司莱芜中心支公司

天安人寿保险股份有限公司莱芜中心支公司

中国人寿保险股份有限公司莱芜分公司

中国太平洋人寿保险股份有限公司莱芜中心支公司

莱芜市钢城区鲁中小额贷款有限公司

莱芜市莱城区润泽民间资本管理有限公司

七、标准引领竞赛优秀单位（10 个）

莱城区	高新区
市市场监管局	市城市管理局
市农业局	

山东泰山钢铁集团有限公司

山东省万兴食品有限公司

山东奔速电梯股份有限公司

山东巧夺天工家具有限公司

莱芜市公共汽车公司

八、财税增收竞赛优秀单位和优秀个人

（一）优秀单位（10 位）

莱城区财政局

钢城区财政局

莱城区国税局

钢城区国税局

高新区国税局

市国税局钢城经济开发区分局
市地税局直属征收局
市地税局莱城分局
市地税局高新区分局
市地税局雪野旅游区分局
（二）优秀个人（10 名）
黄爱军　李红燕　丁帅业　徐根吉　王明稳
刘贵水　孙在勤　李沛俊　卢雪冰　邱　鹏

九、镇域提升竞赛优秀单位

（一）生态型（2 个）
雪野旅游区雪野镇　　钢城区辛庄镇
（二）农业型（2 个）
莱城区苗山镇　　农高区杨庄镇
（三）工业型（3 个）
莱城区口镇　　钢城区里辛街道
钢城区颜庄镇
（四）复合型（2 个）
高新区鹏泉街道　　莱城区凤城街道

十、节能环保竞赛优秀单位和优秀个人

（一）节能竞赛优秀单位和优秀个人
1. 优秀单位（3 个）
钢城区政府　莱城区政府　高新区管委会
2. 优秀个人（6 名）
胡彦惠　李传友　朱　娜　王新红　张建春
尚念慧
（二）生态环保竞赛优秀单位和优秀个人
1. 优秀单位（8 个）
钢城区　　雪野旅游区
莱城区　　鲁中矿业有限公司
山东鲁碧建材有限公司
维达纸业（山东）有限公司
莱钢集团矿山建设有限公司
莱芜首创环保发展有限公司
2. 优秀个人（10 名）
祁庆美　李连军　周长冉　何志强　吴　玲
李　鹏　张纯龙　王学军　李　鑫　贠吉玉

十一、招商引资优秀单位和优秀个人

（一）优秀区（3 个）
莱城区　钢城区　高新区
（二）优秀单位（16 个）
市委办公室　　市人大常委会办公室
市政府办公室　　市政协办公室
市委组织部　　市委宣传部
市委政法委　　市发展改革委
市经济和信息化委　　市科技局
市财政局　　市住房城乡建设局
市农业局　　市审计局
市金融办　　市投资促进局
（三）优秀个人（20 名）
朱振波　魏广庆　魏秋培　刁建国　高冬梅
王国勤　段伦林　何桂昌　王志刚　吕　玲
张文臣　李德峰　桑红军　高福祥　高加宝
秦　鹏　李传利　黄瑞彬　郭　凯　李武笃

十二、开放型经济突出贡献单位（20 个）

市国税局
莱芜出入境检验检疫局
济南海关驻莱芜办事处
国家外汇管理局莱芜市中心支局
山东九羊实业股份有限公司
莱芜泰丰食品有限公司
山东省万兴食品有限公司
山东泰山钢铁集团有限公司
莱芜钢铁集团银山型钢有限公司
莱芜泰禾生化有限公司
维达纸业（山东）有限公司
山东莱芜金雷风电科技股份有限公司
山东慧通轮胎有限公司
莱芜永保电子有限公司
山东汇金股份有限公司
鲁中汇源食品饮料有限公司
光大环保能源（莱芜）有限公司
中电（莱芜）新能源有限公司

莱芜日昇国际经济合作有限公司
山东奔速电梯股份有限公司

十三、工作实绩考核突出区、比较突出区、突出单位、优秀领导干部

（一）突出区（2个）

莱城区	钢城区

（二）比较突出区（4个）

高新区	雪野旅游区
莱芜经济开发区	农高区

（三）突出单位（46个）

市委办公室	市人大常委会办公室
市政府办公室	市政协办公室
市纪委监委机关	市委组织部
市委宣传部	市委统战部
市委政法委	市委政研室
市编办	市信访局
市委党校	莱芜日报社
市中级人民法院	市检察院
市发展改革委	市经济和信息化委
市教育局	市科技局
市公安局	市民政局
市财政局	市安监局
市国土资源局	市住房城乡建设局
市农业局	市卫生计生委
市林业和城乡绿化局	市旅游发展委
市机关事务局	市供销社
市公路局	莱芜一中
市医院	莱商银行
市国税局	市地税局
市气象局	莱芜供电公司
移动通信莱芜分公司	莱芜银监分局
工行莱芜分行	农行莱芜分行
中行莱芜分行	莱芜农商银行

（四）优秀领导干部（180名）

马保岭　秦　蕾　吕宝泉　高永胜　冯美玲
桑红军　李永实　刘训涛　韩卫英　高学常
张　钊　曹殿军　刘彬华　衣军强　王纪青
李全义　陈伦华　张家才　任启民　李秀芳
燕　军　卢义刚　王清军　潘福贞　张子信
李长春　张鸣剑　周光学　卞良彪　朱振波
吴茂伟　孟广占　赵　君　魏广庆　吕廷祥
程勤芳　潘大海　胡俊江　贺　伟　刘元朝
张　明　张　霞　张子华　平　泓　吕振宝
葛秀祥　陈和春　高　山　魏秋培　卞　文
张　敏　毕占明　刘宪钊　刘进涛　薛　健
王发棠　孟昭友　田敬德　冯文进　狄杰友
亓　群　王　震　田平先　赵玉红　李秀业
张恒海　李传祯　刘祖亭　孟云霞　刘　霞
张鸿福　李晓华　葛敬彪　毕于军　王洪伟
魏　玲　陈艺英　王　凌　赵　波　吕春明
任爱军　陈爱民　张　勇　高冬梅　王维平
亓善新　徐建军　亓福业　鞠俊福　吕元波
王继华　朱恒卫　张海波　周美明　刘慕平
许司东　杨荣峰　崔方圆　张　辉　王金升
韩良军　何桂昌　李传禄　刘　真　王传成
谢天目　王志刚　苏　文　高振海　张洪君
许荣利　王晓文　刘光胜　张兴利　亓京云
吕　玲　李尊富　纪　军　朱效波　张文臣
吴　涛　李贞锋　亓希山　郭向芳　刘光远
亓　杰　刘纪叁　徐建国　张振新　张立明
毕玉海　贾友军　李坚实　付　萍　张延培
陈传军　王其海　刘炳龙　秦　军　王文清
吴云峰　张正振　毕于义　张志强　谷振省
王勤海　岳隆杰　吕慎斌　耿海涛　靳凤玉
秦昌民　杨　磊　杨永军　姚广庆　渠庆忠
肖辉乔　苏明军　许登广　田　健　李　林
赵福忠　马加强　赵士金　常宏建　李沧海
许孝忠　马　波　辛立国　史晓杰　崔建强
李东防　张期亮　陈善发　刘　静

企业督导联络员

张本谦　杨丰培　张明强　李长平　陈克礼
孙凯军

十四、学习型党委（党组）（20个）

莱城区委	钢城区委

市委党校机关党委　团市委党组
市妇联党组　市中级人民法院党组
市经济和信息化委党组　市教育局党组
市公安局党委　市司法局党组
市财政局党组　市安监局党组
市食品药品监管局党组　市规划局党组
市农业局党组　市审计局党组
市机关事务局党组　莱芜水发集团党委
市地税局党组　莱商银行党委

十五、改革创新优秀项目

（一）工作改革创新优秀项目（20 个）

成功创建全国文明城市
（市委宣传部）
开工建设济莱高铁项目
（市发展改革委）
重大发展事项督查落实机制
（市委办公室、市政府办公室、市纪委监委机关、市委组织部）
实施七大重点工程，创建国家森林城市
（市林业和城乡绿化局）
基层党风廉政建设示范点项目
（市纪委监委机关）
创新设立全省首家地市级招才局
（市委组织部）
财税银保合作项目
（市国税局、市地税局、市财政局、市金融办）
智慧安监平台项目
（市安监局）
着力破解制约企业发展“三难”问题
（市科技局）
“徒步雪野相约四季”全民徒步大赛
（莱芜日报社、市体育局、市旅游发展委、雪野旅游区）
政府与社会资本合作项目
（市财政局、市 PPP 项目管理中心）
国家特色蔬菜产业技术体系综合试验站
（市农业局、市农科院）
医院后勤服务社会化改革
（市医院）
创建政府性金融服务体系
（莱芜财金投资集团有限公司、莱芜交通运输投资集团有限公司）
“三个三分之一”工作法
（莱城区）
“政府信用 +”助力实体经济
（钢城区）
全面推行职员制改革
（高新区）
“未来 30 小镇”引才聚才平台
（雪野旅游区）
不锈钢产业集群项目
（莱芜经济开发区）
构建区镇四位一体发展新格局
（农高区）

（二）企业改革创新优秀项目（10 个）

精益变革的系统策划与探索实施项目
（山东钢铁股份有限公司莱芜分公司）
分布式绿色热动项目
（山东泰山钢铁集团有限公司）
鲁巴共建项目
（山东阿尔普尔节能装备有限公司）
水肥一体化精准灌溉与施肥项目
（莱芜丰田节水器材股份有限公司）
80 万套汽车及工程机械半轴精加工项目
（山东汇锋传动股份有限公司）
基于物联网的新型大口径超声波流量计（DN100-DN1000）项目（山东力创科技股份有限公司）
智能无杆高效油气排采系统产业化技改项目
（山东威马泵业股份有限公司）
电能计量箱智能制造项目
（莱芜鲁能开源集团电器有限公司）
气凝胶绝热材料产学研新产品开发项目
（山东茂盛管业有限公司）

大端面大轴径比端轴锻造成型工艺项目

（莱芜锻压有限公司）

（三）大众创业万众创新优秀项目（18个）

全株玉米生态循环利用项目

（莱芜市莱城区家安家庭农场）

爱悠智能水洗空气净化器

（山东爱悠新能源科技有限公司）

“公司+基地+合作社+贫困户”服务创新经营模式

（莱芜市雪野富祥蜂产品专业合作社）

碳晶电暖项目

（山东得象电器股份有限公司）

企业诚信体系建设服务系统

（莱芜市诚信建设促进会）

多福砚博物馆展陈及文创产品开发项目

（莱芜市多福砚博物馆）

木糖渣栽培蘑菇新模式

（莱芜市莱城区嵬石德生食用菌种植专业合作社）

石墨烯润滑油应用开发

（山东大祺石墨烯材料有限公司）

抗连作丹参种质资源筛选及其山地栽培配套技术研究

（莱芜市莱城区岳圣药材种植专业合作社）

美暖迪保暖器

（莱芜美暖迪家居有限公司）

装配式建筑产业化基地项目

（山东联海新型建材有限公司）

蓝莓种植——贫困帮扶

（莱芜市时和年丰林果专业合作社）

装有卷扬机的户外射频卡机井灌溉装置的研发与应用

（山东鑫一水务工程科技有限公司）

离线免去边可钢化低辐射镀膜玻璃

（莱芜连云玻璃有限公司）

偏重式定向排序滴头模具开发与应用

（莱芜市春雨滴灌技术有限公司）

标准化生产促进优良品种养殖技术的创新推广

（莱芜市莱城区丰盛畜牧养殖专业合作社）

碳纤维复合材料防护制品

（山东普阳新材料科技有限公司）

新型电梯空心导轨

（山东海能机械制造有限公司）

十六、群众满意单位（31个）

市委办公室	市政府办公室
市纪委监委机关	市委组织部
市委宣传部	市委政法委
市委党校	莱芜日报社
市中级人民法院	市检察院
市发展改革委	市经济和信息化委
市科技局	市公安局
市司法局	市财政局
市安监局	市审计局
市林业和城乡绿化局	市机关事务局
市供销社	市广播电视台
莱芜宾馆	莱芜一中
莱商银行	市国税局
市地税局	市气象局
莱芜供电公司	市邮政公司
莱芜银监分局	

十七、城乡社区建设优秀单位

（一）优秀区（3个）

莱城区　钢城区　高新区

（二）优秀镇（街道）（7个）

莱城区凤城街道	钢城区艾山街道
高新区鹏泉街道	雪野旅游区大王庄镇
莱芜经济开发区张家洼街道	

（三）示范社区（9个）

莱城区凤城街道戴花园社区

莱城区凤城街道小曹村社区

钢城区艾山街道九龙家园社区

钢城区棋山国家森林公园棋山观社区

高新区鹏泉街道大故事社区

高新区鹏泉街道孙故事社区

高新区鹏泉街道后宋社区
莱芜经济开发区张家洼街道徐家河社区
农高区寨里镇寨里社区

十八、信访工作优秀单位和优秀个人

（一）优秀单位（41 个）

市人大常委会办公室信访处

市政协办公室　市纪委信访室
市委组织部　市委宣传部
市委统战部　市委政法委
市委政研室　市编办
市委市直机关工委　市信访局
市委老干部局　市中级人民法院
市检察院　市经济和信息化委
市科技局　市公安局
市财政局
市人力资源社会保障局
市国土资源局　市规划局
市住房城乡建设局　市城市管理局
市卫生计生委　市审计局
市机关事务局　市老龄办
市公路局　莱城区
莱城区口镇　莱城区牛泉镇
莱城区高庄街道　钢城区
钢城区辛庄镇　钢城区艾山街道
高新区　雪野旅游区
雪野旅游区雪野镇　莱芜经济开发区
农高区　农高区杨庄镇

（二）优秀个人（30 名）

李庆涛　马建浩　苏友永　段　云　周俊卿
王本忠　亓学文　解　健　王延河　单玉静
郭桂玲　李　涛　王　健　裴利萍　李　忠
李廷武　李兆云　王爱法　王　胜　赵善文
李玉田　张福力　段利民　焦玉春　丁绪会
贾　伟　李长军　程　鹏　亓宗泉　吕恒昌

十九、安全生产工作优秀单位和优秀个人

（一）优秀单位（62 个）

莱城区政府　高新区管委会
市委办公室　市政府办公室
市委组织部　市委宣传部
市编办　市消防支队
市经济和信息化委　市教育局
市公安局　市财政局
市人力资源社会保障局　市安监局
市市场监管局　市国土资源局
市住房城乡建设局　市城市管理局
市煤炭局　市机关事务局
市供销社　市公路局
钢城区艾山街道办事处
雪野旅游区雪野镇政府
莱芜经济开发区张家洼街道办事处
农高区寨里镇政府　羊里镇羊里村
凤城街道戴花园社区　高庄街道安仙村
口镇南街村　和庄镇和庄村
牛泉镇东牛泉村　苗山镇常庄村
颜庄镇疃里村　辛庄镇大辛庄村
艾山街道陈家庄社区
里辛街道西田庄社区
汶源街道黄庄一村
鹏泉街道冯家林社区　雪野镇邢家峪村
茶业口镇龙堂村　大王庄镇孤山村
张家洼街道马庄村　寨里镇韩王许村
杨庄镇朱屈街村　方下镇沈家岭村
山钢股份莱芜分公司焦化厂
泰钢集团不锈钢炼钢厂
莱芜供电公司中建八局
莱芜市城发和园项目部
莱芜市公共汽车公司
莱芜一中
莱芜连云水泥有限公司
山东固德化工有限公司
莱芜垂阳铁矿有限公司
莱芜钢铁集团泰东实业有限公司
莱芜钢铁集团粉末冶金有限公司
山东爱地高分子材料有限公司

维达纸业（山东）有限公司
山东成林木业有限公司
山东九佳紧固件股份有限公司
莱芜新希望六和食品有限公司

（二）优秀个人（60名）

任启功 张 扬 鉴 波 李 毅 邹本田
王忠平 亓海燕 王 丽 何兰平 李 峰
杜鹏程 刘瑞雪 曹太泉 唐拥军 刘 云
邢立国 杨建斌 王 刚 尚 雷 魏 凯
周光生 房鹏程 孙洪新 杨永峰 刘 霞
魏兴增 高俊敏 郑 靓 焦玉峰 绪明礼
王 斌 吴呈勤 董相忠 尚庆业 付本刚
尚现成 胡海玉 张维林 郭长礼 李壮德
岳呈明 薛学报 徐志来 魏颜峰 王培文
吴仁山 池振宁 何 磊 王 瑞 徐仁民
吕同博 李红奇 王公明 周显涛 吕宝之
王明健 王端军 蔡挺贵 陈爱军 亓 林

二十、平安莱芜建设优秀单位

（一）平安莱芜建设工作优秀单位（35个）

市信访局
团市委
市中级法院
市检察院
武警莱芜市支队
市教育局
市公安局
市民政局
市司法局
市财政局
市安监局
市市场监管局
市金融办
市安全局
市国税局
市烟草专卖局
市邮政管理局
人行莱芜市中心支行
中国人保财险莱芜市分公司
莱城区检察院
市公安局莱城分局
莱城区人力资源和社会保障局
莱芜市第二实验小学
莱城区牛泉镇贺小庄村
莱城区高庄街道安仙村
钢城区委政法委
市公安局钢城分局
钢城区信访局
钢城区检察院
高新区综治办
市公安局交警支队雪野旅游区大队
市公安局雪野分局茶业口派出所
莱芜经济开发区社会事务局
农高区社会事务局
农高区杨庄镇下马家泉村

（二）市级平安镇（街道）（4个）

莱城区苗山镇
钢城区汶源街道
钢城区辛庄镇
雪野旅游区大王庄镇

二十一、基层党风廉政建设示范点（12个）

莱城区口镇下水河村
莱城区羊里镇东土屋村
钢城区颜庄镇柳桥峪村
钢城区汶源街道长胜村
高新区鹏泉街道郭家沟村
雪野旅游区茶业口镇史家崖村
莱芜经济开发区张家洼街道徐家河社区
农高区寨里镇大高庄村
市地税局钢城分局黄庄中心税务所
高新区国家税务局
莱城区莲河学校
莱芜供电公司

二十二、基层党管武装好书记（10名）

刘胜群 韩克春 曹卓然 邹振儒 高文水
王 帆 高加宝 张晓龙 朱效波 于仁波

二十三、关心国防建设双十佳

（一）优秀单位（10个）

莱城区委办公室
莱城区财政局
莱城区民政局
莱芜职业中等专业学校
钢城区汶源街道

钢城区辛庄镇
莱钢集团有限公司设备检修中心
鲁中矿业有限公司选矿厂
移动通信莱芜分公司
工行莱芜分行
（二）优秀个人（10 名）
高学常　亓中彪　王作泉　陈明新　甄宜华
孙　勇　韩树森　李长明　徐　健　吕红梅

二十四、大项目建设优秀单位和优秀个人

（一）优秀单位（4 个）
莱芜市大项目建设推进办公室
莱城区大项目建设推进办公室
钢城区大项目建设推进办公室
高新区大项目办公室
（二）优秀个人（32 名）
陈　钊　王树国　张同祥　孙　刚　亓巨川
王静媛　刘　忠　魏光峰　张　峰　田恩杰
姜朝彬　刘业宏　陈传文　孙洪忠　方恒亮
李恩庆　陈茂金　张　娜　侯圣龙　李志彬
王成明　张　楠　毕卫峰　毕于国　郭常青
张　凯　黄书祥　徐　健　刘良军　亓会云
刘　雷　亓　亚

二十五、招宾引客工作优秀单位和优秀个人

（一）优秀区（3 个）
莱城区　钢城区　高新区
（二）优秀单位（9 个）
市委组织部　　市发展改革委
市科技局　　市食品药品监管局
市城乡水务局　　市农业局
市旅游发展委　　市供销社
莱芜职业技术学院
（三）优秀个人（20 名）
李庚永　郑永华　苏雪梅　马玉青　刘　洋
蔡　敏　吕际斌　尚　帅　姜欣欣　胡俊峰
陈　婕　魏佑清　曹太泉　王金凯　刘民安
韩建玲　张启凯　吕晓林　张永进　苏　勇

二十六、食品安全工作优秀单位和优秀个人

（一）优秀区（2 个）
钢城区政府　　雪野旅游区管委会
（二）优秀单位（48 个）
市委办公室　　市政府办公室
市教育局　　市公安局
市财政局　　市食品药品监管局
市城市管理局　　市农业局
市商务局　　市畜牧兽医局
市食品药品稽查支队
市卫生和计划生育监督所
市经济林站
莱城区食品药品监督管理局
莱城区农业局　　莱城公安分局
莱城区凤城街道办事处
莱城区高庄街道办事处
莱城区苗山镇政府
莱城区食品药品监督管理局口镇食药监所
莱城区食品药品监督管理局羊里食药监所
莱城区食品药品监督管理局牛泉食药监所
钢城区食品药品监督管理局
钢城区畜牧兽医局
钢城区林业局
钢城区里辛街道办事处
钢城区颜庄镇政府
钢城区食品药品监督管理局艾山食药监所
钢城区食品药品监督管理局汶源食药监所
市食品药品监督管理局高新区分局
莱芜高新技术产业开发区鹏泉街道办事处
雪野旅游区市场监管局
雪野旅游区社会事务局雪野旅游区大王庄镇
雪野旅游区市场监管局雪野市场监管所
莱芜经济开发区市场监管局
莱芜经济开发区张家洼街道办事处
市食品药品监督管理局农高区分局
农高区农业发展局农高区杨庄镇
农高区食品药品监督管理局方下食药监所

山东李先生食品有限公司
莱芜信誉楼百货有限公司
莱芜市人民医院健坤营养餐厅
莱芜市莱城区明利特色蔬菜种植专业合作社
莱芜新希望六和食品有限公司
莱芜市崔梁坡土地股份专业合作社
莱城区乐尔康餐饮具消毒配送中心

（三）优秀个人（30名）

尚　伟	李　明	韩　冰	赵　岩	李尊刚
亓雪峰	李文静	吕　超	郭增辉	张增法
董聿慎	张丁文	马守江	亓　振	刘曙光
李翠菊	张有全	景宝和	郇政山	李贤伟
张恒一	尚　艳	亓效华	张录文	孔令水
王玉红	王玉鸿	任永立	孟庆功	王凤昌
刘庆波	田瑞锋	秦元丽	狄秀华	宋宝权
张宏武	张雪洁	崔　嵬	薛仲行	吕建文
董义国	魏光柱	宋绍斌	亓明莹	马海林
张奉华	卓兰英	李　晓	李　贞	刘相香

二十七、扶贫开发工作实绩突出单位和优秀个人

（一）实绩突出单位（38个）

1. 实绩突出区（6个）

莱城区	雪野旅游区
钢城区	高新区
莱芜经济开发区	农高区

2. 实绩突出镇（街道）（8个）

莱城区口镇	莱城区羊里镇
钢城区辛庄镇	钢城区汶源街道
高新区鹏泉街道	雪野旅游区雪野镇

莱芜经济开发区张家洼街道
农高区寨里镇

3. 实绩突出村（12个）

莱城区羊里镇北留村
莱城区高庄街道石湾子村
莱城区苗山镇孟家峪村
莱城区口镇古城村
钢城区辛庄镇裴家庄村
钢城区辛庄镇大官庄村
钢城区汶源街道青冶行村
高新区鹏泉街道墨埠村
雪野旅游区大王庄镇大下河村
雪野旅游区大王庄镇小下河村
雪野旅游区茶业口镇下温峪村
雪野旅游区雪野镇大厂村

4. 实绩突出扶贫车间（12个）

莱芜市天艺工艺品有限公司
莱芜市升祥盈家具有限公司
莱芜市莱城区方山藤艺编织加工厂
莱芜市鑫诺达工艺品有限公司
莱芜市钢城区柳顺塑编加工厂
莱芜市钢城区宇豪藤编加工厂
莱芜市龙门商贸有限公司
山东佩豪户外家具有限公司潘西分厂
莱芜市众成家具有限公司
莱芜经济开发区钰煊服装厂
莱芜市凤晨家具有限公司
莱芜市农高区泽升藤编加工厂

（二）优秀个人（36名）

刘同飞	张永勇	吕建华	许　宁	刘一呈
吕学宝	徐　赛	张玲玲	赵玉虹	胥　丹
李福藏	张　芬	亓灿军	张立志	刘　宁
陈　峰	毛玉增	毕经绍	亓俊华	赵宪明
李红华	段崇众	郑文艳	尚宪莉	陈传文
王永敏	李贵顺	张胜振	郝秀梅	颜廷永
陈永孝	吕江斌	张立清	李传浩	许振建
刘　雷				

2017 年中央、省主要媒体关于莱芜的重要报道

《人民日报》

用新技术解决清洁取暖问题（3 月 7 日）

打通“送法下乡”最后一公里（3 月 9 日）

送法下乡有了“村村通”（6 月 21 日）

新华社

山东莱芜：庭院经济唱起脱贫大戏（1 月 29 日）

山东莱城乡镇卫生院“200 元包住院”惠及困难群众（3 月 2 日）

莱芜以“标准经济”引领市域竞争力全面提升（3 月 21 日）

村里有了“合同监管”“项目竞标”（7 月 11 日）

百名律师包千村　打通基层法治服务“最后一公里”（7 月 31 日）

脱贫路上的科技拓荒者——追记山东莱芜“蔬菜大王”陈明利（8 月 1 日）

莱商银行“融资”“融智”“融情”彰显金融担当（11 月 28 日）

《经济日报》

牢固树立质量第一的价值导向（3 月 7 日）

莱芜企业跑上“一带一路”，100 多家企业与沿线国家开展贸易往来（3 月 28 日）

《光明日报》

双轮驱动促发展（3 月 7 日）

《农民日报》

提升节水农业发展水平（3 月 6 日）

带着农民抱团致富的好榜样——追记山东莱芜明利特色蔬菜种植合作社理事长陈明利（11 月 22 日）

新华网

发展立体停车设施解决城市停车难问题（3 月 12 日）

中国网

以法治思维和法治方式推动标准经济发展（3 月 11 日）

全国人大代表梅建华：坚决守住生态红线　打造全绿色产业链（3 月 14 日）

央视网

大力推进厕所革命（3 月 14 日）

《大众日报》

践行发展理念，彰显辩证智慧（1 月 24 日）

解读莱芜市十大产业振兴提升规划（1 月 24 日）

发力供给侧，求解新动能（2 月 6 日）

深入贯彻新发展理念，让人民有更多获得感（2 月 9 日）

纪念伟大胜利　弘扬战役精神　建设“五个莱芜”——纪念莱芜战役胜利 70 周年（2 月 24 日）

坚决打好蓝天保卫战（3 月 6 日）

打造中国制造“金字招牌”（3 月 7 日）

莱芜：加快建设鲁中高质量发展高地（3 月 12 日）

莱芜非钢产业占比首逾六成（3 月 19 日）

列出人才需求清单　绘制全球人才分布地图——莱芜引智瞄准领军人才（4 月 5 日）

莱芜：释放全域旅游发展新动能（6 月 12 日）

践行新理念建设新莱芜（6 月 13 日）

牢牢把握“走在前列”（6 月 14 日）

推进党建标准化　实现党建制度化（6 月 15 日）

做优产业支撑建设生态莱城进军全省县域经济第一方阵（6 月 15 日）

立足新起点　开启新征程　建设富强优美和谐新钢城（6 月 16 日）

定位高点　干在实处（7 月 11 日）

特点亮起来　走好“一盘棋”（7月12日）

山东鲁中工业科学研究院在莱芜成立（7月16日）

莱芜: 打造新旧动能转换“动力源”(7月18日)

莱芜：打造全省新旧动能转换先行区（7月18日）

莱芜：为“走在前列”先行先试（7月19日）

莱城十张名片引起连锁效应（8月9日）

决胜全面小康奋力走在前列（10月19日）

持之以恒拧紧管党治党螺丝（10月24日）

土地增减挂钩资金和涉农资金整合成为扶贫攻坚的双重保障——焉家庄种植合作社有了盼头（10月26日）

实地督查　媒体曝光　模拟测评形成合力——莱芜创城：变问题为城市进步资源（11月20日）

山东广播电视台

莱芜市总投资235亿元的31个大项目集中开工（2月13日）

自拍自导自演　山东省首部农民电视剧首映（2月14日）

以莱芜市奔速电梯、力创科技为例报道济莱协作成果（6月14日）

莱芜: 改写“一钢独大”构建新型工业体系（7月11日）

莱芜组建山东鲁中工业科学研究院(7月15日)

莱芜：创新驱动产业轻装前进（10月17日）

新时代担当新使命　新征程谱写新篇章（10月24日）

布局区域发展战略　用互联互通促协调发展（5月2日）

莱芜：创新驱动产业轻装前进（10月17日）

山东鲁中工业科学研究院在莱芜挂牌成立。（7月15日）

大众网

聚焦省长点赞品牌——莱芜生姜品牌辣了2000年（2月9日）

齐鲁网

对话党代表——王良：感受最深的是“担当”二字（10月20日）

莱芜市第三次农业普查主要数据公报

（第一号）

莱芜市第三次农业普查领导小组办公室
莱芜市统计局

为查清“三农”家底，反映十年来“三农”发展变化情况，按照国务院统一部署，莱芜市组织开展了第三次农业普查。普查标准时点为2016年12月31日，时期为2016年度。普查对象包括农业经营户、居住在农村有确权（承包）土地或拥有农业生产资料的户、农业经营单位、村民委员会和乡镇人民政府。普查主要内容包括农业生产能力及其产出、农村基础设施、农村基本社会服务和农民生活条件等。农业普查采用全面调查的方法，由普查员对所有普查对象进行逐个查点和填报。全市共组织动员了普查员、普查指导员和各级普查机构的工作人员近4000人，登记了29.68万个农户、0.26万个农业经营单位、1050个村级单位、20个乡级单位；组织60多名工作人员对粮食等农作物播种面积进行卫星遥感测量，实地调查了26个抽中普查区和130个样方，实施了300架次调查样方无人机飞行测量，取得了全市主要农作物种植面积数据。

按照国际通行做法，莱芜市农普办对普查数据质量进行了抽查、评估，数据质量达到设计标准。

按照《全国农业普查条例》规定，莱芜市农普办和莱芜市统计局将分期发布普查公报，公布普查的主要结果。

农业农村农民基本情况

莱芜市第三次农业普查共调查了13个镇；1050个村，其中1032个村委会，18个涉农居委会；103个2006年以后新建的农村居民定居点。

一、农业经营主体

2016年，全市共有0.26万个农业经营单位，其中以农业生产经营或服务为主的农民合作社0.1万个；28.51万个农业经营户，其中0.37万个规模农业经营户。全市共有42.67万农业生产经营人员。

二、农业机械拥有量

2016年末，全市共有拖拉机1.65万台，耕整地机械1.52万台，播种机0.16万台，联合收获机0.04万台，机动脱粒机0.73万台，排灌动力机械1.24万台。

三、土地利用

2016年末，耕地面积[①]72800公顷，实际经营的林地面积（不含未纳入生态公益林补偿面积的生态林防护林）58600公顷。

四、农村基础设施

2016年末，在乡镇地域范围内，有火车站的乡镇占23.1%，有高速公路出入口的占46.2%，100%的村通公路。

2016年末，全市100%的村通电，10.2%的村通天然气，11.4%的村有电子商务配送站点。

2016年末，100%的乡镇集中或部分集中供水，100%的乡镇生活垃圾集中或部分集中处理。92.5%的村生活垃圾集中处理或部分集中处理，15.5%的村生活污水集中处理或部分集中处理。

五、农村基本公共服务

2016年末，100%的乡镇有图书馆、文化站，23.1%的乡镇有剧场、影剧院，100%的乡镇有公园及休闲健身广场。81.2%的村有体育健身场所。

2016年末，100%的乡镇有幼儿园、托儿所，100%的乡镇有小学。29.7%的村有幼儿园、托儿所。

2016年末，100%的乡镇有医疗卫生机构，100%的乡镇有执业（助理）医师，100%的乡镇有社会福利收养性单位。84.7%的村有卫生室。

六、农民生活条件

2016年末，99.8%的户拥有自己的住房；30.9%的户使用经过净化处理的自来水，62.3%的户使用受保护的井水和泉水；25.8%的户使用水冲式卫生厕所。

注：

1. 乡镇：指行政建制是乡、镇，包括重点镇、非重点镇和乡。不包括街道办事处和具有乡镇政府职能的农林牧渔场等管理机构。2016年度区划调整截止日期为2016年7月31日，8月1日及以后发生的区划调整纳入下一年度。

2. 村：指村民委员会和涉农居民委员会所辖地域。

3. 农业经营户：指居住在莱芜市内，从事农、林、牧、渔业及农林牧渔服务业的农业经营户。

4. 规模农业经营户：规模农业经营户指具有较大农业经营规模，以商品化经营为主的农业经营户。规模化标准为：

种植业：露地种植农作物的土地达到50亩及以上、设施农业的设施占地面积25亩及以上。

畜牧业：生猪年出栏200头及以上；肉牛年出栏20头及以上；奶牛存栏20头及以上；羊年

① 耕地面积使用国土资源局数据

出栏 100 只及以上；肉鸡、肉鸭年出栏 10000 只及以上；蛋鸡、蛋鸭存栏 2000 只及以上；鹅年出栏 1000 只及以上。

林业：经营林地面积达到 500 亩及以上。

渔业：淡水或海水养殖面积达到 50 亩及以上；长度 24 米的捕捞机动船 1 艘及以上；长度 12 米的捕捞机动船 2 艘及以上；其他方式的渔业经营收入 30 万元及以上。

农林牧渔服务业：对本户以外提供农林牧渔服务的经营性收入达到 10 万元及以上。

其他：上述任一条件达不到，但全年农林牧渔业各类农产品销售总额达到 10 万元及以上的农业经营户，如各类特色种植业、养殖业大户等。

5. 农业经营单位：指莱芜市内从事农业生产经营活动为主的法人单位和未注册单位，以及不以农业生产经营活动为主的法人单位或未注册单位中的农业产业活动单位。既包括主营农业的农场、林场、养殖场、农林牧渔场、农林牧渔服务业单位、具有实际农业经营活动的农民合作社；也包括国家机关、社会团体、学校、科研单位、工矿企业、村民委员会、居民委员会、基金会等单位附属的农业产业活动单位。

6. 农业生产经营人员：指在农业经营户或农业经营单位中从事农业生产经营活动累计 30 天以上的人员数（包括兼业人员）。

7. 农民合作社：指有合作社的名称，符合《农民专业合作社法》中关于合作社性质、设立条件和程序、成员权利和义务、组织机构、财务管理等要求，有农业生产经营或农林牧渔服务，名称为农民合作社的农民互助性经济组织。包括已在工商部门登记，以及虽未登记但符合上述要求的农民合作社，不包括以公司名称登记注册的股份合作制企业、社区经济合作社、供销合作社、农村信用社等。也不包括从事农业生产资料购买、农产品加工、贮藏、运输、销售等非农行业的农民合作社。

8. 拖拉机：指发动机额定功率在 2.2 千瓦（含 2.2 千瓦）以上的拖拉机，包括小四轮与手扶式。

9. 耕整地机械：包括耕整机和旋耕机。耕整机指自带发动机驱动，主要从事水田、旱田耕整作业的机械，包括微耕机、田园管理机等；旋耕机指与拖拉机配套完成耕、耙作业的耕耘机械。

10. 播种机：包括条播机、穴播机、异型种子播种机、小粒种子播种机、根茎类种子播种机、撒播机、免耕播种机等。

11. 联合收获机：指能一次完成作物收获的切割（摘穗）、脱粒、分离、清选等其中多项工序的机械。包括稻麦联合收割机、玉米联合收获机。

12. 机动脱粒机：指由动力机械驱动专门进行农作物脱粒的作业机械。

13. 排灌动力机械：指用于农用排灌作业的配套动力机械，包括柴油机和电动机。

14. 实际经营的林地面积：指普查年度内，农业经营户和农业经营单位实际用于经营的林地面积。林地指生长乔木、竹类、灌木的土地，及沿海生长红树林的土地。包括迹地，不包括居民点内部的绿化林木用地，铁路、公路征地范围内的林木，以及河流、沟渠的护堤林。不包括未纳入生态公益林补偿面积的生态林防护林。

15. 有火车站的乡镇：指在乡镇辖区内有国家铁道部门设立的能够正常进行货物或旅客运输的站点。

16. 有高速公路出入口的乡镇：指在乡镇辖区内有符合中国交通部《公路工程技术标准》规定的高速公路出入口。

17. 有电子商务配送站点的村：指本村地域内有为网上购物等新型商品交易模式服务的配送站点。

18. 集中或部分集中供水的乡镇：指全部或部分住户通过城乡自来水管道网饮用自来水的乡镇。

19. 生活垃圾集中处理或部分集中处理的村：指本村地域内有垃圾处理设施进行垃圾集中处理，或者虽然没有垃圾处理设施，但是对垃圾实行统一集中清运处理。

20. 生活污水集中处理或部分集中处理的村：指本村地域内有污水处理设施进行污水集中处理，或者虽然没有污水处理设施，但是对污水实行统一集中收集由其他单位处理。

21. 有图书馆、文化站的乡镇：指在乡镇辖区内有经过文化管理部门批准，并对公众开放的图书馆和文化站，不包括单位内部的图书室。

22. 有剧场、影剧院的乡镇：指乡镇辖区内有独立核算的专用剧场和属文化部门主管的能演出戏剧的影剧院、兼映电影的剧场，以及附属在剧院、团公开营业的非独立核算的剧场、排演场。

23. 有公园及休闲健身广场的乡镇：指在乡镇辖区内有经过有关管理部门批准，供居民休闲游玩的地方。

24. 有体育健身场所的村：指本村地域内有由村集体、个人或其他机构举办的主要以服务公众为目的的、有固定场所和必要设施的体育活动站、馆、场所等。

25. 有幼儿园、托儿所的乡镇（村）：指乡镇（村）辖区内有幼儿园、托儿所，包括学前班，以及虽未经有关部门批准，但却有一定规模（儿童数超过 10 人）的个人办幼儿园、托儿所。

26. 有小学的乡镇：指乡镇辖区内有经过县及县以上教育部门批准，以招收适龄儿童为主实施小学教学计划的学校。

27. 有医疗卫生机构的乡镇：指在乡镇辖区内有从卫生行政部门取得医疗机构执业许可证、计划生育技术服务许可证，或从民政、工商行政、机构编制管理部门取得法人单位登记证书，为社会提供医疗保健、疾病控制、卫生监督服务或从事医学科研和医学在职培训等工作的单位。医疗卫生机构包括医院、基层医疗卫生机构、专业公共卫生机构、其他医疗卫生机构。

28. 有执业（助理）医师的乡镇：指在乡镇辖区内有 1 名或 1 名以上具有医师执业证及其“级别”为执业医师、执业助理医师且实际从事医疗、预防保健工作的人员，不包括有执业证但实际从事管理工作的医师。

29. 有社会福利收养性单位的乡镇：指在乡镇辖区内提供食宿、不以盈利为目的的伤残革命军人休养院、复退军人慢性病疗养院、复退军人精神病院、光荣院、社会福利院、儿童福利院、精神病福利院、老年收养性机构（敬老院、养老院、老年公寓）等收养性的社会福利事业单位的乡镇。

30. 有卫生室的村：指本村地域内，有经县及以上医疗主管部门许可，由各种经济组织和个人创办的卫生室（所、站）。卫生室（所、站）需要拥有固定经营场所，主要从事医疗卫生活动。不包括专业的牙医室，以及主要从事药品销售活动的单位。

31. 住房：一般指有墙、顶、门、窗等结构，周围有墙，能防风避雨，供人居住的房屋。按照各地生活习惯，可供居住的窑洞、竹楼、蒙古包、帐篷、毡房、船屋等也包括在内。

32. 经过净化处理的自来水：指通过自来水厂或集中净化设施进行净化和消毒，并符合国家饮用水标准的供人们生活的水。

33. 水冲式卫生厕所（冲入下水道、化粪池和厕坑）：指有上下水系统，或厕间有备水桶（瓢冲），坐便或蹲便器有水封或无水封的厕所，且粪便及污水冲入到下水道、化粪池和厕坑，无蝇，不会造成环境污染。

莱芜市第三次农业普查主要数据公报

（第二号）

农业经营主体、农业机械和设施

莱芜市第三次农业普查领导小组办公室
莱芜市统计局

莱芜市第三次农业普查对全市农业经营主体、农业机械和设施进行了调查。现将主要结果公布如下：

一、农业经营主体数量

2016年，全市农业经营户28.51万户，其中规模农业经营户0.37万户。全市农业经营单位0.26万个，其中以农业生产经营或服务为主的农民合作社0.1万个。

二、农业机械

2016年末，全市共有拖拉机1.65万台，耕整地机械1.52万台，播种机0.16万台，联合收获机0.04万台，机动脱粒机0.73万台，排灌动力机械1.24万台。

三、农田水利设施

2016年末，全市调查村中能够正常使用的机电井数量0.91万眼，排灌站数量0.03万个，能够使用的灌溉用水塘和水库数量0.16万个。

2016年末，全市灌溉耕地面积28.87千公顷，其中有喷灌、滴灌、渗灌设施的耕地面积0.55千公顷；灌溉用水主要水源中，使用地下水的户和农业生产单位占49.9%，使用地表水的户和农业生产单位占50.1%。

四、设施农业

2016年末，全市温室占地面积0.29千公顷，大棚占地面积0.33千公顷。

注：

1. 农业经营户：指居住在莱芜市内，从事农、林、牧、渔业及农林牧渔服务业的农业经营户。

2. 规模农业经营户：规模农业经营户指具有较大农业经营规模，以商品化经营为主的农业经营户。规模化标准为：

种植业：露地种植农作物的土地达到50亩及以上、设施农业的设施占地面积25亩及以上。

畜牧业：生猪年出栏200头及以上；肉牛年出栏20头及以上；奶牛存栏20头及以上；羊年出栏100只及以上；肉鸡、肉鸭年出栏10000只及以上；蛋鸡、蛋鸭存栏2000只及以上；鹅年出栏1000只及以上。

林业：经营林地面积达到500亩及以上。

渔业：淡水或海水养殖面积达到50亩及以上；长度24米的捕捞机动船1艘及以上；长度12米的捕捞机动船2艘及以上；其他方式的渔业经营收入30万元及以上。

农林牧渔服务业：对本户以外提供农林牧渔服务的经营性收入达到10万元及以上。

其他：上述任一条件达不到，但全年农林牧渔业各类农产品销售总额达到10万元及以上的农业经营户，如各类特色种植业、养殖业大户等。

3. 农业经营单位：指莱芜市内以从事农业生产经营活动为主的法人单位和未注册单位，以及不以农业生产经营活动为主的法人单位或未注册单位中的农业产业活动单位。既包括主营农业的农场、林场、养殖场、农林牧渔场、农林牧渔服务业单位、具有实际农业经营活动的农民合作社；也包括国家机关、社会团体、学校、科研单位、工矿企业、村民委员会、居民委员会、基金会等单位附属的农业产业活动单位。

4. 农民合作社：指有合作社的名称，符合《农民专业合作社法》中关于合作社性质、设立条件和程序、成员权利和义务、组织机构、财务管理等要求，有农业生产经营或农林牧渔服务，名称为农民合作社的农民互助性经济组织。包括已在工商部门登记，以及虽未登记但符合上述要求的农民合作社，不包括以公司名称登记注册的股份合作制企业、社区经济合作社、供销合作社、农村信用社等。也不包括从事农业生产资料购买、农产品加工、贮藏、运输、销售等非农行业的农民合作社。

5. 拖拉机：指发动机额定功率在2.2千瓦（含2.2千瓦）以上的拖拉机，包括小四轮与手扶式。

6. 耕整地机械：包括耕整机和旋耕机。耕整机指自带发动机驱动，主要从事水田、旱田耕整作业的机械，包括微耕机、田园管理机等；旋耕机指与拖拉机配套完成耕、耙作业的耕耘机械。

7. 播种机：包括条播机、穴播机、异型种子播种机、小粒种子播种机、根茎类种子播种机、撒播机、免耕播种机等。

8. 联合收获机：指能一次完成作物收获的切割（摘穗）、脱粒、分离、清选等其中多项工序的机械。包括稻麦联合收割机、玉米联合收获机。

9. 机动脱粒机：指由动力机械驱动专门进行农作物脱粒的作业机械。

10. 排灌动力机械：指用于农用排灌作业的配套动力机械，包括柴油机和电动机。

11. 灌溉耕地面积：指实际耕种的耕地中，有灌溉设施、有水源，正常气候下能灌溉的耕地面积。

12. 温室、大棚占地面积：由三部分组成，一是实际使用面积，指沿墙内侧的围绕面积；二是墙体面积，指设施的墙体等其他支撑体自身的占地面积；三是采光占用面积，指设施距遮光物体（其他设施、房屋等）的必要距离所占的面积。

莱芜市第三次农业普查主要数据公报

（第三号）

农村基础设施建设和基本社会服务

莱芜市第三次农业普查领导小组办公室
莱芜市统计局

莱芜市第三次农业普查对全市13个乡镇和1050个村的基础设施建设和基本社会服务进行了调查，现将主要结果公布如下：

一、交通

2016年末，在乡镇地域范围内有火车站的乡镇占全部乡镇的23.1%，有高速公路出入口的占46.2%。

100% 的村通公路，86.2% 的村内主要道路有路灯。村委会到最远自然村、居民定居点距离以 5 公里以内为主。

乡镇、村交通设施

表 12　　　　单位 :%

指标	全市
有火车站的乡镇	23.1
有高速公路出入口的乡镇	46.2
通公路的村	1000
按通村主要道路路面类型分的村	
# 水泥路面	79.7
柏油路面	19.1
沙石路面	0.9
按村内主要道路路面类型分的村	
# 水泥路面	87.2
柏油路面	3.4
沙石路面	6.7
村内主要道路有路灯的村	86.2
村委会到最远自然村或居民定居点距离	
5 公里以内	99.8
5 公里及以上	0.2

二、能源、通讯

2016 年末，100% 的村通电，10.2% 的村通天然气，100% 的村通电话，92.4% 的村安装了有线电视，95.3% 的村通宽带互联网，11.4% 的村有电子商务配送站点。

三、环境卫生

2016 年末，100% 的乡镇集中或部分集中供水，100% 的乡镇生活垃圾集中处理或部分集中处理。92.5% 的村生活垃圾集中处理或部分集中处理，15.5% 的村生活污水集中处理或部分集中处理。

四、文化教育

2016 年末，100% 的乡镇有幼儿园、托儿所，100% 的乡镇有小学，100% 的乡镇有图书馆、文化站，23.1% 的乡镇有剧场、影剧院，100% 的乡镇有公园及休闲健身广场。

29.7% 的村有幼儿园、托儿所，81.2% 的村有体育健身场所，33.6% 的村有农民业余文化组织。

五、医疗和社会福利机构

2016 年末，100% 的乡镇有医疗卫生机构，100% 的乡镇有执业（助理）医师，100% 的乡镇有社会福利收养性单位，100% 的乡镇有本级政府创办的敬老院。

84.7% 的村有卫生室，69.2% 的村有执业（助理）医师。

六、市场建设

2016 年末，84.6% 的乡镇有商品交易市场，53.8% 的乡镇有以粮油、蔬菜、水果为主的专业市场，23.1% 的乡镇有以畜禽为主的专业市场，7.7% 的乡镇有以水产为主的专业市场。

50.9% 的村有 50 平方米以上的综合商店或超市，41.0% 的村有营业执照的餐馆。

注：

1. 乡镇：指行政建制是乡、镇，包括重点镇、非重点镇和乡。不包括街道办事处和具有乡镇政府职能的农林牧渔场等管理机构。2016 年度区划调整截止日期为 2016 年 7 月 31 日，8 月 1 日及以后发生的区划调整纳入下一年度。

2. 村：指村民委员会和涉农居民委员会所辖地域。

3. 村内主要道路有路灯的村：指本村地域内的主要道路由村集体或其他单位统一组织安装了路灯。道路两旁由住户零星安装在门前的灯不包括在内。

4. 有电子商务配送站点的村：指本村地域内有为网上购物等新型商品交易模式服务的配送站点。

5. 集中或部分集中供水的乡镇：指全部或部分住户通过城乡自来水管道网饮用自来水的乡镇。

6. 生活垃圾集中处理或部分集中处理的村：指本村地域内有垃圾处理设施进行垃圾集中处理，或者虽然没有垃圾处理设施，但是对垃圾实行统一集中清运处理。

7. 有社会福利收养性单位的乡镇：指在乡镇辖区内提供食宿、不以盈利为目的的伤残革命军人休养院、复退军人慢性病疗养院、复退军人精神病院、光荣院、社会福利院、儿童福利院、精神病福利院、老年收养性机构（敬老院、养老院、老年公寓）等收养性的社会福利事业单位的乡镇。

8. 有卫生室的村：指在本村地域内，经县及以上医疗主管部门许可，由各种经济组织和个人创办的卫生室（所、站）。卫生室（所、站）需要拥有固定经营场所，主要从事医疗卫生活动。不包括专业的牙医室，以及主要从事药品销售活动的单位。

9. 有商品交易市场的乡镇：指在乡镇辖区内经有关部门和组织批准设立，有固定场所、设施，有经营管理部门和监管人员，若干市场经营者入内，常年或实际开业三个月以上，集中、公开、独立地进行生活消费品、生产资料等现货商品交易以及提供相关服务的交易场所，包括各类消费品市场、生产资料市场等的乡镇。

莱芜市第三次农业普查主要数据公报

（第四号）

农民生活条件

莱芜市第三次农业普查领导小组办公室
莱芜市统计局

莱芜市第三次农业普查对29.68万个农户的生活条件进行了调查。现将主要结果公布如下：

一、住房

2016年末，99.8%的农户拥有自己的住房。其中，拥有1处住房的26.79万户，占90.3%；拥有2处住房的2.71万户，占9.1%；拥有3处及以上住房的0.13万户，占0.4%；拥有商品房的1.08万户，占3.6%。

农户住房主要为砖混和砖（石）木结构。住房为砖混结构的19.99万户，占67.4%；砖（石）木结构的6.91万户，占23.3%；钢筋混凝土结构的1.90万户，占6.4%；竹草土坯结构的0.84万户，占2.8%；其他结构的0.03万户，占0.1%。

住房数量与结构构成

表13　　单位：%、万户

指标	全市
按拥有住房数量划分构成	
拥有1处住房	90.3
拥有2处住房	9.1
拥有3处及以上住房	0.4
没有住房	0.2
按住房结构划分构成	
钢筋混凝土	6.4
砖混	67.4
砖（石）木	23.3
竹草土坯	2.8
其他	0.1
拥有商品房户数	1.08
拥有商品房农户所占比重	3.6

二、饮用水

9.16万户的饮用水为经过净化处理的自来水，占30.9%；18.49万户的饮用水为受保护的井水和泉水，占62.3%；1.04万户的饮用水为不受保护的井水和泉水，占3.5%；0.95万户的饮用水为桶装水，占3.2%；0.05万户饮用其他水源，占0.2%。

三、卫生设施

使用水冲式卫生厕所的7.67万户，占25.8%；使用水冲式非卫生厕所的0.41万户，占1.4%；使用卫生旱厕的5.75万户，占19.4%；使用普通旱厕的15.80万户，占53.2%；无厕所的0.05万户，占0.2%。

四、拥有耐用消费品情况

平均每百户拥有小汽车25.5辆，摩托车、电瓶车112.4辆，淋浴热水器52.2台，空调22.7台，电冰箱82.4台，彩色电视机102.9台，电脑42.3台，手机196.5部。

主要耐用消费品拥有量

表14

指标	单位	全市
小汽车	辆/百户	25.5
摩托车、电瓶车	辆/百户	112.4
淋浴热水器	台/百户	52.2
空调	台/百户	22.7
电冰箱	台/百户	82.4
彩色电视机	台/百户	102.9
按电视节目接收方式分的户比重		
#有线电视接收	%	41.8
卫星接收	%	49.0
电脑	台/百户	42.3
手机	部/百户	196.5
上网手机比重	%	36.5

五、主要生活能源

农民做饭取暖使用的能源中，主要使用煤气、天然气、液化石油气的10.84万户，占36.5%；主要使用煤的27.56万户，占92.8%；主要使用柴草的11.08万户，占37.3%；主要使用电的8.33万户，占28.1%；使用其他能源的0.09万户，占0.3%。

注：

1. 住房：一般指有墙、顶、门、窗等结构，周围有墙，能防风避雨，供人居住的房屋。按照各地生活习惯，可供居住的窑洞、竹楼、蒙古包、帐篷、毡房、船屋等也包括在内。

2. 做饭、取暖用能源：指住户在家庭炊事和取暖中使用的主要能源，包括柴草、煤、煤气、天然气、液化石油气、沼气、电、太阳能，以及其他能源如牛粪等。

3. 部分数据因四舍五入的原因，存在着与分项合计不等的情况。

莱芜市第三次农业普查主要数据公报

（第五号）

农业生产经营人员情况

莱芜市第三次农业普查领导小组办公室
莱芜市统计局

第三次农业普查对全市农业生产经营人员情况进行了调查。现将主要结果公布如下：

一、农业生产经营人员数量和结构

2016 年，全市农业生产经营人员 42.67 万人，其中女性 21.57 万人。在农业生产经营人员中，年龄 35 岁及以下的 4.87 万人，年龄在 36 至 54 岁之间的 18.50 万人人，年龄 55 岁及以上的 19.30 万人。

二、规模农业经营户农业生产经营人员数量和结构

2016 年，规模农业经营户农业生产经营人员（包括本户生产经营人员及雇佣人员）0.85 万人，其中女性 0.43 万人，年龄 35 岁及以下的 0.08 万人，年龄在 36 至 54 岁之间的 0.56 万人，年龄 55 岁及以上的 0.21 万人。

三、农业经营单位农业生产经营人员数量和结构

2016 年，农业经营单位农业生产经营人员 1.16 万人，其中女性 0.55 万人，年龄 35 岁及以下的 0.14 万人，年龄在 36 至 54 岁之间的 0.77 万人，年龄 55 岁及以上的 0.26 万人。

农业生产经营人员数量和结构

表 15　　　　单位：万人、%

指标	农户	规模农户	农业经营单位
农业生产经营人员总数	42.67	0.85	1.16
农业生产经营人员性别构成			
男性	49.4	49.7	53.0
女性	50.6	50.3	47.0
农业生产经营人员年龄构成			
年龄 35 岁及以下	11.4	9.5	11.8
年龄 36~54 岁	43.3	65.9	65.9
年龄 55 岁及以上	45.2	24.6	22.3
农业生产经营人员受教育程度构成			
未上过学	7.3	3.1	4.2
小学	32.0	22.8	21.2
初中	50.0	61.7	49.4
高中或中专	9.5	11.0	19.4
大专及以上	1.2	1.4	5.8
农业生产经营人员主要从事农业行业构成			
种植业	96.5	51.3	58.2
林业	1.5	2.1	18.8
畜牧业	1.6	44.4	10.6
渔业	0.1	0.6	1.3
农林牧渔服务业	0.3	1.6	11.1

注：

1. 农业生产经营人员：指在农业经营户或农业经营单位中从事农业生产经营活动累计 30 天以上的人员数（包括兼业人员）。

2. 部分数据因四舍五入的原因，存在着与分项合计不等的情况。

2017 年莱芜市统计资料

综 合

表 16

指标名称	单位	2017 年	比上年增长（%）
地区生产总值（GDP）	亿元	896.02	8.1
# 第一产业	亿元	56.84	4.8
第二产业	亿元	499.26	7.1
# 工业	亿元	459.40	8.6
第三产业	亿元	339.92	9.9
地区生产总值构成			
第一产业	%	6.4	−1.4 个点
第二产业	%	55.7	+5.5 个点
第三产业	%	37.9	−4.1 个点
人均地区生产总值	元	65122	7.1
高新技术产业产值	亿元	483.63	16.92
高新技术产值占工业产值比重	%	22.63	1.27
规模以上企业数	个	1317	11.5
规模以上工业增加值	亿元	335.70	9.76
主营业务收入	亿元	2152.80	20.87
利税总额	亿元	120.33	109.76
利润总额	亿元	72.54	140.33
社会消费品零售总额	亿元	380.00	9.3
规模以上固定资产投资	亿元	668.14	5.5
税收总收入	亿元	85.29	29.75
公共财政预算收入	亿元	56.01	10.2
税收占公共财政预算收入比重	%	77.49	4.38
税收占 GDP 比重	%	9.52	−0.92 个点
进出口总值	亿元	107.11	−5.0
# 出口	亿元	70.36	8.6
居民人均可支配收入	元	27012	9.1
其中：城镇居民	元	34889	7.8
农村居民	元	16144	8.7

农林牧渔业

表 17

指标名称	单位	2017 年	比上年增长（%）
粮食总产	万吨	25.47	10.8
#夏粮	万吨	3.51	-7.4
秋粮	万吨	21.95	14.4
棉花总产	吨	2954	-4.0
花生总产	万吨	2.40	1.9
果品总产	万吨	12.64	-14.3
#水果总产	万吨	10.47	-4.3
蔬菜总产	万吨	115.51	10.4
#生姜	万吨	25.09	15.0
大蒜	万吨	20.37	9.7
肉类总产	万吨	6.81	7.6
禽蛋产量	万吨	3.3	0.9
奶类产量	吨	1915	6.0
生猪出栏	万头	58.24	8.3
羊出栏	万只	36.04	0.9
水产品产量	吨	3539	持平
农业机械总动力	万千瓦	87.4	-13.75
有效灌溉面积	千公顷	37.4	1.91
农林牧渔业增加值	亿元	57.92	5.19

规模以上工业生产

表 18

指标名称	单位	2017 年	比上年增长（%）
规模以上工业企业单位数	个	562	−3.9
工业增加值	亿元	335.7	9.76
# 大中型工业企业	亿元	247.61	−7.8
# 非公有工业企业	亿元	207.40	12.7
# 国有企业	亿元	13.61	0.6
股份制企业	亿元	323.61	4.0
# 钢铁产业	亿元	129.25	6.47
非钢产业	亿元	206.46	12.30
# 省以上企业	亿元	109.33	15.35
地方企业	亿元	226.38	7.59
# 轻工业	亿元	44.51	12.51
重工业	亿元	291.20	9.26
高新技术产业产值	亿元	483.63	16.92
高新技术产值占工业产值的比重	%	22.63	+1.27 个点
主要工业产品产量			
原煤	万吨	202.8	−4.8
铁矿石原矿量	万吨	612.7	7.7
发电量	亿千瓦时	224.8	20.9
饮料	万吨	27.2	40.8
服装	万件	1726.1	−2.8
焦炭	万吨	584.7	−16.8
生铁	万吨	1912.0	5.9
粗钢	万吨	1907.9	7.9
成品钢材	万吨	2061.5	4.3
纱	万吨	4.8	−0.1
水泥	万吨	314.1	−2.3
饮料酒	万千升	0.4	4.7
布	亿米	0.2	−3.9

规模以上工业经济效益

表 19

指标名称	单位	2017 年	比上年增长（%）
企业家数	家	562	—
主营业务收入	亿元	2152.80	20.87
利税总额	亿元	120.33	109.76
利润总额	亿元	72.54	140.33
亏损企业家数	家	78	4.0
亏损面	%	13.88	0.53
亏损企业亏损额	亿元	5.36	−62.92
流动资产合计	亿元	652.79	19.76
应收账款净额	亿元	107.27	15.58
存货	亿元	165.11	4.84
产成品存货	亿元	75.50	2.30
两项资金占比	%	28.00	−2.57
主营业务成本	亿元	1909.50	18.78
产品销售率	%	98.70	0.29

地方规模以上工业经济效益

表 20

指标名称	单位	2017 年	比上年增长（%）
企业家数	家	555	—
主营业务收入	亿元	1447.13	13.21
利税总额	亿元	54.03	22.26
利润总额	亿元	35.13	14.41
亏损企业家数	家	77	6.9
亏损面	%	13.87	0.90
亏损企业亏损额	亿元	5.28	11.56
流动资产合计	亿元	497.74	14.17
应收账款净额	亿元	94.65	13.79
存货	亿元	126.28	8.85
产成品存货	亿元	63.10	4.39
两项资金占比	%	31.69	−1.25
主营业务成本	亿元	1335.52	13.17

固定资产投资

表 21

指标名称	单位	2017 年	比上年增长（%）
规模以上投资项目个数	个	1345	26.1
规模以上固定资产投资	亿元	668.14	5.5
# 建筑工程	亿元	406.78	2.0
安装工程	亿元	98.25	11.9
设备工器具购置	亿元	135.46	24.0
其他费用	亿元	27.65	−30.7
# 第一产业	亿元	21.78	42.6
第二产业	亿元	338.03	−7.6
# 工业	亿元	312.62	17.5
# 工业技改投资	亿元	192.16	10.2
# 高新技术产业投资	亿元	132.32	28.5
第三产业	亿元	308.33	21.1
商品房销售面积	万平方米	96.66	84.2
商品房销售额	亿元	50.31	100.7

国内贸易、旅游

表 22

指标名称	单位	2017 年	比上年增长（%）
社会消费品零售总额	亿元	380.00	9.3
# 批发业	亿元	37.84	41.1
零售业	亿元	307.61	6.3
住宿业	亿元	3.57	27.4
餐饮业	亿元	30.98	7.8
# 限额以上	亿元	103.72	7.5
限额以下	亿元	276.28	10.5
# 城镇	亿元	306.50	8.9
乡村	亿元	72.50	10.8
游客总人数	万人次	1133	9.3
旅游消费总额	亿元	68.3	13.9

对外贸易

表 23

指标名称	单位	2017 年	比上年增长（%）
进出口总值	亿元	107.11	-5.0
#一般贸易	亿元	102.26	-4.5
加工贸易	亿元	4.26	-16.8
进口总值	亿元	36.75	-23.4
#一般贸易	亿元	35.69	-23.5
加工贸易	亿元	0.92	-16.2
出口总值	亿元	70.36	8.6
#一般贸易	亿元	66.57	10.1
加工贸易	亿元	3.34	-16.9
实际利用外资及港澳台资额	亿元	2.30	-77.8

分国别（地区）进出口情况

表 24

国别（地区）	出口金额（万元）	国别（地区）	进口金额（万元）
美国	72863	澳大利亚	247297
孟加拉国	47037	巴西	40077
日本	41516	委内瑞拉	13521
巴基斯坦	39166	加拿大	6860
韩国	35489	印度尼西亚	5834
印度	28594	乌克兰	5190
阿联酋	25956	印度	4899
马来西亚	25222	日本	2178
德国	24031	中国台澎金马关税区	1875
俄罗斯联邦	23194	智利	126

说明：表中数据为出口总额、进口总额分别排在前十位的国家数据

交通、邮电、电力

表 25

指标名称	单位	2017 年	比上年增长（%）
公路通车里程	公里	4597.27	4.4
# 高速公路	公里	140.28	—
邮电业务收入	万元	92370.05	8.69
# 邮政业务收入	万元	24240.25	8.80
电信业务收入	万元	68129.80	5.29
年末固定电话用户	万户	14.79	-6.36
# 城市	万户	7.10	-2.53
农村	万户	7.70	-9.64
年末移动电话用户	万户	132.96	1.13
电话普及率	部 / 百人	107	持平
宽带互联网用户	万户	30.85	11.13
全社会用电量	亿千瓦时	110.16	3.06
# 工业用电	亿千瓦时	97.79	2.33
居民生活用电	亿千瓦时	6.00	7.48

说明：电话普及率包括固定电话和移动电话用户

个体私营经济

表 26

指标名称	单位	2017 年	比上年增长（%）
个体私营户数	户	97079	15.84
# 新增	户	15832	13.95
# 个体工商户	户	71722	15.28
# 新增	户	11316	18.94
私营企业	户	25357	17.48
# 新增	户	4516	3.11
个体私营从业人员	万人	38.47	14.63
# 新增	万人	5.59	2.38
# 个体工商户	万人	16.70	15.79
# 新增	万人	2.73	19.62
私营企业	万人	21.77	13.74
# 新增	万人	2.86	-10.05
个体私营注册资金	亿元	1298.50	31.54
# 新增	亿元	237.48	33.13
# 个体工商户	亿元	52.17	26.35
# 新增	亿元	12.07	23.04
私营企业	亿元	1246.33	31.76
# 新增	亿元	225.41	33.72

财政、税收

表 27

指标名称	单位	2017 年	比上年增长（%）
税收总收入	万元	852950	29.75
# 国税收入	万元	593235	35.37
地税收入	万元	259715	18.50
# 民营税收收入	万元	254799	17.63
第一产业	万元	116	-39.58
第二产业	万元	521673	18.93
其中：工业	万元	486044	27.29
第三产业	万元	304455	3.15
增值税	万元	427906	43.57
其中：工业	万元	400952	94.72
营业税	万元	4530	-94.43
企业所得税	万元	100560	16.55
个人所得税	万元	39776	25.37
公共财政预算收入	万元	560078	10.20
# 税收收入	万元	434019	18.68
非税收入	万元	126059	-11.56
# 国税部门组织	万元	238664	17.17
地税部门组织	万元	221660	19.72
财政部门组织	万元	99754	-16.44

公共财政预算支出

表 28

指标名称	单位	2017 年	比上年增长（%）
公共财政预算支出	万元	887679	1.90
#一般公共服务	万元	87770	25.18
公共安全	万元	49675	1.60
教育	万元	197280	3.92
科学技术	万元	14848	17.28
文化体育与传媒	万元	13901	40.97
社会保障和就业	万元	115738	11.70
医疗卫生与计划生育	万元	104097	3.54
节能环保	万元	20535	10.59
城乡社区事务	万元	61975	25.33
农林水事务	万元	76509	2.09
交通运输	万元	33643	43.31
资源勘探电力信息等事务	万元	25420	−13.91
商业服务业等事务	万元	7358	−22.57
国土资源气象等事务	万元	16664	53.08
住房保障支出	万元	23890	203.94
债务付息支出	万元	24894	69.38
其他各项支出	万元	13482	−66.05

金融机构本外币存贷款

表 29

指标名称	单位	2017 年	比年初增减
金融机构本外币存款余额	亿元	954.03	40.03
1. 住户存款	亿元	570.66	28.89
（1）活期存款	亿元	161.55	10.91
（2）定期及其他存款	亿元	409.11	17.98
2. 非金融企业存款	亿元	215.23	26.09
（1）活期存款	亿元	93.18	10.36
（2）定期及其他存款	亿元	122.05	15.73
3. 广义政府存款	亿元	167.18	−9.97
（1）财政性存款	亿元	9.96	2.39
（2）机关团体存款	亿元	157.22	−12.37
4. 非银行业金融机构存款	亿元	0.92	−4.98
金融机构本外币贷款余额	亿元	735.34	63.14
1. 住户贷款	亿元	141.15	48.70
（1）短期贷款	亿元	45.57	11.89
其中：消费贷款	亿元	27.51	10.53
经营贷款	亿元	18.06	1.37
（2）中长期贷款	亿元	95.58	36.80
其中：消费贷款	亿元	91.72	36.27
经营贷款	亿元	3.87	0.53
2. 非金融企业及机关团体贷款	亿元	594.19	14.44
（1）短期贷款	亿元	421.71	19.32
（2）中长期贷款	亿元	111.77	14.24
（3）票据融资	亿元	55.00	−18.08
（4）各项垫款	亿元	5.70	−1.04

金融机构人民币存贷款

表 30

指标名称	单位	2017 年	比年初增减
金融机构人民币存款余额	亿元	948.17	40.49
1. 住户存款	亿元	567.87	29.20
（1）活期存款	亿元	159.22	11.12
（2）定期及其他存款	亿元	408.64	18.08
2. 非金融企业存款	亿元	212.16	26.24
（1）活期存款	亿元	91.33	11.21
（2）定期及其他存款	亿元	120.83	15.03
3. 广义政府存款	亿元	167.18	−9.97
（1）财政性存款	亿元	9.96	2.39
（2）机关团体存款	亿元	157.22	−12.37
4. 非银行业金融机构存款	亿元	0.92	−4.98
金融机构人民币贷款余额	亿元	725.70	64.45
1. 住户贷款	亿元	141.14	48.69
（1）短期贷款	亿元	45.55	11.89
其中：消费贷款	亿元	27.49	10.52
经营贷款	亿元	18.06	1.37
（2）中长期贷款	亿元	95.58	36.80
其中：消费贷款	亿元	91.72	36.27
经营贷款	亿元	3.87	0.53
2. 非金融企业及机关团体贷款	亿元	584.56	15.76
（1）短期贷款	亿元	412.91	20.59
（2）中长期贷款	亿元	111.73	14.24
（3）票据融资	亿元	55.00	−18.08
（4）各项垫款	亿元	4.92	−0.99

物价指数

表 31

指标名称	单位	2017 年（以上年为 100）
居民消费价格指数（CPI）	%	101.5
#非食品价格指数	%	102.9
服务项目价格指数	%	104.8
扣除鲜菜鲜果指数	%	101.8
消费品价格指数	%	99.5
#食品烟酒	%	97.8
衣着	%	101.1
居住	%	106.0
生活用品及服务	%	99.5
交通和通信	%	100.9
教育文化和娱乐	%	103.5
医疗保健	%	103.1
其他用品和服务	%	101.6
商品零售价格指数	%	100.7
工业生产者出厂价格指数（PPI）	%	120.8
#轻工业	%	104.4
重工业	%	122.1
工业生产者购进价格指数	%	120.3

人口、居民生活、保险

表 32

指标名称	单位	2017 年	比上年增长（%）
年末总人口	万人	137.60	0.01
# 城镇	万人	86.11	2.40
乡村	万人	51.49	-3.74
出生率	‰	12.94	-
人口自然增长率	‰	6.93	-
城镇化率	%	62.58	+1.46 个点
居民人均可支配收入	元	27012	9.1
# 城镇居民	元	34889	7.8
农村居民	元	16144	8.7
居民人均消费支出	元	16297	8.6
# 城镇居民	元	19912	7.5
农村居民	元	11309	8.6
保险业保费收入	万元	288214	17.84
# 财产险	万元	61689	8.07
人身险	万元	226525	20.80
保险业赔款与给付支出	万元	83298	0.89

说明：年末总人口为常住人口

教育、科技、卫生

表 33

指标名称	单位	2017 年	比上年增长（%）
高等教育学校数	所	3	持平
教师数	人	606	−2.26
在校生	人	10796	−1.96
普通中学学校数	所	49	−2.00
教师数	人	6247	3.67
在校生	人	78886	−3.08
小学个数	所	121	−2.42
教师数	人	4153	−4.33
在校生	人	53793	0.36
幼儿园数	所	367	0.55
各类学校专任教师	人	11527	−0.48
发明专利申请量	件	465	−14.67
发明专利授权量	件	295	−0.67
有效发明专利拥有量	件	1110	23.33
卫生机构数	个	345	5.83
医（卫生）院数	所	46	9.52
医（卫生）院床位数	张	7219	19.46
卫生技术人员数	人	8104	2.35
# 医生	人	3293	2.30
注册护士	人	3320	3.69

说明：卫生机构数不含村卫生室

就业、社会保障

表 34

指标名称	单位	2017 年	比上年增长（%）
城镇新增就业人数	万人	1.92	-11.93
#失业人员再就业	人	7336	-2.43
城镇登记失业率	%	2.6	持平
职工基本养老保险参保人数	万人	30.37	0.73
城乡居民养老保险参保人数	万人	50.23	-1.34
职工医疗保险参保人数	万人	27.73	0.62
居民基本医疗保险参保人数	万人	92.65	0.71
失业保险参保人数	万人	21.65	1.83
工伤保险参保人数	万人	26.85	1.09
生育保险参保人数	万人	19.23	1.37
城镇低保人数	万人	0.70	-5.4
城镇最低保障金	万元	2619.4	-6.1
农村低保人数	万人	2.41	-26.3
农村最低保障金	万元	6356.2	-9.9

莱城区主要经济指标

表 35

指标	单位	2017 年	比上年增长（%）
全区总人口	万人	58.82	0.32
全区生产总值	亿元	362.12	9.2
#第一产业	亿元	28.92	4.7
第二产业	亿元	179.53	8.6
第三产业	亿元	153.67	9.5
农林牧渔增加值	亿元	29.51	5.3
粮食总产	万吨	22.40	11.6
蔬菜总产	万吨	44.41	−1.3
肉类总产	万吨	3.83	11.7
水果产量	万吨	3.55	−0.8
规模以上企业数	家	482	—
#工业	家	206	—
规模以上工业增加值	亿元	121.84	11.72
主营业务收入	亿元	695.05	27.11
利税总额	亿元	25.69	10.74
利润总额	亿元	14.88	9.30
亏损面	%	11.17	持平
社会消费品零售总额	亿元	184.5	9.5
固定资产投资	亿元	204.45	6.19
进出口总值	万元	486182	−14.5
#出口	万元	284959	2.9
进口	万元	201223	−31.1
公共财政预算收入	亿元	18.63	11.46
公共财政预算支出	亿元	25.17	0.07
居民人均可支配收入	元	25263	9.2
#城镇居民	元	32690	7.9
农村居民	元	15711	8.6

说明：粮食总产、居民收入数据包括高新区、雪野旅游区、经济开发区、农高区

钢城区主要经济指标

表 36

指标	单位	2017 年	比上年增长（%）
全区总人口	万人	32.51	−0.12
全区生产总值	亿元	221.15	9.1
# 第一产业	亿元	8.71	5.0
第二产业	亿元	131.33	8.5
第三产业	亿元	81.11	9.6
农林牧渔增加值	亿元	8.92	5.5
粮食总产	万吨	3.07	5.5
蔬菜总产	万吨	23.64	6.4
肉类总产	万吨	1.19	0.9
水果产量	万吨	4.02	0.7
规模以上企业数	家	360	—
# 工业	家	126	—
规模以上工业增加值	亿元	97.47	11.41
主营业务收入	亿元	702.21	39.22
利税总额	亿元	52.14	904.57
利润总额	亿元	29.90	—
亏损面	%	19.84	−3.17
社会消费品零售总额	亿元	69.96	9.2
固定资产投资	亿元	173.07	5.85
进出口总值	万元	137610	−0.8
# 出口	万元	105022	26.6
进口	万元	32588	−41.6
公共财政预算收入	亿元	16.28	23.23
公共财政预算支出	亿元	13.90	10.67
居民人均可支配收入	元	30437	9.0
# 城镇居民	元	38194	7.7
农村居民	元	16701	8.9

高新区主要经济指标

表 37

指标	单位	2017 年	比上年增长（%）
全区总人口	万人	10.31	0.68
全区生产总值	亿元	145.95	9.1
#第一产业	亿元	1.39	5.3
第二产业	亿元	103.50	6.8
第三产业	亿元	41.06	12.7
农林牧渔增加值	亿元	1.41	5.3
蔬菜总产	万吨	0.75	29.3
肉类总产	万吨	0.05	−1.8
水果产量	万吨	0.16	3.9
规模以上企业数	家	254	—
#工业	家	134	—
规模以上工业增加值	亿元	58.27	11.23
主营业务收入	亿元	316.03	−10.13
利税总额	亿元	13.22	−14.94
利润总额	亿元	10.25	−22.26
亏损面	%	16.42	6.72
社会消费品零售总额	亿元	37.79	9.0
固定资产投资	亿元	132.36	5.07
进出口总值	万元	169215	15.6
#出口	万元	113935	17.3
进口	万元	55280	12.3
公共财政预算收入	万元	89272	7.27
公共财政预算支出	万元	68619	16.68

雪野旅游区主要经济指标

表 38

指标	单位	2017 年	比上年增长（%）
全区总人口	万人	12.32	1.57
全区生产总值	亿元	26.92	7.1
#第一产业	亿元	4.82	5.0
第二产业	亿元	5.24	0.2
第三产业	亿元	16.86	10.0
农林牧渔增加值	亿元	4.90	5.0
蔬菜总产	万吨	11.07	30.6
肉类总产	万吨	0.83	−16.4
水果产量	万吨	1.15	1.9
规模以上企业数	家	56	—
#工业	家	12	—
规模以上工业增加值	万元	7456.62	7.57
主营业务收入	万元	36823	−5.05
利税总额	万元	2845	−6.29
利润总额	万元	2280	−1.04
亏损面	%	0	—
社会消费品零售总额	亿元	25.47	9.6
固定资产投资	亿元	72.61	4.11
进出口总值	万元	14800	16.9
#出口	万元	14763	16.8
进口	万元	37	94.7
公共财政预算收入	万元	25571	18.24
公共财政预算支出	万元	63342	−2.70

经济开发区主要经济指标

表 39

指标	单位	2017 年	比上年增长（%）
全区总人口	万人	8.66	−4.20
全区生产总值	亿元	87.11	7.3
#第一产业	亿元	1.51	5.1
第二产业	亿元	55.87	6.4
第三产业	亿元	29.73	8.9
农林牧渔增加值	亿元	1.53	5.1
蔬菜总产	万吨	2.80	−2.6
肉类总产	万吨	0.15	−16.3
水果产量	万吨	0.13	−15.7
规模以上企业数	家	62	—
#工业	家	18	—
规模以上工业增加值	亿元	41.11	7.83
主营业务收入	亿元	360.37	17.11
利税总额	亿元	25.31	55.13
利润总额	亿元	15.25	43.46
亏损面	%	11.11	−11.11
社会消费品零售总额	亿元	22.37	9.4
固定资产投资	亿元	38.24	8.72
进出口总值	万元	101116	−0.1
#出口	万元	22850	25.4
进口	万元	78266	−5.7
公共财政预算收入	万元	21773	7.64
公共财政预算支出	万元	24738	7.95

农高区主要经济指标

表 40

指标	单位	2017 年	比上年增长（%）
全区总人口	万人	14.98	0.07
全区生产总值	亿元	52.77	8.7
# 第一产业	亿元	11.49	5.0
第二产业	亿元	23.79	7.4
第三产业	亿元	17.49	13.3
农林牧渔增加值	亿元	11.65	5.0
蔬菜总产	万吨	28.51	12.1
肉类总产	万吨	0.76	9.4
水果产量	万吨	0.3	1.8
规模以上企业数	家	103	—
# 工业	家	66	—
规模以上工业增加值	亿元	16.27	7.98
主营业务收入	亿元	75.47	15.1
利税总额	亿元	3.69	46.84
利润总额	亿元	2.04	44.49
亏损面	%	9.09	持平
社会消费品零售总额	亿元	39.92	9.3
固定资产投资	亿元	47.42	2.31
进出口总值	万元	162164	1.5
# 出口	万元	162045	1.4
进口	万元	119	1099
公共财政预算收入	万元	13484	8.93
公共财政预算支出	万元	49007	58.66

莱城工业区主要经济指标

表 41

指标	单位	2017 年	比上年增长（%）
全区生产总值	亿元	62.90	11.6
#第一产业	亿元	7.99	5.7
第二产业	亿元	44.48	13.9
第三产业	亿元	10.43	8.5
规模以上企业数	家	91	—
#工业	家	63	—
规模以上工业增加值	亿元	21.34	17.24
主营业务收入	亿元	114.58	13.29
利税总额	亿元	3.49	27.24
利润总额	亿元	1.96	24.53
社会消费品零售总额	亿元	20.30	9.5
固定资产投资	亿元	72.68	13.99
公共财政预算收入	万元	20148	12.61

钢城经济开发区主要经济指标

表 42

指标	单位	2017 年	比上年增长（%）
全区生产总值	亿元	64.96	11.0
#第一产业	亿元	1.74	5.1
第二产业	亿元	49.57	10.7
第三产业	亿元	13.65	12.7
规模以上企业数	家	88	—
#工业	家	45	-8.16
规模以上工业增加值	亿元	36.47	11.1
主营业务收入	亿元	251.64	29.49
利税总额	亿元	17.62	—
利润总额	亿元	8.64	—
社会消费品零售总额	亿元	12.60	9.2
固定资产投资	亿元	51.71	1.01
公共财政预算收入	万元	20270	16.26

莱芜市 2017 年度纳税百强企业排行榜

表 43

（单位：万元）

排序	企业名称	纳税总额
1	山东钢铁股份有限公司莱芜分公司	82313
2	莱芜钢铁集团银山型钢有限公司	40914
3	莱商银行股份有限公司	33825
4	鲁中矿业有限公司	20771
5	山东泰山钢铁集团有限公司	19509
6	国网山东省电力公司莱芜供电公司	18912
7	山东莱芜烟草有限公司	16215
8	山东莱芜农村商业银行股份有限公司	15737
9	山东高速投资发展有限公司	12834
10	莱芜钢铁集团有限公司	12195
11	华电国际电力股份有限公司莱城发电厂	10361
12	山东鲁碧建材有限公司	9996
13	莱芜钢铁集团莱芜矿业有限公司	9930
14	新汶矿业集团有限责任公司鄂庄煤矿	8994
15	鲁中汇源食品饮料有限公司	8345
16	山东富伦钢铁有限公司	8218
17	莱芜盈德气体有限公司	6782
18	莱芜市九羊福利铁厂有限公司	6765
19	山东华能莱芜热电有限公司	6429
20	山东莱芜金雷风电科技股份有限公司	6144
21	华能莱芜发电有限公司	6058
22	山东朗进科技股份有限公司	5843
23	山东九羊实业股份有限公司	5507
24	莱芜市万祥矿业有限公司潘西煤矿	5125
25	山东阿尔普尔节能装备有限公司	5122
26	莱芜市泰山冷轧板有限公司	4980
27	莱芜莱新铁矿有限责任公司	4964
28	莱芜市泰山焦化有限公司	4742
29	山东中联上鼎房地产有限公司	4697
30	山东鲁碧建材有限公司冶金辅料分公司	4592
31	莱芜恒大金碧天下置业有限公司	3624
32	中国银行股份有限公司莱芜分行	3590
33	山东温岭精锻科技有限公司	3535

续表 1

排序	企业名称	纳税总额
34	中国工商银行股份有限公司莱芜分行	3393
35	莱芜市燃气热力有限责任公司	3275
36	莱芜天元气体有限公司	3067
37	山东豪冠置业有限公司	2965
38	山东泰盛房地产开发股份有限公司	2952
39	莱芜汇源凤凰置业有限公司	2929
40	山东宝鼎煤焦化有限公司	2911
41	莱芜信誉楼百货有限公司	2890
42	莱芜钢铁集团莱芜矿业有限公司选矿分公司	2877
43	莱芜市鲁中啤酒原料有限公司	2838
44	中国移动通信集团山东有限公司莱芜分公司	2728
45	山东高速绿城莱芜雪野湖开发有限公司	2695
46	山东源达饮料有限公司	2641
47	山东钢铁股份有限公司莱芜铁路运输分公司	2623
48	莱芜钢铁集团泰东实业有限公司	2534
49	中国建设银行股份有限公司莱芜分行	2527
50	山东华泰矿业有限公司	2506
51	莱芜钢铁集团粉末冶金有限公司	2434
52	中国农业银行股份有限公司莱芜分行	2401
53	山东汇金股份有限公司	2320
54	莱钢集团矿山建设有限公司	2210
55	莱芜颐高电子商务产业园集团有限公司	2158
56	莱钢集团矿山建设有限公司银山分公司	2005
57	山东鲁碧建材有限公司矿山分公司	1877
58	莱芜金鼎置业有限公司	1876
59	莱芜泰禾生化有限公司	1809
60	山东莱钢汽车运输有限公司	1795
61	山东鲁中钢铁物流有限公司	1739
62	莱芜熠能矿业有限公司	1725
63	莱芜鲁碧商品混凝土有限公司	1663
64	莱芜广厦集团有限公司	1644
65	山东地矿慧通特种轮胎有限公司	1637
66	莱芜市中洋房地产开发有限公司	1529
67	山东康之源医疗器械有限公司	1487

续表 2

排序	企业名称	纳税总额
68	莱芜市景宏房地产开发有限公司	1466
69	莱芜鲁能开源电力建设有限公司	1402
70	中国人民财产保险股份有限公司莱芜市分公司	1392
71	中国石化销售有限公司山东莱芜石油分公司	1390
72	山东慧通轮胎有限公司	1384
73	山东鲁碧建材有限公司钢城分公司	1367
74	山东能源重装集团通力装备制造有限公司	1366
75	中交第三公路工程局有限公司	1354
76	莱芜市城发置业有限公司	1322
77	莱芜钢铁集团金鼎实业有限公司	1312
78	莱芜绿地城发投资开发有限公司	1287
79	莱芜市垂阳铁矿有限公司	1282
80	山东巧夺天工家具有限公司	1277
81	莱芜兴宇置业有限公司	1274
82	山东正顺建设集团有限公司	1263
83	银座集团股份有限公司莱芜银座商城	1261
84	莱芜益寿堂医药有限公司	1235
85	山东乾硕国际贸易有限公司	1224
86	山东莱芜煤矿机械有限公司	1180
87	莱芜三福房地产有限公司	1178
88	莱芜永保电子有限公司	1164
89	中国人寿保险股份有限公司莱芜分公司	1156
90	中国大地财产保险股份有限公司莱芜中心支公司	1150
91	山东东岳汶河氟材料有限公司	1142
92	山东建全物业管理服务有限公司	1123
93	莱芜市瑞能煤业有限公司	1103
94	山东奔速电梯股份有限公司	1095
95	莱芜亿嘉置业有限公司	1082
96	太原市第二建筑工程公司	1076
97	山东李先生食品有限公司	1046
98	山东百川能源科技有限公司	1037
99	莱芜鲁能开源集团电器有限公司	1034
100	中国石油天然气股份有限公司山东莱芜销售分公司	1019

莱芜市 2017 年度纳税百强企业增幅排行榜

（按增幅高低排序）

表 44

排序	企业名称	增幅
1	莱芜金鼎置业有限公司	增幅 200% 以上的企业（14 家）
2	山东华泰矿业有限公司	
3	山东阿尔普尔节能装备有限公司	
4	中交第三公路工程局有限公司	
5	莱芜市万祥矿业有限公司潘西煤矿	
6	山东九羊实业股份有限公司	
7	山东百川能源科技有限公司	
8	莱芜天元气体有限公司	
9	莱芜市城发置业有限公司	
10	新汶矿业集团有限责任公司鄂庄煤矿	
11	莱芜市瑞能煤业有限公司	
12	莱芜亿嘉置业有限公司	
13	莱芜兴宇置业有限公司	
14	山东高速绿城莱芜雪野湖开发有限公司	
15	莱芜熠能矿业有限公司	增幅 100%~200% 的企业（8 家）
16	莱芜市垂阳铁矿有限公司	
17	山东鲁碧建材有限公司冶金辅料分公司	
18	山东泰山钢铁集团有限公司	
19	莱芜市泰山焦化有限公司	
20	莱芜钢铁集团银山型钢有限公司	
21	山东富伦钢铁有限公司	
22	山东莱芜煤矿机械有限公司	
23	莱芜市泰山冷轧板有限公司	增幅 50%~100% 的企业（14 家）
24	山东宝鼎煤焦化有限公司	
25	山东李先生食品有限公司	
26	山东巧夺天工家具有限公司	
27	太原市第二建筑工程公司	
28	山东朗进科技股份有限公司	
29	山东鲁碧建材有限公司	

续表

排序	企业名称	增幅
30	鲁中汇源食品饮料有限公司	增幅 50%~100% 的企业（14 家）
31	山东泰盛房地产开发股份有限公司	
32	莱芜市九羊福利铁厂有限公司	
33	山东慧通轮胎有限公司	
34	莱芜市景宏房地产开发有限公司	
35	莱钢集团矿山建设有限公司银山分公司	
36	山东鲁碧建材有限公司矿山分公司	
37	山东钢铁股份有限公司莱芜分公司	增幅 10%~50% 的企业（23 家）
38	莱芜市燃气热力有限责任公司	
39	中国人寿保险股份有限公司莱芜分公司	
40	莱芜钢铁集团莱芜矿业有限公司	
41	山东能源重装集团通力装备制造有限公司	
42	莱钢集团矿山建设有限公司	
43	莱芜钢铁集团莱芜矿业有限公司选矿分公司	
44	莱芜莱新铁矿有限责任公司	
45	莱芜钢铁集团有限公司	
46	莱芜泰禾生化有限公司	
47	莱芜汇源凤凰置业有限公司	
48	山东莱钢汽车运输有限公司	
49	莱芜鲁碧商品混凝土有限公司	
50	山东鲁碧建材有限公司钢城分公司	
51	山东康之源医疗器械有限公司	
52	山东源达饮料有限公司	
53	山东鲁中钢铁物流有限公司	
54	莱芜鲁能开源电力建设有限公司	
55	鲁中矿业有限公司	
56	莱商银行股份有限公司	
57	山东奔速电梯股份有限公司	
58	中国石化销售有限公司山东莱芜石油分公司	
59	山东温岭精锻科技有限公司	

索　引

K

N

P

Q

R

T

W

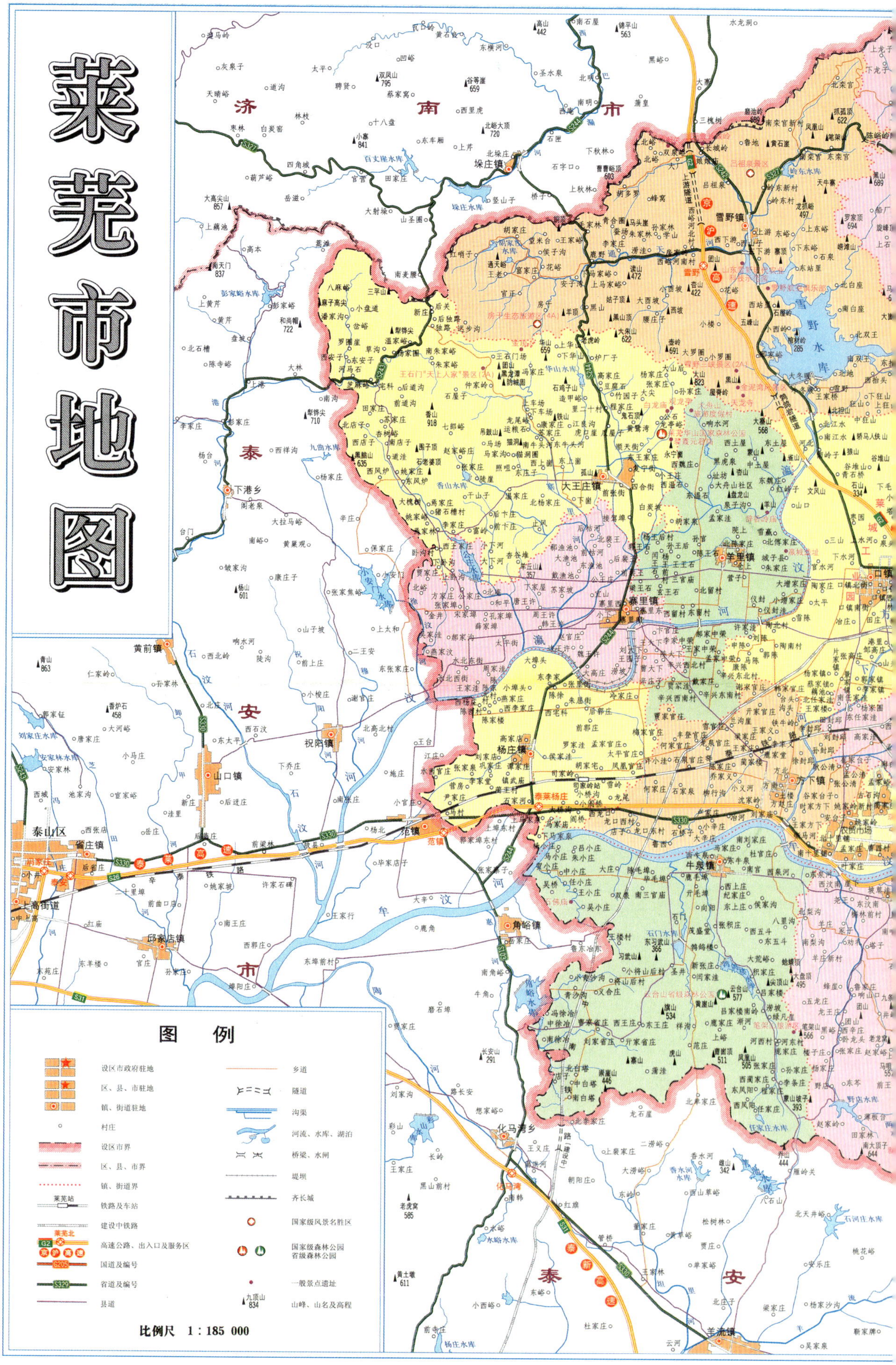

审图号：鲁SG（2013）187号